페미니스트, 퀴어, 불구

3장의 짧은 버전인 "Debating Feminist Futures: Slippery Slopes, Cultural Anxiety, and the Case of the Deaf Lesbians," in *Feminist Disability Studies*, ed. Kim Q. Hall (Bloomington: Indiana University Press, 2011), 218-41은 허가하에 재출판되었다. 6장 일부의 초기 원고였던 "Hiking Boots and Wheelchairs: Ecofeminism, the Body, and Physical Disability," in *Feminist Interventions in Ethics and Politics*, ed. Barbara Andrew, Jean Keller, and Lisa H. Schwartzman (Lanham, MD: Rowman and Littlefield, 2005), 131-50 또한 허가하에 재출판되었다.

FEMINIST, QUEER, CRIP

FEMINIST

QUEER

CRIP

앨리슨 케이퍼 지음
이명훈 옮김

페미니스트, 퀴어, 불구

불구의
미래를 향한
새로운 정치학과
상상력

오월의봄

일러두기

1. 단행본, 정기간행물(신문, 학술지, 잡지 등)은 겹화살괄호(《 》)로, 논문, 신문 기사, 영화, 웹페이지, 블로그 등은 홑화살괄호(〈 〉)로 표기했다.
2. 독자의 이해를 돕기 위해 옮긴이가 덧댄 말은 대괄호([ ])로 표기했다. 단, 본문의 인용구 안의 대괄호는 모두 저자의 것이다.
3. 미주는 모두 저자의 것이고, 각주는 모두 옮긴이의 것이다.
4. 본문에 언급되는 단행본은 한국어판이 있는 경우 원서명을 병기하지 않고 한국어판의 제목을 따랐다.

데이나Dana에게

차 례

불량한 존재들의
미래를 짓고 잇는 작업

김은정
시러큐스 대학교 여성·젠더학과 및 장애학 프로그램 부교수,
《치유라는 이름의 폭력》저자

페미니스트, 퀴어, 불구. 지면 위에 적힌 이 세 단어를 가만히
들여다보고 있으면 내 상상 속에서 글자들이 꼬물꼬물 움직이
다 튀어 오르기도 하고, 또 다른 색과 모양들로 변신하면서 서
로 합쳐졌다 떨어지기도 한다. 서로 다른 역사와 어감, 힘을 가
진 이 단어들의 낯선 나열과 조합은 앨리슨 케이퍼의 몸과 삶,
그리고 사상을 통해 새로운 세계를 여는 공간으로 입체화된다.
　이 책에 담긴 케이퍼의 솔직함과 신중함에 더해진 날카
로운 분석은 영어권의 많은 독자에게 큰 울림을 주었다. 퀴어
와 장애에 관련된 작업을 해온 미국의 아티스트 페렐Perel은 자
신의 퍼포먼스를 위해 설치된 침대 밑에 퀴어 이론서들과 함
께 이 책을 놓아두고, 공연 중에 케이퍼의 문장들을 낭독했다.
이 책의 물질적 현존과 그 안에 담긴 언어들로 인해, 아파서 누

워 있는 공간이자 친밀함과 휴식의 사적인 공간이 환상적이고 정치적이며 철학적인 생성의 공간으로 재조명된다.* 새로운 생각과 이론이 한 사람의 가장 친밀한 공간에서 누군가의 일상과 창조를 가능케 할 수 있다는 것을 느끼게 했던 장면이었다. 이 책은 장애를 인식론의 출발점으로 만드는 데 중요한 공헌을 했고 지난 10년간 미국의 장애 관련 논문에서 인용하지 않는 사람이 거의 없을 정도로 큰 영향을 미쳐왔다. 장애를 직접 연구하지 않는 여성학 및 퀴어 이론가들에게도 비장애중심의 이데올로기는 사회 모든 영역에 존재하며 반드시 도전해야 하는 것이라는 것을 알게 했다.

이 책은 여러 정체성을 동시에 다루는 교차성을 실현하는 이론서임과 동시에 학문 분과들의 경계를 무너뜨린다. 억압을 없애기 위해서 다중적으로 작동하는 억압의 동시성과 연결성을 이해하고 이를 동시에 비판하기 위해 연대해야 한다고 주장하는 케이퍼는 치밀한 자료조사와 꼼꼼한 글 읽기를 통해 미국 대중에게 잘 알려진 사건들이나 유명한 이론들에 대한 논쟁을 완전히 새로운 시각으로 분석한다. 또한 젠더, 성, 계급, 인종, 동물, 환경 등 한 가지 범주에 기반한 사회 비판이 어떻게 주류 사회를 설득하기 위해 다른 집단에 대한 차별적 논의를 이용해왔는지 드러낸다. 이런 관점에서는 청각장애 백인 레즈비언 커

---

* 페렐의 〈More Than Just a Piece of Sky〉(2014)는 뉴욕 초콜릿팩토리 극장에서 공연되었고, 2021년 '장애의 미래(DISABILITY FUTURES)'라는 온라인 축제에서 소개되었다. 공연 영상은 다음 링크를 참조하라. https://vimeo.com/111541088?embedded=true&source=video_title&owner=604860.

플이 청각장애 남성의 정자를 이용해 임신한 것에 대한 공격과 논쟁이 성소수자의 재생산에 대한 차별인지, 장애아가 태어날 가능성에 대한 거부감인지, 아니면 여성 혐오인지 질문하는 것이 무의미하다. 모든 억압이 공존하며 동시에 작동하고 있기 때문이다. 이를 밝혀가는 과정에서 케이퍼는 잘 알려지지 않은 실제 사례를 통해 시각장애 흑인 여성의 인공수정을 제지한 의료와 법 시스템의 인종주의적인 억압까지 끈질기게 파고든다. 또한 미국사회에서 윤리적 논란을 야기한 장애아 애슐리 X의 성장억제 요법, 개인중심적인 장애 극복의 메시지를 담은 보수 자선 단체의 광고판, 장애를 비하한 나이키 신발 광고를 둘러싼 논쟁들을 분석한다. 이런 분석을 따라가며 맞이하는 케이퍼의 통찰력 있는 질문들은 독자들에게 함께 사고하고 상상하기를 요청한다.

케이퍼는 "장애의 미래에 대한 탐구에서 가장 중요한 것은 아마 대부분 부재에서 비롯한 욕망일 것이다. 현재 상황에서 우리에게 장애의 미래는 존재하지 않으며, 나의 욕망은 공적 영역에서 사실상 상상하기 어렵다"(129쪽)라고 말한다. 그리고 묻는다. 누구도 장애를 원하지 않을 것이라는 가정은 당연한가? 모두가 바라는 미래는 장애와 질병이 없는 미래라는 가정은 당연한가? 비장애중심주의는 바로 이런 가정을 당연하게 만들고 논의의 영역에서 사라지게 한다. 모든 사람들이 건강하고 어떤 장애도 없는 사회를 만들고자 하는 미래에 대한 생각은 모두를 억압하는 정치적인 사상이라는 것이다. 더 많은 장애인이 있는 사회를 원하는 것은 부도덕하며 심지어 자원을 낭비하는 범죄로 여기는 사회에서, 도덕적이거나 당위적인 권리에 대한 주장이 아닌 '불구의 미래에 대한 욕망'을 말하는 케이퍼는 장애가 있고 건강하지 않은 우리가 가진 경험과 지식, 삶은 미래를 짓기 위해 반드시 필요한 것이라고 역설한다. 비주류 집단들이 각각 현재의 생존을 위해 고군분투하는 사회에서 이런 미래에 대한 뜨거운 열망은 숨통이 트일 만큼 대담하고 희망적이다. 이 책은 불행하거나 없어져야 한다고 여겨지는 존재들, 살아 있으니 어쩔 수 없이 배려해줘야 한다고 여겨지는 불량한 존재들의 미래를 가능케 하는 작업이다.

케이퍼는 끊임없이 독자들을 연대의 장으로 초대한다. 장애와의 연대를 통해 퀴어 정치학이 어떻게 변화해야 하는지, 퀴어와의 연대를 통해 장애 이론과 여성 이론이 어떻게 변화해야 하는지를 지적하면서 그는 퀴어에 대해 침묵하는 장애학 역시 비판한다. 페미니스트, 퀴어, 불구의 미래를 함께 실현하기 위해선 자기 성찰과 도전이 모두 필요하다는 입장을 통해 그 어떤 하나의 입장이 해방을 만들어낼 수 없음을 드러낸다. 국내 학계에도 잘 알려진 도나 해러웨이의 사이보그론, 환경 및 생태 이론마저 어떻게 장애와 질병의 몸을 간과하거나 바람직하지 않은 것으로 전제하고 있는지 드러내는 케이퍼의 분석은 큰 설득력을 가진다. 장애차별적 시각으로 개발되는 기술들과 의료 시스템, 장애를 만들어내는 전쟁과 자본, 그리고 불구가 된 환경. 이 안에서 불구는 우리의 미래이며 새로운 가치를 만들어내는 중요한 경험이다. 불구의 몸과 정신이 사회에서 꼭 필요한 지식을 만드는 존재라는 깨달음은 가장 창조적이며 현실적인 미래를 건설하는 방향을 제시한다. 그래서 장애는 정치적이다. 장애의 정치성은 장애가 존재할 미래를 긍정적으로 상상하고 욕망하는 방식을 통해, 그리고 여러 사회운동의 연대를 통해, 꿈꾸는 미래가 아닌 "현재 진행형으로 활기차게 존재"(416쪽)하고 있다.

장애인의 기본적인 이동권, 지역사회에서 살 권리에 대한 요구를 반사회적이고 적대적인 행위로 여기는 오늘의 한국사회에서 장애인은 '일반'의 시민과 대척하는 집단으로 상정된다. 한국사회는 장애인을 표면적으로 자선과 동정, 보호와 치료의 태도로 대했지만 실제로는 격리와 통제, 혐오와 기피의 대상으로 관리해왔다. 탈시설 운동, 노동 운동, 인권 운동을 통해 장애인의 현실은 정치 권력이 만들어낸 문제이며, 직접적이고 물리적인 폭력을 통한 억압으로 점철되어왔음이 알려졌다. 그리고 이는 여성 혐오·외국인 혐오·성소수자 혐오·빈민 혐오와 동시에 작동한다. 그리하여 우리는 퀴어의 다른 말인 '이반'이라는 말로 이어진다. 이반은 일반의 눈에 띄거나 같은 공간에 정주해서는 안 된다는 권력의 횡포에 맞서 존재함으로써 저항하는 타자들이다. 타자화된 우리는 조용히 배려를 바라며 기다리지 않는다는 사실, 차별받지 않고 살 권리에 대한 소위 '사회적 합의'가 이뤄질 때까지 현실을 견디다 사라지지 않을 것이라는 사실, 불구 퀴어 페미니스트의 존재가 득시글거리는 미래에 대한 열망, 이 모두가 가진 전복적인 힘을 이 책을 통해 발견하고 상상해낼 수 있다. 불량한 존재인 우리는 스스로를 구할 수 없기에, 의존을 배워야 하고, 의존하는 것이 당연하며, 다양한 의

페미니스트, 퀴어, 불구

존의 안전망을 연대를 통해 구축함으로써 서로를 구할 수 있음을 이 책을 통해 확인할 수 있기를 바란다.

이 책의 표지[원서 표지]에 자신의 웅장한 그림, 〈베살리우스의 심장Vesalius's Pump〉을 사용하게 해준 캐서린 셔우드Katherine Sherwood 에게 먼저 감사하지 않을 수 없다(그림에 대한 설명은 이 글 바로 뒤에 나온다). 나는 이 그림을 2007년 캘리포니아 주립대학교 버클리 캠퍼스(이하, UC 버클리)에서 열린 셔우드의 작품 전시회에서 처음 보았는데, 그때부터 이 그림이 언젠가 내 책의 표지를 장식할 수 있길 바랐다. 캐서린이 이 그림을 사용하도록 허락해준 데 깊이 감사한다. 그녀의 작업은 지금까지, 그리고 계속해서 내게 아주 긍정적인 영감을 준다.

이 책은 클레어몬트 대학원에서 쓴 논문에서 시작했는데, 내 초기의 멘토들이 여전히 이 책과 내게 영향을 주고 있다는 걸 확인할 수 있길 바란다. 나는 그들의 지도 덕분에 여전히 혜택을 누리고 있다. 내가 더 비판적이고 신중하게 사유할 수 있도록 독려해준 로즈머리 갈런드-탐슨Rosemarie Garland-Thomson, 라누 사만트라이Ranu Samantrai, 캐런 조 토예센Karen Jo Trjesen, 페기 월러Peggy Waller에게 감사한다. 내가 학계에 있는 걸 상상할 수 있게 해준 이들의 지지에 또 한 번 감사를 표한다. 모든 대학원생에게 행운이 있기를. 글을 쓰는 친구들이 모인 든든한 그룹에 있었던 것 역시 행운이었다. 데이나 뉴러브Dana Newlove, 세라 패터슨Sara Patterson, 젠드라 웨거너Zandra Wagoner. 그들이 없었다면 이 프로젝트는 훨씬 더 어려웠을 것이고, 훨씬 덜 즐거웠을 것이다.

캘리포니아 주립대학교 산타바바라 캠퍼스(이하, UC 산타바바라) 여성학부의 후한 지원 없이는 이 책을 쓸 수 없었다고 해도 과언이 아니다. UC 산타바바라의 논문 펠로우십 덕분에 이책 작업의 초기 단계를 구상하는 시간과 공간을 마련할 수 있었다. 더 중요한 것은, 펠로우십에 딱 맞는, 놀랍도록 똑똑하고 통찰력 있는 대학원생들을 만났다는 것이다. 다르게 보고 생각하고 느낄 수 있도록 도와준 칼 브라이언트Karl Bryant, 테드 번스Ted Burnes, 시몬 체스Simone Chess, 샤론 도이치Sharon Doetsch, 데이나 콜린스Dana Collins, 베스 커런스Beth Currans, 로라 힐-보닛Laura Hill-Bonnet, 제시 퀴자Jessi Quizar, 맷 리처드슨Matt Richardson, 진 셰퍼Jeanne Scheper, 몰리 탤컷Molly Talcott, 티퍼니 윌러비-헤라드Tiffany Willoughby-Herard에게 감사하다. 학생들이 성장할 수 있도록 학술 프로그램과 공간을 만들어준 재클린 보보Jacqueline Bobo, 샤론 호시다Sharon Hoshida, 아일린 보리스Eileen Boris, 루 앤 록우드Lou Anne Lockwood, 로리 옥스Laury Oaks, 레일라 루프Leila Rupp에게도 감사를 전한다.

UC 버클리 박사 후 과정 1년 차는 변화무쌍했다. 에드 로버츠 장애학 박사 후 과정 펠로우십을 후원해준 사람들과 그들의 아이디어는 아무리 칭찬해도 모자랄 것이다. 엘런 새뮤얼스 Ellen Samuels, 로빈 스티븐스 Robin Stephens와 같은 시기에 펠로우십을 했던 덕분에 에드 로버츠 그룹(프레드 콜리뇽 Fred Collignon, 앤 핑거 Anne Finger, 락슈미 피오르 Lakshmi Fjord, 로라 허시 Laura Hershey, 데바 카스니츠 Devva Kasnitz, 코빗 오툴 Corbett O'Toole, 수 슈바이크 Sue Schweik, 러셀 셔틀워스 Russell Shuttleworth)의 꿈이 실현될 수 있었다. 장애인 동지들을 더 많이 만날 기회를 제공해 준 펠로우십에 감사할 따름이다. 패티 번 Patty Berne, 멜 첸 Mel Chen, 미셸 프리드너 Michele Friedner, 수자타 제수다슨 Sujatha Jesudason, 캐시 커들릭 Cathy Kudlick, 제시카 리먼 Jessica Lehman, 애나 몰로우 Anna Mollow, 리로이 무어 Leroy Moore, 앨리스 셰퍼드 Alice Sheppard, 캐서린 셔우드, 베서니 스티븐스 Bethany Stevens, 진 스튜어트 Jean Stewart, 수나우라 테일러 Sunaura Taylor와 함께 작업하고 생각하고 놀았던 경험은 내 세상을 더 아름다운 곳으로 만들었고, 이 책을 더 낫게 만드는 데 도움을 주었다. 내게 집을 열어주고 너그럽게 대해준 조나 로버츠 Zona Roberts에게도 감사를 표한다.

작은 교양대학에서 학부생들에게 페미니즘을 가르칠 수 있어 대단히 감사하며, 매우 똑똑한 학생들과 동료들을 생각하면 그 감사가 더욱 크게 느껴진다. 사우스웨스턴 대학교의 페미니즘 연구자 동료들, 특히 수년간 페미니즘연구위원회에서 일한 동료들에게 큰 감사를 표한다. 프로그램 과정 내내 나에게 도움을 준 일레인 크래독 Elaine Craddock, 리산 포벨 Lysane Fauvel, 엘리자베스 그린-무셀만 Elizabeth Green-Musselman, 줄리아 존슨 Julia

Johnson, 캐슬린 줄Kathleen Juhl, 헬렌 마이어스Helen Meyers, 산디 넹가 Sandi Nenga에게도 감사하다. 이 책 작업에 일부 조언을 해준 헬렌, 줄리아, 산디, 그리고 그것을 수없이 읽어준 일레인에게는 배로 고맙다. 멀리사 존슨Melissa Johnson, 마리아 로Maria Lowe, 브렌다 센데호Brenda Sendejo, 그리고 복도에서 내 하루를 소란스러운 웃음으로 가득 채워준 분들께도 역시 감사를 드린다. 사우스웨스턴 대학교의 학생들을 가르치고 그들에게 배울 수 있어 정말 행운이라고 생각한다. 그들과 함께 교실을 드나들었던 경험은 내게 큰 선물이었다. 적절한 시기에 적절한 말로 이 책을 더욱 풍성하게 만들어준 학생들인 첼시 클래머Chelsey Clammer, 시오반 쿡Siobhan Cooke, 마리 드라즈Marie Draz, 조던 존슨Jordan Johnson, 앨릭스 래넌Alex Lannon, 대니엘 로버츠Danielle Roberts에게 특히 감사하다. 연구 조교였던 미셸 레든Michelle Redden에게도 감사드린다. 린 브로디Lynne Brody, 데이나 헨드릭스Dana Hendrix와 스미스도서관센터의 모든 사서에게도 감사를 전하고 싶다. 상호 대차를 할 수 있도록 신속한 도움을 준 리사 앤더슨Lisa Anderson에게도 감사하다. 더 이상 사우스웨스턴 대학교에 있지 않지만, 공동체 참여에 대해 많은 대화를 나누었던 수지 푸키스Suzy Pukys에게도 감사드린다.

이곳 친구들이 따뜻하게 안아준 덕분에 텍사스 오스틴은 내가 도착한 순간부터 고향처럼 느껴졌다. 이러한 기반 덕분에 이 책도 더욱 수월하게 쓸 수 있었다. 조Jo와 존 드와이어John Dwyer, 크리스 호건Kris Hogan과 밀리 글레클러Milly Gleckler, 마리아 로와 에밀리 니마이어Emily Niemeyer, 앨리슨 오어Alison Orr와 블레이크 트라불시Blake Trabulsi, 섀넌 위넙스트Shannon Winnubst, 제니 서칠런드

Jenny Suchland, 그리고 그들의 아이들, 개들, 고양이들, 닭들에게 감사한다. 이 동물들에게서 내가 필요한 걸 채울 수 없을 때에는 바톤 스프링스의 차가운 물이 나를 계속 앞으로 나아가게 했다.

지적인 부분을 비롯한 여러 방면에 지속적인 영향을 준 내 또 다른 정신적 고향인 장애학회의 모든 동료와 장애학자, 활동가에게 큰 감사를 표한다. 좋은 친구, 동료, 댄스 파트너가 되어준 리아트 벤-모셰Liat Ben-Moshe, 니르말라 에레벨레스Nirmala Erevelles, 앤 핑거, 미셸 프리드너, 레즐리 프라이Lezlie Frye, 로즈머리 갈런드-탐슨, 일레인 거버Elaine Gerber, 미셸 자먼Michelle Jarman, 케이트 카울Kate Kaul, 페트라 쿠퍼스Petra Kuppers, 시미 린턴Simi Linton, 데이비드 린턴David Linton, 리바 레러Riva Lehrer, 새뮤얼 루리Samuel Lurie, 로버트 맥루어Robert McRuer, 애나 몰로우, 조안 오스트로프Joan Ostrove, 코빗 오툴, 캐서린 오트Katherine Ott, 마거릿 프라이스Margaret Price, 캐리 샌달Carrie Sandahl, 새미 샤크Sami Schalk, 앨리스 셰퍼드, 수 슈바이크, 신디 우Cindy Wu, 그 밖의 정말 많은 분께 감사하다. 이 중 많은 분이 전체 원고나 각 장의 일부 원고를 읽은 후, 학술지를 통해 피드백을 주고 아이디어를 나누며 비판적 반응을 공유해주었다. 그들의 가득하고 풍부한 동료애에 한 사람, 한 사람에게 모두 감사를 전하고 싶다. 내가 듣고 싶은 말을 알고 있었던 재키 쿠에바스Jackie Cuevas, 주디스 플라스코Judith Plaskow, 주디 로러Judy Rohrer, 그리고 나를 응원해준 김은정Eunjung Kim, 수나우라 테일러, 섀넌 위넙스트에게도 감사드린다. 수전 버치Susan Burch, 멜 첸, 일라이 클레어Eli Clare, 캐시 커들릭, 엘런 새뮤얼스는 수년간 여러 버전의 원고를 너그럽게 읽어주었고, 나는 여전히 그들의 통찰에서 배우고 있다. 나와 이 책은 내 원고를 모두 읽어준 스테이시 앨러이모Stacy Alaimo, 리시아 칼슨Licia Carlson, 킴 Q. 홀Kim Q. Hall에게 큰 도움을 받았다. 주의 깊고 날카롭고 예리한 피드백을 해준 그들에게 감사하고 싶다. 이렇게 지적으로 관대한 연구자들의 공동체에 속해 있다는 것은 행운이다.

전 세계의 화장실을 개선하기 위해 지칠 줄 모르고 일하는 안전하고 접근 가능한 화장실을 찾는 사람들People in Search of Safe and Accessible Restrooms, PISSAR의 모든 순찰대원들, 특히 시몬 체스, 제시 퀴자, 맷 리처드슨, 그리고 2002년 퀴어 장애 컨퍼런스를 만들고 그곳에 참석한 모든 분들, 특히 일라이 클레어, 로라 허시, 새뮤얼 루리, 코빗 오툴, 엘런 새뮤얼스, 로빈 스테판스, 젠 윌리엄스Jen Williams에게 감사드린다. 퀴어, 불구의 공간에 대한 나의 이해는 그들로 인해 가능했다. 레아 말리아 카네헤Le'a Malia Kanehe, 재키 페인Jackie Payne, 크리스털 플래티Crystal Plati, 도러시 로버츠Dorothy Roberts, 실비아 이Silvia Yee, 미리엄 영Miriam Yeung, 그리고 겁 없는 리더인 수자타 제수다슨 등 동료 임원들로부터 세상에 존재하는 많은 것들을 배우게 해준 제너레이션스 어헤드Generations Ahead의 설립과 발전을 목격하게 된 것을 감사하게 생각한다. 패티 번, 제시카 리먼, 마리나 오르테가Marina Ortega와 함께 일할 기회가 있었던 것에도 감사한다.

크리스 벨Chris Bell, 타니스 도Tanis Doe, 로라 허시, 폴 롱모어Paul Longmore와 나누었던 대화, 아이디어, 프로젝트, 행운의 순간들로 인해 내 작업은 더 나아졌다. 장애학 분야와 그 너머에서 일하는 우리 모두는 그들을 그리워하고 있고, 앞으로도 계속 그리워할 것이다.

나와 이 책 작업을 꾸준히 열정적으로 지원해준 인디애나 대학교 출판부의 디 모텐슨Dee Mortensen에게 깊은 감사를 표한다. 그녀와 세라 야코비Sarah Jacobi는 이 작업의 모든 과정을 쉽고 재미있게 만들어주었다. 출간 단계를 거치는 동안 열렬한 도움을 준 팀 로버츠Tim Roberts와 케리 메인스Kerrie Maynes에게도 감사한다.

여러 기관의 넉넉한 지원이 이 프로젝트를 수행하는 데 도움을 주었다 사우스웨스턴 대학교의 컬런 펠로우십, 안식년 기금, 경쟁력 있는 교수 발전 기금, 브라운 주니어 교수 연구 펠로우십을 통해 장기적인 지원을 받을 수 있었던 데 깊이 감사드린다. 에드 로버츠 장애학 박사후과정 펠로우십을 연결해준 UC 버클리에도 감사를 표한다. 박사과정 중 지원을 받을 수 있도록 박사학위 논문 보조금을 준 클레어몬트 대학원, 박사과정생 교수 펠로우십으로 도움을 준 UC 산타바바라 여성학부, 여성학 박사과정 펠로우십으로 도움을 준 우드로 윌슨 재단 Woodrow Wilson Foundation에도 감사하다.

이 작업을 하는 내내 나를 키워주고 지원해준 케이퍼Kafer, 멜튼Melton, 뉴러브Newlove, 코튼Cotton 가족분들께 감사드린다. 그들이 내가 하는 일을 완전히 이해하고 있는지는 아직 잘 모르겠다. 그 점에서 그들이 나를 계속 지지하고 있다는 점은 주목할 만하다. 따뜻한 마음의 가정에서 살면서 그들과 만나게 된 것을 감사하게 생각한다.

마지막으로, 그리고 행복하게, 내 일상을 함께 보내는 사랑하는 두 존재에게 감사의 말을 전한다. 야옹거리며 키보드

　페미니스트, 퀴어, 불구

위에 오르는 마야Maya에게 감사하고 싶지만, 그녀는 이미 자신의 중요성을 충분히 알고 있다. 데이나 뉴러브가 쓰는 첫 번째 말과 마지막 말, 그리고 그 사이의 모든 공백에도 감사한다. 이 책은 그녀를 위한 것이다.

원서 표지 그림 설명

이 책 원서 표지에 실린 그림은 캐서린 셔우드가 그린 〈베살리우스의 심장〉(2006, 36×36인치)이라는 제목의 혼합 미디어 작품이다. 이 그림은 책 표지 하단의 3분의 2를 차지하며, 대부분 아이보리색 바탕 위에 소용돌이처럼 움직이는 큰 그림들로 구성된다. 오른쪽 가장자리에 있는 그림 일부는 너무 두꺼워 금이 갔는데, 갈색 선으로 분기하는 네트워크를 형성한다. 이 그림 중앙에 셔우드는 안드레아스 베살리우스Andreas Vesalius의 16세기 해부학 교재인 《인체의 구조 위에서On the Structure of the Human Body》에서 가져온 두뇌의 해부학적 그림을 몇 점 첨부했다. 주황색과 노랑색이 섞인 두뇌 그림은 셔우드 자신의 두뇌 스캔

사진에서 이어진 동맥계 이미지와 함께 배치되었다. 그 두뇌들은 서로 뒤섞이고, 그 주위와 위로 그림의 고리들이 움직이면서 전체적으로 느리게 움직이는 유기체적 기계의 모습을 보인다.

한국어판 표지 설명

　한국어판 표지는 주황색 바탕이다. 표지 윗부분에는 원서의 제목인 "FEMINIST, QUEER, CRIP"이 쓰여 있다. 어디론가 각자의 방향으로 나아가는 것처럼 보이는 세 직육면체의 윗면에 "FEMINIST", "QUEER", "CRIP"이 각각 쓰여 있다. 가로로 긴 하얀 바탕의 윗면에 쓰인 각 단어는 위에서부터 한 줄씩 배치되어 있으나 좌우가 정렬되어 있지는 않다. 맨 위의 "FEMINIST"는 오른편에, 가운데 "QUEER"는 왼편에, 맨 아래의 "CRIP"은 다시 오른편에 위치한다. 원서 제목의 오른편에는 "앨리스 케이퍼 지음, 이명훈 옮김"이 세로로, 작고 검은 글자로 쓰여 있다. 표지의 아랫부분에는 한국어판 제목인 "페미니스트, 퀴어, 불구"가 쓰여 있는데, "페미니스트", "퀴어", "불구"가 각각 위에서부터 한 줄씩 검은 사각형 안에 쓰여 있고, 왼쪽으로 정렬되어 있다. "페미니스트"와 "퀴어" 다음에는 쉼표가 쓰여 있다. 한국어판 제목 오른편에는 책의 부제인 "불구의 미래를 향한 새로운 정치학과 상상력"이 한국어판 제목보다는 작고, 지은이와 옮긴이 이름보다는 큰 검은 글자로 쓰여 있다. 표지 맨 아랫부분에는 검은색 오월의봄 로고가 있다.

상상되는 미래[*]

나는 더 포괄적인 공간을 꿈꾼다.

—카비타 코시Kavita Koshy, 〈뼈를 깎는 느낌Feels Like Carving Bone〉

나는 예언가나 심령술사를 찾은 적이 없다. 점술가에게 수정 구슬을 봐달라고 부탁해본 적도 없다. 답을 얻기 위해 찻잎으로 치는 점이나 별점을 본 적도, 손금을 본 적도 없다. 하지만 사람들은 수도 없이 내 미래에 대해 말하곤 한다. 그들에게 포

---

[*] 한국어는 단수와 복수의 사용이 문법적으로 명확하게 구분되지 않으며, 일상적 용례에서도 '미래'는 주로 단수형으로 표현되는 까닭에 이 책에서는 'future'와 'futures'를 거의 구분하지 않았다. 하지만 미래는 이를 상상하는 사람, 그리고 그들이 처한 조건 및 상황과 그들이 겪은 과거와 현재의 경험에 따라 다양한 방식으로 나타날 수 있다는 점에서 근본적으로 복수형이다. 문장의 이해를 해치지 않는 선에서 원문 그대로 '미래들'이라는 표현을 쓴 경우는 다음과 같다. 우선 비장애중심주의적 관점에서 상상해온 특정한 미래의 모습에 감춰진 전제 및 가정, 이러한 미래성이 미치는 영향을 비판적으로 살펴야 할 때다. 그리고 여러 위치에서 상상할 수 있는 복수의 미래를 지칭할 필요가 있는 경우다. 같은 이유로 미래성, 시간, 시간성 등의 개념에도 일부 복수형 표현을 사용했다.

페미니스트, 퀴어, 불구

춘 쿠키와 타로는 필요 없다. 휠체어, 화상 흉터, 울퉁불퉁한 손이 그들이 알고 싶은 것을 소상히 알려주기 때문이다. 내 미래는 내 몸 위에 쓰여 있다.

화재가 일어난 지 6개월 후인 1995년, 의사는 대학원에 가겠다는 내 생각이 잘못된 것은 아니지만 너무 이르다고 했다. 그는 내가 부모님의 돌봄하에 앞으로 3, 4년은 집에서 지내야 하며, 그 이후에 학업을 시작하는 게 좋겠다고 말했다. 그러나 그의 말투에는 앞으로도 대학원은 고려 대상이 아니라는 생각이 담겨 있었다. 그가 생각하는 나의 미래에 대학원은 없었다. 담당 재활심리학자와 레크리에이션 치료사의 이야기를 들으면, 내 미래에 보이는 것은 장기적인 심리치료밖에 없었다. 친구들은 나를 떠날 것 같았고, 알코올과 약물 중독이 남의 일처럼 보이지 않았다. 나는 장애로 인한 통증과 고립의 미래에 대비해야 했다. 뇌졸중이나 고관절 골절에서 회복 중인 노인이 대부분이었던 동료 재활 환자들은 나보다 앞서 이런 황량한 풍경을 보고 있었다. 어떤 사람은 나를 복도에 불러 세우고는, 휠체어를 탄 삶은 살아갈 가치가 없는 삶이라면서 자살을 권유했다(그의 아들은 걸을 수 없게 되면 "세상을 떠야 한다"라는 사실을 그 자리에서 알게 되었을 것이다).

그 낯선 만남 이후에 재활 시설을 벗어나 사람들을 만났지만, 내 미래의 전망은 별로 나아지지 않았다. 일반적으로 사람들은 내게 필요한 것을 나보다 더 잘 안다고 여겼고, 내가 그들의 도움을 거절하면 내 판단에 의문을 표했다. 그들은 내가 특정한 임무를 수행하지 못할 뿐만 아니라, 그로 인해 사고와 부상이 일어날 것이라 예언하면서 내 가까운 미래를 훤히 들여다 보았다. 어떤 이들은 좀 더 장기적인 관점에서 진부하고 애처로운 미래를 상상했다. 그들의 시선에서 나는 휠체어에서 굴러 떨어지는 극적인 모습보다는 한없이 아프고 고립되고 비통한 미래의 모습, 축복이나 동정의 대상이 되거나 아예 만남을 거부당하는 모습으로 재현된다. 내가 스스로 매력적이고 만족스러운 삶을 살고 있다고 믿는다 해도, 그들은 내 앞에 암울한 미래가 있을 것이라 예견한다. 치유cure*될 가망이 없는 미래는 황량할 뿐이니까. 학계의 상아탑도 미래에 대한 어두운 전망에서 나를 보호해주지 않았다. 대학원에 있을 때는, 어떤 교수가 장애의 문화적 접근에 관한 내 논문 청구를 기각하기도 했다. 논문 주제가 학술적으로 미흡해 적절치 않다는 이유였다. 그녀는 장애에 대한 내 학구열이 지적 호기심이 아니라 치료와 회복의 욕구가 충족되지 않은 결과라고 여기는 듯했고, 사무실을 나가려는 내 팔을 토닥이며 "어서 나으라"라고 재촉했다. 그녀는 내 미래가 장애를 연구하는 데 쓰일 게 아니라, 장애를 극복하는 데 쓰여야 한다고 생각했다.

이렇게 암울한 모습으로 상상되는 미래, 더 나은 삶을 위해 손상impairment**이 사라져야 한다는 생각들이 의심 없이 수

---

*   'cure'는 치료, 치유, 완치 등으로 번역되지만, 신체적·정신적 장애 및 질병을 없어지게 하거나 나아지게 하려는 행위 및 실천 등을 모두 포괄하는 의미로, 'healing'과 함께 '치유'라고 옮겼다. 단, 'cure'가 의료적 처치와 관련한 의미로 쓰일 때는 'treatment'와 함께 주로 '치료'라고 표현했다.

**   일상어에서 손상(impairment)과 장애(disability)는 구별 없이 사용되곤 한다. 하지만 분리에 반대하는 신체적 손상인 연합(UPIAS, Union of the Physically

용되었던 것만은 아니다. 나의 친구, 가족, 동료들은 장애가 있는 게 죽는 것보다 나쁘다거나 장애가 온전한 삶을 가로막는다는 비장애중심주의적^{ableist}*** 생각을 거부하고, 나를 위해 다른 미래의 모습들을 계속해서 소환해주었다. 내게 기회로 가득 찬 미래를 상상하는 데 가장 큰 영향을 준 사람들은 자신의 미래를 부정적으로 해석하는 데 저항해왔던 다른 장애인^{disabled} ^{people}****들이었다. 온전한 삶을 살아왔던 그들의 인생담을 통

해 내 미래에도 고립과 비애가 아니라 공동체와 가능성이 있다는 사실을 알게 되었다. 책을 쓰고, 가르치고, 여행하고, 사랑하고, 사랑받을 수 있다는 것, 아이를 키우거나, 조직 활동가가 되거나, 예술 작품을 만들 수도 있다는 것, 장애 권리를 위한 투쟁에 참여하거나, 사회정의를 위한 다른 운동에 참여할 수도 있다는 것을 말이다.

언뜻 장애에 관해 상상되는 미래는 서로 모순적이어서 공통점이 없는 것처럼 보인다. 한쪽에서는 장애를 가련한 불행이나 좋은 삶을 방해하는 비극으로 보는 반면, 다른 한쪽에서는 그러한 필연성을 거부하고 (장애가 아니라) 비장애중심주의를 좋은 삶의 장애물로 위치시킨다. 그런데 미래에 대한 이 두 가지 재현이 공유하는 바가 있다. 바로 현재와의 강력한 연결고리

로 직역할 수 있다. 이는 (무언가를 할 수 없게 하는) 사회가 장애를 만든 것이라는 입장을 반영한 표현일 뿐만 아니라, 영어권 전반에서 장애인을 가리킬 때 가장 널리 쓰이는 단어다. 이 밖에도 장애인을 지칭하는 영어 표현은 다양하지만, 'handicapped (people); 불리한 (사람)'이나 'physically/mentally challenged (people); 신체적/정신적으로 도전받는 (사람)'은 장애를 역경이나 극복 대상으로 보고 장애인을 낮추어 표현한다는 점에서, 'people with disability; 장애가 있는 사람'은 장애가 장애인이 가진 고유한 속성일 수 없다는 점에서, 'differently abled (people); 다른 능력을 지닌 (사람)'은 다름을 판별하는 사회적 정상성을 승인하고 강화한다는 점에서 장애인을 배타적으로 지칭하는 한계를 보인다. 한국에서는 1990년대까지 '장애자(障碍者)'라는 표현이 주로 쓰이다가 '자(者)'에 낮춤의 뜻이 있다는 지적에 따라 '장애인'이라는 표현이 널리 퍼졌다. 장애인의 완곡한 표현인 '장애우(障碍友)'는 장애인 당사자의 입장을 반영하지 않은 동정적·의존적 표현이며, 장애인 스스로를 지칭할 때 사용할 수 없다는 점에서 지양되었다. 이 책에서는 '(일을) 할 수 없게/있게 된'의 의미를 특별히 강조해야 할 경우를 제외한 대부분 맥락에서 'disabled/abled'을 '장애 있는/장애 없는(비장애의)'으로 옮겼다.

페미니스트, 퀴어, 불구

다. 현재의 장애를 어떻게 이해하는지가 미래의 장애를 어떻게 상상할지를 결정한다. 즉, 장애 경험에 대한 가정이 더 나은 미래에 대한 이해를 형성한다.

만약 장애가 지독하고 끝없는 비극으로 개념화된다면, 장애를 포함하는 그 어떤 미래도 피해야 할 미래가 될 뿐이다. 다시 말해, 더 나은 미래는 장애와 장애 있는 몸을 배제하는 미래이며, 장애의 **부재**야말로 더 나은 미래를 예견하는 것이 된다. 반면, 장애의 **존재**는 이와 다른 미래, 즉 현재의 불행한 흔적이 너무 많아 바람직할desirable 수 없는 어떤 미래를 암시한다. 이러한 인식 속에서 장애와 함께하는 미래는 아무도 원치 않는 미래이며, 장애인의 모습, 특히 장애 태아와 장애 아동의 모습은 바람직하지 않은 미래의 상징이 된다. DNA 탐색 및 인간 게놈 프로젝트 개발에 참여한 유전학자 제임스 왓슨James Watson은 이렇게 말한다. "우리는 대부분의 커플이 다운증후군을 가진 아이를 원치 않는다는 것을 이미 받아들이고 있다. 만약 그런 아이를 원한다고 말한다면, 당신은 미친 것이다. 왜냐하면 그 아이에겐 미래가 없기 때문이다." 왓슨이야 워낙 살아야 할 이와 살지 말아야 할 이를 가르는 주장으로 악명 높은 사람이지만, 이런 감정을 표출하는 사람이 왓슨 혼자만 있는 것은 아니다.[2] 왓슨은 이런 감정의 기초와 핵심을 이루는 다음의 가정을 대놓고 드러내는 사람일 뿐이다. 첫 번째 가정은 장애는 미래가 없다거나 적어도 좋은 미래가 없다는 신호로 비친다는 것이고, 두 번째 가정은 이 가정을 우리 모두가 받아들이고 있다는 것이다. 즉, 우리는 커플들이 다운증후군을 가진 아이를 원하지 않는다는 사실을 인정할 뿐만 아니라, 이와 다른 생각을 하는 게 '미친' 짓이라는 걸 알고 있다는 가정이다.[3] 여기서 장애가 있는 아이를 낳길 원하고 바라거나 심지어 장애를 수용하는 사람은 무언가 문제가 있거나 아픈 사람이다. '우리'는 모두 이 사실을 알고 있으며, '당신'이 다른 생각을 가질 여지는 없다.

이 책은 우리가 모두 같은 미래를 바란다는 믿음, 이를 합의했다는 추정을 검토하는 데서부터 시작한다. 특히 장애 있는 몸이 은유적으로, 그리고 "물적으로 존재하고 부재"하는 방식에 주의를 기울이면서 이러한 미래 전망이 장애 있는 몸을 어떻게 이용하고 있는지 탐색한다.[4] 나는 이러한 미래에서 장애가 다음 두 가지 방식으로 거부된다고 주장한다. 첫째, 장애인이 포함된 미래는 그 가치를 인정받지 못하는 반면, 장애 없는 미래의 가치는 따로 증명할 필요가 없는 것처럼 여겨진다. 둘째, 장애의 정치적 속성, 즉 경합하고 논쟁해야 할 범주로서의 장애의 위치는 인정되지 않는다. 이러한 인정의 실패는 장애의 미래 가치에 대한 거부를 가능하게 한다. 장애가 정치의 영역 너머의 것, 더 나아가 논쟁과 이견의 영역 너머의 것, 몸에 대한 단일한 사실로 소환되는 상황이 장애와 장애의 미래를 다른 방식으로 상상할 수 없게 만드는 것이다. 나는 이런 논의의 기저에 있는 자연스러움, 필연성 같은 레토릭에 저항하면서 장애와 장애인의 미래에 대한 판단이 정치적일 뿐만 아니라, 정치적으로 인식되고 취급되어야 한다고 주장한다. 우리는 '좋은' 미래가 장애 근절 여부에 달려 있다고 당연하고 명백하게 가정하기보다, 이러한 관점이 비장애중심주의적·장애 억압적 역사에 의해 오염되었다고 인식해야 한다. 따라서 나는 '우리의' 미래에 장애가 거부되는 이 두 가지 방식의 인정 실패를 추적하면서 장애 활동가들*과 이론가들의 작업을 기반으로 접근과 참여에 대한 불구화된 정치cripped politics를 주장하고, 다른 미래들을 상상해보고자 한다.

《페미니스트, 퀴어, 불구**》는 불구 미래성futurity***의 정치를 제안하고, 상상되는 미래와 생동하는 현재를 계속해서 다

---

*   장애 활동가(disability activist)는 장애인 활동가(disabled activist)를 비롯해 장애 운동 영역에서 활동하는 모든 사람을 포괄적으로 지칭하는 말이다.

**   'cripple(절름발이, 불구자)'에서 파생된 'crip'은 '불구'나 '병신'에 가까운 의미를 지닌다. '퀴어(queer)'가 규범적 젠더·섹슈얼리티로부터 주변화된 사람을 비하하는 멸칭에서 자긍심의 용어로 재전유된 것처럼 'crip' 또한 1980년대 이후 장애인 하위문화에서 전복적인 의미로 사용되기 시작했으며, 현재는 신체적 장애에 국한된 의미를 넘어 대안 정치적인 의미를 포함하는 확장된 개념으로 쓰이고 있다. 한국에서는 장애인에 대한 비하와 경멸의 용어가 당사자에 의해 자긍심의 용어로 전환된 경우가 드물었던 까닭에 대부분 문헌에서 'crip'은 주로 '크립'으로 음역해왔다. 하지만 2018년 장애여성공감이 "시대와 불화하는 불구의 정치"라는 슬로건을 발표하고, 2021년 오이도역 참사 20주기를 맞아 장애인 이동권연대가 이동권 투쟁의 역사를 "병신의 싸움"이라 칭하는 등 장애인 공동체 내에서 '불구'나 '병신'을 당사자의 언어로 사용하는 사례는 늘어나고 있다. 이러한 흐름에 따라 이 책에서도 'crip'을 '불구'라고 옮겼다.

***   미래성은 어떤 존재 및 집단에 내재된 미래에 대한 충동, 또는 그들이 지향하거나 희망하는 미래의 성격 및 속성을 의미한다. 가령, 호세 에스테반 무뇨스(José Esteban Muñoz)는 퀴어 미래성(queer futurity)을 새로운 존재 방식, 행동 방식, 관계 방식이 저 너머에 존재한다고 희망하는, 퀴어 집단에 내재한 유토피아적 충동이라고 설명한다. Jose Esteban Muñoz, *Cruising Utopia: The Then and There of Queer Futurity* (New York: New York University Press, 2009). 마찬가지로, 불구 미래성(crip futurity)은 불구 집단이 지향하는 미래의 성격 및 속성으로 이해할 수 있으며, 이 책에서는 이를 장애가 환영받고 장애인들의 집합적인 지식 및 실천이 미래 구조를 형성하는 미래를 갈망하는 것이라고 설명한다.

른 방식으로 사유할 것을 제안한다. 나는 이 책 전반에서 정치를 더 정의롭고 지속 가능한 '어딘가'에 도달하기 위한 사유의 틀로 사용했다. 더 접근 가능accessible한 미래를 상상하면서, 나는 장애를 정치적이고 가치 있으며 완전한 것으로 이해하는 '어딘가', '언젠가'를 갈망한다.

앞으로 나아가기 전에, 내가 지금 가야 할 길이 험난하다는 것을 인정해야겠다. 나는 '장애가 있는 미래는 아무도 원치 않는 미래'라는 주장이 자명하다는 인식이 반드시 없어져야 한다고 생각하지만, 이 주장에 진실이 있다는 것마저 부인할 수는 없다. 여기에는 추상적인 진실만 있는 것이 아니라, 개인적이고 체화된 진실도 있다. 이것은 내가 붙들고 있는 감정이기도 하다. 내가 장애인 공동체에서 느끼는 기쁨만큼, 그리고 내가 장애인으로서 내 경험을 소중하게 여기는 만큼, 나는 지금의 나보다 더 많은 장애를 가지고 싶지 않다. 나는 이러한 입장이 상상 속 비장애중심주의적 미래상에 의해 나타난 결과라는 것을 알고 있지만, 내게 그런 생각이 있다는 사실을 부정할 수 없다. 나 역시 질병illness*과 손상을 예방하기 위한 부모의 돌봄과 공중보건 계획에 반대하지 않으며, 대다수의 사람에게 이

---

* 'illness'는 아프거나 병에 걸린 상태를 뜻하는 용어로, 대개 '질병'이라고 번역하지만 일상적으로 혼용되는 '질환(disease)' 개념과 구분할 필요가 있다. 의료사회학자인 아서 프랭크(Arthur Frank)에 의하면, 질환은 몸과 마음의 일부 또는 전체에 기능적 이상이 나타나는 상태를 일컫는 의학적·생리학적 용어인 반면, 질병은 의학적 진단 여부와 상관없이 어떤 질환을 겪으면서 살아가는 아픔의 경험을 포괄적으로 지칭하는 말이다. 아서 프랭크, 《아픈 몸을 살다》, 메이 옮김, 봄날의책, 2017, 27~29쪽.

런 기본적인 필요가 계속해서 충족되지 못하는 미래를 원치 않는다.[5] 하지만 건강 관리의 필요성을 부인하고 위험한 노동 조건을 묵인하고 (질병과 손상을 유발하는) 공중보건상의 우려를 무시하는 것은 우리를 인간답게 만드는 일부로서 질병과 장애를 인정하는 것과는 다르다.[6] 그 차이를 명확히 밝히는 것은 이 책의 범위를 벗어나며 온전히 가능하지도, 바람직하지도 않은 일이지만 몇 가지 잠재적 차이점을 짚는 것만큼은 반드시 필요하다.

장애를 정의하기 : 정치적/관계적 모델

질병처럼 장애 역시 누구든 보기만 하면 알 수 있을 만큼 명확한 의미가 있는 용어처럼 여겨진다. 그러나 질병과 장애의 의미는 그리 고정되어 있거나 단일하지 않고, 장애를 이해하는 방식 또한 여러 가지다. 여타의 장애학** 연구자들처럼 나도 장애의 의료적 모델medical model of disability에 비판적이지만, 의료적 개입을 완전히 거부하는 것 역시 경계한다. 이어지는 글에서 나는 사회적 모델 및 소수자 모델의 틀을 기반으로 삼되, 이를 정

** 장애학은 장애를 연구하는 모든 학문을 지칭하지 않는다. 장애학은 장애를 생산하는 경제적·사회적·문화적 요인보다 개별적·의료적 요인에 집중해왔던 장애에 대한 종래의 학술적 견해를 지양하고, 주로 우리의 삶을 형성하는 비장애 중심주의적인 구조와 사회 문화를 탐구하는 비판적·학제적 연구 및 실천 분야를 포괄한다.

체성에 관한 페미니즘 및 퀴어 비평을 통해 해석하는 혼종적 모델로서 장애의 정치적/관계적 모델political/relational model of disability을 제시할 것이다. 장애의 미래를 다르게 상상하고자 하는 내 관심은 각 모델의 개괄적 틀을 잡는 데 영향을 미쳤다. 각 모델이 상상하거나 암시하는 미래의 모습들을 사유하는 것은 각 모델의 가정과 함의를 검토하는 데 유용한 시각을 제공한다.

미국 내 장애학의 부상과 수십 년에 걸친 장애 권리 운동에도 불구하고, 장애는 주로 개별 인간을 괴롭히는 사적인 문제, 즉 기질이나 의지의 힘으로 가장 잘 해결될 수 있는 문제로 비친다. 이러한 장애의 개별적 모델individual model of disability은 (예전에 내가 했던 활동을 포함한) '장애 인식 개선' 행사나 대학 캠퍼스 내 다양성 행사에서 볼 수 있는 장애 체험 활동을 통해 체화된다. 이런 행사에 참여한 학생들은 눈이 보이지 않는다는 것, 이동성이 손상mobility-impaired된다는 게 무슨 의미인지 '이해'하기 위해 휠체어를 타거나 눈가리개를 쓰고 몇 시간을 보내야 한다.[7] 이런 식의 활동은 (볼 수 없고, 걸을 수 없는) 장애 있는 몸의 실패와 고난에 초점을 맞출 뿐만 아니라, 신체를 통해 확인할 수 있는 사실로서 장애를 재현한다. 시간과 상황에 따라 손상에 대한 장애인의 반응이 어떻게 달라지는지, 손상의 성격은 어떻게 변화하는지, 특히 개인을 둘러싼 문화와 환경은 장애 경험에 어떤 영향을 주는지는 사람들의 관심에서 멀어진다. 실제로 '맹blindness* 경험'을 위해 눈가리개를 착용하는 것은 비장애중심주

---

*   'blindness'는 주로 법률적·의학적 용어인 '시각장애'로 번역되지만, 맥락에 따

의를 이해하는 데 거의 아무런 도움을 주지 못하며, 이를 통해 배울 수 있는 것이라고는 어둠 속에서 움직이는 느낌뿐이다. 이때 시각장애는 논란의 여지 없이 눈가리개를 착용한 경험으로 깔끔하게 요약되어버린다. 장애인에 대한 염려와 오해를 줄이려는 의도에서 행하는 활동에 정작 장애인의 목소리와 경험은 부재한 것이다. 여기에는 장애 권리 및 사회정의에 관한 논의 또한 존재하지 않는다. 장애는 탈정치화되어 문화가 아니라 자연으로서 재현된다. 토빈 시버스Tobin Siebers가 지적하듯, 이러한 활동에는 장애에 대한 "문화적 상상"이 아니라 "개인적 상상", 제한적인 상상만이 존재한다.[8]

장애의 개별적 모델은 흔히 장애의 의료적 모델이라고 불리는 것과 매우 밀접하게 연결되어 있다. 두 모델 모두 장애와 장애인에 대한 지배적 이해에 부합하는 체계를 가지고 있다. 장애의 의료적 모델은 의학적 관점에서 가장 잘 이해되고 다루어질 수 있는, 일탈적이고 병리적이며 결함 있는 비정상적 신체와 정신에 관한 틀을 제공한다. 이 틀에서 장애에 대한 적절한 접근은 "장애인의 삶을 구속하는 사회적 절차 및 정책을 '다루기treating'보다 특정한 상태 또는 그 상태에 있는 장애인을 '치료하는treat' 것이다".[9] 우리는 이를 '의료적' 모델이라 부르고 있으나, 중요한 건 이러한 관점이 의사나 의료 서비스 제공자에게만 국한되지 않는다는 점이다. 의료적 모델에서 두드러지는

라 장애인 당사자들이 자신의 상태를 지칭하기 위해 사용하는 단어인 '맹(盲)'으로 함께 옮겼다.

점은 그 용어를 사용하는 사람(또는 기관)의 위치가 아니라, 장애가 오로지 의료적 문제로 위치하게 된다는 점, 특히 장애가 객관적 사실이나 상식의 위치로 개념화된다는 점에 있다.[10]

실제로 장애의 의료적 모델에 대한 가장 열렬한 지지는 병원이나 클리닉 밖에서 나타나곤 한다. 가령, 문학 비평가 데니스 더튼Denis Dutton은 장애를 의학적 관점이 아니라 사회적 관점에서 기술하는 글쓰기 방식을 비난한다. 그는 장애라는 언어에 관심이 필요하다는 의견에 반대하면서, **"장애는 그것을 설명하는 단어가 아니라, 문제가 되는 의학적 상태다"**라고 설명한다.[11] 장애는 순전히 의학적 문제이기 때문에 장애를 분석의 범주로 넣을 필요가 없고, 비장애신체성able-bodiedness, 건강, 정상적인 몸, 또는 "시각장애, 휠체어 이용, 소아마비, 크레틴병" 같은 조건들은 그저 삶에 주어진 사실이기 때문에 비판적으로 볼 필요도, 가치도 없다는 것이다.[12] 그에게 장애는 자명하고 변하지 않는 오로지 의학적 현상일 뿐이며, '크레틴병'의 의미, 역사, 영향에 대해 논쟁하거나 이의를 제기할 필요도 없다.

이처럼 개별적 모델과 의료적 모델에서 장애는 특정한 몸과 마음에 내재한 문제적 특성으로 여겨진다. 따라서 장애의 문제를 해결하려면, 장애에 접근하는 가장 적절한 방법인 의학적 접근에 따라 병에 걸린 개인을 교정하고 정상화하거나 제거해야 한다. 장애의 미래는 확대된 사회적 지원이나 광범위한 사회 변화보다 의학 연구, 개별적 치료, 가족의 활동지원의 관점에서 더 잘 이해할 수 있다는 것이다.

하지만 장애학자들과 장애 활동가들은 의료적/개별적 모

델의 전제를 비판한다. 그들은 장애를 자연스럽고 자명한 병리학적 신호로 보기보다 사회적 관점으로 재소환한다. '장애인'의 범주는 서로가 서로의 경계를 확정하는 이분법적 용어로서 '장애 없는 몸'과 '장애 없는 마음'에 기대어 이해할 수밖에 없다. 로즈머리 갈런드-탐슨의 설명처럼, 몸들과 마음들 사이를 가르는 위계적 구분은 "편향적으로 설계된 사회적·건축학적 환경에서 자원·지위·권력의 불평등한 분배를 정당화"하는 데 이용된다.[13] 이 구조에서 장애는 몸과 마음에 관한 객관적 사실이 아닌 사회적 관계의 산물로 파악된다.

따라서 의료적/개별적 모델을 벗어나서 장애를 정의하는 방식을 변화시키는 일은 어떻게 장애의 '문제'를 해결하는 게 최선일지에 대한 새로운 이해의 자리를 마련한다. 내가 정치적/관계적 모델이라고 부르는 대안적 관점에서는 장애 문제가 개별적인 몸과 마음에 존재하는 것이 아니라, 특정한 종류의 몸, 마음, 존재 방식을 배제하거나 낙인찍도록 구축된 환경과 사회적 패턴 안에 존재한다. 예를 들어, 의료적/개별적 모델에서 휠체어 이용자는 그들의 이동성을 제한하는 손상으로 인해 어려움을 겪는다. 이런 손상은 의학적 개입 및 치료를 통해 가장 잘 해결된다. 그렇지 못할 경우, 개인은 접근할 수 없는 공간을 지나기 위해 친구와 가족에게 의존해 어려운 상황을 최대한 극복해야 한다. 그러나 장애의 정치적/관계적 모델에서 장애의 문제는 접근할 수 없는 건물이나 차별적인 태도, 그리고 정상과 일탈이 특정한 몸과 마음에 기인한다고 보는 이념 체계 안에 있다. 이때 장애의 문제는 의학적 개입이나 외과적 정상화가 아니라 사회 변화와 정치 변혁을 통해 해결될 수 있다.

그렇다고 해서 정치적/관계적 모델 안에 의학적 개입이 설 자리가 없다는 뜻은 아니다. 내 생각에 정치적/관계적 모델은 의학적 개입에 반대하지 않지만 의학적 개입을 정당화하지도 않는다. 이런 개입을 당연시하는 대신, 신체적 차이에 대한 의학적 표현, 진단, 치료가 정상과 일탈을 가르는 이념적 편향에 물들어 있다는 것을 인정한다. 그럼으로써 사람들이 만성 통증을 치유하길 바라는 동시에 장애인에게 공감하고 협력하길 바랄 수 있다는 가능성도 인정한다.[14] 나는 사람들이 형태나 기능의 변화를 받아들이거나 심지어 그것을 애도하면서도, 그 변화가 그것이 일어나는 맥락과 떨어져 이해될 수 없다는 것 또한 받아들일 수 있는 여지를 만들고 싶다. 의료적 모델과 정치적 모델을 구별해 의료적 모델이 정치적이지 않다고 말하려는 것은 아니다. 내가 주장하려는 건, 장애의 의료적 모델이 가진 정치적 특성을 더 많이 인식해야 한다는 것이다. 짐 스완Jim Swan이 주장하듯, 우리는 의료적 모델이 정치적이라는 것을 인식함으로써 건강 관리 및 사회정의에 관한 중요한 질문들을 던질 수 있다. "그 치료는 얼마나 좋은가? 누가 거기에 접근할 수 있는가? 얼마나 오래 접근할 수 있는가? 그들에게 선택권이 있는가? 누가 비용을 지불하는가?"[15] 스완의 질문은 장애의 의료적 모델이 경제적 현실 및 관계에 내재해 있다는 사실을 떠올리게 한다. 의료 개혁을 향한 최근의 관심 또한 이러한 질문들의 정치적 특성을 부각한다. 페미니즘 과학 연구, 재생산정의, 공중보건 분야의 학자들이 밝혀낸 바와 같이, 의학적인 믿음과 관행은 문화적 관행 및 이데올로기와 격리 또는 분리할 수 없다. 따라서 내가 장애의 정치적/관계적 모델을 제시하면서 주장하려는 바는, 장애에 대한 의료적 접근들을 거부하자는 것이 아니라 이런 접근들을 재심문하자는 것이다. 장애의 정치적 측면을 강조하는 것은 '장애'의 전 영역을 논의의 대상으로 보고, 의료적/개별적 모델의 가정을 숙고해야 한다는 뜻이다.[16]

장애의 정치적/관계적 모델은 우리에게 좀 더 익숙한 장애의 사회적 모델과의 우호적인 작별을 시도한다. 마그리트 실드릭과 재닛 프라이스처럼, 내 의도 역시 "묶인 채 고정된 확실성과 정체성을 와해하길 요구"하는 것이고, 몸의 불안정성을 이해하는 방법을 다원화하는 것이다.[17] 사회적 모델, 정치적/관계적 모델 모두 의료적 모델을 비판한다는 점에서 비슷하지만, 사회적 모델은 (별로 유용한 것 같지 않은) 손상과 장애의 구별에 의존한다는 점에서 다르다. 사회적 모델에서 손상은 신체적·정신적 한계를 지칭하는 반면, 장애는 손상에 기초한 사회적 배제 및 사회적 의미를 나타낸다.[18] 손상을 가진 사람은 환경에 의해 장애를 갖게 된다. 다르게 말하면, 장애를 만드는 것은 손상이 아니라, 사회적·건축학적 장벽이다. 나는 우리가 사회적인 것에 주의를 기울일 필요가 있다는 데 동의한다. 하지만 손상과 장애의 엄격한 구분은 손상과 장애가 **모두** 사회적이라는 사실을 인식하지 못하게 한다. 무엇이 손상을 이루는지 확정하려는 단순한 노력은 손상이 사회적 의미 및 이해와 동떨어져 있다는 것만을 부각할 따름이다. 수전 웬델은 이 문제를 사람이 얼마나 멀리 걸을 수 있어야 장애 없는 몸으로 여겨지는가에 대한 질문으로 표현한다. 그리고 정답은 이 문제가 다루어지는 경제적·지리적 맥락과 밀접하게 연관되어 있다고 말한다.[19] 사회적·신체적·정신적으로 손상을 가하는 조건들에 대한 우리의 이해는 시간과 장소에 따라 변화하며, 손상을 순전히 물리적 변화로만 표현하는 것은 이러한 변화의 효과를 모호하게 만든다. 페미니즘 이론가들이 오랫동안 지적해왔듯, '일반적인' 몸이라는 말만큼 특정한 몸을 가리키는 말은 없다.[20]

손상/장애를 구별하는 사회적 모델은 손상이 있는 이들의 살아 있는 현실을 지우기도 한다. 선의를 가지고 사회가 장애를 만드는 효과에 초점을 맞추는 것은 우리의 몸도 종종 장애를 만드는 효과를 보인다는 점을 간과한다. 만성질환, 만성 통증, 만성 피로를 겪는 사람들은 사회적 모델의 이러한 측면에 가장 비판적인 이들이었으며, 사회적·구조적 변화가 관절의 통증을 멈추거나 요통을 완화하는 데 별 도움이 되지 않을 것이라고 이야기해왔다. 건축술이나 태도의 변화로는 당뇨병, 암, 피로를 치유하지 못할 것이다. 엄격한 사회적 모델에서 보이는 것처럼 장애를 만드는 장벽에만 집중하는 것은, 통증과 피로를 장애 정치의 목적과 무관하게 만든다.[21]

결과적으로, 사회적 모델은 의학적 개입이나 치유에 관심이 있는 장애인을 주변화할 수 있다. 엄격한 사회적 모델은 개별적 치유를 받는 것이 바람직한 장애의 미래라고 상상하는 개별적/의료적 모델을 완전히 뒤집어버리는 동시에, 우리가 상상하는 미래들에서도 치유를 완전히 쫓아내버린다. 이때 치유는 자존감이 높은 장애 활동가나 학자라면 그 누구도 바라지 않을 미래가 된다. 우리가 장애를 끝없는 부담이나 삶의 질을 떨어뜨리는 영구적 방해물로 보는 의료적 틀에 너무 자주 노출된 탓에, 장애 권리 활동가들이나 장애학자들은 우리 자신의 통증과 우울함을 부정하는 경향이 있다. 말하자면, 손상과 씨름하거나 치유를 원한다는 사실을 시인하는 것은 우리가 맞서 싸우고 있는 바로 그 틀을 받아들이고, 적에게 먹잇감을 던져주는 것으로 비친다. 하지만 의료적 모델 안에서 상상하는 미래에 반대하는 입장만을 취하고, 정작 중요한 문제들에 대해 소통과 비판을 멈추는 것은 그 담론들을 우리 마음대로 제한하는 일이다. 리즈 크로우Liz Crow가 경고하듯, 통증, 피로, 우울증을 인정하지 않으려는 태도는 "장애를 만들지 않는 세상을 상상하고 성취할 수 있는 우리의 집합적 능력을 약화시킨다".[22]

결국 손상과 장애 사이에 뚜렷한 선을 긋고, 이러한 구별을 장애 이론화의 기초로 삼는 것은 장애와 비장애신체성에 대한 관념이 손상 있는 사람들을 비롯한 모든 이들에게 어떻게 영향을 미치는지 탐구하기 어렵게 한다.[23] 예를 들어, 또래 평균보다 키가 작은 아이들을 성장호르몬으로 '치료'하려는 사례와 마찬가지로 노화에 대한 불안 역시 강제적 비장애신체성/비장애정신성compulsory able-bodiedness/able-mindedness*의 결과로 볼 수 있다.

---

* 강제적 이성애(compulsory heterosexuality)가 가부장제 사회에서 (주로 여성에게) 강제되는 이성애를 설명하기 위해 고안된 개념인 것처럼, 강제적 비장애신체성 및 강제적 비장애정신성은 장애 없는 몸과 마음을 기준으로 신체적·정신적 장애를 부족하고 불완전한 것으로 가정하고, 비장애를 강건하고 정상인 것으로 간주해 이를 유지하고 추구하는 문화적 관행을 강제하는 체계를 설명하는 개념이다.

꼭 장애인이 아니더라도, 사람들은 분명 정상성과 이상적 형태 및 기능을 전제하는 문화적 이상에 영향을 받는다. 또, 다른 방향으로 생각해보면, 장애인의 친구나 가족은 비록 그들 자신이 장애인인 것은 아니지만 비장애중심주의적 태도와 장벽에 영향을 받곤 한다. 가령, 장애인의 질병과 적응에 관한 이야기를 불편해하거나 당혹스러움을 느끼는 타인들 때문에 사회생활이 위축될 수 있고, 접근성이 떨어지는 집에 장애인을 초대했다는 이유로 친구들이 죄책감을 느낄 수도 있다. 신뢰할 수 있고 알맞은 비용의 돌봄 지원에 접근하거나 적절한 주택을 찾는데 어려움을 겪는 것은 확실히 장애인뿐 아니라 가족 전체에 영향을 미치는 일이다. 게다가 장애는 장애인과 비장애인이 하나의 구성적 이분법을 만드는 것처럼 비장애신체성/비장애정신성과 관계하며 존재할 뿐 아니라, 장애는 관계 속에서 그리고 관계를 통해서 경험되는 것이지 이와 분리되어 발생하지 않는다는, 다른 분석의 음역대로 이동해야 한다. 내가 장애의 **관계적** 모델을 택한 것은 이러한 현실을 반영하기 위해서다.

마찬가지로, 장애의 **정치적** 모델이라는 나의 표현은 장애의 광범위한 탈정치화를 직접적으로 거부한다는 뜻을 담고 있다. 장애에 대한 더튼의 의료화된 설명은 '크레틴병'이 순수하게 객관적인 의학 연구에서 파생된 자연적 범주이며, 정치나 편견에 대한 논의와는 무관하다고 가정한다. 그는 장애의 자연성을 강조하면서 언어나 정체성의 관점으로 장애를 논하려는 시도를 비웃는다.[24] 장애의 정체성과 범주를 우리가 재정의할 수 없다고 (재정의해서도 안 된다고) 단언하고, 장애에 관한 레토릭이나 용어가 장애에 관한 이해(더 나아가 장애인의 삶)에 미치는 영향을 인정하지 않으며, 장애에 대한 의료적 접근은 완전히 객관적이며 편견이나 문화적 편향이 전혀 없다고 주장함으로써, 더튼은 정치적 영역에서 장애를 완전히 제거한다. 이를 통해 그는 장애를 다르게 이해할 가능성을 차단해버린다. 장애와 장애인을 정치적 이해로부터 분리해 장애를 사회 변화 및 전환의 계획 속에, 즉 더 나은 미래상 안에 포함하지 못하게 만드는 것이다. 장애를 의료적 틀로만 인식하고, 장애와 의료계를 모두 정치와 무관한 것으로 묘사하기 시작하면 장애는 근절해야 할 문제로만 여겨질 뿐, 급진적인 정치 운동이나 사회운동 내에서 자리를 잃게 된다.

반면, 정치적/관계적 장애 모델은 '장애'를 집합적 재상상이 일어날 수 있는 잠재적 현장으로 파악하고 더 많은 활동가의 호응을 이끌어낸다. 이와 같은 관점에서 '장애 인식' 체험은 장애에 대한 개별적인 경험 또는 상상되는 경험보다 장애화 disablement*에 대한 정치적인 경험에 더 초점을 맞추어 재구성될 수 있다. 예를 들어, 미국 산타바바라에 소재한 안전하고 접근 가능한 화장실을 찾는 사람들(이하, PISSAR)은 비장애 학생들을 휠체어에 태우기보다 기존에 구축된 환경이 실패하고 누락해왔던 것을 추적할 수 있도록 그들에게 줄자와 클립보드를 쥐어주고 화장실로 보낸다. 동료 화장실 혁명가들이 선언문을 통해

---

* 특정한 몸과 마음을 지닌 사람이 어떠한 사회적 조건과 맥락에 의해 장애 있는 몸/마음의 상태로 만들어지는 작용 및 과정.

설명하듯이, "몸의 무능함에서 공간의 접근 불가능성으로 초점을 옮기는 것은 '인식 교육'이 할 수 없는 운동 및 변화의 여지를 만든다."[25] PISSAR는 〈화장실 체크리스트〉를 만들고 보급함으로써 장애 권리 활동가들이 접근 가능한 공간을 요구하는 장애 운동의 미래를 상상한다. 이러한 접근 방식은 구조적·시스템적인 변화를 꾀하기보다 '인식' 변화를 미래 목표로 삼는 체험 활동들과 대조적이다.

나는 장애의 미래, 상상 속의 장애를 정치적/관계적 모델을 통해 읽고, 장애를 정치의 영역 안에 정면으로 배치하고자 한다. 내 목표는 일반적으로 장애의 결과라고 여겨지는 의미들을 역사적·정치적으로 맥락화해, '장애'를 비판·경합·전환이 가능한 일련의 실천 및 연상물로 위치시키는 것이다. 이 작업에서 필수적인 것은 비장애중심주의가 장애가 명확히 드러나는 지점에서만 나타나는 것이 아니라 광범하게 유통된다는 것을 인식하는 일이다. 즉, 장애를 정치적인 것으로 사유한다는 것은 재생산 실천부터 환경 철학까지, 화장실 운동부터 사이버 문화까지 모든 것을 탐구할 필요가 있다는 뜻이다. 이런 생각은 샹탈 무페Chantal Mouffe의 영향인데, 그녀는 이렇게 주장한다. "정치적인 것이 특정한 유형의 제도에만 국한되거나 특정한 영역 및 사회의 수준을 이루는 것으로 여겨져선 안 된다. 그것은 모든 인간 사회에 내재해 있고 우리의 존재론적 조건을 결정짓는 차원으로 이해해야 한다."[26] 이러한 의미에서 어떤 것을 '정치적'이라고 말하는 것은 그것이 권력관계들에 연루되어 있고, 그 관계와 거기에 내포된 가정, 그리고 그 영향들이 이미 논쟁

페미니스트, 퀴어, 불구

적이었으며, 앞으로도 논쟁적일 것이고, 반대와 토론에 열려 있다는 뜻이다.

달리 말하면, 나는 조디 딘Jodi Dean이 말하는 "정치의 **어떻게**how의 측면, 즉 개념과 이슈가 정치적 상식이 되는 방법, 장소와 인구가 개입·규제·격리되어야 할 필요가 있는 것으로 만들어지는 과정"에 관심이 있다.[27] 정치의 **어떻게**의 측면에 초점을 맞추는 딘의 발언은 내 작업의 동기가 되었던 최초의 질문들과 유사하다. 장애는 정치적인가? 어떻게 정치적인가? 장애의 범주는 특정한 사람, 몸, 실천에 대한 분류, 감독, 분리, 억압을 정당화하기 위해 어떻게 활용되는가? 이러한 질문들을 다루기 위해서는 동시대 문화, 특히 상상되고 계획되는 미래들 속에서 장애 및 비장애에 대한 관념이 맡고 있는 중심적 역할을 인식할 필요가 있다.

정치의 '어떻게'의 측면이 지닌 중요성을 강조한 딘은 "**탈정치화**를 심각하게 받아들이고, 공간, 쟁점, 정체성, 사건들이 정치적 순환에서 벗어나고 의제에서 차단되거나 이미 해결된 것으로 여기게 만드는 방식을 다룰 필요가 있다"라고 주장한다.[28] 장애를 정치적인 것으로 다루려는 노력은 내게 동기를 부여한 두 번째 질문으로 이어진다. 장애는 어떻게 정치의 영역에서 제거되어 탈정치화되어왔는가? 장애에 대한 어떤 정의와 가정이 이러한 제거를 용이하게 만드는가? 탈정치화의 영향은 무엇인가? 이런 질문은 장애에 대한 비장애중심주의적 이해를 상식으로 받아들이는 구체적 방식들을 탐구하는 장애학이 필요하다는 점을 강조하기 위해서 던지는 것이지, '장애는 정치적이었지만 지금은 그렇지 않다'라는 연대기적 과정을 알리거나 확정하기 위해서가 아니다.[29] 수전 슈바이크Susan Schweik의 지적처럼 장애에 기반한 차별과 편견이 구조적 불평등의 흔적이 아닌 학대나 몰감수성의 흔적으로 비난받는 상황에 비추어 보았을 때, 이러한 관심은 필수적이다. 그런 식의 레토릭들은 "사회적 부정의의 현실을 외면하고, 이를 연민과 자비심의 문제로 축소해버린다".[30]

미래를 정치적 관점에서 바라보려는 내 관심은 정치화 및 탈정치화에 관한 다음의 질문들에서 출발한다. 내가 여러 장에 걸쳐 살펴볼 미래들은 장애의 탈정치화를 여전히 전제하고 영속시키는가? 만약 그렇다면, 어떤 방식으로 그렇게 되는가? 장애에 대한 어떤 것이 '좋은' 미래는 장애가 없는 것이고 '나쁜' 미래는 장애로 가득 찬 것이라고 우리가 상상하는 미래를 정의하게끔 만드는가? 비판적 담론 안에서 장애가 우리의 미래에서 제거해야 하는 것, 또는 의심할 여지없이 우리의 과거에서 제거된 것으로만 나타나듯, 왜 현재의 장애는 계속해서 유예되는가? 그리고 가장 중요한 질문은 이것이다. 장애를 특징짓는 이러한 방식들이 왜 편파적·정치적으로 인식되지 않고 당연하게 여겨지는가?

장애 정체화하기: 몸, 정체성, 정치

장애를 정치적으로 보는 것, 이를 통해 장애가 이미 논쟁적인 것이었고 앞으로도 논쟁적일 것이라고 본다는 것은 '장애인'과 '비장애인'이 별개의 자명한 범주라는 사회적 모델의 가정에서 벗어나 그 범주의 탄생 및 그것이 유지되지 못하는 순간을 탐구하겠다는 뜻이다. 그 범주를 초과하고 실패하는 순간을 인식하는 것은 장애와 장애의 미래를 다른 방식으로 상상하는 열쇠다. 이러한 관점에서 나는 '장애', '손상', '장애인'의 의미를 논쟁적인 것으로 이해한다.[31] 자스비어 푸아르Jasbir Puar의 관점에서도 장애는 "인종, 젠더, 섹슈얼리티 [그리고 내가 덧붙이고 싶은 장애] 같은 범주들이 단순히 주체의 실체나 속성이 아니라 사건, 행동, 신체 간의 만남으로 간주"되는 어셈블리지assemblage*로 이해할 수 있다.[32]

따라서 정치적/관계적 틀은 본질적 특성이 유사한 특정인의 집단을 별개로 지칭하는 모든 가정을 거부하면서 '장애인'이라는 용어에 누가 포함되는지 결정하는 게 어렵다는 점을 고

---

*   어셈블리지는 질 들뢰즈(Gilles Deleuze)와 펠릭스 과타리(Felix Guattari)의 철학적 전통에서 주로 '배치'라고 번역되지만, 모음, 조립, 수집, 결합, 집합체, 회집체, 다양체 등 다양한 의미를 포함한다. 들뢰즈는 외재성의 관계들을 통해 이루어지는 전체, 즉 혼종적이고 자율적인 부분들로 연결된 다양체인 어셈블리지 개념을 제안한다. 자스비어 푸아르는 어셈블리지를 구성하는 부분들은 안정적으로 공모하기보다 복잡하고 불안정한 모습으로 만나고 어설프게 뭉쳐있다고 강조한다. 이러한 시각에서 '장애인' 역시 장애인이라는 범주를 구성하는 수많은 이질적 구성 요소들의 어셈블리지로 볼 수 있다. 가령, 장애인은 장애라는 개념 및 범주를 사용하는 개인들의 행동이나 정치적·의학적 분류 방식에 의해 구분되기도 하고, 특수한 조직(법정, 복지 및 의료 당국, 특수학교, 시설 등), 제도적 기준 및 사물(법률, 장애인증명서 등), 사회문화적 관행 및 사건(아픈 몸·장애 있는 몸에 대한 차별, 시설 수용, 태아 검사 및 임신중지 허용 등) 등과의 관련을 통해 묶이기도 한다.

려한다. 그 대신, 장애의 정치적/관계적 모델은 장애를 확고하게 정의된 것이 아닌, 다음과 같은 질문이 제기되는 장으로 본다. 장애는 모든 종류의 (인지적·정신의학적·감각적·신체적) 손상을 아우르는가? 만성질환자는 장애 범주에 더 잘 맞는가? 몇 년 전에 암에 걸렸지만 지금 호전된 사람은 장애인인가? 질환이 재발할 때마다 시력 상실에서 거동의 불편함에 이르기까지 다양한 일시적 손상을 경험하지만 호전된 상태로 돌아오면 기능적 제한이 없어지는 다발성 경화증이 있는 사람들은 어떤가? 신체적인 능력과는 무관하지만 차별적인 대우를 받기도 하는 큰 모반이 있거나 눈에 드러나는 차이가 있는 사람들은 또 어떤가?

정부 기관이든 NGO 단체든, 빈번히 누가 장애인이고 누가 특정한 지원이나 보호를 받을 자격이 있는지 판별하기 위한 지침을 발표한다. 만약 장애에 대한 정의가 논쟁적이지 않았다면, 세계보건기구WHO에서부터 미국 사회보장국Social Security Administration에 이르는 수많은 단체가 '장애'를 그리 꼼꼼하게 정의할 필요는 없었을 것이다. 장애와 손상을 정의하는 데 너무 많은 에너지가 투여된다는 사실은 그 용어가 근본적으로 불안정하다는 것을 시사한다. 게다가 고정적인 정의를 내리고 싶은 욕구는 그러한 고정화로 인한 경제적 효과와 분리될 수 없다. 예컨대, 미국 사회보장국은 누가 어떤 수준의 혜택을 받을 자격이 있는지를 정하기 위해 장애에 대한 정의를 활용하며, 미국 대법원은 법에 따라 누가 보호받을 자격이 있고 없는지를 구분하기 위해 미국 장애인법Americans with Disabilities Act을 끊임없이 참조해왔다. 비록 그 목적이 다르더라도, 두 기관은 모두 장애인과 비장애인 사이에 명확한 선이 있는 것처럼 규정한다. 장애라고 할 정도는 아니라서 보호받을 자격이 없는 사람도 있다는 생각 역시 분명히 아래에 깔고 있다.

　이와 반대로, 내가 여기서 발전시키고자 하는 장애 이론 및 정치학에서는 '장애'와 '장애인'의 고정된 정의에 의존하지 않고, 두 용어의 기준을 항상 논란의 여지가 있는 것으로 인식한다. 나는 장애를 특정한 마음과 몸에 내재한 범주로 보지 않고, 역사학자 조앤 스콧Joan W. Scott이 언급한 '집합적 결연collective affinity'의 하나로 간주한다. 스콧은 도나 해러웨이Donna Haraway의 사이보그 이론을 바탕으로 집합적 결연이 "사회에 의해 개인에게 귀속된 정체성, 개인을 배제하거나 소속시키는 정체성의 역할을 한다"라고 표현했다.[33] 집합적 결연이라는 개념은 학습장애*가 있는 사람부터 만성질환이 있는 사람까지, 이동성 손상이 있는 사람부터 인체면역결핍바이러스/후천성면역결핍증(HIV/AIDS) 감염인까지, 감각장애가 있는 사람부터 정신질환자까지 장애와 관련한 모든 사람을 아우를 수 있다. 각 범주 내의 사람들이 모두 장애 정치의 관점에서 논의될 수 있는 것은 그들 사이에 어떤 본질적 유사성이 있기 때문이 아니라, 이들 모두 장애가 있거나 아픈 것으로 분류되어 결과적으로 차별을 경험해왔기 때문이다. 시미 린턴의 글은 장애인 커뮤니티의 이런 근

---

*　뚜렷한 지적·정서적·신체적·환경적 결손이 없는데도 읽기, 쓰기, 추론, 계산 등의 학습에 계속해서 낮은 성취를 보이는 상태.

본적인 다양성을 보여준다.

> 휠체어로 거리를 활보하고, 지팡이를 짚고, 산소 튜브로 호흡
> 하고, 안내견을 따라다니고, 전동 휠체어의 마우스 스틱을 머
> 금고 뱉으면서, 오늘날 우리는 어디에든 있다. 우리는 침을 흘
> 릴 수도, 목소리voice*를 들을 수도, 매 음절을 스타카토로 말할
> 수도, 소변을 받는 도뇨관을 착용할 수도, 면역 체계가 손상된
> 채 살아갈 수도 있다. 우리는 이런 우리의 증상을 적은 목록
> 이 아니라, **우리를 하나의 집단으로 구축하는 사회적·정치적
> 상황** 때문에 함께 묶여 있다.[34]

린턴의 공식이 접근 가능한 미래를 탐구하기에 적절한 출
발점이라고 생각하는 이유는 그의 공식이 사실이라기보다 가
능성으로 해석되기 때문이다. 장애학과 장애 운동은 모두 목소
리가 들리는 사람들, 면역 체계가 손상된 사람들, 휠체어를 이
용하는 사람들 사이의 잠재적 연관성을 인식하는 데 소홀했다.
주목할 만한 예외가 있긴 했으나 장애학, 특히 인문학 분야에
서는 주로 눈에 띄는 신체적 손상, 감각적 손상에 집중하고, 인
지장애에는 거의 관심을 가지지 않았다.[35] 만성질환은 이들 논
의에서 흔히 볼 수 있게 되었지만, 오직 특정한 형태로만 다루
어져왔다. 가령, 만성 피로 증후군과 정신적 장애에 관한 논의

---

* 의료적 관점에서 '정신적 이상으로 인해 타인이 관찰하지 못하는 원인 없는 소
리를 듣는 현상'으로 정의되는 환청(auditory hallucination)이라는 용어 대신,
정신장애인 당사자의 경험을 강조하기 위해 사용되는 용어.

는 수전 웬델, 엘런 새뮤얼스, 마거릿 프라이스 같은 학자들의 연구에 힘입어 증가했으나, 당뇨, 천식, 루푸스는 장애학 연구자들에게 대부분 미개척 상태로 남아 있다[36](당뇨는 '미국의 소수 인종 및 민족 구성원들'에게 더 많이 발생하고, 천식은 늘 그렇듯 가난한 사람들이 주로 거주하는 매우 오염된 동네에서의 생활로 나타나는 일반적인 부작용이라는 점을 감안할 때, 이러한 무관심은 더욱 뼈아프다).[37] 나는 장애를 다르게 사유할 가능성을 제시하기 위해 린턴의 공식을 되뇐다. 이 모든 위치를 진지하게 고려하고 다양한 몸, 정체성, 위치에 책임감을 느끼는 장애학 및 장애 운동의 가능성을 붙잡고 싶다.

내가 이 책에서 제기할 주장 중 하나는 이런 확장된 장애 운동을 상상하기 위해 바로 그 정체성들, 위치들, 몸들에 대한 비판적인 독해에 참여해야 한다는 것이다. 린턴의 관점을 적용하려면, 우리가 어떻게 하나의 집단으로 구축되는지 추적해야 할 뿐만 아니라, 어떻게 그 구축이 불완전해지고 논란이 되고 거부당해왔는지 추적해야 한다. 우리는 이러한 구축에 인종, 젠더, 섹슈얼리티, 계급, 민족의 역사가 영향을 끼쳐왔다는 것을 인식해야 한다. 그렇지 않으면 크리스 벨이 말한 것처럼 장애학은 "백인 장애학"에만 머물게 될 것이다.[38] 다시 말해, 우리는 '장애인', '장애' 같은 단어들이 어떻게 활용되어왔고, 그 효과는 무엇인지 헤아리면서 그것이 가정하는 것들, 삭제하는 것들이 무엇인지 숙고해야 한다.

이를 통해 자신을 장애인이라고 말하거나 정체화하지만, 장애를 '가진' 것은 아닌 사람들을 포함하는 '우리'를 상상할 수 있을지도 모른다. 만성질환 연구자들은 자신의 증상에 대해 '적절한' (즉, 의학적으로 통용되거나 의사가 제공하거나 보험사에서 승인한) 진단명을 가지지 못한 사람들을 장애 공동체 내에 포함할 필요가 있다는 생각으로 연구를 진행해왔다. 그렇게 되면, 그들에게 필요한 사회적 지원(사회복지 서비스 접근에서부터 친구와 가족의 인정에 이르는 모든 것)을 제공할 수 있을 뿐만 아니라, 장애를 진단 범주로 나타내기보다 집합적 결연으로 나타낼 수도 있다. 이때 의료적/개별적 장애 모델에서 벗어난다는 것은 장애의 정체화를 오로지 진단명과 연결 짓지 않는다는 것을 뜻하게 된다.

아마 좀 더 생소하고 복잡해 보이는 사람들은 자신을 장애인으로 정체화하되 진단명뿐만 아니라 손상의 '증상'이 전혀 드러나지 않는 사람들일 것이다. 캐리 샌달과 로버트 맥루어의 관점에서 우리는 '불구라고 주장하는 비장애인'이 포함된 집단의 구축을 어떻게 이해할 수 있을까?[39] 청각장애인이나 난청인은 아니지만, 자신을 농인Deaf* 공동체의 일원이라고 생각

---

* 청각이 손상된 사람을 뜻하는 'deaf'는 주로 가장 대표적인 법적 용어인 '청각장애인'으로, 대문자 D를 사용하는 'Deaf'는 주로 '농인'으로 번역된다. '농인'은 농(deafness, 聾)을 병리적 현상이나 장애로 보는 것을 거부하고, 음성언어를 중심으로 의사소통을 하는 청인과 대비하기 위해 당사자들이 사용하는 말로서 '시각언어인 수어를 제1언어로 사용하고 이에 기반한 농 문화를 영위하는 사람'을 의미한다. 장애인복지법에서는 청력을 잃은 사람 또는 평형기능에 장애가 있는 사람을 '청각장애인'으로 규정하고 있지만, 저자가 부연하는 코다의 사례처럼 농인을 규정하는 기준은 청력 손상의 양상이나 정도가 아니므로 모든 청각장애인을 농인이라 할 수는 없다. 'deaf'와 'Deaf'의 사용이 지니는 의미에 대해서는 3장의 주9를 참고하라. 'deaf(deafness)'는 이를 장애로 보지 않는 농 문화의 관점을 드러내야 할 경우, '청각장애(인)' 대신 '농(인)'이라고 옮겼다.

하고 심지어 농 정체성을 주장하기도 하는 코다CODA, Children of Deaf Adults(농인 부모에게서 태어난 청인 자녀)는 이런 종류의 정체성을 증명하는 명백한 사례일 수 있다.[40] 그런데 자신을 불구라고 주장할 때도 이런 식의 혈연이나 동류의식이 필요한가? 연인이나 친구가 자신을 불구라고 주장하거나 '문화적 장애인'으로 이해한다는 것은 무엇을 의미하는가? 장애와 비장애신체성/비장애정신성을 재사유하려는 이론가들이나 활동가들이 이러한 주장을 하는 것은 무슨 의미인가? 불구라는 주장은 그들 고유의 체현 과정이나 정신적/심리적 과정과 상관없이 '불구'를 바라왔던 자리, 바람직스러운 자리로 위치시키고 다양한 미래들을 상상하는 방법이 될 수 있는가? 맥루어가 지적했듯, 이러한 실천들은 그 단어를 전용할 위험성을 안고 있지만, 장애인/비장애인, 질병/건강 같은 단순한 이분법을 거부하는 가능성을 제공하기도 한다.[41] 불구라고 주장하는 것은, 그러므로 우리 모두에게 능력이 변하는 몸과 마음이 있다는 사실을 인식하고, 그러한 변화들의 정치적 의미 및 역사를 고심하는 방법이 될 수 있다. 따라서 '우리'라는 개념을 사실보다는 가능성의 의미로 되돌리기 위해서, 즉 비장애인이 자신을 불구라고 주장하는 게 무엇을 수반하는지를 숙고하기 위해서는 그 주장이 (어떠한 근거로) 특정 사람들에게 더 유용하거나 더 상상하기 쉬운지를 탐구해야 한다.

이러한 (장애를 주장하는 것의 역사와 효과, 장애 정체성의 다른 이용 가능성 및 실현 가능성에 관한) 질문에 주의를 기울일 때, '비장애인이 자신을 불구라고 주장하는 것'과 (선의가 담겨 있으나 매우 비장애중심주의적인) '우리에게는 **모두** 장애가 있다'라는 선언을 구분할 수 있다. 후자는 구조적 불평등이나 배제 및 차별의 패턴들을 고려하지 않은 채 물리적·정신적·감각적 한계에 대한 경험을 모두 뭉뚱그리면서 내가 여기서 살리고자 하는 특수성을 모호하게 만든다. 린턴이 장애라는 '범주를 명명'하는 것이 장애에 기반한 차별에 대해 효과적으로 '주의를 환기'할 수 있기 때문에 여전히 필요하다고 설명하면서, '장애인과 비장애인 경계선의 삭제'에 대해 우려를 표했던 것은 바로 이 때문이다. 그러나 나는 범주의 유연함이 가진 희망과 위험을 염두에 두면서, 자신을 불구라고 주장하는 비장애인의 가능성을 탐구하는 것이 바로 이와 같은 비판적 주의를 촉구할 수 있다고 제안하려 한다.[42] 비판적으로 자신을 불구라고 주장하는 것은 그 주장 뒤에 숨겨진 윤리적·인식론적·정치적 책임을 인식한다는 뜻이다. 우리는 장애 있는 몸/마음 사이의 이분법을 해체하기 위해 다른 몸들/마음들이 어떻게 다르게 취급되는지에 (주의를 더 적게 기울일 것이 아니라) 주의를 더 **많이** 기울여야 한다.

장애를 주장하는 데서 제기되는 인식론적 문제에 주의를 기울이면, 불구라고 주장하는 데서 제기되는 다른 일련의 질문들도 드러난다. 이 집합적 '우리'에 대해 생각하고, 불구 공동체의 구축을 생각한다는 것은 질병이나 손상을 '가진' 사람들, 타인에 의해 '장애인 우리'의 일원 중 하나로 인식되지만 스스로는 그렇게 인식하지 않는 사람들을 고려해야 한다는 것을 의미한다. 이 집단에서 비중을 가장 많이 차지하는 사람은 장애인이겠지만, 청각 손상, 저시력, 아픈 무릎, 천식, 당뇨가 있는 사람이나 여러 이유로 불구 정체성이나 장애를 주장하지 않는 사람도 있을 것이다. 손상이 있는 사람 대부분 역시 이 범주에 속할 수 있지만, 손상이 있지만 자신을 장애인이나 불구로 부르지 않는 사람들은 사실 내가 이 책에서 가장 다루기 어려운 집단이다. 나는 그들이 장애학과 장애 권리 운동에서도 가장 다루기 어려운 집단이라고 생각한다.[43] 장애 권리와 장애정의, 급진적인 퀴어불구 활동, 장애의 바람직스러운 면을 발견하는 것에 대한 나의(우리의) 관심에 비춰볼 때, 저 이름들 안에 속하지 않으려는 사람들을 어떻게 다룰 수 있을까?

이 질문에 대한 하나의 대답은 그 사람들이 자신을 불구라고 하든, 하지 않든 상관없다는 것이다. 장애에 대한 문화적 가정을 재고하고 장애의 미래를 다르게 상상하는 것은 우리의 정체성과 상관없이 모두에게 이익이다. 라델 맥호터Ladelle McWhorter가 지적하듯, "예를 들어 '장애 없는 몸'과 '제정신'을 '손상', '정신병', '결함'과 분리하려는 관행 및 제도는 모든 이들이 살아가는 조건을 창조해낸다. 즉, 우리 각자가 자신을 받아들이고 삶의 방식을 결정하는 상황을 구조화한다".[44] 장애학과 관련해 글 쓰고 가르치는 사람으로서, 그리고 모든 종류의 몸과 마음을 가진 독자들과 학생들을 상상하는 사람으로서, 나는 맥호터의 예측, 더 나은 미래에 관한 표현을 통해 희망을 본다. 페미니즘 운동이 페미니즘 안에 속하지 않으려는 사람들에게도 혜택을 주는 것처럼 장애학과 장애 운동 역시 이에 대한 관심이나 기여가 없는 사람들에게도 더할 나위 없는 혜택을 준다.[45] 동시에, 나는 이것이 유일하거나 충분한 대답은 아니라고 믿는다. 나는 접근 가능한 미래로의 여정을 시작하면서 불구라는 소속에 대한 질문, 즉 그것이 무엇을 의미하고, 무엇을 수반하고, 무엇을 배제하는지에 대한 질문을 강조하고 싶다.

페미니스트, 불구, 퀴어:
용어, 방법, 소속에 관한 참고사항

나는 페미니즘 이론을 읽기 전에 장애인이 되었지만, 나를 장애학으로 이끈 건 페미니즘 이론이었다. 내가 장애를 개별적 병리나 개인적 비극이 아닌 정치적 범주로 이해하게 된 것은 몸을 다루는 페미니즘 이론의 접근법을 접하면서부터였다. 페미니즘 이론은 내게 장애, 장애 있는 몸에 대한 가정이 어떻게 자원의 불평등과 사회적 차별을 유발하는지 사유할 수 있는 도구를 마련해주었다. 페미니즘 이론가들이 '일반적인the' 여성의 몸에 대한 본질주의적 가정에 도전해 여성성의 자연성에 의문을 제기했던 것처럼, 나도 '일반적인' 장애 있는 몸에 대한 본질주의적 가정에 도전해 장애의 자연성에 의문을 제기할 수 있었다. 내가 장애에 대한 정치적/관계적 모델을 고안할 수 있었던 것도 (뒤에서 더 드러나길 바라는) 페미니즘 이론가들의 작업 덕분이었다. 간단히 말해, 페미니즘은 나에게 장애, 신체적 변이에 대한 낙인, 그리고 저항, 반대, 집합행동 같은 다양한 방법과 전략에 대해 비판적으로 사유할 수 있는 이론적 도구를 제공했다.

나는 이 책을 페미니즘 이론과 정치라는 더 큰 영역 안에 두고 있다. 내가 검토하는 급진적 정치 중에는 분명 페미니즘 적인 것이 있고 아닌 것도 있지만, 급진적 정치에 대한 내 노력 은 페미니즘에 대한 노력과 다르지 않다. 페미니즘과 여성학 분야의 많은 역사가가 언급하듯, 페미니즘은 오랫동안 이론과 실천의 연결에 관심을 가져왔다. 활동가들과 학자들은 모두 이 론이 정치적 실천에 영향을 미칠 방법을 끊임없이 탐구해왔지 만, 페미니스트들은 이와 반대로 활동가들의 전략, 대화, 갈등, 성취를 기초로 개념과 체계를 도출하고 실천으로부터 이론을 구성해왔다. 나는 부분적으로는 이론과 실천을 접목하려는 이 론가·활동가로서의 책무, 페미니즘과 함께 가야 한다는 책무로 인해 급진적 정치에 관심을 갖게 되었다. 최근 장애학 문헌들 에서 페미니즘과의 연관성을 과소평가하거나 무시하는 것을 보고 있자니, 실현 가능한 미래들에 대한 탐구를 시작하기에 앞서 이 빚을 분명히 밝히는 게 필요하다고 생각한다. 나의 독 해와 상상력은 전적으로 페미니즘적이다.[46]

이는 또한 이견의 여지없이 불구적이다. 불구적이라는 표 현은 장애 활동과 문화에서 많이 통용되지만, 그 공동체 밖의 사람들은 여전히 불편하게 느낄 수 있다. 실제로, 에세이 작가 인 낸시 메어스Nancy Mairs가 "사람들은 자신이 불구든 아니든, '불 리한 사람handicapped'이나 '장애인disabled'이라는 말과는 달리 '불 구자crippled'라는 단어에 유독 움찔한다. 아마도 나는 그들이 움 찔하길 바라는 것 같다"라고 이야기했듯, 이러한 불편함은 불 구라는 단어를 받아들이게 하는 데 큰 영향을 미친다.[47] 사람들 이 움찔하길 바라는 바람은 세상을 뒤엎고 몸과 마음, 정상과 일탈에 대한 일상적 이해로부터 사람들을 불현듯 벗어나게 만들고 싶은 충동을 보여준다. 이는 장애인을 향해 비장애인이 보이는, 혹은 일탈적인 사람을 향해 정상적인 사람이 보이는 보통의 반응, 가령 은밀하면서도 끈질기게 쳐다보고, 공격적으로 질문하고, 다름을 외면하고, 알아가길 거부하는 상황들을 인식하고 있다는 뜻이다.[48] 많은 장애인이 자신을 움찔거리게 만드는 반응들에 익숙하지만, 여기서 낸시 메어스는 이런 반응들을 무시하고 그 움찔거림을 되돌려주기까지 한다. 일라이 클레어의 공식에서도 마찬가지로 '불구'나 '불구자' 같은 단어는 '퀴어'처럼 "정치를 구축하도록 돕는 단어"다.[49]

이러한 구축과 관련한 예시로, 캐리 샌달이 '장애학disability studies'보다 '불구학crip studies'과 '불구 이론crip theory'이라는 이름을 더 선호했던 사례, 그리고 로버트 맥루어가 자신의 이론 작업을 《불구 이론Crip Theory》으로 명명했던 사례를 꼽을 수 있다. 샌달과 맥루어에 따르면, 장애학과 불구 이론은 그 지향과 목표가 다르다. 불구 이론은 장애학보다 더 논쟁적일 뿐만 아니라, 정체성 정치의 잠재적 위험과 배제를 탐구하는 동시에 "역설적으로 정체성이 장애인 권리 운동 안에서 해온 발전적 역할"을 인정한다.[50] 나는 《페미니스트, 퀴어, 불구》가 정확히 이런 모순적인 불구 이론에 참여하는 연구라고 생각하며, 급진적 정치의 다양한 현장에서 기존의 장애학을 비판하고 불구 이론에 참여해왔던, 나를 비롯한 활동가, 문화 노동자들의 기여를 명확히 밝히기 위해, '불구'와 '불구 이론'을 사용한다.[51]

일반적으로 불구와 불구 이론의 가장 생산적이고 도발적

인 요소 중 하나는 이 용어들에 잠재적 확장성이 있다는 점이다. 샌달이 지적한 바와 같이, "불구자는 퀴어처럼 유동적이고 변화무쌍하며, 그 단어가 원래 지칭하지 않았던 사람들에게도 쓰여왔다. …… 불구라는 용어는 신체적 손상이 있는 사람들뿐만 아니라 감각적 또는 정신적 손상이 있는 사람들도 포함할 만큼 확장되었다".[52] 나는 샌달의 이야기에 동의하며, 내가 불구 이론에 열광하는 것도 정확히 이 잠재적 유연성 때문이지만, 린턴의 "우리는 어디에든 있다"라는 말이 그러한 것처럼, 이 포괄성은 현실이기보다 희망에 더 가깝다. 불구의 자긍심 표현이나 불구의 정치에서 나오는 표현들 다수는 종종 명시적으로 신체적 손상만을 다루고 감각적 혹은 정신적 손상이 있는 사람들의 경험을 무시하거나 주변화하곤 한다. 어떤 사람들은 치유에 반대하는 사람을 불구라고 지칭하면서, '불구 이론'이 장애 정체성을 주장하는 동시에 자신의 손상이 사라지길 원하는 사람들의 관점 및 실천을 포괄하기 어렵게 만든다. 그러나 나는 이 두 가지가 실생활에서 서로 얽힐 수도 있고 이미 자주 얽혀 있다는 것을 환기하면서, 내 연구를 '페미니즘 및 퀴어 장애학' 중 하나로 명명하기도 하고, '불구 이론' 중 하나로 명명하기도 할 것이다. 실제로 정체성에 대한 풍부한 분석들이 페미니즘 연구와 퀴어 연구 사이에서 나오고 있다는 사실을 고려하면, '페미니즘 및 퀴어 장애학'은 자신을 불구라고 인식하지 않거나 불구라고 인식하지 못하는 사람들을 위한 공간을 마련하는 동시에 불구 이론이 시도하는 정체성에 대한 '역설적' 접근을 아주 잘 수행할 수 있을 것으로 보인다.[53]

이와 비슷하게, 《페미니스트, 퀴어, 불구》에서 나는 신체에 대한 문헌과 정신에 대한 문헌을 결합하고, '강제적 비장애신체성'과 '강제적 비장애정신성'을 짝지을 것이다.[54] 장애학이 다른 모든 것을 배제한 채 신체적 장애에만 집중해왔다는 비판을 무겁게 받아들일 수 있다면, 우리는 우리의 작업을 말하고 개념화하는 다른 방법들을 함께 적용하며 실험을 시작해야만 한다.[55] 물론 나는 '강제적 비장애신체성', '강제적 비장애정신성' 같은 용어를 사용하는 내 방식이 두 용어의 본래 의미에 비추어 부분적이라는 것을 잘 알고 있다. 내 작업에는 장애학의 현재 지형의 흔적이 남아 있고, 나는 이제야 비장애신체성과 관련해 비장애정신성이 의미하는 바를 수박 겉핥기 정도로만 이해하기 시작했을 뿐이지만, 나는 장애학의 지형을 바꾸기 위해 애쓰고 있다. 그래서 나는 '몸과 마음' 또는 '강제적 비장애신체성/강제적 비장애정신성'이라는 용어를 쓰고 읽음으로써 장애를 다른 방식으로 사유할 수 있다는 기대 속에서, 린턴의 '우리'와 샌달의 '불구'가 가진 의미처럼 '몸'과 '마음'을 함께 사용했다. 겨우 이런 언어를 사용하는 것만으로 충분하다고 생각하는 것은 아니며, 나는 이러한 연합이 실제로 일어날 수 있도록 독자들이 이 힘든 작업에 참여할 것을 촉구한다. 7장에서 설명하겠지만, ('마음과 몸', '우리 모두의 불구a crip of us all' 같은 용어의) 이러한 확장성은 결코 완전히 또는 최종적으로 달성될 수 없는 대신, "유동적이고 변화무쌍하며" 희망적인 지평을 열어주고, 샌달이 지적한 바와 같이 미리 상상하지 못했던 방식으로 활용될 수 있다.

퀴어 (이론의) 독자들은 이러한 유동성, 변화무쌍한 지평, 정체성에 대한 역설적 논의에 대한 이야기가 퀴어 연구에 더 가깝다고 생각할 것 같지만, 나는 샌달과 맥루어처럼 그런 이야기가 불구 이론, 특히 이 책에서 수행하는 작업에 더 가깝다고 생각한다. '퀴어'라는 용어는 무엇을 (그리고 누구를) 포함하고 제외하는지에 대한 이론가 및 활동가의 논쟁이 끊임없이 벌어지는 경합의 영역이다. 나는 장애에 대해서도 이런 식의 논쟁이 벌어지는 것을 환영한다. 실제로 주디스 버틀러Judith Butler는 퀴어를 "항상 그리고 오직 재배치되고, 뒤틀리고, 퀴어해지는" 것이어야 하는 "집합적 경합의 장"이라고 주장한다.[56] 이 정의 (퀴어성queerness이란 항상 퀴어해지는 것이어야 하는 것)가 가진 순환성은 이러한 반론 및 논의의 욕망을 지지하는 역할을 한다. 나는 내 작업에 '퀴어'라는 이름을 붙이면서 '퀴어'를 '불구'가 (그리고 '불구'를 '퀴어'가) 포함된 의미로 뒤틀고, 동시에 이런 뒤틀린 포함이 지닌 위험성을 강조하고 싶다. 강제적 비장애신체성과 강제적 비장애정신성을 비판적으로 검토하는 것은 퀴어 연구와 불구 연구의 과제이며, 이 연구들은 '불구'와 '퀴어'를 반드시 평탄화하거나 안정화시키지 않고도 수행될 수 있다.[57] 결국, 우리에게는 다음과 같은 비판적인 시도들이 필요하다. 강제적 비장애신체성/강제적 비장애정신성과 강제적 이성애가 정상성에 봉사하는 과정에서 서로 어떻게 얽히는지 추적하는 것. '결함 있는', '일탈적인', '아픈' 등의 용어가 어떻게 암묵적 규범을 정당화하고 다른 몸, 마음, 욕구, 행동 습관을 가진 사람들에 대한 차별을 정당화하는 데 활용되어왔는지 조사하는 것. 젠더화된 행동 규범(적절한 남성성 및 여성성)이 어떻게 비장애인의 신체에 기반을 두고 있는지 헤아리는 것. 마지막으로 퀴어 (및) 장애 활동가 사이의 잠재적 연결 지점과 이탈 지점을 드러내는 것. 앞으로 다루게 되겠지만, 대중문화, 학술 이론, 정치 운동에서 소환하는 '상상 속 미래'는 이런 탐구를 진행하기 위한 생산적 장소 중 하나다. 《페미니스트, 퀴어, 불구》는 그곳에서 퀴어/불구의 연관성에 대한 추적을 시작할 것이다.

그리하여 나는 이 책을 근본적으로 연합적인 텍스트로 삼고 싶다. "페미니스트, 퀴어, 불구"라는 제목은 이 책의 내용일 뿐만 아니라 방법론이다. 매우 명백하고 당연하게도 이 책은 장애 정체성 및 장애 경험을 기존의 페미니즘 이론과 퀴어 이론의 틀에 적용한 작업이다. 그러나 이 작업은 단순히 혹은 단지 무언가를 더하는 방식으로만 개입하지 않는다. 나는 장애를 젠더, 인종, 계급, 섹슈얼리티와 함께 분석의 범주로 인식해야 한다고 생각하지만, 나의 더 큰 목표는 차이에 관한 이런 범주들 내에서, 그리고 이 범주들을 통해서 장애가 어떻게 파악되는지를 다루는 것이다.[58] 예를 들어, 사이보그에 대한 페미니스트들의 전유, 퀴어들의 재생산 기술 활용, 더 나은 삶에 대한 에코 페미니스트들의 상상은 비장애신체성에 어떤 영향을 미치는가? 바꾸어 말하면, 장애의 역사 및 경험을 경유한 상상은 페미니즘 환경 철학이나 보조생식 기술에 대한 퀴어적 접근 방식을 어떻게 비판하거나 변형시킬 수 있는가? 나는 '장애'라는 단어를 전혀 사용하지 않는 퀴어 서사나 페미니즘 분석을 통해 장애를 읽음으로써 개방된 이론적 지형을 탐색하고 싶다. 이러한 독해가 '장애인', '퀴어', '페미니스트' 같은 용어에 대한 우리의 이해를 어떻게 변화시킬 수 있을까? 이론의 발전 및 활동가의 실천이라는 측면에서 교차 운동의 작업을 한다는 것의 의미가 무엇인지, 그것에 대한 우리의 이해를 어떻게 확장할 수 있을까?《페미니스트, 퀴어, 불구》에서는 이런 질문에 응답해 장애 및 비장애신체성/비장애정신성에 의해 수행된 다른 정치적 관점의 작업을 인식하면서, 가령 통일된 장애 공동체에 대한 열망에서 나오는 배제의 문제를 시인하면서, 연합의 정치가 장애와 장애 있는 몸을 다르게 사유해야 한다고 주장할 것이다.

여기서 나는 페미니스트, 퀴어, 불구라는 내 소속을 세밀하게 기술하는 것이 이러한 범주들을 더 구체화함으로써 이들을 개별적이고 분리 가능한 정체성으로 재현할 위험이 있다는 것을 알고 있다. 이런 식으로 개인적·이론적 위치를 밝히는 것은 교차적 페미니즘 연구의 오래된 주요한 흐름이었고, 이는 푸아르가 경고했듯 "공간과 시간을 초월한 정체성의 안정화"를 너무 쉽게 추구하는 경향이 있다.[59] 그러나 우리는 분석과 실천의 결합이 거의 일어나지 않는 이론적·활동적 상황 속에서 작업하고 있기 때문에 이러한 위험을 감수할 필요가 있다. 그 특정한 상황에서 (즉, 내가 이런 정체성들에 문제를 일으키고 싶은 바로 그 순간에) 페미니스트, 퀴어, 불구라고 명시적으로 정체화하는 것, 그리고 페미니스트, 퀴어, 불구의 작업을 명시적으로 실천하는 것은 중요하다고 생각한다. 내가 이처럼 변화하는 위치들에 주의를 기울이는 것은 그 위치들을 제자리에 고정하기 위해서가 아니라, 우리가 그 위치에서 몰두하고 노력하면서 직면하는 문제들을 살피기 위해서다.

나는 우리의 운동이 공공연하게 우파에 동조해온(동조하게 된) 상황을 장애학자들과 장애 활동가들이 침묵으로 대응하는 모습이 개탄스럽다. 세라 페일린Sarah Palin*을 향해 공개적으로 대응했던 페미니스트/퀴어/불구는 어디 있었는가? 산전 검사에 대한 안티 초이스antichoice** 이데올로기와 장애 비평의 모호함을 문제 삼으면서 그녀가 장애 인권의 옹호자로 대변되는 상황에 우리는 어떻게 개입해야 했을까? 장애 및 장애 있는 몸을 분석하기보다 우화로 활용하거나 이동성 제약에 관한 비유를 주로 사용하는 퀴어 이론의 텍스트를 페미니스트/퀴어/불구에 기반한 분석은 어떻게 확장하고 복잡하게 만들 수 있을까? 페미니즘 이론과 퀴어 이론을 명시적으로 활용하는 곳이 장애학회 Society of Disability Studies의 연례 학술대회에서 다뤄지는 소수의 논문 및 발표밖에 없는 상황에서 이러한 교차점에 이름을 붙이고 정착하는 것은 꼭 필요하지 않은가?[60] 더 중요한 질문은 이것이다. 우리가 페미니스트/퀴어/불구 또는 젠더/섹슈얼리티/장애를 안정화하지 않고, 이러한 범주들, 교차점들, 위치들을 그 자

---

* 전(前) 알래스카 주지사이자 2008년 공화당의 부통령 후보 지명자였던 미국 정치인. 페일린은 혼전순결과 총기 소지를 옹호하고 임신중지에 반대하는 입장을 보이면서, (공화당 내 기독교 성향의 강경 보수 세력인) 티파티(Tea Party)의 대모로 불리며 미국 극우층의 호감을 얻었다. 2008년 공화당 전당대회와 각종 유세 현장에서는 다운증후군이 있는 막내 아들을 안고 나와 공화당의 지지율 상승을 이끌었고, 2016년 대선에서는 당시 공화당 대통령 후보였던 도널드 트럼프(Donald Trump)를 공개적으로 지지했다.

** 임산부가 아이를 원치 않을 때 의도적으로 임신중지를 선택할 자유가 있어야 한다는 프로 초이스(pro-choice)에 반대하는 입장.

체로 자명한 것으로 치부하지도 않으면서 어떻게 이런 식의 명명을 수행하고, 이런 식의 분석 및 정치의 실천을 요구할 수 있을까? 나는 접근 가능한 미래에 대한 이 특정한 상상(나의 상상)을 통해 페미니스트/퀴어/불구가 서로 항상 이미 묶여 있는 중에도 서로 양분과 정보를 주고받을 수 있는 이론적/정치적 지도상의 한 자리가 개척되길 바란다. 더 나아가 이런 상상들이 지도 안의 교차점뿐 아니라 지도 그 자체를 증식하고, 확산하고, 재생성하는 상상들을 더 많이 만들어내길 바란다. 우리는 반복적으로 수행되는 불구 이론, 그것을 실천하는 이들이 인식하지 못할 수도 있는 이론, 그 이론의 한계에 이의를 제기하고 이를 넘어서는 이론, 이 특정한 반복을 자신의 과제로 삼는 이론이 필요하다.

이것이 확산되길 바라는 마음으로, 《페미니스트, 퀴어, 불구》 전반에 걸쳐 집중한 것은 바로 질문이다. 그중 일부는 감각적이고 미학적이다. 나는 질문의 케이던스cadence***를 좋아한다. 또한 질문은 이 책의 주된 방법론이다. 이 책의 목표 중 하나가 장애를 다르게 사유하고, 장애의 범주와 경험을 모두 경합되어왔던 것, 경합할 가능성이 있는 것으로 보기 시작하는 것이라면, 질문을 던지는 것보다 더 나은 방법이 있을까? (내 질문은 이미 시작되었다.) 수사학적 질문들은 저자가 다음 작업을 암시하거나 새로운 문제를 발견하거나 더 많은 연구가 필요하다는 것을 제안하기 위해 주로 결론부에 쓰이곤 한다. 하지만 나

*** 문학작품을 읽을 때 목소리의 변화, 리듬, 운율에 변화가 일어나는 지점.

는 독자들이 반박하고, 이런 아이디어를 새로운 방향에서 받아들이고, 내 질문을 다른 맥락이나 다른 효과의 지점에서 다시 내게 돌려줄 것을 염두에 두어야 한다는 것을 잊지 않기 위해 서두에 이런 질문들을 넣었다. 질문의 형식을 통해 다운증후군 아동의 미래, 장애를 바랄 가능성 같은 복잡한 주제들을 논란의 여지가 있고 경합 가능한 **의심스러운** 것으로 보도록 요구할 것이다. 이는 새로운 답변, 변화하는 답변, 예상치 못한 답변의 가능성을 열어줄 것이다. 7장에서 설명하겠지만, 나는 현재 진행형의 작업, 열린 결말의 작업, 목표를 지향하되 결코 그 지평에 도달하지 않는 작업으로서 접근과 참여의 불구 정치에 관심이 있다. 질문들은 내가 내린 결론의 미결성, 다르게 생각하고 싶은 욕구에 내가 계속 집중할 수 있도록 해준다.

이 책에는 답 없는 질문들만 있는 게 아니다. 모순과 논리적 비일관성도 있다. 예컨대, 3장에서 설명하듯, 나는 장애를 선택하는 것(가령, 바라던 유전적 특성을 지닌 정자 기증자를 쓰는 것)보다 장애를 선택지에서 없애는 것(가령, 검사에서 잠재적 '유전자 이상'이 드러났다는 이유로 임신을 중지시키는 것)에 훨씬 더 비판적이다. 물론 이 두 관행은 부모가 자신을 닮은 아이를 가지고 싶어 한다는 점에서 비슷하긴 하지만 말이다. 장애에 대한 우리의 복잡다단한 접근 방식을 적용하는 이와 같은 작업에서는 그러한 모순이 불가피하다. 나는 장애에 대한 비일관성이 숱하게 드러나는 문화 안에서 글을 쓰고 있다. 예를 들어, '바람직하지 않은' 태아를 선별하기 위해 더 많은 산전 검사를 만들고 지시하는 와중에 장애인의 삶은 소중하다고 주장하는 것은 논리적으로 비일관적인 것은 아닐까? 이러한 비일관성을 얼버무리거나 쉽고 확실하게 해결할 수 있다는 듯 구는 것은 사회정의에 관한 질문에 내재한 복잡성을 단순화한다. 모순과 비일관성이 없는 분명한 해답을 원하는 것은 이해할 만하지만, 나는 접근 가능한 미래에 그러한 모호함이 필요하다고 제안하고 싶다. 푸아르의 말처럼 나 역시 이렇게 믿는다. "모순과 불일치는 조정되거나 통합되는 대신 긴장 속에서 함께 유지되어야 한다. 모순과 불일치는 지적인 몰입이 흔들리는 신호라기보다 **어느 한쪽에 서는 것**이 정치적으로 불가능하다는 것을 나타내는 징후다."[61] 사실, 내가 이 몇 쪽에 걸쳐 추적하고 있는 문제 중 하나는 장애에 관한 물음이 오직 어느 한쪽에만 있고, 우리가 이미 모두 그쪽에서 생각하고 있다는 가정이다.

이러한 생각에 따라 나는 이 책에서 '우리we'와 '그들they', '그들을them'과 '우리를us'을 교대로 사용할 것이다. 장애인을 언급할 때 3인칭을 사용한 것은 나와 내 연구 주제 사이에 거리를 두려는 의도다. 이는 여기서 논의되는 정체성들, 몸들, 마음들, 실천들 사이의 깊고 지속적인 연결 가능성을 부인하면서 '불구라고 주장하는 것'과는 다른 의미다. 동시에, 1인칭을 사용한 것은 우리가 모두 동일한 입장을 공유할 뿐만 아니라, 한 사람(이 경우엔 나)이 전체를 제대로 대표할 수 있다고 가정하는 통합된 장애인 공동체의 가능성에 대한 질문에 미리 답하려는 의도다. 다시 말해, 인칭대명사 사용의 성가신 문제에서, 비록 내가 논의되고 있는 집단의 명백한 구성원이 아니더라도 나는 종종 '우리/우리를'을 사용할 것이며, 마찬가지로 내가 그 범주에 속하더라도 나는 종종 '그들/그들을'을 사용할 것이다. 나는 장애 있는 몸/장애 없는 몸, 장애인/비장애인의 이분법뿐만 아니라, '명백한' 정체화라는 바로 그 개념에 문제를 제기하려는 의도로 이런 지칭을 활용할 것이다.[62] 나는 장애인이지만, 미국사회에 널리 유통되는 비장애중심주의 담론과 별개로 존재하지 않는다. 내가 가진 손상이 마치 비장애중심주의적 레토릭 및 이데올로기로부터 나를 면역시킨다거나 반대로 무력하게 만든다고 보는 것은 강제적 비장애신체성, 강제적 비장애정신성의 교활함을 부정하는 처사다.[63] 이브 세지윅Eve Kosofsky Sedgwick이 우리에게 상기시켜준 것처럼, '나'는 강력한 휴리스틱heuristic*이 될 수 있으며, 마찬가지로 '우리we', '그들they', '너(를)you', '그들을them' 역시 그렇다.[64]

책의 개요

상상 속 미래에 나타나는 장애의 역할에 대해 책을 쓰고 있다는 말을 할 때마다 사람들은 거의 언제나 내가 SF소설을 쓰고 있다고 생각한다. 그들의 반응은 이해한다. SF소설은 '상상 속 미래'로 가득 차 있고, 장애인 캐릭터는 (이야기 속에서 '장애인'이라고 지칭되지 않더라도) 그런 소설에서 흔하게 등장한다. 실

---

* 복잡한 과제 해결을 위한 의사결정 절차를 간단하고 단순하게 만드는 전략이나 과정.

제로 나는 이 책에서 이야기들에 집중하고 있지만, 그 이야기들은 문학이나 영화 속의 이야기라기보다는 우리가 우리 자신에게 건네는 (장애는 비극이며, 아이들은 우리의 미래라는 식의) 어떤 문화로서의 이야기에 가깝다.

이 책 전반에서 나는 현대 미국의 다양한 현장에 나타나는 비장애신체성/비장애정신성의 사용과 재현을 검토했다. 내가 미래에 주목하고 있는 상황, 아이들의 모습이 종종 미래의 표지로 사용되는 상황에서 나는 재생산과 미래성 사이의 관계가 생략되는 문제를 다룰 때 재생산 이슈에 특히 주의를 기울일 수밖에 없었다. 공간 개념 또한 여기서 중요한 역할을 한다. 장애 권리 활동가들은 계단을 오르내리는 것과 차별적인 고용 관행을 모두 접근을 가로막는 장벽으로 묘사하면서 장애인이 더 많은 공간에 접근할 수 있도록 오랫동안 노력해왔다. 이어지는 장들을 통해 더 분명해지겠지만, 다른 미래들에서는 다른 공간들을 상상한다. 접근 가능한 미래를 만들기 위해서는 은유적인 공간과 물질적인 공간 모두에 주의를 기울여야 한다.

1장 "장애학의 시간과 불구의 미래"에서는 주로 시간과 미래성이라는 렌즈에 초점을 맞추어 도입부에서 확립된 이론적 틀을 확장한다. 나는 《페미니스트, 퀴어, 불구》를 퀴어 시간성 temporality** 및 비판적 미래성에 대해 탐구한 다른 작업들과 나란히 배치하면서 '불구의 시간crip time'이라는 말이 뜻하는 바를 구체적으로 밝혔다. 미끄러운 경사로***를 조심하라는 말에서부

**   어떤 존재가 가지고 있거나 경험하는 시간적 성격 및 속성.

터 기형에 대한 두려움을 드러내는 말까지 미래에 대한 레토릭은 현재의 장애 관련 담론 사이에 널리 퍼져 있지만, 장애학은 아직 확장된 분석의 장으로서 불구 시간성과 불구의 미래를 다루지 못하고 있다. 그래서 나는 이 장에서 '불구의 시간'과 '치유적curative 미래'를 구별하고, 장애를 미래에 투영한다는 것이 무엇을 의미하는지를 탐구하면서, 이러한 인식 틀이 지닌 문제를 간략히 살펴보았다.

이후의 두 장에서는 '미래'가 치유의 시간, 유전학적인 시간 등으로 묘사되는 방식을 다루면서 의료적 개입에 대한 의문에 초점을 맞춘다. 여기서 소개되는 사례들, 가령 장애를 없애버리려는 기술적 시도는 더 나은 미래를 향한 진보의 모습인 것처럼 여겨지는 까닭에 광범위한 찬사와 지지를 받는 반면, 그런 '치유'의 기술을 거부하는 것은 반동적이고 디스토피아적인 것이라고 비난받는 사례들은 기술의 적절한 사용에 대한 대표적인 논쟁들이라 볼 수 있다. 나는 이런 논의들의 기초가 되는 자연성과 필연성의 레토릭에 도전하면서, 장애와 장애인의 미래에 대한 결정은 **정치적인** 결정이며, 그렇게 인식하고 다루어야 한다고 주장한다. 우리는 '좋은' 미래가 장애의 근절에 달려 있다고 자연스럽고 명백하게 가정하기보다 이러한 관점을 비장애중심주의 및 장애 억압의 역사에 물든 것으로 이해해야 한다. 《페미니스트, 퀴어, 불구》의 초반부에서는 장애가 없는 '어딘가'가 바로 '우리' 모두가 원하는 곳이라는 가정에 초점을

*** 나쁜 상황, 파국으로 이르는 길을 뜻하는 은유적 표현.

맞춘다. 여기에서는 장애를 오직 필연적이고 주어진 것으로만 받아들이고, 장애를 논의의 영역에서 지워버리는 방식에 대해 개괄했다. 또한 우리가 모두 같은 것을 원할 것이라는 가정이 의미하는 바가 무엇인지를 설명했다.

2장에서는 성장억제 요법, 자궁절제술, 양쪽 유방절제술을 통해 '시간이 동결된' 어린 장애 여성인 애슐리 X의 사례를 분석한다. 그녀의 부모와 의사들은 미래의 위험으로부터 애슐리를 보호하기 위해 '애슐리치료'라고 알려진 의료적 절차가 필요하다고 생각했다. 신체적으로 애슐리의 몸은 빠르게 발달하고 있었지만, 정신적으로 그녀의 마음은 전혀 발달하지 못하기에, 즉 애슐리의 몸은 마음과 동떨어져 성장하기 때문에 개입이 필요하다는 논리였다. 그 결과, 그녀는 몸과 마음이 일치되지 않는, 비동시성asynchrony의 신체를 가지게 되었다. 그 치료는 애슐리의 신체 성장을 억제함으로써 몸과 마음의 격차가 더이상 커지지 않도록 막을 수 있었다. 애슐리의 부모와 의사들은 그녀의 미래의 몸(그녀에게 **상상되는** 미래의 몸)을 그녀의 적으로 상정하고, 치료를 정당화하는 근거로 삼았다. 이런 미래의 틀에 추가된 것은, 그녀의 부모와 의사들이 그 치료법은 미래에 더 널리 퍼질 것이라는 희망을 표함으로써 이를 다른 아동을 위한 선례로 남겼다는 사실이다. 다시 말해, 애슐리의 사례는 몸/마음, 특히 장애 있는 몸/마음에 대한 시간적 틀, 그리고 미래에 대한 레토릭으로 가득 차 있다. 이 사례가 고통스럽게 확인시켜주듯이, 모든 장애의 미래가 사람들이 바라는 미래는 아니다.

페미니즘 유토피아 소설은 내가 장애, 기술, 치유에 관한 문화적 태도를 계속 탐구하도록 자극하는 소재다. 3장은 이 페미니즘 유토피아 소설의 대중적 사례를 활용해 1976년에 마지 피어시Marge Piercy가 쓴 《시간의 경계에 선 여자》와 이 소설이 환기하는 페미니즘 유토피아를 설명하는 것으로 시작했다. 피어시가 그린 미래는 다양한 피부색, 젠더, 섹슈얼리티의 사람들로 채워져 있지만, 의학의 발전으로 질병은 거의 사라지고 유전적 '일탈'은 근절되거나 쉽게 교정할 수 있어서 장애가 있는 사람은 아예 없어진 것이나 다름없는 세상이다. 이는 재생산 기술의 진보로 가능해진 유토피아이자, 페미니즘적인 미래를 논하기 위해 여성학 교육과정에 빈번히 등장하는 유토피아다. 피어시의 소설에 영감을 받고, 고민하는 사람으로서 나는 '유토피아'가 처음부터 장애와 질병을 배제하고 있었던 건 아닌지 질문하고, 미래에 장애가 있을 곳은 어디일지 가늠하려고 했다. 또한 장애를 선별하기 위한 재생산 기술의 사용에 초점을 맞추어 그런 검사 확산의 이면에 있는, 누구나 장애 없는 미래를 바란다는 가정이 작동하는 방식에 더 관심을 기울였다. 그러한 가정이 통용되는 상황에서 장애 선별 검사를 거부하는 부모, 특히 **장애를 선택**하는 데 그것을 이용하는 부모는 나라를 파국으로 내모는 자로 묘사된다. 2002년 아이를 갖기 위해 청각장애인의 정자를 기증받은 농인 레즈비언 커플인 샤론 듀셰스노Sharon Duchesneau와 캔디스 맥컬로Candace McCullough의 이야기는 장애가 있는 미래를 선택하는 것이 무엇을 뜻하는지에 대한 나의 성찰에 단단한 기반을 제공한다.

페미니스트, 퀴어, 불구

4장에서도 여전히 재생산에 초점을 맞추지만, '공동체 가치'의 재생산, 그리고 앞서 언급한 저작들 안에서 장애의 위치를 더 폭넓게 살펴본다. 나는 이 장에서 미국 전역의 광고판, 버스 정거장, 영화관, 텔레비전 방송국에 이르기까지 널리 퍼져 있는 미국의 공공 서비스 캠페인을 자세히 소개했다. 자선 단체인 더 나은 삶을 위한 재단Foundation for a Better Life(이하, FBL)은 9·11 사건 이후 수년 동안, '공동체 가치'와 '인성 개발'을 선전하는 캠페인에 자금을 지원해왔으며, 이러한 가치들이 미국에 '더 나은 삶'과 미래를 가져올 것이라고 주장해왔다. 초당파적 입장을 자처하는 FBL의 사명은 가치 교육 및 참여를 통해 개별적·집단적 개선을 도모하는 것이다. 내가 여기서 검토하고 싶은 것은 바로 이런 입장, 즉 공동체의 개념을 탈정치화하려는 이런 시도, 공유된 가치가 있다는 이런 가정, 더 나은 삶이 함의하는 게 무엇인지에 대한 이런 설명이다. FBL은 이러한 개념들을 정치와 무관한 것으로 표현함으로써 그것을 자연스럽고 일반적으로 용인되는 상식적인 것, 따라서 논쟁이나 토론의 범위를 넘어서는 것처럼 만든다. 거의 모든 FBL의 광고판에서 장애인이 장애를 '극복'할 수 있는 강인한 사람이라고 찬미하는 데서 알 수 있듯, 장애와 질병의 재현은 이런 캠페인에서 큰 역할을 수행한다. FBL의 광고판들, 그리고 FBL 자신이 요구하는 탈정치화는 장애 있는 몸에 대한 언급을 통해 가능해진다. 실제로, 장애 있는 몸의 존재는 이런 캠페인을 이데올로기가 아닌 상식으로 보이게 만드는 데 이용된다. 장애인은 이런 캠페인에서 매우 눈에 띄는 존재이며, 이때 쓰이는 광고판들은 언뜻 장애를 포함하는 미래를 약속하는 것처럼 보이지만, 정작 여기서 장애는 개인의 승리와 극복의 장으로서만 등장할 뿐이다.

그다음에 이어지는 장들에서는 장애의 미래를 생각하기 위한 두 가지 기존의 틀, 사이보그 이론과 환경주의를 살펴보았다. 이 두 이론에 관련한 연구들은 모두 더 나은 미래가 어떤 모습일지 명시적으로 상상해왔으며, 그 저작들 속에서 장애, 질병, 초능력에 대한 비유를 활용해왔다. 나는 비장애인/장애인을 나타내는 이런 상징을 드러낸 다음, 페미니스트, 퀴어, 불구의 관점으로 이와 같은 지식 체계를 어떻게 재상상할 수 있는지를 탐색했다.

5장에서는 도나 해러웨이의 작업에서 시작해 말리니 조하르 슐러Malini Johar Schueller, 앤 발사모Anne Balsamo, 제니퍼 곤잘레스Jennifer Gonzalez 같은 이론가들의 작업에 이르기까지, 페미니즘 정치 이론에 등장했던 사이보그의 상징을 살펴보았다. 〈사이보그 선언〉에서 해러웨이는 1970~1980년대 페미니즘 사상에 만연했던 기술에 대한 환원주의적 접근 방식과 '여성'을 배타적으로 정의하는 방식을 비판하기 위해 사이보그 형상을 활용하면서 이를 페미니즘 이론 및 정치의 개입자로 위치시킨다. 그녀는 사이보그가 페미니즘적인 '어딘가'를 상상하는 데 유용할 수 있으며, 페미니즘 정치 방법에 대한 모델을 제공할 수 있다고 주장한다. 그러나 그녀의 상상 속에서 장애의 위치는 어디인가? 사이보그 형상은 페미니즘 장애 이론 및 정치에 효과적인 모델을 제공할 수 있는가? 그것은 비장애중심주의에 반하는 '어딘가'에 대한 표현 및 창조를 가능하게 하는가? 내가 주장했던 바와 같이, 사이보그 이론은 주로 사이버 기술과 인간/기계의 접속에 관심을 두기 때문에 장애를 개별적·의료적 문제로 다루고, 장애와 장애인을 탈정치화하는 위치로서만 재현하는 경향이 있다. 장애 있는 몸이 사이보그주의cyborgism의 예시로 빈번히 이용되는 모습에서 명백히 드러나듯, 장애를 이해하는 현대적 방식은 사회 변화나 정치적 행동이 아니라 기술 및 의료적 개입만이 장애에 대한 유일하고 적절한 대응이라는 미래상을 제시한다. 하지만 퀴어 장애 활동가들의 실천 및 발견은 이런 사이보그의 유산을 불구화하는 방법에 대한 실마리를 제공한다.

도나 해러웨이는 1991년 《소셜리스트 리뷰Socialist Review》에 실린 인터뷰에서 사이보그에 대한 자신의 표현이 에코 페미니즘에 대한 헌신에서 비롯한 것이며, 스테이시 앨러이모에서 카트리오나 샌딜랜즈Catriona Sandilands에 이르는 이론가들은 자신의 말을 받아들여 그 상징을 에코 페미니즘의 이론화에 통합시켜 왔다고 언급한 바 있다. 이 사이보그주의자들의 발자취를 따라, 나는 6장에서 자연과 환경주의에 대한 재현에서 장애와 비장애신체성이 어떤 역할을 수행하는지를 다루었다. 에코 페미니즘의 미래상은 하나의 일관된 이야기로 축소될 수 없다. 에코 페미니즘의 미래는 다양하며, 에코 페미니즘의 정치를 상상하는 방법은 아마 이보다 훨씬 더 다양할 것이다. 그러나 이러한 에코 페미니즘의 미래상은 대부분 몸이 어떻게 보이고 움직이고 감각하고 소통하고 생각하는지에 대한 현대의 비장애중심주의적 가정에 뿌리를 둔다. 자연을 환경적으로 개념화하는 방식은 모든 사람이 동일한 방식으로 자연에 접근한다고 가정하는 경향이 있으며, 이 가정은 환경 정치의 전망에 영향을 미친다. 비장애신체성은 환경의 미래를 상상하기 위한 전제 조건이 됨으로써 자연에 대한 비규범적 접근법과 신체의 한계를 은폐한다. 만약 장애인이 현재의 자연에 접근하고 이를 경험할 수 있는 신체적·정신적 능력이 부족하다고 판단되면, 그들은 미래의 자연에 대한 환경적 이해에서도 아무 역할을 수행할 수 없게 된다. 나는 불구 예술가 및 작가의 작업을 바탕으로, 질병과 장애에 대한 체현된 경험이 환경과의 관계 속에서 우리 자신을 이해하는 대안적인 방식뿐만 아니라, 환경 운동 안에서 에코 페미니즘적인 인식 틀과 현재의 실천들을 더 확장할 수 있는 해석을 제시한다고 주장했다.

앞서 언급한 각각의 미래상(사이보그 이론, 환경주의, 유전학적 유토피아주의)은 정상화의 충동이라는 특징을 보이는데, 이 정상화의 충동은 장애라는 렌즈를 통해 볼 때 분명하게 드러난다. 예컨대, 사이보그 이론은 온전함의 이데올로기를 고수하면서 인공 기관과 기술적 개입을 통해 장애 있는 몸을 정상화하고, 이를 온전하게(온전한 것처럼 보이게) 만들기 위해 노력한다. 환경주의자들은 종종 몸의 한계를 주변화함으로써 몸을 정상화하고, 초능력 및 비장애신체성을 향한 이상에 힘을 실어주며, 장애인의 경험과 통찰을 지우는 한편, 비장애인 신체의 경험에 입각해 자신의 이론을 정립한다. 유전학적 담론 또한 빈번히 유전자 검사와 선택적 임신중지를 옹호하고, 장애 검사를 통해 그 존재를 아예 없애버리는 식으로 몸/마음을 정상화한다.

페미니스트, 퀴어, 불구

그럼에도 불구하고 그 '어딘가'를 이론화하는 것, 정상화하려는 충동에 의존하지 않는 더 정의로운 세계를 위한 정치적 틀을 제공하는 것은 가능하다. 퀴어 이론가들은 퀴어의 몸, 실천, 욕구를 주변화하거나 정상화하거나 범죄화하지 않는 정치를 구축하는 데 전념해왔다. 페미니즘 이론가들 역시 '여성'이라는 통일된 범주 아래 모든 여성을 정상화하지 않는 열린 결말의 정치를 상상하는 일에 참여하고 있다. 이러한 틀을 바탕으로, 장애 이론가들은 로버트 맥루어와 애비 윌커슨Abby Wilkerson이 "바람직한 장애인desirably disabled" 세계라고 불렀던, 장애인 정상화에 기반을 두지 않은 세계를 이론화하면서 비장애중심주의에 반대하는 미래를 적극적으로 상상하고 있다.[65] 나는 바람직한 퀴어/페미니스트/불구의 세계를 상상하는 퀴어/페미니스트/불구 연구의 일부로서 내 글을 위치시키고자 한다. 또한 유전학적·생체의학적 개입으로 이루어진 미래상에 내재한 비장애중심주의적 가정을 폭로하는 동시에 이런 비장애중심주의적 이데올로기를 전복할 수 있는 방법을 제시함으로써, 장애의 광범위한 탈정치화를 거부하고자 한다.

'어딘가'를 향한 반反-비장애중심주의적인 정치적 전망을 제시하려는 나의 시도는 부분적으로나마 바로 이런 거부를 통해 동력을 얻는다. 7장 "접근 가능한 미래, 미래 연합"에서는 정치적인 것에서 장애를 근절하려는 현상, 미래의 정치적 전망에서 장애인을 주변화하려는 경향에 맞서기 위한 나의 시도를 소개한다. 나는 페미니즘 이론가와 퀴어 이론가, 퀴어 장애 활동가, 장애학자들의 통찰을 바탕으로, 그 '어딘가'에 도달하는 방법에 관한 새로운 아이디어를 내는 데 머무르지 않고, 장애를 정치적인 것으로 인정하는 동시에 이를 환영하고 즐기고 욕망하는 방법에 관한 큰 그림을 개괄했다. 처음부터, 그리고 의도적으로, 그 어딘가에 대한 불구의 전망은 불완전한 상태로 남아 있다. 이 마지막 장을 통해 나는 불화와 다툼에서 가치를 찾고, 상실을 인식하며, 개방된 채 남아 있는 불구 미래성을 전개하기 위해 연합 정치의 잠재적인 세 현장인 트랜스젠더와 젠더퀴어의 화장실 접근, 환경정의, 재생산 권리 및 재생산정의 등을 탐구했다. 그리고 이 가능성의 현장들을 활용해, 다른 운동, 공동체, 연구와의 진지한 연합을 거의 시도하지 않았던 장애 이론 및 장애 정치의 한계를 우리가 어떻게 확장하고 비판할 수 있을지 가늠했다. 장애라는 용어를 명시적으로 언급하지 않더라도, 불구의 관점에서 서사와 운동을 독해하는 것은 우리가 장애와 장애의 미래를 다르게 사유하도록 이끌 수 있다.

1

장애학의 시간과

불구의 미래

퀴어성은 세계와 시간 안에서 또 다른 방식으로 존재하고 싶은 욕망,
충분치 않은 것을 받아들이라는 강요에 저항하고 싶은 욕망이어야 하고,
또 그럴 수 있다.

—호세 에스테반 무뇨스,《유람하는 유토피아Cruising Utopia》

시간 안에서 장애를 탐구하거나 '불구의 시간crip time'을 설명한
다는 것은 무엇을 의미할까? 시간을 불구화하는 것의 한 방법
은 우리가 얼마나 시간적인 용어로 장애를 개념화해왔는지 보
여주는 것일 수도 있다. 시간적 범주는 장애를 공식화해서 나
타내는 데 널리 사용되어왔다. 특히 의료 분야에는 장애를 시
간과 관련지어 기술하는 오랜 전통이 있다. '만성' 피로, '간헐
적' 증상, '지속적' 통증 같은 표현은 각각 시간에 따라, 그리고
시간을 통해 질병과 장애를 규정하는 방법이며, 지속되는 시
간이 어느 정도인지의 측면에서 장애를 묘사한다. '빈도', '발생
률incidence', '유병률occurrence', '재발', '차도' 등의 말 역시 증상, 질
병, 질환을 시간적 틀로 설명한 것이다. '예후prognosis'*와 '진단
diagnosis' 같은 말에는 질병, 장애, 회복에 관한 미래의 모습이 투

영된다.** '후천적', '선천적', '발달적' 같은 용어는 손상이 일어난 시간이나 출발점을 구분하는 데 사용된다. '발달적'이라는 말에는 아동기 및 청소년기에 생기거나 나타나는 무언가를 포함할 뿐만 아니라, 발달상의 '지연', 정상적으로 진행되는 시간선 밖으로의 우회를 암시하는 전 생애적 조건을 일컫는 두 가지 기능이 있다.[1]

그러나 시간적 틀은 의료 분야에만 국한되지 않는다. 장애학과 장애 운동 또한 앞에서 언급한 시간적 용어들을 종종 사용하면서 장애의 틀 안에 시간성의 담론을 들여놓는다. 실제로 이러한 운동의 과업 중 일부는 '비장애인'과 '장애 없는 몸'을 시간적이고 일시적인 범주로 드러내는 것이기도 했다. 비장애인에게 비장애인/장애인의 구분이 영구적이지도, 불가침적이지도 않다는 것을 상기시키기 위해 쓰이는 'TAB' 같은 표현(일시적으로 장애 없는 몸temporarily able-bodied의 준말)을 떠올려보라.[2] 질병, 나이 듦, 사고 여부와 상관없이 우리는 인생의 어느 시점에서 장애와 함께 살아갈 것이라고 말하는 장애학의 입에 밴 주문은, 장애인이 되는 것이 '오직 시간 문제'일 뿐임을 암시하면서 이러한 관념을 짧은 단어로 압축해버린다. 샤론 스나이더 Sharon Snyder, 브렌다 브루그먼Brenda Brueggemann, 로즈머리 갈런드-

---

* 진단 이후 발견된 병세의 진행, 경과, 회복, 결말 등에 관한 예비적 평가 및 전망을 뜻한다.
** '발생률'은 일정 기간 동안 특정 집단 내에 특정한 질병, 손상, 건강 상태를 새롭게 지니게 된 사례의 비율을, '유병률'은 전체 인구 중 일정 시점이나 일정 기간 내에 특정한 손상, 질병, 건강 상태를 지닌 사람의 비율을 뜻한다.

탐슨은 이 불가피한 시간성을 "신체화된 인간의 근본적 측면"이라고 설명한다.[3] 물론 어떤 사람들에게는 장애가 더 근본적이고, 더 불가피할 수 있다. 누군가가 하는 일, 사는 곳은 인종과 계급처럼 그 사람이 머지않아 장애인이 될지 안 될지를 결정하는 데 큰 영향을 미친다.[4] 그러나 이러한 패턴은 **빈도, 발병률, 유병률** 등의 용어처럼 시간성의 관점에서도 이해될 수 있다. 선천적/후천적, 진단/예후, 차도/재발, 일시적으로 장애 없는 몸/'질병·나이 듦·사고 여부' 등과 같이 질병과 장애에 관한 익숙한 범주들은 시간적이다. 우리가 앞에서 언급한 표현들을 인식하거나 논의하는 경우는 거의 없지만 그것들은 시간에 따른, 그리고 시간에 대한 지향들이며, '불구의 시간'이라는 기준 아래 모일 수 있다.

시간 안에서 장애를 탐구한다는 것은 장애의 시간성을 가늠해보는 것이기도 하다. 장애는 시간에 대한 누군가의 지향에 어떤 영향을 미칠 수 있는가? 어브 졸라Irv Zola와 캐럴 길Carol Gill은 '불구의 시간'이 가진 시간적 지향을 아마 최초로 언급하고, 그것을 장애 문화 및 공동체의 필수적인 요소라고 설명했던 장애 학자들일 것이다. 분명, 그들 중 어느 누구도 시간적 지향이라는 말을 정의한 바 없고, 이미 독자들이 그 개념에 익숙한 것처럼 용어를 사용했지만, 그들은 그 개념이 장애 공동체 내에 자주 등장하는 현상이라는 데 집중했다. 졸라에게 "불구의 시간이 가진 복잡함"을 논의하는 것은 장애인을 위한 중요한 정치적 개척 행위였으며, 길은 자신이 만난 다양한 장애인 집단 사이에서 불구의 시간에 대한 "일반적인 사용법과 이해"를 발견하는 것이 기쁘고 놀랍다고 밝힌 바 있다.[5] 길과 졸라는 장애인 집단 내부의 대화 속에서 불구의 시간을 찾아내 그들이 장애 문화이자 저항이라고 여겼던 공동체 기반의 시간성에 집중한다.

불구의 시간은 언제나 늦게 시작하는 것처럼 보이는 장애 관련 행사나 어디에든 제시간에 도착하지 않을 것처럼 보이는 장애인을 비꼬는 말들을 통해서 이 자리에 나타난다.[6] 어느 속어 사전에 쓰여 있는 것처럼, "불구의 시간"은 "유연한 시간 엄수의 기준"과 "어딘가에 도달하거나 무엇인가를 성취하는 데 필요한 추가적인 시간"을 모두 의미한다.[7] "추가적인 시간"은 느린 걸음, (더디게 움직일 수도 있는) 활동지원사에 대한 의존성, (휠체어에서 보청기에 이르는) 장비의 오작동, 장애인 승객의 승차를 거부하는 버스 운전사, 낯선 사람과의 장애차별적인 마주침 때문에 계획에 차질이 생기는 경우 등의 이유로 필요하다. 따라서 불구의 시간을 작동시키는 것은 느린 이동 속도뿐만 아니라, 거의 또는 전혀 통제되지 않는 비장애중심주의적 장벽이기도 하다. 어떤 경우든, 불구의 시간은 장애인이 무언가를 성취하거나 어딘가에 도착하기 위해 더 많은 시간이 필요할지도 모른다는 인식을 포함한다.[8]

어떤 사람들에게 '더 많은' 시간이 필요하다는 사실을 인식하는 것은 아마도 학계에 있는 우리가 불구의 시간을 드러내는 가장 익숙한 방식일지도 모른다. 장애인 학생(또는 승인된 서류가 있는 학생)은 시험을 볼 때 더 많은 시간을 쓰거나 시험공부 기간을 연장할 수 있는 것처럼 말이다. 하지만 '불구의 시간'은 이처럼 시간을 제한 없이 연장한다는 의미보다 더 많은 것을 함의한다. 그것은 바로 시간을 재지향하는 것reorientation이다. 마거릿 프라이스의 설명처럼, "불구의 시간을 지지한다는 것은 …… 사람들이 다양한 간격으로 도착할 수 있다는 점을 인식하고, 그에 따라 [행사를] 기획하는 것을 의미할 수 있다. 또한 그것은 [사람들이] 다양한 속도로 언어를 구사한다는 것을 인식하고, 대화의 속도를 조절하는 것을 의미하기도 한다. 이것이 (단지 '추가적인' 시간이 아닌) **유연성**의 개념이 뜻하는 바다."[9] 불구의 시간은 단순히 연장되는 시간이 아니라, 폭발해버리는 유연한 시간이다. 불구의 시간을 이해하기 위해서는 제시간 안에 어떤 일이 일어날 수 있고, 어떤 일이 일어나야 하는지에 대한 우리의 관념을 재상상하거나, '얼마나 오랜 시간이 걸리는지'에 대한 기대가 어떻게 아주 특정한 마음과 몸에 기반하는지 인식할 필요가 있다. 불구의 시간이 가진 유연성은 '더 많은' 시간이 필요한 사람들의 거처일 뿐만 아니라, 속도와 일정에 대한 기대의 규범화와 정상화에 대한 도전으로도 이해할 수 있다. 불구의 시간은 장애 있는 몸과 마음을 시계에 맞추는 대신, 시계를 장애 있는 몸과 마음에 맞춘다.

어떻게 시간을 사유해야 장애학에 대한, 그리고 장애학을 위한 새로운 시각을 열 수 있을까? 또는 어떻게 '불구의 시간'을 관찰해야 시간과 미래성을 더 확장된 개념으로 이끌 수 있을까? 시간, 시간성, 미래성에 대한 질문은 계속해서 퀴어 이론에 생기를 불어넣고 있지만, 장애학에는 별로 큰 영향을 주지 못했고, 장애학자들은 이러한 논의에 거의 참여한 적이 없다.[10] 따라서 나는 불구 시간성을 표명할 때, 그것이 다음과 같은 담론들에 상호적으로 관여해야 한다고 촉구한다. 장애학은 비판적 미래성에 대한 퀴어 연구에서 무엇을 얻을 수 있으며, 거꾸로 장애에 대한 관심을 통해 퀴어 시간성을 사유하는 기존의 접근 방식은 어떻게 확장될 수 있을까? 퀴어 미래성을 장애인의 경험을 통해 독해하거나 강제적 비장애신체성, 강제적 비장애정신성에 대한 비판의 일부로 해석할 때, 이에 대한 우리의 이해는 어떤 모습으로 전환될 수 있을까? 퀴어의 시간과 불구의 시간, 또는 퀴어 미래성과 불구 미래성을 나란히 놓기 위해 해야 할 일은 무엇인가? 우리에게 불구 퀴어의 시간은 가능한가?"

　나는 이러한 의문을 제기함과 동시에 장애학이 시간, 시간성, 미래성에 대한 이론적 논의를 시작해야 할 뿐만 아니라, '그 미래'가 강제적 비장애신체성 및 강제적 비장애정신성을 위해 배치되는 방식과 맞서 싸울 것을 촉구한다. 장애, 그리고 장애 있는 마음/몸에 대한 관념은 우리가 집합적으로 떠올리는 미래에 관한 많은 상상의 원동력이 된다. 즉, 이러한 상상 속 장애는 너무 빈번하게도 우리가 투영하는 미래에서 마치 합의하에 제한된 것처럼 다뤄진다. 이 책은 이와 다른 방식으로 미래와 미래성에 대해 상상하고자 한다.

　불구의 시간에 대한 나의 이해와 불구 미래성에 대한 나의 열망은, 내가 '치유적 시간curative time'이라고 부르는, 장애와 장애인에게 더 일반적으로 적용되는 시간적 틀과는 완전히 다른 곳에 위치한다. 나는 여기서 아프거나 장애가 있는 개별 사람들이 특정한 의료적 개입과 맺는 관계가 아니라(치유에 대한 욕구를 가지는 것이 언제나 반反불구적 또는 반反장애적 권리 및 정의의 입장에서는 것은 아니다), 강제적 비장애신체성/강제적 비장애정신성에 관심을 두고 있다는 것을 분명히 밝히기 위해 '치유cure'보다 '치유적curative'이라는 용어를 사용했다. 나는 여기서 의료적 개입을 **기대**하고 **가정**할 뿐만 아니라, 의료적 개입 이외에는 그 어떤 것도 상상하거나 이해할 수 없는 방식으로 장애를 해석하는 장애에 대한 **치유적 상상**curative imaginary에 대해 이야기하고자 한다.

미래성은 종종 치유적 용어 안에서, 장애인을 시간 밖으로 내던지거나 혹은 진보의 길을 가로막는 것으로 여기는 시간적 틀로 구성된다. 장애화된 상태에서 우리는 진보라는 지배적인 서사에 속할 수 없지만, 일단 재활되거나 정상화되고 희망적으로 치유되기만 하면, 우리는 진보의 징후, 발전의 증거, 마음이나 몸의 한계를 극복하는 등의 상징으로서 주연이 될 수도 있다.[12] 결국 이러한 치유적 시간의 틀에서 장애 있는 마음/몸은 치유되거나 치유를 향해 나아갈 때만 적절하다고 인정된다. 이러한 맥락에서 치유의 가장 명백한 의미는 손상이 사라지는 것이며, 동시에 장애 있는 마음/몸을 동화시키는 치유의 정상화를 뜻하기도 한다. 치유적 시간성은 이런 질문들을 통해 작동한다. 태어날 때부터 그랬나요? 언제까지 이렇게 살아야 하나요? 치료법이 개발되기까지 얼마나 걸릴까요? 치유하는 데 얼마나 걸리나요? 언제쯤 회복할 수 있나요?[13]

이 장의 내용은 치유적 시간성과 접근법을 넘어 다른 시간성과 접근법을 밝히는 과정이다. 퀴어의 시간을 불구화할 가능성을 추측하면서 말이다. 이를 위해 먼저, 미래를 비판적으로 보는 리 에델먼Lee Edelman의 악명 높은 퀴어 논의를 간단히 요약했다. 이 기획의 더 큰 목표는 미래에 대한 관념이 어떻게 장애인에 반해서 사용되어왔는지를 살피는 것이지만, 나는 미래성을 완전히 포기하는 것이 불구와 불구 이론을 위해 실행 가능한 선택지는 아니라고 주장했다. 두 번째로, 나는 질병과 장애, 불구의 시간이 어떻게 퀴어의 시간에 항상 이미 존재했는지를 탐구하면서 장애의 렌즈를 통해 퀴어 시간성을 읽었다. 세 번째로, 나는 장애를 통해 퀴어의 시간을 읽는 작업을 이어가면서, 장애가 퀴어의 시간을 넘어서는 것으로 보이는 지점을 지목했다. 나의 관심사는 우리가 이런 단절된 지점을 활용해 어떻게 퀴어의 시간과 불구의 시간을 모두 확장할 수 있는지에 있다. 마지막으로, 나는 시간 안에서 장애를 사유하는 데 대한 몇 가지 성찰로 이 장을 마무리했다. 유토피아적 사유를 비판하는 사람들이 오랫동안 주장해왔듯, 우리가 상상하는 미래는 현재에 대한 편향을 드러낸다. 다른 미래와 시간성에 대한 상상은 현재를 다르게 보고 행하는 데 도움을 줄 수 있다.

불구를 위한 미래 없음No Future*

리 에덜먼은 퀴어와 퀴어 이론이 미래를 완전히 거부하는

---

* 리 에덜먼이 자신의 저서 《미래 없음(No Future)》에서 썼던 표현. 'No future'는 현재의 지배적 인식 틀 안에 퀴어를 위한 미래가 없다는 뜻과 이 규범적이고 억압적인 미래를 보이콧하겠다는 뜻을 모두 담고 있다. 전혜은, 《퀴어 이론 산책하기》, 도서출판여이연, 2021, 446쪽.

게 더 낫다는 유명한 주장을 펼쳐왔다(카를라 프레체로Carla Freccero 가 "엿 먹어라 미래Fuck the Future"**라고 말한 것처럼 말이다).[14] 미국 정치 내에서 아이의 형상을 탐구한 로런 벌랜트Lauren Berlant의 연구를 바탕으로, 에덜먼은 미래성(미래, 또는 미래들을 향한 노력과 관심)이 거의 언제나 재생산의 용어로 표현된다고 주장하면서 우리는 "(대문자) 아이the Child***의 형상 없이 미래를 상상"할 수 없다는 말도 덧붙인다.[15] 이 (대문자) 아이는 "사회 질서의 텔로스", 우리 가 모두 위해야 할 대상, "모든 정치적 개입의 환상적 수혜자" 의 역할을 맡는다.[16] 그는 임신중지에 관련한 레토릭을 사례로 들면서, 프로 초이스 활동가와 반反임신중지 활동가 모두 자신 이 아이들을 대표해서 투쟁한다고 말한다는 데 주목한다.[17] 패 트릭 맥크리리Patrick McCreery 역시 동성혼 반대자와 지지자 사이 의 유사점을 추적한다. 입장에 따라 동성혼은 아이들의 웰빙을 파괴하기도 하고 증진하기도 하지만, 양쪽 모두 아이의 미래를 중요한 논점으로 삼으면서 그것이 우리의 결정을 이끌어야 한 다는 데 동의한다.[18] 이들에게 투쟁은 더 이상 권리, 정의, 욕구, 자율성 등에 관한 것이 아니라, '우리' 아이들의 미래에 관한 것

** "엿 먹어라 미래"는 카를라 프레체로의 논문 제목이자 그녀가 선형적인 시간성 에 의해 상상되는 미래를 적극적으로 거부한다는 의미를 담고 있다. 에덜먼도 퀴어를 무해한 존재로 보이려 했던 동성애규범적 정치에 반대하면서, 퀴어에게 상상되는 부정적인 특성을 거부하지 않고, 부정적인 것을 타자와 비체의 위치 로 옮기는 재현 체계, 그리고 대문자 아이로 대표되는 미래에 엿을 먹여야 한다 고 제안한다.
*** 에덜먼은 실제 아이들과 정치적·사회적인 것의 상징적 기표인 아이 개념을 구 분하기 위해 후자를 대문자로 표기했다. 이 책에서는 'the Child'를 '(대문자) 아 이'로 옮겼다.

이다. 이 두 가지 사례는 (대문자) 아이와 재생산적 미래성에 기반한 논쟁이 가진 어려움, 즉 각자가 반대하는 목표를 향해 같은 레토릭을 동원할 수 있다는 점을 여실히 보여준다. 에덜먼이 이끌어낸 것은 이러한 틀의 강압적인 성격이다. 그것은 우리가 '우리 아이들의 미래'라는 프레임을 사용**할 수 있다**는 것뿐만 아니라, 그것을 사용**할 필요가 있다**거나 사용**해야만 한다**는 것을 의미한다. 이때 정치는 다른 모든 행동의 가능성을 배제한 채, (대문자) 아이를 중심으로만 존재하며, 그들을 중심으로만 존재할 수 있다.

이를 퀴어 불구의 관점으로 읽으면 '미래', 특히 '(대문자) 아이'를 통해 상상되는 미래가 어떻게 장애 없는 몸/마음을 전제한 이성애규범성heteronormativity*을 뒷받침하는 데 활용되는지 쉽게 확인할 수 있다. 첫째, 양성으로 판정된 태아의 모든 문제가 선택적 임신중지를 통해 '해결'될 것이라고 가정하는 산전 검사의 확산은 강제적 비장애신체성과 강제적 비장애정신성의 명백한 증거다. 다음 장에서 살펴보겠지만, 장애가 있는 임산부, 여러 기준에 의해 '양성'으로 판정받은 태아를 임신한 임산부는 미래를 위협하는 사람으로 인식된다. 적당한 (대문자) 아이를 현재에 데려와서 더 나은 미래를 보장하는 데 실패한 사람이기 때문이다.[19] 정치의 최전선으로서 (대문자) 아이를 이상화하는, 에덜먼을 괴롭히는 그 틀에 대해 불구인 독자들 역시 관

---

* 이성애에 일관성, 특권, 당위를 부여하는 관행, 제도, 사유 구조 등을 총칭하는 개념.

심을 가져야 한다. 재생산, 세대, 물려받는 것에 대한 담론은 장애에 대한 불안으로 가득 차 있다. 이러한 재생산적 미래성이 투영된 곳에서는 부모를 닮되 그들보다 더 나은 (대문자) 아이를 요구한다. 즉, '우리' 모두는 '우리의' 아이들이 우리보다 더 건강하고 활동적이고 강하고 똑똑해지기를 원하며, 우리는 이를 실현하기 위해 최선을 다해야 한다. 유산을 물려받는 (대문자) 아이는 의심할 여지 없이 장애 없는 몸/마음을 가진 아이여야 한다.

둘째, 미래성에 바탕을 둔 정치는 끝없는 유예의 윤리로 이어진다. 에델먼은 "우리는 시간 자체에 의해 계속해서 유예되는 미래에 속박되어 있다"라면서 이러한 유예가 현재 상황을 공고히 하는 역할을 한다고 언급한 바 있다.[20] 우리는 언제나 더 나은 미래에만 집중하면서, 지금 여기에 대한 관심은 거둔다. 다시 말해 "미래에 대한 무의식적 순종을 통해" "우리는 고분고분해진다".[21] 이 구절들에서 언급되는 "속박되어 있다" "고분고분해진다" "무의식적 순종" 같은 문구는 침체와 묵인, 항상 앞만 바라보는 시선으로 인해 어떤 방향으로도 움직일 수 없음을 나타낸다. 이와 같은 유예, 즉 미래에만 확실하게 집중하는 태도는 주로 치유와 재활의 관점을 반영하고, 마음/몸에 대한 접근을 정상화하는 데만 몰입한다. 장애 활동가들은, 현재의 장애인이 가진 욕구와 경험을 무시한 채 (장애인을 존재하지 못하게 막음으로써) 미래의 장애인을 '치유'하는 데만 경제적·문화적 자원을 쏟아붓는 끝없는 유예의 정치에 오랫동안 격분해왔다.[22] 미래성에만 집중하는 이러한 방식은 장애인에게 득이 되지는 않았으나, 장애를 표현하는 데는 가장 흔한 방법 중 하나였다. 미래에는 더 이상 제리의 아이들Jerry's kids*이 생기지 않도록 지금 그들을 치유해야 한다는 이야기에서 보이듯 말이다. 불임시술에서부터 시설화에 이르는, 골ⁿ연장 수술부터 성장억제에 이르는 일체의 행위들 또한 장애인 및 장애인 공동체에 더 나은 미래를 가져올 것이라는 이유로 정당화되어왔다. 이러한 담론 안에서 장애는 실패 이외의 그 어떤 것으로도 나타날 수 없었다.

셋째, 우생학적 역사는 재생산적 미래성의 흔적을 뚜렷하게 지니고 있다. 지난 100여 년 내 미국으로만 국한하더라도, '인종'의 미래와 국가의 미래(흔히 양자가 얽혀 있는 것으로 묘사되는 미래)를 향한 우려가 어떻게 장애에 대한 공포와 불안으로 마무리되는지를 보여주는 사례는 무수히 많다. 20세기 초반, 다양한 '결함'이 있다고 진단된 수만 명의 사람들은 공중보건에 끼칠 위험을 억제해야 한다는 이유로 우생학 전문가와 정책의 표적이 되어 분류되고 관리되었다. '결함 있는'의 범주에는 장애인뿐만 아니라 '의심스러운' 인종·민족·종교 집단의 사람, 가난한 사람, 성적 '비행자', '나쁜' 나라에서 온 이주민까지 포함되었다. 이 모든 것이 퇴화, 결함, 장애라는 유연한 개념 아래 통합되었고, "정신박약"은 여기서 가장 효과적이고 광범위한 분

---

* 신경근육계 질환이 있는 사람들을 돕는다는 목적으로 미국에서 설립된 단체인 근이영양증협회(Muscular Dystrophy Association)에서 지원받은 아동이나 성인을 지칭하는 말. "제리"는 근이영양증협회의 홍보 대사이자 유명 코미디언인 제리 루이스(Jerry Lewis)의 이름이다.

류 중 하나였다. 이런 범주 중 하나 이상에 속한 사람들은 가족력을 기록하는 보관소에 의해 추적되고, 시설화되고, 대중으로부터 분리되고, 본인의 의사와 상관없이 불임시술을 받고, 입국이 금지되고, 극단적으로는 안락사를 당하는 경우도 있었다. 학교와 대학은 퇴화와 결함의 개념을 전파하고 구체화하는 교육과정에 우생학을 포함시켰다. 미국의 많은 주에서 불임시술은 인종과 국가의 건강을 더 이상 퇴화시키지 않는 수단으로 여겨지게 되었다. 실제로 버지니아주의 강제 불임시술 정책을 옹호했던 1927년의 악명 높은 벅 대 벨Buck v. Bell 판결에서 올리버 웬델 홈스Oliver Wendell Holmes는 "천치는 3대로 충분하다"라고 주장했다.[23] 1930~1940년대에 우생학적 정책들은 눈에 띄게 줄어들기 시작했지만, 우생학적 이데올로기와 관행은 완전히 사라지지 않았고 오히려 냉전 이후에 번창했다.[24]

버지니아주의 불임법은 1974년까지 폐지되지 않았고, 20세기의 대부분 기간에 유색인 여성, 가난한 여성, 선주민 여성, 장애 여성에게 강압적이고 폭력적인 불임시술이 자행되었다. 오늘날에도 장애인들은 특정 상황에서 동의 없이 불임시술을 받고 있으며, 법원과 의회는 끊임없이 가난한 여성, 이주민 여성, 유색인 여성의 재생산적 미래를 없애고 있다.[25] 시설화는 장애인, 특히 '중증' 장애가 있는 사람들에 대한 보편적인 대응 방식으로 여전히 남아 있다. 장애인이 자신의 지역사회에서 살아갈 권리가 있음을 확인했던 1999년 올름스테드 지역의 대법원 판결에도 불구하고, 여전히 미국의 많은 주에서는 공동체에 기반한 돌봄보다 시설 자금 지원을 우선시한다.[26] 미국의 주 정부들은 건강 관리와 장애복지 서비스, 특히 재택 활동지원사에게 드는 자금을 삭감해 예산 위기에 대응한다. 많은 장애인이 독립적으로 살기 위해 그러한 서비스가 필요하다는 점을 감안할 때, 장애 권리 활동가들과 보건 운동가들은 훨씬 더 많은 장애인, 특히 유색인 장애인과 저소득층 장애인이 요양원이나 거리로 내몰리고 있다고 지적한다. 이러한 경향은 주와 국가의 미래 건강을 지키기 위해 필요하다고 선전되지만, 장애인의 미래에 결코 좋은 징조는 아니다.

실제로, 불임시술, 분리, 배제, 시설화 같은 관행은 '미래', 특히 미래의 아동에 대한 걱정과 함께 정당화되어왔다. 예컨대, 오하이오 청소년연구국Ohio Bureau of Juvenile Research의 연구 보조였던 메리 스토어러 코스티르Mary Storer Kostir는 1916년 간행물에서 **"신체적으로 완벽하지만 정신적으로 허약한 사람들은 사회를 위협하는 존재다. ⋯⋯ 그들의 아이들은 미래 문명을 장악하겠다고 위협한다. ⋯⋯ [우리] 또한 우리의 아이들을 생각해야 하며, 정신적 결핍이라는 걱정거리로 미래에 부담을 안겨서는 안 된다"**라고 주장했다.[27] 코스티르는 "정신박약"이라고 분류된 사람들을 분리해야 한다고 주장하면서 "우리" 아이들의 미래와 정신적으로 결핍되고 위협적이고 부담을 안기는 다른 아이들의 미래를 저울질한다. 1933년 인간개선재단Human Betterment Foundation에서 발행한 팸플릿에서도 앞선 사례와 유사하게 "정신박약" 아이들이라는 "부담"이 가진 위험을 경고하면서 "우생학적 불임시술"을 실행하지 않는다면 "미래 세대에 처참한 결과를 초래할 것"이라는 내용이 나온다.[28] 이러한 우생학적 담론에

페미니스트, 퀴어, 불구

서 아이들은 미래의 표지 역할을 한다. 우리를 기다리는 미래의 모습은 우리가 낳는 아이의 모습에 따라 결정되고, 질병, '결함', '일탈', 장애는 유전자 풀을 오염시키거나 국가를 약하게 만들거나 가족의 삶의 질을 파괴하거나 공공 서비스의 재원을 고갈시킴으로써 (또는 이 네 가지가 결합됨으로써) 공동체의 구조에 근본적인 피해를 주는 것으로 여겨진다. 거칠게 말하면, 장애인은 미래성을 위협하는 존재로 그려져왔으며, 지금도 빈번히 그렇게 비치고 있다.

이러한 관행은 여러 책에 기술되어왔지만, 간략하고 개괄적인 역사를 살피는 것만으로는 이런 자료들, 특히 여기서 언급된 몸들을 제대로 다루기 어렵다. 이런 식의 광범위한 요약은 장애인들 사이의 인종, 계급, 섹슈얼리티, 젠더, 역사뿐만 아니라 손상에 따른 차이를 너무 쉽게 지워버린다. 많은 몸이 이런 개괄적 설명의 틈새로 누락된다. 그렇지만, 우리가 장애는 미래를 파괴한다거나 장애가 있는 미래는 무슨 수를 써서라도 피해야 한다는 믿음을 바탕으로 오랫동안 느끼고 행동해왔다는 것을 드러내기 위해서는 이런 패턴을 규명하는 게 필수적이다. 그러한 패턴과 역사가 미래에 대한 질문을 성가신 것으로 만들기 때문이다. "엿 먹어라 미래"가 유일하게 실행 가능한 불구의 대응인 것처럼 말하는 사례에서도 드러나듯, 나는 미래성이 어떻게 장애인에게 수많은 폭력을 유발해왔는지 여실히 확인하는 중이다.

그럼에도 불구하고, 장애인이 미래성을 위협하는 것으로 그려온 역사들은 결국 미래에 대한 거부를 옹호하기 어렵게 만들며, 이것이야말로 내가 에덜먼과 분리되는 지점이다. 나는 미래 없음(또는 불구를 위한 미래 없음이라는 생각에 의존하는 미래)에 대한 유일한 대응이 미래를 완전히 거부하는 것이라고 생각하지 않는다. 에덜먼의 관점에서 "엿 먹어라 미래"라는 말은 애초에 자신(그리고 아이들)을 미래에 투영하고픈 욕구를 지지받지 **못하는** 사람들에게는 적용되지 않는다.[29] 실제로 에덜먼은 "(대문자) 아이의 이미지는 모든 역사에 존재하는 아이들의 생생한 경험과 혼동되어서는 안 된다"라면서 미래를 거부해야 한다고 했던 그의 발언이 실제 아이들의 미래에 관한 것이 아니라 "모든 상징적인 관계망과 이를 지탱하는 미래"에 관한 것이라고 인정한다.[30] 나는 그와 다른 음역대에서 이 글을 쓰고 있으며, 그 과정에서 에덜먼의 주장을 다소 단순화하고 있다. 그러나 아이들을 이상화하는 재생산 미래주의reproductive futurism에 대한 에덜먼의 경고는 "역사적으로 존재했던 아이들의 생생한 경험"과 함께 해석**될** 경우 완전히 다른 의미로 읽힐 수 있다. 헤더 러브Heather Love가 주장하듯, "우리가 원하는 것은 ······ 애초에《미래 없음》이 다루지 않는 부분, 즉 아이들에 대한 이상화된 이미지와 이 세계의 아이들이 실질적으로 받는 대우 사이의 관계를 설명하는 것이다".[31] 호세 에스테반 무뇨스는 일부 아이들의 미래는 보호되지도, 물신화되지도 않는다는 점에 주목하면서 다음과 같이 우리가 바라는 설명을 제공한다. "인종화된 아이들, 퀴어인 아이들은 미래성 안의 군주가 아니다. 비록 에덜먼은 미래성 안의 아이들의 미래가 실제 아이들의 미래와 다르다는 것을 지적하긴 하지만, 실제로 그의 틀은 이미 언제나 백인 아

페미니스트, 퀴어, 불구

이라는 획일적인 모습으로만 수용되고 재생산된다."[32]

　이미 언제나 전제되어 있는 이 백인성은 건강 및 위생 체계를 통해 구조화되고 이해될 수 있다. 건강과 위생은 이주 정책을 실행하고 장애 및 질병을 개념화할 때 오랫동안 "인종적 차이를 드러내는 강력한 상징적 표지"의 역할을 담당해왔다.[33] 예를 들어, 애나 스터블필드Anna Stubblefield는 빈곤과 민족성에 '오염된' 백인성을 드러내고자 20세기 초반 '정신박약'이라는 분류가 작동하는 방식을 다음과 같이 상술한 바 있다. "인지 능력에 대한 인종화된 이해는 백인과 비백인의 차이뿐만 아니라, 순수한 백인과 더러워진 백인의 차이를 나타내는 데 사용되곤 했다." 다시 말해, 백인성의 의미는 인종, 계급, 장애와의 연관성에 따라 달라진다.[34] 시민권도 이와 비슷한 방식으로 통제되어왔다. 가령, 세라 호튼Sarah Horton과 주디스 바커Judith C. Barker는 이주민 부모가 "도착 국가에 포함되기에 '부적합'"하다는 증거로 아이들의 열악한 치아 건강을 문제 삼았던, 2000년대 초 멕시코 이주민 가족을 대상으로 한 구강 건강 캠페인 사례를 제시한 바 있다.[35]

　퀴어 아이들, 유색인 아이들, 거리에 있는 아이들을 비롯해 재생산 미래주의에서 버림받은 아이들은 모두 끊임없이 아프고 병적이고 전염병에 걸린 것처럼 치부되어왔다. 앞서 언급한 우생학적 분리와 불임시술의 역사는 인종, 계급, 장애가 융합되는 다양한 사례를 제공한다. 1965년 대니얼 패트릭 모이니한Daniel Patrick Moynihan의 악명 높은 보고서인 《흑인 가족: 국가적 조치의 사례The Negro Family: The Case for National Action》도 마찬가지다.* 모이니한은 이 책에서 "대부분의 흑인 청년은 그들의 세계에 영향을 미치는, 병리학적으로 꼬인 문제에 휘말릴 위험이 있으며, 아마도 그들 대다수는 여기에 얽매여 있을 것이다"라고 경고한다. 즉, 그는 이러한 "병리학"(흑인 가족은 이미 언제나 아프다는 것)이 흑인 가족 고유의 문제이기 때문에 그들은 "얽매여" 있다고 설명한다.[36] 의사가 민간 보험에 가입된 아이들보다 메디케이드Medicaid**에 가입된 아이들에게 항정신병 치료제를 처방할 가능성이 네 배 더 높다는, 다시 말해 메디케이드에 가입된 아이들은 다른 아이들보다 "중증 미만의 상태"임에도 그런 약을 처방받을 가능성이 훨씬 더 높다는 2009년 보고서에서도 인종, 계급, 질병 간 연계성에 대한 최신 사례를 접할 수 있다. 도러시 로버츠가 지적했듯, 이러한 차별적 대우는 가난한 유색인 아이들의 정신 건강, 행동 안정과 관련된 고정관념이 지속되고 있음을 시사한다.[37] 나는 마치 모든 것이 장애 문제로 수렴된다는 듯, 인종차별과 계급차별이 원래는 비장애중심주의라거나 무뇨스가 말하려던 게 **원래는** [인종이나 퀴어 문제가 아니라] 장애

---

* 미국 민주당 소속의 정치인, 외교관이자 사회학자였던 모이니한이 흑인 남성 가장의 몰락과 흑인 여성 가장의 부상을 우려하면서 흑인 사회의 폐단은 병적인 가족구조에 기인한다고 분석한 보고서다. 이 보고서는 백인의 문화 규범을 적용해 흑인 가정을 평가했다는 이유로 많은 학자와 활동가에게 인종차별적이라고 비판받았다. Lee Rainwater and William L. Yancey, *The Moynihan Report and the Politics of Controversy* (Cambridge: MIT press, 1967), 427-29.

** 빈곤선 65% 이하 소득 수준의 계층이나 일부 노인, 장애인, 모자가정, 아동 및 청소년 등에게 미국 연방 정부와 주 정부가 공동으로 의료비 전액을 지원하는 미국의 공공 의료보험 제도.

문제였다고 주장하기 위해 이런 사례들을 제시한 것이 아니다. 오히려 나는 이러한 범주들이 서로에 의해 구성된다고 주장하려 한다. '이미 언제나 백인인 (대문자) 아이는 이미 언제나 건강하고 장애가 없다'라는, 비체화된 타자를 제외하는 이 특권적 상상 안에 장애 아동은 포함되지 않는다.

나는 이런 비체화 abjection*** 를 강조하면서, 단순히 장애 아동을 포함시키기 위해 그 특권적 상상을 확장해야 한다고 주장하는 것이 아니다. 로버트 맥루어가 분명히 밝혔듯, 불구들의 요구가 규범화되어선 안 된다.[38] 이와 반대로, 나는 이 특권적 상상이 전제하는 가정이 무엇인지 밝힘으로써 그 상상을 중단시키고 싶다. 실제 아이들의 삶을 주의 깊게 다루길 원하는 러브의 열망을 반영해, 나는 시간과 우리의 미래로부터 장애인을 효과적으로 몰아내는 관행 및 이데올로기에 대한 비판적 지도를 만들 것을 요구한다. 불구의 미래와 시간성을 탐구하기로 했을 때 사용했던 용어인 '빈도', '발병률', '유병률'로 돌아가보

*** 줄리아 크리스테바(Julia Kristeva)에 따르면, 비체는 '비천한, 비굴한' 등의 뜻을 가진 'abject'의 의미 그대로, 즉각적 혐오의 반응을 유발하는 추잡하고 비천한 것, 주체(subject)도 객체(object)도 될 수 없는 존재다. 주디스 버틀러는 이 개념을 재전유해 비체가 주체/타자의 구도를 성립시키는 특정한 인식의 장을 이루는 경계이자, 그 장 안에서 가시화되거나 존재 가능성을 인정받지 못한 채 밖으로 폐제(forclose)된 존재라고 설명한다. 다시 말해, 타자는 지배적 규범에 부합하는 인정의 결과로서 인식 가능성의 매트릭스 안에 들어오는 존재인 반면, 비체는 그 매트릭스 안에도 들어오지 않는 존재다. '비체화'는 비체를 산출하는 작용이나 과정 등을 일컫는다. 주디스 버틀러의 주체, 타자, 비체의 관계에 대한 설명으로는 다음을 참고하라. Judith Butler, Undoing Gender (New York: Routledge, 2004), 30; 전혜은, 《퀴어 이론 산책하기》, 도서출판여이연, 2021, 164~168쪽.

자. 자스비어 푸아르는 재생산적 미래성을 거부하기보다, "인종화·성별화된 통계적 인구 집합체가 아이를 재생산할 수 있는지 없는지가 아닌, 그들이 재생할 수 있는 능력과 그렇게 할 수 없는 능력이 무엇인지에 기초해 재생 능력regenerative capacity의 생명정치가 어떻게 그들을 미래 없이 퇴락하는 집단으로 획정해왔는지" 추적하는 게 당면한 과제라고 주장한다.[39] 이에 따라 그녀는 질병과 장애라는 사건이 인종/계급/젠더/국가와 어떻게 불가분으로, 그리고 차등적으로 결속되어 있는지를 질문하면서 장애 미래성뿐만 아니라 장애의 미래에 대해서도 발언을 이어가고 있다.

심각한 척추손상을 입은 시카고의 젊은 흑인 남성들을 대상으로 진행한 노엄 오스트랜더Noam Ostrander의 인터뷰는 푸아르의 질문에 관한 유용한 사례를 제공한다. 이 남성 중 몇몇은 사람들이 젠더, 인종, 계급을 토대로 자신의 미래에 장애가 있을 것이라는 걸 예상했던 것처럼 행동한다면서 지금 자신의 장애화가 마치 예견된 결론이었던 것처럼 치부되고 있다고 설명한다. 당신들이 지금 휠체어를 타고 있다는 것으로 드러나듯이, 그것 외의 다른 어떤 미래를 예상할 수 있었겠느냐는 식으로 말이다. 아이작Isacc은 다음과 같이 말했다. "내가 흑인이기 때문에 이런 일은 당연히 벌어질 수 있는 일이라고 한다. …… 내가 감옥이나 휠체어에서 죽을 거라고. 어떤 사람들은 나를 그렇게 보는데, 그런 시선은 좀 신경쓰인다. 내가 아프리카계 미국인이라는 게 도대체 무슨 의미가 있다는 건지? …… 이런 게 우리의 삶인가?"[40] 시카고의 특정 지역에 사는 젊은 흑인 남성이 총상으로 인해 (죽지 않는 경우) 신체가 마비될 통계적 확률은 그들을 시간 밖으로 내몬다. 미래 없음의 미래, 휠체어로 가장 잘 구현되는 미래 없음을 향해서. 다시 말해, 장애는 감옥에서 죽든 휠체어 위에서 죽든 모두 다 동일하게, 모두 다 미래 없음의 표지로 인식되는, 미래 없음의 미래가 되어버린다. 장애에 관한 더 주류에 가까운 (예를 들어, '나쁜' 지역에 사는 가난한 유색인을 끌어들이지 않는) 감상적인 설명은 장애는 누군가의 미래를 끝낸다는, 장애를 비극과 상실로 보는 친숙한 서사다. 그러나 오스트랜더의 인터뷰이 프로필에 있던, "잃을" 것이 없었던 남성들에게 상실은 그다지 중요한 프레임이 아니며, 장애는 애초부터 미래 없음의 표지로만 여겨졌을 뿐이다.

이러한 가정은 인종과 지역이 의료에 미치는 영향을 분석했던, 메디케어Medicare* 청구에 관한 2008년 연구 결과에서 드러난다. 여기서 연구자들은 "당뇨병이나 혈관질환이 있는 흑인은 다리를 절단할 확률이 백인보다 거의 다섯 배 더 높다"라는 사실을 발견했다. 이전의 연구에서도 전립선암을 대하는 의학적 반응에서 흑인 남성이 백인 남성보다 치료의 일환으로 고환을 제거할 가능성이 더 높다는, 이와 비슷한 인종적 격차를 발견한 바 있다.[41] 우리의 의료 체계 내에서 심화되는 격차가 이러한 차이를 유발하는 데 미치는 영향은 결코 적지 않다. 흑인들은 진단 결과를 뒤늦게 받거나 동시에/또는 만성질환을 훌륭

---

* 사회보장세를 20년 이상 납부한 65세 이상 노인 및 장애인에게 의료비의 50%를 지원하는 미국의 노인 의료보험 제도.

하게 관리하는 데 필요한 높은 수준의 치료를 정기적으로 받지 못하기 때문에 더 극단적인 치료법을 접할 가능성이 높다. 그러나 어떤 집단에 더 높은 절단 수술 확률이 나타나고, 그로 인해 더 높은 장애 발생률이 나타난다는 결과를 보든, 그 집단이 동등하게 치료에 접근하기 힘들다는 과정을 보든 간에 특정한 미래들(그리고 특정한 몸들)이 다른 미래들보다 더 보호받는 사실을 부인하기는 어렵다.

그러므로 우리의 과제는 미래를 거부하는 것이 아니라 장애와 그 미래를 다른 방식으로 상상하는 것이다. 즉, 장애인을 미래 없음이라는 미래의 표지로 보고, 그들을 시간 밖으로 내쫓지 않으며, 미래를 다른 대안적 시간성의 일부로 상상하는 것이다. 이것이야말로 러브, 무뇨스, 푸아르가 요구하는 작업 방식이자, 서로 다른 인구 집단이 어떻게 별도로 획정되는지에 대한 관심을 그 작업에 반영하는 방식이다. 그러므로 퀴어 장애학자들이 지속해서 관심을 가져야 할 우리 주변의 질문은 퀴어 이론가들이 제기했던 바로 이런 질문들일 것이다. (대문자) 아이는 역사 속에 존재하는 아이와 어떻게 다른가? 일부 아이들은 "미래성 속 군주"가 되지 못하는 반면 (혹은 그 **이유로**) 어떻게 다른 아이들은 "미래성 속 군주"가 되는가?[42] 이런 식의 질문을 계속 밀어붙인다면, 특정한 인구 집단은 미래가 없고 퇴락할 운명이며 이미 언제나 장애인인 것처럼 비쳐왔다는 사실이 명확하게 드러날 것이다.

페미니스트, 퀴어, 불구

퀴어의 시간, 불구의 시간

혹자는 퀴어의 시간은 불구의 시간이며, 줄곧 그래왔다고 주장할 수도 있다. 퀴어의 시간은 종종 질병과 장애를 통해서 또는 이와 관련해서 정의되며, 이는 시간을 '퀴어하게' 만드는 것이 질병과 장애라는 것을 암시한다. 질병과 장애는 시간을 느리게 혹은 빠르게 가도록 만들 뿐만 아니라, 일치하지 않거나 일시적으로 조화가 맞지 않는 느낌을 유발하기도 한다. 가령, 우울증과 조증은 시간에 따라 교대로 나타나는 경우가 많으며, 다양한 손상이 있는 사람들은 예상보다 더 느리게 (혹은 더 빠르게) 움직이거나 생각하곤 한다. 이런 시간 및 속도의 변화는 필연적으로 그리고 의도적으로 '일직선의straight'* 시간을 벗어날 수 있도록 만든다. 일직선의 시간이라는 말이 과거/현재/미래의 확고함을 표현하는 것이든, 의존적인 유년기에서 독립적이고 재생산 능력이 있는 성인기로의 선형적인 발달을 기대하는 것이든 상관없이 말이다. 이러한 가능성은 최근의 퀴어 이론에서도 엿볼 수 있다. 예를 들어, 엘리자베스 프리먼 Elizabeth Freeman은 질병과 장애가 시간을 다르게 혹은 **퀴어하게** 사유하는 촉매가 될 수 있다면서 《GLQ》** "퀴어 시간성" 특집호의 서문을 연다. 그녀는 "시간의 관절이 어긋나 있다"라는 윌리

---

* 'straight'에는 '이성애의'라는 의미도 있다.
** 《GLQ》는 섹스, 섹슈얼리티와 관련한 이슈를 퀴어적 관점으로 다루는 것을 목표로 한 학술지로서, 법학, 과학학, 종교학, 정치학, 문학 등 다양한 분야에서의 논문, 비평, 논평을 발표한다.

엄 셰익스피어^{William Shakespeare}의 표현을 반복적으로 인용하면서 "탈골" 같은 묘사를 퀴어의 비동시성, 즉 몸 안에서, 몸 위에서, 몸을 가로질러 나타나는 시간에 대한 경험과 연결한다. 이처럼 시간을 "관절이 어긋나" 있는 것으로 상상하게 되면, 시간의 "이질성을 뼈로 느낄 수" 있는 가능성, 시간"이" 곧 몸이 되는 가능성을 열 수 있다.[43] 그러나 그녀는 탈골이나 장애라는 이름을 꺼낸 후, 곧바로 거기에서 벗어나 "사춘기, 노화, 질병과 같은 신체적 변화 너머"의 퀴어 시간성에만 집중한다.[44] 하지만 "신체적 변화 너머"로 이동하는 대신, 탈골이나 질병, 질환 같은 신체적 변화를 **통해** 퀴어/불구 시간성을 사유한다면 어떨까?

이런 연구를 시작하기 위해 나는 이 장에서 퀴어 시간성, 그리고 우리가 '불구의 시간'이라고 부를 수 있는 것 사이에 잠재적으로 연결되거나 중첩되는 지점을 추적했다. 나는 주로 주디스 핼버스탬^{Judith Halberstam}에게 초점을 맞추었는데, 이는 그녀가 퀴어 시간성의 가능성에 관한 글을 폭넓게 남겼을 뿐만 아니라, 그녀의 작업이 (아직 스스로 장애학과의 친밀감을 표하지는 않았지만) 장애학 영역에 매우 분명히 접근하고 있기 때문이다.[45] 프리먼의 생각처럼 만약 퀴어성이 "시간적·역사적 차이에서 파생된 일련의 가능성"이며 따라서 일종의 시간성(또는 시간성들)이라면,* 퀴어 장애를 통한 사유에는 불구 시간성에 대한 사유

---

*   엘리자베스 프리먼은 시간성을 "제도적 힘이 신체적 사실처럼 보이게 하는 주입의 방식"이며, "일정, 달력, 시계 등은 특권을 누리는 사람들에게만 자연스럽게 보이는 시간적 경험의 형태를 심는 수단"이라고 설명한다. 특권화된 시간적 경험의 주입은 역사적으로 비대칭적 권력 체제를 평범한 신체적 리듬과 루틴

가 필요하다.[46] 그래서 나는 퀴어 이론가들이 퀴어의 시간을 정의하기 위해 질병이나 장애에 관한 아이디어를 활용했던 방식에 주목하면서 퀴어의 시간이라는 표현을 쓰는 질병 및 장애 연구를 특히 강조했다. 비록 나는 장애 범주가 이미 퀴어 시간성 내에서 작동하고 있다고 주장했지만, 그 연결을 추적하거나 생성하는 과정에서 더 해야 할 일이 있다고 생각하며, 퀴어의 시간을 이해할 때 그랬듯 여기서 장애 경험과 불구 시간성을 이해할 때도 퀴어 시간성을 활용해 그 작업의 일부를 진행해보고자 한다.

핼버스탬에 의하면, 퀴어들은 욕망의 대상이기 때문에, 그리고 잘못된 시간에 잘못된 일을 너무 많이 저지르기 때문에 퀴어하다고 여겨진다. 하지만 우리가 퀴어 시간성에 주의를 기울인다면 그 퀴어성을 "섹스하는 방식보다 살아가는 방식에 더 가까운 것"으로 볼 수도 있다.[47] 특정한 순간에 특정한 행동을 하는 것이 인간 발달의 자연적이고 상식적인 과정으로 구체화되는 것처럼 그녀는 시간이 정상성 생산의 기초가 된다고 주장한다. 다시 말해, "시간에 대한 규범적 서사"는 "정신분석학계 및 의료계 종사자부터 모든 국가 정책의 기반이 되는 사회경제학, 인구통계학, 그리고 정서적인 것과 미적인 것에 이르는 대

처럼 보이도록 만들어왔다는 것이다. 이러한 관점에서 퀴어성은 특정한 시간의 형태 및 역사적 시기에 발명되고 문제화된 특성이자, 특권화된 시간적 경험을 폭로하는 가능성이기도 하다. Elizabeth Freeman, introduction to "Queer Temporalities." Special issue of *GLQ: A Journal of Gay and Lesbian Studies*, 13 nos. 2-3 (2007): 159.

부분의 이해 방식 속에서 인간을 정의하는 데의 거의 모든 근간을 형성한다".[48] 이때 시간에 대한 규범적 서사는 의존적인 아동기에서 결혼과 재생산으로 정의되는 독립적인 성인기로의 선형적 발달을 가정한다.[49] 이에 핼버스탬은 "출생, 결혼, 재생산, 죽음이라는 삶의 전형적 지표" 밖에서 퀴어의 하위문화가 어떻게 작동하는지에 집중한다.[50] 또한 그녀는 시간성을 통해 퀴어성을 표현하면서 "이상한 시간성, 창의적인 생활 일정, 특이한 경제적 실천"을 강조한다.[51] 우리는 질병과 장애 안에서, 그리고 그것을 통해서 어떻게 퀴어 시간성에 관한 이 세 가지 범주를 이해할 수 있을까?

먼저 "이상한 시간성"부터 시작해보자. 핼버스탬은 "일부 게이 남성들이 에이즈의 위협에 대처하고자 …… 위험, 질병, 감염, 사망에 대비하는 공동체를 형성"했던 에이즈 확산 초기의 상황을 설명하면서 퀴어의 시간이라는 개념을 소개한다.[52] 그녀는 퀴어의 시간을 질병과 감염의 시간으로 한정하지는 않았지만, 게이 공동체가 "여기, 현재, 지금"에 집중할 수밖에 없는 맥락을 고려해 퀴어의 시간을 "에이즈의 위기에서 벗어나는 것"으로 표현한다. 그녀는 여기, 현재, 지금에 집중했던 태도가 게이 공동체를 주류의 시간적 논리에서 밀어냈다고 주장한다. 주류의 시간적 논리란 죽음, 진단, 증상들이 나타날 때마다 미래의 가치가 점점 줄어든다고 인식하는 논리다.[53] 대신, 전염병의 상황에서 퀴어의 시간은 오로지 지금 이 순간에 집중해 현재의 긴급함을 발견함으로써 미래에 대한 관심을 완전히 거두게 한다고 말한다. 핼버스탬에 따르면 퀴어의 시간은, (일부) 게

페미니스트, 퀴어, 불구

이 남성들을 규범적인 삶의 과정 밖으로 밀어내고 그들을 긴급함 및 다급함에 관한 퀴어의 고민 속으로 몰아넣는 에이즈와 함께 살아가고 죽어가는 것이다. 핼버스탬이 퀴어 시간성을 반복적으로 설명하면서 질병을 섹스만큼 강조한다는 점을 감안한다면, 그녀가 전염병의 시간을 퀴어의 시간이자 불구의 시간이라고 주장하는 이유를 확인할 수 있을 것이다.[54]

톰 보엘스토프Tom Boellstorff는 "우연히 일치하는 시간"을 또 다른 퀴어 시간성, 이를테면 시간을 "지나가는 것이 아니라 떨어지는fall*" 것으로 제시한다. 그는 일치성이라는 개념을 통해 엄격한 선형적 시간을 벗어날 방법을 모색하면서, "5월 23일이 화요일에 맞아'떨어졌다'" 같은 표현처럼 두 개의 시간 주기가 우연히 일치하는 사례를 언급한다. 그것은 두 개의 시간 주기(요일과 날짜)가 동시에 움직이기는 하지만 완벽히 평행하게 움직이지는 않으며, (두 가지 의미에서) 일직선/이성애straight의 전진 운동보다는 우연히 일치하는 순환적인 순간을 만들어낸다.[55] 이 '떨어지는' 시간이라는 개념은 걸어 다니기보다 비틀거리고 걸려 넘어지고 손상된 몸들에 더 적합한 표현일 수 있을까? 떨

---

* 'fall'은 '떨어지다', '빠지다', '넘어지다' 등 다양한 의미로 쓰이며, 'fall' 뒤로 시간에 관련한 단어가 오는 경우엔 특정한 날짜나 요일이 '되다', '걸리다'라고 해석되고, 질병과 질환에 관련한 단어가 오는 경우엔 병에 '걸리다', '들다'라고 해석된다. 저자는 의도적으로 그 다의성을 살려 이 책의 여러 맥락에 'fall'을 사용한다. 가령, 저자는 보도 위에서 '넘어지고' 특정 범주 안(밖)으로 '(나가)떨어지는' 경험, 규범이나 예상에 어긋나고 부합하는 순간이 우연히 '맞아떨어지는' 경험 등을 모두 'fall'이라는 용어와 연결하는데, 이를 각기 다른 한국어로 옮길 경우 저자의 의도를 살리기 어려워 대부분 '떨어지다'로 옮겼다.

어지는 시간이란 무엇이며, 우리는 어떻게 우연의 일치나 동시성에 초점을 맞추어 장애를 이해할 수 있을까? 아니면 떨어지는 시간과 지나가는 시간의 구분을 어떻게 시간에 **맞춰** 떨어지는 것과 시간에 **맞춰** 지나가는 것의 구분으로 이해할 수 있을까?

나는 엘리자 챈들러Eliza Chandler가 보도 위로 떨어지고 나서 숙고했던 것, 즉 자신의 발에 걸려 넘어졌던 경험이 어떻게 장애 정체화와 비정체화 범주에 발을 거는 데까지 이어졌는지 탐구했던 일을 떠올린다. 그녀는 보도 위로 떨어지는 순간이 곧 장애 안으로 떨어지는 순간이었다고 설명한다. 다른 사람들이 자신을 장애인이라고 인식하게 만든 것, 다시 말해 자신의 발을 걸어 넘어뜨리는 범주 및 정체성 안으로 자신을 거꾸러뜨렸던 것이 바로 그 떨어짐이었다고 말한다. 그녀가 시시각각 여기 있다 저기 있다 하는 것처럼, 즉 자신이 생각하기에는 이 범주에 있지만 동시에 다른 사람들이 보기에는 저 범주에 있는 것처럼, 떨어지는 것은 지나가는 것을 불가능하게 만든다. 시간에 맞춰 떨어지는 경험은 챈들러가 보도 위의 자신의 몸에서 수치심과 자긍심이 어떻게 동시에 발생하는지, 즉 어떻게 자신의 몸이 예상에 맞아떨어지는 동시에, 예상을 뛰어넘기도 하고, 예상에 실패하기도 하는지에 대한 퀴어한 인식으로 이끈다.[56] 적어도 어떤 면에선 떨어짐과 실패함을 연결하는 것이 불구 시간성을 퀴어하게 만든다. 실패와 뛰어넘음에 대한 관념, 그리고 어느 사회 규범을 뛰어넘는 동안 혹은 그 사회 규범을 뛰어넘음으로써 다른 사회 규범을 지키는 데 실패하는 일은 퀴

페미니스트, 퀴어, 불구

어 시간성을 논의하는 동안 내내 발생해왔다. 챈들러는 떨어짐으로써 몸이 무엇을 하는지 예상하는 데는 실패했지만, **장애**가 무엇을 하는지 예상하는 데는 성공했다는 걸 알고 있다. 실패와 성공은 떨어지는 순간 동시에 발생한다.

이상한 시간성의 또 다른 형태로, '떨어지는 것'에서 '병으로 떨어지는 것[즉, 병에 걸리는 것]'으로 이동해보자. 프리먼이 말했듯, 질병과 함께 사는 것은 대안적인 논리와 방향을 제시함으로써 시간의 "관절을 어긋나게" 만들 수도 있다. 인류학자인 세라 로클런 자인Sarah Lochlann Jain도 암 진단 및 예후가 "기대 수명 내에서의 나이, 세대, 단계 등 시간에 맞춰 자신을 위치시키는 통상적인 방식과 타임라인 개념"을 어떻게 방해하는지 탐구한 바 있다.[57] 그녀는 '예후의 시간'을 사는 것이 경계 지점의 시간성을 사는 것이자 시간 밖으로 내던져지는 것, 다시 말해 시간이 삶의 단계들을 통과하면서 안정적이고 꾸준하게 진행되는 것이 아니라, 억제되고 정지되는 것이라고 말한다. '예후'라는 개념은 미래를 알려진 것, 알 수도 있는 것으로 설정하지만, 역설적으로 미래성 그 자체는 미약하고 위태로워진다. 그러나 핼버스탬이 에이즈 서사에서 발견한 것처럼, 불안정하다는 것은 현재에, 그리고 진단받은 몸에 에로틱한 노력을 쏟게 만드는 자극제가 될 수도 있다.

로라 허시는 진단을 통해서 의도치 않게 자신의 병증을 알게 되었고, 그 결과로 얻게 된 예후가 세상에 대한 자신의 전체적인 지향을 바꾸었다고 회고한 바 있다. 그녀는 장애와 함께 사는 데 익숙했고 몸이 변한 적도 없었지만, 예후를 알고 나서 미래성과의 관계가 근본적으로 변했다고 말한다. 그녀가 학교에 홀로 앉아 우연히 사전에서 발견한 근이영양증muscular dystrophy의 정의는 이랬다. "신체의 근육이 약해지고 끝내 쇠약해지는 유전적 장애." 그 순간, 그녀는 "내가 상상했던 모든 미래가 여기에 새롭게 드러난 짤막한 미래, 즉 '끝내 쇠약해지는' 미래로 대체되었다"라고 술회한다.[58] 허시에게 예후의 시간은 예후를 알게 되는 바로 그 순간일 뿐만 아니라, 만약 병증이 분명히 규정되지 않았을 경우 그것은 연장된 협상 및 식별의 기간이 된다. 그 기간 동안, 과거/현재/미래는 불완전한 상태로 뒤죽박죽 뒤섞인다. 미래가 위축될수록 현재는 더 긴급해지고, 과거는 현재의 질병을 야기하는 복합적인 원인이 되거나 낭비된 시간의 연속으로 인식되며, '미래' 그 자체가 점점 더 미약해질수록 미래는 치료와 생존을 증대하는 방향으로 나타나게 된다.[59]

진단 범주 밖으로 떨어지거나 그것을 뛰어넘은 사람들에게 진단/예후의 이상한 시간성이라는 것은 마치 관절이 어긋나 갈피를 못 잡고 우왕좌왕하는 것처럼 혼란스러울 수 있다. 그렇다면 우리는 자신의 손상을 인정해줄 의료 전문가나 사회적 서비스 제공자를 찾기 위해 수년 동안 고군분투하는 만성 피로 및 만성 통증이 있는 사람들, 화학물질과민증Multiple Chemical Sensitivity, MCS이 있는 사람들의 경험을 어떻게 이해할 수 있을까? 에이전트 오렌지Agent Orange,* 이라크 전쟁 증후군, 외상후스트

---

* 미국이 베트남전에서 썼던 화학무기 중 가장 많이 사용되고 가장 큰 피해를 유발한 고엽제의 대명사로 불리는 것. 미국은 1962년부터 1971년까지 호찌민 정권의 근거지였던 베트남 남부에 8000만 리터 이상의 에이전트 오렌지를 살포

레스장애Post Traumatic Stress Disorder, PTSD로 인한 피해를 정부에 인정받고, 이를 해결하기 위해 끊임없이 노력하는 퇴역군인들의 경험은 또 어떻게 이해할 수 있을까?[60] 크리스토퍼 닐론Christopher Nealon의 관점에서 "반복된 시도의" "'시간'이란 무엇인가?"[61] 닐론은 퀴어의 시간을 주변화되고 부인되는 시간적 경험이 포함된 것으로 이해해야 한다고 주장하면서, 인정받지 못하는 반복된 경험이 어떻게 시간 지향적일 수 있는지 묻는다.[62] 그의 질문은, 수년 동안 명백한 불편함을 겪으면서도 자신의 상태를 인정받지 못하고 살아온 화학물질과민증의 사람들을 다루었던, 론다 즈윌링거Rhonda Zwillinger의 영향력 있는 저작인《빼앗긴 자들 The Dispossessed》의 이야기와 이미지를 떠올리게 한다. 즈윌링거가 다룬 사람 중에는 시간을 모두 소진한 나머지, 결국 좌절감과 고립감 속에서 자살한 사람들도 있다. 로버타 S.Roberta S.는 이렇게 말했다. "실내에 머물 수 있는 '안전한' 장소를 찾아 이곳저곳 돌아다니느라 16년 동안 차 안에서 지냈다. 이제 너무 지쳐서 곧 죽을 것 같다."[63] 나는 이러한 이야기들을 염두에 두고서, 세라 로클런 자인의 "예후의 시간"을 미확진의 시간, 가령 전문가들 사이를 오가는 시간, 돌봄과 서비스가 반복적으로 거부되는 시간, 자신의 경험이 계속해서 부인되는 시간, 서서히 증상이 악화하는 시간, 인정도 진단도 받지 못하는 시간, 기다림의 시간 등으로 보완하고자 한다.

했고, 그 결과 베트남인과 참전 미국인에게 수많은 선천성 기형, 암, 질병이 생겼다.

진단과 미확진을 이상한 시간성으로 사유하는 것은 불구의 시간이라는 또 다른 틀로 나아가는 문, 시간 안에서 그리고 시간을 통해 질병 및 장애라는 틀로 나아가는 문을 열어준다. 무엇이 조증, 우울증, 불안의 시간성을 구성하는가? 만약 우리가 퀴어의 시간을 분노, 수치심과 관련지을 수 있다고 생각한다면, 공황 발작이나 피로와도 연관되지 못할 이유가 있는가? 우울증은 어떻게 순간을 며칠로 끌게 만들면서 시간을 늦추는가? 공황 발작은 어떻게 시간을 빠르게 하는 동시에 멈춘 것처럼 보이게 하거나 뒤에 남겨두어서 선형적인 시간을 흐트러뜨리는가?

"이상한 시간성"은 외상후스트레스장애나 화학물질과민증이 있는 사람들의 증상을 촉발하는 사건 및 화학물질 노출에 대비해 일상을 살핌으로써, 예상된 시간을 살아가는 이들의 경험을 함께 반영한다. 이때 살핀다는 것은 현재 상태를 유지하면서, 다음의 질문처럼 시간 안에서 앞뒤로 이동한다는 뜻이다. 이전까지 자신에게 반응을 일으켜왔던 것은 무엇이었는가? 지금 반응을 일으킬 수 있는 것은 무엇인가? 앞으로는 어떤 반응이 올까? 멜 첸은 화학물질과민증에 대해 쓴 글에서 이렇게 말한다. "나에게는 여러 상상들을 시간적으로 배치하는 전략이 있다. 만약 내 미래에 어떤 장소와 사람이 등장한다면, 나는 그 장소와 사람을 과거의 유사한 장소에 대한 경험, 과거의 유사한 사람에 대한 경험과 매칭한다."[64] 화학물질과민증과 더불어 생존하기 위해서는 이 순간뿐만 아니라 다른 순간에도 생존하려는 욕구를 통해 다른 몸을 "향하거나 …… 거기에서 멀

페미니스트, 퀴어, 불구

어지는", 즉 시공간에 맞춰 자신이 어디에 있어야 하는지 그 위치에 대한 신체화된 인식이 필요하다.[65] 이 예상의 시간은 그 자체로 퀴어의 경계성liminality*과 연관되며, 언제나 아직 도래하지 않은 순간(위험한 향기, 보이지 않는 가스, 스쳐 가는 연기)**을 늘 예상하며 살아가는 시간이다. 외상후스트레스장애나 화학물질과민증이 있는 사람들처럼 퀴어 역시 주변 환경에 에로틱하게 밀착되어야 하며, 또한 그렇게 태어난다. 첸은 이러한 예상의 시간성, 반응의 시간성이 어떻게 대상 및 사람에 대한 퀴어의 지향을 형성시키는지 날카롭게 분석한다. 익숙하고 안전한 그녀의 소파는 더 현재적이고, 다른 사람들의 몸보다 그녀의 몸에 더 적합한 집처럼 여겨지는 반면, 예상치 못하고 원치 않은 냄새와 연기를 내뿜는 사람들은 이질적이고 혼란스럽게 하는 사람으로 여겨지는 것처럼 말이다.[66] 그런 사람들을 현재에 마주친

---

*   'liminality'는 주로 '역치성', '한계성'으로 번역되지만, 경계들 사이에 위치하는 과도적 시간 및 공간 또는 새로운 정체성을 얻기 이전의 혼돈과 무기력의 단계라는 의미를 포함할 수 있도록 '경계성'이라고 옮겼다. 로버트 머피(Robert Murphy)는 장애인을 경계성의 존재로 보면서, 장애인은 "아픈 것도 건강한 것도 아니고, 죽은 것도 완전히 살아 있는 것도 아니며, 사회의 외부에 있는 것도 완전히 내부에 있는 것도 아니다"라고 설명한 바 있다. Robert F. Murphy et al., "Physical disability and social liminality: A study in the rituals of adversity," *Social Science & Medicine* 26, nos. 2 (1988): 235-242.

**   이 책의 〈부록 C〉에서 설명하는 것처럼, 향기, 기체, 특히 인공적으로 특정한 냄새를 유발하는 향수, 방향제, 화장품, 목욕용품, 세탁용품 등에 노출되는 환경은 여러 건강상의 문제를 일으키며, 화학물질과민증이 있는 사람에게는 더욱 강한 증상을 유발한다. 이러한 이유로 장애 활동가들은 화학물질, 향기·냄새가 없는 구역을 지정하여 화학물질 접촉에 취약한 이들의 접근성을 확보하기 위해 노력하고 있다. 무향(scent-free) 공간의 접근성 확보를 위한 체크리스트는 〈부록 C〉를 참고하라.

다는 것은 내가 그들의 화학적 과거(그들이 당일 아침에 사용한 샴푸, 수업 후에 피운 담배)에 노출된다는 뜻이며, 이는 곧 내 가까운 미래에 영향(피로, 혼란, 메스꺼움)을 미친다는 뜻이다. 화학물질 과민증은 이런 식으로 다중적이며 우연히 일치하는 이상한 시간성으로 우리를 이끈다. 끊임없이 앞을 내다보는 자세, 즉 무언가를 예상하는 자세는 필연적으로 끊임없이 되돌아보는 자세와 결부되어 있다. 첸은 과거 화학물질에 노출되었던 경험을 토대로 그녀의 현재 몸을 경험하는 동시에, 그 과거와 현재는 화학물질에 아직 노출되지 않은 미래의 전개 방식을 결정한다. 나의 화학물질 소비가 나도 모르는 사이에 누군가를 시간 밖으로 내쫓을 수도 있는 것처럼, 화학물질과민증이 있는 사람들이 겪는 이상한 시간성은 우리의 개별적 선택이 타인의 시간성에 어떤 영향을 미칠지 짐작하게 함으로써 첸뿐만 아니라 그녀의 주변 사람들의 경험까지 모두 포괄한다.[67]

　다음으로, 핼버스탬이 말한 "창의적인 생활 일정"이란 무엇일까? 공식적으로는 한 사람분의 시간만 활동지원사의 돌봄을 받을 수 있지만 비공식적으로는 집안의 다른 사람들에게도 활동지원사의 돌봄을 최대한 효율적으로 활용해 시간을 쓰는 불구 가족이 있다고 생각해보자. 예를 들어, 어떤 사람이 국가가 보기에 '더' 중증의 장애가 있는 것처럼 보인다면, 그는 자신의 애인보다 더 많은 시간 동안 지원받을 자격이 있다고 할 수 있겠지만, 정작 활동지원사는 그 집에서 그 사람의 애인이나 자녀에게 더 도움이 되는 일을 할 수도 있다. 아니면 활동지원사의 돌봄 일정 그 자체, 그리고 현재와 미래가 동시에 존재해야 하는 일정 짜기의 방식은 어떠한가? 해리엇 맥브라이드 존슨Harriet McBryde Johnson은 활동지원사들과 함께 일하려면 "화장실에 갈 때마다, 목욕할 때마다, 취침할 때마다, 식사할 때마다, …… 책을 볼 때마다, 의자에 앉고 일어날 때마다 미리" 일정을 잡아야 한다고 설명한다.[68] 존슨이 이러한 순간을 떠올리며 다음 일정, 그다음 일정, 또 그다음 일정을 계획했던 것처럼, 가까운 미래는 현재와 뒤섞인다. 어떻게 보면 활동지원사의 돌봄 여부와는 관계없이 이런 식의 일정 관리는 정도의 차이만 있을 뿐 다른 사람들이 짜는 계획과 별반 다르지 않다. 그러나 어떤 면에서는, 내 몸이 원하는 지향, 즉 먹고 자고 누는 것 같은 신체적 욕구와 그것으로 하루를 살아가는 새로운 방식을 중요하게 생각할 필요도 있다. 우리는 **하나의 몸으로** 존재하지만, 현재의 몸에 거주하는 동시에, 문자 그대로 그 몸을 미래로 투사한다. 이처럼 체화된 이중성은 공간 및 시간에 대해 어떤 지향을 허용할 수 있을까?

이런 식으로 미리 예상하며 일정을 짜는 것은 활동지원사와 함께 일하는 데만 한정되지 않고, 자신의 마음/몸으로 일하는 데까지 확장할 수 있다. 예를 들어, 만성 피로나 만성 통증과 함께 사는 사람들에게, 현재의 순간은 앞으로 다가올 순간을 기준으로 판단되어야 하는 것처럼 여겨진다. 만일 내가 지금 수업을 하러 간다면 그다음 수업에서 내가 너무 피곤할 것 같다거나, 만일 내가 내일 밤에 수업을 하려면 오늘은 집에 붙어 있어야 한다고 생각하는 것처럼 말이다.[69] 자신의 에너지를 아끼고 미래를 예상하려는 이런 아이디어는, 무슨 수를 써서라도 생산성을 높이고 일을 위해 자신의 몸을 희생해야 한다는 미국인들의 이상을 뒤흔든다는 점에서 퀴어하다고 볼 수 있다. 우리는 어떻게 하면 이러한 자기 돌봄의 실천을 생산적인 일을 하기 위해 몸을 아끼는 것이 아니라, 즐거움의 자리를 마련하기 위해 기존의 체제를 거부하는 것으로 해석하게끔 이끌 수 있을까?

핼버스탬이 제시했던 세 번째 범주인 "특이한 경제적 실천"은 이러한 생산성 거부의 활동을 포함한다. 또한 이것은 국가의 레이더에 포착되지 않는 물물교환 시스템, 거래 서비스, 상품 등을 운영하거나 취급하는 장애인을 포함하기도 한다. 많은 장애인을 빈곤선 근처에 머물게 하는 정도로만 제공되는 활동지원사 서비스, 보건의료 서비스, 장애 수당은 그들이 돈을 얼마나 벌 수 있는지, 얼마만큼의 서비스를 받아야 하는지 등에 대한 엄격한 요구 사항이 충족되어야만 주어지곤 한다. 하지만 특이한 경제적 실천은 재정적인 압박감을 일정 부분 덜어주고 불구들에게 제공되는 보건의료 정책을 위험에 빠뜨리지 않고서도, 그들이 글을 쓰거나 창작 활동을 이어나갈 수 있게 한다. 또한 우리는 이를 통해 국가가 제시하는 요구 사항과는 별도로 자신의 조건에 대해 협상하면서 협동조합이나 활동지원사 돌봄 집단을 조직하는 장애인을 상상할 수 있다.

이런 실천을 상상하는 것은 핼버스탬, 그리고 퀴어에 대한 그녀의 표현으로 나를 곧장 돌아오게 만든다.

노동 및 생산 논리의 가장자리에 있을 뿐만 아니라, 재생산 및 가족의 시간 밖에서 살기를 선택할 것이며, 지금도 그런 선택을 하고 있다. 이를 통해 그들은 종종 자본 축적의 논리 밖에서 살아간다. 여기엔 파티광raver, 클럽 죽돌이club kid, HIV 양성 판정을 받고 콘돔 없이 섹스하는 사람barebacker, 남창rent boy, 성노동자, 홈리스, 약물 거래자, 실업자도 포함될 수 있다. 다른 사람들이 잠든 시간 동안, 그리고 다른 사람들이 버려둔 (물리적, 형이상학적, 경제적) 공간에서 (의도적·우연적 또는 필연적으로) 살아가는 이런 사람들의 관점에서 봤을 때, 또한 다른 사람들이 사생활이나 가족의 영역으로 할당하는 곳에서 일하는 그들의 방식에 비추어봤을 때, 그들 역시 어쩌면 "퀴어 주체"라 불릴 수 있을 것이다.[70]

이러한 정의는 장애에도 쉽게 적용될 수 있으며, 이에 따라 장애인을 "퀴어 주체"로 놓을 수도 있을 것이다. 우리는 장애가 당장 다음의 범주에 포함될 수 있다는 걸 안다. 많은 장애인은 홈리스이자 비고용/저고용 상태에 있으며, HIV는 약물 중독처럼 질병 및 장애의 목록에 포함되어 있고, 장애는 성노동자가 되는 것을 가로막지 못한다(오히려 장애는 성노동자가 되는 것을 부추기거나 강제하곤 한다). 게다가 앞에서 언급했듯, 국가가 복지 서비스를 제공하는 메커니즘에서 장애인은 자본 축적의 논리에서 벗어나 노동과 생산의 가장자리로 밀려난다.

하지만 우리는 다음과 같이 공적인 것과 사적인 것 사이의 경계가 모호해지는 상황을 사유할 수도 있다. 옷을 입히거나 배변을 돕기 위해 활동지원사를 두는 것은 어떻게 사적인 것과 공적인 것의 이분법을 해체하는가? 파트너 곁에 눕히거나 섹스토이를 준비하고 작동시키는 등 섹스를 도와주는 유급 활동지원사를 두는 장애인들은 어떠한가? 활동지원사와 섹스하는 장애인들은 또 어떤가? 이러한 실천들에는 "다른 사람들이 사생활이나 가족의 영역으로 할당하는 곳에서" 벌어지는 유급 노동이 포함되며, 이는 퀴어성과 장애가 의미 있게 맞닿는 부분이 있음을 시사한다.

엘런 새뮤얼스는 저항적 지향으로서 불구의 시간이 가진 가능성을 탐구하면서 다음과 같이 말한다. "불구의 시간은 이상적인 또는 평균적인 관점에서 스스로를 정의하는 것을 거부한다. 불구의 시간에서 일, 육아, 사회적 활동을 위한 일정은 엄격한 경제적·문화적 요구 때문이 아니라, 개인적 필요·욕망·능력에 의해 짜인다."[71] 새뮤얼스는 개인적인 것, 사적인 것에 관심을 두면서 역설적으로 사회적인 것과 공적인 것을 목록화한다. 자신의 몸, 시간을 가로지르는 경제적 요구의 엄격함을 거부하는 일은 곧 공적인 시간과 사회적인 관계의 모습을 재상상하는 일이기 때문이다. 이처럼 "특이한 경제적 실천"은 생산성, 성취도, 효율성 등 시간을 정의하는 규범적 양식에 도전하고, 우리에게 다른 방식의 삶을 권한다.[72]

장수, 잃어버린 역사, 미래성에 대하여

불구 시간성과 퀴어 시간성은 분명히 중첩되지만, 이 둘을 관련짓게 되면 단절된 영역도 함께 드러난다. 이 세 번째 절에 서는 장애가 퀴어 시간성에 담기지 않는 것처럼 보이는 두 가 지 방식을 조명했다. 하나는 퀴어의 시간과 장수 사이의 상반된 관계, 나머지 하나는 역사를 재구성하고 싶은 퀴어의 욕구 다. 핼버스탬은 자신이 초기에 퀴어의 시간을 정의했던 《퀴어의 시간과 장소에서In a Queer Time and Place》의 첫 쪽에서 이렇게 한탄한다. "우리는 장수를 가장 바람직한 미래로 내세우고, (어떤 상황에서도) 긴 삶을 추구하는 것에 환호하며, 장수에 관심이 거의 없거나 아예 없는 삶의 방식을 병리화한다."[73] 이러한 비판은 그 책의 결론부에도 거의 똑같이 등장하며, 퀴어의 시간과 대안적 시간성에 관한 핼버스탬의 서술을 앞뒤로 떠받치고 있다.[74] 그녀가 장수에 대한 개념을 깊게 탐구하지는 않았지만 그 책의 결정적인 지점에 똑같은 서술이 되풀이되는 걸 보면, 적어도 어떤 부분에선 그녀가 퀴어의 시간을 장수와 반대되는 의미로 생각하고 있다는 것을 알 수 있다.

언뜻 보기에 이러한 주장은 일리가 있다. 장수에 집착하는 세태를 비판하는 것은 퀴어 정치 및 불구 정치, 퀴어 이론 및 불구 이론에 모두 필수적인 것처럼 보이기 때문이다. 핼버스탬은 HIV/에이즈와 그것이 게이 공동체에 미치는 영향에 대해 논의하면서 이 문제를 제기한다. 앞서 살펴본 것처럼, 그녀는 전염병의 시간을 미래성을 거부하는 시간성으로 제시한다. 그것은 죽음과 질병으로 인해 오래 사는 데만 초점을 맞춰온 문화를 재고해야만 했던 게이 남성들이 촉발한 시간성이다. 게이 남성들은 자신의 젊은 모습을 미래로 투영할 수 없기에 긴급함 속에서 현재를 즐기고 지금 이 순간을 살아갈 수밖에 없으며, 이때 미래는 꺼져버리게 된다고 말이다.[75] 나는 이러한 주장이 불구에게도 적용될 수 있다고 생각한다. 우리도 '장수'를 장애학을 골치 아프게 만드는 '건강'과 '안정성'이라는 부호로 해석할 수 있다. 예를 들어, 허시 같은 활동가들은 자기가 미래에 오래 살지 않을 것을 알지만, 그 사실을 비극이나 부끄러움의 표지가 아니라 사랑과 정의가 필요하다는 뜻으로 본다. 로버트 맥루어 역시 공연 예술가인 밥 플래너건Bob Flanagan을 퀴어불구적으로 해석하면서 "잘 살아남는다는 것은, 역설적이게도 아픈 채로 살아남는다는 것을 의미하기도 한다"라고 주장한다. 이는 장수만이 중요한 게 아니라는 뜻이다.[76] 이런 식으로 장애학은 변하지 않고 침범되지 않으며 오래 유지되고 안정적인 몸의 규범을 지키지 못한다는 이유로 장애 있는 몸에 대한 평가절하가 이루어진다고 설명하면서, 장수를 손쉽게 비판하곤 한다.

그러나 이것이 핼버스탬의 글을 불구적으로 해석하는 유일한 방법은 아니다. 이러한 해석은 핼버스탬의 구절에 대한 또 다른 해석, 즉 퀴어의 시간이 장수뿐만 아니라 장애의 반대에 있다고 보는 해석과 충돌한다. "우리는 장수를 가장 바람직한 미래로 내세우고, (어떤 상황에서도) 긴 삶을 추구하는 것에 환호하며, 장수에 관심이 거의 없거나 아예 없는 삶의 방식을 병리화한다"라고 했던 그녀의 글을 다시 읽어보자.[77] 저 문제의 괄호는 불구와 어떤 관련이 있는가? "(어떤 상황에서도)"라는 구절이 삽입된 것은 질병, 신체적·정신적 퇴화, 장애에 대한 불안감을 나타내는 것처럼 보인다. 나는 '어떤 상황에서도'를 '특단

페미니스트, 퀴어, 불구

의 조치를 취하면서도', '기계를 통해 호흡하면서도', '타인에 의존하면서도'라고 읽는다. 나는 '어떤 상황에서도'를 '죽는 게 더 나은 상황에서도', '살아갈 가치가 없는 상황에서도'라는 의미로도 읽는다. '(어떤 상황에서도) 긴 삶'이나 '장수'가 의미하는 바가 구체적이지 않다는 것은 이에 대해 널리 공유되는 의미나 공통적인 이해가 있다는 가정을 드러낸다. 우리는 분명 어떤 상황이 우리의 삶을 퀴어하지 않게 만드는지 알고 있다는 것이다.

헬버스탬은 우리 문화에 내재한 노화, 질병, 장애에 대한 두려움이 그녀의 비판을 약화시키도록 내버려두면서 자신의 주장을 축소시킨다. 장애를 통해 사유한다는 것은 최소한 우리가 어떤 상황에서도, 또는 우리에게 필요한 그 어떤 수단을 통해서도, 장수를 가치 있게 여기지 **않는다**는 것을 암시하곤 한다. 우리는 실제로 "장수에 관심이 거의 없거나 아예 없는 삶의 방식을 병리화"한다. 하지만 이러한 삶의 방식 중에는 '어떤 상황에서도' 살아남으려는 몸/마음들의 삶도 **있다**. 장애인이 오래 살지 못하게 만드는 두 가지 관행, 즉 장애인 빈곤층에 대한 복지 삭감을 조장하고, 장애인을 시설이나 요양원에 계속 밀어두는 문화 속에서 장수를 비판한다는 것은 비판의 대상을 잘못 설정한 것처럼 느껴질 수 있다.

전염병의 시간에 대한 설명처럼, 헬버스탬 자신도 특정한 몸들(추가하자면 어떤 인구 집단들)에게 "시간에 대한 기존의 이해를 희망적으로 재창조"할 가능성이 더 높다는 것을 인식하고 있다.[78] 캐시 코언Cathy Cohen의 연구에 착안해 그녀는 "어떤 몸들은 주류 공동체와 주변화된 공동체 모두에게 그저 '소모품'으로 여겨지며, 흑인 퀴어나 가난한 약물 사용자들의 수명이 단축되는 상황은 말하자면, …… 축소된 미래, 강화된 현재, 또는 재구성된 역사에 대한 형이상학적 사색에 그다지 영감을 주지 못한다"라고 지적한다.[79] 나는 핼버스탬이 "장수에 관심"을 두는 것에, 그리고 "(어떤 상황에서도) 긴 삶"을 추구하는 데 거리를 두려고 했던 것에 초점을 맞추어, 여기서 우리가 주의를 기울여야 할 위치 중 하나로서 장애(더 중요하게는 장애와 **함께 사는 것**, 장애인으로 사는 것)를 봐야 한다고 주장하고자 한다. 나는 소모품으로 묘사되는 '흑인 퀴어'와 '가난한 약물 사용자' 모두를 조망할 수 있는 장애학을 요구하며, 이러한 이유로 나는 핼버스탬의 글에 등장하는 '흑인 퀴어'나 '가난한 약물 사용자'를 단순히 '장애인'으로 대체하자고 제안하는 게 아님을 분명히 하고 싶다. 오히려 '가난한 약물 사용자', '흑인 퀴어'와 함께 '장애인'을 포괄할 수 있는 시설화의 렌즈를 통해 장수에 대한 그녀의 퀴어적 비판을 해석하는 것은 이들 모두를 조망하는 데 효과가 있다. 장수를 숭배하거나 숭배하지 않는 그 세밀한 상황들을 고려했을 때, "축소된 미래"라는 말은 훨씬 덜 매력적으로, 훨씬 덜 퀴어적으로 느껴진다.

이를 통해 "재구성된 역사"에도 초점을 맞출 수 있다. 잃어버린 과거를 재상상하는 일, 또는 상상 속의 과거를 되새기는 일은 시간과 미래성에 대한 최근의 퀴어 이론에 활력을 불어넣는다. 예를 들어, 퀴어 철학자인 섀넌 위넙스트는 "의미와 담론이 경합하고 실천과 즐거움이 구축되는 잃어버린 과거"를 상상하라고 촉구한다.[80] 장수에 대한 비판과 마찬가지로 잃어버린 과거를 소환하는 그녀의 주장은 불구의 목적을 위해 도발적으로 활용될 수 있다. 예컨대, 나는 조지나 클리지Georgina Kleege와 브렌다 브루그먼이 (각각 헬렌 켈러Helen Keller와 메이블 허바드 벨Mabel Hubbard Bell*에 관련된) 역사와 그것에 부여된 의미에 이의를 제기할 뿐만 아니라, 장소와 시간의 경계를 거부하면서 죽은 자에게 편지를 썼다고 생각한다.[81] 죽은 자에게 공개 편지를 쓴다는 것은 과거/현재/미래를 개별적으로 구분된 평면으로 여기는 선형적 시간에 대한 퀴어 불구의 방해로 해석할 수 있다.[82] 클리지는 자신을 헬렌 켈러의 틀에 집어넣고, 그녀와 논쟁하고, 그녀의 설명을 반박하고, 대안적인 결말을 상상한다. 이를 통해 그녀는 (미래보다) 과거를 정치, 분노, 쾌락을 위해 실현 가능하고 필요한 장소로 재현함으로써, 헬렌 켈러와 장애인에 대한 주류의 감상적 설명을 더 포괄적으로 반박한다.

그러나 잃어버린 과거를 재상상하는 것은 지나간 향수를 정상화하기 십상이다. 무뇨스는 ("잃어버린 과거"라는 위넙스트의 표현과 유사한) "퀴어의 유토피아적인 기억"을 "일어나지 않았을지도 모르지만 향수를 불러일으키는 과거"에 대한 열망과 구별해야 한다고 경고한다.[83] 불구 시간성과 미래성을 통한 사유는 향수와 씨름하고 그 향수가 몸에 접근하면서 수행하는 강력

---

*　어린 시절 성홍열로 인해 청각이 손상된 장애인으로, 전화기를 발명한 알렉산더 그레이엄 벨(Alexander Graham Bell)과 결혼해 그의 연구와 발명에 큰 영향을 미쳤다. 어렸을 때부터 입술로 읽고 말하는 방법을 모두 익힌 것으로 알려진 벨은 중년 이후까지 청각장애인 공동체를 기피했는데, 이런 이유로 자신의 손상을 부끄럽게 여기는 인물이라고 비판받기도 했다.

한 역할을 인식하는 것을 필요로 하는 일이다. 실제로 "어떤 상황에서도" 추구되는 장수에 대한 두려움, 즉 장애에 대한 두려움은 잃어버렸던 비장애의 마음/몸, 어쩌면 결코 없었을 향수를 불러일으키는 과거의 마음/몸에 대한 일종의 **강제적 향수** compulsory nostalgia와 관련된 경우가 많다.

예를 들어, '후천적' 손상이 있는 사람들은 마치 복수로 존재하는 것처럼, 마치 그들 안에 두 사람, 즉 '장애 이전의' 자아와 '장애 이후의' 자아가 서로 평행한 차원에서 따로 존재하는 것처럼 (두 자아의 차이가 아주 명확하고 이분화된 것처럼) 묘사된다(그리고 장애인들 역시 자신을 종종 그렇게 묘사한다). 이때 강제적 향수는 이 두 자아 사이의 관계가 언제나 오직 한 방향으로만 움직이는 상실의 관계라는 문화적 기대와 함께 작동한다. '이후의' 자아는 '이전의' 시간을 갈망하지만, 그 역은 성립하지 않는다. 가령, 우리는 휠체어를 밀거나 목발을 짚고 움직이는 감각을 고려하지 않으며 누군가가 걸을 수 있는 능력을 되찾는 것을 상상하지 못한다. 상상 속의 비장애신체에 대한 향수를 체중 감량 광고에서 나오는 전/후 이미지와 비교해보라. 리아 켄트Le'a Kent는 "전/후의 시나리오는 자아가 진정으로 존재하기 위해 마치 뚱뚱한 몸을 버려야 하는 것처럼 간주함으로써 뚱뚱한 몸을 영원한 과거에 내맡기고 그 몸에 대한 공포를 견디게 한다"라고 주장한다.[84] 엘리나 레비-나바로Elena Levy-Navarro는 켄트의 주장을 확장해, 뚱뚱한 사람들을 "역사 그 자체, 다시 말해 없어져야 할 과거"라고 설명한다.[85] 여기에서 뚱뚱한 몸과 장애 있는 몸이 나타나는 시간적 틀은 서로 다르지만, 둘 다 바라왔던 현재 또는 바람직한 미래의 일부로 존재하는 것은 허용되지 않는다.

장애는 바람직한 자리일 수 없고, 장애는 언제나 잃어버렸던 비장애의 마음/몸에 대한 향수를 동반해야 한다는 이러한 가정은 '차라리 치유되는 게 낫지 않겠어요?', '예전처럼 되고 싶지 않나요?', '비장애인이 되고 싶지 않나요?' 같은 장애인에게 매우 익숙한 '치유에 관한 질문'을 활성화한다.[86] 이러한 질문의 반복, 즉 장애인이 계속해서 여기에 답해야 한다는 사실은 그러한 질문에 힘과 강제적·강압적인 권력을 부여한다. 그러한 질문은 피할 수 없는 것으로, 그에 대한 해답은 자명한 것으로 가정된다.

그러나 수전 웬델의 설명처럼 장애의 위치는 그리 간단하지 않다. 수전 웬델은 다음과 같이 만성 피로와 만성 통증을 치유하길 바라는 동시에, "이전의" 상태로 완전히 돌아가더라도 "불협화음"이 일어날 것이라고 지적한다. "나는 근육통성 뇌척수염myalgic encephalomyelitis에 걸리지 않았더라면 하고 바랄 수 없다. 설령 내가 '치유'된다 할지라도 그것이 나를 다른 사람, 내가 기꺼이 되고 싶은 사람, 내 삶을 놓치고 싶지 않은 사람, 포기를 모르는 사람으로 만들었기 때문이다."[87] 웬델은 그녀의 정체성이 두 가지 별개의 시간적 평면으로 나뉘는 것을 거부하면서 이전과 이후에 모두 거주하기 위해 노력한다.

하지만 태어날 때부터 장애인이었던 사람들조차 시간적 갈망에 대한 질문을 마주하며, 그들이 가지지 못한 것을 애석해할 것으로 예상된다. 일라이 클레어는 이러한 잃어버린 몸, 갈망하는 몸에 대한 관념을 거부한다. "나에게 뇌병변cerebral palsy

이 있다는 것은 푸른 눈, 붉은 머리, 두 팔이 있는 것이나 다름 없다. 나는 이와 다른 방식으로는 내 몸을 알 수 없다."[88] 이처럼 무언가를 상실했다고 여기는 가정은 결코 '소유했던' 적이 없는 사람들에게까지 '잃어버렸다'라는 생각을 적용하는 것으로, 장애학자와 활동가들이 비판해온 강제적 비장애신체성/비장애정신성의 증상 중 하나다. 그것은 마치 어떤 일이 벌어지기 전까지 모든 몸/마음이 순전히 유능했던 것인 양, 마치 마음/몸들의 편차가 흔히 드러나지 않는 것인 양, 장애 없는 몸/마음이 얼마나 기본값으로 여겨지고 있는지를 드러낸다. 우리는 잃어버린 것, 지금은 결코 될 수 없는 것을 애석해하면서 이전의 자아에 대해 향수 어린 입장을 취하는 사람으로 예상되는 것이다.

그러므로 내가 여기서 언급했던 잃어버린 과거들, 즉 잃어버린 장애 없는 몸, 잃어버린 장애 없는 마음은 퀴어한 것이 아니라 지나치게 규범적이다. 그것들은 장애인들이 잃어버린 모든 것들, 질병 이전의 몸, 장애 이전의 몸을 갈망한다는 가정에 의존한다. 이러한 틀에서 질병과 장애는 뒷전으로 밀릴 수 있으며, 그리되어야 한다. 이 잃어버린 과거들은 장애인이 어떤 대가를 주고도 살고 싶어하는 미래로 제시된다는 점에서 강제적이고 지나치게 규범적이다. 이때 과거, 현재, 미래는 모두 곤혹스럽고 난처한 것이 된다. 우리는 과거에 가졌던 것을 잃어버렸고, 상실의 향수에 사로잡힌 현재 안에 존재하고 있으며, 우리가 이전에 상상했던 것과는 완전히 다른 미래를 직면하기 때문이다. 지금 우리가 마주하는 미래는 상상 속에 존재하지 않고, 상상할 수도 없고, 이해될 수도 없다. 강제적 향수는 이러한 미래를 누구도 바랄 수 없는 미래로 간주한다. 그 미래들은 언제나 그리고 이미 우리의 (상상 속) 장애 없는 몸/마음이 있었던 과거의 이상적 정상성을 충족하는 데 실패해왔다. 이러한 상황에서 문화적으로 허용되는 (문화적으로 인정되는) 유일한 미래는 치료적인 미래, 즉 의료화된 치료가 아주 가까운 시일 내에 금방이라도 가능할 것이라고 여기는 미래뿐이다. 그러나 이런 식의 치유 주도적 미래는 장애가 있는 사람들을 현재에 온전히 존재할 수 없는 어떤 시간성, 즉 누군가의 삶을 언제나 치유를 기다리며 유예되고, 불확실해지는 시간성에 위치시킨다. 캐서린 스콧Catherine Scott은 크리스토퍼 리브Christopher Reeve*의 회고록에서 이러한 불확실한 상황을 추적하면서, 이를 "갈망하는 과거, 통증으로 가득한 현재, 희망찬 미래 사이의 투쟁"으로 묘사한다.[89]

"흑인 퀴어나 가난한 약물 사용자들의 수명이 단축되는 상황은 말하자면, …… 축소된 미래, 강화된 현재, 또는 재구성된 역사에 대한 형이상학적 사색에 그다지 영감을 주지 못한다"라던 핼버스탬의 경고로 되돌아가서, 우리는 그러한 사색을 완전히 거부하기보다 어떻게 이를 조정하고 확장할 수 있을까?[90] "흑인 퀴어나 가난한 약물 사용자" 또는 장애인의 삶과 시간은 어떻게 《미래 없음》, 《퀴어의 시간과 장소에서》, 《페미니스트, 퀴어, 불구》에서 소개하는 것과는 다른 방식의 시간적 이해로,

---

* 영화 〈슈퍼맨〉의 주인공으로 리브는 1995년에 승마 사고로 목뼈가 부러져 척수 장애인이 되었으나, 2002년 걸을 수 있을 정도로 회복한 모습을 보이면서 많은 사람에게 절망, 고통, 역경을 극복한 치유의 스펙터클로 다루어지곤 했다.

하지만 여전히 꽤 퀴어한 시간적 이해로 이어질 수 있을까? 감금된 시간, 즉 '징역살이'로 불리는 경험이나 시설화의 시간이란 무엇이며, 핼버스탬이 언급한 두 집단에 익숙한 운명이란 무엇일까? 시설화와 감금은 **일시적인** 집행, **영구적인** 배치, **연속적인** 종신형처럼 겹쳐진 시간적 틀에 의해 정의된다. (감옥 내에서는) 청소년을 성인으로 치부하고, (요양원에서는) 젊은 성인을 나이 든 성인으로 치부하듯이 시설화와 감금은 연대기와 발달에 관한 의문을 제기한다. 만약 우리/내가 시설화뿐만 아니라 감금을 장애 억압의 신호로 사유하게 된다면, 불구의 시간에 관한 우리의/나의 사유는 어떻게 바뀔 수 있을까?[91]

혹은 닐론의 "반복된 시도"라는 개념으로 돌아가서, 획일적인 백인성에 반인종차별주의적 훼방을 놓는 것을 퀴어의 시간 속 순간, 퀴어의 시간이라는 순간으로 볼 수 있다면, 우리의 형이상학적 사색은 어떻게 바뀔 수 있을까? 또는 화학물질에 노출되었던 부작용을 회복하는 데 걸리는 시간처럼 거리에서 인종차별주의자와 만난 부작용을 회복하는 데 걸린 시간도 "회복의 시간"에 포함되며, 두 시간성 모두 불구의 시간을 구성하는 중요한 요소라는 첸의 주장을 진지하게 받아들인다면 어떨까?

내게 이 질문들은 유추와 경험, 낭만주의와 은유에 관한 질문과 연결된다. 장수라는 관념에 깃든 퀴어성에 반대하지 않으면서도 (재)생산성에 대한 지배적 기대에 비판적인 입장을 취하는 퀴어불구의 시간을 나는 어떻게 표현해야 할까? 달리 말하면, 우리가 전개하는 이론, 우리가 참여하는 추론이 서로

페미니스트, 퀴어, 불구

다른 몸들 사이에서 다르게 전개된다는 사실에 나는 어떻게 대응해야 할까?[92]

미래의 욕망, 현재의 절망

내가 이 책을 쓴 이유는 불구의 미래, 즉 장애인을 포용하는 미래, 장애를 다르게 상상하는 미래, 다양한 존재 방식을 지원하는 미래를 욕망하기 때문이다. 나는 이 욕망이라는 언어를 의도적으로 사용하고 있다. 이상하게 움직이거나 낯선 흉터가 있는 몸을 볼 때, 나는 내 마음이 어떻게 변하는지 알고 있다. 누군가가 전형적이지 않은 방식으로 말을 멈추거나 말하는 것을 들었을 때, 혹은 대화 주제가 질병과 장애에 관한 것으로 전환될 때, 나는 내 몸이 어떻게 움직이고 앞으로 기우는지 알고 있다. 내가 말하려는 것은 인정에서 비롯한 욕망, 가령 내가 나와 비슷한 몸, 친구나 연인과 비슷한 몸을 보고 싶은 욕망뿐만 아니라, 타인도 나를 그렇게 인정해주었으면 하는 욕망이다.[93] 장애의 미래에 대한 탐구에서 가장 중요한 것은 아마 대부분 부재에서 비롯한 욕망일 것이다. 현재 상황에서 우리에게 장애의 미래는 존재하지 않으며, 나의 욕망은 공적 영역에서 사실상 상상하기 어렵다. 장애가 있길 바랄 수 있다는 인정도, 그러한 욕망이 어떤 모습일지 상상하기 위한 움직임도 존재하지 않는다.[94]

1989년에 이브 코소프스키 세지윅은 "동성애자들이 **존재**

하지 않기를 바라는 것"이 문화적으로 확산되고 수용되는 것을 한탄한 바 있다. 그녀는 "우리가 살아가는 세상에는 많은 사람이 있다"라고 설명하면서 "그들은 이미 존재할지도 모르는 동성애자들을 존엄하게 대우하는 데 큰 관심이 있다. 그러나 동성애자를 소중한 존재로, 삶에서 필요한 조건으로 대우하는 사람이나 기관의 수는 적다." 누군가가 "자녀를 게이가 될 수 있도록 돕는 방법을 조언"할 수도 있다는 것을 지금은 상상하기 어렵지만, 그녀는 그런 조언을 해주는 사람과 기관을 상상하고 경험할 수 있는 시기가 올 때까지 억압은 지속될 것이라고 경고한다.[95] 우리는 절실히 "동성애자들이 우리와 밀접한 세계에 있어야 한다는 것을 느끼는 일부 사람들의 욕망이나 요구를 강력하고 명시적이고 **열렬하게** 수긍하는 것"을 원한다.[96]

앞서 인용했던 문장에서 나는 세지윅의 욕망이 이제 지나간 역사에 불과하다는 느낌을 주고 싶지 않아서 동성애자를 '장애인'으로 대체하고 싶은 유혹에 빠지지 않으려고 노력했다. 불행하게도 정말 2012년은 1989년과 크게 다르지 않다. 퀴어의 영역과 장애의 영역 모두에 걸쳐 있는 사람들을 지우는 레토릭이 위험한 만큼, 나는 양자를 대체하려는 논리와 실천이 지닌 위험성을 경계한다. 양자를 손쉽게 유사한 것으로 보거나 재빨리 대체하려는 태도는 퀴어와 불구를 모두 부자연스럽고, 아프고, 타락하고, 일탈적인 것으로 만들어, 장애의 렌즈를 통해 퀴어성이 어떻게 지속적으로 해석되는지 인식하기 어렵게 만든다(부자연스럽고, 아프고, 타락하고, 일탈적인 것이라는 해석은 특히 트랜스 스펙트럼이나 인터섹스에 속한 사람들에게 특히 더 흔한 것 같다).

저 문장을 인용한 것은 그것이 2012년에도 여전히 사실로 느껴지기 때문이며, 나 역시 퀴어의 삶에 대해 그런 식의 체화된 노력이 쏟아지길 갈망하기 때문이다. 그리고 퀴어의 삶을 가치 있다고 여기지 못하는 상황이 장애인의 삶을 상상하지 못하는 상황과 연관된다고 생각하기 때문이다. 두 상황 모두 정상성과 정상화를 향한 추진력을 지원하기도 하고 그것으로부터 지원받기도 하면서 그러한 상상은 실패한다. 퀴어성을 키우거나 이를 지원하는 기관을 만들고 싶어 하지 않는 상황은 장애를 양성하는 것을 두려워하는 상황과 얽혀 있다(나는 "장애를 양성하는 것"이라는 표현을 쓰는 것도 우려스러운데, 왜냐하면 그런 정의의 버전이 어떤 모습일지 상상하는 것이 거의 불가능하기 때문이다. 이 책은 그것을 상상하기 위한 시도다).

따라서 불구의 미래에 대한 욕망은 헤더 러브의 표현대로 "절망과 떼려야 뗄 수 없는 희망"이다.[97] 나는 그 희망을 느끼고 있으며, 이 희망은 그만큼 강력하고 맹렬하다. 왜냐하면 희망은 우리의 궁핍한 상상력이 만든 절망에서 태어나고 그 절망과 공존하기 때문이다. 그것이 나를 환상의 영역에 몰아넣는다 할지라도 내가 원하는 건 이런 갈망을 따르는 것이다. 주디스 버틀러는 우리의 상상을 변화시키면, 우리의 상황을 변화시킬 수 있다고 말한다. 그녀는 환상이 "우리 자신과 다른 사람들을 다르게 상상해볼 수 있게 해주는" "비판적인 전망critical promise"을 담고 있다고 주장한다.[98]

인정과 부재의 뒤섞임, 절망과 희망의 뒤섞임은 내 욕망을 상당히 퀴어하게 만든다. 나의 바람, 갈망, 쾌락은 이런 불구의 몸들, 이런 퀴어의 미래가 지닌 퀴어성과 함께 강화된다는 점에서 퀴어하다. 불구의 미래를 상상할 때, 특정하고 식별 가능한 몸을 넘어선다는 의미에서 역시 퀴어하다. 가능성, 예측 불가능성, 전망이 된다는 의미에서 그렇다. 예상치 못한 곳에서 불구를 인식할 수 있다는 전망, 눈앞에서 불구의 의미가 바뀌는 것을 볼 수 있다는 가능성 말이다. 나는 그 애매함 때문에 이 욕망을 '퀴어하다'라고 명명한다. 공적인 곳에 장애인의 존재가 늘고 드러남으로써 그 존재가 더욱 '가시화'된다고 해서 그것이 꼭 수용과 포용으로 이어지는 것은 아니다. 특히 인종과 계급 때문에 이미 특권을 누리지 못하는 사람들에게는 더욱 그렇다.[99] 미니 브루스 프랫Minnie Bruce Pratt에서부터 버니스 존슨 레이건Bernice Johnson Reagon, 찬드라 탈파드 모한티Chandra Talpade Mohanty에 이르는 페미니스트들이 경고했듯, 집에 대한 욕망, 친숙함에 대한 욕망은 종종 공동체에 대한 순진한 연상을 불러일으킨다.[100] 이처럼 나는 이런 욕망을 명명하고 경험하는 와중에 다른 사람들의 몸과 실천을 오해하고 오인할 수도 있다. 다시 말해, 나는 장애와 욕망이 있을 필요가 없는 곳에서 장애와 욕망을 발견하고 있다. 이는 분명 잠재적으로 퀴어하고 불구스러운 움직임이다.

이러한 욕망, 이러한 상상력은 우리 뒤에 있는 불구의 과거들 또는 우리를 둘러싼 불구의 현재들과 분리될 수 없다. 실제로 바로 이 과거들과 현재들이 비판적 퀴어 미래성을 제대로 표현하는 것을 중요하게 만든다. 직설적으로 말하면, 장애인은 미래의 바깥에서 소환되고 아무도 원치 않는 미래의 표지로 여

페미니스트, 퀴어, 불구

겨지고 있기 때문에 나와 **우리**는 불구의 미래를 상상해야만 한다. 장애인이 삭제된다는 것은 단순한 은유가 아니다. 장애인, 특히 발달적·정신적 손상이 있는 사람, 빈곤한 사람, 젠더 일탈자, 그리고/또는 유색인, 생존을 위해 전형적이지 않은 지원이 필요한 사람들은 강제불임, 분리, 시설화, 공평한 교육과 의료 및 사회적 서비스 거부, 폭력 및 학대, 시민권 보류 등을 경험해왔다. 이런 관행들은 여전히 너무 많이 행해지고 있으며, 각각의 관행들은 장애인의 미래를 크게 제한하고, 문자 그대로 미래를 단축해버리기도 한다. 우리 모두를 돌보지 않고, 포용하지 않고, 욕망하지 않는 것은 나의 손실이자 우리의 손실이다. 우리는 우리 모두를 포함하는 현재를 기대하고, 미래를 상상하는 것을 시작해야 한다. 우리는 시간 안에서 장애를 탐구해야 한다.

2

일치한 시간과

어긋난 시간

애슐리 X

> **장애 여성들의 이야기는 취약성에 대한 이야기가 아니라**
> **부정의에 대한 이야기로 전해져야 한다.**
>
> —셰린 라작Sherene Razack, 《연민에서 존경으로From Pity to Respect》

불구 미래성을 생각하면서 나는 애슐리 X에게 붙들리는 나 자신을 발견한다. 1997년에 태어나 애슐리 X로 알려진 이 소녀는 태어나고 몇 달이 지나 "정적 뇌병증"이라고 진단받았다. 의사들은 "그 후 몇 년 동안, 그녀의 발달이 유아기에서 더 나아가지 않았다"라고 말하면서 그녀의 인지적·신경학적 기준선이 향상될 것이라는 희망을 품지 않았다.[1] "그녀는 여섯 살이 되어도 앉거나 돌아다니거나 언어를 사용할 수 없었다."[2] 딸의 장기적인 미래를 걱정하던 애슐리의 부모는 2004년에 의사들을 만나 사춘기와 신체적 성장이 그녀를 집에서 돌보는 데 어떤 잠재적인 영향을 미칠지 의논했다. 그들은 두 가지 계획을 세웠다. 하나는 애슐리의 성장을 "억제"하기 위해 고용량의 에스트로겐 요법을 시행하는 것, 다른 하나는 에스트로겐 치료를 진행하기 전에 "사춘기의 합병증을 감소"시키고 에스트로겐 치료의 잠재적 부작용을 완화하기 위해 애슐리의 자궁과 유방싹breast bud을 절제하는 것이었다.[3] 그녀의 부모와 의사들에 따르면, 이러한 개입은 애슐리의 미래의 삶의 질을 위해 필요한 것이었다. (월경을 하거나 가슴이 발달할 가능성을 제거함으로써) 애슐리의 통증과 불편함을 줄이고, (쉽게 몸을 돌리고 들어올릴 수 있을 만큼 그녀를 크지 않게 함으로써) 부모가 집에서 그녀를 계속 돌볼 수 있기 때문이다. 그녀의 부모는 그 치료Treatment*를 받지 않으면, 애슐리가 너무 크고 무거워져서 안전하게 들기 어려울 것이며, 그로 인해 사회 활동 및 여가 활동 참여가 급격히 줄어들 것이라고 우려했다.[4] 애슐리의 의사들은 한술 더 떠서, 그 치료를 하지 않으면 집에서 그녀를 돌보는 것을 "계속할 수 없게" 될 수도 있고, 부모가 그녀를 "낯선 사람의 손에" 맡겨야 할 수도 있다고 걱정했다.[5]

이 사건은 사람들에게 알려지기 시작한 2006년 말부터, 매우 많은 관심을 끌었다. 애슐리의 의사들과 부모는 모두 애슐리치료의 적절성에 대해 각자의 입장을 조심스럽게 설명하고, 이 사건을 광범위하게 기록했다. 생명윤리학자, 장애 권리 활동가, 소아과 전문의, 장애 아동의 부모, 정책 입안자, 장애학자, 법률 전문가, 블로거, 언론인 등은 좁게는 이 사건의 파장에 대해, 넓게는 성장억제/불임시술에 대해 논쟁을 벌이면서 싸움

---

* 이 장의 주4에서 설명하는 것처럼, 저자는 일반적인 치료와 애슐리에게 시행한 치료를 구분하기 위해 후자를 대문자로 썼다. 이 책에서는 'Treatment'를 '애슐리치료(법)' 또는 '그 치료(법)'로 옮겼다.

에 동참했다.[6] 애슐리치료를 비판하던 사람들은 불임시술 규정을 위반한 병원을 규탄하고, 딸에게 가장 좋은 게 무엇인지 알고 있다고 믿는 부모의 생각에 이의를 제기하고, 동의 없이 자녀의 몸을 성형하는 게 적절한 것인지 논쟁을 벌였다. 애슐리치료를 지지하던 사람들은 중증 장애 아동 양육의 어려움, 부모의 선의, 성장억제 및 불임시술의 장점을 강조했다. 여기서는 그 일들을 재탕하거나, 사건의 합법성을 파헤치거나, 적절한 의사결정 권한을 정하거나, 외과적으로 아이를 성형하는 것에 대한 도덕적 허용 가능성을 논의하기보다 시간 및 미래성의 렌즈를 통해 애슐리 사건을 재해석하는, 좀 더 색다른 방식을 취하고 싶다.

애슐리치료에 대한 부모의 정당화, 의학의 정당화 모두에서 명료하게 드러나듯, 애슐리 X의 사건은 시간의 장場에서 장애가 일종의 방해로 이해되는 방식을 냉철하게 보여준다.[7] 애슐리치료를 지지하는 사람들은 애슐리의 장애를 일종의 시간적 괴리로 파악했다. 즉, 그녀가 '정상적으로' 성장하고 발달하지 못했을 뿐만 아니라 몸과 마음이 서로 다른 속도로 자란다는 것이다. 이 논리에 따르면, 육체적으로 애슐리의 몸은 빠르게 발달하지만 정신적으로 그녀의 마음은 전혀 발달하지 못하기 때문에, 다시 말해 몸이 마음과 떨어져 자라기 때문에 몸에 개입하는 것이 필요하다. 결국 그녀의 마음과 몸은 싱크가 맞지 않는, 비동시성의 몸이 되었다. 하지만 애슐리치료는 애슐리의 신체 성장을 저지시킴으로써 심신의 격차가 더 이상 커지는 것을 막을 수 있었다. 이러한 주장을 펼치기 위해 애슐리의 부모와 의사들은 그녀의 미래의 몸(그녀에게 **상상되는** 미래의 몸)을 그녀의 적으로 상정하고, 이를 애슐리치료를 정당화하는 근거로 삼아야만 했다. 개입하지 않으면 마음과 몸의 비동시성은 더 커질 것이고, 그녀 자신과 부모, 그리고 공공장소에서 그녀를 마주치는 사람들은 그녀의 몸을 점점 더 견디기 어려워할 것이기 때문이다. 훗날 애슐리가 가져올 이러한 미래의 부담은 현재의 애슐리를 제시간에 묶어두어야만 막을 수 있었다. 이 사건에 대한 미래를 구상할 때 추가된 것은 부모와 의사들 모두 애슐리치료법이 미래에 더 널리 퍼질 것이라고 희망하면서 그것을 다른 아동을 위한 본보기로 제안했다는 점이다. 이처럼 애슐리 사건은 마음/몸, 특히 장애인의 마음/몸의 시간적 틀과 미래에 대한 레토릭으로 가득 차 있다.

이 사건에서 나타나는 시간적 틀을 조사하기 전에 나는 먼저 애슐리치료와 그 법적 여파를 개괄하고, 애슐리의 부모와 의사들이 어떻게 그 치료를 설명하고 정당화하는지 요약했다. 이 장의 대부분에서는 애슐리가 시간 밖으로 던져지고 시간 밖에서 소환되는 방식에 초점을 맞추어, 시간적 틀을 통해 이 사건을 해석했다. 이 사건이 시작될 때부터 그녀는 시간적으로 단절된 존재, 영원한 아동, 미래의 자신에게 위협받는 존재로 표현되어왔다. 이후, 나는 어떻게 애슐리의 여성스러움 또는 미래의 여성스러움이 그녀를 특히 기괴하게 만들었는지를 자세히 살펴면서, 애슐리치료의 젠더화된 차원 및 가정을 탐구했다. 이 이야기가 고통스러울 정도로 명백히 드러내고 있는 것처럼, 모든 장애의 미래가 바람직한 것은 아니다. 우리의 미래

페미니스트, 퀴어, 불구

에 장애를 포함하는 일에 대한 것도 문제지만, 그 포함의 본질이 무엇인지도 문제다. 이 장은 바람직한 장애의 미래를 상상하는 방법에 대한 간략한 성찰로 끝을 맺었다.

애슐리치료의 사건사

애슐리의 수술은 2004년 7월에 미국 시애틀아동병원에서 대니얼 건서Daniel Gunther 박사의 지시로 이루어졌는데, 이 "평범한" 수술에는 자궁절제술, 양쪽 유방절제술, 맹장절제술이 포함되었다.[8] 그 후 2년 반 동안, 성장을 저해하려는 의도로 애슐리에게 다량의 에스트로겐이 투여되었다(에스트로겐은 "골단판의 성숙"을 가속화하는데, 이렇게 되면 골단연골이 빠르게 사라져 성장이 저지된다).[9] 에스트로겐 요법을 마쳤을 때, 애슐리의 몸집은 135센티미터, 28.5킬로그램으로, 9세 소녀의 평균 수준에 불과했다. 3년 후인 2010년 1월, 애슐리의 부모는 그녀의 몸집(135센티미터, 29킬로그램)이 거의 변하지 않았다고 보고했다. 엑스레이 사진을 보면, 그녀의 손가락 골단연골이 사라졌다는 걸 알 수 있는데, 이는 그녀가 실제로 최대 신장에 도달했음을 보여준다.[10] 의사들과 부모의 측정에 의하면, 그 치료는 성공적이었다.[11]

그러나 많은 장애인과 장애 활동가에게 애슐리치료는 축하할 일이 아니었다. 사건이 알려지자 장애 권리 단체, 장애 활동가, 장애학자들은 병원 측의 조치에 반대하는 목소리를 냈고, 2007년 1월에는 워싱턴 보호 및 옹호 시스템Washington Protection and Advocacy System(이하, WPAS)이 조사에 착수했다.[12] 그해 5월에는 WPAS의 검토자들이 "애슐리치료의 불임시술은 워싱턴 주법을 위반하여 애슐리의 헌법 및 관습법상 권리를 침해했다"라는 내용의 사건 보고서를 발표했다.[13] WPAS에 의하면, 주 규정상 시술에 동의하지 않는 환자, 동의할 수 없는 상황에 놓인 환자를 대상으로 한 불임시술은 그 전에 반드시 사법적 검토를 거쳐야 하므로, 병원은 불임시술을 진행하기 전에 법원의 허가를 받아야 했다.

병원 자체 윤리위원회가 자궁절제술과 관련해 "이것이 필요하다는 제안에 대하여 법원의 검토가 필요하다"라고 지적했음에도 불구하고, 그 검토는 이루어지지 않았다.[14] 그 대신 윤리위원회의 보고서가 발표된 뒤, 애슐리의 부모가 변호사인 래리 존스Larry Jones에게 불임시술에 관련한 조언을 구했을 뿐이다. 2004년 6월, 존스는 애슐리의 아버지에게 보낸 편지에서 이렇게 주장했다. "시술의 목적이 불임이 아니라 의료적으로 필요한 다른 혜택을 얻기 위함일 경우, 불임시술에 대한 법원 심리가 꼭 필요한 것은 아니다."[15] 오히려 불임시술은 "다른 강력한 의료적 사유로 인해 수행되는 수술의 부산물", 즉 에스트로겐 요법과 관련된 출혈의 예방과 월경의 중단을 위한 것이라고 했다.[16] 존스는 불임이 애슐리치료의 주된 목적이 아니었기 때문에 법원의 허가가 필요하지 않다고 주장했다. 또한 그는 이러한 불임시술 정책이 자녀를 양육할 능력을 개발시킬 수 있거나 그 능력을 회복할 수 있는 환자들을 보호하기 위한 것이라고 설명했다. 애슐리는 출산에 대한 결정을 내릴 능력이 없으니,

영구적 불임시술로부터 그녀를 보호할 필요가 없다는 뜻이었다.[17] 애슐리의 아버지는 의사들에게 그 편지를 보냈고, 이후 의사들은 그 편지를 "법원 검토"의 일종으로 받아들여 그에 따라 조치했다고 WPAS에 전했다.[18]

WPAS는 존스의 조언이 사법적 검토로 인정될 수 없을 뿐만 아니라, 그의 법적 의견이 "관련 법규에 대한 합리적인 해석으로 뒷받침되지 않는다"라고 맞서면서 그러한 논리에 동의하지 않았다.[19] 기존 정책에 따르면 병원은 철저한 사법적 검토를 통해 애슐리의 이익을 보호했어야 한다는 것이 WPAS의 설명이었다. 시애틀아동병원은 윤리위원회의 사법적 검토에 따르지 않고 부적절하게 행동했다는 것을 인정하고, WPAS의 조사 결과를 수용했다. 2007년 5월에 양측이 서명한 공동성명은 다음과 같다.

> 시애틀아동병원은 애슐리에게 행한 불임시술이 워싱턴 주법을 위반하여 법원의 허가 없이 진행되었고, 그 결과 애슐리의 헌법상, 관습법상의 권리를 침해했다는 보고서의 결론에 동의합니다. 아동병원은 불임시술을 허가하기 전에 법원의 검토와 법원의 허가를 확인하지 못한 점을 매우 유감스럽게 생각하며, 향후 그 어떤 경우에도 법률을 완전히 준수하기 위해 노력하겠습니다.[20]

시애틀아동병원의 의료 책임자인 데이비드 피셔David Fisher 박사는 WPAS의 보고를 지지하는 성명을 내 "위법을 초래한 내부의 의사소통 오류"를 인정하고 "전적인 책임"을 지겠다고 밝혔다.[21] 시애틀아동병원은 WPAS와의 공동성명에서 다른 장애 아동에 대한 성장억제나 불임시술을 승인하기 전에 법원의 허가를 받기로 합의하고, 불임시술 시행 및 정책을 더 강력하게 감독하고 감시하는 프로그램을 개발하기로 약속했다. 또한 아동병원은 윤리위원회에 장애 권리 옹호자 한 명을 넣는 데 동의했다.

WPAS가 조사 결과를 공개하고, 시애틀아동병원이 WPAS와의 합의에 따라 사과한 후 새로운 지침을 발표하는 것으로 애슐리 X의 사건은 '종결'되었으나, 애슐리치료는 미결 상태로 남아 있다. 애슐리의 의사들과 부모는 계속해서 이 치료가 다른 가정에서도 실행 가능한 조치라고 표현하는 글을 (별도로) 남기고 있다. 워싱턴 대학교는 2007년과 2009년, 이 사건을 집중적으로 다룬 심포지엄을 열었고, 2010년 말에는 첫 번째 심포지엄의 산물인 시애틀 성장억제 및 윤리 실무 그룹Seattle Growth Attenuation and Ethics Working Group(이하, SWG)에서 성장억제에 대한 성명을 발표했다.[22] 그들은 보고서를 통해 "성장억제는 특정 조건하에서, 그리고 철저한 검토 후에 도덕적으로 허용될 수 있다"라고 주장했다. 그 조건 중 하나는 환자가 보행ambulatory할 수 없거나 의사소통communicative할 수 없는 상태여야 한다는 것이었다.[23] SWG에 속한 20명의 참가자 대부분은 이러한 타협적 입장에 동의했지만, 그중 두 명은 일부 참가자들이 끝내 합의할 수 없는 지점을 설명하며 간략히 반대 의견을 냈다.[24] 보고서에서 후속 연구를 요청했다는 점과 합의하기 어려운 부분이 있었다는 점은 더 많은 논의와 조사가 필요하다는 걸 시사한다.

애슐리치료의 기록

애슐리치료의 세부사항은 수술이 끝난 후 거의 2년 반이 지나서야 공개되었다. 이 사건의 중심에 있던 두 명의 의사인 소아 내분비학자 대니얼 건서 박사와 소아 생명윤리학자 더글러스 디에크마Douglas Diekema 박사는 2006년 10월에 성장억제 요법의 결과를 《소아청소년의학문헌Archives of Pediatric and Adolescent Medicine》에 발표했다. 몇 달 후 애슐리의 부모는 〈"애슐리치료": "베개 천사들pillow angels"의 삶의 질을 높이기 위하여〉라는 블로그를 개설했다. 제목에서 드러나듯이, 이 두 텍스트는 애슐리 치료를 다른 부모와 의사들이 따라 할 수 있는, 장애 아동을 치료하는 새로운 도구로 제시하면서 모두 미래 지향적인 접근을 취했다. 나는 이러한 미래 지향성을 다루거나 각 텍스트에 배치된 레토릭을 분석하기 전에 먼저 이 텍스트들을 간략히 요약해보려고 한다.

건서와 디에크마는 주로 성장억제 요법에 초점을 맞춘 초기의 글에서 애슐리가 작은 몸집을 가지게 되면 신체적으로나 정서적으로 모두 도움이 될 것이라고 주장했다.

움직이기 쉬워진 아이는 아마 더 자주 움직일 것이다. 움직이기 쉽다는 것은 더 많은 자극을 받고, 더 적게 의학적 합병증에 노출되고, 더 많이 사회적 상호작용을 할 수 있다는 뜻이다. 부모와 자식 간의 개인적 접촉은 승강 장치나 기타 장비를 사용할 필요 없이 더 직접적이고 개인화될 것이다. 이동과 이송이 더 쉬워지면, 자녀가 가족 활동이나 나들이에도 참여할 수 있게 될 것이다.[25]

건서와 디에크마는 성장억제 요법이 애슐리의 미래의 삶의 질을 향상하는 데 필수적인 것이라고 규정한다. 그것을 행하지 않는다면, 애슐리의 부모는 결국 집에서 그녀를 돌볼 수도 없고 그녀를 가족 행사에 참여시킬 수도 없을 것이라고 주장한다.

건서와 디에크마의 글이 무엇을 포함하고 있는지에 대한 것만큼이나 무엇을 제외하고 있는지 살피는 것 역시 흥미롭다. WPAS의 보고서가 자궁절제술을 긴밀히 다루고 강조했던 반면, 두 의사는 자궁절제술의 절차와 영향에 대한 논의를 단 한 단락으로 정리했다. 그들은 "아마 이건 자궁절제술이라는 말을 쓰는 게 적절할 것 같다"라고 인정하면서도, 애슐리에게 행한 자궁절제술, 더 나아가 자궁절제술 그 자체가 성장억제라는 더 중요한 주제에 비해 부수적 문제에 불과한 것으로 여기고 논의를 펼친다.[26] 자궁절제술은 그 자체로 광범위하게 분석할 가치가 없을 정도로 사소하거나 부수적이라는 것이다. 그들은 애슐리치료와 관련해 '불임시술'이라는 단어를 언급조차 하지 않고, 그에 관한 대화를 완전히 회피한다. 건서와 디에크마는 자궁절제술의 문제를 대수롭지 않게 여기면서, 변호사인 래리 존스의 입장만을 반영한다. 존스는 애슐리의 가족에게 보낸 편지에서 자궁절제술과 그에 따른 불임이 다른 목적을 위해 수행된 치료의 부산물일 뿐이며, 자궁절제술을 수행한 이유는 애슐리를 불임화하기 위해서가 아니라 자궁 출혈의 위험(에스트로겐 요법의 부작용)과 월경에 대한 불안 및 불편함을 완화하기 위한 것이라고 주장했다. 애슐리는 결코 자녀를 양육할 능력을 개발시킬 수 없으므로, 그녀의 재생산 건강을 보호하는 게 문제가 되지 않는다는 것, 다시 말해 그녀는 자궁이 필요하지 않기 때문에 자궁절제술에 대해 논의할 필요가 없다는 것이다.

　사실상 애슐리의 가슴이 자궁보다 더 쓸모없다고 여긴 건서와 디에크마는 양쪽 유방절제술에 대한 이야기를 숨겼으며, 몇 달 후 CNN과의 인터뷰에서도 디에크마는 그 수술을 언급하지 않았다.[27] 훗날 이러한 사실을 숨긴 것에 대해 비판이 일자, 건서와 디에크마는 유방절제술이 성장억제 및 고용량 에스트로겐 요법과 무관하다고 주장했고, 이에 대한 논의는 더 벌어지지 않았다.[28] 최근 기사에서 디에크마가 유방절제술에 대해 언급한 바 있지만, 그가 유방절제술 자체에 관심을 가져서가 아니라 비판에 대응하기 위한 것으로 보인다.[29]

　그러나 애슐리의 부모는 유방절제술을 다르게 이해하고 있었으며, 이를 "애슐리치료"의 필수 요소라고 블로그에 설명했다. 그들에게 자궁절제술, 유방절제술, 에스트로겐 요법은 모두 같은 것이었다. 유방절제술, 그들의 표현에 따르면 "유방싹 제거"는 다음의 세 가지 이유로 필요했다.[30] "제거"의 주된 이유는 가슴의 발달이 애슐리의 통증과 불편함을 유발할 가능성이 있다는 것이었다. 가슴은 애슐리가 눕는 걸 불쾌하게 만들고("가슴이 크면 브래지어를 하고 눕는 데 불편하고, 브래지어를 하지 않고 누워도 편하지 않다"), "애슐리의 체중을 지탱할 때 필요한 가슴 스트랩이 있는 휠체어, 스탠더, 목욕의자에 그녀를 고정할 때 방해가 될 수 있다"라는 것.[31] 즉, 그 스트랩이 애슐리의 가슴을 압박해 더 많은 통증과 소란을 유발한다는 것이다. 유방절제술을 뒷받침하는 두 가지 "부가적이고 부수적인 이점"은 이런 것이다. 하나는 양쪽 유방절제술이 가족력이 있는 유방암 발병이나 섬유낭종 성장의 가능성을 없앨 수 있다는 것이고, 다른 하나는 애슐리가 부적절하게 "성애화"되는 걸 막을 수 있다는 것이다. 애슐리의 부모에 따르면, 유방절제술은 "애슐리의 담당 의사들과 윤리위원회에게 가장 껄끄러운 문제"였지만, 부모는 결국 그 수술의 이점을 납득시켰다.[32]

애슐리가 에스트로겐 요법을 마친 지 얼마 되지 않은 2007년 1월 2일에 그녀의 부모는 블로그를 개설했고, 이는 전 세계적인 관심을 끌었다. "두 가지 목적, 즉 첫째, 침대에 누워 있는 다른 베개 천사에게 비슷한 도움을 줄 수 있는 가족을 돕는 것, 둘째, 애슐리치료에 대한 몇 가지 오해와 그 치료를 진행하는 동기를 설명하는 것"을 위해 블로그를 시작했다고 밝힌 것처럼, 높은 관심은 그들이 바라던 목표였던 것 같다.[33] 그 블로그는 건서와 디에크마의 글과 거의 비슷한 영역을 다루고 있으나, 애슐리의 의료기록 및 진단, 애슐리치료의 세부사항, 수술의 정당성 등을 하나하나 더 자세히 논의한다는 점에서 더 비공식적이다. 이 게시물들은 애슐리의 가족사진(프라이버시 보호를 위해 부모와 형제자매의 얼굴은 흐릿하게 처리됨), "베개 천사"를 둔 다른 부모들의 "증언", 지지 편지, 동정 어린 사설이나 논평을 발췌한 글들로 채워져 있다.[34] 또한 그 블로그는 건서와 디에크마의 글에 등장하지 않았던 두 개의 주요한 용어, "애슐리치료"와 "베개 천사"에 대한 정의를 소개한다. "애슐리치료"는 성장을 억제하기 위한 에스트로겐 요법, 자궁절제술, "유방싹 제거"의 조합을 의미하며, "베개 천사"는 다음을 의미한다.

인지적, 정신적 발달이 6개월 아동의 수준을 넘지 않고, 이와 관련된 극심한 신체적 한계를 가지고 있어 걷거나 말할 수 없고, 어떤 경우엔 침대에서 머리를 들거나 자세를 바꿀 수도 없는 사람. 베개 천사는 전적으로 돌봄 제공자에게 의존한다.[35]

블로그를 통해 의도한 바를 고려하면, 애슐리의 부모가 애슐리치료를 완전한 성공으로 보았던 건 놀라운 일이 아니다. 그들은 2008년 CNN과의 인터뷰에서 "애슐리는 작년 한 해 키와 몸무게가 늘지 않았고, 앞으로 항상 평평한 가슴으로 살게 될 것이며, 생리통, 월경을 겪지 않을 것이다"라고 밝혔다.[36]

선 밖으로, 시간 밖으로

평평한 가슴, 월경 없음, 성장 완료. 애슐리의 부모에게 그 치료는 분명 애슐리의 발달을 억제해 애슐리를 어려움 없이 들어 옮길 수 있도록 하는 것이었다. 그러나 평평한 가슴과 자궁 절제술에 대한 언급을 보면, 체중뿐만 아니라 더 많은 것이 부모의 결정에 달려 있었음을 알 수 있다. 또한 그들은 전형적으로 발달하던 그녀의 몸이 "태어난 지 몇 달 만에 …… 성장을 멈췄던" 그녀의 마음으로부터 멀어지면서 발생하는 발달상의 괴리를 우려했다. 그들은 애슐리의 마음이 영구적으로 "아동기"에 머물러 있지만 애슐리의 몸은 "성인기"로 가는 중이라고 생각했고, 이러한 단절을 극복하기 위해서는 개입이 필요했다. 이 사건을 지켜보던 의사들과 생명윤리학자들도 애슐리치료가 애슐리의 인지적 자아와 신체적 자아를 조화롭게 유지하기 위해 필요하다면서 이러한 우려에 동조했다. 결국 애슐리치료에는 일종의 순환적 시간론이 적용되었다. 애슐리의 장애는 마음과 몸의 발달 격차를 일으켜 그녀를 시간에서 벗어난 비동시적인 사람으로 만들었고, 그녀의 발달은 이러한 마음/몸의 불일치를 바로잡기 위해 억제될 필요가 있었으며, 이러한 발달 억제는 애슐리가 영원히 인지적 유아기에 더 적합하게끔 시간으로부터 그녀를 더 추방했다.

처음부터 애슐리치료는 애슐리의 몸과 마음 사이의 괴리를 교정하는 한 방법으로 설명되었다. 디에크마 박사는 CNN에서 "애슐리를 보면 큰 몸집의 아기를 보는 것 같다"라고 인터뷰한 바 있다.[37] 애슐리치료가 없다면, 애슐리는 결국 훨씬 더 큰 몸집의 아기가 될 뿐만 아니라, **성인**의 몸을 가진 아기가 될 것이기 때문에 그 격차가 더욱 뚜렷해질 것이라는 말이었다. 그녀의 부모가 표현했듯, 애슐리의 "신체적 자아를 인지적 자아에 더 가깝게" 만드는 것이 필요했다.[38] 존 조던John Jordan은 "비록 그녀가 건강한 예후를 보이고 있음에도 불구하고, 애슐리치료가 그녀를 '올바른' 것으로 만드는 가장 좋은 방법으로 인식될 수 있도록 그녀의 신체는 '잘못된' 것으로 표현되어야 한다"[39]라고 주장했다. 여기서 "잘못된"은 그녀의 마음과 몸 사이에 시간적·발달적 불일치가 존재하고, "6개월짜리 아이의 두뇌"가 그보다 나이 든 몸에 있으며, 애슐리치료는 이런 불일치를 교정한다는 관점을 반영한다.[40]

마음과 몸이 일치하기를 바라는 이 욕망에서 우리가 확인할 수 있는 것은 장애의 시간적 틀이 아동기의 발달 모델에 맞춰져 있다는 것이다. 고전적 아동 발달 이론에서 아동은 성인기를 향해 정해진 일련의 단계를 거쳐 일방향적이고 선형적으로 '상향' 이동한다. 이 틀에서 아동은 '미완성의' 성인, 또는 필요한 성장 및 발달 단계를 거치지 않은 사람으로 여겨진다.[41] 아동기를 이런 식으로 이해하게 되면, 장애인, 특히 지적 장애(또는 흔히 알려진 '발달' 장애)가 있는 사람 역시 '미완성의' 성인으로 여겨질 수 있다. 애슐리를 "큰 몸집의 아기"라고 이야기했던 디에크마의 묘사는 애슐리의 실제 나이와 무관하게 그녀가 언제나 발달상 '아기'일 것이라는 논리의 연장선 위에 있다(제리 루이스가 근이영양증을 가진 성인을 "아이"로 지칭하거나 크리스토퍼 리브가 자신의 마비를 "갑자기 42세의 유아로 변형된" 것으로 묘사했을 때도 이와 유사한 논리가 작동한다.[42] 여기서 리브는 신체적 의존을 유아기와 동일시하고, 루이스는 장애를 유아화한다).

지적 장애와 아동기를 연결하는 관행에는 오랜 역사가 있다. 리시아 칼슨은 19세기 후반과 20세기 초반에 "바보"로 분류된 사람들이 "발달의 초기 단계에 머물러 있는" 사람으로 여겨졌다고 설명하면서, 국립 시설의 기관장들은 종종 피감자들을 "남자-아기", "여자-아기", "어린이-아기"라고 언급했음을 지적한다.[43] 이러한 틀에서는 지적 장애가 있는 성인이 설 자리가 없어진다. 성인기가 독립성, 자율성, 생산성과 연관된 것이라면, 성인기는 애슐리처럼 최중증의 지적 손상이 있는 이들이 도달하거나 상상할 수 없는 게 되어버리기 때문이다.

초기에 건서와 디에크마는 애슐리치료를 옹호하면서 애슐리가 미래 없는 미래를 직면할 것이라 강조했다. 그녀는 "직장을 다니거나, 로맨틱한 관계를 맺거나, 성인으로서 상호작용할 능력을 갖추지 못한 사람"이기 때문이다.[44] 규범적 시간의 논리 안에서 성인은 일하고, 결혼하고, 자립해야 하지만, 건서와 디에크마의 생각에 장애는 이러한 실천을 불가능하게 만든다. 고로 그들의 개입은 해를 끼치는 게 아니다. 그녀는 이미 장애로 인해 낭만적 관계를 맺는 것이 가로막혀 있으므로, 그녀의 가슴과 자궁을 제거하는 건 대수롭지 않은 일이 된다.

그들의 설명에서 성인기와 생산성이 연결되는 데 주목해보자. 성인으로서 상호작용할 수 있다는 것은 직장에 다닐 수 있다는 말과 같으므로, 장애는 생산성의 부족으로 설명될 수 있다. 어원을 따라가보면, 장애가 있다는 것은 일할 수 없다는 걸 의미한다. 생명윤리학자인 노먼 포스트Norman Fost는 애슐리 사건을 요약하면서 이러한 관점을 분명히 드러낸다. "이것[애슐리 사건]은 몇 년 전에 캐딜락에 쉐보레 엔진이 장착되었던 스

페미니스트, 퀴어, 불구

캔들을 떠오르게 한다."[45] 포스트는 애슐리를 "캐딜락에 쉐보레 엔진이 장착"된 것에 비유하면서, 그녀에게 상상되는 미래의 모습(성인의 몸을 가진 아이)에 "기만적인" 면이 있다고 언급할 뿐만 아니라, 그가 정상적인 성인기를 생산성의 시간, 생산성에 의해 규정되는 것으로 바라보고 있음을 드러낸다. 우리는 모두 원활하게 엔진을 돌려야 하는데, 장애는 우리를 결함 있는 제품으로 만든다. 이러한 관점에 의하면, 애슐리는 결코 성인이 되지 않을 것이기 때문에 성인이나 다른 아동에게 제공되는 보호를 받을 자격이 없다.

"베개 천사"라는 용어는 장애를 유아기 및 아동기와 연관 짓는 관행을 반영하고, 이를 영속화한다. 애슐리의 부모는 "애슐리는 아주 착하고 우리가 늘 베개 위에 눕히기 때문에 베개 천사라고 부른다"라고 설명한 바 있다.[46] 이러한 표현은 애슐리를 10대가 되거나 여성이 될 사람으로 상상하기 어렵게 만들고, 의존성과 수동성을 지닌 유아 같은 이미지를 떠오르게 한다. 에스트로겐 요법과 유방절제술이 애슐리를 이른바 영원한 아동처럼 보이게 만드는 것처럼, "베개 천사"라는 딱지 역시 애슐리를 그렇게 만든다. 그 계획 속에서 그녀의 몸, 마음, 정체성은 모두 완벽하게 일직선상에 선다.

이러한 정렬은 사람들이 애슐리를 "발달 연령에 더 적합한" 방식으로 대하도록 하기 위해, 주변 사람들을 시간적 장場에서의 혼란으로부터 보호하기 위해 필요하다.[47] 이 사건에 대해 자주 글을 써왔던 생명윤리학자인 노먼 포스트 박사는 마음/몸이 일치하지 않는 문제에 대한 디에크마의 우려를 그대로 따른다.

그녀의 몸집이 발달 수준에 더 적합해지면, 그녀는 덜 "괴물"
처럼 보일 것이다. ······ 나는 우리가 심각하게 저능한 성인을
볼 때마다 느끼는 불편함이 일정 부분은 발달 상태와 몸 사
이의 미학적 단절에서 비롯한다고 오랫동안 생각해왔다. 생
후 2개월 된 유아는 인지적, 운동적, 사회적 기능이 제한되어
있음에도 불구하고 혐오감을 일으키지 않는다. 하지만 2개월
된 아기를 20세의 몸에 넣게 되면, 그 단절은 거슬리는 것이
된다.[48]

노먼 포스트는 아기의 뇌를 가진 성인의 신체 이미지를 연
상시키고, 그러한 이미지가 혐오감을 유발한다고 가정하면서
기괴함의 영역으로 들어간다. 그는 애슐리를 범주의 혼동이 체
화된 존재, "제자리에서 벗어난 상황"이 체화된 존재로 인식한
다. 상상 속의 애슐리가 유아기 및 성인기의 범주를 모두 흐리
게 만들어 규범적 삶의 경로에 대한 문화적 이해를 곤경에 빠
뜨린다는 것이다.[49] 우리는 '우리'처럼 생겼으되 결코 우리처럼
기능하거나 생각하지 못하는 어른을 상상해야 하며, 이런 같고
다름 사이의 충돌은 우리를 불편하게 한다. 이 사건에 대해 논
평했던 또 다른 생명윤리학자인 조지 드보르스키George Dvorsky는
이 사건을 기괴함과 노골적으로 연결시킨다. 그는 애슐리치료
를 지지하는 글에서 "신체적 사이즈와 몸의 기능에 비추어 인
지적 상태에 더 알맞은 몸을 그녀에게 부여하는" 애슐리치료의

능력을 칭찬한다. 이후 그는 다음과 같이 주장한다. "여기서 기괴한 것은 에스트로겐 요법이 아니다. 오히려 기괴한 것은 아기의 마음을 부여받고, 다 자라서 생식력 있는 여성이 나타날 수 있다는 전망이다."[50] 애슐리의 젠더로 인해 마음과 몸 사이의 불일치는 훨씬 더 거슬리고 **기괴**해진다. 이러한 틀 안에서, 애슐리에게 상상되는 미래의 (그녀가 지닌 아기의 본성에 비해 너무 큰 키, 너무 큰 가슴, 너무 생식력 있고, 너무 성적이고, 너무 **어른스러운**) 몸은 과도하고 부적절한 것으로 여겨지며, 그녀의 현재 몸에 비해 부정적인 것이 된다. 애슐리치료는 이런 식으로 상상되는 크고 풍만한 몸, 즉 기괴하고 생식력 있는 몸이 나타나지 않도록 막기 위해 필요한 것이다. 드보르스키는 성장억제술이 자궁절제술과 결합되어야만 했던 무언의 이유를 자궁절제술을 하지 않으면 애슐리가 기괴하게 생식력 있는 상태로 남게 될 것이기 때문이라고 분명히 밝힌다.

애슐리의 부모가 블로그에서 자궁절제술을 "**조그만** 자궁제거", 유방제거술을 "유방싹 제거: **아몬드 크기의** 분비샘 제거"라는 표현으로 정의한 것은 너무 크고 너무 생식력 있는 몸에 대한 불안을 드러낸다.[51] 그들은 "가슴과 자궁의 급속한 성장"이 시작되기 전에 두 수술을 신속히 완료해야 한다고 주장했다.[52] 물론 이런 모든 "급속한 성장"은 적어도 부분적으론 에스트로겐 요법 자체에 의해 야기되지만, 큰 가슴과 자궁을 가진 상상 속 애슐리의 미래가 "아몬드 크기의 유방싹"을 가진 요정 같은 베개 천사를 탈취하고 **잡아먹을** 것이라는 레토릭은 애슐리의 몸을 마치 통제할 수 없는 것으로 묘사한다. 그 사이 애슐리치료는 성인 장애에 대한 치료법뿐만 성인 여성에 대한 치료법으로 자리 잡게 된다.

페미니스트들은 오랫동안 여성의 재생산 역량의 축소에 맞서왔고, 애슐리 X 사건은 장애가 이러한 축소를 어떻게 복잡하게, 그리고 가능하게 만드는지를 보여준다. 하지만 외과적으로 그녀의 재생산 기관이 관심의 대상이 되었음에도 불구하고, 애슐리는 재생산의 영역에서 완전히 배제된 것으로 이해된다. 양쪽 유방절제술과 자궁절제술이 허용된 것은 애슐리가 결코 가슴과 자궁이 필요하거나 그것을 사용하지 않을 것이라는 잠재적 확신이 있었기 때문이다. 그녀의 부모는 "유방싹 제거"를 포기해야 할 이유가 있다면, 그것은 애슐리의 미래에 출산과 모유 수유가 있을 때뿐이라고 설명한다. 그럴 일은 없을 것이기 때문에 그녀의 가슴을 제거하는 것은 아무 문제 없다는 것이다.[53] 그들은 비슷한 논리로 자궁절제술을 다룬다. 애슐리치료를 설명하는 그들의 도표에서 애슐리의 자궁은 마치 맹장처럼 쓸모없고 불필요하며 소모성인 기관이라는 듯이, 자궁절제술은 충양돌기절제술[맹장 수술]과 나란히 배치된다.[54] 이렇듯 애슐리의 장애는 그녀가 재생산 기관으로만 인식되는 것을 가로막는 역할을 한다. 그녀를 비장애 여성과 같은 방식으로 이해해서는 안 되는 이유다.

그러나 동시에 애슐리치료는 여성의 몸이 언제나 그리고 오로지 재생산적으로만 구성되는 정도를 드러낸다. 애슐리의 생식력에 대한 드보르스키의 불안은 장애가 그런 생식력을 더 위협적인 것으로 만들고, 그에 대한 억제와 개입이 더 필요하다는 것을 암시한다. 애슐리의 가슴과 자궁을 부적절하고 불필요한 것으로 여기는 부모의 표현은 여체의 재생산적 사용가치에 대한 이해가 지속되고 있다는 것을 증명한다. 이러한 신체부위들의 유일한 목적은 재생산이다. 만약 미래에 재생산이 없다면, 이 신체 부위들은 윤리적 우려 없이 없애버릴 수 있기 때문이다. 우리가 무엇이 여자 또는 여성을 구성하는지 이해하는 데 영향을 미치는 재생산 체계 중심성은 유방절제술과 자궁절제술을 가능케 하거나 상상할 수 있게 만든다. 애슐리의 가슴과 자궁은 진정한 목적을 달성하지 못할 것이므로 제거될 수 있었다는 식으로 말이다.

사실, 유방절제술과 자궁절제술에 대해 부정적인 듯한 태도는 건서와 디에크마의 원글 곳곳에 깔려 있다. 자궁절제술에 초점을 맞추면 국가의 불임시술 옹호에 관한 질문들이 촉발될 수도 있다는 점에서 이들의 접근 방식은 그럴듯해 보인다. 하지만 그들의 논의를 보면, 그들은 국가의 불임시술 옹호에 대한 문제를 제기하는 데 실질적인 관심이 없었다는 것을 알 수 있다. 오히려 그들은 애슐리 같은 사람들을 불임으로 만드는 것을 상식적으로 보이게끔 만든다. 사실 그들이 강제 불임시술에 대한 우려를 인정하는 것은 그 논란을 무마시키기 위해서일 뿐이다.

아동, 특히 장애인에 대한 자궁절제술은 논란의 여지가 있으며, 이는 강제 "불임시술"이 함의한 부정적인 의미 및 역사와 언제나 관련이 있다. 그러나 재생산에 대한 실질적 염원이 없는 최중증 손상 아동들에게 예방적인 자궁절제술은 고용량 에스트로겐 요법의 보조수단으로서 몇 가지 이점이 있다.[55]

마치 자궁절제술에 대한 적확한 표현이 아니라는 듯이 "불임시술"에 스케어 인용부호를 쓴 것을 보면, 건서와 디에크마가 이에 대해 실질적으로 관심이 없다는 것을 알 수 있다. 게다가 강제 불임시술의 역사는 최중증 손상의 사례와 명백한 관련이 없다. 또한 저 문장에서 자궁절제술은 탈젠더화되어 표현되기 때문에 [즉, 특정 젠더를 지목하지 않기 때문에] 페미니즘의 비판 또한 제기되지 않는다. 그들은 마치 남아에게도 자궁절제술이 가능한 것처럼, 그리하여 그 수술에 젠더화된 영역이 존재하지 않는 것처럼, **아동**에 대한 자궁절제술을 설명한다.[56] "아동"이라는 지칭은 디에크마와 건서가 장애 아동을 결코 젠더화된 존재로 인정하지 않는다는 걸 암시하는 것일지도 모른다. 남아와 여아 모두 비장애신체/비장애정신 중심의 규범이 전제되어 있으므로 장애 아동은 남아와 여아일 수 없기 때문이다. 이런 관점에서 애슐리치료는 애슐리를 영원한 아동으로 개념화한 외과적 표명과 다름없다. 아동으로서 애슐리는 재생산 기관이 필요하지 않으며, 장애인으로서 애슐리는 섹슈얼리티가 존재하지 않는다. 작은 체구를 유지하고, 평평한 가슴과 생식력 없는 상태를 지키는 것은 그녀의 신체적 외양을 인지 기능과 일치시키고, 그녀가 장애인/아기에게 부합하는 섹슈얼리티를 결여한 상태를 반영하게 만든다.

애슐리가 치유되었다거나 애슐리치료가 그녀의 상태를

개선하기 위한 일종의 치유법이라고 표현하는 건 언뜻 보기에도 말이 되지 않는다. 애슐리치료는 애슐리의 인지적 기능이나 신체적 기능을 향상시키지 못했으며, 그렇게 할 의도도 없었다. 애슐리치료는 의심의 여지없이 장애에 대한 치유적 대응일 뿐이다. 애슐리는 최대한 그녀의 비동시성을 치유해야만 했다. 또한 그녀는 미래에 도래할 자신의 몸, 즉 다 커버린 몸집, 큰 가슴, 월경, 생식력 있는 몸이라는 망령에서 벗어나야 했다. 애슐리치료를 정당화한 것이 상상 속 애슐리의 몸이었고, 현재의 몸과 비교하여 기괴한 것처럼 여겨지는 것 또한 그 상상의 몸이었다는 것. 바로 이 두 가지 의미에서 애슐리는 자신을 부정하는 상상의 몸을 가졌던 것이다.

"'베개 천사들'의 삶의 질을 높이기 위하여"

애슐리의 부모와 의사들은 애슐리의 실제 미래와 상상 속의 미래(그리고 미래의 몸)를 모두 염려할 뿐만 아니라, 다른 장애 아동의 미래 역시 염려한다. 그들의 글 자체가 그 사실을 증명하는데, 그들이 발행한 글들은 사람들에게 애슐리치료법이 효과적이고, 도덕적으로 허용 가능하며, 윤리적으로 적절한 것이라고 제시하는 데 초점을 맞춘다. 블로그를 통해 애슐리의 부모는 전 세계의 다른 가족과 소통할 수 있었고, 블로그의 게시물이 언론에 보도되면서 메시지를 확산할 수 있었다. 건서와 디에크마는 의학 저널에 글을 게재함으로써 동료들의 검증과 승인을 받고, 궁극적으로는 애슐리치료가 특별한 사례를 넘어 새로운 치료법으로 채택될 수 있도록 하려 했다.

　건서와 디에크마가 성장억제 에스트로겐 요법을 애슐리 뿐만 아니라 다른 사람들에게도 적용할 수 있다고 여긴 증거는 〈오래된 딜레마에 대한 새로운 접근A New Approach to an Old Dilemma〉이라는 글의 제목에서 확인할 수 있다. 여기서 "오래된 딜레마"란 어떻게 중증 장애 아동을 돌보는 게 가장 좋은지, 특히 어떻게 그들을 요양원과 주립 시설에 보내지 않을 수 있는지에 관한 문제를 뜻하며, 이 문제에 대한 "새로운 접근"이란 성장억제(그리고 이때 수반되는 수술)를 뜻한다.[57] 실제로, 그들은 시설화에 저항적인 관점에서 글 전반을 구성했다. 첫 문장에 "미국소아과학회American Academy of Pediatrics는 최근 집합 치료시설의 장애 아동 및 청소년의 수를 2010년까지 0명으로 줄인다는 '건강한 사람들 2010Healthy People 2010' 계획을 승인했다"라는 걸 언급하면서 그들은 시설화를 비판하는 듯한 분위기를 조성한다.[58] 건서와 디에크마가 보기에, 이런 야심 찬 목표는 성장억제 같은 과감하고 새로운 접근을 필요로 하고 정당화하며, 다른 의사들이 자신의 환자에게 그런 실천을 수행하도록 유도한다.

　건서와 디에크마는 다른 장애 아동에게도 고용량 에스트로겐 치료법을 사용할 수 있도록 그들의 글 전반에서 그 치료법의 효능을 강조한다. 간단히 말해, 그들의 목표는 이런 것이다.

　걸어 다닐 수 없고 최중증의 손상이 있는 아동에게 그러한 치료 전략을 신중히 적용하기 위해 주장한다. 우리는 아동의 성장단축이 아동 및 돌봄 제공자의 삶의 질에 긍정적인 효과를 가져온다고 믿으며, 부모가 그러한 개입을 요청하는 상황이라면 그것이 의료적으로 실현 가능할 뿐만 아니라 윤리적으로도 옹호될 수 있다고 제안한다.[59]

이 구절이 시사하는 바와 같이, 건서와 디에크마는 애슐리치료가 다른 아동보다 일부 아동("걸어 다닐 수 없고 최중증의 손상이 있는 아동")에게 더 적절하다고 생각하지만, 애슐리치료를 행하는 엄격하고 확정적인 기준을 설정하기보다 이를 더 폭넓게 적용할 수 있는 가능성을 열어둔다. 그들은 애슐리치료가 논란이 될 수 있다는 것을 알고, 그 적절성을 판단하기 위한 의사결정위원회 구성도 제안한다. 외부의 관찰자가 필요하다는 이러한 인식은 그들이 애슐리치료를 애슐리 이외의 사람들에게도 적용하는 걸 상상했다는 것을 드러낸다.

애슐리의 부모 역시 자신들의 블로그가 자녀를 위해 그런 치유를 원하는 다른 부모들을 위한 자료라고 생각한다. "'베개천사들'의 삶의 질을 높이기 위하여"라는 블로그의 부제는 이들의 욕망을 그대로 드러낸다. 복수형으로 "천사들"이라는 표현을 썼다는 것은 그들이 애슐리를 특이한 사례로 보지 않았다는 것을 분명히 보여준다. 그들은 "이 치료가 그런 가족들에게 잘 수용되고 이용 가능해져서, 가장 큰 효과를 볼 수 있는 적절한 상황 및 최적의 연령대에 특별한 도움이 필요한 아동들이 그 혜택을 받길 바란다"라고 설명한다. 그러면서 그들은 블로그가 애슐리치료를 옹호하거나 정당화하기 위한 곳이 아니라, "그들이 학습한 교훈을 공유"하는 장소라고 주장한다.[60] 이를 위해 그들은 〈'베개 천사들'의 웰빙을 위한 애슐리치료〉라는 1쪽짜리 요약 자료를 제공해 애슐리가 얻은 주된 이점과 부수적 이점이 무엇인지를 기준으로 애슐리치료의 구성 요소를 각각 구분한다. 또한 그들은 애슐리치료가 여아들에게만 국한되지 않는다는 점을 강조하면서 그 치료에 관심이 있는 다른 부모들이 조언과 지원을 얻기 위해 연락해줄 것을 촉구한다. 실제로 그들은 "남자아이들은 키와 몸집이 더 커지는 경향이 있어서 [남자아이들의] 사례에 더 적합하다"라고 제안했다.[61]

애슐리의 부모는 "약 열두" 가족이 자녀(남녀 모두)를 위해 성공적으로 애슐리치료를 받았다는 소식을 들은 적이 있다고 주장한다. 분명 그 치료를 받으려 노력했던 다른 가족들도 있었지만, 이들은 성공하지 못했다. 부모의 블로그에는 윤리위원회가 아니라 "홍보상의 우려"로 인해 막판에 치료 요청을 거부당한 가족이 언급되기도 했다.[62] 애슐리의 부모의 관점에서 더 긍정적인 것은 소아과 전문의들이 성장억제를 수용하는 사례가 늘고 있다는 점이었다. 그들은 블로그에서 2008년 소아과학회 학술대회에서 성장억제에 대한 주제를 집중적으로 논의했던 세션을 언급한 바 있다. 이 세션에 참석한 한 의사에 따르면, "발표실에 있던 의사 절반이 성장억제를 원하는 어느 가족을 만났다고 말했고, 그 가족에게 성장억제를 제안했는지를 물었더니 10여 명의 의사가 손을 들었다."[63] SWG의 최근 보고서는 애슐리의 부모와 의사들이 의학계 및 생명윤리학계가 애슐리치료를 진지하게 받아들이도록 하는 데 성공했다는 것을 보여준다. 특정한 조건과 지침에 따라 성장억제가 도덕적으로 허용될 수 있다는 SWG의 확인은 이러한 관행이 더욱 보편화될 수 있다는 것을 시사한다.[64] 애슐리치료가 처음 뉴스에 나왔을 때, 그리고 이에 대한 비판의 목소리가 더 두드려졌을 때조차 이를 지켜보는 많은 사람은 그 수술을 받아들일 만한 것으로 여겼다. 예를 들어, 2007년의 MSNBC 여론조사에서 응답자의 59%는 애슐리의 부모가 내린 결정을 지지했다.[65]

부모의 블로그에 올라온 "추천의 글"과 "지지의 편지"를 읽어보면, 애슐리의 부모와 의사들의 주장이 얼마나 설득력 있었는지를 알 수 있다. 수많은 의료 전문가, 돌봄 제공자, 장애 아동의 부모가 그들에게 지지를 표명했고, 자기가 돌봐야 할 사람이 애슐리치료를 받을 수 있기를 바란다는 편지를 썼다. 이런 대부분의 반응은 '베개 천사'와 '중증 장애' 같은 범주의 불안정한 확장성을 보여준다. 애슐리의 부모, 의사들, 윤리학자들은 모두 그 치료가 적절하게 사용되는 데 요구되는 손상이 어느 정도인지에 대한 지침을 제공해왔지만(가장 일반적인 규준은 '보행 불능'과 '소통 불능'이었다), 이것은 누구에게나 보편적으로 적용될 수 있는 기준은 아니다.[66] 가령, 어느 부모는 이렇게 말한다.

저는 이분척추증spina bifida으로 태어난 아이의 아버지입니다. 휘틀리Whitley는 하반신 마비입니다. 우리는 당신들의 딸, 그리고 당신들이 애슐리에게 제공했던 그 치료에 대해 이야기를 나눴습니다. …… 휘틀리는 만약 자기가 훨씬 더 작았더라면 "돌아다니는" 데 드는 노력이 훨씬 더 적었을 것이라는 저의 의견에 동의했습니다. 휘틀리의 몸무게는 약 54킬로그램이고 키는 150센티미터입니다. 들어 올리기 어려운 사람이지요. 당신들과 애슐리에게 하나님의 가호가 있기를 바라며, 앞으로도 그녀를 위해 계속 좋은 일을 해주세요. 하나님께서 당신들을 좋은 길로 인도하고 계십니다.[67]

휘틀리와 그녀의 아버지는 아마도 애슐리치료를 받고자 하는 소원을 이루지 못할 것이다. 혜택을 받기엔 그녀의 나이가 너무 많을 뿐만 아니라, 윤리위원회가 그녀와 같은 손상 수준에 있는 사람에게 그 치료를 승인하지 않을 수도 있기 때문이다. 그녀는 의사소통을 할 수 있을 뿐만 아니라, 자신의 상황을 평가하고 자신의 욕구를 표현할 수도 있다. 그녀는 걸을 수 없지만, "돌아다닐" 수는 있다. 즉, 적어도 그녀는 SWG가 권장하는 기준에 따라 애슐리치료를 받을 만큼 충분한 손상이 있지는 않다. 그러나 그녀의 아버지에 따르면, 그녀에게는 충분한 손상이 **있다**. 그의 말은 장애 등급 사이에 명확한 선을 긋고자 하는 시도가 성공하기 어렵다는 것을 보여준다. 어떤 사람에게 '중증'인 것은 어떤 사람에겐 '중등도'이거나 '경증'인 것일 수도 있기 때문이다. 애슐리치료의 지지자들은 그것이 "최중증 손상" 아동이라는 아주 드문 경우에만 사용되어야 하며, 그 치료의 대상이 더 넓은 장애 범주로 확대될 것이라는 우려가 과장이라고 주장한다. 아마 그들의 말이 옳을지도 모른다. 하지만 휘틀리의 아버지가 분명히 밝히듯, '최중증' 손상을 규정하는 것은 논쟁적이며 다루기 어려운 영역이다.

페미니스트, 퀴어, 불구

미래는 사유화될 것이다 : 맥락에 따른 애슐리 사건

애슐리치료를 둘러싼 담론은 미래의 의료 개입이나 표준 치료뿐만 아니라, 21세기 초반 장애와 돌봄 제공이 위치한 장소를 바라보는 방법에서도 일종의 본보기 역할을 한다. 애슐리 치료가 불러온 미래는 완전히 사유화된 미래다. 즉, 장애와 장애인이 핵가족에 의해, 핵가족 내에서 돌봄받는, 사적인 영역에 귀속되는 미래다. 그리고 핵가족이 그 안에서 일어나는 일들의 유일한 결정권자여야 한다는 미래다. 이는 애슐리 사건이 공적 영역과 관련이 없다는 말이 아니라, 오히려 공적 영역이 애슐리 사건과 거의 관련되지 않았다는 말이다. 애슐리 사건이 공개석상에서 논의되는 동안에도, 그것은 애슐리치료의 지지자들에 의해 끊임없이 사적인 문제로 소환되어왔다. 애슐리 사건에는 사법적 검토가 필요 없다는 애슐리 가족의 주장에서 우리는 이러한 입장을 확인할 수 있다. WPAS 조사에서 그들은 애슐리 같은 아동에 관련한 사적인, 가족의 심의 과정에 사법적 감시가 개입되어선 안 된다고 제안하기까지 했다.

우리는 비자발적인 불임시술로부터 취약한 사람들을 보호하는 법률을 지지하지만, 그 법률은 너무 광범위해서 의사결정 능력이 있거나 이를 갖출 수 있는 사람들, 그리고 애슐리처럼 심각하고 변함없는 의학적 상태에 놓인 사람들이나 원격 기기를 통해서도 의사결정을 할 수 없는 사람들을 구분할 수 없다. 의학적 상태, 복잡성, 심각성, 예후와 상관없이 모든 장애

인에게 수행되는 모든 자궁절제술에 법원의 허가를 받으라
고 하는 것은, 애슐리만큼 심각한 의학적 상태의 아동으로 인
해 이미 과중한 짐을 떠안고 있는 가족들에게 아주 큰 부담이
된다.[68]

사법적 감시를 거부하는 것은 서양 의학의 객관성과 권위
에 대한 오랜 문화적 가정과 밀접한 관련이 있다. 이런 문화적
가정 안에서 의사와 과학자는 몸과 마음을 읽고 해석하고 이해
하는 고유한 능력을 가진, 신체의 진실에 대한 객관적 관찰자
들이다. 논리적으로야 의료 전문가들은 자신의 정치적 또는 감
정적 투영을 괄호 안에 넣고, 당면한 사건에만 집중할 수 있기
때문에 의료윤리의 문제를 더 잘 평가하고 판단할 수도 있겠
다. 도나 해러웨이의 표현대로, 그들은 편견이나 주관적 견해
로부터 자유로운 결정을 내리면서 "어디서든 모든 걸 지켜보는
신의 속임수"를 행할 수도 있다.[69] WPAS의 권고에 대한 디에
크마 박사의 반응은 이를 잘 드러낸다. 병원 윤리위원회에 장
애 인권 옹호자를 포함하라는 WPAS의 요구에 맞서 디에크마
박사는 "윤리위원회는 정치적 의도를 지닌 사람들을 위한 것이
아니다"라고 주장한 바 있다.[70] 이러한 주장을 통해 디에크마는
장애와 함께 살아가는 사람들, 즉 장애인의 가족, 장애 인권 옹
호자, 장애인 당사자들처럼 WPAS 보고서 기준에서 커뮤니티
구성원이라 볼 수 있는 사람들을 의사와 생명윤리학자들과는
달리 정치적 행위자로 위치시킨다. 전문가들은 눈에 띄는 "정
치적 의도"가 보이지 않으므로, 윤리위원회의 유일하고 적절

페미니스트, 퀴어, 불구

한 구성원이 된다. 애슐리의 부모처럼 장애인의 가족은 의료적 결정에 필수적인 역할을 하지만, 이는 자신의 가족에 한해서만 그렇다. 만약 장애인 가족들의 의도가 개인적 상황을 넘어 외부를 향하면 이는 정치적인 것으로 둔갑한다. 주목해야 할 것은 디에크마가 의사와 생명윤리학자들뿐만 아니라, 모든 의사결정 과정을 탈정치화한다는 점이다. 이때 장애, 그리고 장애에 대한 결정은 모두 정치적인 문제가 아니라 사적인 문제가 된다.

이렇게 되면 의사의 지도에 따르는 부모만이 이러한 조건에 부합하는 유일한 사람이 된다. 애슐리의 부모가 블로그에서 설명하듯, "우리 생각에 특수한 요구를 지닌 아이를 가진 부모들만이 이 주제에 완전히 공감할 수 있다. 그런 경험이 없다면, 당신은 병상에 누운 아이가 된다는 것, 혹은 그들의 돌봄 제공자가 된다는 게 어떤 것인지 짐작만 하거나 전혀 알 수 없을 것이다."[71] 부모가 장애 아동의 언제나 최고의 (실제로는 유일한) 대변인이라는 가정은 잠시 제쳐두고, 나는 그들의 레토릭이 이 논쟁에서 어떻게 다른 목소리를 배제하는지에 초점을 맞추고 싶다. 그들의 레토릭에서 부모는 궁극적인 심판자일 뿐만 아니라, 사건에 대해 발언하거나 성찰할 권리가 있는 유일한 사람이며, 의사결정과 논쟁은 모두 가족의 영역에 귀속된다. 결국 외부 관찰자도 이런 부모 자녀 관계의 틀 내에서만 참여할 수 있다. 많은 논설, 논평, 블로그가 이 논의를 가족화된 문제로만 질문함으로써 이 논의는 개인화되고 사유화되었다. 당신의 자녀였다면 어떻게 하시겠습니까? 누가 당신의 아이를 돌보고 싶어 할까요? 국가/의료기관/장애 활동가가 자녀의 돌봄에 대한 당신의 결정권을 박탈한다면 기분이 어떨 것 같습니까? 만약 가족에게 최선이라고 알려진 치료법을 윤리위원회에서 허가하지 않는다면 어떻게 하겠습니까? 이런 질문들에서 드러나는 표현들은 그 사적인 틀이 얼마나 만연한지를 보여준다.

애슐리치료를 비판하는 과정 내내 드러난 주요한 주제 중 하나는 장애 아동의 부모를 위한 더 많은 사회적 지원이 필요하다는 것이었다. 애슐리치료의 지지자들은 지금으로써는 그러한 지원을 받을 길이 없으며, 애슐리의 부모가 "이 가혹한 사회적, 경제적 현실"을 "외면하고 떠나게 하는" 것은 잔인하다고 반박한다. 가령, 세라 섀넌Sarah Shannon은 《소아 간호학Pediatric Nursing》에서 "애슐리는 유토피아의 세상에서 살고 있지 않다"라고 지적하면서, 접근성이 좋은 집 또는 재택 활동지원사 돌봄의 필요성에 초점을 맞추는 것은 "돌봄에 대한 유토피아적 관점"에 불과하다고 말한다.[72] 작금의 현실에 대한 섀넌의 해석은 애석하게도 정확하지만, 사회적 지원에 대한 모든 이야기를 유토피아적인 것이고, 따라서 비합리적인 것으로 치부하는 방식은 다른 미래, 다른 현재의 가능성을 모두 부인한다. 에이드리언 애쉬Adrienne Asch와 애나 스터블필드가 설명하듯, 이송을 보조하는 기계식 승강기같이 가정 내 돌봄을 용이하게 해주는 관행 및 기술은 이미 존재한다. 게다가 애슐리치료에 수반되는 성장 억제 같은 개입이 없어도, 수많은 "다 자란" 성인들은 독립적인 환경에서 성공적으로 생활하고, 시설 밖에서 돌봄을 제공받는다.[73] 사회적 지원에 관한 이런 솔직한 이야기들을 완전히 외면

해버리면, 이런 선택지들이 드러나지 않아 애슐리치료만이 부모가 자녀들을 위해 할 수 있는 유일하고 진정한 선택처럼 보이게 된다.

따라서 애슐리의 의사들이 설명하는 바에 따르면, 애슐리치료와 시설화 가운데 하나를 선택해야 하는 딜레마에 빠진다. 만약 우리가 그녀를 상상 속의 기괴한 몸이 되도록 놔둔다면, 그녀를 기다리고 있는 유일한 미래는 해리엇 맥브라이드 존슨이 "장애의 굴라크gulag*"라고 부르는, 시설 중 한 곳뿐인 딜레마다.[74] 그러므로 애슐리는 그녀가 미래에 있을 장소, 그리고 그곳에 놓일 미래의 몸으로부터 보호되어야 하며, 애슐리가 미래에 시설에 들어가지 않기 위한 유일한 희망은 애슐리치료가 된다. 애슐리 앞에 놓인 선택지가 이 두 가지만 있는 것이 아니고, 애슐리치료가 애슐리가 시설에 들어가는 것을 확실히 막아준다는 보장이 있는 것도 아니기 때문에 이것이 잘못된 선택이라고 해도, 애슐리치료를 정당화하는 레토릭의 힘이 사라지지는 않는다.

애슐리치료의 지지자들은 제법 설득력 있는 주장을 펼치고 있으며, 이것이 가진 힘은 불구의 미래를 분석하는 데 이런 이야기를 필수적으로 다루어야 할 이유가 된다. 이 사건에 연루된 의사, 애슐리의 부모, 그들의 지지자 등 모든 사람은 장애 권리 운동 내에서 자라나고 발전한 레토릭과 아이디어에 의존하고 있지만, 그 효과는 장애 권리 운동과 아주 다르게 나타난

---

* 구소련의 정치범 수용소이자 강제 노역 교화소.

다. 그들의 초기 글들에서, 예컨대 건서와 디에크마는 가능한 한 많은 장애 아동을 시설이나 기타 장기요양시설 밖으로 내보내고, 그들이 가족과 함께 지역사회에 머무는 것이 중요하다고 강조한다. 애슐리의 부모와 그 지지자들도 애슐리가 시설에 고립되기보다 형제자매나 그녀를 사랑하는 사람들에게 둘러싸여 자랄 수 있도록 해야 한다면서 그녀가 집에서 지내는 것의 중요성을 강조한 바 있다(실제로 그들은 애슐리치료를 하든, 하지 않든 애슐리를 절대 시설에 두지 않을 거라고 주장한다). 이는 분명 장애 권리 운동과 자립생활 운동이 공유하고 오랫동안 옹호해온 목표와 다름없다.

마치 성장억제, 불임시술, 유방절제술 같은 관행이 시설화를 막는 데 필요한 일인 것처럼 정당화되는 주장들이 활용되는 상황은 언어와 이데올로기의 전용에 맞서 우리가 이러한 운동에 관심을 가지고 매진할 것을 요구한다. 우리는 가족 참여와 가족 돌봄의 중요성을 선전하는 데 내재한 위험성을 훨씬 더 경계하고 알아챌 필요가 있다. 이러한 선전은 혈육이 제공하는 돌봄만이 지원할 가치가 있다는 의미로 너무 쉽게 재해석되어, 유급 활동지원사의 고용을 무심코 악마화하고 병리화할 수 있다. 이는 장애인을 돌보는 장애인의 가족이 자신의 노동에 대해 보상받지 말아야 한다는 말이 아니다. 실제로 나는 장애인이 자기 가족을 포함해 자신의 활동지원사를 고용할 수 있도록 하는 소비자주도형 활동지원 서비스를 지지한다. 하지만 로라 허시의 설명처럼, 가족이 활동지원 돌봄을 가장 잘 제공할 것이라고 보는 관점은 장애가 공적 영역 내에서 설 자리가 없는,

가족에 관련된 사적인 문제라는 생각을 너무 쉽게 영속화한다. 결국 이러한 태도는 돌봄 제공에 대한 지속적인 평가절하로 이어진다. 돌봄에 대한 열악한 임금과 노동 조건은, 어쨌든 (대부분 여성인) 가족이 그 노동을 하고 있을 것이라는 점을 근거로 정당화되며, 따라서 아무리 빈약한 보상이 주어지더라도 충분한 것처럼 여겨진다.[75] 더욱이 장애를 사적이고 가족적인 문제, 즉 가정에 국한된 문제로 내세우게 되면, 혈육의 돌봄 제공 여부나 보상의 여부와는 상관없이 돌봄은 공공 정책이라는 정치적 영역에서 제거될 가능성이 높다. 이러한 태도는 사랑을 받는 사람이 장기간에 걸쳐 지속해서 돌봄을 제공받는 데 필요한 자원, 지원, 훈련에 관심을 기울이기보다, 사랑을 주는 혈육을 곁에 두는 것만이 중요하다는 생각을 드러낸다.[76]

알려지지 않은 미래, 좁아진 미래: '삶의 질'을 측정하기

애슐리치료는 애슐리의 삶의 질을 높이기 위해 필요한 것으로 제시되어왔다. 애슐리는 그 개입의 결과로 '더 나아질' 것이라고 말이다. 그녀의 부모와 의사들은 미래의 해악으로부터 그녀를 보호하기 위해 개입해야만 했다. '삶의 질'이라는 말은 장애인의 삶의 가치를 측정하는 데 종종 사용되어온 만큼, 장애에 관한 논의에서 익숙하게 반복되는 표현이다. 삶의 '질'이 가지는 의미나 기준은 흔히 상식적으로 받아들여지기 때문에 '측정'이라는 용어는 너무 엄밀한 것일 수도 있다. 많은 사람이 장애/비장애와 관계없이 자신의 경험을 살피는 데 이 용어를 사용할 수도 있지만, 장애인들은 자신의 삶의 질이 자신의 외양이나 진단을 통해 자명하게 드러난다는 듯 타인이 설명하는 것을 발견하곤 한다. 이러한 논의에는 거의 항상 장애인의 (가정된) 기능 및 통증 수준에 대한 설명이 들어간다.[77] 그러나 그 기능을 정확하게 평가하는 것은 생각만큼 쉽지 않다. 만약 아무런 적응치료나 훈련도 받은 적이 없거나, 적응장비adaptive equipment*에 접근할 수 없다면(또는 수준 이하의 장비에만 접근할 수 있다면), 그 사람의 기능은 그의 능력보다 훨씬 낮을 수 있다. 따라서 삶의 질은 누군가의 몸/마음에 관한 불가피한 조건보다 자원 및 지식 체계에 대한 접근성에 영향을 받는다. 실제로 타인의 통증과 고통에 대한 묘사는 종종 사실보다는 가정에 더 의존하는데, 이는 좋은 삶의 질을 위해 필요한 기능 수준에 대해서도 마찬가지다.[78]

그러므로, 특정한 삶의 질(또는 낮은 삶의 질)을 보여줄 의도로 타인의 삶을 분석하는 건 종종 모호하고 모순적이다. 애슐리에 대한 설명 역시 그녀의 삶의 본질에 대한 비일관적 서술로 가득하다는 점에서 이와 다르지 않다. 애슐리의 의사들과 부모는 그녀의 인지 기능이 유아 수준이라고 설명하지만, 애슐리의 부모는 애슐리가 혼란을 경험하고 지루함을 느끼며 음악

---

* 목욕, 옷 입기, 단장, 화장실 이용, 식사 등 일상생활에서의 적응 및 자기 돌봄을 보조하기 위한 장비.

페미니스트, 퀴어, 불구

취향이 있다(전하는 바에 따르면 애슐리는 좋아하는 음악에 맞춰 팔을 흔든다고 한다)고도 한다. 이러한 각각의 반응을 살펴보면, 애슐리의 인지 능력이 애슐리치료를 정당화하는 데서 드러난 것보다 더 뛰어날 수도 있다는 점, 혹은 그녀의 가족이 다른 사람들보다 그녀의 행동을 더 많이 파악하고 있을 수도 있다는 점을 알수 있다. 이런 경우들을 모두 고려하면, 일부 분석에서 주장하듯이 여러 관찰을 종합한다는 것이 그리 간단치 않다는 것 역시 알 수 있다. '의사소통을 할 수 없는' 애슐리와 같은 사람들을 떠올리면, 삶의 질에 관한 이런 의문은 훨씬 더 복잡해진다. 그녀는 자신의 삶에 대해 어떻게 생각하는지 우리에게 이야기할 수 없기 때문이다.

의사소통의 문제는 그 자체로 복잡하다. 그녀의 부모와 의사들에 따르면, 애슐리는 의사소통이 불가능하고, 언제나 그런 상태로 남아 있을 것이다. 이런 의사소통의 결여는 애슐리치료를 정당화하는 데 사용된 요인 중 하나였다(SWG는 성장억제의 적절성을 평가하는 기준 중 하나로 '소통 불능'을 제시하면서 이를 더욱 확장시켰다). 그러나 앞서 언급했듯이, 만약 애슐리의 부모가 애슐리의 반응에서 지루함, 혼란, 음악 취향을 발견할 수 있었다면, 그녀가 완전히 소통 불능인 것 같지는 않다. 어쩌면 그녀가 언젠가 타인과 의사소통할 수단을 개발할 수 있을지 모른다. 에이드리언 애쉬와 애나 스터블필드는 애슐리 사건을 분석하면서, "최중증의 지적 장애가 있는 것으로 보이는 사람들의 인지능력을 과소 추정하는 전문가들의 오랜 역사가 있다"라는 점을 상기시킨 바 있다.[79] '중증' 또는 '최중증' 장애가 있는 아이를 둔 일부 부모들은 자녀에게 고정적이고 변하지 않는 예후가 있었음에도 불구하고, 시간이 지남에 따라 그들의 행동이나 능력이 변화하는 걸 발견했다고 보고한다. 다시 말해, 그들은 비록 여전히 세상이 아이들의 상호작용을 의사소통이나 의사표현으로 인정하지 않는다 해도, 아이들은 세상과 상호작용할 수 있는 능력을 변화시켜왔다고 말한다.[80] 애슐리는 규범적인 방식으로 말하거나 상호작용하는 능력을 개발하지 못할 수도 있지만, 아마도 그녀의 '반응'은 의사소통 보조assisted communication 같은 기술들을 통해 확장되거나 향상될 수 있을 것이다. 장애인이 의사소통 보드(또는 점차 늘어나고 있는 전자 장비) 위의 글자, 단어, 기호, 그림 등을 가리킬 수 있도록 보조인이 돕는, 의사소통 보조는 논란의 여지가 있긴 하지만 적어도 애슐리의 소통 불능 상태가 영구적인 것인지, 완결된 것인지에 대한 질문을 제기한다. 실제로, 비슷한 진단을 받았지만 나중에 타인과 의사소통하는 방법을 익혔다고 주장하는 사람들의 사례가 분명히 존재한다.[81] 이런 가능성이 존재하는데, 그녀가 소통 불능이라는 사실에 근거해 왜 그렇게 광범위한 의료적 개입이 일어나는 걸까? 머지않은 미래에 새로운 기술이 다른 형태의 의사소통을 가능케 할 가능성은 없는가?

　나는 그 질문에 대한 정답을 알지 못하며, 이런 질문을 하는 것이 전혀 다른 종류의 문제와 복잡함을 불러오는 것 같기도 하다. 애슐리가 기술적 개입이나 치료(혹은 둘 다)를 통해 '나아질 수 있다'라고 강조하는 것은 애슐리치료를 불쾌하게, 혹은 부적절하게 만드는 요인이 그 '나아지게 만드는 것'에 있다는 점을 드러낸다. 만약 이럴 경우, 우리가 기능을 개선할 기회가 없었던 '알맞은' 아이들을 확보하고 있다는 게 확인되는 한, 애슐리치료는 적절한 것이 된다. 그러나 손상의 수준 사이에 경계를 긋는 것은 알다시피 어려운 일이며, 이는 에바 키테이 Eva Kittay가 지적한 것처럼 일부 사람들이 다른 사람들보다 윤리적 관심과 배려를 더 받을 자격이 있다고 암시한다.[82]

오히려 관건은 이 사건에 내재한 불가지성에 초점을 맞추는 것일지 모른다.[83] 애슐리치료가 애슐리의 삶의 질을 향상시켰는지는 명확히 확인할 방법이 없다. 애슐리, 혹은 우리 중 누구에게도 '질'을 측정할 수 있는 기준 따위는 없기 때문이다. 애슐리치료의 지지자들은 그 치료가 긍정적인 영향을 미쳤다는 주장에 의학적인 증거가 있다고 말하지만, 그들은 다른 사례나 다른 상황을 기반으로 추정하고 있을 뿐이다. 물론 애슐리를 들어 옮기기가 더 쉬워졌고, 애슐리의 삶의 질이 그 부모의 삶의 질과 밀접하게 연관되어 있다(부모가 좋다면 애슐리가 좋을 확률도 높다)는 점을 고려하면, 애슐리 부모의 장기적인 삶의 질은 향상되었을지도 모른다. 그럼에도 재차 강조하건대, 애슐리치료가 애슐리의 삶의 질에 도움이 되었는지 아닌지 우리는 명확히 확인할 수 없다.

애슐리의 통증을 줄인다는 측면에서 그 개입은 성공적이었을까? 그건 나도 모른다. 알 수도 없다. 수술은 그 자체로 육체적·심리적 통증을 초래했을 가능성이 높지만, 그 통증은 애슐리의 기억에서 아마 사라졌을 것이다. 아마도 이제 그 통증은 사라졌을 것이고, 그것은 가슴이 눌리는 지속적인 통증이나 생리통으로 인한 반복적인 통증보다 사소한 것일 수도 있다. 혹은 그렇지 않을 수도 있다. 우리는 이런 질문의 답을 알 수 없지만, 애슐리치료를 지지하는 담론에서는 그 답을 자명한 것으로 내세운다. 애슐리치료가 애슐리의 통증을 줄인다는 주장을 사실로 받아들이는 것이다.

애슐리의 삶의 질에 관한 이런 논의에서 놓치는 것은 즐거움의 가능성, 즉 애슐리치료가 즐거움의 다양한 잠재적 장소와 원천을 어떻게 가로막아왔는지에 대한 질문이다. 들리는 이야기에 따르면 집안 내력상 애슐리는 큰 가슴을 가질 가능성이 있었고, 그로 인해 가족이 불편함을 겪었을지도 모른다. 그러나 셔츠 또는 시트가 피부에 닿는 감각, 자신의 팔이 가슴을 스치는 감각 등을 통해 애슐리는 그들이 상상하는 큰 가슴으로부터 즐거움을 경험했지도 모른다. 그녀를 의자에 고정시키는 가슴 스트랩조차 즐거움의 원천이 될 수 있다. 그녀는 스트랩에 지지되는 감각을 즐기거나 휠체어를 들락날락하면서 스트랩에 묶였다 풀렸다 하는 것에 번갈아가며 즐거움을 느낄 수도 있다. 이러한 즐거움을 상상하는 걸 불가능하게 여기거나 꺼리는 모습은 여성의 섹슈얼리티 및 장애에 대한 문화적 방식이 드러나는 지점이다. 애슐리의 몸, 즉 장애 여성의 몸을 통증 이외의 감각이 생겨나는 원천으로 상상하는 것은 생각할 수조차 없다는 듯 말이다. 우리에게는 여성의 섹슈얼리티, 특히 장애 여성의 섹슈얼리티를 긍정적으로 인식할 수 있는 도구가 거의 없으며, 우리는 자기 생성적이고 자기 주도적인 섹슈얼리티의 잠재력을 인식하지도 못한다.

애슐리의 부모는 예상되는 미래의 통증을 없애는 것 이상으로 유방절제술이 "애슐리에게 추가적인 이점"을 제공한다고 생각한다. 그들에 의하면, 유방절제술은 "돌봄 제공자에 대한 성애화"를 방지한다.[84] 하지만 그들의 표현에는 이상한 점이 있다. 여기서 "에 대한"은 무엇을 가리키는가? 이는 돌봄 제공자가 애슐리와 성적 자유를 누릴 가능성이 있다는 걸 암시하면서, 유방절제술이 애슐리를 성애화할 수 없도록 막을 수 있다는 의미인가? 아니면 애슐리가 돌봄 제공자를 만졌을 때 성적인 느낌을 받을 가능성이 있다는 것을 의미하는가? 어떤 경우든, 그건 애슐리의 유방싹을 외과적으로 제거하는 근거가 되기에는 문제가 있다. 유방이 없다고 해서 성폭행이나 학대에서 안전한 것은 아니며, 그러한 폭행은 성애화의 결과가 아니라 권력욕과 통제욕의 결과라고 많은 이들이 주장하기 때문이다.[85] 그러나 애슐리의 부모가 더 우려하는 것이 애슐리가 성적인 느낌을 받는 데(애슐리를 의사소통할 수 없는 유아라고 생각하는 그들이 애슐리가 성적인 느낌을 받는다는 걸 뭐라고 상상하는지는 매우 불분명하다) 있다면, 유방제거술은 애슐리가 즐거운 감각에 접근할 기회를 줄일 필요가 있다는 이유로 정당화된다. 아마 애슐리는 고정되어 있거나 껴안는 것, 따뜻한 물로 목욕을 하거나 몸을 닦는 것, 깨끗한 침대 안으로 들어가거나 얼굴에 드는 햇살을 느끼는 것으로도 즐거움을 경험할 수 있을 것이다. 만약 우리가 이런 신체적 감각들을 장애인도 함께 누릴 자격 있는, 인간의 즐거움이라고 인식할 수 있다면, 애슐리가 가슴의 감각을 느낄 미래의 가능성을 부정해야 할 이유는 무엇일까?[86] 애슐리치료는 애슐리가 자신의 몸을 경험하거나 이해하거나 상호작용할 수 있는 몇 가지 방식을 가로막는다. 그녀가 그 상호작용을 묘사할 수 없거나 지적으로 이해하지 못한다는 것이 그녀가 그것을 느낄 수 없다는 것으로 해석되어서는 안 된다.

같은 시간에, 어긋난 시간에: 불구들과 퀴어들 사이에서 애슐리 찾기

'어긋난 시간에out of time.' 나는 여러 의미로 이 문구를 썼다. 첫째, 애슐리의 "시간이 동결된" 상태는 그녀가 시간 밖으로 벗어난 상태를 나타낸다. 그녀의 여성적 신체 발달은 저지되었고, 그녀는 예상되는 여성적 발달 및 노화의 패턴에서 축출되었다. 둘째, 마치 지난 몇 년 동안 아무 일도 일어나지 않았다는 듯이, 우리가 그녀를 분석했던 시기 이후에는 그녀가 계속 살아오지 않았던 것처럼, 나를 포함한 학자들과 활동가들이 과거 애슐리에게 일어났던 일에만 계속해서 초점을 맞추고 있었던 까닭에, 애슐리를 '사례연구'로 이용하는 것은 이러한 동결 상태를 악화시킬 따름이었다. 셋째, 애슐리치료 자체는 언제나 이미 애슐리가 시간에 맞지 않는다는 것을 근거로 정당화되었다. 그녀의 마음과 몸은 너무나 비동시적이어서 그녀가 시간에서 멀리 벗어나 떨어지지 않도록 의학적 개입이 필요하다는 식으로 말이다. 마지막으로, 애슐리는 시간이 부족했다. 우리는 애슐리치료를 중단시키는 데 너무 늦었고, 그녀가 미래의 자신에 의해 위험에 처하거나 비동시성이 체화된 존재로 재현되는 것을 가로막는 데도 너무 늦었다.

시작점으로 되돌아가기 위해. 불구 미래성에 대해 생각할 때마다 나는 애슐리 X에게 붙들린다. 물론 애슐리에게만 붙들리는 것은 아니다. 애슐리의 부모는 애슐리치료를 받았던 다른 베개 천사들이 있다고 했는데, 만약 그렇다면 그들의 이야기는 미지로 남은 셈이다. 나는 그 미지의 것에 붙들려 있다. 또한 나는 더 전통적이지만 덜 외과적인 방식으로 변형된 장애 아동, 보존하거나 전파하는 것은 고사하고 기억할 가치도 없는 것으로 여겨지는 이야기를 지닌 아동들을 생각한다.[87] 아마도 그들의 몸에 대한 개입은 표준 치료처럼 당연한 것으로 여겨져 사법적 검토나 대중의 반응을 유발하지 못했을 것이다. 어쩌면 그들은 감상적인 이야기 속 인물이 아니라, 피할 수 없고 눈에 띄지도 않는 가난, 폭력, 불평등의 희생자로 여겨지는 아이들이었을 수도 있다. 그리고 아마도 그들 삶의 구체적인 부분은 백인 베개 천사와 똑같이 대중의 상상력을 붙들진 못했을 것이다. 감상성sentimentality*은 역사적·문화적으로 백인 중산층의 여성성과 관련이 있는 만큼, 애슐리를 "베개 천사"로 재현한 것은 가정성domesticity**과 수동성에 대한 인종화된 담론을 떠올리게 한다. 퍼트리샤 윌리엄스Patricia Williams가 지적한 바 있듯이, 애슐

---

* 슬픔, 연민 등에 끌리기 쉬운 감정의 경향을 일컫는 말로, 역사적·문화적으로 그러한 감상성은 젠더, 인종, 연령 등에 따라 선택적으로 유발되어왔다.

** 19세기 서구의 여성이 갖추어야 할 성역할 및 덕목을 묘사하는 주된 원칙으로, 중산층의 가정 규범을 중심으로 구체화된 이상적 여성성의 한 요소.

리의 인종과 계급으로 인해 그 "베개 천사"라는 라벨은 애슐리 사건에 대한 공적 논의의 적지 않은 부분을 장악해버렸다. 윌리엄스가 "가난한 흑인 아이도 '베개 천사'로 쉽게 낭만화되었을 것이다"라는 말을 의심했던 데는 정당한 이유가 있다.[88] 윌리엄스는 우리가 다른 삶보다 어떤 몇몇의 삶의 질에 더 관심을 기울이고 있다는 걸 상기시키기 위해 (표면적으로는 그 질을 '보장'하기 위해 취한 조치들이 심각한 비장애중심주의적·여성혐오적 불안을 드러내는 것임에도 불구하고) 애슐리 사건을 활용한다.

나는 애슐리 사건이 지닌 어려움을 드러내고, 그것이 발휘하는 힘을 인식하기 위해 뇌리를 떠나지 않는 [베개 천사라는] 그런 표현을 사용했다. 이 이야기가 처음 세상에 나온 후 몇 년 동안 애슐리 사건에 관한 이야기는 끊임없이 반복되어왔으며, 이는 장애인에게 가해진 (그리고 지금도 가해지고 있는) 정신적 피해 역시 그만큼 반복되어왔다는 것을 드러낸다. 나는 애슐리 사건에 대해 분노, 수치심, 배신감이 뒤섞인 감정을 계속해서 느끼고 있다. 애슐리 사건을 단지 '장애'의 문제로만 보았을지도 모르는 주류 페미니스트들이 대부분 이 사건에 침묵을 지켰다는 배신감, 애슐리에 대한 의료적·외과적 개입이 이미 허용되었으며 그게 다시 일어날 수도 있다는 가능성에 대한 분노, 그리고 우리가 그녀를 구하지 못했으며 지금도 그녀에게 다가갈 수 없다는 수치심 말이다.

그러나 애슐리치료의 지지자들은 애슐리가 그냥 장애인으로 여겨지기엔 너무 중증의 장애가 있기 때문에 이 사건이 장애 활동가들과 관련이 없다고 주장한다.[89] 예를 들어, 애슐리

　　　페미니스트, 퀴어, 불구

의 부모는 다른 장애인과의 구별을 위해 그녀를 "영구적 불능인permanently unabled"이라고 부르면서 "불능인"은 "장애 아동의 1% 미만"을 지칭하는 "새로운 범주"라고 언급했다.[90] 비록 아니타 타지안Anita J. Tarzian은 이 새로운 용어를 둘러싼 논쟁에 참여한 적은 없지만, 그녀는 애슐리를 장애인이라고 부르는 것이 "부적절한 명칭misnomer"일 수도 있다는 데 동의한다. 그녀는 장애 권리 운동과 피플퍼스트people-first 운동 또는 자기 옹호self-advocacy 운동* 모두 "어느 정도 인지 능력이 있는" 개인과 관련이 있다고 설명하는데, 이는 이런 운동들에 "중증의 신경학적 손상"이 있는 사람들을 다룰 도구나 레토릭이 없다는 것을 의미한다.[91]

장애학과 장애 운동의 지배적인 모델은 그런 사람들을 너무 자주 건너뛰어버리며 애슐리의 상황 역시 장애학에 몸담은 우리의 대부분 상황과 유사하지도 않고, 유사했던 적도 없다. 그렇다면, 우리 모두를 장애인으로 이름 붙이되, 우리가 겪은 경험의 차이를 이해할 수 있는 방법은 무엇일까? 또는 기존과는 다른 방향으로 나아가기 위해, 그러한 동일시(우리는 모두 애슐리 X다)는 기능성 장애/비기능성 장애, 신체적 장애/발달장애, 비중증장애/중증장애의 이분법을 어떻게 곤경에 빠뜨릴 수 있을까? 애슐리를 장애학과 장애 운동의 중심에 두거나 장애 커뮤니티와 장애 운동의 일원으로 위치시킴으로써 우리는 어떤

---

* 자기 옹호 운동은 타인이 아닌 자기 의사에 따라 표현하고, 권리를 주장하고, 결정을 내릴 수 있어야 한다는 의미의 운동으로, 시민권 운동이나 장애 권리 운동에서 주로 사용되는 용어이며, 국제적으로 피플퍼스트(People First)라는 단체 등을 통해 진행되고 있다.

일을 할 수 있을까? 불구 이론과 비판적 장애학이 장애인의 경험뿐만 아니라, 특히 장애와 비장애가 세상에서 작동하는 방식에 대한 주의를 환기시킨다면, 우리는 그 장애에 대한 분석, 운동의 범위를 넘어 몇몇 마음과 몸에 대한 이러한 재현에 이의를 제기해야 한다.

그래서 나는 애슐리를 예외적인 사람으로 보거나 그녀의 사건을 아주 이례적인 사례로 보는 걸 주의하라고 말하고 싶다. 어쨌든 성장억제(그리고 거기에 수반되는 수술)가 다른 장애 아동에게 시행될 매우 현실적 가능성이 있다는 점에서 우리는 이 사건을 일회적인 사고로만 치부할 수는 없다. 더 중요한 것은, 애슐리도 이 책에 등장하는 다른 장애인, 또는 여기에서 논의되는 운동 및 학문에 몸담은 장애인들과 완전히 다르지 않다는 것이다. 그녀를 다르게 보는 것, 그녀를 '장애인'이 아닌 '불능인'으로 재현하는 걸 승인하는 것은 손상(그 손상이 충분히 '중증'인 경우)을 본질적으로 탈정치화된 것으로 위치 짓는 비장애중심주의적 논리를 승인하는 것이나 다름없다. 이때 '불능'은 주변부로 밀려난 그런 몸/마음들과 장애를 분리되도록 만드는 범주가 된다.

다시 말해, 우리가 불구들과 퀴어들 사이에서 애슐리를 찾아내는 걸 거부한다면, 우리가 그녀를 우리 기획의 일부로 인정하는 걸 거부한다면, 우리는 계속해서 애슐리 사건에 붙들릴 것이다. 우리는 이해되기는커녕 아직 소통으로도 인정되지 않는 방식으로 소통하고 있는 이들에게 공간과 가능성을 부여하는 미래를 어떻게 상상할 수 있을까? 혹은 다양하고 예측할 수 없고 근본적으로 불가지한, 즐거움의 경험을 마련할 수 있는 미래를 어떻게 상상할 수 있을까? 1장에서 논의한 것처럼 퀴어성이 시간성을 비이성애규범적으로 다루는 걸 함의하고 있다면, 우리는 비동시적인 몸과 마음을 기괴하거나 병리적이지 않은 무언가로 다루는 방법을 어떻게 익힐 수 있을까? 시간성의 렌즈를 통해 애슐리를 해석하는 것은 장애에 관한 우리의 이론, 퀴어/불구 미래성에 대한 우리의 접근 방식 모두에 변화를 요구하는 일일 것이다. 페미니즘 장애학자, 불구 이론가로서, 우리는 애슐리가 비정상적으로 일치하지 않는 몸/마음을 가졌다거나 기괴하게도 생식력 있는 사람이라고 재현되는 것에 관여하고, 그녀가 발달적·시간적으로 다른 사람이라고 표현되는 것을 중단시킴으로써, 우리가 바람직한 장애의 미래에 애슐리를 제외하지 않도록 반드시 주의해야 한다.

3

페미니즘적

미래에 대한 논쟁

미끄러운 경사로,
문화적 불안,
농인 레즈비언의 사례

재생산과 관련된 생명공학을 과장하면서 레즈비언과 게이가 인간을 조작하기 시작할 것이라는 두려움은 그런 '부자연스러운' 관행이 결국 인간에 관한 대규모의 사회공학으로 귀결될 것임을 시사한다. …… 그러나, 환각을 본 게 아니라면, 이것은 그런 사회적 위협(만약 이것이 위협이라면)의 원인을 레즈비언들(그들 중 한 명이 배란을 하는 동안, 아이오와의 추운 겨울날 드라이아이스에서 정자를 꺼내고 있는 레즈비언들)에게 전가하려는 것으로 보인다.

—주디스 버틀러, 《젠더 허물기 Undoing Gender》

산전 검사가 만연해짐에 따라, 특히 그것이 임산부 표준 치료의 하나로 받아들여짐에 따라 여성은 미래 아이들의 비장애신체성/비장애정신성에 책임이 있는 사람으로 등장한다. 예비 부모들은 미래의 자녀에게 장애에 대한 부담을 주지 않도록 이런 서비스의 혜택을 누릴 것을 재촉당한다.[1] 자녀에게 '부담을 준다'는 이런 생각은 동성혼을 둘러싼 논의에서 LGBT 커플을 자녀(그리고 더 나아가 모든 아이)의 신체적·정신적 건강보다 자신의 욕구를 더 우선시하는 부모로 내세우면서 반향을 일으킨다. 이에 더해, 가족연구위원회 Family Research Council의 티모시 데일리 Timothy Dailey는 동성애자 부모들이 종종 "비정상적인 섹슈얼리티"를 모범으로 삼아 "자녀를 동성애적 생활양식으로 '영입한다'"라고 이야기하기도 한다.[2] 동성 부모가 퀴어 자녀를 낳을 수 있다는 가능성은 그런 가족을 반대하는 가장 흔한 이유 중 하나이며, 어떤 대가를 치르더라도 퀴어성은 피해야만 한다는 동성애혐오적인 세계관을 당연시하는 근거가 된다.

재생산 기술과 그 '적절한' 사용에 관한 문헌들 속에서 이성애중심주의 및 동성애혐오는 장애에 대한 고정관념 및 비장애중심주의와 강력하게 교차한다. 이런 이야기들은 비장애 신체/비장애 정신을 지닌 이성애자로 구성된 규범적 단위로서의 가족을 재생산하는 문제에 대한 엄청난 불안감을 드러낸다. 장애, 퀴어성, 재생산 기술이 함께 모이는 현장에서 부모와 예비 부모들은 종종 기술을 오용한다는 혐의로 비판과 비난을 받는다. 보조생식 기술은 장애를 선택하지 않기 위해, 또는 예방하기 위해 사용해야 한다는 것이다. 그렇게 하지 않는다는 건(예를 들어, 장애를 선택한다는 건), 가족을 적절하게 재생산하지 못한다는 것이다.

이 장에서 나는 비장애중심주의와 이성애중심주의가 결합한 한 사례, 즉 장애와 퀴어성으로부터 자녀를 보호하지 못했다는 이유로 부모들이 크게 비난받는 상황을 살펴볼 것이다. 미국 메릴랜드의 농인 레즈비언 커플 샤론 듀셰스노와 캔디스 맥컬로는 2001년 아들을 임신할 때, 농인 기증자의 정자를 사용하기로 했는데 이 일이 대중적 관심과 논란을 불러일으켰다. 이들의 이야기에 내가 흥미를 느끼는 지점, 그리고 내가 여기서 초점을 맞추려고 하는 부분은 '더 나은 미래는 장애와 농이 없는 미래'라고 생각하는 문화 비평가들과 평론가들의 일관성이다. 비장애중심주의와 이성애중심주의가 결합한 이야기에

페미니스트, 퀴어, 불구

내재한 이런 부분들을 설명하기 위해 나는 마지 피어시가 그린 영향력 있는 유토피아인《시간의 경계에 선 여자》도 분석해서 정리했다.[3] 맥컬로와 듀셰스노를 둘러싼 반응에서 나타나는 것처럼, 이 소설 안에서도 미래에는 장애 있는 마음/몸들이 설 자리가 없으며, 그런 결정은 논의되거나 반론할 가치도 없다는 것이 곧 '상식'이다. 즉, 이 두 이야기 모두 보조생식 기술의 적절한 사용과 아이들의 미래를 중심에 둔다.

이것이 미래의 모습이다:《시간의 경계에 선 여자》 에서의 재생산과 이를 둘러싼 논쟁

나는 2001년에 미국 캘리포니아 남부의 한 교양대학에서 여성학 입문 과정의 강의 조교로 일했다. 그 수업에 할당된 문헌 중 하나는 교수가 학생들의 논의를 촉발하려고 선택한 마지 피어시의《시간의 경계에 선 여자》(1976)라는 소설이었다. 30여 년 전에 출판된 이 소설은 평등한 사회를 그린 소설로 페미니스트 사이에서 꾸준한 인기를 끌고 있는 작품이다. 학생들은 피어시의 책에 열광적인 반응을 보였고, 그 책이 그린 상상의 유토피아가 희망적이고 부럽고 바람직하다고 생각했다. 그러나 장애학자로서 나는 그 소설에서 토론하거나 논의된 적이 없는 어떤 삭제, 장애 및 장애 있는 몸에 대한 삭제의 문제가 있다는 것을 발견했다. 내가 이후에 언급할 정신질환을 뚜렷하게 예외로 두고 있긴 하지만,《시간의 경계에 선 여자》는 페미니즘적인 미래가 당연히 장애 및 장애 있는 몸이 없는 미래라고 손쉽게 가정한다.

《시간의 경계에 선 여자》는 뉴욕 정신병동에서 비자발적으로 수용된 가난한 멕시코계 미국 여성인 코니 라모스Connie Ramos의 경험을 연대기적으로 기술한 페미니즘 유토피아/디스토피아 작품이다. 이 소설은 세 가지 배경을 오간다. 1970년대 뉴욕의 정신질환자 수용시설과 코니의 동네, 2137년 유토피아 마을인 매타포이셋Mattapoisett, 그리고 모든 인간이 특정한 사회적 역할을 수행하도록 유전자가 조작되고, 사이보그와 기계가 거주하는 미래의 디스토피아 뉴욕.[4] 1976년 정신질환자 수용시설의 폭력적인 병동에 감금되어 있을 때, 코니는 유토피아 매타포이셋 공동체에 살고 있는 루시엔테Luciente라는 여성과 상호작용하면서, 정신적으로 미래로 여행할 수 있는 능력을 계발한다. 코니가 정신 여행을 시도하다 어떤 때에는 정신이 다른 데 팔리는 바람에 미래의 디스토피아 맨해튼에 있는 자신을 발견하기도 하지만, 나머지 시간 여행은 매타포이셋과 관련된다.

피어시는 매타포이셋을 아름답게 묘사한다. 그녀는 완전히 페미니즘적이고, 반인종차별적이고, 사회적으로 정의롭고, 다문화적인 공동체를 구상하려 노력하면서 이 세계를 구성하는 차이를 숙고해왔던 게 분명하다. 그녀의 비전 속 매타포이셋에서는 모든 성적 지향 및 정체성이 존재하고 그것을 존중하며, 모든 사람은 평등하게 부와 자원을 소유하고, 모두가 자신의 관심사에 따라 교육을 받을 수 있다. 매타포이셋의 사람들은 코니의 시대에 발생한 부, 자원, 소비의 세계적 불균형을 바로잡기 위한 수확 및 소비의 패턴을 개발했다. 매타포이셋 주민들은 자신의 행동이 그 공동체와 국경 안팎의 다른 사람들에게 어떤 영향을 미치는지 알 수 있도록 세계를 전체적으로 조망할 수 있다.

루시엔테는 코니에게 매타포이셋 공동체의 조화가 재생산 체계의 근본적 변화를 통해 이루어졌다고 설명한다. 모든 아기는 전 인구 구성원의 유전자를 혼합하는 기계인 "인공 발육장"에서 태어나기 때문에 아이들은 유전적으로 어느 두 사람에게 얽매이지 않는다. 한 아이당 어른 세 명이 공동 어머니가 되는데, 이 일은 남성과 여성이 동등하게 수행한다. 호르몬 치료를 통해 남성과 여성 모두 수유할 수 있으며, 이는 기술적 개입과 혁신을 통해 성별 간 평등도 만들어질 수 있다는 공동체의 믿음이 드러난 예다. 루시엔테는 인공 발육장이 전통적으로 젠더화된 재생산의 본질을 무너뜨려 사회 내 고정된 성역할과 성차별주의를 제거했다고 설명한다. 또한 인공 발육장은 모든 "인종"의 유전자를 혼합함으로써 인종차별을 종식시켰고, 그로인해 모든 사람이 혼혈이 되었으며, "인종적 순수성"이라는 관념을 유지할 수 없게 되었다. 문화적 역사와 전통은 보존되었지만, 이는 "인종"이라는 개념에서 분리되었다. 루시엔테의 친구인 비Bee는 코니에게 공동체가 유색인에 대한 역사적인 평가 절하에 대응하기 위해 최근 "어두운 피부색의" 아기를 더 생산하기로 결정했다고 말한다. "우리는 결국 모두가 묽은 죽이 되고 마는 멜팅 포트melting pot를 원치 않아. 우리는 낯섦이 풍요를 낳을 수 있는, 다양성을 원해."[5]

공동체의 모든 의사결정은 공개회의에서 공적으로 논의된다. 의사결정은 합의를 바탕으로 이루어지며, 여기에 모든 공동체 구성원이 참여할 수 있고, 참여할 것으로 예상된다. 더 많은 인구에 영향을 미치는 결정을 내려야 하는 공동체 간 회의에서는 사람들이 자원해서 대표자 역할을 수행한다. 어떤 결정도 다른 사람들에 의해 내려지지 않고, 다른 사람들을 위해 내리지 않는다. 모든 사람은 자신에게 영향을 미치는 문제에 대해 발언할 권리가 있다.

이런 참여민주주의가 작동하는 방식을 설명하기 위해, 피어시는 현재 매타포이셋에서 벌어진 갈등을 코니와 독자들에게 조금씩 소개한다. "혼합파Mixers"와 "조작파Shapers"는 인공 발육장이 취해야 할 다음 방향에 대해 격렬한 의견 충돌을 일으키고 있는데, 여기서 조작파는 좀 더 공격적인 입장을 지지한다. 혼합파는 인공 발육장이 선천적 결함과 질병 민감성에 관련된 유전자를 가려내서 아이들에게 "부정적인" 특성이 전달되는 것을 막는, 현상 유지를 선호한다. 반면, 조작파는 아이들이 공동체가 가장 바라던 특성을 가지도록 만들기 위해 인공 발육장이 "긍정적인" 특성을 선별하게끔 프로그래밍되길 원한다. 루시엔테와 그녀의 친구들은 미래에 어떤 특성이 필요한지, 혹은 어떤 특성이 가치 있게 여겨질지 알 수 없다고 주장하면서 혼합파의 편에 선다. 피어시는 조작파의 승리가 야기할 논리적 귀결, 바람직하지 않은 결과가 유전자가 조작된 주민들이 사는 디스토피아 뉴욕이라는 것을 암시하면서, 루시엔테의 관점이 자신의 관점임을 분명히 밝힌다. 그러나 피어시는 매타

페미니스트, 퀴어, 불구

포이셋에서 단순히 혼합파가 승리하길 강요하지 않는다. 그녀
는 두 집단이 서로를 존중하며 대화하고 공적으로 토론하는 지
속적인 과정을 묘사하면서, 모든 사람이 자신에게 영향을 미치
는 의사결정에 동등하게 참여하는 페미니즘 공동체의 비전을
창조한다. 혼합파와 조작파 사이의 논쟁은 소설 속에서 끝내
해결되지 않는데, 이는 피어시가 열린 대화와 집단과정을 중요
하게 생각했다는 점을 보여준다.

미래에 기술이 어떻게 발전하길 바라는지 공적으로 논의
하는 공동체의 민주적 의사결정에 대한 묘사로《시간의 경계
에 선 여자》는 과학학과 정치 이론을 탐구하는 페미니즘 학자
들에게 매력적인 텍스트가 되었다. 출간 후 수십 년이 지난 지
금도 이 소설은 모든 사람의 목소리가 들리고 존중되고 다루
어지는 평등한 미래에 대한 이미지를 통해 페미니즘 사상가들
에게 끊임없이 영감을 주고 있다. 인터넷 데이터베이스에서 수
집한 여성학 강의 계획서들을 간략히 살펴보면 '페미니즘적 미
래', '페미니즘 유토피아', '에코 페미니즘'을 이야기하는 부분에
서 이 책이 지속적인 인기를 얻고 있음을 알 수 있다. 실제로 여
성학 입문 수업에서는 종종 페미니즘적 세계관에 대한 논의를
시작하기 위해《시간의 경계에 선 여자》를 가르친다.[6]

몇몇 페미니즘 정치 이론가와 과학학자들 역시 이 책을 페
미니즘적인 원칙에 영향을 받은 정치적·기술적 과정에 관한 중
요한 탐구의 하나로 제시한다. 예를 들어, 요세 판데이크José van
Dijck는 과학을 "모든 구성원이 참여하는 정치적이고 민주적인
과정"으로, 유전학을 "순전히 과학적이기보다 정치적인" 실천

으로 여기는 피어시의 묘사를 칭찬한다. 정치 이론가인 조세핀 카루비아 글로리Josephine Carubia Glorie는 피어시의 소설이 모든 공동체 구성원이 사회적 비판에 참여할 수 있는 사회를 내세운다면서 판데이크의 평가에 동조한다. 에코 페미니스트인 캐슬린 맥과이어Cathleen McGuire, 콜린 맥과이어Colleen McGuire처럼 피어시의 친유전공학적·친보조생식적 입장에 동의하지 않는 사람들조차 《시간의 경계에 선 여자》가 사회적 불평등이 없는 세계에 관한 설득력 있는 비전이라고 생각한다.[7] 이러한 논평들에서 알 수 있듯, 처음 출간된 후 30년이 지난 지금까지 《시간의 경계에 선 여자》는 여성의 삶에서 기술이 지닌 역할에 관심을 갖고, 평등하고 정의로운 세상을 상상하기 위해 전념하는 페미니즘 이론가들에게 강력하고 생산적인 텍스트로 남아 있다. '혼합파 대 조작파' 논쟁(원하는 형질을 얻기 위해 아이를 교배해야 하는가?)에 대한 피어시의 설명은 미래의 부모들이 성별, 머리 색, 키 같은 특성에 따라 배아를 만들거나 선택하도록 허용하는 것에 대해 생명윤리학자와 유전학자들이 도덕성 및 타당성을 논하는 21세기 초의 모습을 예견하는 것처럼 보인다.[8]

그러나 피어시의 소설에 대한 이런 찬사들이 놓치고 있는 것은 피어시가 상상한 유토피아 속 장애, 특히 신체적 장애가 놓인 자리다. 모든 젠더와 연령의 사람이 동등한 가치를 가지고, 모든 피부색과 성적 지향의 사람들이 포함되도록 아주 세심하게 구성된 그 세상에 장애인은 존재하지 않는다. 이러한 부재는 단순한 실수나 태만으로 인한 것일 수 없다. 그러니까 이것은 피어시가 등장인물과 인생 경험에 장애와 장애인을 포함해야 한다는 걸 잊어버린 탓이 아니다. 오히려 피어시의 유토피아에서 장애의 자리, 혹은 그 부재는 혼합파와 조작파 논쟁의 핵심이다. 조직파와 혼합파 모두 "결함 있는 유전자"와 질병 및 "고통"의 "유전적 소인"을 찾기 위한 유전자 풀 검사의 필요성에 동의한다. 조작파와 혼합파, 그리고 피어시와 (아마도) 독자들은 어떤 유전자와 특성이 부정적이고, 이에 따라 어떤 것을 제거해야 하는지 당연히 모든 사람이 이미 알고 동의한다고 여긴다. 소위 부정적인 특성에 대한 질문은 고민할 가치가 없는 것처럼 보인다. 고로, 피어시의 유토피아에서 장애인은 우연히 누락된 게 아니라, 의도적·명시적으로 그리된 것이다. 영향력 있는 페미니즘 소설 속 유토피아인 매타포이셋은 선천적 장애를 말살했다. 모든 선천적 장애의 유전적 선별에 더하여, 매타포이셋에 신체적 또는 인지적 장애가 있는 주민도 잘 보이지 않는 건 노화, 질병, 또는 사고로 얻은 장애조차 이 유토피아에는 빠져 있다는 것을, 아마도 모든 손상을 치유하거나 예방할 수 있을 정도로 의학이 발전했다는 것을 암시한다.

　얼핏 보면 이런 부재 안에 정신적 장애는 빠져 있는 것 같다. 이 소설은 정신적 장애인의 시설화에 매우 비판적일 뿐 아니라, '미쳤다'라는 진단을 가난한 유색인 여성과 문화적 규범을 준수하길 거부하는 사람들에게 더 많이 붙일 가능성이 있는 것으로 표현한다. 1970년대 뉴욕에서 코니가 직면한 낙인과 강제적 시설화와는 달리, 매타포이셋의 주민들은 정신적 장애를 정상적인 인생 과정의 한 부분으로 인식하며, 사람들은 자신의 정신적·정서적 요구를 충족하기 위해 필요한 만큼 공동체에서 '빠져나온다'. 그러나 빠져나오는 것, 기능이 '정상'으로 돌아올 때까지 자신을 공동체에서 분리해야 한다는 이러한 요구는 장애를 삭제하는 또 다른 버전을 만들어낸다. 이런 페미니즘적 미래에 장애인이 설 자리는 없다. 실제로 영구적이든 일시적이든 장애인의 부재는 이런 미래의 유토피아가 지향하는 바를 드러낸다.

1970년대 중반에 글을 썼던 피어시도, 1990년대 후반에 글을 썼던 판데이크, 글로리 같은 이론가들도 모든 혼합파와 조작파의 논쟁이 누구의 몸이 중요한지에 대한 깊은 가정에 근거한다는 것을 알아채지 못한 것 같다. 판데이크와 글로리는 모든 목소리를 들을 수 있는 민주적 과정으로서 과학의 비전을 보여준 피어시에게 찬사를 보내지만, 혼합파와 조작파 논쟁에 깔린 가정에서 선천적 장애가 있는 모든 계층의 사람들이 가진 관점은 무시된다. 매타포이셋의 비장애인 구성원들은 표면상 결함 있는 유전자를 제거하기로 한 결정에 대해 단 한 번도 논의한 적이 없으며, 어떤 유전자가 '결함'으로 분류되는지 또는 '결함'이 무엇을 의미하는지 의문을 제기했던 적이 없다. 판데이크는 유전학이 정치적이라는 것, 즉 경합해왔고 경합의 여지가 있으며 논쟁과 의견 불일치가 있을 수 있다는 피어시의 인식을 강조하지만, 부정적인 특성으로 추정되는 유전자 풀을 걸러내는 것 또한 정치적이라는 것을 깨닫지 못한다. 이 소설과 그 해석에서 장애는 미래에 대한 페미니즘적 전망 안에 설 자리가 없으며, 이는 너무 자연스럽고 정해진 것이고, 공적으로 논의할 가치도 없다고 가정된다.

유전공학을 둘러싼 논쟁, 민주적인 과학에 대한 피어시의 이상을 설명하기 위해 활용된 그 논쟁에서 피어시의 유토피아 속 장애가 오로지 원치 않은 특성으로만 나타난다는 것은 무엇을 의미하는가? 1990년대와 2000년대의 미국에 관해 글을 쓰고 강의하는 페미니스트들이 이 소설, 특히 혼합파와 조작파 논쟁을 민주적 의사결정과 공적 비판의 이상적인 사례, 평등주의와 민주주의에 대한 페미니즘 원칙을 밑바탕에 둔 정치 공동체의 이상적인 사례로 활용한다는 것은 무엇을 의미하는가? '부정적' 형질이 자명하고 자연적이며, 따라서 토론의 대상이 아니라고 처음부터 가정하고 있는 그 논쟁을 현대 페미니스트들이 강조하고 있다는 사실로부터 장애에 대해 추론할 수 있는 것은 무엇인가? 다양하고 다문화적이고 평등하다고 여겨지는 환경에서, 이미 제거되었기 때문에 장애인은 참여하지 못했던 그 논쟁을 페미니즘 이론가들이 아무도 비판하지 않는다는 사실로부터 페미니즘 장애학의 독자들은 무엇을 배울 수 있을까?

　　나는 피어시의 묘사, 더 중요하게는 그 묘사에 대한 페미니즘 이론가들의 찬사가 장애를 미국 내에서 종종 보완할 수 없는 차이로 여기고 있음을 드러낸다고 생각한다. 장애와 장애 있는 몸은 반드시 기술적으로 해결해야 할 문제이며, 이에 대한 문화적 합의는 이미 너무 충분해서 논의하거나 토론할 필요가 없는 것처럼 보인다. 그래서 현대 미국인들이 미래를 구상하는 방식에서 장애는 큰 역할을 하지만, 그 역할에 대해서는 논란의 여지가 없는 것처럼 보이기도 한다. 유토피아적 전망은 장애를 제거하는 데 바탕에 두는 반면, 미래에 대한 부정적 전망에서는 장애를 확산하는 데 기반을 둔다. 살펴보겠지만, 양자 모두 기술의 적절한 사용에 대한 문화적 이해 및 불안과 깊은 연관이 있다.

나는 이제 피어시의 소설에서 벗어나 타인의 재생산에 관해 말해왔던 우리 자신의 이야기로 옮겨가, 기술 오용으로 알려진 특별한 사례 하나를 살펴볼 것이다. 임신하기 위해 농인 정자 기증자를 선택했던 농인 레즈비언 커플, 샤론 듀셰스노와 캔디스 맥컬로의 이야기는 미래에 무엇이 포함될 수 있고, 무엇이 포함되어야 하며, 무엇이 포함될 것인지라는 측면에서만 대중들에게 소개되어왔다. 미끄러운 경사로에 대한 경고나 장애 아동을 '생산'하는 다른 장애인들에 대한 경고든, 아니면 '부자연스러운' 생활양식에 대한 경고든, 논평가들은 이 커플이 농인 정자 기증자를 선택한 것이 위험한 미래에 대한 신호라고 여긴다. 나는 이 여성들의 결정을 놓고 찬반 논쟁을 벌이는 것보다 이 커플을 비판하는 사람들이 반드시 피해야 할 특성으로 농과 장애를 제시하면서 자신의 논평에 디스토피아적인 레토릭을 활용하는 방식에 더 관심이 있다. 《시간의 경계에 선 여자》에서 그랬던 것처럼, 손상으로부터 자유로운 세상은 모두가 공유하는 목표, 의문이나 분석의 여지가 없는 목표, 정치적이기보다 자연스러운 목표로 묘사된다.

농인/장애인: 용어적 간극

청인 대부분은 농을 장애라고 설명하는 게 명백한 사실을 말하는 것이라고 생각한다. 청각장애인은 들을 수 있는 능력이 부족하기 때문에 장애가 있다는 식으로 말이다. 그러나 청각장애인과 청인 가운데 어떤 이들은 농을 장애로, 농인을 장애인으로 나타내는 것이 분명하지도 않고, 정확하지도 않다고 여긴다. 오히려 농인은 언어적·문화적 소수집단의 구성원으로 설명하는 게 더 적합하며, 휠체어 사용자나 눈이 보이지 않는 사람들보다 영어권 국가 내 스페인어 사용자와 더 유사하다.[9] 스페인어 사용자들은 통역사의 도움 없이 영어로 의사소통할 수 없으나 장애인으로 간주되지 않는데, 이런 모델을 적용한다면 수어를 하지 못하는 사람과 소통하기 위해 통역사에게 의존하는 농인 역시 장애인으로 간주되어서는 안 된다. 농의 언어문화적 모델의 지지자들은 농인과 다른 문화집단의 구성원들 사이의 유사점을 도출하면서, 농인들의 고유한 언어(미국에서는 미국수어American Sign Language), 문화적 생산물(예를 들어, 미국수어로 된 시와 공연), 기숙학교, 사회적 관계망, 높은 국제결혼 비율 등을 포함한 활력 있는 농 문화의 존재에 주목한다.[10] 농인학Deaf Studies* 연구자인 할런 레인Harlan Lane은 다음과 같이 설명한다. "농인이 [사회에] 참여하기 위한 전제 조건은 다른 언어적 소수집단의 사회

---

* 학제 간 연구를 통해 의학적 관점 대신 사회적 관점에서 농인 집단 및 개인의 언어, 문화, 일상생활 등에 초점을 맞추는 학문 분야.

참여 조건과 더 비슷하다. 농인들은 자신의 언어를 받아들이고 이를 학교, 직장, 공적 행사에서 사용할 수 있도록 문화적 운동을 벌인다."¹¹ 이러한 농의 언어문화적 모델은 장애의 사회적 모델의 핵심 가정, 즉 문제는 신체적·감각적 변이에 대한 사회적 해석과 반응이지 변이 그 자체가 아니라는 점을 공유한다.

18세기 초에서 20세기 중반까지의 마서스비니어드Martha's Vineyard 섬 내 유전적 농에 관한 노라 그로스Nora Groce의 연구인 《여기에선 누구나 수어로 말했다Everyone Here Spoke Sign Language》는 이러한 관점이 드러난 사례다. 그로스는 유전적 농과 농인이 주민들 속에 매우 뒤섞여 있어 그 섬의 거의 모든 사람에게 농인 친척이나 이웃이 있다고 주장한다.¹² 결과적으로 "[그곳에선] 누구나 수어로 말했다"라는 상황은 농인들이 독순법을 쓰고 입으로 말하거나 수술 및 보청기로 청력 상실을 완화하길 기대하는 대신, 청인들이 의사소통의 책임을 분담하는 것이 가능하다는 걸 증명한다.¹³ 그로스의 연구는 농인이 직면하는 장애가 개인의 청각적 조건보다는 사회적 태도 및 실천에 더 많이 기인한다고 주장하면서 농이 온전한 사회참여를 가로막는다는 생각을 비판한다. 이러한 세계관에 동의하는 사람들에게 농은 장애가 아니라 오히려 자부심을 느껴야 할 독특한 문화로 더 잘 이해된다.

어떤 농인들은 농 문화에 대한 몰입 때문에, 혹은 장애인과 거리를 두려는 내면화된 비장애중심주의적 충동 때문에 '장애인'이라는 꼬리표를 다는 걸 싫어하지만, 어떤 농인들은 정치적으로 그 꼬리표를 더 탐구하려고 한다. 이런 식의 탐구는

페미니스트, 퀴어, 불구

타인, 특히 의료 전문가나 청각 전문가에 의해 '장애인'으로 분류되는 것과 자기 스스로 장애인으로 정체화하는 것을 구별하는 데서 시작한다. 장애라는 꼬리표를 붙이는 많은 농인은 전략적 이유로 그런 선택을 한다. 어떤 이들에게 그러한 결정은 다른 장애인들과 연대하고자 하는 열망에서 비롯된다. 그들은 장애인과 농인이 '정상적'이라고 인식되는 몸과 다르다는 이유로 억압, 차별, 낙인의 역사를 공유하고 있다는 사실을 인정한다. 농인과 장애인은 하나의 집단으로서 차별에 맞서 싸우기 위해 함께할 수 있으며, 실제로 그들은 1960년대 후반 현대 장애 인권 운동이 탄생한 이래로 함께해왔다. 따라서 일부 농인들은 농을 장애로 보는 것에 반대할 수도 (또는 이에 대해 적어도 양가적인 태도를 보일 수도) 있지만, 동시에 자신을 장애인으로 정체화하거나 두 집단 모두에게 이익이 될 수 있는 사회적 변화 및 법적 보호를 위해 연대하고자 할 수도 있다.[14]

장애와 농 사이의 이러한 친화성을 인식하는 것은 치유 서사와 유토피아 담론을 분석할 때 특히 중요한데, 왜냐하면 그런 서사를 작동시키는 것이 바로 장애로서의 농에 대한 이미지이기 때문이다. 농인 자녀를 선호하는 부모의 행동(여기서 살피고 있는 사례)이 더 광범위한 문화의 관점에서 혐오스럽게 느껴지는 이유는 그 부모들이 아이들의 삶에서 장애를 근절하길 거부하기 때문이다.

문화적 불안의 재생산: 농인 레즈비언의 사례

2001년 11월, 내가 피어시의 소설을 강의했던 바로 그 해, 미국 메릴랜드에 사는 백인 레즈비언 커플인 샤론 듀셰스노와 캔디스(캔디Candy) 맥컬로는 인공수정으로 고뱅Gauvin이라는 남자 아이를 낳았다. 생모인 듀셰스노와 양모인 맥컬로 모두 농인이 며, 첫째 아이인 잔Jehanne도 마찬가지다. 잔과 그녀의 동생인 고뱅은 친구에게 기증받은 정자로 잉태되었고, 그 친구 역시 농인이다. 원래 듀셰스노와 맥컬로는 임신을 위해 정자은행을 이용하려고 했으나, 농인 기증자를 원했기 때문에 그럴 수 없었다. 선천적 청각장애가 있는 남성은 정자 기증자가 될 수 없으며, 잠재적 부모의 '적합성'에 대한 우생학적 우려를 불러일으키는 청각장애는 정자은행과 불임 클리닉이 정기적으로 유전자 풀에서 걸러내는 조건 중 하나이기 때문이다.[15] 태어난 지 몇 달 후, 고뱅은 부모의 농을 물려받았는지 확인하기 위해 광범위한 청력 검사를 받았다.[16] 그 결과, 듀셰스노와 맥컬로가 기뻐할 명확한 진단이 나왔다. 고뱅의 한쪽 귀에는 "최중증 청력 상실"이 있었고, 다른 쪽 귀에는 "최소 중증 청력 상실"이 있었다.[17] 듀셰스노는 청인 자녀라도 자신들은 그 아이를 수용하고 사랑했을 것이라고 말했지만, 농인 자녀는 분명 그들이 바라던 아이였다. 듀셰스노는 "청인 아이를 갖는 건 축복이고, 농인 아이를 갖는 건 특별한 축복이 될 거예요."라고 했다.[18]

리자 먼디Liza Mundy는 2002년 3월 《워싱턴포스트 매거진 Washington Post Magazine》에 듀셰스노와 맥컬로의 이야기를 실으면서,

두 여성의 재생산 선택을 자세히 설명했다. 이 글은 듀셰스노와 맥컬로에 대한 비판을 소개하면서도 대체로 동정적이었다. 먼디는 두 여성이 받아들이는 농 정체성을 설명하고, 농 문화 및 공동체에 대한 더 넓은 이해 속에서 그들을 고려할 수 있도록 주의를 쏟았다. 또한 그녀는 불가피하게 두 여성의 레즈비언 관계를 언급했지만, 그건 이 글의 핵심이 아니었다. 먼디는 이 두 여성이 청각장애가 있고, 더 광범한 농 공동체 안에서 농인 아동을 낳기로 결정했다는 점에서 이 이야기가 보도할 가치가 있다고 본 것이다.[19]

이 글은 큰 화제가 되었고, 농인 레즈비언 커플의 이야기는 다른 신문과 언론에도 소개되었다. 미국과 영국 전역의 신문에서 그 이야기에 대한 설명과 반응을 실었고, 이념적 스펙트럼을 막론하고 여러 문화 비평가들이 논의에 뛰어들기 시작했다. "문명의 근간인 결혼과 가족을 옹호하는" 워싱턴 소재 단체인 가족연구위원회는 당시 단체 대표였던 켄 코너Ken Connor의 논평을 담은 보도자료를 발표했다. 코너는 듀셰스노와 맥컬로를 "놀라울 정도로 이기적"이라고 묘사하면서, 그 커플이 자녀들에게 "동성애 가정에서 자란 결과로 얻은 단점"뿐만 아니라 장애의 "부담"까지 부과한다고 질책했다. 코너는 장애와 동성애를 연관시키고, 그 두 가지를 두 여성이 아이들에게 "의도적으로" 물려준 고난으로 소환한다. 가족연구위원회의 보도자료는 동성애와 장애를 끊임없이 관련지었을 뿐만 아니라, 이 두 가지가 모두 디스토피아적 미래를 이끈다고 묘사한 코너의 말을 인용하며 마무리된다. "그 부모의 생활양식lifestyles에 맞춰 장애 아동을 의도적으로 제조하는 이러한 관행이 더 이상 진행되지 않기를 바랄 뿐이다. 이 미끄러운 경사로가 무서운 곳으로 이어질 수도 있다."[20] 퀴어와 우리의 성적/관계적 실천을 조롱하는 데 자주 쓰이는 단어인 '생활양식'이라는 용어를 사용하는 것은 청각장애와 퀴어를 효과적으로 흐릿하게 만들어, 두 가지 특성이 모두 '우리'를 파멸로 이끌고 있다고 암시한다.[21]

실제로 미래의 퀴어성은 이를 부정적이고 불완전하다고 묘사하는 모든 것과 관련이 있다. 아마 켄 코너와 가족연구위원회는 이성애 커플이 농인 정자 기증자를 이용했다면 그걸 축하하진 않았겠지만, 두 여성이 미지의 세계로 향하는 미끄러운 경사로에 첫발을 디딘 것처럼 말하면서 공격적으로 혹은 공개적으로 이를 비난하지도 않았을 것이다(그들이 자녀가 있는 농인 이성애자들을 비난했다는 기록은 남아 있지 않다). 농인 레즈비언의 사례는 퀴어 장애인들의 미래를 떠올리게 한다는 이유로 이용 가치를 얻는다. 이성애중심주의와 비장애중심주의는 서로를 강화하고 지지하면서 얽히고설킨다.

농인 아기에 대한 두 여성의 열망을 그들의 섹슈얼리티의 맥락에서 논의했던 것은 가족연구위원회만이 아니었다. 실제로 일부 퀴어 논평가들조차 두 여성의 생각에서 문제가 되는 면, 궁극적으로 디스토피아적인 면을 발견하기도 했다. 가령 퀴어 소설가인 지넷 윈터슨Jeanette Winterson은 두 여성의 결정을 그토록 혐오스러운 것으로 만든 것이 바로 그들의 퀴어성 때문이라는 식으로 언급한 바 있다.

만약 미국의 농인 레즈비언 중 한 명이 농인이든 청인이든 남성과 관계를 맺고, 만약 그들이 아기를 갖기로 결정했다면 그 아기가 농인일 것이라고는 전혀 확신할 수 없다. 우리는 사랑에 운을 맡기고 자연에 운을 맡기지만, 삶에 아름다움을 주는 건 그런 운들과 그것이 가져다주는 예상치 못한 가능성들이다.[22]

여기서 윈터슨이 어떤 가능성의 상실, 즉 청인 아동을 가질 가능성을 잃는 데 대해서만 우려하는 것처럼 보인다는 점에 주목할 필요가 있다. 정자은행에서 청각장애인 기증자를 걸러내는 것 **또한** 적어도 유전적 청각장애의 측면에서는 "예상치 못한 가능성"의 운을 제거하는 것이긴 마찬가지지만, 그렇게 대놓고 운을 거부하는 건 윈터슨에게 별로 문제가 되지 않는다.

윈터슨은 듀셰스노와 맥컬로가 임신에서 "운"의 요소를 제거하고 더 확실하게 농인 아이를 가지려고 한 것에 대해 그러한 확실함은 "자연에서" 일어날 수 없다며 비난했다.[23] 그러나 윈터슨의 발언은 그들이 농인 기증자를 쓰는 게 무엇도 확실시하지 않는다는 사실, 먼디의 기사에서도 분명히 밝혀진 그 사실을 가린다.[24] 듀셰스노, 맥컬로, 농인 기증자 그룹이든 윈터슨의 가상 농인 이성애자 커플 그룹이든 농인 아이를 가질 확률은 똑같았을 테지만, 윈터슨은 상상 속 이성애 잉태에 관해서는 아무런 흠도 찾아내지 못한다. 그녀는 이성애 농인 커플이 농인 아이를 가지는 것은 '자연스러운' 일이기 때문에, 아마 애석할지라도 받아들일 수 있다고 믿는 것 같다. 하지만 '정상적이고 자연스러운' 관계의 범위를 벗어나 농인 아이를 낳는 것은 '부자연스러운' 일이며, 따라서 위험한 것이라고 믿는 것 같다. 이는 퀴어 작가가 취하기엔 이상한 입장이자, 지배적인 비장애중심주의적 문화에 확실하게 영향을 받은 입장이다.

원터슨은 당연히 '모든 사람'이 이 두 여성의 행동을 비난받을 만한 행동이라고 생각할 것이라 여겼다. 그녀에게 농인으로서의 삶이 청인으로서의 삶보다 열등하다는 것은 '단순한 사실'에 불과했다. 듀세스노와 맥컬로는 이 '단순한 사실'을 받아들이길 거부하고, 농이 바람직스럽다고 주장해 정치적 스펙트럼 전반에서 비판의 대상이 되었다. 원터슨은 코너의 '미끄러운 경사로'에 관한 레토릭을 반복하면서, 그 여성들의 행동이 다른 미래, 더 골치 아플 것 같은 미래를 초래할 것임을 암시했다. 그녀는 이렇게 묻는다. "만약 그 여성들이 모두 시각장애인이고, 시각장애 아이를 가질 권리를 주장한다면 우리는 어떤 기분이 들까?" 원터슨은 '우리'가 이에 정당하게 분노했을 것이라고 글의 어조와 내용을 통해 명확히 답한다.[25] 원터슨이 '시각장애인들'이 아니라 '시각장애인 여성들'을 언급한 것은 우연이 아닐 것이며, 이는 이성애자 시각장애 커플의 재생산은 '자연스러운' 일일 수 있지만 레즈비언 커플의 재생산은 그렇지 않다는 것을 은근히 드러낸다. 그녀는 실제로 자기 글에 "시각장애 여성들이 시각장애 아이를 가질 권리를 주장한다면 우리는 어떤 기분이 들까?"라는 제목을 붙이면서 그 이미지를 끌어온다.[26]

농인에 관한 실제 사례를 다른 장애에 관한 가상적 상황으

페미니스트, 퀴어, 불구

로 전환하는 이러한 수사학적 움직임은 장애 아동을 가지거나 기술적 해결을 거부하는 것을 통해 장애를 선택한 여성의 결정이 그릇되고 비논리적이며 극단적인 결정이었음을 그 장애인에게 납득시키려는 인기 있는 전략이다. 이런 전략은 농인이 자신의 상황을 탈맥락화하고 자신의 참조 영역에서 벗어나게 만들어 그가 자신의 판단에 오류가 있음을 인정하게 될 것이라고 가정한다. 이러한 관행에는 어떤 장애는 다른 장애보다 더 나쁘고, 결국 그 장애인이 마음을 바꿀 정도로 '명백히' 바람직하지 않은 그 특정 장애로 다른 장애를 대체해서 말할 수 있다는 생각이 숨어 있다. 장애를 가로지르는 연대는 존재할 수 없으며, 모든 농인은 '시각장애 아기'나 ○○장애가 있는 사람의 출산을 없애는 게 최선이라고 믿는다는 추측이다.

이런 이야기는 좀 더 복잡한데 윈터슨의 입장에 아예 근거가 없는 것은 아니기 때문이다. 실제로 맥컬로도 《워싱턴포스트 매거진》에서 청인 아동에 대한 선호를 표현한 바 있다. 먼디에 따르면 이렇다.

> 만약 시력을 중시하는 그들이 시각장애 아이를 가진다면, 캔디스는 인공와우로 자녀의 청력을 회복시키려는 부모들처럼, 가능하면 시각장애를 고치려고 노력하리라는 것을 인정한다. "난 내 아이와 똑같이 되고 싶어요"라면서 캔디스는 말한다. "우리가 즐기는 걸 그 아기도 즐겼으면 좋겠어요."[27]

농인 아기들은 "특별한 축복"이라고 했던 맥컬로와 듀세스노의 입장은 그들이 더 광범한 공동체 문화에 있는 비장애중심주의와 무관하다는 뜻은 아니며, 농에 대한 그들의 욕구는 모든 장애에 대한 욕구로까지 확대되지는 않는다. 농인과 장애인은 더 광범한 공동체 문화에 있는 비장애중심주의적 혹은 동성애혐오적 이데올로기에 면역을 가진 것이 아니다(하지만 이 맥락에서 맥컬로가 유전자 검사와 선택적 임신중지에 대한 욕구를 표현하지 않는다는 점에 주목할 필요가 있다).

실제로 일부 장애인 퀴어조차 듀셰스노와 맥컬로의 재생산 선택과 관련해 주류적 반응에 퍼져 있는, 이성애중심주의와 비장애중심주의가 뒤섞인 모습을 보여왔다. 예를 들어, 퀴어장애QueerDisability 리스트서브listserv*의 한 구독자는 농인 기증자를 선택하기로 한 커플의 결정이, 한편으론 그 자녀들이 직면하게 될 어려움과 사회적 장벽 때문에, 한편으론 그 자녀들이 국가에 부과하게 될 재정적 부담 때문에 문제가 있다고 지적한 바 있다. 윈터슨의 말을 떠올리듯, 그 리스트서브 구독자는 이성애 관계에서 "자연스럽게" 생긴 농인 아동과 퀴어 관계에서 "부자연스럽게", 그래서 "부적절하게" 생긴 농인 아동을 구별한다. 여기서 우리는 불임 이성애자 농인 커플이 농인 정자 기증자를 쓰기로 한 선택을 그 구독자가 어떻게 볼지, 그 선택을 더 자연스럽고 그래서 수용 가능한 것처럼 볼 것인지 궁금할 수밖에 없다.[28] 그 구독자의 지적은 윈터슨처럼 그녀가 실제 동성애 커플보다 상상 속 이성애 커플에게 결점을 더 적게 찾아낼 것

---

* 비슷한 관심사를 가진 홈페이지 구독자에게 이메일을 보내는 온라인 서비스.

페미니스트, 퀴어, 불구

이라고, 농과 동성애를 별개로 두는 건 허용될 수 있지만 그 둘을 결합하는 건 일부 게이, 레즈비언, 장애인조차 너무 비정상적이고 너무 퀴어스럽다고 여길 것이라고 생각하게 만든다.

농인 퀴어들이 인공수정을 활용하는 것에 대한 이런 종류의 반응은 재생산 기술이 "핵가족과 이성혼의 소위 '자연적' 기반을 붕괴하는 것일 수도 있지만 (혹은 제한된 범위 내에서 붕괴하는 것이지만) **대신 [그것은] 그들을 다시 결속시킬 수 있는 계기를 제공해왔다**"라는 세라 프랭클린Sarah Franklin의 주장을 뒷받침한다.[29] 프랭클린은 몇 가지 예외를 제외하고는, 국가가 퀴어 그리고/또는 싱글 부모에게 보조생식 기술에 대한 동등한 접근을 보장하는 조치를 거의 취하지 않았으며, 재생산 의학 분야의 저명한 사람들은 동성 커플이나 싱글 부모가 이런 기술을 사용해서는 안 된다는 믿음을 거침없이 밝혀왔다.[30] 사회학자인 로라 마모Laura Mamo가 지적한 바에 따르면, "미국에서 재생산 기술에 접근하는 것은 애초부터 계급, 섹슈얼리티에 기반한 현상이며, 이러한 서비스를 제공하는 기관 단체들은 중산층(보통 백인) 이성애 가족의 생존과 지속적인 비례성을 보장함으로써 계급 및 섹슈얼리티 위계를 재생산하는 역할을 맡는다".[31]

마모는 의료 체계 내에서 레즈비언들(그리고 싱글 이성애자 여성들)이 어떻게 불이익을 받는지 상세히 설명한다. 예를 들어, 보험 정책들은 보조 기술을 보장해주는 데 동의하기 전에 불임 진단서를 요구하지만, 그런 진단서는 이성애적 섹스가 없는 관계에선 받기 어렵다. 많은 레즈비언이 친구나 가족이 기증한 정자를 쓰기를 원하지만, 일부 클리닉에서는 그 여성이 기증자와 결혼하지 않는 한, 지인 기증자의 정자를 쓰는 것을 금한다.[32] 도러시 로버츠와 엘리자베스 웨일Elizabeth Weil은 많은 불임 클리닉에서 치료를 시작하기 전에 "안정된" 결혼 생활에 대한 증거를 요구하고 있으며, 이는 퀴어, 유색인 여성, 가난한 사람들의 치료를 차단하는 데 활용되어온 오픈엔드형* 요구 사항이라고 지적한 바 있다. 캘리포니아주는 불임 치료 시 퀴어차별을 금지하고 있지만, 엘리자베스 웨일이 주장하듯이 그런 차별은 다른 이름으로 가려질 수 있다. 과달루페 베니테스Guadalupe Benitez는 자신이 레즈비언이어서가 아니라 미혼이라서 치료를 거부했다고 주장한 노스코스트 위민스케어메디컬그룹North Coast Women's Care Medical Group과의 소송에서 패소했다(그보다 더 이전 소송에서 베니테스는 레즈비언이라는 지위로 인해 치료가 중단되었다는 걸 증명할 수 있었다).[33] 인공수정은 퀴어가 아이를 낳는 걸 더 쉽게 만들어 "이성애와 재생산의 융합을 불안하게" 할 수도 있지만, 이성애중심적/동성애혐오적 태도는 퀴어가 이 기술을 사용하는 것을 막거나 최소한 방해할 수 있다.[34]

도러시 로버츠는 의사들이 백인 여성에 비해 흑인 여성들에게 불임 치료를 권할 가능성이 훨씬 낮기 때문에 인종차별주의가 보조생식 기술 접근에 중요한 역할을 한다고 지적한다.[35] 비록 법적으로 불임 클리닉은 인종에 따라 잠재적 환자를 차별할 수 없지만, 할 수 있는 모든 치료에 관해 유색인에게 알리는

---

* 이미 시행되고 있는 주요한 부분의 내용이나 구성을 변화시키지 않은 채, 새로운 항목을 추가하는 방식.

걸 소홀히 할 수는 있다.[36] 비장애중심주의적인 태도는 장애인이 보조생식 기술을 사용하는 데 유사한 장벽을 둔다. 많은 장애 여성이 의사와 가족에 의해 아이를 갖는 것을 단념했다고 보고하는데, 이는 그들이 그들에게 필요한 모든 출산에 관한 지원을 받지 못할 수도 있다는 걸 시사한다.[37] 이런 기술들을 단속하는 건 손상 없는 세상에 대한 지배적인 시각을 강화하고, 퀴어, 장애인, 비백인의 몸에 대한 낙인화를 영속시키는 역할을 한다.

여기서 키후아나 체임버스Kijuana Chambers 사건에 주목할 필요가 있는데, 콜로라도 불임 클리닉에서 그녀가 겪었던 일은 프랭클린이 언급한 단속 재강화의 방식을 잘 보여준다. 1999년에 체임버스는 인공수정을 위해 로키마운틴 위민스헬스케어센터Rocky Mountain Women's Health Care Center(이하, RMWHCC)에 갔다. 그 클리닉은 3회 치료를 거친 후, 체임버스에게 "아이를 안전하게 돌보는 능력에 대해 우려"가 있기 때문에 더 이상 그녀의 치료를 진행할 수 없다고 알렸다. 체임버스는 맹인이며, 그 클리닉은 그녀의 시각장애가 미래 자녀의 복지에 직접적인 위협이 된다고 믿었다.[38] 그녀가 아이를 키울 수 있는 능력을 증명하는 작업치료사**의 평가를 제출할 때까지 그 클리닉은 더 이상 그녀를 치료하지 않았다. 체임버스는 미국 장애인법과 재활법Rehabilitation Act 504조에 따라, RMWHCC이 장애를 근거로 그

** 장애가 있거나 장애가 예상되는 사람을 대상으로 일상생활 기능을 평가하고, 신체적·정신적 기능을 치료하고, 보조기구 사용 훈련을 실시하고, 직업 복귀를 위한 직무 분석 및 활동 지도 등을 수행하는 의료기사 면허자.

녀를 불법적으로 차별했다고 주장하면서 그 클리닉을 고소했다. 그녀를 지지하는 사람들은, 정안인正眼人* 여성은 아이들에게 안전한 집을 갖고 있다는 것이나 자녀를 양육할 수 있는 능력을 증명하는 문서를 제출할 필요가 없다고 지적했다. 2003년 11월, 덴버 지방법원 배심원단은 그 클리닉이 체임버스의 적격성에 의문을 표한 것은 적절한 행동이었다고 판결하면서 피고가 승소했다. 미국 제10순회항소법원US Tenth Circuit Court of Appeal은 2005년 여름에 하급법원의 판결을 유지하고 그녀의 사건을 재심하지 않기로 결정했다.

체임버스의 인종(아프리카계 미국인)과 성적 지향(레즈비언)이 그 클리닉의 결정에 영향을 미쳤을 수도 있지만, 해당 클리닉의 대변인, 법무 직원, 언론은 주로 싱글 장애 여성이라는 체임버스의 지위에 초점을 맞추었다. 가령 《덴버포스트Denver Post》에 실린 기사에는 체임버스의 인종이나 성적 지향이 전혀 언급되지 않았고, 그 사건을 다룬 다른 뉴스 보도들도 이를 뒤따랐다. 장애를 정치적 문제로 보지 않고 의학적으로만 보아온 이 나라의 오랜 역사를 고려할 때, 체임버스의 맹에만 관심을 집중하는 것은 대중이 이 사건을 차별이 아니라 상식의 문제, 아동 보호의 문제로 이해하도록 이끈다. 이는 체임버스의 치료에 인종이 아무 역할도 하지 않았다는 말이 아니다. 실제로 청문회 내내 증인들은 체임버스의 더러운 속옷, 헝클어진 외모, 감정적

---

* 온전한 눈(정안)을 가진 사람이라는 이름에서 드러나듯, 정상적인 시력이나 안력을 전제한다는 점에서 장애차별적인 용어이지만, 비시각장애인을 지칭하는 마땅한 용어가 없어서 아직까지 널리 쓰이는 말이다.

분출에 관한 증언, 아프리카인, 아프리카계 미국인이 원시적이고 야만적 본성을 지녔을 것이라고 여겼던 인종차별주의적 발언의 역사를 암묵적으로 이끌어내는 주장들을 통해 그녀를 동물적인 용어들로 묘사했다(백인, 중산층, 전문직 여성인 듀셰스노와 맥컬로를 '이기적'이라고 묘사했던 것과 비교해보라. 여성에 대한 비난은 그들의 인종적 위치에 따라 극적으로 달라진다[39]). 오히려 나는 장애(이 경우엔 맹)에 기반한 차별이 종종 전혀 차별로 보이지 않아서 정치적 영역 안에 자리를 가져야 할 것으로 여겨지지 않는다는 것을 말하고 싶다. 맹인 여성은 안전하고 적절한 부모 노릇을 할 수 없으며, 이를 (체임버스에게 그랬던 것처럼) 의료 전문가에게 증명하게끔 요구하는 게 차별적이거나 정치적이지 않다는 것을 자명한 사실로 받아들이는 것 말이다.

장애 권리 운동가인 로라 허시는 이 사건을 분석하면서 이렇게 주장한다. 그 클리닉이 이끌어낸 것은,

장애와 도움에 관한 모순된 관념들이다. …… 한편으로, 체임버스는 자신이 대부분 혼자서 아이를 키울 수 있다고 확신했지만, 이를 누군가에게 증명하는 걸 완강히 거부했기 때문에 치료를 받지 못했다. 다른 한편으로는, [그 클리닉을 예약하던 중에 있던 일처럼] 낯선 환경에서 자기 옷을 찾듯이 체임버스가 때때로 사람들에게 도움을 청했더라면, 그건 그녀의 능력을 의심하기에 충분한 이유로 여겨졌을 것이다.[40]

체임버스는 아이를 키울 수 있는 능력을 의료 전문가가 가

장 잘 판단할 수 있다는 클리닉의 주장에 이의를 제기했고, 자신에게 도움이 필요한 부분을 자신보다 작업치료사가 더 정확하게 평가할 수 있다는 클리닉의 제안에 반박했다. 그러나 배심원단은 클리닉 직원이 체임버스의 양육 능력에 대해 '전문가'의 문서를 요구한 게 정당하다는 해당 클리닉의 입장에 동의했다. 콜로라도 교차장애연합Colorado Cross-Disability Coalition*의 캐리 루카스Carrie Lucas는 안타깝게도 장애가 있는 부모 혹은 잠재적 부모가 무능하다고 생각하는 건 흔한 일이라며 다음과 같이 설명한다. "대중은 비장애인들이 그들의 권리라고 생각하는 일을 우리[장애인]가 행할 수 있도록 허용하기 전에 우리가 반드시 우리 스스로를 증명해야 한다고 믿는다."[41] 체임버스 사건은 장애인, 퀴어, 싱글 부모, 유색인, 또는 이 경우에서처럼 장애인 퀴어 유색인 싱글 부모 같은 특정 사람들이 재생산 기술을 이용하는 데서 어떻게 단속당하고 제한받는지, 그리고 이 기술에 대한 '비전통적' 사용자들이 어떻게 엄격하게 감시받는지 드러내는 강력한 사례다. 이러한 감시는 정치적인 결정 또는 차별적일 가능성이 있는 결정이 아니라, 더 나은 삶을 위해 명백히 필요한 조치로 소환된다.

샤론 듀세스노와 캔디스 맥컬로의 재생산 선택을 추적하는 기사들 가운데, 장애와 농 없는 미래가 그것이 있는 미래보

---

* 다양한 유형의 장애인이 함께 운영하는 장애 권리 단체인 콜로라도 교차장애연합은 교차장애(cross-disability) 운동을 모든 유형의 장애인을 위한 "사회정의를 옹호하는 것", "동등한 권리와 동등한 접근성을 보장하는 것", "모두가 함께 일하는 것"이라고 설명한다. https://www.ccdconline.org/.

다 더 우월하다는 가정에 의문을 제기한 기사는 전혀 없었다. 피어시 소설의 혼합파와 조작파 사이의 논쟁에서처럼 아무도 농인 정자 기증자를 가려내는 걸 정치적 결정이라고 인정하지 않았고, 실제로 장애와 농 없는 미래 이외의 다른 가능성은 상상할 수조차 없었기 때문에 그것이 결정이라고 인식되지도 않았다. 그 여성들의 선택을 둘러싼 대중 다수의 반응은 미래에 장애/농이 있을 적절한 자리에 관한 이야기, 즉 청인과 농인, 장애인과 비장애인 모두 비장애인 아동, 청인 아동을 선호할 것이며 선호해야 한다는 걸 전제하는 다음과 같은 이야기를 전해준다. '기술은 장애를 **확산**시키기 위해서가 아니라 장애를 **제거**하기 위해서만 사용될 수 있고 또 그래야 하는데, 그 커플의 행동이 유발할 것처럼 보이는 미래는 기술의 부적절한 사용을 옹호하기 때문에 위험하다. 이러한 목표는 **정치적인 것**이 아니라 **자연스러운 것**이기 때문에 공적 논의를 요구하거나 할 가치가 없다.'

논쟁의 여지가 있는가?
페미니즘적 미래에서 장애와 차이

장애는 근절되어야 할 문제로서 가장 잘 개념화된다는 생각은 마지 피어시가 《시간의 경계에 선 여자》에서 장애와 다른 차이들을 어떻게 다루는지 다시 생각하게 만든다. 미래의 매타포이셋에 대한 그녀의 유토피아적 전망에서 다양성은 매우 중요하게 여겨지며, 마을 주민들은 모두가 똑같은 '묽은 죽'이라는 생각을 거부한다. 하지만 나는 그 공동체가 실제로 차이를 **삭제**하는 데 토대를 두고 있음을 말하고 싶다. 메타포이셋에서 성차별주의는 차별금지법의 통과나 태도의 변화를 통해서 근절되는 것이 아니라, 재생산적 차이를 지우고 모든 성별이 수유하고 출산할 수 있게 함으로써 근절된다. 인종차별주의도 마찬가지다. 매타포이셋은 인종을 혼합하기 위해 인공 발육장을 사용한다. 태어난 아기들의 피부색은 다를 수도 있지만, 그러한 실천은 모든 사람이 근본적으로 똑같아질 때까지 인종차별은 절대 제거될 수 없다는 생각에 기초한다. 피어시는 정신장애라는 낙인을 없앴지만, 이는 단지 정신 건강이 좋지 않은 사람들이 '정상'으로 돌아올 때까지 사회에서 빠져나와 자신을 스스로 공동체에서 제거했기 때문이다. 다른 장애들은 그녀의 미래상에서 완전히 제거된다. 피어시의 유토피아에서 문제라고 여겨지는 건 비장애중심주의가 아니라 장애 그 자체이며, 그 문제는 정신질환자들을 분리하고 인공 발육장을 통해 '결함 있는' 유전자를 근절함으로서 가장 잘 해결될 수 있다. 더욱이 이렇게 장애를 제거하는 것은 토론이나 논의 없이 벌어질 수 있으며, 공동체 전체가 이를 확고히 지지한다. 매타포이셋에서 장애라는 문제는 근절, 분리, 제거를 통해 가장 잘 해결된다.

《시간의 경계에 선 여자》에서 묘사된 것처럼, 그리고 맥컬로와 듀셰스노의 재생산 선택을 둘러싼 분노에서 드러나는 것처럼, 장애는 종종 미래에 설 자리가 없는 어떤 차이로 여겨진다. 장애는 반드시 제거되어야 할 문제이며, 미래의 기회를 가로막고, 삶의 질을 저해한다는 것이다. 생명윤리학자인 알타 차로Alta Charo는 듀셰스노와 맥컬로 사건을 직접적으로 언급하면서 다음과 같이 주장한다. "문제는 자녀가 누릴 수 있는 이점을 합리적인 수준까지 극대화하고자 하는, 부모로서의 신성한 의무를 그 부모들이 위반했는지다. 말하기 꺼려지지만, 아이의 잠재력을 제한하는 건 부끄러운 일이라고 생각한다."[42] 동성 양육에 반대하는 측에서도 이와 유사한 비판이 제기된 바 있다. 가령, 어떤 비평가들은 퀴어 가정에서 자란 아이들이 이성애 가정에서 자란 아이들보다 삶의 질이 낮다고 주장한다.[43] 그러나 이 두 상황 모두, 장애와 퀴어성이 본질적·비가역적으로 삶의 질을 낮출 뿐만 아니라, '삶의 질'에 대해 가능한 이해는 단 하나밖에 없으며, 논의하거나 상술할 필요 없이 모두가 '그것'이 무엇인지 알고 있다고 가정한다.

《정상에 대한 문제The Trouble with Normal》에서 마이클 워너Michael Warner는 '삶의 질'이라는 레토릭을 사용하는 것을 비난하면서, 그러한 레토릭은 그 용어가 포함하는 종류의 경험을 당연시함으로써 이견을 가린다고 주장한다. 비록 워너는 여기서 '삶의 질' 이야기를 포르노그래피 및 공개 섹스에 관한 공적 논의에 끌어다 쓰는 것을 비판하지만, 워너의 주장은 장애의 문화적 구성을 떠올리게 하며, 이는 '포르노'를 '장애'로 대체하면 더 분명해진다.

'삶의 질'이라는 레토릭은 삶의 질에 관한 가치의 차이나 의견의 차이는 없으므로, 그것이 비판적 교류와 의견 형성이 이루어지는 공적 영역에 속하지 않는다고 가장함으로써, [장애를] 정치 문화로부터 고립시키려고 한다. [사람들은] 삶의 질에 대해 말할 때, [장애가] 여러 삶의 질 중 하나일 수 있다는 것은 고사하고, 다른 사람들이 다른 삶의 질을 원할 수도 있다는 것을 결코 인정하지 않는다.[44]

수전 웬델은 장애나 질병과 함께 사는 것이 "삶과 세상에 대한 가치 있는 관점을 제공하는 가치 있는 **존재 방식**을 만들어낸다"라고 하며, 그 존재 방식은 질병과 장애를 제거하면 사라질 것이라고 말한다.[45] 예를 들어, 그녀는 식사, 목욕, 배변, 옷 입기 등 일상적 활동에 도움이 필요한 성인은 자립과 자족이라는 문화적 이상에 대해 생각할 기회를 갖게 되며, 이러한 경험은 친밀성, 관계, 상호의존성에 관한 생산적인 통찰로 이어질 수 있다는 데 주목한다. 웬델은 "만약 장애를 차이의 형태로 보고 그것이 가치 있는 것일 수도 있다는 가능성을 진지하게 받아들일 경우" 일어날 수 있는 일에 대해 다음과 같이 주장한다.

장애가 있는 사람들은 장애 덕분에 비장애인이 가질 수 없는 경험, 비장애인이 바로 접할 수 없는 지식을 제공하는 [또는 지식을 제공할 수 있는] 경험을 가질 수 있게 될 것이다. 예를 들어, 그 지식의 일부인, 고통받는 몸과 함께 살아가는 방법 같은 지식은 거의 모든 사람에게 매우 실질적인 도움이 될 것이다. …… 그 지식의 대부분은 우리 문화를 풍요롭게 하고 확장할 것이며, 그 지식의 몇몇에는 우리의 생각과 삶의 방식을

페미니스트, 퀴어, 불구

근본적으로 바꿀 수 있는 잠재력이 있다.[46]

장애를 제거하는 것은 세상에 존재하는 대안적 방식들을 발견할 가능성을 제거하는 것이며, 우리의 상호의존성을 인정하고 그것을 가치 있게 평가할 가능성을 배제하는 것이다.

분명한 것은, 어떤 '결함'을 제거해야 하는지 또는 무엇이 '결함 있는' 유전자를 구성하는지에 대한 정책적 결정은 아직 이루어진 바가 없으며, 소수의 예외를 제외하고 보조생식 기술은 미국에서 크게 규제되지 않는 상황이다. 그러나 산전 검사의 확산과 착상 전 유전자 검사 가용성의 증가는 장애에 대해 적절하고 기대될 법한 접근이 무엇인지 대한 메시지를 확실하게 전달한다. 이런 기술들에 대한 공적인 논의는 그 기술의 사용과 개발에 비해 훨씬 뒤처져 있으며, 여기에 장애인의 관점은 거의 포함되지 않는다. H-더크슨 바우만H-Dirksen L. Bauman의 주장처럼 "농이 유발하는 공포에 대한 추측은 일반적으로 농인의 삶을 살아가지 않는 사람들에 의해 이루어진다".[47] 산전 및 산후 진단 상태 인식법Prenatally and Postnatally Diagnosed Conditions Awareness Act (2008)은 여성이 임신 결정을 내리기 전에 장애에 대한 포괄적인 정보를 제공받도록 의무화해 올바른 방향으로 나아가게 하는 조치이나, 이 정책이 얼마나 자금 지원을 잘 받고 잘 집행될지는 여전히 불분명하다.* 또한 듀셰스노와 맥컬로의 재생산

---

* 산전 및 산후 진단 상태 인식법이 제대로 시행되려면 진단을 제공할 의료진을 교육하고, 진단받을 여성을 위한 핫라인 및 기타 지원 방법을 마련하기 위한 기금이 필요하다. 하지만 이 법은 임신중지 위탁에 관한 조항이 삽입된 것이 문제

선택을 둘러싼 논쟁에서 드러나듯이, 장애를 선택하는 것은 여전히 큰 논란 위에 있고, 가상의 장애 아동은 유전자 연구와 선택적 임신중지를 정당화하는 데 계속해서 이용되고 있다. 줄기세포 연구를 통해서든 선택적 임신중지를 통해서든 장애를 '치유'하고 제거하는 것은 거의 언제나 이견이 있을 수도 없고 있어서도 안 되는, 보편적으로 가치 있는 목표로 제시된다.

나는 농인 아이를 갖기 위해 의도적으로 애쓰는 농인 레즈비언들의 이야기가, 농과 장애를 치유해야 할 필요성을 말하고 비규범적인 퀴어 부모가 아이를 갖는 것의 위험성을 말하는 주류적 이야기의 대항서사로 읽혀야 한다고 제안하고자 한다. 그들의 이야기는 유전적·의료적 개입을 통해 손상을 치유하는 '놀라운 미래'를 향한 기술적 약속의 실현 가능성에 도전하고, 정상적인 몸/마음을 고집하는 강제적 비장애신체/강제적 비장애정신의 이성애에 저항한다. 바로 이 도전이 그 가족들에 대한 적대적 반응을 불러일으킨 것이다. 농을 선택하기로 한 그들의 선택은 재생산 기술이 결함이라고 의심되는 것들을 가려내는 수단 이상으로 사용될 수 있다는 것, 장애는 완전히 사라질 수 없다는 것, 모든 사람이 장애 없는 몸/마음을 지닌 미래를 갈망하지는 않는다는 것, 제한적이고 이상하고 퀴어한 움직임과 지향을 가진 몸들을 위한 자리가 있을 수 있다는 것, 장애와 퀴어성은 지금뿐만 아니라 미래에도 정말 바람직할 수 있다는 것을 시사한다.

가 되어, 아직 미국 의회는 이 법을 시행하는 데 필요한 예산을 책정한 바 없다.

농인 레즈비언인 캔디스 맥컬로와 샤론 듀셰스노의 이야기는 수많은 이야기 중 하나일 뿐이다. 계속해서 늘어나는 장애인의 삶에 대한 회고록, 수필, 시, 그리고 장애와 비장애신체성에 관한 이론적 분석은 마지 피어시의 《시간의 경계에 선 여자》에 드러난 근절 및 치유 서사의 대안을 제시하면서, 장애에 대한 다른 이야기들을 들려준다. 장애는 섹시하고 강력하고 가치 있다고 당당하게 선언하면서 자신의 몸을 끌어안는 사람들의 이야기, 우리 아이들의 밝은 미래에 장애가 배제되어야 한다는 것을 받아들이지 않고 장애가 있는 아이를 낳아 기를 권리를 주장하는 장애인 부모 및 장애 아동을 둔 부모의 이야기, 외과적 개입을 통한 몸의 정상화와 이성애중심주의적 법규 및 동성애혐오적 비난을 통한 욕망의 정상화를 거부하는 가족들의 서사. 이런 이야기들은 알려져야 마땅하며, 이들이 제기하는 문제들에 대한 논의와 반론이 필요하다.

이런 이야기들이 대중적으로 유통되는 다른 이야기보다 덜 편파적이라거나 덜 논쟁적이라는 뜻은 아니며, 이런 이야기들 또한 여러 모순적인 입장을 지지하는 데 활용될 수 있다. 실제로 레너드 데이비스Lennard Davis는 농과 장애를 선택하는 이런 방식의 재생산 결정이 "억압에 맞서 싸우는 급진적인 방식"인지 아니면 "보수적이고 본질주의적인 의제에 봉사하는 기술적인 계책"인지 질문할 필요가 있다고 주장한다.[48] 나는 양자가 상호배타적이지 않고, 같은 선택이 두 의제에 모두 도움이 될 수도 있다고 덧붙이고 싶다. 여아를 선택하는 것은 남아를 선택하는 것만큼 문제가 될 수 있다. 누구를 선택하든 모두 협소한 젠더 규범과 기대에 의존하기 때문이다. 마치 이런 것처럼, 장애를 선택하는 것도 장애를 선택하지 않는 것만큼 비장애신 체성의 범주를 현실화할 가능성을 가지고 있다.[49] 그렇다면 특정한 선택이 특정한 맥락에서 어떻게 기능하는지 조사할 필요가 있을 것이다. 앞선 맥락에서 레즈비언 부모가 농을 선택하거나 싱글맘이 다운증후군 진단을 받은 아이의 임신을 중지하길 거부한다는 건 무엇을 의미할까? 장애를 선택하는 걸 거의 상상할 수 없는 한, 장애는 페미니즘적 미래 전망에 포함될 수 없고 장애의 부재는 논쟁할 가치도 없다고 우리가 모두 가정(할 것으로 가정)하는 한, 그러한 탐구는 불가능하다.

4

누구를 위한

미래인가?

〈전하라〉 광고판
해방하기

〔광고는〕추상에 의해 작동하는 세계이자 현재가 아닌 상상 속 미래에 놓인 잠재적인 장소 또는 상태이며, '당신'이 가질 것, 당신이 참여할 수 있는 생활양식을 소비자에게 약속한다.

—마리타 스터큰Marita Sturken과 리사 카트라이트Lisa Cartwright,
《소비자 문화와 욕망의 제조Consumer Culture and the Manufacturing of Desire》

그 광고판은 명사와 형용사 모두를 강조하듯, 두 단어를 낯설게 띄어 쓰면서 "슈퍼 맨Super man"이라 외친다. 그 문구 아래에는 "강인함STRENGTH"이라는 단어가 있고, "**전하라**Pass It On"라는 명령어가 뒤따른다. 하단에는 작은 글씨로 이 홍보 캠페인을 후원하는 조직의 이름과 웹사이트 주소(Values.com/더 나은 삶을 위한 재단Foundation for the Better Life)가 나와 있다.* 당연히 여기서 언급한 '슈퍼 맨'이란 1995년 승마 사고로 사지마비가 되기 전 1980년대에 〈슈퍼맨Superman〉 영화 시리즈에 출연했던 고故 크리스토퍼 리브를 말한다. 리브의 머리에서 어깨까지 담긴 흑백사진이 광

---

* 현재(2023년 7월 8일) 광고판 하단에 있는 "Values.com"의 웹 주소는 "PassItOn.com"으로 변경되었고 함께 적힌 재단명은 삭제되었다. https://www.passiton.com/inspirational-sayings-billboards/44-strength.

고판의 왼쪽 절반을 차지하는데, 여기서 리브의 장애를 나타내는 유일한 표지는 리브의 사진 하단에 보이는 인공호흡기 튜브뿐이다. 리브는 카메라와 광고판 앞을 지나가는 사람들의 눈을 사려 깊게 바라보며 살짝 미소를 짓는다.

사지마비가 강인함이 체현된 모습으로 재현되는 건 드문 일이지만, 리브의 간판에서는 그러한 표현이 정확하다고 암시된다. 그 광고판에 따르면, 리브는 더 이상 달리거나 뛰어오르거나 타고 오를 수 없었지만 여전히 강한 남자이며, 강인함은 단지 그의 몸이 아니라 그의 인성에 더 많이 깔려 있다. 부상을 입기 전 리브는 건물을 뛰어넘고 강철을 구부릴 수 있는 가상의 영웅, '슈퍼맨'이었다. 부상 이후, 리브는 장애인으로서 슈퍼맨이 아니라 **슈퍼** 맨[즉, 대단한 남자]이 되었다. 그 광고판은 관중들에게 리브의 남성성이 부상 후에도 온전히 남아 있을 뿐만 아니라, 그의 강인한 인성과 성실함으로 인해 그것이 더 향상되었음을 알린다. 실제로 그의 남성성, 장애, 강인함은 서로를 지지하는 복잡한 관계로 그 광고판에 재현된다. 그의 장애는 그의 강인함을 증명할 기회를 주었고, 그의 강인함은 그의 남성성을 증명했다. 장애를 극복하고, 삶을 변화시킨 부상 이후에도 계속해서 살아가고 일할 수 있었던 리브의 능력은 그를 강한 사람으로 나타나게 했고, 그 강인함은 다시 그를 슈퍼 맨으로 나타나게 했다. 그 광고판은 자기계발이라는 메시지를 전파하고, 특히 역경 속에서도 강인한 인성을 발달시키고 유지하는 것의 중요성을 널리 퍼뜨리도록 촉구한다.

이 광고판을 올린 단체의 웹사이트에 따르면 "더 나은 삶을 위한 재단은 어떤 정치 집단이나 종교 단체와도 제휴하지 않으며", 가치 교육 및 참여를 통해 개인적·집단적 발전을 조성하는 데 관심이 있는, 정치와 무관한 단체다.[1] 내가 여기서 살펴보고 싶은 것은 바로 이러한 입장, 즉 공동체의 생각을 탈정치화하려는 시도, 공유되는 가치들에 대한 가정, 더 나은 삶이 수반하는 바에 관한 표현이다. 더 나은 삶을 위한 재단(이하, FBL)은 이러한 개념들을 정치와 무관한 것으로 제시함으로써, 그것을 자연스럽고 받아들여질 수 있는 상식적인 것, 그리하여 토론이나 논의의 범위를 넘어선 것으로 만든다. FBL은 더 나은 삶이 수반하는 것, 그리고 그것을 달성하는 데 필요한 가치를 우리가 모두 알고 동의하고 있으며, 이에 대한 논쟁이나 비판은 필요 없다는 가정하에 운영된다. 수많은 광고판이 장애를 '극복'하는 강인한 인성의 장애인을 찬양하는 것처럼, 이 캠페인에서도 장애와 질병에 대한 재현은 큰 역할을 한다. 그런 광고판들과 FBL이 요구하는 탈정치화는 장애 있는 몸을 언급함으로써 가능해진다. 다시 말해, FBL은 그저 장애를 탈정치화하는 것뿐만 아니라, 캠페인에 등장하는 모든 가치를 탈정치화하기 위해 장애 있는 몸을 언급한다. 실제로, 장애 있는 몸의 존재는 이 캠페인을 이데올로기가 아닌 상식으로 만들기 위해 활용된다.

먼저, 이 광고판들이 요구하는 탈정치화가 장애 있는 몸에 대한 언급을 통해 가능해진다는 것을 보이기 위해, 나는 그러한 표현에 내재한 배제를 강조하면서 FBL이 그리는 '더 나은 삶'이 어느 범위에 한정되는지를 검토했다. 더 나은 삶에 관한 레토릭에서 모든 신체와 실천 또는 정체성이 환영받는 것은 아니며, 특히 너무 퀴어하거나 너무 정치적이거나 너무 의존적이어서 가치가 없다고 여겨지는 인물들은 더 환영받지 못한다. 그다음 나는 이 광고판들이 자신의 이데올로기 전체를 나무랄 데 없는 것으로 제시하기 위해 장애에 대한 탈정치화된 관점을 전략적으로 배치하는 방식을 살펴보았다. 마지막으로, 이 광고판들을 퀴어화하고 불구화할 수 있는 가능성, 그리고 더 나은 삶을 구성하는 것들에 대한 대안적이고 다양한 개념들을 제공할 수 있는 가능성을 탐구하고자 했다. 장애와 장애 있는 몸을 전략적으로 배치하는 데 도전함으로써 우리는 어떻게 '공동체 가치'에 대한 정치적 가정을 드러내고, 이런 도상학iconography을 되돌릴 수 있을까?

슈퍼 맨의 가치와 더 나은 삶을 위한 탐색

행인들에게 자기계발의 중요성을 설득하고 가치 지향적인 대화에 참여하도록 독려하는 것은 리브 광고판과 그와 유사한 광고판들의 후원자인 FBL의 존재 이유다. 콜로라도에 기반을 둔 민간 출자 비영리 단체인 FBL은 웹사이트, 광고판 시리즈, 버스 정류장 포스터, 텔레비전 공익광고를 활용해 개인의 책임 및 인성의 발달을 지지한다.[2] 웹사이트에 따르면, FBL의 사명은 사람들에게 "질적 가치"의 중요성을 일깨우는 것이다. 이런 가치를 홍보하기 위해, 그 단체의 발행물들은 해당 특성을 체화한 사람이나 사건을 강조해, 야망에서 자존감에 이르는 다양한 가치를 널리 알린다. 이 캠페인에 참여한 유명인과 일반 시민은 가치에 기반한 공동체 및 개인을 육성하는 FBL의 노력을 지원하기 위해 자신의 이미지를 단체에 기증한다. 강인함에 관한 리브 광고판 외에도 여러 가지가 있는데, 그중에는 9·11 테러 당시 인명을 구조했던 뉴욕의 한 소방관(**용기**의 모델), 벤저민 프랭클린Benjamin Franklin(**독창성**을 드러내는 이), 심지어 애니메이션에 등장하는 슈렉(**자신에 대한 믿음**을 독려하는 이) 광고판도 있다. '용기' 간판 세 개는 모두 성인 남성상(9·11 소방관, 천안문 광장 시위자, 무하마드 알리Muhammad Ali)으로 그려지는데,[*] 이는 FBL이 생각하는 공동체 가치가 적어도 부분적으로 전통적 성역할을 고수하고 있다는 것을 시사한다.[3] 예를 들어, '타인 돕기', '자원봉사', '공감', '사랑' 등의 가치는 여성의 모습으로 재현된다.[**]

FBL의 포트폴리오에는 58개의 광고판이 있으며,[***] 그중 약 3분의 1에 해당하는 광고판에는 그 캡션에서도 명확히 확인

---

[*] 현재(2023년 7월 8일)는 천안문 광장 시위자의 광고가 제외되었고, 팬데믹 위기에 맞서는 영웅들을 대변해 여성 의료 종사자가 등장하는 광고, 비취학 여성 청소년을 대변해 말랄라(Malala)가 등장하는 광고가 추가되어 총 네 개의 '용기' 광고가 있다. '용기' 이외에도 '탐험', '혁신', '리더십', '전념' 등의 가치는 성인 남성의 모습으로 재현된다.

[**] '친절', '경청', '서비스', '미소' 등의 가치도 여성의 모습으로 재현되었다.

[***] 현재(2023년 7월 8일)는 총 81개의 광고판이 있으며, 마음과 몸의 한계를 극복한 사례로는 이 책에 소개된 12개의 광고판 이외에 앨리 뉴먼(Allie Newman)의 광고판이 추가되었다. 앨리 뉴먼은 골육종과 울혈성 심부전을 이겨낸 '회복탄력성'의 상징으로 소개된다. 본문에 등장하는 사례는 모두 다음 웹사이트에서 확인할 수 있다. https://www.passiton.com/inspirational-sayings-billboards.

할 수 있듯, 개인의 가치관 개발로 마음과 몸의 한계를 극복한 장애인들이 등장한다.[4] 어둠이 드리운 흑백사진에 얼굴을 드러낸 무하마드 알리는 파킨슨병이 있는 사람으로서 "그의 가장 큰 경기는 링 위에 없다"라는 사실을 인정할 **용기**를 체현한다. 애덤 밴더Adam Bender는 암으로 다리를 잃었지만 야구복을 입고 한쪽 다리로 서 있는 **극복**의 상징이다("암에게 변화구를 던졌다"). 하버드 대학교 졸업 가운을 입고 휠체어에 앉아 웃으며 포즈를 취하고 있는 브룩 엘리슨Brooke Ellison은 **결의** 덕분에 하버드 대학교 졸업할 수 있었다("사지마비. A-. 하버드"). 얼굴 일부가 그림자에 가려진 채 흑백사진으로 표현된 마이클 폭스Michael J. Fox는 **낙천성**의 모델이다("파킨슨병을 이겨내기로 결심하다"). 우피 골드버그Whoopi Goldberg는 **각고의 노력** 끝에 "난독증을 극복"한 인물로서, 주름 잡힌 이마와 여러 가닥으로 꼰 머리를 하고, 고개를 숙인 채 카메라를 올려다본다. 베서니 해밀턴Bethany Hamilton은 상어의 공격으로 한쪽 팔을 잃었지만 **역경을 넘어서는 것**을 보여준 젊은 서퍼로, 상어에 물린 서핑보드를 옆에 세운 채 해변에서 포즈를 취하고 있다("그만두라고? 절대"). 딕 호이트Dick Hoyt는 숲이 우거진 길을 따라 성인 아들인 릭 호이트Rick Hoyt의 경주용 개조 휠체어를 미는 모습으로 **헌신**의 본보기가 된다("아빠는 65번*의 마라톤 동안 그의 뒤에 있었다"). 풍성한 프릴 드레스를 입고 점자를 읽는 어린 소녀로 묘사된 헬렌 켈러는 "오직 가능성만 볼 수 있었다"라는 **선견지명**으로 찬사를 받는다. 앞서 언급했듯, 크리

---

*   현재(2023년 7월 8일)는 72번으로 수정되어 있다.

페미니스트, 퀴어, 불구

스토퍼 리브는 그의 **강인함** 덕에 "슈퍼 맨"이 되었다. 알렉산드라 스콧Alexandra Scott은 소아암 연구를 위해 수백만 달러를 모금해 **영감**을 준 인물로서, 모금을 위해 집에서 만든 레모네이드를 테이블에 올려두고 그 뒤에 앉아 있는 소녀의 모습으로 찍혔다("자신 포함. 암 투병자를 위해 100만 달러를 모금하다"). 날렵한 의족으로 출발선에서 경주를 준비하고 있는 말런 셜리Marlon Shirley는 **극복**의 전형으로 등장한다("다리를 잃었다. 심장이 아니라"). 맹인 등산가 에릭 와이헨메이어Eric Weihenmayer는 그의 **비전** 덕분에 눈 덮인 산 정상에서 프로필 사진을 찍을 수 있었다("에베레스트 등반. 맹인").[5]

개인적 책임을 중시하는 FBL의 초점에 따라, 이 광고판에 등장하는 사람들은 대부분 독사진으로 등장하며, 일부 사진은 어둡고 텅 빈 배경을 하고 있다. 함께 적힌 글에선 대학을 졸업했든 에베레스트에 올랐든, 이들이 거둔 모든 성공은 오로지 개인이 "공동체가 인정하는 가치"를 엄수해서 달성했다는 것이 명확히 드러난다. 이러한 개인주의적 틀 안에서 장애는 사적인 성취 및 전념을 통해 극복해야 할 무언가로 재현된다. 호이트 부자父子 팀은 이런 개인주의적 도상학에서 벗어나는 것처럼 보이지만, 그 이미지에서 장애는 사적인 가족 틀 안에 확고히 자리 잡고 있다. 릭 호이트에게 상상된 유일한 공동체는 가족일 뿐만 아니라, 여기서 작동하는 가치는 (사회적 행동보다는 사적인 신념과 개인이라는 개념이 담긴 미덕인) "헌신"으로 제시되는 걸 보면 말이다. 게다가 "팀 호이트"라는 딱지에도 불구하고 아버지만이 가치를 행하는 사람으로 드러나는데, 아버지는 헌신의 행위자, 장애인 아들은 수동적 수혜자의 위치에 있다.

광고판들의 메시지가 너무 모호한 경우, FBL 웹사이트에서는 "개인의 책임을 통해 일련의 질적 가치를 엄수"하도록 독려하고, "종교나 인종에 상관없이 모든 개인의 수행에 대한 기대 수준을 높임으로써" 개인적 책임에 높은 프리미엄을 부여한다는 단체의 관점을 명확히 설명한다. 광고판들은 "각 개인에게 자신의 삶을 책임질 수 있는 능력에 대한 책무 및 권한이 있다는 것을 상기시키고, 실패를 통해 자신을 파악하고 자신의 성공을 자본화하는 일련의 가치들을 고취하기 위한" 의도가 있다.[6]

이런 극복에 관한 서사는 애덤 벤더, 우피 골드버그, 베서니 해밀턴, 말런 셜리가 등장하는 글에 명확히 드러나지만, 이는 다른 간판들에도 그대로 깔려 있다. 예를 들어, 에릭 와이헨메이어는 어려운 업적을 이룰 수 있게 해준, 구체적으로 꼬집어 말할 수 없는 은유적 미덕인 **비전**에 기대어 시력의 한계를 극복하는 반면, 브룩 엘리슨과 크리스토퍼 리브는 각자의 **결의**와 **강인함**으로 사지마비를 극복한다.[7] 이때 장애는 강인한 인성과 기존에 확립된 공동체 가치의 엄수를 통해 가장 잘 극복할 수 있는 (그리고 극복해야 하는) 개인의 신체적 문제로 나타난다.

이렇게 개인의 책임에 초점을 두게 되면, 사회적·정치적 책임 또는 집단적 책임에 관한 그 어떠한 논의도 배제된다. 실제로 연대, 사회 변화, 공동체 발전을 선전하는 광고판은 없으며, 연대 활동에 참여하기 위해 이질적 집단이 함께 모이는 걸 찬미하는 이미지 또한 없다. 그 내용에 비장애중심주의, 차별, 억압이 있다는 인식은 없고, 개인이 자신의 성공과 실패에 책임을 져야 한다는 주장만 있을 뿐이다. 그 결과, 장애는 어떤 몸들, 사고방식들, 행동 패턴들을 일탈적이고 가치 없다고 드러내는 시스템이 아니라, 결의와 용기가 요구되는 어쩔 수 없는 현실로 묘사되고, 탈정치화된다.

이러한 탈정치화는 그 캠페인이 장애 권리 운동가들의 활동을 지우면서 더 심해진다. FBL의 세계관에서 장애인이 잘 사는 이유는 민권법과 차별로부터의 보호 때문이 아니라, 개인의 진실성, 용기, 난관을 극복하는 능력 때문이다. 고로 엘리슨이 하버드 대학교에 갈 수 있었던 것은 오로지 개인적 결의 덕분이다. 물론 그녀의 성공 요인(그리고 분명 평균 A- 학점을 받은 요인)은 접근 가능한 건물, 차별금지 정책, 장애인을 위한 공평하고 통합적인 교육을 의무화하는 법률에 의해 확실히 촉진되었겠지만 말이다. 핵심적인 측면에서, 그녀의 교육은 그녀 이전과 이후에 투쟁해왔던 장애인 권리 운동가들에 의해 가능해진 것이다.

그런데 이 광고판에서 지워진 것은 장애 권리 운동가들만이 아니다. 이 캠페인에 젠더화된 가정이 숨어 있다는 걸 강조하기 위해 엘리슨의 이미지를 조금 더 살펴볼 필요가 있다. 브룩 엘리슨의 어머니인 진Jean은 교육에 관한 한 확실히 그녀의 딸처럼 결의가 있었다. 진 엘리슨은 브룩이 하버드 대학교에 있는 동안 브룩과 함께 살고, 브룩과 함께 수업에 참석하고, 브룩의 사적인 생활을 돕고, 시험 기간 동안 필기를 보조했다. 달리 표현하면, 하버드 대학교에서 브룩이 생존하고 잘 지내도록 돕기 위해 필요한 모든 것을 했다. FBL 웹사이트에 나온 엘리슨의 프로필에는 그녀가 "어머니의 지칠 줄 모르는 도움으로" 하버드에서 뛰어난 성적을 거두었다는 사실이 나와 있지만, 광고판 이미지와 글에는 그 어머니의 도움이 보이지 않는다. 아들을 돕기 위해 자신을 희생하고 (희생한 것으로 여겨지고) 헌신의 전형으로 떠올라 대중적 찬사를 받은 딕 호이트와 달리, 진 엘리슨은 딸의 광고판 이미지 속 어디에서도 찾아볼 수가 없다. 이 두 부모 자식 팀이 재현되는 모습을 비교해보면, 여기서 젠더가 중요한 역할을 하고 있다고밖에 할 수 없다. 우리는 여성이 어머니로서 자녀에게 자기의 삶을 바치길 기대하며, 그 기대는 그들의 헌신을 진부하고 시시한 것으로 만드는 반면, 남성과 아버지의 헌신은 끊임없이 이례적인 것으로 치부되어 놀라운 찬사를 받을 가치가 있는 것으로 여겨진다.

개인의 미덕에 대한 FBL의 관심은 이런 광고판들에 내재한 비장애중심주의적 태도를 흐리게 만든다. 많은 미국인은 그저 장애와 함께 살아간다는 사실 덕분에 리브를 강하고 '대단한' 사람으로, 알리를 '용기 있는' 사람으로 본다. 비장애중심주의의 논리에서, 그런 끔찍한 (끔찍한 것으로 여겨지는) 삶을 감당할 수 있는 사람들은 모두 강한 게 틀림없고, 열등한 사람들은 절망 속에서 이미 수년 전에 그 삶을 포기했을 것이라고 여겨지는 것이다. 실제로 FBL이 강인함의 모델로 리브를 선택했던 정확한 이유는 바로 그가 '포기'하지 않는다는 것이었으며, 웹사이트의 "광고판 뒷이야기" 섹션에는 리브가 '포기'하지 않고 '마비와 척수손상을 이기기' 위해 노력한 것을 찬양하는 내용이 나온다. 우피 골드버그가 열심히 노력했기 때문에 성공했다고 주장하는 것도 이와 비슷한 성공을 거두지 못한, 난독증 및 학습장애가 있는 다른 사람들이 그저 열심히 노력하지 않았다는 것, 그들은 우피 골드버그와 달리 성공을 위해 자기 자신을 바칠 의지가 분명히 없었다는 것을 암시한다. 마찬가지로, 와이헨메이어가 에베레스트에 올랐던 걸 비전의 문제로 배치한 것은 에베레스트에 오르지 못했거나 그에 상응하는 놀라운 업적을 이루지 못한 대부분의 맹인들이 시력뿐만 아니라 비전도 부족하다는 생각을 넌지시 풍긴다. 이 광고판들을 가득 메운 장애인들은 슈퍼불구supercrip의 역설적인 모습을 전형적으로 보여준다. 슈퍼불구는 미디어에서 선호하는 장애인 인물로서, 장애인에 대한 극도로 낮은 기대치(정의상 장애는 무능함을 의미하므로 장애인이 행하는 모든 것은 그것이 아무리 평범하고 진부하더라도 과한 찬사를 받을 만하다)와 극도로 높은 기대치(장애인은 비장애인의 관심을 끌 가치가 있는, 엄청나게 어려워서 영감을 줄 수 있는 일을 수행해야만 한다)의 산물이다.

이 광고판들에 등장하는 개인은 탈맥락화되고, 그들의 삶은 탈정치화되어왔다. 또한 그들은 의료 불평등, 접근 불가능한 건물, 차별적인 고용 관행의 영역에서 제거되어왔다. 성공한 사람들은 가치관이 확고하기 때문에 입법 지원이 필요하지 않지만, 실패한 사람들은 그러한 가치관이 결여된 사람들일 뿐이며, 따라서 그들에게는 더 평등한 사회가 아니라 인성 교육이 필요하다는 식으로 말이다. FBL과 그 광고판들에 따르면, 장애는 정치적인 문제가 아니라 인성의 문제이기 때문에 그런 방식으로 다루어져야 한다. 그 개인들이 인종, 젠더, 계급에 따라 어떻게 다른지에 대한 언급은 없으며, 모든 사람이 똑같은 기회와 자원을 가지고 있으며 똑같이 성공할 수 있다고 표현할 뿐이다. 예를 들어, 리브의 많은 업적은 내적으로 엄청나게 강인한 인성의 결과로만 그려지고, 그의 개인적인 부와 질 높은 보험 보장 덕분에 가능했던 많은 수의 간병인, 치료사, 의사들에게 그가 의존했다는 사실은 언급되지 않는다. 그저 생존과 잘 살기 위해 필요한 건 강인함뿐이다.

개인의 미덕과 사적 책임에 초점을 맞추게 되면, 장애와 그 장애를 극복하는 게 개인들의 삶에서 가장 중요한 특징이 되어버리고, 그들 삶의 다른 측면은 모두 삭제되어버린다. 가령, 인종차별주의에 맞서 투쟁하고 베트남에서의 미 제국주의에 대해 공개적으로 항의했던 무하마드 알리의 잘 알려진 면모 (양심에 따라 발언하고 불의에 저항함으로써 용기를 구현한 분명한 사례) 는 아직 치르지 않은 그의 가장 큰 경기, 혹은 링 밖에서 하는 그의 유일한 싸움이 파킨슨병이라고 표현됨으로써 지워져버린다.[8] 파킨슨병 이외의 싸움들을 광고판에 담기 위해선, FBL은 단순히 개인의 미덕이 아니라 집합적 행동을 포함시킬 수 있도록 더 나은 삶에 대한 시야를 확장해야 한다. 이를 위해서는 장애를 인간 삶의 구조 중 일부로, 인종, 계급, 젠더 범주에 영향을 받은 것으로 맥락화하는 작업이 필요하다. 이후, 이러한 묘사는 장애의 정치학을 감안해야 하며, 그리하여 장애를 단지 마음/몸에 관한 사실로 보는 FBL의 배치, FBL의 "전하라 Pass It On" 캠페인 전반이 정치와 무관하고 논란의 여지가 없으며 상식으로 보일 수 있게 만드는 재현에 도전해야 한다. 다시 말

페미니스트, 퀴어, 불구

해, 그 캠페인은 캠페인 전반을 탈정치화하기 위해 장애를 탈정치화해서 보는 시각에 크게 의존하고 있다.

누구에게 더 나은 삶인가? 근본적 배제

FBL의 웹사이트에 따르면, 그 단체는 미국 문화의 현황과 국가가 나아가는 방향을 우려한다. 그래서 더 나은 미국의 모습은 어떨지, 어떤 가치를 구현해낼지 그 비전의 일환으로 이 광고판을 만든다. "더 나은 삶을 위한 재단"이라는 단체의 이름 자체가 미래에 대한 단체의 우려를 밝히고, 그들이 찬양하는 원칙들이 '더 나은 삶'을 이루는 데 필수적이라는 믿음을 증명한다. 웹사이트 자주 묻는 질문FAQ 섹션의 초기 버전에 의하면, 이 단체는 '공동체 가치'와 가치에 기반한 교육에 전념하는 개별 미국인들에게 미래가 달려 있다고 주장한다.

재단은 다른 사람들이 한 단계 더 높은 수준으로 올라가 그들이 배운 긍정적인 가치들을 전할 수 있도록 독려합니다. 가치관에 기반한 삶을 살아가는 개인의 작은 사례들은 세상을 바꾸지는 못할지도 모르지만, 집합적으로는 차이를 만들 것입니다. 그리고 그 과정에서 세상을 모두에게 더 나은 곳으로 만드는 데 도움이 될 것입니다. 결국, 가치를 발달시키고 이를 다른 사람들에게 전하는 것이 FBL입니다.[9]

FBL의 강령에 의하면, 이 단체의 유일한 목적은 사람들에게 "우리 공동체를 변화시키는" "질적 가치"의 중요성을 상기시키는 것이다. 최근 몇 년 동안, FBL의 웹사이트는 점점 더 상호적으로 바뀌었고, 지금은 방문자들이 미래의 광고판에 등장할 사람과 가치를 제안할 수 있는 섹션이 생겼다. 언뜻 보기에 이러한 변화는 이 단체의 새로운 개방성, 즉 우리가 살아가는 가치를 논쟁과 이견의 대상으로 보려는 의지를 나타내는 것처럼 보이지만, FBL은 계속해서 논쟁의 용어를 정의하고 있다. 추천을 하려면 의견을 게시하는 사람은 반드시 그들이 골라둔 가치 목록 안에서만 하나를 선택해야 한다. 예를 들어, '인내'는 수용되는 덕목인 반면 '저항'은 그렇지 않은 덕목이고, 가치에 기반한 공동체에서는 '자원봉사'를 할 여지는 있어도 '활동 ACTIVISM'을 할 여지는 없는 것 같다. 또한 웹사이트에 게시되는 모든 게시물은 해당 기관의 약관이 적용되어 FBL 사이트에는 부정적이거나 비판적인 게시물이 단 한 건도 없다. 가치에 기반한 삶은 공동체의 건강에 핵심일 수 있으나, 그 가치가 무엇인지를 결정하는 것은 공동체가 아니라 FBL이다. '공동체'가 무엇을 의미하고, 그 용어가 누구를 포함하고자 하는지에 대한 논의 역시 보이지 않는다. 그럼에도 불구하고, 〈전하라〉 캠페인은 10년 넘게 미국 전역의 광고판, 텔레비전 방송국, 영화관을 통해 진행되어왔고, 이는 FBL이 단일하게 공유되는 가치를 지닌 일관적인 국가 공동체를 구상하고 있음을 시사한다. 그런데 그런 공동체 가치는 무엇일까? 여기서 상상하는 공동체는 누가, 어떤 기준으로 구성하는가? 이것은 누구에게 더 나은 삶인가?

페미니스트, 퀴어, 불구

웹사이트에는 FBL에 대한 세부 정보가 전혀 없다. 단체 주소도 없으며, 연혁에 대한 설명이나 회원 명단도 없다.* 언론 보도자료를 통해 FBL의 대표로 확인된 게리 딕슨Gary Dixon에 따르면, FBL을 창설하고 자금을 지원한 가족은 익명으로 남기를 원했다고 하지만, 언론과 세금 신고서는 이 단체를 억만장자 개발자인 필립 앤슈츠Philip Anschutz, 앤슈츠 가족 재단Anschutz Family Foundation과 연결 짓는다.[10] 앤슈츠 가족 재단은 1982년 설립된 이래로 다양한 보수 단체를 지원해왔다. 1990년대 초에 앤슈츠 가족 재단은 가족의 가치를 위한 콜로라도Colorado for Family Values라는 반동성애 단체를 지원했는데, 이는 콜로라도주 수정헌법 2조가 제정되는 데 원동력이 되었다. 1996년 미국 대법원이 위헌 판결을 선언했던 이 콜로라도주 헌법 수정 조항은 게이, 레즈비언, 바이섹슈얼을 위한 지역 차별금지법이 작동하지 못하도록 막았을 가능성이 있다. 최근 앤슈츠 가족 재단은 반포르노그래피 캠페인을 운영하고, 싱글맘 가정의 위험성을 경고하고, 이혼을 더 어렵게 만드는 개혁을 지원하고, 저소득층을 위한 결혼 장려금을 선호하는 미국가치협회Institute of American Values에 재정을 지원했다. 만약 이런 관계성이 FBL이 약속했던 '더 나은 삶'이 무엇을 의미하는지에 대한 힌트가 된다면, 그들이 꿈꾸는 미래는 확실히 이성애규범적인 미래일 것이다.

〈전하라〉 캠페인에서 장애가 있는 개인들은 주연을 맡고

---

* 현재(2023년 7월 8일)는 FBL의 설립연도, 대표자명, 운영비 지원 단체(앤슈츠 재단) 등을 짧막하게 밝히고 있다.

있지만, 그들은 이 광고판의 주요한 또는 이 광고판이 겨냥한 관중은 아니다. 그들은 이 광고판에 등장해 예상 관중인 비장애인들에게 영감을 준다(그리고 억제한다). 그 간판들이 은연중에 담고 있는 생각은 이렇다. "크리스토퍼 리브나 브룩 엘리슨 같은 중증 장애인들이 이런 가치들을 발달시키고 스스로를 개선할 수 있다면, 여러분도 그렇게 할 수 있습니다. 그들과 달리, 여러분은 변명의 여지가 없어요. 불평하지 말고 기운을 내서 열심히 노력하고 극복하세요."

FBL 웹사이트 방문자들은 각 광고판에 댓글을 달 수 있는데, 그 글을 대충 읽어봐도 (비장애인) 관중이 그 이미지에 정확히 이와 같은 방식으로 반응한다는 것을 알 수 있다. 한 댓글 게시자는 베서니 해밀턴의 간판에 이렇게 썼다. "[그녀는] 영감을 줍니다. 타인이나 상황 탓을 하는 사람들에게 모두 '베서니 해밀턴을 보세요'라고 말하고 싶습니다." 미국 유타주에 살고 있는 R. H.도 리브의 광고판에 다음과 같은 댓글을 올리면서 위와 같은 메시지를 내면화한다. "이걸 인쇄한 뒤 오려서 직장의 제 자리에 꽂아놨어요. 저는 이걸 매일 보면서, 나는 마비되지 않았으니 할 수 있다는 것을 상기하고 있어요. …… 제 삶은 그리 힘들지 않지만, 가끔 그렇게 느껴질 때도 있어요." 장애 광고판들에 관한 많은 의견은, 자신의 상황이 훨씬 더 나빠질 수 있으므로 지금 가진 걸 감사해야 한다는 생각, 그 '훨씬 나쁜' 상황은 장애 있는 몸으로 가장 잘 설명된다는 (비장애인) 관중의 생각을 반영한다."

광고판의 구성 방식은 이런 비교를 더욱 악화시킨다. 광고

페미니스트, 퀴어, 불구

판들은 지면보다 훨씬 높은 위치에 있어서, 지나가는 사람들은 말 그대로 그들 위에 우뚝 솟은 도덕적인 사람들의 사진을 올려다봐야 한다. 이런 크기의 차이는 비장애인 시청자가 광고판에서 자신과 장애인 사이에서 찾아낸 다음과 같은 크기의 차이를 그대로 모방한다. '마비, 시각장애, 절단 수술 등 그들의 문제는 큰 문제지만, 장애가 없는 저의 문제는 작은 문제입니다.'

개인주의와 규범 준수에 관한 이런 메시지를 통해 그 광고판 속의 장애 있는 몸들은 다른 장애 있는 몸들을 텍스트 주변부 너머로 밀어내는 데 활용된다. FBL 광고판 주변부에 있는 이들은 하버드 대학교를 졸업하지 못했거나, 에베레스트를 등정하지 않았거나, 첨단 의수족을 착용하지 못하는 장애인들이다. 양질의 초등교육을 요구하고 신청하거나, 대부분 저소득층인 장애인들의 시설화에 항거하거나, 치유와 동화라는 문화적 서사를 조용히 받아들이길 거부하는 사람들이다. 공동체 가치를 손쉽게 찬양하는 데 관심이 없고, 대신 공동체 내에서 자신만의 방식에 따라 살 권리에 관심 있는 사람들이다. 장애인에 대한 주변화가 결의, 각고의 노력, 또는 용기의 부족 때문이 아니라, 만연하고 반복되는 경제적·정치적·사회적 배제 때문에 일어난다고 인식하는 사람들이다. 이런 장애 있는 몸들은 FBL이 약속한 더 나은 미래의 주변부로 내몰리게 되며, 장애 있는 몸들은 불평 없이 영감을 주겠다고 약속하는 한에서만 받아들여진다.

장애 있는 몸을 전략적으로 활용해 나타내는 더 나은 삶에 관한 표현은 장애 없는 몸의 미래뿐만 아니라 이성애규범적인 미래 또한 연상시킨다. 광고판 주변부에 있는 실패한 장애 있는 몸들에 가담하는 이들은 퀴어의 실패한 몸들, 그리고 다른 일탈자들이다. FBL이 그리는 꿈 같은 정경에 들어가기 위해 이미 합의된 정치 초월적 가치들을 소유하는 것이 필요하다면, 퀴어는 자동적으로 제외될 것이다. 데이비드 핼퍼린David Halperin 이 주장하듯, 만약 퀴어성이 "다른 정체성을 구성하고, 다양한 유형의 관계를 정교화하고, 새로운 문화적 형태를 개발하기 위한 사회적 공간"을 수반하는 것이라면, 퀴어성은 FBL과 공존할 수 없고 공존하지도 않을 것이다.[12] 퀴어 이론은 그런 가치들을 자명한 것으로 받아들이기보다 그것을 심문해야 한다고 주장할 것이기 때문이다. 그 가치들은 누구의 가치이며, 누구의 경험을 당연하게 여기는가?

FBL은 마치 웹사이트에서 강조하는 두 가치인 다양성과 차이에 대한 관용에 전념하고 관심을 가진 것처럼 스스로를 표현하지만, 그 다양성은 백인, 장애 없는 몸의 이성애규범성을 굳건히 하는 데 사용될 뿐이다. FBL 웹사이트의 이미지들은 모든 연령, 종교, 인종/민족 집단의 사람들로 세심하게 구성되어 있지만, 공유된 공동체 가치에 대한 주장은 다양성을 제약하기도 하고 포함하기도 한다. FBL은 다른 공동체가 다른 역사적 순간 및 맥락에서 다른 특징들을 가치 있게 여길 수도 있다는 인식이 없다. 반대로, FBL은 그들의 가치와 캠페인 전반이 '특정 종교나 국적을 초월'해 가치에 기반한 삶을 영위하기 위해 함께 모이는 통합된 글로벌 공동체의 모습을 떠올리게 한다고 주장한다. FBL이 말하는 '더 나은 삶'과 '긍정적인 가치' 등의 레토릭은 더 나은 삶을 구성하는 것, 소중히 여기는 가치가 무엇이고, '우리'가 누구인지에 대해 '우리' 모두가 동의하고 있다는 생각을 당연하게 여긴다.

이를 당연시하는 태도는 장애 있는 몸에 전략적으로 의지함으로써 가능하다. 9·11을 노골적으로 그리거나 애국심에 직접 호소하는 소수의 FBL 광고판들이 일부 비판을 받긴 했지만, 나머지 광고판들, 특히 내가 장애 시리즈라고 부르는 광고판들은 FBL 캠페인 전반을 면밀한 검토로부터 보호하는 역할을 한다. 리브에서 엘리슨에 이르기까지 영감을 주는 불구의 이미지는 우리가 모두 쉽게 동의할 수 있는 공유된 가치들을 증명하는 데 활용된다. 무하마드 알리를 용기 있는 사람으로, 알렉산드라 스콧을 영감을 주는 사람으로, 브룩 엘리슨을 결의의 전형으로 묘사하는 데 어느 누가 공개적으로 이의를 제기하겠는가? 인내, 내면의 강인함, 선견지명의 가치, 특히 그것이 주변화된 집단의 사람들에게 체화되었을 때의 가치를 어느 누가 부인하겠는가? 내가 이 캠페인을 언급했을 때, 어느 학생이 이야기했던 것처럼 "암에 걸린 작은 소녀에게 찬사를 보내는 광고판을 어느 누가 나쁘게 말할 수 있을까?"

실제로 그 광고판들과 〈전하라〉 캠페인, 또는 FBL을 향한 대중의 비판은 거의 찾아볼 수가 없다.[13] 렉시스넥시스LexisNexis* 검색 결과, 필립 앤슈츠에 관한 몇 가지 폭로(그의 사업상 거래, 특히 퀘스트커뮤니케이션스Qwest Communications에 대한 소유권 문제로 몇 건의

---

* 법률 및 공공기록 관련 정보, 신문, 잡지, 뉴스 등 문서 검색 데이터베이스.

소송)가 있었으나, 광고판 자체에 대한 비판은 없었다. 예를 들어, 앤슈츠를 매우 상세하게 소개하는 《뉴욕타임스New York Times》의 기사조차 그 광고판들이 "대체로 논란의 여지가 없고, 정치와 무관하며, 다종교적"이라고 주장하며 글을 마무리한다.[14] 앤슈츠는 언론의 비판적 관심을 받을 만하지만, 광고판은 그렇게 보이지 않는다는 것이다. 즉, 그 광고판들에는 의제도, 정치도, 배제도, 아무것도 없기 때문에 그걸 비판적으로 바라볼 필요가 없다는 것이다. FBL은 이렇게 표현한다. "요즘 같은 시대에 어느 단체의 유일한 목표가 타인이 선한 일을 행하도록 독려하는 것이라는 사실을 믿기 어려울 수도 있겠지만, 그것이 바로 우리가 존재하는 이유입니다."

비판적 관심의 부족이 시사하는 바가 있다면, FBL이 오직 선행과 인성 발달을 촉진하기 위해 존재한다는 그들의 말이 그대로 받아들여진다는 점이다. 하지만 이 광고판들에서 장애 있는 몸이 더 두드러진다는 점은 더 많은 관심을 요한다. 이 캠페인에서 장애는 어떤 일을 하고 있으며, 그 간판들은 어떤 가정에 기대어 있는가?

이 의문들을 해결하기 위해, 나는 명확히 장애 시리즈에 속해 있지만 표면적으로는 전혀 장애에 관한 이미지가 아닌 것 같은 두 광고판을 더 해체해보고 싶다. 나는 미국이 이라크를 점령한 지 3년이 지난 2006년에 말런 셜리의 광고판을 처음 보았다.[15] FBL 웹사이트에 쓰여 있는 배경 이야기에서 확인할 수 있듯이, 셜리의 절단 수술은 전쟁과 관련이 없으며 그의 왼발은 어린 시절의 사고로 인해 1984년에 절단되었다. 그러나 광고판에서는 셜리의 부상에 대한 자세한 정보를 제공하지 않아서 일부 시청자들은 이 젊은 흑인 남성 절단장애인을 이라크와 아프가니스탄에서 부상당한 미군 4만 5329명 중 한 사람으로 상상할 것 같다.[16] 셜리의 나이, 성별, 인종은 그의 운동 능력과 함께 그를 부상당한 퇴역 군인으로 오해하게 만든다. 젊은 남성은 미군의 이미지가 되어왔고, 장애인 운동선수는 그들이 퇴역 군인 출신이라는 데 초점이 맞춰지는 경향이 있으며, 셜리의 젊어 보이는 근육은 그의 절단 수술이 질병이 아닌 사고의 결과임을 암시한다. 게다가 셜리가 가진 손상의 특성은 그가 부상당한 퇴역군인으로 보일 가능성을 높인다. 외상성 뇌손상, 그리고/또는 외상 후 스트레스 장애(이하, PTSD)를 가지고 이라크와 아프가니스탄에서 돌아온 퇴역군인들이 엄청나게 많음에도 불구하고, 언론에는 절단장애인의 모습이 여전히 장애인 퇴역군인의 지배적인 이미지로 남아 있다.[17]

부상을 당한 많은 군인이 집으로 돌아가 장애 지원과 건강 관리를 요구하기 위해 애쓰고 있는 이런 특수한 상황에서 그런 이미지가 공개되었다는 사실을 우리는 어떻게 받아들여야 할까? PTSD가 있는 군인들이 기존 질환이 있다는 이유로 치료를 거부당하는 시기, 제대해야 하는 시기에 그랬다는 것은 또 어떻게 받아들여야 하는가? 이러한 맥락에서 '극복'이란 무엇을 의미할까? 개인의 책임과 인성 발달에 초점을 맞춘다는 것은 또 무엇을 의미하는가? 오해를 줄이자면, 나는 어떤 이미지를 언제 등장시킬지 결정하는 FBL의 배후에 국방부가 있다고 말하려는 것도, FBL이 장애인 퇴역군인에게 의료 지원이나 사회복지 사업을 제공하는 데 반대하려는 것도 아니다. 다만 나는 그 광고판들의 이념적 틀, 그리고 효과에 주목하고 싶다. 이 캠페인 내 다른 광고판과 그에 대한 관중의 반응을 고려할 때, 많은 관중이 셜리의 몸과 그 사진과 함께 쓰여 있는 글("다리를 잃었다. 심장이 아니라" / "극복" / 〈전하라〉)을 부상당한 퇴역군인을 포함한 모든 사람이 스스로의 힘으로 나아가야 한다는 걸 상기시키는 메시지로 해석하리라는 추측은 타당해 보인다. 극복해야하며, 이런 극복 사례를 다른 사람들에게 전해야 한다는 간판의 명령은 이런 개인적 성취만이 유일하게 받아들여질 수 있는 비극에 대한 반응이며, 그래야만 비로소 더 나은 삶을 위한 토대를 갖추게 될 것이라는 점을 뚜렷하게 밝히고 있다.

이러한 메시지의 효과가 얼마나 장애 있는 몸에 의존하고 있는지를 확인하기 위해, 장애와 아무 관련이 없어 보이는 광고판 하나를 살펴보겠다. 이 광고판에서는 젊은 백인 여성인 리즈 머리Liz Murray가 교실에 앉아 심리학 교재를 들고 카메라를 향해 살짝 웃고 있다.* 광고판은 "홈리스에서 하버드까지", "야망"이라는 글을 보여준다. 나는 텍사스주 오스틴시 북부에서 처음 이 광고판을 보았다. 그 간판은 구걸하는 사람들이 있는 교차로 각 모퉁이의 의류 기부함과 버스 정류장(빈곤과 홈리스의 흔적이 보이는 곳) 바로 위에 있었다. 간판을 올려다본 후 기부함을 내려다보니, 이 캠페인의 음흉함이 나를 강타했다. 이 광고판의 모습은 정지신호에 멈춰 서서, 구걸하는 사람들을 보는

---

* https://www.passiton.com/inspirational-sayings-billboards/2-ambition.

운전자의 반응에 어떤 영향을 미칠까? 구걸하는 사람들에 관한 법률, 시내 거리와 동네에서 홈리스 퇴출을 위한 오스틴시의 변화를 대하는 사람들의 반응에는 또 어떤 영향을 미칠까? 더 나아가 공공 부문 그 자체에 관한 그들의 입장, 공적 지원을 더욱 위축시키려는 움직임에는 어떤 영향을 미칠까? 가치에 기반한 삶이란 홈리스에게 야망을 갖도록 설파해야 한다는 뜻인가? 홈리스에게 부족한 것은 단지 야망뿐인가? 머리가 하버드 대학교로 가는 여정은 분명 그보다 더 복잡했겠지만, 그녀의 웃는 얼굴과 의류 기부함이 병치되는 광경은 그런 복잡함을 가린다.

이 광고판은 앞선 장애 시리즈에 일면 들어맞지 않는 것처럼 보이지만, 나는 이 사례를 장애 시리즈에 포함하고 싶다. 많은 홈리스는 장애인이며, 홈리스 상태는 많은 장애인에게 매우 현실적인 위협이라는 점에서 홈리스 문제는 **곧** 장애의 문제다. 이뿐만 아니라, 웹사이트에서 확인할 수 있는 리즈 머리의 "광고판 배경 이야기"도 장애와 관련이 있다. 머리의 부모는 그녀가 어렸을 때 약물 중독자였고, 그 중독 때문에 그들은 집을 잃었다. 그녀의 어머니는 결국 에이즈로 사망했고, 머리는 긴 투병을 하는 아버지를 간병했다. FBL 웹사이트에는 이러한 세부적인 사항을 포함해 그녀가 어린 시절에 다양한 도움을 받았다는 이야기가 등장한다. 그러나 짧고 인상적인 어구를 쓰는 광고판의 구성 방식은 이런 세부적인 사항들을 가리고, 그녀의 이야기를 모든 사회적 맥락 또는 정치적 맥락에서 완전히 제거해버린다.

그 광고판에 대한 반응은 이러한 맥락의 제거가 효과적이었다는 것을 드러낸다. 캘리포니아주 살리나스에 사는 라파엘Rafael은 FBL 웹사이트에 이런 글을 올린 바 있다. "이 멋진 광고판과 뛰어난 위치 선정에 감사드립니다. 저는 실업과 빈곤이 두 자릿수에 달하는 캘리포니아주 센트럴밸리에서 99번 고속도로를 따라 운전하는 도중에 이 광고판을 봤습니다. 그 광고는 야망을 좇는다면 뭐든 할 수 있다는 걸 우리 모두에게 알려줍니다." 하지만 정말로 야망이 실업 문제를 해결할 수 있을까? 머리의 이야기는 장애인이든 비장애인이든, 성공을 위해 사적 책임을 다하지 못한 다른 몸들을 광고판 주변부 밖으로 몰아내는 데 어떻게 활용되는가? 여기서 사적 책임은 홈리스와 하버드 교육 사이를 가르는 유일하고 중요한 요소가 된다.

나는 장애 광고판들이 FBL의 캠페인 내에서 더 두드러진다는 점으로 인해 사람들 대부분이 위와 같이 탈맥락화된 사적 책임의 찬가讚歌를 손쉽게 정치와 무관하고 나긋나긋한 것으로 해석하게 된다는 점을 언급하고 싶다. 퀴어 이론가인 로런 벌랜트와 리 에덜먼은 특정한 입장을 정치 영역 너머의 초정치적인 것으로 만드는 데 아이의 모습이 활용된다고 말했는데, 나는 장애 있는 몸이 FBL의 논리 안에서 이와 유사한 기능을 수행한다고 말하고 싶다. 에덜먼의 말을 인용하자면 이렇다.

이런 '자명한' 일방향성(순진무구함으로 우리가 변호해주길 간청하는 대문자 아이의 가치처럼, 명백히 의심할 여지가 없어 아무런 의심 없이 받아들여지는 어떤 가치를 긍정하는 것)은 정확히 공익광

페미니스트, 퀴어, 불구

고가 정치적 논쟁의 당파적 담론과 구별되는 점이다. 그러나 이는 정치적인 것을 사유할 수 있는 논리를 형성시킴으로써 …… 그런 광고를 억압적이고 정치적인 발언으로 만드는 것이기도 하다.[18]

FBL에게 "명백히 의심할 여지가 없어 아무런 의심 없이 받아들여지는" 입장이란 자신의 장애를 극복한 장애인을 찬양하는 일이다. 열심히 일하고 성공한 사람들의 인성을 부각하는 게 뭐가 잘못이냐는 것이다.

이러한 질문은 광고판 캠페인에 대한 온라인 논쟁에서 지속된다. 누군가가 그 광고판들의 신자유주의적 요구를 비판할 때마다, 이를 비판하는 대신 지지해야 한다고 하는 사람들이 있다. 한 댓글 게시자는 이렇게 말한다. "당신에게 주어진 메시지를 수용하고, 숨겨진 의도를 해독하려는 시도를 중단하세요. 그게 당신에게 도움이 될 겁니다."[19] 필립 앤슈츠가 FBL에 개입하는 걸 의심스럽게 생각하는 사람들(거기에 '숨겨진 의도'가 있다고 우려하는 사람들)조차도 앤슈츠의 정치와 앤슈츠가 장려하는 가치를 구분 짓는다. 예를 들어, 《블로그허BlogHer》의 마리아 나일스Maria Niles는 자신의 정치적 성향이 앤슈츠와는 크게 다르다며 앤슈츠와 연루되는 것을 경계했지만, 그 광고판들의 희망찬 메시지를 좋아하고 높이 평가한다고 인정한다.[20] 《미디어매터스MediaMatters》 블로그에 글을 쓰는 저스틴 베리어Justin Berrier 역시 앤슈츠가 단체에 관여한다는 사실을 비판하면서도 "FBL이 제공하는 가치에 관한 메시지에는 문제가 없다"라고 강조한다.[21]

미국 포틀랜드주의 《인디미디어Indymedia》에 올라온 비판 기사를 본 사람들도 이와 비슷한 반응을 보였는데, 그중 한 명은 내가 "우려하는 건 메시지가 아니라 메신저"라고 했고, 다른 한 명은 "앤슈츠에 관한 정보가 저를 혼란스럽게 하고, 저는 통합Unity/미국 정신Spirit of American 따위의 메시지는 마음에 들지 않지만, 다른 메시지들은 좋았다고 생각했습니다"라고 했다.[22]*

물론 그 FBL 광고판을 비판하는 블로거들도 있고, 그들 중 일부는 나처럼 공동체에 대한 배타적 관념을 드러내는 캠페인을 비판하기도 한다. 그러나 그들의 비판은 거의 언제나 애국심과 민족주의를 명시적으로 언급하는 광고판, 즉 노골적이고 바로 알아볼 수 있을 정도로 정치적인 광고판만을 향한다. 장애 광고판들은 전혀 논의되지 않거나 '지나치게 감상적'이라거나 혹은 '가식적인' 어조라고만 비판받고 지나가버린다. 하지만 여기에서 자세히 다루고 있듯, 장애 시리즈 또한 정치적이며, 그 이미지들은 캠페인 전반에 퍼져 있는 배타적이고 강압적인 공동체에 대한 관념을 만들어내는 데 중요한 역할을 한다. 우리는 장애를 수용하고 포용하는 레토릭이 불구를 부정하는 목표를 위해 이용될 수 있다는 걸 인정하고, 이렇게 장애를 전략적으로 활용하는 것을 인식하고 거기에 저항해야 한다.[23]

공익광고를 포함한 모든 광고는 "기존의 이념적 서사를 반영"해 제작되는데, FBL의 광고판은 장애에 관한 상식적이고

---

* 《블로그허》, 《미디어 매터스》, 《인디미디어》는 정치적으로 진보적인 입장의 기사나 글을 기고하는 매체다.

페미니스트, 퀴어, 불구

익숙한 이해에 기반한 덕분에 성공할 수 있었다.[24] 사실적인 사진을 사용하면 광고판은 쉽게 진실로 받아들여진다. 로즈머리 갈런드-탐슨이 설명하듯, "사진의 즉각적이고 진실을 추구하는 특성은 이것을 보는 이들에게 장애에 관해 전하려는 바를 강화하며, 동시에 장애에 대한 대중의 인식을 형성하고 기록한다".[25] 장애를 사적 투쟁·극복·승리의 장(우리 문화에서 장애를 이해하는 지배적인 틀 중 하나)으로 바라보게 되면, 캠페인의 그 이념적 토대를 더 쉽게 간과하게 된다.

여러 반응이 시사하듯, 대부분의 FBL 광고판(더 나아가 〈전하라〉 캠페인 전체)은 정치에 관한 것이 아니라, 희망, 공동체, 선에 관한 것으로 비친다. 그리고 이런 메시지를 가능하게 하는 건 장애 있는 마음/몸의 존재인데, 그건 장애 있는 몸이 희망, 공동체, 선을 체화한 것으로 인식되기 때문이 아니다. 크리스토퍼 리브에게 영감을 받거나 말런 셜리에 대해 좋은 말을 해주고 싶은 [즉, 장애 있는 마음/몸을 찬미하는] 사람이라면 모두 이런 특성을 반드시 체화해야 한다고 가정하기 때문이다. 이런 광고들은 사실상 비난할 수 없는 것으로 여겨지는데, 그 텍스트들에 대해 우리는 무슨 반대 입장을 취해야 했을까? 이 캠페인에서는 누구의 가치가 찬미되고, 누구의 몸이 공동체에 속한 것으로 여겨지며, 누구의 실천이 가치 있게 여겨지는지를 탐구할 필요를 느끼지 못한다. 그 결과, 광고판 주변부에 위치하는 실패한 장애 있는 몸들은, FBL이 그리는 공동체에서 환영받지 못하고 FBL이 제시하는 미덕의 기준에 도달할 수 없는 다른 신체들처럼 계속해서 주변부에 남게 된다.

"공동체"는 공통의 경험 및 가치에 바탕을 둔 통일된 전체를 만들기 위해 차이를 제쳐두고, 사람들이 합의와 통합을 통해 모일 수 있다는 관념에 기초한다. 그러나 통합에 대한 이러한 생각은 차이와 이견을 배제함으로써 자기 영속적인 동질성을 만들어낸다.[26] 공동체의 가치를 판단하는 기준을 미리 결정하려는 시도는 공동체에 대한 기존의 이해를 고착화할 위험이 있으므로, 향후 "공동체"의 정의를 바꾸거나 확장하기가 훨씬 더 어려워진다. 공동체 같은 개념들에 대한 현재의 이해는 미래의 표현을 가늠하는 기준이 되며, 아직 인식되지 않는 장벽을 잠재적으로 유지함으로써, 결국 다른 몸들, 정체성들, 실천들을 금지하거나 주변화시킨다. 그 대신 나는 주디스 버틀러를 따라 "어떤 종류의 가능성이 실현되어야 하는지 지시하지 않은 채 …… 가능성의 장을 개방"해야 한다고 제안하고자 한다.[27]

퀴어불구의 미래

FBL의 장애 시리즈에는 내가 아직 다루지 못한 또 다른 광고판이 있다. 마지막으로 살펴볼 장애 관련 간판에는 팀 유니폼을 입고 야구 방망이를 들고 있는 어린 야구 선수가 등장한다. 그는 자랑스럽게 휠체어에 앉아 있고, 동료 휠체어 야구 선수들은 그의 뒤에 반원형의 호를 그리며 자리하고, 몇 명의 비장애인 관중이 사진의 가장자리에 서 있다.* 광고판 오른쪽에 있는 "기회"라는 단어는 "그들만의 리그"라는 문구 위에 있다. 이 광고판을 소개하는 글에 따르면, 이 어린 야구 선수들은 '그들만의 리그'에서 뛸 수 있는 기회를 얻어 잘 자라나고 있다.

나는 페미니스트, 퀴어, 장애학자의 도구를 활용해 이 광고판을 다르게 읽고, 여기에 나타난 재현을 불구화·퀴어화하고 싶다. 나의 반대로 읽기 작업은 이 광고판의 사진과 장애 시리즈 내 다른 사진을 비교하는 데서부터 시작한다. "기회"의 가치를 내세우는 이 광고판은 장애인이 다른 장애인과 그 친구 및 가족에게 둘러싸인, 어느 공동체 안에 자리한 유일한 광고판이다. 알리, 스콧, 리브, 켈러, 골드버그, 엘리슨, 해밀턴, 셜리, 폭스, 벤더, 와이헨메이어가 모두 단독으로 그려지거나 호이트가 "헌신적인" 아버지와 함께 등장하는 것과 달리, 이 야구 선수는 자신이 능동적으로 참여하고 있는 훨씬 더 큰 공동체의 일원으로 재현된다. 그는 개인적 성취가 아니라 팀워크와 단체행동으로 인정받는다. 이 광고판은 더 넓은 사회적·정치적 맥락이 있음을 암시하는 가치를 선전하는 유일한 광고이기 때문에 이런 식의 묘사는 적절해 보인다. 주로 한 개인의 인성으로 설명되는 용기, 투지, 각고의 노력 등과 달리, 기회는 더 넓은 사회적 관계의 장 속에 누군가를 위치시킨다. 그래서 이 간판은 장애인이 잘 살기 위해서는 (비장애인처럼) 기회와 자원이 필요하다는 걸 인정하는 메시지로 해석할 수 있다. 자선이나 개인적 책무에 대한 메시지를 설파하기보다, 모든 사람이 기회에 접근할

---

* 현재(2023년 7월 8일)는 비장애인 관중이 보이지 않는다. https://www.passiton.com/inspirational-sayings-billboards/32-opportunity.

수 있도록 노력하기 위해서는 사회적 책임을 키우라는 요청으로도 해석될 수 있다.

하지만 이런 식의 독해를 하려면 기존의 통념을 거스르는 각고의 노력이 필요하며, 페미니스트들과 퀴어 연구자들이 오랫동안 지적해왔던 것처럼 그 독해는 결코 만족스럽지 않을 수도 있다.[28] 내가 상상한 해석을 설명하는 동안에도, 이 광고판을 보는 사람의 대부분은 매우 감상적인 시선으로 이 이미지를 독해하고 있다는 사실을 나는 잘 알고 있다. 로즈머리 갈런드-탐슨은 장애 아동의 이미지가 장애를 "해결해야 할 문제, 제거해야 할 난관, 마주해야 할 도전"으로 나타내는 과정인 장애의 감상화sentimentalization를 전형적으로 보여줌으로써, 그 이미지를 보는 사람이 "측은하고 무력한 아이"를 대신해 행동하도록 동기를 부여한다고 주장한다.[29] 이러한 인식 틀을 적용하면, 웹사이트에서 볼 수 있는 이 광고판의 배경 이야기에 아이 본인 아닌 이 아이의 부모에게서 인용한 내용만 포함된 것은 당연한 일이다. 우리는 이미지 중앙에 있는 소년이 저스틴이라는 것과 그에게 뇌성마비가 있다는 사실을 알게 되지만, 이는 그 (신원 미상의) 부모의 말을 통해서만 알게 될 뿐이다. 광고판에서는 저스틴이 시각적으로 존재하지만, 배경 이야기에서는 그의 말이 존재하지 않는다는 사실은 FBL이 가장 도달하길 바라는 사람은 비장애인이라는 것을 드러낸다. 이 광고판을 보는 사람들은 그것이 사회적 책임을 제고하는 이야기라거나 장애인과 더불어 함께 존재하는 활기찬 공동체에 관한 이야기라고 해석하기보다, 그 광고판 속에서 자선이나 관용 같은 사적 미덕에 관한 또 다른 찬가를 발견하게 될 것이다. "기회"는 특권과 억압의 구조로 촘촘히 짜인 무언가로서, 집합적 책임의 일부로 해석되지 않는다. 자신보다 운이 없을 것이라고 상상되는 사람들에 대한 사적인 의무로서, 비장애중심주의, 차별, 불평등과는 완전히 분리된 개인의 재능 중 하나로 해석된다.

기존 이미지들의 문제를 체념하는 대신, 나는 또 다른 장애 시리즈들, '더 나은 삶'을 알리는 또 다른 광고판들을 상상해보고 싶다. 나는 각 개인이 자신의 사생활을 통해 이미 확립한 가치를 드러내는 FBL 방식의 이해가 아니라, 공동체의 범위에 대해, 그리고 공동체 내에서 찬미되는 가치들에 대해 모두 논란을 만드는 장애 시리즈, 공동체 및 **연합**의 가치들에 관한 페미니스트/퀴어/불구의 이해에 따라 '공동체 가치'를 상상하는 장애 시리즈를 그려본다. '용기', '결의', '기회'는 무엇을 뜻하는가? 이런 가치들은 어떤 종류의 실천 및 태도를 포함하고, 또 배제하는가? 특정 공동체 내에서 가치 있는 특성을 결정하는 데 관여하는 사람은 누구인가? 그 공동체에 포함되거나 배제되는 사람은 누구인가? 서로 다른 공동체들이 어떻게 함께 모여 연합을 형성할 수 있는가? 나는 **통합**이 "우리를 위대하게 만드는 것"이라는 FBL의 선언을 받아들이는 대신, 최소한 통합만큼 **이견**을 장려하고, 정치적 시위 및 활동을 용기의 표현으로 인정하고, 사적 책임 및 책무만큼 집합적 책임 및 책무에도 관심을 가지는 언론 운동을 그려본다.

FBL의 광고판을 대체하는 다른 광고판을 처음 제안한 사람은 내가 아니다. "우리를 위대하게 만드는 것/통합"이라는 광고판이 많은 관심을 끌게 되자, 전국의 광고판 활동가들은 이런 간판 중 일부를 '해방'시켜왔다. 이 광고판의 FBL 버전에서는 한 백인 소녀가 아버지처럼 보이는 성인 남성의 어깨에 앉아 성조기를 흔들고 있다. 그 뒤에는 애국 집회를 떠올리게 하는 사람들과 깃발들이 있다.* 웹사이트의 "광고판 배경 이야기"는 이것이 2001년 9월 12일 애리조나주에서 열린 집회라고 설명하면서, 이런 추측들이 사실임을 확인시켜준다.《인디미디어》에 올라온 다시 상상된 버전 중 하나는 "우리를 위대하게 만드는 것/처벌 면제IMPUNITY"로 내용을 바꾸었고, 다른 하나는 "우리를 위대하게 만드는 것"은 "어떤 비용이 들더라도 이윤PROFIT$ AT ANY COST"이라는 것이었다.[30] 이러한 노력은 광고판을 이의가 제기되는 장소, 또는 이의를 제기할 수 있는 장소로 만들고, 거기에 포함된 메시지를 논쟁의 영역에 위치시킴으로써, 문자 그대로 그리고 비유적인 의미로 광고판의 경계를 허물었다. 아무튼 이 광고판에 언급되는 "우리"는 그리 통합된 것처럼 보이지 않는다.

그러나 내가 아는 한, 이 활동가들은 장애 시리즈의 광고판들을 아직 해방시키지 못했으며, 이 사실은 장애의 존재가 그 광고판들(그리고 사실상 〈전하라〉 캠페인 전반)을 비난할 수 없는 위치에 놓이게 한다는 나의 주장을 뒷받침한다. 통합에 대한 광고판은 정치적 공간 및 발언으로 계속 여겨져왔지만, 장애를 다룬 광고판은 어떠한 정치적 내용도 없는 것으로 여겨져 논쟁

---

*   https://www.passiton.com/inspirational-sayings-billboards/46-unity.

이나 대화가 일어나지 않는다. "결의", "영감", "용기" 등의 단어는 장애인의 이미지와 어우러져 거부할 수 없는 호소력을 자아낸다.[31] 요점은 논쟁이 벌어지지 않는다는 것이다. 장애 있는 몸을 이용하는 것으로, 그리고 장애를 자연적이고 개인적이고 정치와 무관한 것으로 재현해왔던 오랜 역사를 통해, FBL은 캠페인 전반을 거부할 수 없는 것으로 만들어버린다.

이렇게 정치를 거부하는 현상을 마주하면서, 나의 확장된 장애 시리즈에는 이런 사람들이 등장한다. 장애인 아프리카계 미국인 시인이자 활동가로서 인종차별주의, 비장애중심주의, 그리고 이 둘의 상호연관성을 비판하는 글에서 그의 **용기**를 뚜렷이 보여준 리로이 무어. 퀴어, 레즈비언, 장애 커뮤니티를 연결하고 활동하면서 **연합 구축**의 본보기가 된 백인 레즈비언 소아마비 생존자인 코빗 오툴. 대법원 건물 계단을 기어오르면서 **이견**의 중요성을 보여준 ADAPT**의 장애 권리 활동가들. 대학 캠퍼스에서 성중립적이고 장애인이 접근 가능한 화장실 지도를 그리는 **직접행동**을 체현한 PISSAR에 참여하는 젠더퀴어 및 장애 활동가 연합. 재생산정의에 관한 연구를 통해 **연대**를 실천하는 유색인 퀴어 장애 여성인 미아 밍거스Mia Mingus. 이외에도 FBL 광고판이 요구하는 "긍정적 사고"의 영역(그 자체로 비장애신체성의 한 종류)에 도전해, 차별적인 정책에 대한 **분노**를 인정하는 광고판, 커뮤니티 활동가들의 상실을 **애도**하는 광고판을 상상해본다.[32] 이런 이미지들에 나타난 장애는 '공동체 가치'를

**   ADAPT에 대한 설명은 이 장의 주34를 참고하라.

고수함으로써 극복되는 것이 아니라, 집합행동과 연합의 노력으로 주장하고 재해석해야 할 정체성이다. 이러한 세계관에서 장애인은 인성이 모자란 사람들이 아니라, 법적 보호, 공공장소에의 접근성, 적절한 가격의 충분한 의료 서비스, 사회적·정치적 인정을 받지 못한 사람들이다.

나는 말런 셜리의 광고판에 있는 "극복"이라는 단어 밑에 '연민'이나 '토크니즘tokenism'*이라는 단어를 휘갈긴 광고판 해방의 퀴어/불구 팀을 보고 싶다. 나는 오랫동안 장애인의 실존에 골칫거리가 되었던 '영감'이라는 단어와,** 의족이 효과적이고 확실한 영감을 주는 섹스토이라고 했던 노미 램Nomy Lamm의 설명을 결합해보고 싶다.[33] 나는 베서니 해밀턴의 "그만두라고? 절대"라는 사진 위에 나체의 두 다이크dyke***가 휠체어에서 열을 올리고 있는 티 코린Tee Corinne의 유명한 사진이 덧붙은 장면도 보고 싶다.**** 아니면 "오직 가능성만 보는" 모델인 헬렌 켈러를, 자신의 영화 〈원트Want〉를 통해 급진적인 불구 포르노 개발을 개척하고 있는 젊은 활동가인 로리 에릭슨Loree Erickson으로 대체해보면 어떨까. 이러한 텍스트/이미지의 조합은 FBL이 선

---

* 사회적 소수자에게 실질적인 도움이 되지 않으면서 그들을 돕고 있다는 구색을 갖추는 정책적 조치 및 관행.
** 극복의 아이콘으로서 비장애인의 삶을 성찰하고 긍정하는 데 영감을 주는 소재로 장애인이 소비되어온 맥락.
*** (주로 남성적 젠더 표현을 하는) 레즈비언을 부르는 속어로, 동성애자를 비하하거나 경멸하는 의미로 쓰였으나, 1970년대 이후 당사자의 언어로 되찾은 이름.
**** 티 코린의 이 사진은 다음을 참고하라. https://cla.purdue.edu/academic/rueffschool/waaw/corinne/CorinneGal1.html.

호하는 장애인의 착실하고 동화주의적인 이미지에 말썽을 일으킬 뿐만 아니라, 퀴어의 섹슈얼리티가 가치 있다는 것을 강조할 수도 있다.

버클리에서 열린 강연에서 이 장의 초기 버전을 발표한 후, 나는 이런 이야기에 시동을 걸기 위해 그 지역의 불구 두 명을 소규모 게릴라 운동에 합류시켰다. 광고판 해방이라는 기존에 정립된 관행에서 벗어나 우리는 버스 정류장 간판을 해방시키기로 결정했다. 우리 중 두 명은 휠체어를 타고 있었고 나머지 한 명은 만성 피로 증후군과 환경성 질환으로 인한 장애가 있는 상황이어서, 높은 광고판보다 지상에 있는 간판이 우리의 특정한 몸들이 도달하기에 더 수월했기 때문이다. 게다가 버스 정류장은 광고판보다 불구 공동체 및 불구 운동의 역사에 더 가까워 보였다. 대중교통 시스템은 오랫동안 시민 불복종 운동의 표적이었고, 활동가들은 접근 가능한 버스, 버스·기차 정류장, 역을 보장받기 위한 투쟁을 지속하고 있기 때문이다.[34] 우리는 버클리 남서부에서 말런 셜리의 이미지가 있는 버스 정류장을 발견했고, 스프레이 페인트와 스텐실로 무장한 채 해방 운동을 시작했다. 사전에 논의한 적은 없었지만, 우리는 자신의 손상에 가장 적합한 작업을 수행했다. 엘런 새뮤얼스는 환경성 질환으로 페인트에서 멀리 떨어져 있어야 했기 때문에 망보는 역할을 맡았다. 나는 제한된 손 움직임으로 스프레이 페인트를 휘두를 수 없었기 때문에 스텐실을 제자리에 고정하고, 다른 사람들이 볼 수 없게 몸으로 간판을 막았다. 앤 핑거는 광고판 원본에 쓰인 "다리를 잃었다, 심장이 아니라: 극복"을 "다리를 잃었다, 권리가 아니라: 연민 극복"으로 변형시켰다. 엘런은 전화기로 그 해방된 간판 사진을 빠르게 찍었고, 우리는 서둘러 그곳을 떠났다.

돌이켜보면, 우리가 그렇게 조심스럽고 은밀하게 움직일 필요는 없었을지도 모른다. 내가 이 장에서 추적했던 장애의 탈정치화는 우리의 정치적 행위를 이해할 수 없게 만들었을 것이므로, 아무도 백인 여성 셋, 그리고 그중 휠체어를 탄 사람이 두 명인 이들이 공공기물 파손이나 재산 손괴를 할 것이라고 의심하지 않았을 것이다. 실제로 우리가 그 간판에서 벗어났을 때 반대편 정류장에서 여성 두 명이 버스를 기다리고 있다는 걸 알아챘는데, 우리가 그들 바로 가까이에 있었고 우리가 했던 행동과 그 행동의 의도로 신이 나서 떠들었는데도 불구하고, 그들 중 누구도 우리가 무엇을 하는지 알아차리지 못하는 것 같았다. 안타깝게도, 우리의 해방 텍스트는 며칠 안에 제거되었고, 얼마 지나지 않아 그 FBL 포스터는 이성애규범적 비장애신체성의 다른 모습인 〈도전! 슈퍼모델America's Next Top Model〉* 광고로 대체되었다.

FBL 광고판을 나만의 광고판으로 단순히 대체하는 건 매혹적일 수는 있어도 이 광고판이 〈도전! 슈퍼모델〉 광고판으로 교체되는 것이 보여주듯 영구적인 해결책이 될 수 없고 명확한 해결책도 아니라는 점을 설득하기 위해, 나는 변형된 광고판 하나를 더 살피면서 이 장을 마무리하려고 한다. 광고판 해

---

* 패션모델을 선발하는 서바이벌 방송 프로그램.

페미니스트, 퀴어, 불구

방전선^{Billboard Liberation Front}이 제공하는 이 마지막 광고판은 어린 백인 소녀가 성조기를 흔드는, 우리에게 익숙한 그 이미지에 붙은 텍스트를 급진적으로 바꿔놓는다. 다시 제작된 그 광고는 이제 "우리를 눈멀게 만드는 것: 민족주의"라고 외친다. 이 광고판 해방 운동가들은 원본 광고에 내재한 민족주의를 부각하고 이에 도전해왔지만, 그 캠페인 전반에서 발견되는 정상화 논리에 똑같이 의존하고 있다. "눈멀음"을 무지와 배제의 표지로 파악함으로써, 광고판 해방 운동가로 알려진 이들은 FBL의 비장애중심주의적 논리에 계속 갇혀 있다. 이 경우에는 텍스트 작성자가 논쟁을 배제하기 위해 장애를 이용한 게 아니라, 배제를 표현하기 위해 장애를 이용했다. 어느 쪽이든, 그 광고판이 예고하는 더 나은 삶에서 장애인은 환영받지 못한다.

'퀴어'가 언제나 전복적이지 않다는 것을 상기시키는 퀴어 문화평론가들의 작업에 힌트를 얻어, 나는 우리가 더 나은 삶, 더 나은 미래라는 관념을 다룰 때 기존 광고판 대신 단순히 새로운 광고판을 넣는 것만으로는 충분치 않다는 것을, 그리고 그것이 다른 잠재력 및 가능성을 배제하는 신호가 될 수 있다는 것을 우리가 반드시 감안했으면 좋겠다.[35] 나는 장애를 단지 '나쁜' 이미지에서 '좋은' 이미지로 전환해야 한다는, 이미지에 대한 진보적 서사를 주장하려는 것이 아니다.[36] 나는 더 나은 삶을 위한 진정한 도구나 진정한 미래로서가 아니라, 우리가 어떤 조건에서 어떤 대가를 통해 무엇이 누구에게 더 살 만한 삶이 될 수 있는지를 사유하게 만드는 기폭제로서, 불구화되고 퀴어화된 광고판들을 제공하려는 것이다.

5 사이보그와 불구

비판적 만남

사이보그가 어떤 존재가 될 것인지에 관한 물음은 급진적인 질문이며, 그 답에 생존이 걸려 있다.

—도나 해러웨이,《유인원, 사이보그, 그리고 여자Simians, Cyborgs, and Women》

사이보그에 대한 논란이 빠르게 일어났다. 1983년《소셜리스트 리뷰Socialist Review》는 "초기 레이건 시대의 상황에서 사회주의 페미니즘의 미래에 대해 글을 쓰는" 몇몇 이론가를 초청한 적이 있는데, 그 안에 도나 해러웨이가 있었다.[1] 해러웨이는 사이보그를 페미니즘의 비평자로 삼으면서 〈사이보그 선언A Manifesto for Cyborgs〉으로 응답했다.[2] 그녀의 사이보그는 인간과 동물, 기계와 유기체, 물리적인 것과 비물리적인 것 사이의 구분을 흐리는 급진적인 경계 횡단자다.[3] 그녀는 사이보그가 "사람들이 동물 및 기계와 맺는 친족관계를 비롯해 부분적인 정체성과 모순적 입장을 두려워하지 않는" "다른 곳", "더 살 만한 장소로 우리를 인도할 수 있다"라고 주장했다.[4] 이러한 잠재력은 사이보그의 혼종성과 경계 및 범주 위반에서 비롯한다. 사이보그는 통일성이나 동일성을 특권화하지 않고, 특권화할 수도 없기 때문에 서구 사상을 특징짓는 "이원론의 미로에서 벗어나는 방법"을 제공한다.[5]

해러웨이는 사이보그를 통해 서구의 이원론뿐만 아니라 서구의 페미니즘에도 개입하면서, 그녀의 비판은 두 가지 영역에 집중되었다. 첫째는 페미니즘이 과학과 기술을 일축하는 부분, 둘째는 페미니즘이 "보편적이고 총체화하는 이론"에 기대는 부분이다.[6] 그녀는 사이보그의 비순수성(그것이 군사화·식민화된 기술과학에서 기원했다는 특성)이 사이보그가 페미니즘 분석을 위한 생산적인 도구가 될 가능성을 만든 것이라고 주장한다. 사이보그는 "지구상에 통제의 회로를 완성"하는 것으로 이어지거나, 또는 기술에서 즐거움과 책임을 취하는 페미니즘 정치로 이어질 수 있는데, 핵심은 사이보그의 위험한 이중적 능력을 저항에 대한 새로운 가능성의 시작으로 인식하는 것이다.[7] 이처럼 이중적으로 분열된 사이보그는 모든 관점이 "다른 시점에서 상상할 수 없는 지배와 가능성을 드러낸다"라고 강조하면서, 우리가 동시에 여러 관점을 봐야 한다고 독려한다.[8] "양립할 수 없는 것들이 모두 필연적이고 참되기 때문에 그대로 감당하는" 능력을 지닌 사이보그는 이분법적 논리를 거부하고 모순을 포용한다.[9]

과학 및 기술 분야보다 그 모순적 입장이 더 분명하게 나타나는 곳은 없다. 해러웨이가 인터뷰에서 설명했듯, 〈사이보그 선언〉은 기술과학의 가정, 사용, 함의를 "기술혐오적, 아니면 기술성애적으로 탐구하려는 것이 아니라 비판적으로 탐구

페미니스트, 퀴어, 불구

하려는 시도"이며, 이는 페미니스트들에게 "과학기술의 사회적 관계"에 참여하고 책임질 것을 촉구한다.[10] 따라서 그녀는 기술을 대놓고 거부함으로써 과학과 자연 사이의 이원론을 강화하는 데 도움이 되는 페미니즘의 접근들에 대해 경고한다. 그녀의 선언은 "기술은 필연적으로 지배를 행사하기 마련이라고 주장하면서 상상 속 유기적 신체로 우리의 시선을 돌리는" 그런 페미니즘들에 대안을 제시한다.[11] 그렇다면 페미니스트들의 과제는 기술로부터 탈출을 꾀하거나 산업화 이전의 에덴으로 돌아갈 방법을 궁리하는 것이 아니라 기술과학의 다른 의미들, 또는 기술과학과의 다른 관계들을 경합시키는 것이다. 사이보그는 이런 경합들을 위한 이론적 틀을 제공한다.

　해러웨이는 자신의 프로젝트를 "인종차별주의와 식민주의에 크게 힘입은 거대서사"를 가정하는 "유럽·아메리카 페미니즘의 휴머니즘 버전"에 대한 도전이라고 설명한다.[12] 그 거대서사 중 하나는 자연에 대한 가치화와 모든 기술을 남근중심적인 것으로 묘사하려는 일부 페미니스트들의 욕망이며, 다른 하나는 인종 및 계급보다 젠더를 우선시하는 '여성'이라는 획일적 개념에 기대어 일반화를 추구했던 페미니즘 이론의 성장이다. 그리하여 해러웨이가 두 번째로 개입한 지점이 바로 "여성"을 자연화하는 "미국 내 백인 여성 운동의 일부 흐름"이었다.[13] 해러웨이에게 경계를 횡단하는 사이보그는 페미니즘 사상 및 실천의 지형을 획일적 정체성에서 전환적 결연affinity*으로 바꿈

---

*　해러웨이는 결연을 혈연과 달리 선택에 따른 관계라고 설명한다. 도나 해러웨

으로써 해당 논쟁에 생산적으로 개입할 수 있는 존재다. 유색인 여성 및 "대립 의식oppositional consiousness"에 대한 첼라 샌도벌Chela Sandoval의 연구를 바탕으로, 해러웨이는 "자연적 정체성에 기초한 것이 아니라 …… 의식적인 연합이나 결연, 정치적 친족 관계에 기초한" 페미니즘을 추구한다.[14] 사이보그라는 형상을 통해 그녀는 "젠더가 심오한 역사적 폭과 깊이를 지녔다 하더라도, 결국에는 포괄적인 정체성이 아닐 수도 있다"라는 가능성을 열어두는 정치가 "사회주의 페미니즘의 미래"에 필요하다고 제안한다.[15]

해러웨이는 사이보그와 〈사이보그 선언〉이 모두 페미니즘적인 것이라고 밝혔지만, 모든 독자가 그와 같은 생각을 가진 것은 아니었다. 해러웨이는 〈사이보그 선언〉의 역사를 돌이켜 보면서, 《소셜리스트 리뷰》의 동부해안연합East Coast Collective이 그 글을 정치적으로 부적절하고, 반페미니즘적이며, 비판적이지 않다고 지적했던 일, 많은 독자가 그랬던 것처럼 이후에도 해러웨이의 그 글이 순진한 기술 포용에 불과하다고 지적하면서 출판하지 말아야 한다고 촉구했던 일을 회상한다. 그러나 버클리연합Berkeley Collective은 이에 동의하지 않았고, 그 글은 출판될 수 있었다.[16] 그러나 질문들은 들끓었다. 사이보그라는 형상은 해방적인가 반동적인가? 그 선언은 비판에 기반을 둔 것인가, 아니면 불충분한 연구로 기술을 찬양하는 것인가? 사이보그라는 형상은 사회주의 페미니즘의 미래를 제시할 수 있는가? 해

이, 《해러웨이 선언문》, 황희선 옮김, 책세상, 2019, 30쪽.

러웨이의 주장대로 우리는 모두 사이보그인가?[17]

이 질문들은 25년이 지난 후에도 계속 남아 있다. 그중에서도 에코 페미니스트, 퀴어 이론가, 새로운 재생산 기술 역사가들은 사이보그라는 형상이 미래에 대한 잠재적인 해방의 전망을 제공하는지에 대해 계속해서 논쟁을 벌이고 있다.[18] 사이보그를 한물간 것으로 치부하는 이론가들조차 이런 질문들에 동참하고 있지만, 사이보그가 지속적으로 적절한 대안인지에 대한 그들의 비판은 애초부터 사이보그가 받아왔던 반복된 질문들의 최신판일 뿐이다.[19] 다른 미래를 상상하는 데 사이보그가 효능이 있는지에 관한 다음의 질문들은 나를 사이보그라는 형상에 천착하게 만든다. 사이보그는 장애 이론과 장애 정치에 효과적인 모델을 제공할 수 있는가? 그것은 분석에 유용한 형상인가? 사이보그가 유용하다는 것은 은유적으로 그렇다는 것인가, 아니면 문자 그대로 그렇다는 것인가? 다시 말해, 장애인은 사이보그인가? 만약 그렇다면, 그러한 정체화를 통해 얻을수 있는 건 무엇인가? 마지막으로, 장애와 사이보그의 관계는 무엇인가?

장애에 대해 처음 관심을 두었던 건 해러웨이 자신이다. 그녀는 〈사이보그 선언〉에서 기계와 보철물에 의존하는 "하반신 마비나 기타 중증의 불리함이 있는 사람*들은 복합적인 혼종화의 경험을 가장 강렬하게 겪을 수 있다(때때로 겪기도 한다)"

---

* 해러웨이는 '중증 장애인(severely diabled people)'이 아닌, '중증의 불리함이 있는 사람(severely handicapped people)'이라는 표현을 썼는데, 이 장의 뒷부분에서 이런 용법을 상세히 살핀다.

라고 언급한 바 있다.[20] 다른 이론가들도 사이보그 이론을 설명할 때 장애와 장애 있는 몸을 삽화나 예시로 사용하면서, 재빨리 해러웨이의 선례를 뒤따랐다.[21] 장애학자들 또한 경계를 흐리는 잡종으로서의 사이보그가 장애 있는 몸을 개념화하고 장애를 이론화하는 데 유용한 모델이 될 가능성을 탐구하면서, 이런 논의에 동참했다.[22]

그러나 사이보그에 대한 이 모든 관심에도 불구하고, 그 형상에만 초점을 맞춘 장애학 연구는 거의 없으며, 사이보그는 장애 이론, 포스트모던 신체 이론, 현대 공연예술, 또는 기술적 진보에 관한 더 넓은 탐구의 일부로 지나가듯 출현할 뿐이다. 사이보그에 관한 실제 분석들은 〈사이보그 선언〉 그 자체나 정치적 형상으로서의 사이보그보다 인공와우술 같은 특정한 사이보그 기술이나 '바이오닉 우먼Bionic Woman'* 같은 특정한 문화적 재현에 초점을 맞추는 경향이 있다.[23] 그 결과, 사이보그의 페미니즘적 역사는 경시되거나 무시되었고, 페미니즘 이론에 비판적으로 개입하는 사이보그는 장애학에 등장하는 사이보그가 아닌 경우가 많았다.[24] 그러나 우리에게 가장 필요한 것은 바로 그 사이보그다. 따라서 이 장에서는 사이보그에 대한 페미니스트들의 논평 같은 페미니즘 이론 내의 핵심 텍스트와 용어를 장애학 아카이브의 일부로 인식하면서 장애학에 개입해보도록 하자.

---

* 2007년 미국에서 방영된 드라마 제목이자, 교통사고로 위태로워진 목숨을 살리기 위해 양다리와 한쪽 팔, 눈, 귀를 인공적으로 교체하여 매우 뛰어난 시력, 청력, 전투력을 가지게 된 여성 등장인물.

물론, 해러웨이의 선언을 포함한 사이보그 이론에서 장애는 사이보그의 조건을 설명하기 위한 예시로만 사용되는 경우가 빈번하기 때문에 사이보그 이론에도 개입이 필요하다. 장애에 대한 비판적 접근도, 장애인과 기술이 상호작용하는 물질적 현실에 대한 분석도 현저하게 부족하다. 분석하거나 비판할 필요도 없이, 장애 있는 몸은 모범적이고 자명한 사이보그로 단순하게 표현된다. 해러웨이가 주장하듯이, 사이보그의 몸이 순수하지 않은 것이고 정말 "권력과 정체성의 지도"라면, 불구의 관점에서 사이보그를 면밀히 독해하는 일은 이미 오래전에 행해졌어야 했다.[25]

사이보그라는 형상이 제기하는 본질주의적 정체성에 대한 의구심에서부터 연합 활동에 대한 주장, 총체성의 이데올로기에 대한 심문에 이르기까지, 사이보그는 미래를 보는 페미니즘 장애적 전망을 계발하기 위한 생산적 통찰을 제공한다는 점에서 장애 정치를 위한 큰 가능성을 지니고 있다. "구원의 역사", "오이디푸스 달력", "결점 없는 재탄생"에 의해 지배되는 시간성에 무관심하고 이를 거부하는 사이보그의 모습**은 불구 미래성, 즉 비장애신체성/비장애정신성의 강제적 재생산이 아닌 다른 무언가에 바탕을 둔 미래성의 가능성을 시사한다.[26] 더

** 해러웨이는 이성애적 짝을 이루고 조화로운 세계라는 총체를 완성해 구원을 바라는 "구원의 역사", 남근적 어머니로 표상되는 서구의 기원 설화, 젠더 및 유기체적 가족 모델에 따라 설계되는 "오이디푸스 달력", 우월하고 순수하며 자연스러운 주체의 재생산, 즉 "결점 없는 재탄생"이라는 목표를 향해 내달리는 일련의 규범 및 흐름을 사이보그 개념을 통해 비판한다.

욱이 생물학적 정체성보다 정치적 결연에 바탕을 둔 정치를 향한 해러웨이의 열망은 다양한 손상이 있는 사람들 사이에서 운동을 만들어가는 장애학자들과 활동가들에게 유용한 자원이 될 수 있다. 사이보그 정치는 절단장애인, 맹인, 정신질환 생존자가 서로의 정체성과 경험을, 심지어 모든 절단장애인의 경험을 똑같이 표현하라고 요구하지 않으며, 오히려 공동의 목표를 달성하기 위해 유연한 연합 형성을 장려할 것이다. 또한 해러웨이의 선언은 페미니즘 비판 이론에서 장애와 장애인들이 최초로 등장하는 저작 중 하나이며(물론 그 등장에 아쉬움이 많이 남지만), 이는 페미니즘 및 퀴어 사상을 여는 중요한 역할을 한다.

나는 비장애중심주의적 레토릭과 표현 때문에 사이보그를 포기하기보다 이를 페미니즘 이론에 신성모독적으로 개입할 수 있는 우리의 무대로 삼아 그 형상과 지속적으로 투쟁해야 한다고 생각한다. 그 투쟁은 사이보그를 불구의 입장에서 비판적으로 다시 상상하는 일일 뿐만 아니라, 그 형상에 대한 기존의 비판에 진지하게 참여하는 일이기도 하다. 이를 질문으로 바꾸어보자. 유색인 여성, 반인종차별주의 연구자, 세계화에 대항하는 활동가들의 사이보그 비판에서 장애학은 무엇을 배울 수 있는가? 장애를 다르게 상상할 뿐만 아니라, 불구화된 연합 정치를 상상하기 위해 사이보그라는 형상을 어떻게 활용할 수 있을까? 이런 질문에 답하고자 이 장에서는 두 가지 목표를 세웠다. 첫째는 사이보그 담론이 장애 경험을 보편화하고, 장애를 정치적 영역에서 제거하는 방식을 자세히 추적하는 것이다. 둘째는 페미니스트·퀴어 장애 활동가와 이론가의 실천을 활용하는 불구화된 사이보그 정치의 가능성을 탐구하는 것이다. 해러웨이의 상징적이고 아이러니한 문장을 비틀어 외쳐본다. "지구의 생존을 위해 사이보그를 불구화하라!"[27]

'사이보그의 부상'

대중문화 속의 사이보그는 해러웨이 선언 속의 사이보그와 거의 유사하지 않다. 로보캅과 터미네이터는 페미니즘 이론 및 실천보다는 폭력적인 과잉남성성이 드러나는 극적인 행동과 더 관계가 깊은 것 같다. 그들의 강화된 몸은 젠더의 차이를 비판하기보다 구체화하는 것처럼 보인다. 실제로 앤 발사모에서 클로디아 스프링거Claudia Springer에 이르는 페미니즘 비평가들은 그런 사이보그들이 기존의 젠더 관계를 변화시키는 데 거의 도움이 되지 않을 것이며, 그들의 과장된 비장애신체성은 장애 이론과 장애 정치에 거의 아무런 자원을 제공하지 않는다고 경고한다.[28] 나는 그런 사이보그들보다 비판 이론에서의 사이보그들에 더 관심이 있으며, SF소설 속 장애에 관한 비평은 다른 사람들에게 맡기고 싶다.[29] 그러나 제니퍼 곤잘레스는 사이보그와 장애 관계에 대한 다양한 표현을 드러내는 게 중요하다고 언급하면서, 그런 사이보그들이 "차이, 역사, 이야기, 몸, 장소들"의 "증거 역할"을 한다고 주장한다.[30] 그래서 나는 해러웨이 및 다른 사이보그 이론가들을 살펴보기 전에, 주류 뉴스 매체에 등장하는 장애인 사이보그를 간략히 살펴보고자 한다. 대중

언론 기사들은 보조공학 덕분에 '사이보그'와 '장애인' 간에 원활한 연결고리가 생겼다는 것을 암시하면서, 장애 및 기술 관련 보도에 사이보그의 이미지를 빈번히 사용한다. 이 둘을 동일시하는 건 사이보그에 관한 학문적 접근 전반에 걸쳐 작동하는 가정이다.

셰리 베이커Sherry Baker는 《디스커버Discover》의 〈사이보그의 부상〉이라는 기사에서 "아주 가까운 미래는 장애인을 위한 희망으로 가득 차 있다"라고 주장한다. 의학 기술의 발전 덕분에 "지성을 발휘해 마비 장애인을 걷게 하고, 벙어리가 말할 수 있게 하는" 시대에 "조만간" 살게 될 것이라는 내용이다. '마비 장애인'을 걷게 하는 것은 가장 일반적으로 이런 기술들에 기대하는 바 중 하나다. 《포브스Forbes》의 비슷한 기사(공교롭게도 이 기사의 제목도 "사이보그의 부상"이다)도 "언젠가 …… 뇌졸중 환자와 하반신 마비 장애인을 다시 걷게 할 수도 있는" 하이브리드 보조 팔다리를 선보인 적이 있다. 이 이야기는 1년 후 〈사이보그 대기자 명단〉이라는 후속 기사로 이어져, 장애인 소비자들이 아직 개발 중인 그 장비에 열광하고 있다고 설명했다.[31]

이런 이야기들에서 미래 지향적인 '부상rise'이라는 단어와 함께 결부된 '사이보그'라는 단어는 보조공학을 떠올리게 하는 약어로 작동하며, 그런 기술을 '장애인'을 위한 유망한 미래와 연관 짓는다. 이런 종류의 사이보그 이야기를 대충만 읽어봐도, '사이보그'와 '신체적 장애인'이 동의어로 여겨진다는 점을 금방 알 수 있다. '신체적 장애가 있는 사람'은 자명하고 상식적인 사이보그적 범주에 속하는 것 같다. 기자들은 '사이보그'가

페미니스트, 퀴어, 불구

무엇을 의미하는지 또는 장애인을 사이보그적 용어로 묘사하는 이유를 설명하지 않는다. 그들은 독자들이 가볍게, 그리고 무비판적으로 장애인을 사이보그라고 이해할 것이며 그들의 미래를 의료 기술과 연결할 것이라고, 그리고 그 과정에서 설명이나 정의는 일절 필요하지 않다고 가정한다.

사이보그와 장애인의 관계를 매끄럽고 자명한 것으로 재현하는 것은 그런 기술들의 현실을 모호하게 만든다. 미국 내 장애인들이 대부분 실업이나 불완전 고용 상태에 있고, 3분의 1에 가까운 장애인들이 빈곤선 아래에서 살아가는 상황에서, 그런 사이보그 기술의 많은 부분은 저들이 상상하는 사람들이 도달할 수 없는 곳에 남아 있다.[32] 예를 들어, 영국 《레지스터 Register》에서 예고한 "사이보그 스타일의 아이림브 핸드 iLimb Hand" 는 1만 8,000달러였으며, 만약 그 장치뿐만 아니라 그에 필요한 훈련 및 유지보수 비용을 포함하면 가격은 더 높아질 것이다.[33] 사이보그가 될 수 있는 능력도 경제적으로 결정된다.[34]

사이보그와 장애의 연결을 순전히 긍정적인 시각으로 표현하는 것은 많은 사람에게 보조공학이 고통스러울 수 있다는 사실을 무시하는 것이다. 보행이 수월하도록 돕는 똑같은 보조기구라도 사람에 따라 피부 손상을 비롯한 어려움을 유발할 수 있다. 그러나 상기한 뉴스 기사들은 최신의 발명품을 치유와 복구의 언어로 묘사하면서, 그 기술들이 제공하는 이점에만 초점을 맞추는 경향이 있다. 토빈 시버스는 그런 이야기들이 "보철물은 새로운 힘의 원천이지, 문제의 원천이 아니며, 보철물은 언제나 사이보그의 능력을 향상시킨다"라는 점을 가정한다고 설명한다.[35] 결과적으로, 이렇게 기술 발전을 축하하는 뉴스들은 첨단 기술이 장애의 '문제'를 해결하는 것으로 표현하고, 연민과 차별은 장애의 문제와 무관한 것으로 간주한다. 적응과 협상의 문제 역시 마찬가지다. 이런 사이보그 이야기들에서는 시버스가 암시한 것처럼, 몸과 기계가 쉽게 융화된다고 여겨진다. 다른 논의 없이 장비의 가치만 가정한 채, 몸을 정상화하고 이전의 기능을 복구하는 장비의 능력에 관한 측면에서만 장애와 기술 사이의 관계가 논의된다.

이러한 기사 중 다수는 사이보그 기술이 오직 장애인에게만 영향을 미치는 것으로 본다. 비장애인들이 언젠가 이 장비를 사용할 수도 있지만, 현재 장애인과 같은 방식의 사이보그는 아니라는 것이다. 베이커는 "아주 가까운 미래는 장애인을 위한 희망으로 가득 차 있지만, 조만간 사이보그 기술이 확산되어 평범한 사람들에게도 비범한 기술이 제공될 것이다"라고 예측한다.[36] 어떤 면에서 베이커의 주장은 모든 사람이 그 기술의 혜택을 받을 수 있다는 가정하에 장애인/비장애인의 구분을 지우는 것으로 볼 수도 있다. 하지만 달리 보면, 그녀가 말하는 '조만간'은 장애인만이 아주 가까운 사이보그라는 것, '평범한' 사람들은 기다려야 한다는 것을 우리에게 상기시킨다.[37] 당분간은 '사이보그'가 장애 없는 몸보다 장애 있는 몸에 더 직접적으로 연결되어 있을 것이다.

장애인과 '평범한' 사람들을 구분하는 모습은 오스카 피스토리우스Oscar Pistorius가 2008년 (패럴림픽이 아닌) 하계 올림픽에서 비장애 선수들과 경쟁하려 했던 시도를 다룬 다수의 뉴스 보도에서 표면화된다. 번쩍이는 첨단 의족을 착용한 피스토리우스는 사이보그에 대한 문화적 이해를 완벽히 체현했고, 그는 기계와 하나가 되었다. 의족이 그의 훈련 및 운동 능력과 결합해 그가 숨 막히게 빠른 속도로 달릴 수 있게 되었다는 사실은 그 모습을 더욱 부각했다. 레슬리 스와츠Leslie Swartz와 브라이언 워터마이어Brian Watermeyer는 국제육상경기연맹International Association of Athletics Federations의 반응에서 장애인 운동선수들에 대한 깊은 불안이 드러나는 방식을 논의한 적이 있는데,[38] 나는 스와츠와 워터마이어의 글 가운데 뉴스 작성자들이 피스토리우스를 완전한 사이보그로, 그리고 그의 동료 주자들을 거의 다른 종인 것처럼 표현했던 방식을 짚었던 부분을 강조하고 싶다. 호주의 한 뉴스 매체에 기고하는 애나 살레Anna Salleh는 피스토리우스의 사례를 "사이보그와 비사이보그가 경쟁할 권리"에 관련한 사건으로 묘사했다.[39] 스포츠와 기술 분야의 블로거들은 이 사건을 운동 경기를 이해하는 방식에 관한 모든 것을 바꿀 "사이보그 운동선수"의 등장으로 묘사했다. 이런 이야기들에서 피스토리우스가 사이보그화된 것, 그가 남들과 다르다는 것은 당연한 사실로 여겨졌다. 스와츠와 워터마이어가 주목했듯, 금지약물 복용 역시 사이보그 기술이라고 볼 수 있지만, 금지약물을 복용했다고 고발된 운동선수들은 그러한 용어로 설명되지 않으며, 신체적 장애와 그에 동반되는 기술만 유독 다른 선택지 없이 사이보그적인 것으로 제시된다.[40]

사이보그와 비사이보그의 구별은 사이보그에 대한 대중적 개념 아래 깔린 문제적인 가정 하나를 드러낸다. 해러웨이는 자연과 문화, 또는 인간과 기계라는 이원론적 이해를 비판하기 위해 사이보그를 활용하려 했지만, 그것은 오히려 그 이분법적 논리를 구체화하는 역할만을 너무 자주 수행해왔다. 저 뉴스 기사들에서 '사이보그'는 순수한 몸과 순수한 기계의 융합으로 재현되는데, 지금은 보조 기술 때문에 혼합되고 혼종화되고 모호해졌지만 본래는 근원적인 순수성이 존재한다는 식이다. 피스토리우스 사건으로 돌아가면, 운동선수는 단지 하나의 몸일 따름이며, 그 몸이 보철 기계와 뒤섞이면 불순하고 혼합된 사이보그가 되는 것이다. 다시 말해, 비장애인 주자는 자연스럽고 뒤섞임 없이 순수한데, 보철물의 존재가 그 사람을 불순하게 만들거나 더 이상 완전히 자연스럽지 않게 만든다.[41] 이러한 맥락에서 '사이보그' 개념은 순수/불순, 자연/비(부)자연, 자연/기술의 이분법을 영속시키는 역할을 하면서, 경계를 허물기보다 그것을 지탱한다.

영웅적 '사이보그 시민'

과학학자인 크리스 헤이블스 그레이Chris Hables Gray는 사지마비 장애인을 최종적인 사이보그로 제시하면서 사이보그/비사이보그, 장애인/비장애인의 이분법적 논리를 고수한다. 그레이의 관점에서, 사지마비 장애인의 첨단 기술 장비에 대한 의존성은 그들을 진정한 사이보그로 만든다. 그는 "우리 거의 모두가 어떤 식으로든 사이보그화되어 있다"라고 주장하면서, 장애

페미니스트, 퀴어, 불구

인은 특히 사이보그적이라고 거듭 강조한다.[42] 실제로 그는 사이보그적 용어로 묘사된 SF소설 속 사이보그나 컴퓨터 천재 같은 사이보그가 아니라, 크리스토퍼 리브를 등장시킨《사이보그 시티즌Cyborg Citizen》이라는 책을 펴낸 바 있다.[43] 그레이는 이 책의 프롤로그에서 "슈퍼맨의 불구화"라는 중제하에 다음과 같이 썼다. "슈퍼맨이라는 영화로 유명한 배우인 크리스토퍼 리브는 1995년에 그의 말이었던 벅Buck에서 떨어져 사지마비가 되었다. 슬픈 이야기 아니냐고? 물론 그렇다. 하지만 이건 영웅적인 사이보그의 이야기이기도 하다."[44] 물론 리브가 자신을 사이보그라고 언급한 사례는 찾을 수 없지만, 그레이는 사이보그라는 형상을 독자들에게 소개하는 데 리브가 가장 효과적인 방식이라고 느꼈던 것 같다. 그레이는 (스티븐 멘토Steven Mentor와 함께 쓴) 이전 저작에서도 "광범위한 첨단 장비에 전적으로 의존하는 사지마비 환자"는 진정한 사이보그의 가장 좋은 일례라고 설명했다.[45]

그레이는 사지마비 장애인을 지칭할 때, 척수손상이 누군가의 정체성 전체를 모두 포괄한다고 가정하는 용어인 "병약한 invalid"이나 "환자" 같은 단어를 자주 사용한다. 그레이는 리브를 사이보그 이야기의 영웅으로 소개한 직후, 그를 "기계에 의지하고 기계에 얽혀 간신히 움직일 수 있는 생물체, 전동 침대와 휠체어에 갇힌 사이버네틱 유기체"라고 표현한다.[46] 이런 식의 언어는 그레이가 사지마비 장애인을 최종적인 사이보그라고 묘사한 것과 직접적으로 관련이 있다. 만약 사이보그를 만드는 데 유일하게 필요한 것이 장애고, 그 장애가 누군가의 정체성의 총합이라면, 사이보그 역시 누군가의 정체성이 된다. 리브 같은 사지마비 장애인은 그냥 사이보그가 되는 것이다.[47]

장애인을 손상으로 축소한 다음, 그들을 다시 사이보그로 분류하는 방식은 그레이가 다른 정치 운동을 설명할 때와는 매우 다른 용어로 장애 정치를 표현하게 만든다. 그레이는 해러웨이를 끌어들여 "사이보그 시민"을 우발적 연대의 중요성과 반대 의견의 중요성을 인식하는 사람으로 표현한다. 그러나 그는 고인이 된 배우가 어떻게 장애인의 "통합을 촉진"했는지를 설명하면서 "병약한 사이보그들의 통합 전선"을 동원했던 리브를 칭찬한다.[48] 이러한 설명은 여러 가지 이유에서 문제가 있다. 그중 가장 두드러진 문제는 리브가 사고를 당하기 이전에는 이동성 손상이 있는 사람들이 목표가 없고, 서로 연결되지 않으며, 정치적 활동을 하지 않고, 사회에 참여할 수 없었다는 생각을 함축하고 있다는 점이다. 그레이의 레토릭은 치유를 위한 리브의 노력이 장애를 대하는 유일하게 적절한 대응일 뿐만 아니라, 모든 장애인이 똑같이 그런 노력을 하고 있다고 암시한다.[49] 하지만 내가 강조하고 싶은 건, 그레이가 **오직** 장애에 관해서만 정치를 통합과 보편적 합의의 과정으로 논의한다는 점이다. 책의 다른 부분에서 그는 정치적 행위를 통해 "사이보그 시민권"을 획득하거나 사회참여에 활용하는 사이보그 정치를 논쟁적이고 다양하며 복잡한 것으로 설명한다. 그레이는 리브와 그의 "병약한 사이보그" 동료들을, 논쟁을 불러일으키는 그들의 행동적 측면에서 설명하기보다 그들의 신체적 측면에서 설명하고, 그들의 "통합"을 반복해서 강조한다. 이러한 까닭에 그레이가 정치를 변동적이고 우발적인 연대라고 표현할 때마다 넓게는 장애 활동가들이, 좁게는 리브가 지워져버린다. 이들의 실종은 그레이가 장애 있는 몸을 인간-기계 상호작용의 사례로 사용할 수 있는 한에서만 장애에 관심이 있다는 것을 암시하며, 복잡한 삶의 경험으로서의 장애, 다양한 의견을 포괄하는 다채로운 집단으로서의 장애인은 정치적이지 않고, 사이보그 정치의 영역에 속하지 않는다고 보는 것 같다.

내가 그레이에게 초점을 맞춘 건 그가 사이보그 이론에서 장애 있는 몸을 전략적으로 이용하는 명확한 사례를 보여주었기 때문이지, 사이보그와 장애인의 연결을 이끌어내거나 리브를 모범적인 사이보그로 삼았던 사람이 그레이뿐이기 때문인 것은 아니다. 가령, 문화학자인 애니 포츠Annie Potts는 크리스토퍼 리브를 SF소설의 캐릭터 목록에 포함해 "사이보그 분류학" 연구를 시작했다. 그녀는 사이보그의 다양한 기준(대부분 의료적·진단적인 기준이라는 점에 주목해야 한다)을 계속해서 열거했지만, 리브는 그녀의 분류학에서 이름으로 언급된 유일한 인간 사이보그였다.[50] 그녀는 리브를 가상의 캐릭터로 분류함으로써, 장애가 그를 인간 이하로 만들었거나 그를 인간보다 사이보그에 더 가깝게 만들었다는 생각을 넌지시 드러냈다. 기자들 역시 사이보그 기술을 설명하거나 사이보그주의를 묘사하기 위해 리브를 이용하는 선례를 따랐다.[51] 이런 패턴이 나타나는 이유는 리브가 유명인이고, 독자 대부분이 그를 잘 알고 있어서 특정한 의학 발전을 설명하는 데 이상적인 사례가 되기 때문일 것이다. 그러나 이는 사지마비 장애인이 상상되는 모습(전동 휠체어와 인공호흡기를 사용하는 사람)이 사이보그에 대한 대중의 이해를 완벽하게 체현하고 있는 것처럼 보인다는 사실 때문이기도 하다.[52] '당연히' 이런 사람이 기계와 유기체의 경계를 넘나드는 사람, 피부를 경계로 한 몸을 가지지 않은 사람, 반박의 여지 없이 사이보그인 사람이라는 것이다.

이처럼 '사이보그'라는 용어는 기존의 범주와 이데올로기에 대한 비판을 수반하기보다 '정상적인' 몸과 '비정상적인' 몸의 구분, 다시 말해 차별, 경제적 불평등, 접근 제한과 관련한 물질적인 결과를 초래하는 구별을 영속화하는 데 활용된다. 만약 장애인이 현실에서 살아가는 사이보그라는 주장이 비장애인들에게 받아들여진다면, 사이보그라는 지위는 비장애인과 장애인을 구분 짓는 표시가 될 것이다. 사이보그의 자질은 장애인과 비장애인의 본질적 차이를 암시하는 차이점이 될 것이다. 이러한 꼬리표가 특정한 몸에 고정되면, 그 용어에 잠재된 위반의 경향성은 모두 사라질 것이다. '사이보그' 자체가 물화되고, 특정한 종류의 신체로 축소될 것이다.

"하반신 마비나 기타 중증의 불리함이 있는" 사이보그

해러웨이가 말을 사랑하는 사람이라는 걸 깨닫는 데는 그리 오랜 시간이 걸리지 않는다.[53] 그녀의 모든 글에 걸쳐 말장난, 두운 사용, 예상치 못한 단어의 연결이 나타나며, 그녀는 자신의 주장을 설명하기 위해 빈번히 단어를 창조하고 조합한다.

그녀는 의식적·노골적으로 폭넓게 언어를 구사하면서 우리 가까이에 있는 말들의 다양한 의미를 언제나 빠르게 상기시킨다. 그녀는 이런 식의 언어 구사가 자신의 정치에 필수적이라면서 이렇게 주장한다. "우리는 언어에 구속되어 있고, 그 감옥에서 탈출하기 위해서는 언어의 시인詩人이 필요하다." 그리고 "사이보그 이종언어heteroglossia*는 급진적 문화 정치의 한 형태다".[54] 해러웨이가 말, 언어, 이야기를 중요하게 여긴다는 점을 감안할 때, 나는 그녀가 〈사이보그 선언〉에서 장애인을 명명하는 꼼꼼한 방식에 주의를 기울이고 싶다. 〈사이보그 선언〉의 마지막 부분에서 그녀는 이렇게 말한다. "하반신 마비나 기타 중증의 불리함이 있는 사람들은 복합적인 혼종화의 경험을 가장 강렬하게 겪을 수 있다(때때로 겪기도 한다)."[55] 해러웨이는 '때때로'라는 어구를 삽입해 일부 장애인들이 사이보그적 혼종화를 이루지 못할 가능성을 열어두지만, 혼종화를 이룬 사람들은 그것을 '가장 강렬하게' 경험한다고 말한다. 해러웨이는 그 강렬함에 주목하면서 장애를 사이보그적 경계 흐리기를 위한 가장 좋은 수단 중 하나로 꼽고, 장애가 있는 사람이 모범적 사이보그임을 은연중에 드러낸다. 실제로 장애인은 그 선언에서 환영받는 '현실에서 살아가는 사이보그'의 몇 안 되는 유형 중 하나다.

해러웨이는 "하반신 마비나 기타 중증의 불리함이 있는 사람들"을 명명할 때, '불리함handicap'이라는 (적어도 미국에서는) 구

---

* 동일한 언어 내부에서 화자의 연령, 인종, 계급, 젠더나 시공간의 상황 등에 따라 다양하게 분화된 말의 양식.

식의 언어를 사용한다.[56] 언뜻 보기에 이런 용어는 그 시대적 증상으로 보일지도 모른다. 미국 장애인법이 통과되기 5년 전인 1985년에 처음 발표된 이 선언에는 장애 권리 운동이 더 주류화되기 이전의 시대적 흔적이 고스란히 담겨 있다. 많은 장애 권리 운동가들은 1970년대에 장애인을 지칭할 때 '사람을 앞에 놓는' 언어('disabled people'이 아니라 'people with disability')를 요구하고 '불리함handicap'보다 '장애disability'라는 표현을 언급하기 시작했지만, 그 선언이 나왔던 1983년의 해러웨이는 어쩌면 다른 미국인들처럼 이러한 변화를 인지하지 못했을 수도 있다.[57] 가령, 1970년대에 통과한 법률에서는 '불리함'이라는 용어를 사용했던 반면, 이후의 법률에서는 '장애'라는 용어를 사용했다.[58] 그러나 해러웨이는 그 문장에 달아둔 각주에서 "장애인the disabled[능력 없는 사람]/다른 능력을 지닌 사람the differently abled"이라는 용어를 사용하고, "언제나 맥락과 결부된 '능력 있음ableness' 의 사회적 정의定意"를 재빨리 언급한다.[59]

왜 이런 표현의 차이가 나타났을까? 해러웨이가 '장애인disabled'의 용법을 알고 있었다면, 왜 그녀는 "중증의 불리함이 있는severely handicapped"이라는 말을 한 번도 아니고 두 번이나 그 선언에 배치했을까? 나는 그녀가 독자들에게 기술에 완전히 의존하는 사람의 이미지, 기술의 개입 없이 존재할 수 없는 몸의 이미지를 환기할 필요가 있었다는 의심을 갖고 있다. '중증severe'이라는 말은 정확히 이런 관념에 부합하며, 가장 장애화된 몸, 즉 재활과 개입이 가장 필요한 몸을 떠올리게 한다.[60] '불리함이 있는'이라는 표현에도 비슷한 목적이 있다. 더 많은 정치

페미니스트, 퀴어, 불구

적 의미를 내포하고 있는 '장애인disabled'이나 비장애/장애라는 이분법을 타파하려는 (순진하고 실패한) 시도로도 볼 수 있는 '다른 능력을 지닌differently abled'과는 달리, '불리함이 있는'은 장애의 개별적·의료적·자선적 모델에 깊이 빠져 있는 말이다. 또한 이 표현은 모든 장애인이 적응형 장비에 획일적으로 얽매여 있는 것으로 보게 만들고, 장애인의 경험이나 관점에 대한 무관심을 알아채기 어렵게 만드는 꼬리표다.

해러웨이가 '중증의 불리함이 있는 사람'으로 제시하는 일례가 실제 사람이 아니라 앤 맥카프리Anne McCaffery의 《노래하는 우주선The Ship Who Sang》에 나오는 가상의 캐릭터라는 점에 주목할 필요가 있다. 그 캐릭터는 뇌를 몸에서 꺼내 기계(제목에 나오는 우주선) 안에 넣어야만 살 수 있는 신체적 장애가 있고 '중증의 불리함이 있는 아이'다. 해러웨이는 이 이야기가 "젠더, 섹슈얼리티, 체현"에 대한 가정에 도전한다고 칭찬하지만, 이 이야기는 신체적 장애가 있는 몸이 쓸모없고 기술적 해결이 필요하며, 심지어 장애 있는 몸은 완전히 말살시켜야 한다는 오래된 비장애중심주의적 가정을 분명하게 반영한다. 하지만 해러웨이는 사이보그에 관한 주장을 펼치기 위해 그런 인물이 필요했고, '중증의 불리함'이 있는 사람의 모습을 《노래하는 우주선》에 나오는 아이의 모습처럼 허구적으로 상상하는 독자들에게 의존하고 있었다. 다시 말해, 그녀는 장애에 관한 언급 바로 뒤의 구절에 나오는, "피부에서 끝나거나 기껏해야 피부로 둘러싸인 다른 존재를 포함"하지 않는 몸의 존재를 독자들에게 납득시키기 위해 '중증의 불리함'이 곧 '완전한 의존'을 의미한다

는 고정관념이 필요했다.[61]

　장애 있는 몸에 대한 해러웨이의 언급은 그녀가 논하는 미국 유색인종 여성들의 작업들과 페미니즘 SF소설이라는 두 가지 텍스트군 사이의 가교 역할을 한다.[62] "하반신 마비나 기타 중증의 불리함이 있는 사람들은 복합적인 혼종화의 경험을 가장 강렬하게 겪을 수 있다(때때로 겪기도 한다)"라는 구절은 맥카프리의 소설로 연결되지만, 해러웨이가 페미니즘 SF소설에 나오는 "사이보그 괴물의 논리를 아주 부분적으로만 읽는" 작업으로 옮아가기 전에 언급된다.[63] 맥카프리의 이야기에 등장한 '중증의 불리함이 있는' 소녀는 그 읽기 작업으로 넘어가는 역할을 하지만, 구조적으로는 그것과 동떨어져 있다. 해러웨이가 표현하는 사이보그 정치에서 장애나 장애 있는 몸을 능동적인 참여자로 해석하기는 어렵다. 장애인은 사이보그 글쓰기의 창작자도 ('유색인 여성'이나 SF소설가에 포함되지도), 페미니즘 문학 비평의 대상도 되지 못한다. 또한, 자신의 서사 안에서도 능동적 주체가 되지 못한다. 실제로 해러웨이는 《노래하는 우주선》에서 진행되는 사이보그 정치의 작업을 수동태로 묘사("젠더, 섹슈얼리티, 체현, 기술 모두 그 이야기 속에서 재구성되었다")하는 반면, 장애에 영향을 받지 않는 캐릭터가 나오는 이야기에서 그 캐릭터가 행하는 사이보그 정치의 작업은 능동태로 묘사한다.[64] 다시 말해, 해러웨이는 장애 기술과 함께 살아가는 경험에서 파생될 잠재적 통찰력을 인정하고, 장애를 '유기체적 전체론'에 대한 하나의 도전으로 여기지만, 놀랍게도 장애를 단일하고 보편적인 경험으로 보는 획일적 용어들로 표현한다. 게다가 그녀

　페미니스트, 퀴어, 불구

는 장애를 기술적 해결이 극적으로 벌어지는 장소로 표현하는 SF소설을 참조함으로써 이를 훌륭하게 묘사한다. 몇 단락 뒤에서, 그녀는 "결합쌍생아와 자웅동체" 같은 장애의 다른 장소를 언급하지만, 이들은 근대 초기 프랑스에 있었던 괴물로만 언급된다.[65] 〈사이보그 선언〉에서 장애 있는 몸은 미래 소설의 창조물이거나 과거의 괴물로 묘사되는데, 이때 장애 있는 몸은 다시 한 번 시간에 맞지 않는 존재로 소환된다. 장애는 '복합적인 혼종화'의 장소일 수도 있고, 장애 있는 몸은 사이보그의 좋은 본보기일 수도 있지만, 그들의 사이보그화는 여기에서 논의한 다른 사이보그 정치들과는 별개의 유형으로 나타난다.

해러웨이의 명명 실천은 장애의 측면에서뿐만 아니라, 〈사이보그 선언〉에서 가장 문제가 되는 측면 중 하나다. 어떤 종류의 몸이나 정체성이 사이보그의 자리에 놓이는지를 주의 깊게 살펴보면, 그 텍스트 안에서 작동하는 보편화의 가정이 분명히 드러난다. 〈사이보그 선언〉 초반부에서 해러웨이는 다음과 같이 두 여성 집단을 사이보그로 짝짓는다. "아이러니하게도, 아시아에서 칩을 만들고, 산타 리타Santa Rita 감옥에서 스파이럴 댄스spiral dance를 추는 비자연적 사이보그 여성들이 효과적인 대항 전략을 알려줄지도 모른다"[66](해러웨이는 면 하단의 각주에서 스파이럴 댄스를 "1980년대 초 캘리포니아의 앨레미다 카운티 교도소에서 체포된 반핵 시위자들과 간수들을 연대하게 했던 영적·정치적 실천"이라고 설명한다). 해러웨이는 이런 명명의 이유를 명확히 설명하지 않지만, 이 여성들이 사이보그가 되어가는 과정은 넌지시 알려준다. 아시아의 공장 노동자들이 사이보그로 불릴 수 있는 건 세계화된 자본주의 안에 놓인 위치 때문이다. 조립라인에서 벌어지는 그들의 노동, 다국적 기업이 인건비와 안전 비용을 삭감할 수 있는 지역에 있는 그들의 위치를 통해 아시아의 공장 노동자들은 세계 경제에 참여한다. (식민주의적·인종차별적 고정관념에 물든 표현인) 그들의 "민첩한 손가락"은 자신의 몸을 자신이 만드는 기계에 연결한다. 결연 정치를 선호한다는 해러웨이의 언급을 고려했을 때, 산타 리타의 시위자들을 사이보그로 볼 수 있는 것은 그들의 반핵 운동이 연합 정치와 결연 집단에 바탕을 두고 있기 때문이다. 어쩌면 해러웨이는 그들이 기술 바깥에 위치하지 않는다는 것을 강조하기 위해 그들을 사이보그로 배치했을지도 모른다. 그들은 기술 시대의 특정한 징후에 항거하면서도 동시에 같은 기술에 연루되어 있으니 말이다.

해러웨이는 이러한 명명의 이유를 명확히 알려주는 대신 두루뭉술하게 가리키는데, 내가 강조하고 싶은 부분이 바로 그것이다. 스파이럴 댄스는 각주로 그 정의를 알려야 하는 반면, 아시아 여성들이 칩을 만드는 행위는 왜 자명한 것처럼 보이는가? 스파이럴 댄스가 일반적으로 알려진 정보가 아닐 수도 있지만, 컴퓨터 칩을 조립하는 것 역시 그들을 '사이보그'로 만드는 이유가 아닐 수도 있다. 더욱이 여기서 해러웨이가 연결하는 행위와 주체성(시위자와 노동자, 감옥과 공장, 아시아와 미국) 사이에 탐구해야 할 차이는 없는가? 캘리포니아의 한 마을에 있는 어느 감옥과 그보다 훨씬 더 일반적이고 또 일반화될 수 있는 "아시아"를 병렬적으로 놓는 해러웨이의 서술에서 그런 규모의 차이를 일으키는 역사적 단면 및 가정은 또 무엇인가?[67] 다

페미니스트, 퀴어, 불구

음 단락에서 해러웨이는 "경계 위반, 융합의 잠재력, 위험한 가능성"을 끊임없이 찬미하는데, 이질적으로 보이는 집단들과 상황들을 연결해 어떤 진보적 노력이 가능할지 상상하는 것은 물론 흥미진진한 일이다. 하지만 동시에, 나는 그런 집단들을 "사이보그"라고 명명하는 것의 다른 효과가 무엇인지 모르겠고, 특정한 역사적 순간에 발전시킨 어떤 개념을 바탕으로 전 세계를 일반화하는 결론 역시 의문스럽다.

이런 의문을 나 혼자만 품은 것은 아니다. 예컨대, 말리니 조하르 슐러는 이런 여성 집단들을 충분한 근거 없이 "그리고"로 연결하는 것만으로는 그들이 놓인 위치의 차이를 고려할 수 없다고 주장한다. 슐러는 두 여성 집단의 연대가 "활기를 북돋고 강력"할 수 있지만, "가족 부양을 위해 다국적 기업에 꼭 저항하기 어려울 수도 있는 아시아 여성 노동자들과 다른 이해관계를 지닌 세계화의 수혜자로서 산타 리타 시위자들을 위치시키는 공간 정치적 차이를 인식하지 않고서는 그렇다고 말할 수 없다"라고 말한다.[68] 조앤 스콧은 해러웨이가 유색인 여성을 사이보그로 명명하는 것은 백인 여성이 유색인종 여성을 마치 지혜의 보고처럼 이상화해 결국 타자화해왔던, 너무나 익숙한 패턴을 반복하는 것이라고 우려하면서 다음과 같이 묻는다. "해러웨이가 미래 정치를 위해 그 집단들을 바라보는 시선과 …… (진정한 것이 아니라면) 적절한 사회주의 정치나 페미니즘 정치에서 백인 자유주의자 또는 백인 사회주의자 여성들이 소수자 및 노동자 계급 여성들을 바라보는 낭만적 귀인歸因 사이의 차이점은 무엇인가?"[69]

해러웨이는 그런 용어들을 통해 사이보그주의를 설명했던 자신의 방식에 의문을 표한 콘스탄스 펜리Constance Penley와 앤드류 로스Andrew Ross와의 인터뷰에서 이러한 문제를 인정한다. 그녀는 자신의 "서사가 어떤 면에서 말레이시아의 공장 노동자를 더 제국화하는 결과를 낳는다"라는 비판에 동의하면서, 만약 다시 선언문을 쓴다면 사이보그적인 것을 다른 사람들의 특징으로 보는 데 훨씬 더 신중할 것이라고 발언한다. 그녀는 "정체성이 단일한 형상으로 제국화되지 않는 탈식민주의적이고 포스트모던한 세상을 향한 우리의 상상을 채워줄 형상들의 가족이 있을 수 있을까요?"라고 희망하면서, 자신의 상상 속 형상들의 종류가 확장되어 사이보그의 제국주의적 효과를 줄일 수 있도록 모든 범위의 경계적 피조물이 필요하다고 이야기한다.[70]

펜리와 로스 이외의 다른 여러 이론가도 〈사이보그 선언〉이 아시아 공장 노동자들을 낭만화하고 제국화하는 방식에 대한 해러웨이의 후속 언급을 상기시키면서, '우리'는 모두 사이보그라는 해러웨이의 주장을 비판한다. (여전히 〈사이보그 선언〉이 설득력이 있다고 생각하는) 스콧부터 (그렇게 생각하지 않는) 슐러에 이르기까지 다양한 페미니즘 이론가들은 해러웨이가 자신의 이론을 설명하기 위해 그 여성들을 이용한 것에 대해 이의를 제기한다. 그러나 그들 중 누구도 해러웨이가 장애인과 사이보그를 연결 짓는 데는 의문을 제기하지 않으며, 1세계 이론에서 3세계 여성을 예시로 드는 것과 장애인을 예시로 드는 것 사이의 유사점을 발견하지 못한다.[71] 내 생각에 그런 인식의 부족은 장애와 장애 있는 몸을 탈정치화한 결과다. 많은 페미니즘 이론가들은 사이보그가 된 공장 노동자들에 대한 해러웨이의 묘사 배후에 있는 제국화의 움직임을 인식할 수 있는 도구를 갖추었고, 훈련하기도 했지만 (혹은 적어도 일단 문제가 지목된 후에는 그것을 인식할 수 있는 도구를 갖추고 있지만) 장애를 그런 식으로 특징짓는 것 역시 문제가 있고 논란의 여지가 있다는 것을 인식하는 장애학과 친숙하지 않다. 그리고 특정 집단의 사람들을 사이보그로 위치시키고, 일반화하는 것은 (그리고 실제로 구성하는 것은) 편파적이고 논쟁적인 해석이 아니라, 사실에 관한 무난하고 사심 없는 진술로서 그리 특별할 게 없다고 간주된다.

이러한 까닭에 아시아 여성 공장 노동자들이 현실에서 살아가는 사이보그라는 해러웨이의 주장이 논란을 불러일으킨 것과는 완전히 대조적으로, 장애인을 사이보그와 동일시하는 것은 의심의 여지 없이 널리 받아들여진다. 장애인에게 '사이보그'라는 꼬리표를 붙이는 데는 문제적 영향이나 효과는 없다고 보는 모양이고, 비장애인 이론가들조차 이러한 움직임에 대해 자기반성이나 비판적 분석이 필요하지 않다고 보는 듯하다. 나는 이런 상황을 통해 인종이 이미 사이보그 이론에서 적절하게 다루어졌다거나, 우리가 인종 '문제'를 해결했다고 말하려는 게 아니다. 《사이버공간에서의 인종Race in Cyberspace》의 편집자들이 주목한 바와 같이, 젠더화된 사이보그에 대한 언급은 많지만, 사이보그의 인종을 탐구하는 텍스트들은 점점 더 줄어들고 있다.[72] 더 정확히 말하자면, 나는 사이보그가 페미니즘, 퀴어, 장애 이론에서 자주 거론되고 있지만, 문화 비평가로서 우리가 몸들, 그리고 신체적 차이에 대한 무언의 가정을 여전히 염두에 두어야 한다는 사실에 주목할 뿐이다.

해러웨이의 분석에서 눈에 띄는 것은 그녀가 장애에 대한 협소한 이해에 의존한다는 점이다. 그녀는 장애인을 모범적인 혼종으로 제시하지만, 그런 혼종화가 어떤 느낌인지 혹은 어떤 결과를 수반하는지에 대한 조사는 전혀 하지 않는다. 장애는 인간과 기술이 흐릿해지는 것을 목격할 수 있는 훌륭한 장소일 수 있지만, 그 흐릿해지는 실제 경험을 탐구하기 위한 장소는 아니다. 실제로 그러한 경험은 일관적이고 획일적인 것으로 표현되는 "하반신 마비나 기타 중증의 불리함이 있는 사람들"이라는 범주 아래 묻혀버린다. 게다가 인간/기계의 접점을 넘어서기 위해 장애는 버려두고 가야 하는 것처럼 보인다. 해러웨이가 정치적 정체성, 결연의 변화, 미래 형성에 관한 논의로 들어갈 때마다 장애와 장애인의 형상은 모두 사라지기 때문이다. 장애와 장애인은 탈맥락화되고 정치적 영역에서 제거되어, 사이보그와 〈사이보그 선언〉에 활력을 주는 범주의 해체에 적극적인 역할을 하지 않는 것으로 여겨진다.

사이보그에 대한 애착

사이보그라는 형상과 관련된 이 모든 문제를 감안한다면, 이제는 앞으로 나아가야 할 때인 것 같다. 일부 학자들은 사이보그 형상이 "학술적 남용으로 인해 다소 피곤하고 지겹다"라고 지적하고 있으며, 해러웨이도 자신의 관심을 다른 곳으로 옮겨갔다.[73] "반려종companion species"이라는 개념, 특히 개와 인간의 공共구성성co-constitutiveness이 최근 그녀의 관심사다. 사이보그는 그녀의 연구에서 계속 등장하긴 하지만, 개 혹은 개들과 대비되는 역할을 하는 경우가 더 많다. 실제로 그녀는 사이보그가 "더 이상 비판적 탐사에 필요한 실마리를 엮어내는 일을 웬만한 양치기 개보다 잘하지 못한다"라고 말한다.[74]

나는 반려종의 가능성에 대한 해러웨이의 열정에 공감하고, 장애학이 그러한 논의를 제공해야 한다고 생각하지만, 〈사이보그 선언〉과 사이보그 형상은 여전히 유혹적이다. 사이보그를 대체하거나 계승하는 형상 및 비유(예를 들어, 잉그리드 바치 Ingrid Bartsch, 캐럴린 디팔마Carolyn DiPalma, 로라 셀즈Laura Sells는 뱀파이어를 논하고, 사라 코언 샤벗Sara Cohen Shabot은 괴물the grotesque을 제안한다)는 그것만의 고유한 문제를 장애학에 가져오고 있는 듯하다. 마그리트 실드릭의 연구에서도 괴수monstrous와 괴물만큼은 신중하게 해석해야 하며, 단순한 대체물이 될 수 없다고 설명한다.[75] 더군다나 최근 해러웨이가 개 어질리티* 관행, 가령 인간이 아니어도 개의 비장애신체성을 강조하는 경기에 관심을 두고 있는 모습은 내가 사이보그를 간절히 되돌아보게 만든다.[76]

그리고 사이보그를 되돌아보게 만드는 이런 간절함은 그것이 드러내는 간극과 간과에도 불구하고 나타나는 것이 아니라, 그러한 간극과 간과 때문에 나타나는 것이다. 달리 말하면,

---

* 기둥, 터널, 허들, A자형 프레임, 기둥 등 다양한 장애물을 개 혼자 또는 개-조련사 쌍이 함께 통과하며 목적지까지 달리는 스포츠.

사이보그 형상이 매력적인 이유 중 하나는 다중적이고 종종 모순적인 배치를 보이는 사이보그의 바로 그 면모 때문이다. 예측 불가능성이야말로 사이보그 형상을 중요하고 잠재적으로 유용한 개념으로 만드는 것이며, 유동성과 투과성은 그것을 어떤 하나의 의미에 영구히 고정하기 어렵게 만든다. 크리스티나 크로스비Christina Crosby도 이렇게 주장한다. 사이보그는 "역동적이고 유동적이며 프로그래밍할 수 있어서 순항 미사일처럼 헤아릴 수 없을 만큼 위험할 수 있지만 새로운 연대, 새로운 결연 집단, 새로운 연합을 형성하는 데 헤아릴 수 없을 만큼 기회를 제공한다".[77]

내가 해러웨이의 사이보그 형상에서 가장 중요하다고 생각하는 것은 페미니즘 운동 및 학문 내 사이보그의 역사와 현재다. 조이 소풀리스Zoë Sofoulis가 추적했듯, 〈사이보그 선언〉은 페미니즘 과학기술학의 발전뿐만 아니라, 건축, 인류학, 문학 비평 이론에서도 필수적인 역할을 해왔다.[78] 〈사이보그 선언〉의 확산은 그것이 비판 이론에 지속적으로 영향을 미치고 있다는 걸 명확히 드러낸다. 예를 들어, 수전 스트라이커Susan Stryker와 스티븐 휘틀Stephen Whittle은 〈사이보그 선언〉이 트랜스 정체성을 명시적으로 다루지 않음에도 불구하고, "주변화된 몸으로 체현된 위치들"이 어떻게 "정치적 책임을 청구하는 투쟁의 장소들"이 되는지 탐구한다는 이유로 〈사이보그 선언〉을 《트랜스젠더학 선집Transgender Studies Reader》에 싣기도 했다.[79] 〈사이보그 선언〉, 그리고 그 안에 형상화된 사이보그는 어디에나 존재ubiquity한다는 특징으로 인해, 교차 운동 작업을 위한 자원이 되기도 한다.

페미니스트, 퀴어, 불구

그것은 가령, 장애학과 트랜스젠더학 분야의 학자들이 사이보그를 이용하고 비판해왔던 방식을 조사하는 것뿐만 아니라, 두 연구의 만남이 유발할 수 있는 강력한 융합 및 의미 있는 결합의 상상을 수월하게 해준다. 내가 장애학이 좀 더 키우고 확장하길 바라는 부분이 바로 이런 교차오염이며, 〈사이보그 선언〉이 교차 운동의 작업을 촉진할 수 있는 이유는 교차오염이 그런 작업을 개시하는 데 핵심적인 역할을 하기 때문이다. 해러웨이는 (적어도 부분적으로는) 유색인 여성에 대한 해석과 여러 이슈의 연합 및 공동체를 구축하려는 시도들로부터 사이보그 형상을 끌어냈다. 소설가인 옥타비아 버틀러, 에세이스트인 체리 모라가Cherríe Moraga, 이론가인 첼라 샌도벌은 각각 유동적 정체성, 경계 횡단, 편파성에 바탕을 둔 페미니즘 정치에 대한 통찰을 제공하면서 해러웨이의 사이보그 표현에 영향을 미친 사람들이다.

장애학이 사이보그 형상과 계속 씨름해왔던 덕분에, 우리는 의지하고 배울 수 있는, 20년분의 가치를 지닌 퀴어, 페미니스트, 유색인 여성 비평을 얻었다. 다시 〈사이보그 선언〉으로 돌아가서, 우리는 반인종차별주의적 페미니즘 또는 연합 정치의 단초들을 찾아내는 것뿐 아니라, 사이보그 및 〈사이보그 선언〉을 반인종차별주의적으로 추동하고 확장해온 수많은 페미니즘 이론을 검토할 수 있고, 또 검토해야만 한다. 이 절의 나머지 부분에서는 이러한 비평 중 일부를 간략히 개괄하려 한다. 이는 내 생각이 어떤 면에서 그 비평들의 영향을 받았는지 살펴보고, 그 비평들이 사이보그 이론을 중심에 두고 있다는 것을 주장하고, 그것이 장애학에 유의미하고 필수적이라는 것을 인정하기 위해서다.

쳴라 샌도벌은 자신의 작업을 통해 이러한 유산을 추적하면서, 자신이 "미국의 3세계 페미니즘"이라고 부르는 것의 직계 후손이 사이보그 형상이라는 것을 해러웨이의 독자들에게 상기시킨다. 그녀는 자아와 타인 사이의 유동성, 경계를 넘나드는 것의 중요성을 부각하는 사이보그 개념에 대해 다음과 같이 이야기한다. 이것은 "현대 선주민 저술에서 핏줄blood lines이 아니라 결연줄lines of affinity을 공유하는 사람들로 종족이나 혈통을 확인하려는 것과 유사하다. 이러한 결연줄은 차이에도 불구하고, 끌림, 결합, 관계를 통해 발생하며, 유색인들의 글에서 메스티사헤mestizaje*라는 개념을 구성하는 요소다". 샌도벌은 너무 많은 사이보그 이론가들이 "차이를 통한 결연"이라는 생각을 오직 해러웨이의 전유물로만 보면서 〈사이보그 선언〉의 계보학적 측면을 무시한다고 한탄한다.[80]

샌도벌이 사이보그가 사람들에게 활용되었던 방식을 다루었던 반면, 말리니 조하르 슐러와 마리아나 오르테가Mariana Ortega는 해러웨이와 〈사이보그 선언〉을 직접적으로 비판하는 데 집중한다. 두 저자는 모두 유색인 여성의 글을 다루는 해러웨이의 방식을 문제 삼는다. 그들은 비록 해러웨이가 "유색인 여성"을 자연적 정체성이 아닌 투쟁을 통해 획득한 정치적 위

---

* 중남미 선주민인 아메리카 인디언과 스페인·포르투갈계 백인과의 혼혈인을 지칭하는 메스티소(mestizo)에서 파생된 용어로, 다른 인종이나 문화 간의 혼합, 즉 메스티소화(化)를 가리킨다.

페미니스트, 퀴어, 불구

치라고 거듭 강조하긴 하지만, 이와 동시에 유색인 여성의 글을 동질화한다고 주장한다. 해러웨이가 모든 치카나chicana**는 라 말린체La Malinche***에게 같은 감정을 느끼거나 언어와 정체성을 두고 동일한 투쟁에 참여하는 사람이라고 너무 성급하게 가정한다는 것이다.[81]

내 장애 해석에 이러한 비판들을 포함하는 것이 그것을 비유적으로 제시할 위험이 있다는 것을 나는 잘 알고 있다. 가령, 사이보그 이론에서는 마치 장애가 '인종처럼' 기능하고 있다든지, 혹은 〈사이보그 선언〉에서 장애인은 유색인 여성'만큼' '너무 똑같이' 주변화되고 있다는 식으로 말이다. 이러한 방식의 비유는 장애학(그리고 장애학 너머)에서 너무 빈번히 일어나고 있으며, 안타깝게도 장애와 인종 사이의 관계를 조명하기보다 혼란스럽게 만드는 결과를 낳는다. 그럼에도 나는 (그 자체가 문제적일 수도 있는 라벨인) 장애 비판과 인종 비판을 함께 탐구함으로써 장애학과 〈사이보그 선언〉에 대한 기존의 독해가 더욱 풍부해지고 확장될 수 있기를 바란다. 애비 윌커슨이 설명했듯, 〈사이보그 선언〉은 연대가 무엇을 의미하는지 그에 대한 질문을

**   멕시코계 미국 여성.

***   멕시코만 연안의 나우아족(Nahua) 여성이었던 라 말린체는 스페인 정복자인 에르난 코르테스(Hernán Cortés)의 통역자, 조언자, 중개자, (훗날) 아내로서 스페인의 아즈텍 정복에 기여했다고 알려져 있다. 그녀는 수 세기에 걸쳐 배반의 화신, 전형적인 희생자, 메스티소 최초의 어머니 등으로 다양하게 평가받았다. 해러웨이는 〈사이보그 선언〉에서 "말린체의 이야기를 다시 이야기하는 것은 치카나의 정체성 구성에서 각별한 의미가 있다"라고 말한다. 도나 해러웨이, 《해러웨이 선언문》, 황희선 옮김, 책세상, 2019, 73쪽.

제기하는데, 이 질문은 부분적으로 그 선언의 명시적인 틀에서, 그리고 부분적으로 그 선언에서 의식되지 않는 틈이나 소거된 부분에서 발생한다.[82] 그러므로, 이 장의 목표 중 하나는 장애학에서 어떻게 교차 운동의 작업을 수행해야 할지, 인종과 장애를 고작 비유로 쓰거나 인종과 장애의 경험 및 범주를 보편화하지 않고서 어떻게 유색인 여성 이론가의 비판을 끌어와야 할지 숙고하기 위해 〈사이보그 선언〉과 그에 대한 비판을 모두 활용하는 것이다.

불구가 지속적으로 사이보그에 관여하는 것(**비판적인 불구의 관여**)은 장애학이 이러한 논의에 참여하는 한 가지 방법이다. 〈사이보그 선언〉은 출간된 지 수십 년이 지난 지금도 도발적이고 풍부하며 창의적인 페미니즘 연구의 장으로 남아 있고, 예상치 못한 방식으로 장애학을 풍성하게 만들어줄 수 있는 글이다. 따라서 장애학에서 사이보그를 활용하는 것은 해러웨이와 〈사이보그 선언〉을 읽는 것뿐만 아니라, 〈사이보그 선언〉을 둘러싼 수많은 비판과 재론을 〈사이보그 선언〉 원문에 충실하지 않더라도 철저히 검토한다는 것을 의미한다.

사이보그 밀어붙이기: 사이보그 정치를 불구화하기

도나 해러웨이는 사이보그가 즐거움과 책임 모두에 관한 것이라고 말하면서 〈사이보그 선언〉을 "경계가 뒤섞일 때의 **즐거움**과 경계를 구성할 때의 **책임**에 대한 주장"이라고 규정한다.[83] 장애학이나 불구 이론의 관점에서 사이보그에게 접근한 다는 것이 무엇을 의미하는지 숙고하기 위해서는 이런 이중적 인 움직임, 즉 즐거움과 책임을 동시에 붙잡고 있는 것이 필요 하다. 도나 해러웨이의 인터뷰집인《한 장의 잎사귀처럼》에서 사이어자 니콜스 구디브Thyrza Nichols Goodeve는 해러웨이에게 사이 보그 형상의 확산이 그녀를 어지럽게 만들고 있는지, 사이보그 형상에 대한 수많은 전유와 사용, 거기서 드러나는 간극으로 인해 그것이 왜곡되었다고 느끼는지 묻는다. 이에 해러웨이는 다음과 같이 답한다.

> 사이보그에는 여전히 엄청난 잠재력이 있다고 생각합니다. 제 작업 방식 중 하나는 어떤 용어가 더러워지고, 그 유명세 때문에 적절하거나 부적절하게 사용되더라도, 거기서 도망 치지 않는 것입니다. 오히려 그럴수록 사이보그의 현실을 더 강하게 밀어붙이고 싶습니다. …… 그러니 너무 유명해졌다고 해서 그걸 포기하기보다 계속 밀어붙이고 채워나가야죠.[84]

해러웨이를 좇아, 이 절에서는 페미니스트 퀴어 불구의 미 래를 상상하기 위해 사이보그를 "밀어붙이고 채워나가"려고 한다.

장애의 관점에서 사이보그 형상을 "밀어붙이는 것"은 장 애인의 잠재적 이익과 위험에 주의를 기울이면서 사이보그에 장애에 대한 의식을 가져온다는 것을 함축한다. 이러한 전환에 는 인간/기계의 접속이 언제나 유익하거나 즐겁지 않다는 것에 대한 인정, 사이보그 관련 글들에서 찬미하는 사이버 기술에 대한 접근성이 많은 장애인에게 부족하다는 인식, 사이버 기술이 전 세계적으로 노동 관행을 무너뜨리는 방식에 대한 설명, 모든 장애인이 기술적 치유나 교정에 관심이 있는 것은 아니라는 자각이 필요하다. 이 각각의 요소는 사이보그학이 장애를 은유로 사용하는 기존의 방식에서 벗어나 정치적·사회적 맥락에서 장애를 이해하도록 만든다. 그럼으로써 그 요소들은 아이러니하게도 사이보그 이론을 〈사이보그 선언〉에서 제시했던 약속, 즉 인간과 기술의 연계를 손쉽게 찬양하지 않는 온전한 위치의 사이보그에 대한 약속과 더 가까워지게 만든다.

비장애중심주의적이지 않은 사이보그 정치는 질병이나 장애로 인해 사이보그화된 우리 같은 사람들을 다른 사이보그와 따로 떼어내는 것을 거부한다. 다시 말해, 장애인은 더 이상 비장애인이 아직 도달하지 못한 사이보그화된 존재를 모델로 삼을 수 없다. 그런 행태는 장애인이 비장애인과 본질적으로 다르다는 것을 암시하면서 장애인/비장애인 이분법을 강화할 따름이다. 해러웨이를 비롯한 많은 사람이 주장하는 것처럼, 기술문화technoculture가 구석구석 널리 침투해 있다면 사이보그의 영역에 장애인만 있는 것은 아닐 것이다. 그렇다면 사이보그 이론은, 가령 왜 같은 기술이라도 장애인에게 쓰이는지 비장애인에게 쓰이는지에 따라 그것이 '보조' 기술 또는 '시간 절약' 기술로 바뀌어 묘사되는지에 대해 심문할 수도 있을 것이다.[85] 이런 관점에서 '사이보그'는 비장애인/장애인의 이분법을 탐구하거나 심문할 기회를 제공한다.

우리는 여전히 의료적 사이보그에 대해 논의할 수 있다. 그런데 어째서 의료적 사이보그의 통찰력과 경험을 다루는 방식으로는 논의하지 않는 것일까? 우리는 의료적 사이보그라는 정체화나 특징화가 그들 자신에게 어떤 의미인지, 또는 그들이 어떻게 사이보그 담론을 표현하는지 탐구할 수 있다. 이러한 논의는 사이보그 기술에 대한 우리의 이해를 풍부하게 만들며, 결과적으로 사이보그에 대한 우리의 이론적 틀을 확장할 수 있다. 예를 들어, 하지 보조기가 신체적 기능, 고통을 모두 증가시킨다는 점을 성찰한 토빈 시버스의 논의는 사이보그와 기술 사이의 양가 관계에 대한 우리의 이해를 심화할 수 있다. 그렇다면, 불구화된 사이보그 이론은 기술적 교정을 찬양하는 방식을 경계하고, 기술과의 더 복잡한 관계, 양가 관계를 고려해야 할 것이다.

사이보그로 보이는 사람들의 물질적 현실에 관심을 가져야 한다는 니르말라 에레벨레스의 주장은 사이보그 형상이 계급 분석에 미치는 효과를 재검토할 수 있는 하나의 방법이 될 수 있다.[86] 하지만 《젠더화된 사이보그The Gendered Cyborg》의 편집자 중 한 명인 길 커크업Gill Kirkup은 〈사이보그 선언〉이 명시적으로 사회주의 페미니즘을 다루거나 유물론적 분석에 참여해 사이보그를 활용하는 사람들을 위해 쓰였음에도 불구하고, 그런 학자들은 거의 보이지 않는다고 지적한다.[87] 21세기 초에 사회주의 페미니즘을 상상하는 데, 혹은 우리의 작업에서 계급 문제에 더 많은 관심이 필요하다는 것을 페미니스트들(그리고 장애학자들)에게 납득시키는 데 사이보그의 역량을 재검토하도록 장애가 유도할 방법은 무엇일까? 우리는 '장애인=사이보그'라는 등식을 단순 반복하는 대신, 장애인이 효율성, 생산성, 노동능력, 혹은 그 부족의 측면에서 어디에 위치하는지를 검토하는 해러웨이의 비판적인 인식 틀을 활용해 가사경제homework economy와 집적회로에 관한 해러웨이의 고민*을 다시 살펴볼 수 있다.

다른 사례로, 장애학을 통한 접근은 인간-동물 또는 인간-인간 혼종으로서의 사이보그에 대한 새로운 관심을 촉구할 수도 있다. 지금껏 사이보그 이론가들은 〈사이보그 선언〉의 필수적인 부분인 인간과 유기체 사이의 경계 위반 가능성을 무시한 채, 오로지 기술에만 그들의 에너지를 집중해왔다[88](인간-기계의 혼종에만 집중하는 것은 장애 있는 몸에 대한 집착을 촉발했다). 사이보그화된 장애 정치는 장애인과 활동지원사 간에, 장애인과 도우미 동물 간에, 장애인과 협력자 간에, 장애인 서로 간에 발생하는 경계 흐리기(상호의존, 상호성, 관계에 대한 사이보그적 이해가 깃든 모든 경험)에 관한 날카로운 이론적 통찰력을 제공할 수 있다.

사회학자인 로드 미칼코Rod Michalko는 안내견 스모키Smokie와의 관계를 통해 시각장애의 본질을 더 완전하게 이해하는 방법

---

* 해러웨이는 기술, 노동, 젠더 관계에 대한 분석의 일환으로 '가사경제'와 '집적회로'를 설명한다. 가사경제는 공장과 사무실에서 가정으로 업무를 아웃소싱하는 체계를 말하며, 주로 특정 젠더(여성)가 수행한다. 이러한 가사경제로의 전환은 디지털 기술로 인해 가능해졌지만, 전통적인 성역할을 강화하고 여성의 노동력을 저평가하는 결과를 낳기도 한다. 집적회로는 기술이 우리 몸과 생활에 통합되는 방식을 의미한다. 해러웨이는 집적회로가 우리와 기술의 관계를 변화시키지만, 그 통합은 고르게 이루어지지 않으며 특정 집단은 배제되거나 소외된다고 분석한다.

과 관련해, 스모키와 함께 일했을 때의 경험, 즉 사이보그 연구자들이 풍부하게 캐낼 수 있는 그 경험이 자신의 몸과 인식의 경계를 어떻게 바꾸었는지를 상술한다.[89] 그는 단순한 도구주의나 효용성의 관계가 아니라, 통합성과 공共구성성의 관계를 설명한다. 스모키는 단지 도구가 아니라 "세계 내 존재being in the world"에 대한 새로운 방식 또는 새로운 이해를 개방하는 존재라는 것이다. 캐리 울프Cary Wolfe도 인간과 도우미 개의 관계는 "호모 사피엔스나 캐니스 페밀리아리스canis familialis**의 관계도 아니고, '장애'나 '정상'의 관계도 아닌 완전히 다른 관계이며, 이들은 신뢰, 존중, 의존, 의사소통의 복잡한 관계로 구성된 세계 내 존재, 공유된 트랜스종들trans-species이다"라고 설명한다.[90] 이런 관계의 본질을 조사하면, 사이보그의 이론적 틀을 확장할 수 있을 뿐만 아니라, 동물성과 인간에 대한 근래의 분석을 풍부하게 만들 수 있다.

로라 허시와 로리 에릭슨은 개인 활동지원사들과의 협상에 대해 개방적으로 (에릭슨은 개방성을 "하나의 몸 밖에" 있는 것이라고 설명한다) 논의하고 있으며, 이런 작업 역시 사이보그에 대한 기존의 이해를 풍부하게 만들 수 있다.[91] 예를 들어, 에릭슨은 활동지원사와의 관계를 설명하기 위해 현상학을 끌어오면서, "나의 개인 활동지원사, 나, 그리고 우리의 몸은 하나의 자아이자 유닛으로 기능하고" 있으며, 그것은 "단일한 자아/결합된 유닛이라는 이원론"을 무너뜨린다고 말한다.[92] 이때 에릭슨은 단

** 개의 학명.

수이자 복수이며, 온전히 '그녀'도 아니고 '그들'도 아니다. 사이보그 형상은 이러한 관계가 자아와 타자, 몸과 경계, 행위성과 상호의존성에 대한 우리 관념에 영향을 미치는 방식을 인식할 수 있는 "이론적 원형"을 제공할 수 있다.[93]

다시 말해, 이제는 장애인이 단순히 '보조' 기술이나 '적응' 기술을 사용한다는 이유로 장애 있는 몸이 자명한 사이보그라고 쉽게 언급하지 않는 대신, 장애와 사이보그주의 사이의 관계를 가장 잘 논의할 수 있는 방법을 모색해야 한다. 이는 장애학뿐만 아니라 사이보그 이론과 페미니즘 비판 이론에 더 폭넓은 도움을 제공할 것이다. 따라서 내가 이 장의 나머지 부분에서 말하고자 하는 것은 사이보그에 대한 대안적 접근법, 즉 사이보그를 빈번히 비장애중심주의적으로 배치하는 것을 인식하면서 사이보그를 불구화하는 것, 더 페미니즘적이고 퀴어적인 방향으로 장애학을 밀어붙이는 작업의 윤곽을 그리는 것이다.

비장애중심주의적이지 않은 사이보그 정치를 발전시키기 위해 사이보그를 불구화하려면, 장애인은 우리의 **몸**(가령, 보철물, 인공호흡기, 활동지원사 이용) 때문이 아니라, 우리의 **정치적 실천** 때문에 사이보그로 이해되어야 한다. 이러한 틀에서 에릭슨은 활동지원사 서비스 이용이 필요한 장애가 있기 때문이 아니라, 그런 이용이 의미하는 바를 비판적으로 사유하기 때문에 사이보그주의적 관점에서 이해될 수 있는 것이다. 에릭슨은 〈원트Want〉라는 단편 영화에서 친구, 연인, 공동체 구성원들과 협력해 커다란 의료 체계 외부에서 운영되는 활동지원사들의 네트워크를 만들었다고 설명한다. 그럼으로써 그녀는 공동체

페미니스트, 퀴어, 불구

가 무엇을 의미하는지, 장애와 함께 산다는 게 무엇을 의미하는지를 급진적으로 재해석한다. 또한 에릭슨은 자신의 영화와 글을 통해 활동지원사가 자신을 화장실에서 들어 올리고 내리는 등의 '일상적 활동'을 성행위의 이미지와 매끄럽게 엮어내면서, 우리를 에릭슨이 변기에 앉아 있는 장면에서부터 그녀가 연인과 섹스하는 장면, 접근하기 어려운 건물을 마주하고 있는 장면으로 이동시킨다. 이처럼 그녀의 사이보그주의는 그녀에게 활동지원사가 필요하다거나 그녀가 전동 휠체어를 사용한다는 사실에 관한 것이 아니라, 사람들(장애인, 비장애인)을 장애와 섹슈얼리티에 관한 비장애중심주의적 가정에 맞서도록 강제하기 위해서 보조 기술 및 적응 기술에 대한 그녀의 경험을 활용하는 것이다.

바꿔 말하면, 사이보그를 불구화하는 것은 우리의 몸이 우리의 정치적 실천과 분리되지 않는다는 것, 그리고 보조 기술 및 그것의 사용은 역사나 정치와 무관하지 않다는 것을 인식한다는 뜻이다. 이와 관련해 인류학자인 스티븐 커즈먼Steven Kurzman은 다음과 같이 설명한다.

나는 사이보그를 정체성보다는 주체의 위치로 보고 있으며, 사이보그가 실제 나와 보철물 사이의 물리적 접속보다 그 보철물을 둘러싼 생산, 배송, 사용 관계에서의 나의 위치를 더 잘 설명한다고 믿는다. 만약 내가 사이보그라고 호명되어야 한다면, 그것은 내 HMO*가 내 다리의 가격인 1만 1000달러를 지불했기 때문이고, 내가 건강보험에 가입하려면 직장을

구해야 했기 때문이며, 내 다리의 재료와 디자인이 많은 젊은
이의 팔다리를 날려버린 군사 기술에 똑같이 기반한다는 아
이러니 속에서 내가 일어나 걷고 있기 때문이고, 내 발의 충
격 흡수장치는 자전거와 오토바이용 충격 흡수장치 제조사
에서 만들어졌으므로 냉전 이후의 공학적 스포츠 장비와 보
철물의 폭발적 증가에 힘입은 제품이라 볼 수 있기 때문이며,
내 다리를 만든 사람이 업종별로 빠르게 통합되고 기업화되
는 분야에서 자신의 작은 사업을 지키기 위해 고군분투하고
있기 때문이다. 단지 내가 의족을 착용하고 있다고 해서 사이
보그인 것은 아니다.[94]

커즈먼은 이렇게 보철물의 역사를 추적하면서, 자신의 다
리와 사이보그 형상을 정치적으로 인식한다. 그가 의족 및 사
이보그와 맺고 있는 관계는 더 광범위한 역사, 레토릭, 경제에
내재한 정치적 관계라는 것이다.

버클리 바이오닉스Berkeley Bionics**가 군사적·의료적 목적으
로 개발한 외골격을 예로 들어보자. 그들의 제품과 홍보 영상
은 장애와 군사화된 사이보그 사이의 연결고리를 분명하게 드
러낸다. 이레그스eLEGs는 하반신 마비 장애인들이 특정한 조건

---

*   건강유지단체(Health Maintenance Organization)의 약어. 정기적으로 일정
     액을 납입하고 가입하는 종합 건강 관리 기관으로, 일종의 선불제 의료보험을
     제공한다.
**   군사용, 재활 및 장애인용, 산업용 외골격 로봇, 웨어러블 장비를 개발하고 제조
     하는 기업으로, 2011년에 엑소 바이오닉스(Ekso Bionics)로 이름을 바꿨다.

에서 걸을 수 있도록 해주는 외골격인데, 이 회사의 최고 경영자인 이토르 벤더Eythor Bender에 따르면, 그것은 록히드 마틴 Lookheed Martin***에 라이선스를 제공한 군용 장비인 "헐크HULC, Human Universal Load Carrier(인간용 만능 적재 수송기기)라는 토대 또는 레거시 위에 구축"되었다.[95] 헐크를 홍보하는 영상에는 그것을 착용한 채 산악 지형에서 무거운 짐을 싣는 한 남성이 여러 장면에 걸쳐 등장한다. 헐크 프로그램의 매니저인 짐 니Jim Ni는 헐크가 군인들의 중화기 운반(한 장면에서 군인이 외골격 전면에 폭탄을 부착하는 모습이 나온다)을 용이하게 해, 현대전이 수반하는 허리 부상 및 기타 반복성 긴장 질환을 방지하도록 설계되었다고 설명한다. 하반신 마비 장애인을 걷게 하는 것과 똑같은 기술을 통해 어떤 군인은 더 효율적이고 인체공학적으로 살상을 저지를 수 있게 되는 상황이 실로 사이보그의 아이러니라 할 만하다.[96]

커즈먼의 분석을 확장하고, 에레벨레스, 시버스, 그리고 사이보그와 비판적으로 씨름하고 있는 다른 불구 이론가들의 연구를 함께 읽으면서, 나는 사이보그를 특정한 종류의 (의료화된) 몸으로 환원하는 본질주의적 해석에서 벗어나 이를 정치적인 것의 영역 안에 두는 해석을 제공하고 싶다. 장애 활동가, 장애 공동체, 장애 운동은 해러웨이가 페미니즘적 사이보그의 필수적인 특징으로 내세우는 아이러니하고 심지어 신성모독적인 정치를 종종 구현하곤 한다. 주디 로러Judy Roher가 주장하듯, "아

*** 미사일, 항공기 등을 제조하는 세계 최대의 방위산업체 중 하나.

이러니는 미래 지향적이고, 다중 정체성의 정치를 구축하는 데 도움이 될 수 있으며", 장애 정치는 질병, 장애, 몸에 아이러니하게 접근하는 방법에 관한 풍부한 아카이브를 제공한다.[97]

해러웨이는 자신의 페미니즘적 반핵 활동에서 나온 다음의 아이러니한 정치적 슬로건을 〈사이보그 선언〉에 넣으면서 다른 이들의 슬로건을 공유하고 자신만의 슬로건을 발명한다. "지구의 생존을 위해 사이보그가 되자!" 그리고 아마 가장 유명한 (악명 높은) "나는 여신보다 사이보그가 되겠다".[98] 이러한 문구는 해러웨이가 자신의 이론적 여정의 실천적 의미를 고민하고 있다는 것을 드러내고, 아이러니한 신성모독의 정치를 고수하고 있다는 걸 강조하면서, 자신의 이론을 풀뿌리 운동 안에 정박시킨다. 이러한 정신을 이어받아 나는 이와 비슷한 방식의 아이러니하고 신성모독적인 또 다른 풀뿌리의 언어를 덧붙이고 싶다. "트레이크를 한 다이크는 공기를 마시지 않고 보지를 먹는다." 오랜 시간 장애 운동을 했던 활동가이자 커밍아웃한 레즈비언인 코니 판자리노Connie Panzarino는 1990년대 초 보스턴에서 프라이드 행진을 하는 동안 이 표어를 자신의 휠체어에 부착했다.* 놀랍도록 노골적인 그녀의 표어는 기술을 차갑고 거리감 있는 것, 또는 비非체화된 것/비非체화하는 것으로 묘사하는 것을 거부하고, 대신 그것을 체현된 즐거움의 원천이자 장소로 제시한다.

---

* 이 표어를 부착한 판자리노의 사진은 다음을 참고하라. https://twitter.com/martianweye/status/1399757196544544774.

페미니스트, 퀴어, 불구

'트레이크trach'는 입과 코를 우회해 호흡관을 기도trachea에 직접 삽입하는 의료적 절차인 기관절개술tracheostomy의 줄임말이다. 트레이크를 한 사람은 실상 목으로 숨을 쉬고, 입은 자유롭게 다른 활동을 할 수 있다(이 표어의 다른 버전에는 이런 것도 있다. "트레이크를 한 다이크는 공기를 마시지 않고 프렌치 키스를 한다"). 사이보그의 관점에서 보면, 이러한 표어는 굉장히 도발적이고 생산적이다. 그것은 적응 기술이 잃어버린 능력을 단순히 대체하는 대신 그것을 향상시켜 뛰어난 능력을 부여한다는 기존에 만연해 있는 생각을 끌어오지만, 그 방식이 매우 전복적이다. 여기서 함의하는 건, 조화를 이루거나 정상이나 초정상으로 나아가는 것이 아니라, 퀴어 장애인의 자리를 지킬 가능성을 공적으로 선언한다는 것이다. 이는 강제적 이성애, 강제적 비장애신체성, 동성애규범성homonormativity**을 단호하게 거부하는 비非정상화의 노력이다. 코빗 오툴이 주장하듯, 그 표어는 장애인 여성이 수동적이라는 인식에 도전하는데, 파트너를 적극적으로 즐겁게 해주는 그들의 모습을 표현함으로써 신체적 장애를 비성애nonsexuality와 연관시키는 고정관념을 생생하게 반박한다.[99]

그 표어의 맥락은 그 내용만큼이나 중요하다. 사이보그 텍스트 속에서 오직 기술과 교감하는 고립된 개인으로 나타나는

** 리사 두건(Lisa Duggan)은 이를 "지배적인 이성애 규범의 전제 및 제도와 경합하는 대신, …… 이성애규범성을 고수하고 지지하는 정치"라고 정의한다. 즉, 동성애규범성은 이성애규범성이 구축한 올바름과 정상화의 기획에 성소수자의 행동양식을 규제·변화하게 만드는 규범화다. 리사 두건, 《평등의 몰락: 신자유주의는 어떻게 차별과 배제를 정당화하는가》, 한우리·홍보람 옮김, 현실문화, 2017, 123쪽.

장애인과는 아주 대조적으로, 그 표어와 함께 있는 여성은 정
치적·사회적 공동체에 참여하는 공적인 자리에 위치한다. 그녀
는 '자긍심pride'의 개념을 자신의 섹슈얼리티뿐만 아니라 장애
에도 적용할 수 있도록 확장하면서 공동체를 형성하는 데 적극
적으로 참여한다. 실제로 그녀는 섹슈얼리티와 장애가 에로틱
하게, 그리고 생산적으로 뭉쳐 있다고 표현한다. 이렇듯 공적
맥락에서 등장하는 이 표어는 장애 있는 몸을 둘러싼 자선, 연
민, 비극의 담론에 대한 신랄한 질책으로 해석할 수 있으며, 이
여성은 '제리의 아이들' 같은 장애인의 유아화에 직접적으로
맞서 자신이 성적으로 활발하고 적극적으로 동의하는 성인임
을 선언한다.

또한 판자리노는 커뮤니티에서 탄생한 신성모독적인 유
머를 가져다 쓴다. 퀴어 불구 문화에 익숙하지 않은 사람들, 즉
기관절개술의 작용을 알지 못하는 사람들은 그러한 수술에 담
긴 성적인 가능성을 이해하지 못해 판자리노의 표어를 놓쳐버
릴지도 모른다. 그러나 퀴어 불구에게 이 표어는 신체-기술의
접속뿐만 아니라 장애 있는 몸 자체에서 즐거움의 자리를 찾는
일종의 폭로다. 기술 및 의학 발전이 장애를 근절하고 장애 있
는 몸의 수를 감소시키는 능력을 지속적으로 홍보하는 문화에
서, 판자리노는 그런 몸들과 자신의 몸이 지닌 가치를 내세운
것이다.

마찬가지로 로라 허시가 사이보그가 된 이유도 그녀가 단
순히 전동 의자나 인공호흡기를 사용하기 때문이 아니라, 그
녀가 연합 정치와 변혁적인 사회적 실천에 헌신하기 때문이다.

시인, 수필가이자 오랜 활동가였던 허시는 1973에서 1974년까지 근이영양증협회(이하, MDA)의 '포스터 아이' 역할을 했고, (비장애인) 기증자의 단체 기부를 장려하는 각종 포스터와 홍보 자료에 출연했다. MDA의 명시적인 목표는 "신경근육계 질환 정복."이며, 이 목표를 달성하기 위한 주요 수단은 포스터 아이 선발, 그리고 제리 루이스와 오랫동안 연관되었던 연례 노동절 텔레톤telethon*이다. 허시를 비롯한 아이들의 몸은 '치유'를 옹호하는 데 이용되지만, 여기서 '치유'란 산전 검사, 선별적 임신중지, 그리고/또는 산전 치료의 조합을 의미한다. 다시 말해, 허시의 역할은 자신과 같은 아이가 태어나지 못하게 하는 방법을 연구하는 데 필요한 기금을 마련하는 것이었다. 사이보그 정치에 어울리는 신성모독적 아이러니처럼 이후에 허시는 어렸을 때 겪었던 포스터 아이 레토릭을 비난하면서, 반反텔레톤 운동의 지도자 중 한 명이 되었다. 전前 포스터 아이이자 장애인 권리 운동가, 비장애인 협력자인 허시는 제리 루이스의 연례 MDA 텔레톤을 격렬하게, 소리 높여 반대하고, 장애인을 비장애중심주의적으로 대하는 루이스와 MDA의 태도를 맹비난한다. 2001년 인터뷰에서 루이스가 "휠체어를 타는 불구"가 연민의 대상이 되지 않으려면, "집에 머물러야" 한다고 했을 때, 허시와 그녀의 동지들은 거리로 나와서 루이스의 발언이 자선 단체들에 스며들어 있는 장애의 비극적 모델을 드러낸다고 강조했다.[100] 2009년에 제리 루이스가 영화예술과학아카데미Academy

---

* 자선기금을 모으기 위한 장시간 텔레비전 방송.

of Motion Picture Arts and Sciences에서 진 허숄트 인도주의상Jean Hersholt Humanitarian Awards을 수상했을 때는 허시를 포함한 활동가 집단이 오스카 시상식에 항의하는 시위를 조직했다.[101]

사이보그의 관점에서 나는 허시와 의료 기술의 도발적인 관계에 매료되었다. 그녀는 MDA 같은 단체가 지원하고, 지원받는 의산복합체에 의해 실현된 기술의 도움을 받아 생존한다. 하지만 다른 한편, 그녀는 이 기술을 활용해 자신이 의존하는 바로 그 시스템을 심문하는 데 전념하는 활동을 한다. 어떻게 보면, 허시는 기술과 생체의학의 복합성을 인식하기에 좋은 위치에 있다. 해러웨이가 〈사이보그 선언〉에서 분명히 밝혔듯, 우리가 해야 할 일은 단순한 기술성애나 기술혐오를 지지하는 대신, 과학과 기술의 사회적 관계에 책임을 지는 것이다.[102] 허시와 그녀의 동지들은 기술을 완전히 포기하지 않은 채, 치유 이데올로기와 연민 서사의 효과를 추적하고, 텔레톤에 깔린 경제적 논리와 메커니즘을 강조함으로써, 이와 같은 책임을 요구한다. 하지만 허시를 사이보그적인 용어로 묘사할 때, 아마 이론가 대부분은 휠체어 위에 있는 그녀의 위치에만 초점을 맞춰 그녀가 능숙한 협상가라는 점은 무시할 것이다. 휠체어나 호흡관을 이유로 허시를 사이보그로 환원하는 것은 그녀의 사이보그 정치적 실천을 무시함으로써 장애와 장애인의 탈정치화를 영속화하는 결과를 낳는다.

일반적으로 허시와 판자리노는 '중증 장애가 있는(해러웨이의 용어로는 '중증의 불리함이 있는')' 사람으로 여겨진다. 그들은 전동 휠체어에 의지하고, 자신의 일상적 활동을 돕는 개인 활동지원사를 고용하며, 그들의 만성적 손상은 때때로 의료적 위기, 특히 호흡곤란으로 이어지곤 하기 때문이다. 대부분의 사이보그 이론가들에게 그들의 이야기는 거기에서 멈춘 채, 피부를 경계로 한 몸과는 다른 방식을 보여주는 완벽한 사례로서 제시된다. 그런 인식 틀에서는 중증 장애인일수록 더 사이보그적이라고 할 수 있는데, 그들에게 첨단 의료 장비와 적응 기술이 사용될 가능성이 더 높기 때문이다. 그러나 불구화된 사이보그 정치는 이런 식으로 진단이나 상태를 읊는 것에만 그치지 않는다. 로버트 맥루어의 말처럼, '중증'은 불복종, 격렬함, 비판으로 해석될 수 있다. 즉, 이 여성들이 가진 손상의 "중증성"은 움직임, 유연성, 외모에 대한 규범적 기대를 그들이 준수하지 못했다는 인식 때문이 아니라, 그들이 공적으로 "강제적 비장애신체성의 부당함을 부르짖기" 때문이라고 볼 수 있다.[103] 우리는 이 활동가들의 경험을 그들이 가진 세부적인 손상으로 축소하지 않고, 기술과의 복합적이고 모순적인 협상, 또는 그 협상이 공동체, 책임, 즐거움, 복합성에 관한 질문으로 이어지는 방식에 대해 초점을 맞춰보도록 하자.[104]

브래들리 루이스Bradley Lewis는 사이보그가 프로작Prozac* 및 정신약리학의 지배를 더 잘 이해하는 데 도움을 줄 수 있다고 주장하면서, 정확히 그 이유로 해러웨이의 사이보그 이론을 끌어온다. 비판적 과학학, 특히 사이보그 이론은 우리가 프로작에 대해 말하는 것을 이야기**로서**, 서사로서 인식할 수 있게 함

---

* 전 세계적으로 가장 많이 사용되는 우울증 치료제.

으로써 그것을 주의 깊게 읽을 가치가 있는 것으로 만든다. 루이스 역시 사이보그 이론이 우리가 "**결과**와 **포함**에 대한 지역 정치적 질문"*을 제기할 수 있게 해준다고 주장한다.[105] 책임과 비판을 요구하는 사이보그는 진보주의자들이 기술과학에 참여하고, 신기술의 영향과 가정을 탐구하도록 압박한다. 루이스는 해러웨이의 비판 방식, 즉 [과학과 기술의 사회적 관계에 대해] 책임질 수 없도록 만드는 단순한 이분법과 이원론에 도전하는 그녀의 방식에 주의를 기울일 것을 촉구한다. 그는 이렇게 주장한다. 프로작은 "명백히 억압적이거나 명백히 해방적이지 않다. 그것은 양자의 모순적인 혼합이다(때때로 어느 한 면이 다른 한 면보다 클 때도 있지만, 언제나 그 둘이 존재한다). 이는 문제를 프로작 그 자체가 아니라 프로작 담론의 생산과 유통을 둘러싼 재현의 정치로 만든다".[106]

미셸 오브라이언Michelle O'Brien은 처방약의 정치에 더 많은 관심을 기울여야 한다고 주장하면서 그러한 모순적 접근 방식을 다시 상기시킨다. 커즈먼이 자신의 의족을 생체의학, 군사, 경제 담론이 중첩된 일종의 집합체로 보았던 것처럼, 오브라이언은 처방약의 사용을 더 광범위한 정치경제 내에서의 맥락화를 요구하는 하나의 실천으로 위치시킨다.[107] 그녀는 각 의약품의

---

* 루이스는 프로작이 누구에게 어떤 결과를 미치는지, 사회적으로 정당화된 정신약리학적 지식을 생성하는 데 누가 포함되고 배제되는지 질문하면서, 누구에게나 적용되는 포괄적이고 보편적인 결과 및 포함의 문제를 제기하는 대신 일시적이고 상황적인 결과 및 포함의 문제를 제기한다는 점에서 이 질문을 "지역 정치적 질문"이라고 표현한다.

제조사를 추적하고, 약물 주입에 필요한 주사기를 어디서 구하는지 논의하고(이는 HIV/AIDS, 마약과의 전쟁, 필라델피아의 니들 익스체인지needle exchange 프로그램**에 대한 간략한 검토로 이어진다), 그녀가 "적절한" 약물 제공자가 아니라 돈에 쪼들려 온라인에서 의약품을 구매하게 만드는 건강 관리의 정치를 설명한다. 트랜스여성인 그녀는 의료보험 회사에는 "보이지 않는" 존재지만, 그녀는 의약품에 의존하고 있으며, 그것이 모순적으로 그녀를 사이보그로 이끈다.[108] 해러웨이의 선언에서 영감을 얻은 그녀는 생체의학 내 자신의 위치가 모순적이고 아이러니하며 전복적이라고 설명한다. 그녀는 기업에서 제공하는 의약품과 접속하고 있을지도 모르지만, 그것과 "부적절하게" 접속한다.[109] 오브라이언은 사이보그가 의산복합체에 접근하는 하나의 방법, 즉 "고립, 순수성, 거부"를 특권화하는 것이 아니라 의료 시스템과 부정하게 상호작용할 수 있는 가능성을 인정하는 방법을 제공한다고 주장한다. 그녀는 다음과 같이 말한다. "만약 당신의 생존이 주로 글로벌 제약 산업에 접근하는 데 달려 있다면, 순수함의 정치와 비참여의 정치로는 그리 먼 곳까지 가지 못할 것이다."[110]

오브라이언과 마찬가지로, 딘 스페이드Dean Spade 역시 많은

** 주사기 공유로 인한 약물 사용자들의 감염 및 질병 확산 가능성을 줄이려는 목적으로 주삿바늘을 두 번 이상 사용할 수 없도록 지원하는 정책. 주삿바늘 교체에만 그치는 것이 아니라, 의료적 감독이 이루어지는 장소를 마련해 약물 오남용에 의한 폐해를 줄이고, 약물 사용자들에게 위생적이고 스트레스 없는 환경을 법적으로 제공하는 것을 포함한다.

트랜스젠더가 의료 시설에 의존하는 상황에서 모순적인 정치가 필요하다는 것을 인정한다. 그는 일부 트랜스젠더 옹호자들이 잠재적으로 젠더차별을 해소할 수 있는 수단으로 주州장애법에 의지해왔다고 설명한다. 하지만 법에 호소하기 위해서는 트랜스젠더들이 젠더정체성장애Gender Identity Disorder(이하, GID)로 진단되고 확인되어야 한다.[111] GID는 젠더 차이를 병리학적으로 식별하는 것을 경계하는 많은 활동가, 트랜스젠더 공동체 내에서 논란의 대상이다. 이에 스페이드는 다음과 같이 서술한다. "나는 트랜스젠더의 권리가 GID 진단에 의존하도록 만들고 싶지 않다. 많은 저소득층의 사람들이 그 진단에 접근할 수 없기 때문에, GID 진단 및 치료 과정이 규제적이며, 강압적 젠더 이분법 체제를 조장하기 때문에, 일부 정신 건강 종사자들이 젠더 위반자들을 그들의 의사와 상관없이 정신의학적으로 치료하기 위한 근거로서 이를 여전히 오용하고 있다고 믿기 때문이다."[112] 하지만 그와 동시에 "많은 트랜스젠더의 삶이 의료 시설과 얽혀 있는 까닭에" 그들에게 최선의 희망은 의료적 진단을 받고, 그에 수반되는 서비스를 인식하고, 거기에 접근하는 것이 된다.[113] 스페이드는 차이의 의료적 모델을 전략적으로 활용하는 것을 서술하면서, 트랜스젠더가 장애와 동일시되는 것의 위험성을 자세히 설명하고, 트랜스젠더 공동체 내 비장애중심주의에 도전하면서 그러한 전략적 활용의 함의에 대해 신중히 지도를 그린다. 이처럼 루이스, 오브라이언, 스페이드를 함께 읽으면, 의학 기술이나 의료적 진단을 순전히 억압적이거나 정치적으로 중립적이라고 특징지을 수 없다는 것이 드러난다. 해러웨이가 사이보그를 통해 주장하듯, 사이보그의 몸은 아이러니하고 이중적이며 모순적인 응답을 요청하는 '권력의 지도'다.

물론 '사이보그'는 허시나 판자리노와 같은 활동가들을 설명하는 유일한 방법이 아니며, 그들의 정치적 실천과 활동가 연대를 틀 짓는 유일한 방법도 아니다. 실제로 그들이 연합 정치 및 투과 가능한 정체성을 추구하는 다른 방법을 찾고 자신을 정체화하는 데 사이보그를 활용할 것 같지는 않다. 나는 이 활동가들이 '진짜' 사이보그라고 주장하거나, 그들의 활동 전략과 이론적 관점을 개념화하는 데 '사이보그'가 최선의 방식이라고 주장하는 게 아님을 분명히 밝히고 싶다. 해러웨이를 언급하거나 사이보그 형상을 배치하지 않아도, 우리는 장애의 유동적 본성을 설명하거나 모순 및 모호성을 포용하는 장애 정치를 표현할 수 있다. 게다가 사이보그 형상은 특정한 장애를 검토하는 데 더 유용할 수 있다. 예를 들어 시각장애보다 청각장애, 다운증후군보다 절단장애를 탐구하는 데 더 효과적이다. 내 주장을 약화할 수 있다는 위험을 무릅쓰고서라도, 나는 사이보그 이론이 필수적이지 않다는 걸 인정하고 싶다.

사이보그 이론은 꼭 필요하지 않을 수 있다. 하지만 우리가 필요한 작업을 수행하는 데 도움을 줄 수는 있다. 사이보그 이론은 현대 비판 이론에서 장애인, 특히 장애 있는 몸이 출현하는 몇 안 되는 장소 중 하나로 남아 있으며, 나는 장애학자들이 그런 출현의 특수성에 반드시 주의를 기울여야 한다고 생각한다. 우리는 이러한 재현이 우리에 대해 말하도록 쉽게 허용하는 대신, 본래 해러웨이의 선언이 보여왔던 비판적 개입의 전통을 고수하면서 직접 그것에 개입할 수 있다. 그렇다면 우리는 어떻게 사이보그 이론에 끼어들어 페미니즘 이론, 퀴어 정치, 미래의 급진적 재구상에 대해 다중적이고 종종 모순적이며 비판적인 개입을 수행할 수 있을까?

내가 이 장에서 제안했듯이, 사이보그가 우리를 다른 곳으로 인도하기 위해서는, 즉 더 살기 좋은 곳으로 우리를 이끌기 위해서는 사이보그가 우리의 물질적 몸을 엄밀하게 묘사한다고 여기는 대신, 그것을 정치적 실천을 위한 하나의 지침이라고 보아야 한다. 사이보그를 반反비장애중심주의 정치로 밀어붙인다는 것은 그것이 장애 있는 몸으로 환원되는 걸 거부하고, 정상인normate*/비정상인, 또는 비장애인/장애인의 이분법을 떠받치는 데 활용되는 걸 거부한다는 뜻이다. 또한 그것은 허시, 판자리노, 스페이드 같은 활동가들이 위반적 정치 실천을 하고 있음을 인식하고, 연합 및 행동을 구축하기 위한 그들의 노력을 인정한다는 뜻이다.

사이보그의 역사, 사이보그의 미래

사이보그에 관한 수많은 분석은 해러웨이로부터 시작되었지만, 바라던 미래를 상상하는 데 사이보그 형상을 최초로

---

* 로즈머리 갈런드-탐슨이 고안한 용어로, 정상의 위치 및 권위를 차지한 자를 의미한다.

활용했던 연구자는 해러웨이가 아니다. 《우주항행학Astronautics》
의 1960년 호에서 과학자 맨프레드 클라인스Manfred E. Clynes와 네
이선 클라인Nathan S. Kline은 우주에서 번창하는 인간을 상상하기
위한 방식의 하나로 사이보그, 또는 "사이버네틱 유기체"를 제
안한 바 있다.[114] 저 둘은 인간의 우주여행과 관련된 잠재적인
의료 문제를 다루기 위해 미항공우주국National Aeronautics and Space
Administration, NASA의 초청을 받아 인체를 생화학적·전자공학적·생
리학적으로 변형할 수 있는 가능성을 탐구했다.[115] 그들은 "현
재 이용 가능한 지식 및 기술"과 "미래에 대한 예측"을 혼합하
는 기능을 해결책으로 제시했다.[116] 또한 그들은 쥐 실험을 바
탕으로 "제어를 통해 느린 속도로 화학물질을 지속해서 주입"
할 수 있는 삼투압 펌프를 인간에게 이식하는 것을 구상했다.[117]
삼투압 펌프는 피하에 이식되어 우주 비행사가 화학물질을 주
입하기 위해 따로 노력하거나 주의를 기울이지 않도록 프로그
래밍된 것이었다. 그다음, 그들은 우주여행에 필요한 의약품을
비축하는 걸 구상했는데, 가령 삼투압 펌프에 방사선 노출 질
환이나 피로를 예방하는 약물을 넣는 방식이었다. 클라인스와
클라인의 "미래 예측" 중에는 우주 비행사들이 정신질환적 사
건을 겪어도 이상이 있다는 걸 인식하지 못할 수도 있다는 "강
력한 가능성"도 포함되어 있었는데, 이때 필요한 것은 "레서핀
reserpine과 함께 고효능 페노티아진phenothiazine"**이 포함된 의약품

** 레서핀은 혈압 강하와 신경 안정 작용을 하는 향정신제이고, 페노티아진은 조
현병이나 조증 증상을 완화하는 것으로 알려진 전통적 향정신제다.

을 "지구에서 원격으로 혹은 동료에 의해 주입을 작동시키는" 기능이라고 그들은 주장했다.[118]

이 마지막 시나리오에서 알 수 있듯, 클라인스와 클라인은 모두 정신의학 연구에 종사했으며, 미항공우주국과의 작업은 뉴욕주 오렌지버그에 있는 록랜드 주립병원Rockland State Hospital 소속 연구원의 업무 중 일부였다. 1952년에 클라인은 병원에 정신의학 연구센터를 설립했고, 그 센터를 약물 연구·개발·임상 실험을 위한 주요 부서로 만드는 데 그의 경력 대부분을 보냈다. 1955년에는 이 병원의 역학시뮬레이션연구소Dynamic Simulation Laboratory에 클라인스가 고용되어 생리학적 기기 및 데이터 처리 시스템을 담당했다. 클라인스는 결국 록랜드 주립병원을 떠났지만, 클라인은 1982년에 그가 사망할 때까지 그곳에 남았고, 그 연구 시설에는 현재 그의 이름이 붙어 있다(네이선 클라인 정신의학연구소Nathan Kline Institute for Psychiatric Research). 연구소의 웹사이트에 따르면, 클라인은 "정신약리학적 약물에 관한 선구적인 연구로 가장 잘 알려져" 있으며, 특히 신경안정제와 항우울제에 관한 성과로 유명하다.[119] 이러한 성공에 힘입어, 클라인은 정신약리학의 효능을 널리 알리고자 1974년에 대중 시장을 겨냥한 《슬픔에서 기쁨으로From Sad to Glad》라는 책을 출간했는데, 이 책의 1989년 판본의 표지에는 "우울증: 분석 없이도 극복할 수 있다"라는 광고 문구가 쓰여 있다. 약물에 대한 클라인의 믿음은 그와 클라인스가 공동 집필한 〈사이보그와 우주Cyborgs and Space〉라는 기사에서 명백하게 드러나는데, 거기서 그들이 구상하는 삼투압 펌프는 방사선 노출 질환부터 피로, 정신병에 이르는

페미니스트, 퀴어, 불구

모든 걸 치유할 수 있는 약물을 주입한다.

나를 멈칫하게 만드는 건 마지막 조건인 정신병이다. 그 기사에서 클라인스와 클라인은 (망상과 부정이 정신병의 일반적인 증상이라고 설명하면서) 우주 비행사가 정신착란을 일으켰을 때 이를 인지할 가능성이 낮으므로, 원격 제어를 통해 비자발적으로 약물을 투여해야 한다고 제안한다. 나는 그들의 우려를 평가할 만큼 우주여행이 미치는 정신적·정서적 영향을 충분히 알지 못하지만, 대부분은 아닐지라도 수많은 환자가 무기한으로 머물면서 약물을 과량으로 투입받는 주립 정신과 시설에 그 두 과학자가 있었다는 걸 상기하지 않고 그들의 권고를 해석할 수는 없다. 시설 내 환자 중 일부는 클라인의 약물 실험 연구 대상이 되었을 것이며, 그 실험은 환자들에게 지독했을 것이다. 클라인은 조현병 치료제인 레서핀에 대한 초창기 연구에서 치료후 첫 2주에서 3주간의 변화에 대해 다음과 같이 언급한다.

환자들은 자신의 충동을 "통제할 수 없다"라는 느낌에 겁을 먹는다. 어떤 이들은 "다음에 무엇을 해야 할지 모르겠다"라고 느끼며, 실제로 소리를 지르고 바닥에 몸을 던지기도 한다. …… 망상과 환각이 증가하고, 가끔 치료를 시작하기 전보다 더 불안한 행동을 보이기도 한다.[120]

클라인은 치료가 지속될수록 환자들이 결국 호전된 모습을 보였다고 생각했지만, 시설화된 환자를 대상으로 한 약물 실험윤리에 의문을 제기하지 않고 그러한 설명을 받아들이긴 어렵다.

록랜드 주립병원은 환자를 열악하고 부주의하게 대한 것으로 악명 높은 곳이었다. 1940년대와 1950년대에 이 시설은 과밀 수용이 만연했고, 환자를 "통제하에" 두기 위해 치사량의 신경안정제를 투여하거나 조합했을 때 치명적인 약물들을 처방해 수많은 환자를 죽음으로 내몰았다는 이유로 여러 차례 기소되었다. 록랜드 주립병원의 노동자와 병원과 제휴한 그룹홈group home*들은 강간과 영양실조 유발 혐의로 고발되었다.[121] 비록 주위원회와 조사 결과는 이러한 혐의들을 지속해서 부인했지만, 이런 주장이 빈번하다는 사실이 나를 멈칫하게 만든다.

실제로, 정신질환과 지적 장애가 있는 사람들을 주립 시설에 몰아넣고 있고, 그것이 의료적 부주의, 의학 실험, 신체적·성적 학대 등의 문제를 수반한다는 사실은 사이보그 이론가, 특히 장애학과 밀접한 관계를 맺고 있는 사이보그 이론가들을 주저하게 만들기에 충분할 것이다. 해러웨이는 처음부터 사이보그가 위험하고, 순수하지 않게 무언가에 연루되어 있으며, 그것에 접근하는 유일한 방법은 아이러니한 신성모독의 정신으로 사이보그 형상이 그 기원을 등지게 만드는 것이라고 분명히 밝힌다. 사이보그에서 기원한 향정신제 산업을 비판하기 위해 사이보그 형상을 활용한 브래들리 루이스는 그러한 신성모독의 완벽한 사례로 보인다. 우리에게는 이러한 장애학적 관점

---

*　장애인이나 홈리스 등이 자립할 때까지 공동으로 생활할 수 있게 마련된 소규모 수용시설.

이 더 필요하다. 그러나 거기에는 사이보그를 시설화하고 학대했던 역사를 심판하고 인정하는 작업이 반드시 포함되어야 한다. 그렇지 않으면 아이러니, 신성모독, 비판을 모두 잃게 될 것이다.

나는 해러웨이 및 그 비판자들과 함께 사이보그는 순수하지 않다는 것을 주장하면서 이 이야기를 마무리하려 한다. 우리의 은유, 비유, 유추에는 역사가 있고 결과가 있다. 히람 페레스Hiram Perez의 주장처럼, 비평가의 작업 중 일부는 텍스트와 이미지가 사람들의 삶에 미치는 영향을 탐구하는 것이다.[122] 시설화의 프리즘을 통해 보느냐, 페미니즘 분석 전략의 일부로 보느냐에 따라 경계의 모호함, 몸의 투과성, 피부의 다공성 등은 매우 다른 의미를 갖는다. 자신과 타인, 몸과 기계 사이의 붕괴에 대한 주장 역시 강제적인 의학 실험과 [시설, 휠체어 등에] 얽매임이라는 맥락에서 다른 색조를 띠게 된다. 다시 말해, 사이보그는 페미니즘적, 불구적, 퀴어적이라고 할 수 없는 수많은 미래를 설계하는 데 활용될 수도 있다.

해러웨이는 애초부터 사이보그가 군사화, 식민화, 통제에 연루되어 있음을 우리에게 경고하면서, 이와 같은 사실을 스스로 인정한다. 하지만 사이보그는 여전히 페미니스트 미래성 또는 해러웨이가 말하는 "유토피아적 환상이나 상대주의자의 탈출구가 아니라 힘든 (때때로 즐거운) 공동 작업을 통해 탄생한 다른 곳"을 가리키는 페미니즘적 가능성의 형상으로 남아 있다.[123] 이 장을 시작하는 문구로 되돌아가 말하건대, "사이보그가 어떤 존재가 될 것인지에 관한 물음은 급진적인 질문이며, 그 답에 생존이 걸려 있다."[124] 이는 정치적·윤리적·인식론적 차원의 질문이며, 이에 답하려면 여기에서 설명하는 역사, 미래와 씨름해야 한다. 그것이 우리가 제기해야 할 질문이다. 해러웨이가 주장하듯, "사이보그는 큐 사인에 맞춰 퇴장하기를 거부하는 사람들"이라면, 그것은 우리의 현재와 미래에서 장애가 사라지는 걸 거부하는 완벽한 형상이 될 수 있을지도 모른다.[125] 그러나 해러웨이의 선언의 정신에 입각해, 나는 그러한 주장을 할 때 책임을 져야 한다고 생각한다.

페미니스트, 퀴어, 불구

6

자연의 몸

장애의 환경 정치

> '자연'이라고 불리는 서사적 공간에 거주하는 피조물들은 과거,
> 현재, 미래에 관한 과학 이야기의 핵심 등장인물이다. 이 이야기들은
> 다양하게 표현될 수 있지만, 그것은 항상 역사적, 규율적, 그리고
> 더 큰 문화적 맥락에 의해 형성된다.
>
> ─제니퍼 테리Jennifer Terry, 〈자연 안에서의 '부자연스러운 행위'Unnatural Acts' in Nature〉

환경에 대한 관심은 오랫동안 장애학과 장애 운동에 활력을 불어넣어왔지만, 이러한 맥락에서 '환경'은 주로 건물, 보도, 교통 기술과 같은 구축된 환경을 지칭한다. 실제로 장애의 사회적 모델은 구축된 환경에 대한 관심을 전제하면서 접근할 수 없는 환경으로 인해 사람들이 장애화된다는 것을 강조한다(계단과 마주한 휠체어 이용자는 아마도 이런 주장에 관한 가장 일반적인 사례일 것이다). 그러나 사회적 모델의 확산은 장애학이 황야, 공원, 비인간 자연nonhuman nature* 같은 더 넓은 환경에 관여하는 것을 방

---

* 비인간 동물(nonhuman animal)이 인간은 다른 동물(짐승)과 다른 특별한 지위를 갖는다고 생각하는 인간중심적·종차별적 가정에서 벗어나, 인간도 동물임을 의도적으로 드러냄으로써 인간 이외의 동물군을 포괄적으로 지칭하는 단어인 것처럼, 비인간 자연 역시 인간과 자연의 이분법에서 벗어나 인간도 자연의

해해왔는데, 이는 사회적 모델이 그러한 환경에서 불안정한 것으로 여겨지기 때문이다. 계단은 경사로나 승강기로 대체하거나 보완할 수 있지만, 가파른 암벽이나 모래사장은 어떻게 해야 할까? 계단처럼 가파른 암벽과 모래사장 모두 휠체어 사용자에게 문제가 되지만, 톰 셰익스피어Tom Shakespeare는 "자연환경을 사회적 배치의 탓으로 돌리기는 어렵다"라고 주장한다.[1] 그는 바위 절벽, 가파른 산, 모래사장 같은 자연환경이 "손상이 있는 사람들은 자신의 몸으로 인해 늘 불이익을 받는다"라는 생각에 근거를 제공하며, 사회적 모델은 그런 종류의 공간에서 나타나는 장벽을 적절하게 다룰 수 없다는 것이다.[2] 나 역시 사회적 모델의 한계와 몸의 물질성에 관여할 필요를 인식하고 있지만, '자연환경'이 셰익스피어가 언급한 '구축된 환경'과 구별되는지는 잘 모르겠다. 오히려 자연환경 또한 '구축된다'. 자연환경은 산길trail과 댐처럼 문자 그대로 구축된 것이기도 하지만, '자연', '자연스러운', '환경'이라는 말들의 배열이자 문화적 구성물이라는 점에서 은유적으로도 구축된 것이다.

장애학은 '사회적 배치'가 어떻게 '자연환경'이라는 지도에 그려지는지를 설명하는 환경학자들과 활동가들의 작업에서 도움을 받을 수 있다. 예를 들어, 미국의 많은 캠핑장은 교외 지역과 비슷하게 설계되어 있는데, 가족당 하나의 캠핑 공간이 있고, 개인 공간과 공용 공간은 명확히 구분되며, 차량 공간을

일부임을 의도적으로 드러내면서 인간 이외의 자연을 포괄적으로 지칭하는 단어다.

갖추고 있다. 개별 캠핑 공간은 도로나 공용 구역을 향해 있어 경비원(그리고 다른 캠핑객)들은 다른 사람의 행동을 쉽게 감시할 수 있다. 이러한 공간 구성은 겉으로 드러나는 퀴어적인 행동 및 실천을 자제하게 만들거나 어둠으로 밀어 넣을 수도 있다.[3] 윌리엄 크로논William Cronon 같은 환경역사가들은 선주민이 초원에서 쫓겨났던 일을 기록하면서, 선주민이 사라지고 선주민 공동체에 관한 증거가 파괴된 새로운 초원은 사람의 손길이 닿지 않는 자연 그대로의 황야로 해석되었다고 말한다.[4] 캐럴린 피니Carolyn Finney와 이블린 화이트Evelyn White 같은 자연에 대한 글을 쓰는 작가들은 아프리카계 미국인이 백인보다 공원이나 개방된 공간에서 환영받을 수 있는 가능성, 그곳에 접근할 수 있는 가능성, 그곳을 안전한 공간으로 인식할 가능성이 훨씬 낮다고 설명한다. 백인 우월주의자들이 폭력을 저지르고 시골 지역에서 린치를 가했던 역사로 인해 황야를 그다지 매력적으로 느끼지 않기 때문이다. 공원 안내 책자, 황야에 관한 잡지, 아웃도어 장비에 관한 광고는 압도적으로 백인 고객의 구미에 맞춰진 경향이 있다.[5] 이러한 사례에서 알 수 있듯이, 자연환경 또한 젠더, 섹슈얼리티, 계급, 인종, 국적에 대한 가정과 기대를 통해 형성되고 경험되는, 구축된 환경이다. 이에 메이 메이 에반스 Mei Mei Evans는 다음과 같이 주장한다. "미국에서 무엇이 '자연'으로 여겨지는지에 대한 문화적으로 지배적인 생각을 이해하는 한 가지 방법은 이것이다. 누가 그곳에 들어갈 수 있는지 자문해보는 것이다. 황야에 대한 접근과 재구성된 자연 개념은 명백히 바로잡아야 할 환경정의의 문제다."[6]

그 과정에서 우리는 장애를 어떻게 해석해야 할까? 강제적 비장애신체성/비장애정신성은 우리 삶을 둘러싼 건물, 공원둘 다를 포함한 환경뿐만 아니라, 환경 그 자체에 대한 우리의이해를 어떻게 형성하는가? 이러한 의문을 해결하는 한 가지방법은 자연과 환경주의에 관한 대중의 담론에서 장애가 어떻게 배치되는지를 조사하는 것이며, 또 다른 방법은 자연에 대한글들에 내재한 비장애신체성과 비장애정신성의 가정을 밝히는것이다. 이 장에서 나는 이 두 가지 경로를 따라, 황야와 환경의 문화적 구성에 내재한 비장애신체성/비장애정신성을 풀어나갈 것이다. 재생산, 유년기, 공동체, 사이보그에 대한 논의에서 발견되는 '더 나은' 미래에 대한 시각에서 확인했던 것과 마찬가지로, 자연에 대한 시각은 종종 이상화되고 탈정치화된 환상과 다름없으며, 장애는 이러한 환상이 가진 (잘 드러나지 않는)한계를 드러내는 데 필수적인 역할을 한다. (이 장의 첫 두 절의 주제인) 자연에 대한 글쓰기와 산길을 구성하기 중 어디에 초점을맞추든 장애인은 그곳과 어울리지 않는 존재로 여겨진다.

'자연'과 '황야'가 종종 누군가를 배제한다는 점을 고려할때, 그 어울리지 않는 존재로 여겨지는 이들이 자연에 관여하고 상호작용하는 방법을 탐구하는 것은 중요하다. 에반스가 언급한 "무엇이 '자연'으로 여겨지는지에 대한 문화적으로 지배적인 생각"은 "그곳에 가는 것"이 예상되거나 허용되지 않는 사람들의 서사를 접할 때 더욱 뚜렷해진다.[7] 이 장의 마지막 부분에서는 장애 있는 몸/마음을 우리 미래의 자연을 다르게 사유할 수 있는 하나의 자원으로 보는, 불구화된 환경주의의 가능성을 탐구할 것이다. 나는 질병과 장애의 경험이 환경과 관련해서 우리 자신을 이해하는 대안적인 방법임을 제시하면서 이러한 이해가 지적 연결 및 활동가 연합을 위한 새로운 가능성을 창출할 수 있다고 주장할 것이다.

자연스러운 배제

우리는 '자연', '황야', '환경' 같은 용어의 의미가 보편적이고, 안정적이며, 획일적이라고 가정하면서, 그 정의가 자명하다고 생각하는 경향이 있다. 그러나 윌리엄 크로논이 주장하듯, "'자연'은 생각보다 그리 자연스럽지 않다".[8] 오히려 우리는 역사적·문화적 기반 위에서 황야를 마주하고 있으며, 무엇이 '자연', 또는 '자연스러운'과 '부자연스러운'을 구성하는지에 대한 우리의 생각은 각자의 특정한 역사 및 문화적 가정에 완전히 얽매여 있다. 그렇다면 우리는 바로 이런 가정들을 심문해야 한다.[9] 영적 회복이나 육체적 도전과 같은 표현처럼, 황야에서의 경험을 통해 얻는 특성을 당연하게 여기는 대신, 우리는 린다 밴스Linda Vance처럼 다음과 같이 물어야 한다. "그것은 누구의 가치인가? 그것은 경험에 관해 무엇을 가정하고, 누구의 경험을 표준으로 삼는가? 이러한 가치들에 의존하고 이러한 가치들을 생산하는 다른 사회적 관계들은 무엇인가? 그것이 나타나는 역사적 맥락은 무엇인가?"[10] 우리는 비장애중심주의 및 강제적 비장애신체성/비장애정신성에 대한 검토를 포함해서 이 질문의 범위를 더 확장해야 한다. 자연에 대한 누구의 경험이 환경 담론 안에서 규범으로 받아들여지는가? 그 담론들은 자연, 몸/마음, 인간과 자연의 관계에 대해 무엇을 가정하는가? 장애에 대한 관념 및 비장애신체성/비장애정신성은 '영적 회복'과 '육체적 도전' 같은 가치를 구성하는 데서 어떻게 핵심적인 역할을 하는가?

이 절에서는 비장애신체성/비장애정신성이 나타나는 세 가지 장소를 살펴볼 것이다. 고전으로 여겨지는 환경 관련 회고록, 주류 하이킹 잡지에 실린 논쟁적인 광고, 에코 페미니즘 철학 분야의 자전전 에세이다. 이들 셋은 서로 다른 시기에 서로 다른 의제를 다룬 매우 상이한 텍스트들이다. 나는 장애가 자연환경의 구성에서 맡는 역할을 간략히 제시하기 위해 그 텍스트들을 한데 모았다. 처음 두 사례에서 장애의 형상은 즉각 거부당하기 위해 오히려 노골적으로 언급되면서, 장애가 황야에 어울리지 않는다는 것이 명확하게 드러난다. 두 텍스트 모두 장애 없는 몸, 또는 비장애인의 몸을 아웃도어의 적절한 거주자로 환영하고, 자연을 바위투성이의 시험장처럼 바라보는 다분히 문화적인 재현 안에 장애의 형상을 배치함으로써 장애를 인간의 실패작 또는 잠재적 실패라는 디스토피아의 징후로 만든다. 마지막 사례인 에코 페미니즘 에세이 역시 처음 두 텍스트에서 재현을 통해 작동하는 비장애신체성의 가정을 똑같이 공유하고 있으며, 여기서는 장애가 없는 몸이 우리가 에코 페미니즘적 통찰에 도달하는 근거로서 제시된다. 비판적인 장애 렌즈를 통해 이 각각의 사례를 읽으면, 우리가 환경적인 몸을 매우 특별한 종류의 몸이라고 가정하는 방식이 드러난다.

강제적인 비장애신체적/비장애정신적 환경주의에 관한 가장 명확한 표현 중 하나는 1968년에 출간된 해당 분야의 고전인 에드워드 애비Edward Abbey의 《사막의 솔리테어*: 황야의 어느 계절Desert Solitaire: A Season in the Wilderness》에서 확인할 수 있다.[11] 호평을 받은 이 회고록에서 애비는 국립공원의 "산업적 관광"이 전국의 황야 지역을 파괴하고 우리가 모두 자연에 접근할 수 있는 능력을 강탈하는 하나의 현상이라고 격렬하게 비판한다. 애비는 자신의 주장을 뒷받침하기 위해 반복해서 장애를 은유적으로 쓰는데, 이는 자동차를 "모터 달린" 또는 "기계화된 휠체어"라고 언급하는 대목에서 가장 두드러진다.[12] 애비는 자동차를 휠체어와 동일시함으로써, 자동차가 자연을 경험하는 우리의 능력을 말 그대로 불구화시키는 효과를 발휘하는 것처럼 나타낸다. 모터 달린 휠체어는 기술적 소외, 우리를 야생의 자연과 주변의 황야로부터 소외시키는 기술의 능력을 고스란히 드러내는 전형이 되는 것이다. 세라 자케트 레이Sarah Jaquette Ray는 이러한 패턴을 "장애는 곧 자연으로부터의 소외와 같다는 비유"라고 부르면서,[13] 애비의 텍스트는 장애가 "몸과 자연의 조화를 …… 기계가 변질시킨다는 것을 보여주는 최고의 상징"이라는 생각에 기대고 있다고 주장한다.[14]

《사막의 솔리테어》 후반부에서 애비가 사람들에게 자동차/휠체어에서 내려서 걸어가라고 타이를 때 이러한 재현은 더

---

* 혼자서 하는 카드놀이.

욱 분명해진다. "정말이에요, 선생님, 여사님, 제가 간절히 부탁드리건대, 모터 달린 휠체어에서, 스펀지 고무 방석에서 내려와 똑바로 서세요, 남자답게! 여자답게! 사람답게! 그리고 우리의 달콤하고 축복받은 땅을 걸어다니세요-*걸어다니세요-걸어다니세요*!"[15] 다른 곳에서 애비는 자전거와 말을 타고 여행해도 된다고 말하긴 하지만, 그는 빈번히 "본연의, 진정한" 자연에 접근할 수 있는 유일한 방법으로 걷기에 환호한다.[16] 우리가 내려서 걸어야만 한다는 애비의 주장, 어떤 공간을 진정으로 이해하려면 그곳을 걸어서 통과해야 한다는 그의 주장은 환경과 관계 맺기 위한 전제 조건으로 매우 특정한 종류의 체현된 경험을 제시한다. 사막을 알기 위해서는 사막을 걸어봐야 하고, 거기에는 기술의 매개가 없어야 하므로, 사막을 걷는다는 것은 일종의 권위 있는 몸짓이 된다. 이러한 구조에서 이동성 손상자의 몸은 환경적 실천에 참여할 방법이 없으며, 직립보행 이외의 모든 양식은 불충분하고 심지어 의심스럽다고 여겨진다. 걷기야말로 우리를 인간으로 만드는 동시에, 자연과 하나되게 해주는 것이 된다.[17]

이러한 애비의 인식은 계속해서 영향을 미쳐왔다. 레이가 언급한 바 있듯이, 환경 운동은 "환경 윤리의 주요한 원천으로서 자연 속으로 홀로 은둔"한다는 관념에 깊은 애착이 있다.[18] 하이킹과 황야의 모험에서 연결고리를 만들고 통찰을 얻는 생태 비평가를 찾는 건 어렵지 않다. 생태 비평가들은 자연을 이해하기 위해서는 반드시 자연에 깊이 몰입해본 경험이 있어야 한다는 걸 암시함으로써, 어떤 종류의 경험은 다른 경험보다 더 타당하다고 해석할 수 있는 상황, 자연에 대한 더 정확하고 강렬하고 진정한 이해 방식이 있다고 해석할 수 있는 상황을 조성한다. 그들은 누가 자연에 들어갈 권한을 부여받는지, 자연이 있다고 여겨지는 곳은 어디인지, 거기에 도착하기 위해서는 어떻게 움직여야 하는지, 도착하고 나서는 자연과 어떻게 상호작용해야 하는지에 얽힌 복잡한 역사를 무시한다[19](이 장의 후반부에서 살펴보겠지만, 이러한 가정은 공원 및 공유지로의 장애 접근성을 높이기 위한 투쟁에 큰 영향을 미친다).

자연에 대한 이런 배제적 인식은 나이키Nike의 에어 드라이 고트Air Dri-Goat 신발의 자극적인 광고에서도 고스란히 드러난다.* 이 광고는 2000년 가을에 아웃도어 잡지 11종에 게재되었는데, 발행 부수로 따지면 총 210만 명의 독자에게 읽혔다. 그 광고에는 핫핑크 배경 위의 신발 사진과 함께 다음과 같은 문구가 쓰여 있었다.

다행히 에어 드라이 고트는 특허받은 염소굽 모양의 밑창으로 마찰력을 높였고, 그래서 당신은 실제로 겪지 않고도 치명적인 손상을 조롱할 수 있습니다. 지금쯤 아마 당신은 자문하고 있을 것입니다. "염소 발굽처럼 밑창이 디자인된 산악 러닝화가 어떻게 내가 어떤 침엽수와 부딪치는 걸 막아주어서 거기에 있던 웬 슬링키Slinky®** 하나에 눌려 결국 침을 흘리고

---

* http://www.raggededgemagazine.com/graphics/nikead.gif.
** 나선형으로 조밀하게 감긴 용수철 형태의 장난감.

기형적인 모습을 한 채, 익스트림하지 않은 산악 러닝을 하게 되고, 과거의 내게서 쓸모없는 부분만 남아, 카니발이나 주州 박람회에서나 받았을 법한 작고 귀여운 번호판을 단 내 이름을 새긴 전동 휠체어 위에 고정된 채로 세상을 돌아다니도록 강제된 상황을 피할 수 있게 한다는 것일까?"

그 질문에 우리는 이렇게 대답합니다.

"산양이 (아무리 익스트림한 산양이라 할지라도) 나무 옆에서 몸을 가누지 못하고 위태롭게 달리는 모습을 본 적이 있나요?"

아마 없을 겁니다.

광고 게시 후 이틀 동안 600건이 넘는 항의가 접수된 후, 나이키는 그 광고가 더 이상 유포되지 않도록 이를 회수했다. 세 번의 공개 사과가 뒤따랐는데, 그 사과에는 사람들을 더 화나게 하는 요소들이 들어 있었다.[20] 나이키가 여러 번의 사과를 해야겠다고 인식했다는 건 그 광고가 노골적으로 무례하다는 점을 보여준다. 그 광고가 공격받은 것은 그리 놀라운 일이 아니다. 휠체어를 탄 사람들을 대단히 부정적으로 묘사하고, 척수손상에서 생존한 사람들의 경험을 경시하고 조롱하며, 장애인을 비인간화하기 때문이다. 하지만 내가 불구의 미래를 탐색하는 데 가장 중요하다고 생각하는 지점은 다음과 같은 장애와 자연에 대한 가정, 더 나아가 자연 안에서의 장애인의 자리에 관한 가정이다.

첫째, 나이키는 그 광고를 집행하면서 《백패커Backpacker》와 그와 유사한 잡지의 독자가 장애인이 아니고 장애인의 협력자

도 아니라고 가정하면서, 아웃도어 애호가와 장애인을 상호 배타적인 두 집단으로 등장시킨다.[21]

둘째, 그 광고는 장애로 인해 자연과의 만남이 가로막혀 산악 지대보다는 "카니발이나 주 박람회"를 돌아다니게 될 것이라고 가정한다. 나이키의 이 광고가 박람회나 카니발에서 휠체어용 장비를 구입하는 장애인의 이미지를 떠올리게 만든 것은 아마도 우연이 아닐 것이다. 1840년대부터 1940년대까지 미국에서는 장애인들이 종종 순회공연과 카니발에서 '프릭 freak',* '자연의 프릭', 그리고 비장애중심주의적·인종차별적·식민주의적 서사가 혼합된 '미싱링크missing link'** 등으로 등장하면서 공개적으로 전시된 바 있다.[22] 프릭쇼는 공개적으로 장애인을 볼 수 있는 몇 안 되는 장소 중 하나였는데, 나이키 광고는 그런 카니발을 장애 있는 몸이 있어야 할 적절한 영역으로 확장한다. 반대로, 산악 지대와 황야 지역은 일단 장애인이라면 도달할 수 없는 곳이라는 걸 분명하게 드러낸다.

셋째, 그 광고는 비장애인 하이커들이 자신을 장애로부터 보호하기 위해 한시도 방심해서는 안 되며, 자신의 몸 안이나 몸 위에 그 어떤 장애의 흔적도 허용해서는 안 된다는 것을 상기시킨다. 장애가 자연과의 만남을 가로막기 때문에 (그렇게 여겨지기 때문에) 비장애인 하이커는 장애를 허용해선 안 된다는

---

*　기형, 변종, 괴물 등 다른 몸을 가진 이들에 대한 차별적·억압적 의미를 내포한 말이지만, 이후 자긍심의 언어로 재전유된 말.

**　생물의 진화 과정 중간에 존재했을 것으로 추정되지만, 아직 화석이 발견되지 않은 생물종.

점에서, 마지막 두 가지 가정은 상호 연관된다. 다시 말해, 그 광고는 독자들이 자신의 비장애신체성에 안심하도록 만들기 위해 장애 있는 몸을 명시적으로 들먹인다. 로즈머리 갈런드-탐슨의 주장처럼, 장애의 형상은 "자신이 어떤 사람이 될 수 있는지에 대한 의구심을 시민들에게 불러일으킴으로써 장애인이 아닌 다른 시민을 보장해준다".[23]

따라서 광고 텍스트에는 두 개의 뚜렷한 몸이 나타난다. 첫 번째는 나이키와 연계된 사람들(광고에서의 "우리")과 나이키의 소비자("당신")가 표면적으로 공유하는, 장애 없는 몸이다. 그 텍스트는 장애 없는 몸에 대해 알려주는 바가 거의 없으며, 두 번째 몸과 병치했을 때만 형태를 갖춘다. 뚜렷이 드러나지 않는 첫 번째의 몸과 달리, 두 번째의 장애 있는 몸은 최대한 구체적으로 묘사되며, 독자들은 거기서 그들의 외모("침을 흘리고 기형적인 모습을 한 채", 휠체어 위에 "강제된"), 그들의 불능("익스트림하지 않은 산악 러닝"), 그들의 삶의 질("과거의 내게서 쓸모없는 부분"), 그들의 집("카니발이나 주 박람회")에 대해 배운다. 그 텍스트 안에서 장애 있는 몸은 곧 들이닥칠 비극이라는 유령으로만 등장하며, 사람들은 자연에 대한 권한을 단호하고 공격적으로 주장하고, "치명적인 손상을 조롱하고," 자신의 초월적인 능력을 찬양함으로써 그것을 물리칠 수 있다고 여긴다. 레이가 이야기하듯이 "황야의 이상적인 몸을 의미 있게 만드는 것"은 바로 "장애라는 위협"이며, 모험이 주는 전율 중 하나는 장애화의 위험을 감수하는 것(하지만 결국 그것을 피하는 것)이다.[24] 따라서 장애는 아직 존재하지 않는 어떤 것으로서, 그리고 올바른 장비를 갖추면 영원히 존재하지 않는 것으로서, 시간 밖에 존재한다. 텍스트에 언급된 '우리'에 속하기 위해서는 육체적 한계나 불능을 부인하고, 장애의 형상과 별개의 존재, 그보다 우월한 존재로 자신을 내세워야 한다. 그 텍스트는 '우리'는 침을 흘리거나 기형적인 장애인이 아닌 하이커이며, 그 둘은 결코 만나지 않을 것이라고 선언한다. 나이키는 장애 있는 몸을 '우리' 모두에게 있고 또 보존하기를 원하는 몸인 하이커의 몸의 반대 명제로 삼으면서 장애 있는 몸을 명시적으로 거부한다.

나이키와 애비가 상상했던 하이커의 몸은 우리가 오직 그것을 통해서만 진정으로 자연을 경험할 수 있는 까닭에 (또는 진정한 자연을 경험할 수 있는 까닭에) 필요한 것이다. 자연, 황야, 산악지대 모두 '우리'와 분리된 것으로 묘사되지만, 강인하고 남성적인 개인주의를 통해 그러한 분리를 연결하거나 초월할 수 있다는 점에서, 장애는 인간과 자연의 분리를 예증하고 악화시키는 역할을 한다. 내가 제시한 세 번째 장소인 에코 페미니즘 에세이는 이런 종류의 노골적인 비장애중심주의에 의존하지는 않지만, 마찬가지로 자연과의 분리에 대한 서사를 계속해서 활용한다. 이런 종류의 에세이는 애비나 나이키 광고보다 '자연'과 '황야'에 대해 훨씬 더 비판적으로 접근하기 때문에 그런 비유에 의존하고 있다는 걸 인식하기가 더 어렵다.

린다 밴스는 《에코 페미니즘과 현실의 정치Ecofeminism and the Politics of Reality》라는 에세이에서, 에코 페미니스트로서 자신의 정치적·이론적 발전을 추적한다. 밴스는 자신의 하이킹 경험을 에세이에 엮어, 자연 속에서, 그리고 자연을 통해서 얻은 경험이 어떻게 에코 페미니즘을 향한 여정에서 중요한 역할을 했는지를 밝힌다. 에세이 전반에서 밴스는 1인칭으로 자연과의 사적인 경험을 설명하지만("나는 그린마운틴을 하이킹한다"), "어느 에코 페미니스트"에 대해 3인칭으로 서술한 구절이 하나 있다.

모기와 검은 파리의 먹이가 되는 게 생태학적으로 건전한 역할이라고 스스로 납득하려 노력하면서 어느 에코 페미니스트가 가문비나무 습지를 하이킹하던 어느 궂은 날, 그녀는 절망감에 빠지고, 마치 가족 안에서 가장 사랑받지 못하는 사람이 된 것처럼, 누구의 자매도 아닌 혼자인 것처럼 느꼈다. 물론 그것은 빼고, (여기서 그녀는 잠시 멈춰서 검은 오물이 무겁게 막고 있는 부츠를 신고 주위를 둘러본다) 물론 자연은 빼고 말이다. 자매여. 자매 자연이여.[25]

이 구절에서 밴스의 표현은 '하이킹'과 '에코 페미니스트로 살기'와 관련한 활동을 보여준다. 자신의 특정한 경험에 대한 설명을 이름 없는 어느 에코 페미니스트의 모험으로 전환하면서 밴스는 그 인물을 모든 에코 페미니스트의 대리자로 위치시킨다. 그리고 그녀는 '어느 에코 페미니스트'가 비인간 자연과의 관계 속에서 자신을 이해하는 것은 이런 험난한 활동을 **통해서** 가능하다는 걸 암시한다. 밴스의 에코 페미니스트는 오물을 지나가면서 중요한 깨달음을 얻는다. 실제로 그녀의 통찰력을 자극한 것은 습지를 걸어서 통과하는 행위였다. 이 구절에 따르면, 하이킹은 자연과의 관계를 발전시키고 자연을 이해하는 데 필수적인 활동이며, 하이킹을 하지 않았다면 '어느 에코 페미니스트'는 어떤 식으로든 자연과 분리되어 있었을 것이다. 거듭 말하지만, 본질적으로 분리된 인간과 자연 사이를 연결하거나 초월하기 위해서는 비장애신체성이 필요하다.

밴스에게 에코 페미니즘은 운동 실천에 깊이 관여하는 아주 복합적인 이론 및 개념 틀이다. 아마도 그녀는 도시가 비자연적이고 불순한 반면, 황야는 그렇지 않다는 애비의 가정에 반대할 것이다.[26] 그러나 여기서 살펴본 저 구절에는 자연을 이해하고 자연과 관계 맺으려면 자연에 푹 몰두해야 한다는 애비의 생각과 그리 다르지 않은 가정이 반영되어 있다. '어느 에코 페미니스트'가 진흙투성이의 습지를 하이킹하며 통과하는 모습을 묘사하면서, 밴스는 사람들이 자연을 이해하고 자연에 감사해하고 자연을 돌보기 위해서는 황야를 개인적·육체적으로 경험할 필요가 있다고 제안한다. 하지만 어떤 종류의 경험이 자연을 이해하고 돌볼 수 있는 자격을 부여하는가? 자연에 대한 모든 경험이 그러한 통찰력을 동일하게 생산하는가? 그리고 애초에 우리는 '자연에 대한 경험'을 어떻게 정의하고 있는가?

이런 질문은 자연환경이 사회적 배치와는 완전히 분리되어 있다는 셰익스피어의 가정으로 되돌아가게 만든다. 내가 여기서 살펴보고 있는 각각의 장소(애비, 나이키, 밴스)는 하이커의 몸에 관해서 만큼은 비슷한 가정이 작동한다. 이들은 자연에 접근하는 것이 개인적 성장이나 회복에 필요할 뿐만 아니라 정치와는 무관한 것이라고 제시하면서, 누군가의 몸을 수용하는 산길의 존재를 당연시한다. 애비는 여기에서 더 나아가, 하이커들이 공원과 황야에 접근하는 것은 자연스러운 일이지만, 다른 사람(가령, "모터 달린 휠체어")이 그러는 것은 정치적이고 논란의 여지가 있으며 멈춰질 수 있는 일이라는 걸 분명히 드러낸다. 적절하게 접근하기 어렵다(휠체어를 사용할 수 있을 만큼 넓거나 목발을 짚고 오를 수 있을 만큼 평평한 산길이 없다)고 말하는 것은 너무나 인간적인 것을 '황야' 안으로 집어넣어 인간과 자연, 자연적인 것과 정치적인 것 사이의 끈질긴 이원론을 위반하는 일이라는 것이다.

따라서 에코 페미니즘, 생태 비평, 환경주의 일반에 필요한 것은 비규범적인 방식으로 자연과 몸·마음이 상호작용하도록 만드는 사람들의 서사다. 농인 에코 페미니스트는 자연 세계 내 자신의 위치를 청인의 위치와 어떻게 다르게 이해할 수 있을까? 목발을 짚고 산길을 지나는 서사는 ('접근 가능한' 산길뿐만 아니라) 모든 산길이 구성되고 유지되는 방식에 대해 무엇을 밝혀낼 수 있을까? 시각보다는 주로 소리, 냄새, 감촉을 통해 비인간 자연을 경험하는 에코 페미니스트나 문자보다는 소리와 감각에 더 의존하는 에코 페미니스트에 의해 '자연', '황야', '에코 페미니즘'이 정교화될 때, 그 개념들은 어떻게 변화할 수 있을까? 만성 피로와 통증으로 인해 집에서 몇 블록 이상 이동할 수 없지만, 환경 단체, 로비, 모금 활동을 게을리하지 않는 사람에 의해 '에코 페미니즘 운동'은 어떤 방식으로 변형될 수 있을까? 안내견을 이용하는 것은 그 이용자와 비인간 자연이 맺는 관계에 대한 에코 페미니즘적 이해에 어떤 영향을 미칠 수 있을까?

이 글을 쓰면서 내가 바라는 것 중 하나는 비장애인 에코 페미니스트들이 자문自問을 통해 이러한 의문을 보완하는 것이다. 자신의 비장애신체적 상태에 관한 성찰은 비장애인 에코 페미니스트가 에코 페미니즘 프로젝트를 이해하는 데 어떤 영향을 미칠 수 있을까? 비장애중심주의적 문화에서 자신의 위치를 숙고한 후에 그는 어떤 방식으로 '자연'과 '정치'의 개념을 바꿀 수 있을까? 이러한 질문을 위한 공간을 마련하는 일은 비장애인의 경험을 비인간 자연과 상호작용할 수 있는 유일한 방법으로 재현하는 데 도전함으로써 에코 페미니즘과 환경 운동의 영역을 확장한다. 이러한 도전은 자연에 대한 확장된 이해를 필연적으로 수반할 것이며, 이는 우리 주변의 환경에도 영향을 미칠 것이다. 다시 말해, '자연'과 자연적인 것에 대한 우리의 개념은 공원을 비롯한 공유지를 형성하는 방식에 직접적인 영향을 미친다.

접근 가능한 산길과 기타 (비)자연재해

몸에 대한 비장애중심주의적 가정은 접근에 관한 구체적인 현실에 분명한 영향을 미치며, 장애인과 비장애인 모두에게 영향을 준다. 가파르고, 좁고, 뿌리가 무성한 산길은 이동성 손상이나 시력 손상이 있는 사람들뿐만 아니라, 일부 노인과 어린 자녀를 둔 가족들에게도 장벽이 된다. 점자, 큰 글자 책, 녹음테이프 등 대안적 형식의 해설 자료가 부족한 데서 알 수 있듯이, 자연 교육 역시 비장애인의 요구를 중심으로 발전해왔다.[27] 큰 글자로 된 지도, 가이드북, 공원 안내 책자, 설명 표지의 부족은 장애인으로 정체화하는 사람뿐만 아니라, 시력이 낮은 사람에게도 영향을 미친다. 이러한 문제를 숙고할 수 있다면, 자연에 대한 동시대적이고 역사적인 생각들에 내재한 비장애 중심주의적 가정을 탈구축하는 데 도움이 될 수 있다. 그렇게 되면, 에코 페미니스트들은 이러한 가정이 산길과 공원의 자재 설계, 즉 그 자원을 이용할 수 있는 사람이 누구인지를 결정하는 설계에 어떤 영향을 미치는지 추적할 수 있다. 롭 임리Rob Imrie와 휴 토머스Huw Thomas가 주장하듯, "이러한 상황은 부적절하고 무심한 설계로 인해 장애인이 환경의 상당 부분을 이용할 수 없는 환경 부정의의 영속적 형태라고 볼 수 있다".[28]

이동성은 산길 접근의 측면에서 핵심적인 이슈 중 하나인데, 휠체어 접근성을 확보하기 위한 제안은 마치 그러한 접근이 비장애인을 위한 접근보다 환경에 더 큰 해를 끼치는 것처럼 철저한 검토를 거치는 경우가 많다. 예를 들어, 미국 메인주의 알라가시 야생 수로Allagash Wilderness Waterway에 장애인이 접근 가능한 카누 선착장을 건설하려는 계획은 그 선착장이 수로에 해를 끼칠 수 있다는 이유로 환경 단체들의 반대에 부딪힌 바 있다.[29] 일부 비평가들은 선착장 설계와 상관없이 모든 신규 수로 접근에 반대한다는 점을 분명히 밝혔지만, 다른 이들은 선착장 건설 제안이 제공하는 접근성의 수준에 대해, 즉 접근 가능한 선착장이 접근 불가능한 선착장에 비해 환경에 더 해롭다고 우려하는 것처럼 보였다. 그러나 대부분의 카누 선착장은 덤불을

페미니스트, 퀴어, 불구

치우고, 물 근처의 자갈이나 모래 높이를 고르고, 주차 공간과 화장실을 건설하는 방식으로 만들어진다는 점에서 접근 가능한 선착장이 접근 불가능한 선착장보다 정말로 더 해로운지 의문스럽다. 접근 가능한 장소는 화장실 문이 더 넓어지고, 물가로 가는 길이 더 평평해질 뿐, 접근 불가능한 장소와 크게 다르지 않을 수도 있고, 그 변화는 더 파괴적이거나 해롭지 않을 수도 있다.

2007년 봄, 내가 미국 로드아일랜드주의 한 야생동물 보호지구를 방문했을 때, 한 직원이 최근 보호지구에 휠체어가 접근 가능한 산길을 만드는 사안에 대해 지역사회에서 항의가 있었던 일을 이야기해준 적이 있다. 그들의 불만은 산길에 사용된 자재(이 경우에는 아스팔트)와 산길 이용자(휠체어 사용자를 비롯한 이동 보조기구를 쓰는 사람)들이 너무 시끄러울 수 있어 그 지역에 둥지를 튼 새들이 그 산길을 사용할 것이라고 상상되는 사람들에게 겁먹고 도망칠 것이라는 내용이었다. 하지만 하이커들이 휴대폰을 사용하고 동료들과 큰 소리로 이야기하거나 아이에게 고함을 치는 빈도를 생각할 때, 사람들이 진정으로 두려워하는 것이 그곳의 소음이라는 사실은 믿기 어렵다. 탐조객들은 소음 같은 방해 요인들을 싫어할 수 있겠지만, 그걸 막기 위해 장벽을 만드는 것을 옹호하지는 않으며, 어린이들은 침묵하거나 조용히 하지 않아도 공원을 출입할 수 있다(게다가 아스팔트 산길, 특히 포장된 산길은 두꺼운 자갈이나 건조하고 부스러지기 쉬운 잎, 가지로 덮인 길보다 훨씬 더 조용하리라 예상할 수 있다).

다른 예를 들자면, 2000년에 어느 장애인, 비장애인 하이커 팀이 화이트마운틴의 게일헤드Galehead에 새로 생긴 접근 가능한 산장을 향할 때, 그 산길에서 그들이 너무 많은 공간을 차지하고 지형을 훼손한다는 이유로 어느 비장애인 하이커에게 비난과 조롱을 당한 적이 있다. 댄 브루스Dan Bruce는 《뉴욕타임스》의 편집자에게 보낸 서신에서 그 하이킹 관련자들을 "이기적"이라고 공격하면서 다음과 같이 비난했다. "휠체어는 이 취약한 지역의 산길에 엄청난 피해를 입힌다. 그런 착취를 시도하기 전에 환경평가를 수행하거나 휠체어 장비가 산길에 가하는 피해를 자연이 복구하는 데 몇 년이 걸릴지 고민해본 사람이 그 단체에 있는가?"[30] 브루스의 편지와 산길에서 마주친 그 하이커의 말이 흥미로운 이유는 휠체어 사용자가 다른 하이커에 비해 필연적으로 산길을 더 많이 훼손한다고 가정한다는 점때문이다.

그런데 비판의 대상에는 산길에 있던 장애인 하이커의 존재뿐만 아니라, 오지의 산장에 휠체어 경사로와 접근 가능한 화장실이 새로 지어질 것이라는 아이디어도 포함되었다. 경사로의 필요성에 의문을 제기한 어떤 기자는 "휠체어를 탄 사람들이 산길은 스스로 오를 수 있는데, 오두막 계단은 스스로 오르지 못하는 이유는 무엇인가?"라고 묻기도 했다.[31] 하이커들이 그리도 고된 하이킹을 마칠 수 있었다면, 산장으로 가는 계단도 분명 기어올라갈 수 있을 것이라는 말이다. 게일헤드 경사로의 적합성을 둘러싼 이러한 비판은 비장애인의 접근은 드러나지 않게 하는 반면, 장애인의 접근은 과도하게 드러나게 하는 방식을 보여준다. 계단은 그 자체로 다른 종류의 신체를 위해 만들어진 시설이다. 질 그레이빈크Jill Gravink가 언급했듯, 그 기자는 경사로가 부적절하다는 데 초점을 맞추기보다 비장애인 하이커에게 필요한 계단에 초점을 맞추는 게 더 쉬웠을 것이다. "왜 굳이 번거롭게 산장에 계단을 설치해야 하는가? 그냥 창문을 올라서 들어가는 건 어떠한가?"[32]

접근 가능한 산길과 서비스를 개발하는 데 항의하는 사람들은 지속적으로 보호라는 언어를 사용해 불만을 제기한다. 그들의 관점에서 장애 접근을 용이하게 하는 것과 환경 보호는 양립할 수 없는 일이다. 그러나 **장애** 접근에 대해서만 환경 보호와 관련한 심문을 받는다는 사실은 비장애중심주의적인 망각 행위가 있다는 것을 암시한다. 계단/경사로에 관한 질문에서 알 수 있듯이, 매우 특정한 신체에 적합한 산길과 건물을 만드는 것은 접근이라고 여겨지지 않는다. 실제로, 접근에 대한 질문이 골칫거리가 될 때는 비전형적인 몸을 다룰 때뿐이다. 생태 보호라는 레토릭은 무엇보다도 경사로, 배리어프리barrier-free* 등 접근성 확보를 위한 인공물, 그리고 그것을 사용하는 몸들에 대한 불편함을 토로하기 위해 쓰이는 것 같다. 인간이 도구와 기계를 사용해 지도를 만들고 설계하고 유지하는 산길은 **자연스러워** 보이지만, 휠체어가 접근 가능한 산길은 **부자연스러워** 보이는 것이다. 이 문구들 자체가 가치의 차이를 드러낸다. 즉, 산길은 정의상(또는 더 정확히 말하면, **자연적으로**) 휠체어가

---

* 장애인을 비롯한 사회 구성원들의 폭넓은 접근성 확보를 위해 물리적 장벽뿐만 아니라, 제도적·심리적 장벽을 없애려는 노력을 포괄해 지칭하는 말.

접근 불가능하기 때문에 수식어가 더 필요하지 않다고 여겨진다. 그렇다면 장애를 위한 독해는 이러한 가정들을 드러내고, **일부** 산길이 어떻게 구성되는지에 집중함으로써 **모든** 산길이 어떻게 구성되는지가 가려지는 방식을 가시화하는 것이다.

미국 캘리포니아주에 거점을 둔 홀액세스Whole Access 등 일부 장애 단체에서는 이러한 가정에 반박해 모든 산길이 땅에 영향을 미치지만 제대로 설계된 산길은 그 영향을 최소화하고, 이동성 장애인을 포함한 모든 사람의 접근을 최대화할 수 있다고 강조했다.[33] 예를 들어, 미국 플로리다의 에버글레이즈 국립공원, 케이프룩아웃 국립해안공원, 옐로스톤 국립공원처럼 연약한 땅 위에 나무판자로 길을 설치하면 이동성 손상이 있는 사람들과 어린아이와 함께 있는 사람들의 접근을 촉진하는 동시에 직접적인 통행으로부터 허약한 지반을 보호할 수 있다. 사람들이 나무판자로 만든 길을 벗어나 금지 및 보호구역을 활보할 가능성은 그들이 산길에 있을 가능성보다 낮다. 홀액세스는 캘리포니아 주립공원과 협력해 (경사면을 수직으로 가로지르는 가파른 산길과는 달리) 땅의 자연적 윤곽을 따르는, 비탈과 경사가 더 완만한 산길은 어떻게 침식을 줄이고, 유지 관리에 손이 덜 가며, 접근성을 높이는지를 입증했다.[34]

많은 장애 운동가들과 옹호자들이 주장하듯이, 황야에 대한 접근은 모두 있거나 아예 없거나의 문제가 아니다. 일부라도 접근 가능한 산길과 진입구는 아예 없는 것보다 낫고, 접근성 지침을 완전히 준수할 수 없는 산길은 일부라도 장애 접근을 허용하게끔 쉽게 개조할 수 있다. 캘리포니아 주립공원의

페미니스트, 퀴어, 불구

지역 감독관인 돈 비어스Don Beers는 다음과 같이 설명한다. "중요한 것은 [접근성이] 모두 있어야 하거나 아예 없어야 한다는 사고방식을 바꾸는 것이었다. …… 이제 해야 할 일은 모든 산길을 최대한 접근 가능하게 만들 수 있도록 살펴보는 것이다."[35] 모든 산길을 "최대한 접근 가능하게" 만들자는 비어스의 제안은 좁게 해석될 수도 있다. 즉, "합리적인" 숙박시설 마련을 요구하는 미국 장애인법의 조항을 인용해, 그 제안이 너무 극단적("비합리적")이라는 핑계를 대며 일부의 변화마저 가로막는 방식으로 이용될 가능성이 있다. 그러나 좀 더 급진적으로 해석하면, "최대한 접근 가능하게" 만들자는 제안을 모든 산길이 모든 종류의 몸, 움직임의 방식을 고려해야 한다는 의미로 읽을 수도 있다. 그렇다고 해서 모든 개별 산길이 모든 개별적인 몸을 실제로 수용할 수 있다는 의미는 아니다. 일부 몸과 양상에 따라 너무 바위가 많거나 가파르다고 느껴지는 지형이 있을 수 있기 때문이다. 그러나 이는 장애인이든 비장애인이든 모든 몸에 해당하는 문제다. 이러한 관점에서 달라진 점은 산길이 더 이상 하나의 단일한 몸만을 위해 설계되지 않으며, 산길에 관한 결정이 변화, 확장, 개조될 수 있는 결정으로서 인식된다는 것이다.

게다가 모든 산길을 최대한 접근 가능하게 만들자는 제안은 오래된 패턴, 즉 방문자 센터와 매우 짧은 자연 산길은 접근 가능하게 만드는 반면, 다른 모든 곳에서는 장애 접근을 무시해온 오래된 패턴을 깨뜨리는 것이기도 하다. 베이 에어리어Bay Area 공원의 휠체어 접근성을 개선하기 위해 오랫동안 활동해왔던 휠체어 하이커, 앤 시크Ann Sieck는 이러한 접근 모델에 대해 다음과 같이 주장한다. "의도하지 않았겠지만, 그것은 장애인의 아웃도어 활동이 '특수한' 시설에서만 가능하다는 소외적인 메시지를 전달한다. '완전한 접근'이 가능하다고 지정되지 않은 산길의 이용 가능성을 굳이 최대화할 필요가 없다고 보는 기획자들의 무관심과 무시로 인해 배제되는 것이 얼마나 고통스러운 일인지는 말로 다 표현하기 어렵다."[36]

그러나 로라 허시가 이야기하듯, 휠체어 하이커가 스스로 산길을 발견하더라도, 그들의 경험은 공식적인 공원 문헌에 포함되지 않는 경우가 많다. 허시는 연인, 활동지원사와 함께 요세미티 계곡에서 하이킹을 하던 도중, "보편적인 휠체어로 접근할 수 있다는 표식을 해제하는 빨간 원과 작대기"가 있는 표지판을 발견했다. 많은 논의를 거쳐 허시와 동료들은 하이킹을 계속하기로 결정했고, 힘들고 험난한 여정 끝에 폭포가 보이는 멋진 경관 앞에 도착했다. 허시는 국립공원협의회National Park Conversation Association에서 발행하는 잡지 《국립공원National Parks》의 〈아스팔트 산길을 따라Along Asphalt Trails〉라는 에세이에 그 하이킹 경험을 썼다. 그러나 출판에 앞서 편집자는 독자들이 게시된 표지판을 무시하도록 조장할 수 있다는 이유로 에세이의 해당 부분을 잘라냈다.[37] 허시의 이야기에서 알 수 있듯이, 그런 표지판들은 '접근 가능한' 산길의 모습에 대한 비장애중심주의적 가정에 기초한다. 나도 허시가 이야기했던 그 산길을 하이킹해 보았는데, 내 수동 휠체어로 가기엔 너무 험난했다. 나는 넉넉하게 도움을 받고, 기꺼이 땅을 기어 다니고 나서야 그 폭포에 도달했다. 그 길은 이동성 손상이 있는 많은 사람(그리고 어린 아이와 함께 여행하는 성인, 노인 하이커, 또는 그렇게 힘든 하이킹에 관심이 없는 사람들)에게는 접근 불가능한 게 **맞지만**, 모두에게 그런 것은 아니었다. 허시의 이야기에서 중요한 것은 장애인 하이커도 비장애인 하어커와 똑같이 성공하지 못하는(심지어 위험한) 접근을 포함한 모든 접근에 대한 결정을 스스로 내릴 기회가 있다는 주장이다.

접근성을 모두 있어야 하거나 아예 없어야 하는 것으로 가정하는 문제는 산길의 구성 및 유지 관리를 넘어 공원 관리자와 야생동물 보호지구의 안내원이 받는 훈련에까지 확장된다. 공원 관리자들이 비장애인 하이커들과 대화할 때, 그들은 해당 지역의 산길에 대한 자세한 정보로 가득 차 있다. 나는 관리자들이 하이커들에게 어떤 종류의 지형을 원하는지, 얼마나 오랫동안 하이킹을 하고 싶은지, 어떤 난이도를 원하는지를 묻는 걸 자주 목격하곤 했다. 하지만 휠체어 사용자인 나는 마치 내가 원하는 난이도가 자명하게 정해진 것처럼 이런 종류의 질문을 받아본 적이 거의 없다. 시크가 언급했듯, "공원 관리자 역시 산길의 이용 가능성을 묻는 질문에 대답하지 못하며, 접근 가능한지 아닌지를 지정하는 것에 대해서도 대답하지 못한다."[38] 이러한 정보의 부족은 접근 가능한 시설에 대해 언급하지 않거나, 접근 가능한 시설이 단 한 종류의 경험만을 의미한다고 가정하는, 공원 지도를 비롯한 자료에 반영된다.

기어가기, 올라가기, 도달하기, 견디기: 산길 지도를 불구화하는 방법

　상실은 장애인들이 일반적으로 논의하기를 꺼리는 주제이며, 거기에는 그럴 만한 이유가 있다. 장애는 현대 미국 문화가 장애인의 경험을 이해하는 지배적인 용어인데, 오로지 비통, 연민, 비극 등과 함께 읽히곤 한다. 우리의 불능, 좌절, 한계에 대해 공적으로 말함으로써 그러한 태도들을 장려하는 이유는 무엇일까? 하지만 상실이 이 장의 배경이 되는 동기이자, 산길과 해변, 접근에 대한 내 관심의 배경이 되는 동기 중 하나라는 점은 부인할 수 없다. 손상을 입기 전, 나는 달리는 사람이었고, 달리기는 그것이 주는 고독 때문에 내가 사랑했던 활동이었다. 달리기는 육체적으로 격렬한 활동을 통해 아드레날린을 뿜어내기도 했지만, 더 중요한 것은 달리기가 명상의 실천 방법이자 자연에서 홀로 있는 방법이었다는 것이다. 나는 노스캐롤라이나 동부 해변을 따라 달렸고, 뉴욕 숲속을 달렸으며, 캘리포니아의 농지 옆을 달렸다. 나는 이 경험으로 머리를 맑게 하고, 생각을 정리하고, 정신적·신체적 건강을 유지했다. 나는 린다 밴스가 자연에서 자신을 발견하고, 생태계와 일체감을 느끼고, 습지를 헤치며 비인간 자연과의 관계를 발전시키는 것에 대해 쓴 글에서 말하려 했던 바를 정확히 이해하고, 이를 뼛속 깊이 느낀다. 나는 자연에 대한 경험을 탈구축하고 자연과 문화 사이에 명확한 선이 없다고 주장하는 환경 비평가들의 주장에 동의하지만, 교통, 배기구, 인파로부터 멀어진 '바깥'에서 느끼는 기분이 다르다는 것은 부인할 수 없다. 비록 내가 이렇게 느끼도록 조건화되었다고 해서, 절벽에 걸터앉거나 초원을 바라보거나 세쿼이아 나무에 둘러싸여 있을 때, 내 몸이 더 평화롭게 느껴진다는 사실은 변하지 않는다.

이동하기 위해 주로 휠체어에 의존하는 지금 내 몸으로는 그런 경험을 하기가 훨씬 어렵다는 게 이 모든 걸 상실하게 만드는 요인이 된다. 내가 추구하는 고독을 선사해줄 호젓하고 접근 가능한 산길을 찾는 것, 물가로 내려가거나 절벽 꼭대기로 오르는 것은 무척 어려운 일이다. 이러한 어려움은 앞서 논의했던 산길 개발 및 접근과 관련한 역사(공원과 산길에는 특정한 종류의 몸만이 수용되어야 한다는 가정) 때문이기도 하지만, 지형 자체 때문이기도 하다. 너무 가파른 언덕, 너무 바위가 많은 개울, 휠체어가 다니기에는 너무 모래가 많은 땅도 있는데, 어떤 장소에의 접근을 보장한다는 것은 그곳을 급격하게 개조해 미적·환경적으로 해당 지역에 막심한 피해를 줄 수 있다는 뜻일 수도 있다(물론, 일부 지역에 비장애인의 접근을 보장하는 문제 역시 마찬가지다).

따라서 이런 종류의 기획은 상실, 한계, 불능, 실패를 감안해야 한다. 나는 한계와 좌절, 심지어 실패를 시인하고, 그 실패를 이론의 밑바탕으로 인정하는 이야기를 정말로 듣고 싶다. 만약 밴스가 언급했던 에코 페미니스트가 진흙투성이의 습지에 빠졌더라면, 그녀는 비인간 자연과의 연결에 대해 무엇을 배웠을까? 만약 그녀가 그날을 되돌아보면서, 그 습지가 성큼성큼 걷기에 너무 미끄러웠다는 사실을 알게 되었더라면, 자연에 대한 그녀의 인식은 어떻게 전환될까? 에코 페미니즘에서 벗어나, 우리는 자연에 관한 대중적인 글에서도 종종 장애를 발견하곤 하지만, 장애는 거의 항상 극적으로 극복되어야 할, 극복해야 할 무언가로 등장한다. 예를 들어, 에릭 와이헨메이어가 시각장애를 안고 에베레스트에 올랐던 이야기는 우리의 관심을 붙들고자 장애에 의존하지만, 그 서사의 구조는 우리의 관심이 결국 장애를 정복하는 데 의존한다고 가정한다.

와이헨메이어의 회고록인 《세계의 정상에 도달하라Touch the Top of the World》는 에베레스트 등반 성공이 시각장애를 "초월"할 수 있었던 하나의 방법이었다고 말한다. 만약 와이헨메이어가 등반에 성공하지 못했고, 그저 정상이 너무 높거나 등반 과정이 너무 위험하거나 감수해야 할 것이 너무 많다는 사실을 발견하는 데서 멈췄다면, 그의 이야기는 맥이 끊겼을 것이다. 물론 와이헨메이어는 그와 등반 파트너가 애리조나의 험프리 봉우리와 콜로라도의 롱 봉우리에 오르지 못하고 돌아왔던 일화를 언급한다. 그러나 이 두 일화는 책의 첫 몇 쪽에만 지나가듯 언급되고, 전체 서사에서 와이헨메이어가 이후에 거둔 성공을 더욱 두드러지게 만드는 역할만 할 뿐이다.[39]

와이헨메이어의 (동기 부여 연사 경력은 물론이고) 에베레스트 등반은 장애인이 하기에 너무 어렵다고 여겨지는 어떤 위업을 달성함으로써 언론의 주목을 받는 정형화된 장애인, "슈퍼불구"의 서사를 잘 보여준다(손상의 종류에 따라 슈퍼불구적 행위에는 암벽등반부터 자동차 운전까지 모든 게 포함될 수 있다). 와이헨메이어는 슈퍼불구 서사에 익숙하고, 때때로 그것을 경계하고 지켜워하는 것처럼 보이지만, 다른 시각으로 그의 책을 해석하기란 매우 어렵다. 그 책의 서사 구조는 각 장의 안팎에서 끊임없이 극복의 이야기를 반복하고 있으며, 표지 이미지에서 홍보용 추천사에 이르는 책 마케팅의 모든 부분 역시 와이헨메이어에 대한 이런 해석을 되풀이한다. 슈퍼불구의 이야기는 장애를 각고의 노력과 인내를 통해 극복해야 할 무언가로 묘사하는 장애의 개별적/의료적 모델에 크게 의존한다. 황야에서 놀라운 모험을 한 장애인은 가장 널리 퍼진 슈퍼불구 서사 중 하나이며, 이런 이야기들은 강인함과 의지라는 개별적 위업을 통해 장애와 야생을 모두 극복하는 서사, 서로 결부된 두 문제를 정복하는 서사이기 때문에 인기가 있다. 페트라 쿠퍼스는 다음과 같은 점에 주목한다. "자연 정복과 관련해 전통적으로 사용되어왔던 극복과 동일한 언어, 가령 정복과 격파, 군림함 또는 군림당함, 등산 또는 산비탈에서의 비명횡사 같은 말들은 장애에 관한 수많은 글에도 영향을 미친다."[40] 실제로 그런 이야기들을 작동시키는 것은 바로 이런 장벽들의 조합이다.

이전의 질문으로 되돌아가보자. 슈퍼불구의 업적에 초점을 맞추게 되면 어떤 이야기들이 사라질까? 우리는 몸의 한계를 무시하거나 그 한계를 이겨내는 데 의존하지 않는, 자연과의 불구적인 상호작용, 황야와의 불구적인 관계를 상상할 수 있을까? 이런 질문을 던지고, 자연과 자아, 자연과 인간이라는 이분법을 해체하는 와중에도, 나는 자연으로 돌아가 글을 쓰고 싶은 욕구가 생긴다. 홀액세스가 보편적으로 접근 가능하도록 설계한 산길을 만드는 걸 옹호했던 것처럼, 접근의 실현 가능성에 관한 논의는 이런 이분법을 해체하는 데 필수적인 부분임에 틀림없다. 모든 산길은 경관에 개입해서 만들어진다는 사실을 더 빨리 인정하고, 그것이 더 빨리 재상상되거나 재인식되는 게 가능해질수록, 더 빨리 장애인을 포함하되 장애인에게만 국한되지 않는 더 광범위한 몸들을 위한 공간을 마련할 수 있다. 하지만 이것만큼이나 중요한 것은 비인간 자연 속에서 인간의 몸에 대한 이해를 확장하고, 우리 몸 안에서, 우리 몸을 통해서 자연을 이해할 수 있는 가능성을 크게 증대시키려는 의지를 갖는 것이다. 카트리오나 샌딜랜즈가 주장한 것처럼, 만약 퀴어 생태학이 "세상의 상처에서 아름다움을 보고, 있는 그대로의 세상을 돌볼 책임을 지는 것"을 의미하는 것이라면, 아마도 페미니스트/퀴어/불구 생태학은 상실과 양가성의 렌즈를 통해 자연에 접근하는 것을 의미할 것이다.[41]

바로 이런 재상상을 수행하는 장애인과 장애학자들이 있다. 시인인 일라이 클레어는《망명과 자긍심: 장애, 퀴어성, 해방》에서 인간의 몸이 비인간 자연과 상호작용하는 다양한 방식에 대해 감동적인 성찰을 제공한다. 그는 뉴햄프셔의 애덤스산을 올랐던 이야기로 시작한다.

산길은 갈라지고 갈라지길 반복했고, 이제는 더욱 가파르고 험난해지는데, 간밤의 비 때문에 이끼로 뒤덮이고 약간 미끄러워진 험준한 화강암 퇴적층을 빙 둘러가는 대신 그 위로 넘어간다. 나는 어디에 발을 놓아야 할지 주의하기 시작했다. 왼발보다 더 흔들리는 오른발 때문에 균형을 잡는 건 언제나 상당한 골칫거리였다. 불안정한 땅 위에서의 발걸음, 특히 내 체중이 오른발에 실릴 때의 움직임은 세심하게 계획된다. 나는 다음 걸음에 몸을 싣기 전에 돌 위를 단단히 디딘 다음, 두 발을 모으면서 천천히 산길을 지나간다. …… 가다 서길 반복하는 내 기어오름에는 리듬이 없다.[42]

클레어는 자신의 발을 믿을 수 없을 때마다 네 발을 써서 산을 기어 오르락내리락한다. 클레어는 이런 특수한 하이킹 경험에서 출발해 몸의 정치학, 접근, 비장애중심주의에 관한 긴 명상으로 옮아가면서, 다른 생태 비평가들이나 에코 페미니스트들처럼 자신의 경험을 이론의 밑바탕으로 삼는다. 하지만 다른 한편, 산을 오르는 클레어의 서사는 아무 어려움 없이 자연 속을 이동하는 기존의 서사와 극명한 대조를 이룬다. 클레어는 애덤스산을 오르면서 결국 자기 몸의 한계를 생각해야 한다. 오후가 깊어감에 따라 클레어와 그의 친구는, 클레어의 느린 속도와 남은 일조시간을 고려했을 때 정상에 도착하기 전에 방향을 돌려야 한다는 걸 깨닫는다. 그러나 이런 결정을 쉽게 내리지 못하고, 클레어는 좌절감을 독자들에게 털어놓는다.

나는 수목한계선까지, 소나무가 점점 작아지고 뒤틀린 채 자라나다가 시들어 관목 덤불에 자리를 내어주고 결국 이끼로 뒤덮인 화강암에도 자리를 내어주는 곳, 햇볕에 흠뻑 젖은 산들이 푸른 안개의 지평선을 향해 흘러내리는 곳까지 계속 올라가고 싶다. 너무나 간절히 원하지만, 두려움이 사랑 옆에서,

현실의 육체적 한계 옆에서 무겁게 우르릉거리고 있어, 우리는 돌아가기로 결정한다. 올라가고 싶고, 올라갈 수 있다고 믿을 만한 이유가 많았지만, 실제로는 할 수 없었던 일 때문에, 아마 처음으로, 나는 운다. 나는 펑펑 울고 일어나서 에이드리언Adrianne을 따라 산을 내려간다. 내려가는 건 힘들고 느렸으며, 나는 손과 엉덩이를 자주 사용하면서, 그리고 에이드리언처럼 평평한 어느 지점에서 다른 지점으로 뛰어다닐 정도로 중력을 활용할 수 있으면 좋겠다고 생각하면서 이 뒤죽박죽의 바위 더미를 내려간다.[43]

클레어는 자신에게 내면화된 비장애중심주의에서 비롯된 양가성, 그 결정에서 느낀 양가성에 대해 논의를 멈추지 않는다. 그는 자신이 계속 올라가야 했고, 한계를 극복했어야 했다고 느끼지 않을 수 없었다고 한다.

나는 겁에 질린 채로, 내가 내려갈 수 있을지 확신하지 못한 채로, 다음 바위에서 균형을 잡지 못할 수도 있다는 걸 알면서도, 한 시간 반 동안 애덤스산을 올라갔다. 정상에 오르고 싶었기 때문에, 내 뼛속까지 우르릉거리는 사랑 때문에 올라간 것이다. 하지만 나는 이렇게 말하고 싶어서 올라간 것이기도 했다. "그래, 나는 뇌병변이 있지만 잘 봐. 봐, 날 보라고. 나도 산에 오를 수 있어." 나는 나 자신을 다시 한번 증명하고 싶었다. 나는 뇌병변을 극복하고 싶었다. …… 그 산은 그냥 놓아주지 않았다.[44]

클레어는 이 경험을 통해 우리가 결코 지킬 수 없는 규범, 우리의 것과 다른 몸, 마음, 경험에 기반한 규범을 장애인들이 견뎌내는 방식을 반영한다. 우리는 만약 올바른 목표를 달성하고, 장애물을 충분히 극복한다면, 장애 억압으로부터 우리 자신을 방어할 수 있다고 믿고 싶어 한다.[45] 문자 그대로든 은유적으로든 산은 연결이나 관계의 장소가 아니라 시험의 장場이 되며, 클레어가 책 전반을 통해 도전하는 것이 바로 이런 방식으로 산을 특징짓는 것이다.

시험장으로서의 산은 자립이라는 험준한 지형과 같다. "황야의 신화에서 몸은 순수하고, '단독'으로 있으며, 알아서 하도록 방치되고, 어떤 종류의 도움도 받지 않는다."[46] 이 지형을 불구화하려면, 더 협력적인 관점에서 자연을 이해하는 것이 필요하다. 쿠퍼스는 인간-비인간 자연의 상호작용을 단독 등반이나 개별적 성취 업적이 아니라, 공동체 행위 및 의식의 측면에서 묘사한다. 그녀는 어느 장애인 작가, 예술가, 공동체 구성원들의 모임을 다음과 같이 묘사한다.

우리는 우리만의 리듬을 창조하고, 자연의 세계에 몸을 맡기고, 공유의 순간에 열중한다. 둥글게 모여 흥얼거리는 노래, 함께 나누는 호흡, 서로 기대기, 나무에 붙어 있는 바위들, 피부에 부드럽게 떨어지는 나뭇잎, 발을 파도에 담고 타인을 지탱해주는 몸들, 손가락과 뺨에 닿는 나무껍질, 따뜻한 손에서 차가운 눈으로, 다시 따뜻한 손으로 돌아오는 느낌.[47]

과감하게 형상화된 이 서술에서 낙엽과 나무, 호흡과 바람은 서로 연결되고, 인간과 비인간은 직접 접촉하게 된다. 내가 이 서술에 흥미를 느끼는 것은 그것이 상실 또는 불능을 인정하고(쿠퍼스는 절벽 꼭대기와 바위 틈새가 아니라, 주차장의 경계와 길 가장자리를 상실과 불능의 특징적인 지형으로 묘사한다), 주변 세계와 상호작용하는 대안적 방법을 제시하기 때문이다. 쿠퍼스와 그녀의 동지들은 자연을 정복하거나 극복하기보다 자연을 애무하고 응시하고 자연과 함께 호흡하는 것을 묘사하려고 한다. 이러한 형태의 상호작용은 자연을 우리 주변을 둘러싼 모든 것으로 인식함으로써 더욱 실현 가능해진다. 공원의 가장자리, 그 경계를 따라 이어지는 공간 역시 자연의 일부다.

게다가 쿠퍼스가 언급하는 "우리"는 자연과의 만남을 타인과의 관계를 포함하고 망라하는 것으로 인식한다. 인간은 상호의존적이고, 서로 간의 관계는 우리가 비인간 세계를 이해하는 데 중요한 역할을 한다. 비장애인인 새뮤얼 루리는 일라이 클레어와의 관계를 다룬 에세이에서 이러한 상호의존성을 넌지시 드러낸 바 있다.

버몬트에서 처음으로 하이킹을 했던 곳 중 하나는 일라이가 유난히 느리게 움직일 수밖에 없는(그는 도움을 원치 않았고, 내가 뻗은 손을 뿌리치고 있었다) 가파르고 미끄러운 산길이었다. 하지만 나는 그가 균형을 잡아야 할 때만 팔을 뻗었다. 나는 "우리는 하이킹하러 나온 연인이야"라는 핑계를 대면서 "당신은 내 손을 잡고 싶어 해야 해"라고 말했다. 그는 느긋하게

　　　　페미니스트, 퀴어, 불구

긴장을 풀며 웃었다. …… 이제 우리는 좀 더 쉽게 하이킹을 할 수 있게 되었고, 일라이는 내 손이 안정감 있고 편안한 "제3의 접점" 같다고 말했다.[48]

이러한 상호의존성에 관한 이야기, 관계 속에서 비인간 자연을 누비는 이야기는 에코 페미니즘의 영역을 어떻게 확장할 수 있을까? 그 이야기는 타인을 자연과의 만남의 일부로 재현함으로써 인간과 자연 사이의 일반적인 구분을 거부하는 생태비평가들의 주장을 어떻게 강화할 수 있을까? 이론이 자연과 만나는 개인들의 이야기에 의존하는 대신, 상호의존성과 공동체에 대한 경험에 기초하게 된다면 어떤 일이 벌어질까? 어린 아이와 하이킹을 하고, 나이 든 친척을 도와 숲을 지나고, 도심 공원에서 이웃과 함께 앉아 있는 등 이미 우리가 해왔던 모든 활동은 자연과 우리 자신에 대한 생각을 전환시킬 수 있다. 우리가 상호의존적이라는 사실을 인정한다면, 모든 사람이 똑같은 방식으로 상호작용한다는 비장애중심주의적 이데올로기를 교란하고, 인간 및 비인간 자연에 대해 다양한 경험을 할 수 있는 여지를 마련할 수 있다.

어맨다 백스A. M. (Amanda) Baggs는 〈나의 언어로In My Language〉라는 영상에서 자연 및 상호작용에 관한 기존의 생태규범적 econormative* 개념을 급진적으로 확장하면서, 주변 세계와의 상호

---

*   조바나 디키로(Giovanna Di Chiro)는 생태(이성애)규범성(eco(hetero)-normativity)이라는 개념을 고안하면서, 이를 "(퀴어 이론가와 장애 이론가들이 분석해왔던, 무엇이, 누가 정상적·자연적이라고 구성되는지 결정하는 지배

작용에 대한 시각적·청각적 설명을 제공한다. 더 명확하게 말하자면, 그 영상은 자연과 환경에 '관한' 것이 아니라, 자폐증과 함께하는 삶이 무엇인지를 자전적으로 설명한다. 그 자화상에서 백스는 주변 환경과 완전히 상호작용하며, 자연이 주변의 일상적 공간에 존재하는 것이 아니라 '저 바깥에'만 존재한다는 암묵적인 가정에 도전한다. 영상의 전반부에서 우리가 들을 수 있는 소리는 백스의 말 없는 노래와 잡음들뿐이고, 후반부에는 백스가 쓴 대본이 컴퓨터 음성으로 나온다. 영상 내내, 우리는 백스가 자기 주변의 물건을 만지고, 냄새를 맡고, 듣고, 보고, 두드리는 모습을 본다. 어떤 장면에서 백스는 수도꼭지 아래 흐르는 물속에서 부드럽게 손가락을 움직인다. 이 이미지는 화면 하단을 지나가는 텍스트와 함께 표시되며, 컴퓨터는 음성으로 백스가 입력한 글자를 들려준다. "그것[나의 언어]은 내가 속한 환경의 모든 측면과 지속적으로 대화하는 것이다. 또한 내 주변 모든 부분에 신체적으로 반응하는 것이다. ······ 물이 상징하는 건 아무것도 없다. 물이 나와 상호작용하는 것처럼 나도 물과 상호작용하고 있을 뿐이다."[49] 물이 그녀의 손가락 사이

체제의 강제적 사회환경 질서를 강화하는) 정상성 및 규범성의 지식/권력 정치를 동원하는 반(反)독성 환경주의의 한 버전"이라고 설명한다. 그는 생태규범성이 "오염되고 불순한 환경으로 인한 화학물질의 침투가 부당한 손상을 일으킨 결과, 장애는 환경 문제가 되고 LGBTQ 사람들은 장애인이 된다"라는 주류 담론을 확대재생산한다고 비판한다. Di Chiro, Giovanna. "Polluted Politics? Confronting Toxic Discourse, Sex Panic, and Eco-Normativity", in *Queer Ecologies: Sex, Nature, Politics, Desire*, ed. Catriona Mortimer-Sandilands and Bruce Erickson (Bloomington: Indiana University Press, 2010), 202. 생태(이성애)규범성에 대한 더 자세한 설명은 이 책의 7장을 참고하라.

로 흘러내리고, 그녀의 움직임에 따라 물의 흐름이 바뀌는 이미지들은 백스의 말들을 확인시켜준다. 손가락과 물, 나와 물의 흐름 사이의 상호작용을 눈앞에 내세우면서, 백스는 언어와 자연에 대한 개념, 실제로 밀접하게 연관된 두 개념을 확장하도록 우리를 밀어붙인다. 언어는 단지 말이나 글을 통해서만 나타나거나 나타날 수 있는 상호작용이 아니라, 우리가 속한 환경과의 상호작용에 관한 것이다.

그러나 백스가 우리에게 상기하듯, 인정받고 가치를 부여받는 유일한 언어의 형식은 거의 언제나 말과 글이다. 이와 비슷하게, 특정한 종류의 상호작용만이 환경과의 상호작용으로 인정받고 가치를 부여받는다. 가령, 바다에서 수영하고 계곡을 헤치며 걷는 것은 물과 상호작용하는 의미 있는 방법으로 이해될 가능성이 높지만, 수도꼭지 아래에서 손가락을 움직이는 것은 그렇게 이해되지 않는다. 왜 그런가? 그 답은 자연과 환경이 우리의 집과 이웃 너머의 "저 바깥에" 존재한다는 오랜 가정 위에서 나온다. 또한 그 답은 (타인을 포함한) 환경과의 관계를 이해하고 그에 따라 행동하는 특정한 방식만이 용인될 수 있다는, 오래 지속되어왔고 잘 드러나지 않는 가정에서 나온다. 그 가정은 중대한 물질적 영향을 미친다. 자연을 '저 바깥에' 있다고 보거나 수도꼭지에서 나오는 물을 바닷물과는 다른 범주로 보게 되면, 환경정의가 작동하기가 더욱 어려워진다. 게다가 백스가 영상에서 주장했던 것처럼, 그녀가 맺는 환경과의 다양한 상호작용을 이상하거나 비정상적인 것으로 보게 되면, 자폐 스펙트럼에 있는 사람들이나 지적 장애가 있는 사람들에 대한 시

〈그림 6-1〉 리바 레러, 〈노란 숲에서〉, 1993, 패널 위에 아크릴.

설화와 학대를 너무 쉽게 무시할 우려가 있다.

　예술가인 리바 레러는 환경 관련 문학에서 일반적으로 무시되어왔던 몸의 한계와 변이에 바탕을 둔 인간-비인간 관계를 표현하고, 자연에 대해 불구적으로 접근하는 시각적 이미지를 여럿 제공한다. 〈노란 숲에서In the Yellow Woods〉(〈그림 6-1〉)라는 작품에서는 한 여성이 땅에 무릎을 꿇은 채 칼로 나뭇가지 껍질을 벗기고 있다. 그녀는 자신의 일과 자기 앞에 놓인 임무에 완전히 집중하면서 아래를 내려다보고 있다. 주변의 땅에는 그녀가 나뭇가지와 나무 몸통으로 조각한 뼈들이 흩어져 있다. 완벽한 골반 하나와 흉곽 하나, 다리와 척추 조각들이 모두 그

페미니스트, 퀴어, 불구

녀 옆의 바닥에 놓여 있다. 그녀는 말 그대로 나무를 가지고 어 떤 몸을 조각하고 있다. 이 그림과 여성은 상실감에 사로잡혀 있는 것 같다. 그녀의 높은 집중력은 고통, 수술, 파손으로 인해 손상되지 않은 이 새로운 뼈들이 필요하다는 걸 암시한다. 하 지만 뼈들이 흩어져 있다는 것은, 이 작업이 어떤 온전함을 창 조하거나 숲에서 치유법을 찾으려 하는 게 아니라는 점을 암시 하기도 한다. 그녀는 몸의 형태에 따라 뼈를 배열하지 않고, 뼈 를 피부 안에 삽입하지도 않는다. 오히려 그 뼈들은 낙엽 속으 로 가라앉아 가을 풍경의 일부가 되는 것처럼 보인다.

뼈들은 뿌리가 되어 이 여성(그녀의 몸과 자아)을 풍경과 연 결하고, 말 그대로 그녀를 시공간 안에 접지해버린다. 이 작품 에서는 시간이 움직이는데, 뼈의 표면에 시간이 표시되어 다양 한 색상이 나타난다. 골반은 비와 폭풍의 영향을 받지 않고 새 하얗게 빛나는 반면, 갈비뼈, 쇄골, 대퇴골처럼 더 긴 뼈들은 시 간의 흔적을 지니고 있어 이전 세대의 화석을 떠올리게 하고, 그 뼈가 그녀만의 것이 아니라는 걸 암시한다. 이와 비슷한 징 표인 배경의 나무에 걸려 있는 드레스 옷본은 미래의 프로젝 트, 앞으로 추가 작업이 있다는 표시, 다른 몸들을 위한 지침을 암시하기도 한다. 숲에는 여성 혼자 있는 것으로 묘사되지만, 다른 몸, 다른 형상들의 흔적이 이 여성 주위에서 메아리치고 있다.

나를 사로잡은 것은 한 여성의 명상적 실천으로 나를 끌 어들이는, 이 그림에 포착된 그 과정이다. 이 그림은 몸의 새로 운 지도와 자연의 새로운 지도를 어떻게 동시에 제공하는가?

〈그림 6-2〉리바 레러, 〈선회하는 이야기/일라이 클레어〉, 2003, 패널 위에 아크릴.

그것은 비인간 자연과의 관계에서 우리 자신을 이해하는 새로운 길을 어떻게 열어줄 수 있을까? 그것은 인간과 비인간 사이의 경계를 어떻게 흐리게 하는가? 불구화된 에코 페미니스트의 관점으로 이 그림을 읽으면, 한 여성이 몸의 경계 너머를 바라보는 건강에 대한 확장된 시각을 제안함으로써 몸을 돌보는 것과 지구를 돌보는 것을 서로 연결하는 모습이 보인다. 이는 장애를 이겨낸 슈퍼불구의 이야기도 아니고, 제약이 없는 몸에 대한 비장애중심주의적인 이야기도 아니다. 이는 주변 세계에서 우리 자신을 인식하는 이야기이자 뼈, 살, 산소, 공기의 공통적인 구조를 인식하는 이야기다.

이러한 연결은 장애 예술가, 활동가, 지식인들의 삶을 연대순으로 그린 〈선회하는 이야기Circle Stories〉 연작 중 일부인 일라이 클레어의 초상화에 다시 나타난다. 이 2003년의 그림(〈그림 6-2〉)에서 클레어는 바닥에 웅크려 있는데 그의 한쪽 무릎은 모래땅에 닿아 있고, 다른 한쪽 무릎은 몸을 지탱하고 있다. 배경에는 나무들이 늘어선 강이 있는데, 수면 위로 나무들이 반사된다. 식물 표현의 세부적인 사항들은 식물이 사람만큼 중요하다는 점을 분명히 드러내고 있다. 클레어의 가슴에서 솟아나오는 어린 나무에서 알 수 있듯이, 실제로 이 그림에서 '사람'과 '식물'은 그리 쉽게 구별되지 않는다. 그 나무는 클레어 앞에 있는 땅에 단단히 뿌리를 내리고 있으며, 그의 셔츠를 통하면서 뱀처럼 휘어진다. 클레어가 나무 주변에 셔츠 단추를 채우는 건지, 나무를 가슴 위로 움켜잡고 있는 건지, 아니면 나무가 클레어의 피부에 들어가고 있는 건지, 두 형상이 함께 위로 올라가고 있는지는 분명하지 않다. 이 그림은 자연과 분리될 수 없는 일부분으로서 인간을 인식하는 전체 생태계를 소환한다는 점에서 숨 막힐 정도로 놀랍다. 이 그림의 힘은 또한 환경 정치, 장애 정치, 젠더 정치를 함께 혼합할 수 있다는 믿음 위에서 나온다.

레러가 작가 후기를 통해 밝혔듯이, 〈선회하는 이야기〉의 그림들은 매우 밀접한 협업의 결과다. 그녀는 작품의 주체들을 반복적으로 만나고, 그들의 작업을 공부하고 논의하며, 잠재적인 이미지상을 브레인스토밍한다. 클레어와 함께했던 레러의 작업은 클레어가 부치 여성에서 젠더퀴어, 그리고 트랜스 남성으로 전환한 과정과 동시에 수행되었으며(협업은 약 2년 반 동안 지속되었다), 이 어린 나무가 클레어의 변화된 가슴 부위에서 가지를 퍼뜨린 것은 우연이 아닌 것처럼 보인다. 이 이미지는 순수하다고 여겨지는 자연을 침해하는 나쁜 것으로서 기술을 그리는 손쉬운 묘사에 암묵적으로 도전한다. 어린 나무는 건강하고 활기가 넘치고, 첨단 생체의학은 그 성장을 방해하지 않는다. 클레어 앞에 있는 땅 위에는 땋은 머리카락 한 뭉치를 포함한 긴 빨간 머리카락들이 있는데, 이것은 주변의 나무들이 잎을 떨어뜨리듯이 클레어가 여성성의 흔적을 흘렸음을 암시한다. 이 그림에서 자연이라는 장소는 전환의 장소이며, 클레어가 움켜쥔 나무는 그의 역사 속으로 뿌리 내리는 동시에 새로운 방향으로 가지를 뻗어나가기도 한다.

젠더화된 몸에 관한 이런 이야기는 불구의 몸에 대한 이야기와 얽혀 있다. 클레어는 뇌병변의 징후인 떨림, 고르지 못한 걸음걸이로 특징지어지는 어떤 몸으로 사는 것에 대해 가슴 아픈 산문과 시를 쓴다. 클레어의 몸에 대한 이런 역사를 알고 있는 나로서는, 나무를 가슴에 안고 있는 클레어의 오른손, 어린 나무를 감싸고 있는 셔츠를 잡아당기는 그의 오른손에 주목하지 않을 수 없었다. 클레어는 〈도난당한 몸, 되찾은 몸Stolen Bodies, Reclaimed Bodies〉이라는 글에서 이렇게 말한다. "때때로 나는 오른팔이 흔들리지 않도록 잘라버리고 싶었다. 내 부끄러움은 그 정도로 평범하고 암울했다."50 이 이미지는 그 기억의 해독제가 되고, 오른팔을 되찾게 한다. 부러지거나 쪼개지지 않고 클레어의 몸 안으로 휘어져 뿌리를 내린 어린 나무의 한결같은 안정감은 클레어 몸의 흔들거림과 연결되어, 그 떨림은 몸과 장

페미니스트, 퀴어, 불구

소 모두에 뿌리를 내리게 된다. 뼈를 만드는 숲속의 여성처럼 클레어가 자연과 접속하는 이유는 망가졌다고 여겨지는 몸을 치유하기 위해서가 아니라, 그 몸을 시간과 공간 안에 견고히 자리 잡도록 하기 위해서다. 즉, 그는 떨림을 제거하는 대신, 그것의 자리를 잡고, 그것을 접지한다. 떨림도 나무처럼 그의 몸의 일부다. 자화상인 〈노란 숲에서〉에서 그랬던 것처럼, 레러는 어떻게 우리가 지구, 뼈, 몸과 함께 잘 지낼 수 있는지에 대한 관심, 즉 체화된 환경주의의 모델을 거듭 제시한다.

내가 이 그림들을 장애와 환경주의에 대한 탐구 안에 들여온 이유는, 이들이 제한적이고 기이하고 퀴어적인 움직임과 지향을 가진 몸의 존재를 허용할 뿐만 아니라, 그들을 위한 공간을 말 그대로 개척해 그들을 풍경의 중요한 부분으로 인식하는 자연-인간 관계의 이미지를 불러오기 때문이다. 활동가로서 클레어와 레러가 작업한 내용들은 내가 이런 이미지에 관심을 가질 수 있도록 독려하고, 생태학적 페미니즘 및 환경주의 담론에 이런 이미지를 포함시키는 데 도움이 되었다. 두 사람은 모두 환경 운동의 오랜 지지자로, 《망명과 자긍심》은 태평양 북서부의 인종, 계급, 빈곤, 노동 정치, 젠더, 환경 파괴/보존 사이의 관계에 대한 복합적인 명상 작업이며, 레러는 오랫동안 동물권 운동의 지지자였다.[51] 또한, 그들은 이런 환경 프로젝트를 장애 공동체 내에서의 그들의 위치와 명시적으로 연결해왔다. 가령, 클레어는 벌목이 몸과 생태계에 미치는 장애화의 효과, 오리건의 시골길과 개울가에서 자신의 불구의 몸을 이해하게 된 것에 대해 사무치게 쓴 바 있다. "장애, 퀴어성, 해방"이라는 부제가 붙은 그의 책은 "바위와 나무, 언덕과 해변"에 전념하면서, 퀴어 장애에 대한 그의 이해가 그를 둘러싼 주변 풍경과 직접적으로 연결되어 있음을 시사한다. 마찬가지로, 레러의 그림에서 풍경은 종종 초상화와 결합하며, 비인간 동물들이 흔하게 등장한다. 가장 최근의 연작인 〈가족Family〉, 〈토템들, 친숙한 존재들Totems and Familiars〉에서 그녀는 인간과 비인간 동물들의 관계를 보여주는데, 〈토템들, 친숙한 존재들〉에서는 노미 램 등의 불구 예술가들을 또 다른 자아나 힘의 원천이 되는 친숙한 존재들인 동물들과 나란히 묘사한다. 클레어와 레러 같은 예술가들의 문화적 생산물은 자연을 대체하고, 그 자연 내 인간의 위치를 대체하는 작품들을 상연한다. 그들은 장애 경험을 자연에 관한 지식 생산의 현장으로 진지하게 받아들일 수 있는 환경주의에 대한 새로운 이해를 상상하고 체현하는 중이다. 그들의 미래상은 현재의 불구 공동체에 기반을 두고 있기에, '자연'과 환경 운동에 관한 문제에서 장애 경험 및 인간의 한계가 중요하지 않다거나 무관하다고 여기는 대신, 필수적이라고 인식한다.

7

접근 가능한 미래, 미래 연합

연합 정치의 레토릭에서 중요한 순간은 다양한 투쟁들과 여러 측면에서 서로 반대되는 투쟁들 사이에 연계를 구축하는 능력이다.

— 카트리오나 샌딜랜즈, 《선한 본성의 페미니스트The Good-Natured Feminist》

학생들에게 장애학을 설명할 때, 나는 종종 "일단 찾기 시작하면, 역사 속에서 장애는 어디에나 있다"라고 했던 더글러스 베인턴Douglas Baynton의 통찰을 활용하곤 한다.[1] 베인턴에게 '찾기'는 장애인의 이야기를 복원하거나 장애차별의 역사를 추적하는 것뿐만 아니라, 장애 개념과 비장애신체성/비장애정신성이 다른 맥락에서 어떻게 기능해왔는지를 탐구하는 것을 포함한다. 베인턴은 이렇게 역사학자들을 도발했지만, 이와 다른 분야에 있는 장애학자들은 장애를 분석의 범주로 인식할 것을 동료들에게 채근하면서 그 범위를 넓히고 있다. 이러한 작업에 깊은 영향을 받았던 덕분에, 나는 이 마지막 장에서 베인턴의 주장을 다르게 해석해보려고 한다. 그의 통찰력을 현재 장애학에 몸담지 않은 사람들이 있는 외부를 향해 쓰기보다 몸담은 사람들이 있는 내부의 현장을 향해 활용하는 것이다. "일단 찾기 시작하면, …… 장애는 어디에나 있다"라면, 장애학자, 장애 활동가로서 우리는 어디를 찾지 **않았던** 것일까? 우리는 어디에서 장애를 찾고, 어디에서 장애를 놓쳐왔는가? 어떤 이론과 운동에서 우리는 자신이나 장애를 인식하고, 어떤 이론과 운동을 장애학과 별개인 것, 무관한 것으로 보아왔는가?

이런 질문과 그 잠재적 해답은 이전 장에서도 다루었지만, 이 마지막 장에서는 이것을 더 직접적으로 다루고자 한다. 접근 가능한 미래가 어떤 모습일지, 또는 거기에 무엇을 포함할지를 상상하면서 나는 지적·정치적 교차 운동의 가능성을 생각한다. 우리가 일단 찾기만 하면 장애는 어디에나 있는 것이라면, 동시대 문화상의 다른 사회정의 운동 내에서 장애를 찾아보는 것은 어떨까? 장애 권리·정의正義·정치·문화·학문에 대한 나의 이해는 언제나 페미니즘, 퀴어 이론 및 실천을 향한 나의 노력에 영향을 받아왔다. 이러한 노력과 함께 장애를 해석한다는 것은 장애를 다르게 상상할 수 있는 한 가지 방법이다. 다시 말해, 장애학에서 다른 운동의 흔적을 찾는 동시에, 장애를 다루지 않는 곳에서도 장애를 찾는 노력은 우리를 접근 가능한 미래로 나아가게 하는 방법 중 하나다.

나는 페미니즘 연구에서는 고전으로 여기지만 장애에 '관한' 문헌으로는 널리 알려지지 않은 문헌이자, 연합 정치에 관한 버니스 존슨 레이건의 영향력 있는 에세이에서 '장애 찾기'를 시작한다. 이를 통해 장애를 읽게 되면, 페미니즘 연구 및 장애학의 계보를 확장하고, 미래의 작업을 상상하기 위한 인식의 틀을 확보할 수 있을 것이다. 이후에 나는 레이건의 텍스트에서 벗어나, 페미니즘, 퀴어, 불구 이론 및 활동을 위한 세 곳의 잠재적 성장 영역인 화장실 정치 및 공용 공간에 대한 논쟁, 환경정의, 재생산정의를 탐구한다. 이 현장 각각에 초점을 맞추면, 장애에 대한 다양한 공식이 어떻게 예상치 못한 생성적 연대를 독려하는지(그리고 방해하는지) 숙고할 수 있을 것이다. 마지막으로 나는 페미니즘적, 퀴어적, 불구적 미래에 대한 다중적이고 중첩되는 가능성을 드러내면서 더 많은 연결과 연합이 필요하다는 것을 제안하며 글을 마치려 한다.

실천에는 이견과 불화가 있다는 것을 솔직하게 인정하고 거기에 참여하는 레이건의 글은 이 장을 소개하는 역할을 맡기에 적합하다. 그녀는 에세이 전반에서 연합 정치의 **이점**과 연합 정치의 **어려움**이 한데 엮여 있음을 인식하도록 이끈다. 의견 불일치는 우리가 품고 있는 가정, 우리 작업 주변을 가르는 경계를 인식하고 인정하도록 강제하며, 만일 이런 의견 불일치, 그리고 그것이 우리의 위치를 재검토하도록 만드는 방식이 없다면, 우리에 대한 배제와 그 영향을 너무 대충 훑어볼 우려가 있다. 내가 앞서 강조했던 각 현장(트랜스/장애 화장실 정치, 환경정의 운동, 재생산정의 운동)을 선택한 이유는 그곳들 역시 논쟁의 여지가 많기 때문이다. 이 현장들은 우리가 페미니스트, 그리고/또는 퀴어, 그리고/또는 불구라고 명명하는 정체성, 위치, 실천의 형성에 관심을 쏟게 만든다. 또한 그것은 쉽게 해결할 수 없는 모순, '통합'이나 동일성을 손쉽게 주장하기 어렵게 하는 모순을 제공한다.

나는 여기서 이견의 가치와 필요성을 주장했던 오드리 로드Audre Lorde, 샹탈 무페, 라누 사만트라이 같은 페미니즘 이론가들의 작업에 영향을 받았다. 사만트라이는 정치 공동체의 "구성원이 될 조건"을 "지속적인 개정"이 필요한 것으로 만들고, 이를 통해 "규범들을 협상하는 ⋯⋯ 경계선 지역에 주의를 기울인다".[2] 실제로 이견을 포용하는 연합 정치는 "갈등을 쫓아내고 성가신 생각을 억제"하는 대신, 그러한 갈등을 "어떻게 이용할 수 있을지" 질문한다.[3] 따라서 '연합'이라는 언어를 사용할 때, 나는 (이산적 집합으로서의 장애인과 함께 작업하는 이산적 집합으로서의 여성처럼) "이미 구성된 이해관계와 정체성을 다루는 과정"으로 연합 정치를 상상하기보다, 이해관계와 정체성이 항상 논쟁 및 토론에 열려 있는 과정으로서의 연합을 사유하는 데 흥미가 있다.[4] 이런 다양한 운동과 이론에서 '장애인'은 어떻게 변화하고 확장하고 또는 축소할까? 여기서 검토하는 연합이 흥미로운 이유는 그것이 관련 구성원들의 경계를 어지럽히기 때문이다. 그리하여 트랜스/장애 화장실 정치에 대해 사유한다는 것은 '트랜스젠더'와 함께 작업하는 '장애인', 또는 트랜스젠더이면서 장애인인 사람들을 고려할 뿐만 아니라, '장애인'과 '트랜스젠더'라는 범주 그 자체에 의문을 제기하는 일이다.

장애 찾기: 페미니즘 텍스트, 장애 이론

나는 작은 교양대학에서 페미니즘 수업을 진행하는데, 내

강의는 '장애학'보다 '페미니즘 연구'로 더 자주 표시된다. 그러나 두 분야 사이의 생산적인 중첩으로 인해 장애학의 통찰력과 분석은 장애학으로 표시되지 않는 논의에도 삽입될 수 있으며, 우리가 명시적으로 찾으려 하지 않아도 장애는 우리의 논의 속에 자주 드러난다. 그런 의미에서, 나는 페미니즘 연구 분야의 독자들에게 친숙하고 심지어 고전으로 여겨지는 텍스트, 그러나 '장애학 텍스트'로 널리 인식되지 않는 텍스트를 다시 읽을 것을 제안하고 싶다. 그것을 장애의 렌즈를 통해 다시 읽게 되면, 장애학과 페미니즘 연구를 중첩시키고 비판할 수 있는 추가적 가능성을 열 수 있다. 나는 이 마지막 장에서 불구 미래성과 페미니즘적 교차 운동 작업에 대한 이해에 깊은 영향을 준 그 에세이를 탐구하는 게 적절하다고 생각한다.

버니스 존슨 레이건의 〈연합 정치: 세기를 돌리다Coalition Politics: Turning the Century〉는 1983년에 출간된 바버라 스미스Barbara Smith의 《홈걸스: 흑인 페미니스트 선집Home Girls: A Black Feminist Anthology》에 실린 글이다.[5] 레이건은 차이를 횡단해 연합을 형성하는 것은 필요하면서도 두려운 일이라고 주장하면서 연합 구축의 과정을 성찰한다. 그것이 필요한 이유는 정치적 변화를 일으키기 위해 서로 다른 쟁점과 정체성 간의 상호관계를 인식해야 하기 때문이고, 그것이 두려운 이유는 우리와 다른 사람들, 다른 방식이나 다른 목적으로 쟁점을 파악하는 사람들, 다른 관점이나 다른 역사를 가진 사람들, 우리가 토대로 삼는 가정에 도전하는 사람들과 함께 종종 우리가 작업해야 하기 때문이다.

레이건의 에세이는 1981년 미국 캘리포니아의 요세미티 국유림에서 열린 웨스트코스트 여성 음악 축제West Coast Women's Music Festival에서 발표한 내용을 기반으로 작성되었다. 많은 학자가 주목했듯이, 그녀의 글에는 축제의 흔적이 남아 있다. 연합 그리고 '여성'이라는 획일적 구성이 드러내는 한계에 대한 그녀의 관심은 여성 운동 내 인종차별주의 및 계급차별주의, 그리고 여성 전용 공간의 역할(그리고 구성 요소)에 대한 동시대적 논의에 바탕을 두고 있다.[6] 하지만 나는 그녀의 에세이가 여성 음악 축제뿐만 아니라 요세미티 국유림의 흔적을 담고 있는 방식을 강조하고 싶다.

레이건은 이 단락으로 에세이를 시작한다.

내가 이렇게 높은 데 있는 건 처음이다. 고도 말이다. 산소가 충분하지 않은 곳에 사람들을 한데 모으고, 그들이 제대로 생각할 수 없을 때 무엇을 할지 생각해내도록 하는 수업이 열렸다. 진지하게 하는 말이다. 높은 고도에서 태어나서 커다란 폐로 숨을 쉴 수 있는 사람들도 아마 일부 있을 것이다. 하지만 환경적으로 조건화되지 않은 사람들을 모아놓으면, 안간힘을 쓰고 있는 한 무리의 사람들이 생긴다. 기분이 좋은 사람들은 왜 그들이 비틀거리는지 알아내려고 노력하는데, 그게 바로 오늘 아침, 이 워크숍의 내용이다.[7]

여기서 레이건은 의심할 여지 없이 은유적으로 말하고 있다. 그녀는 숨이 차는 상황을 활용해 연합이 얼마나 힘들고 불편하고 스트레스가 쌓이는, 우리가 완전히 내버려 두고 안심할 수 없는 장소인지 이야기한다. 즉, 연합의 상황에서는 우리가 산에서 그런 것처럼 제대로 숨을 쉴 수가 없다는 것이다. 그녀는 다음 단락에서 이렇게 말한다. "금방이라도 쓰러져 죽을 것 같다. 만약 **실제로** 연합하는 일을 하고 있다면 흔히 겪는 느낌이다. 대부분 모든 방면에서 위협을 느끼겠지만, 그렇지 않다면 당신을 실제로 연합하고 있는 게 아니다."[8] 레이건에게 연합 정치는 자신의 안전지대 밖에서 작업하는 것, 차이로 인해 우리를 두렵게 만드는 사람, 실천, 원칙에 관여하는 것이다.

그러나 이 일화를 은유로만 해석하는 것은 레이건이 겪은 경험의 특수성을 지우는 일이다.[9] 그녀는 쓰러질 것 같다고 말하기 직전, 높은 고도 때문에 "여기 있는 것이 매우 어려운 사람들 집단에 속해 있다"라고 설명하는데, 그것은 그녀가 **말 그대로** 숨을 쉬는 데 어려움을 겪고 있었다는 뜻이다.[10] 이처럼 레이건은 에포님적eponymous* 에세이이자 실천으로서의 '연합 정치'를 몸에 집중하는 데서부터 시작한다. 그리고 그 몸은 아무 몸이 아니라 제약된 몸, 손상된 몸이다. 레이건은 차이, 관계, 정치를 사유하기 위한 발판으로, 장애라는 체화된 경험(마치 신체적 제약이 존재하지 않거나 그것이 주변 환경과 무관한 것처럼 행동하는 사회정치적 환경 속에서 그 신체적 제약을 지니고 사는 것)을 활용해 장애 있는 몸에서부터 이론을 세운다. 또한 그녀는 장애 경험이 몸뿐만 아니라, 윤리적 관계 및 정치적 실천에 관한 우리의 이해

---

* 에포님(eponym)은 '이름의 유래', '누군가의 이름을 따서 만든 이름'이라는 뜻으로, 문학이나 예술 분야에서는 주로 창작자나 작품 속 주요 등장인물 및 주제의 이름과 작품의 이름이 똑같은 것을 가리킨다.

에 영향을 미칠 수 있는 방법을 자세히 설명한다.

　문자 그대로든, 은유적으로든 이러한 분석은 특정한 환경 속에서 잘 살기는커녕 생존할 수도 없는 몸들을 염두에 두는 것이다. 높은 고도에서 레이건이 겪었던 호흡 곤란의 경험은 그런 '여성' 공간에서조차 부재한 몸을 가진 그녀의 성찰과 결합해, 페미니즘적 실천을 뒷받침하는 가정에 의문을 제기한다. 누구의 몸, 누구의 경험, 누구의 욕망, 누구의 정체성이 페미니즘적이라고 틀 지워진 문제를 형성하고, 누가 그 틀을 만드는가? 페미니즘적 미래라고 상상되는 공간은 경제적으로, 문화적으로, 지적으로, 물리적으로 얼마나 접근 가능한가? 다시 말해, 레이건은 문자 그대로든, 은유적으로든 특정한 몸/마음의 자리가 주어지지 않거나 커다란 개인적 위험을 감수해야만 참여할 수 있는 공간을 만드는 작업에 페미니즘을 호출한다. 그녀는 우리가 상상하는 공간의 종류가 그 공간에 거주할 수 있는 몸/마음의 종류를 어떻게 결정하는지 보여주는 강력한 사례를 제공한다. 결과적으로 그런 공간에서 일어나는 논의는 접근 불가능성, 배제, 무시로 인해 참여할 수 없는 사람들이 부재한 까닭에 급격히, 그리고 눈에 드러나지 않게 축소된다.

　레이건의 비평은 명백히 페미니즘과 여성 운동을 겨냥하고 있지만, 우리는 그것을 장애 연구와 장애 운동에 대한 도전으로도 읽을 수 있다. 비록 레이건의 글에서 '장애'라는 단어는 지나가듯 등장하고, 그녀가 자신을 장애인으로 정체화하거나 장애 관련 용어로 호흡 곤란을 묘사하지는 않았지만, 그녀의 에세이를 접근 불가능성의 서사나 장애로부터 얻은 통찰력에

페미니스트, 퀴어, 불구

관한 삽화로 해석하는 건 그리 어렵지 않다." 이 텍스트를 불구에 관한 텍스트로 인식한다면, 꼭 해야 할 다음과 같은 질문들이 이어질 수 있다. 장애 정체성에 집중해서 보았을 때, 장애학과 장애 권리 운동은 레이건 같은 사람들의 불구적 통찰력을 어떻게 간과해왔는가? 인종화된 차이를 인정하고 이와 씨름하는 페미니즘의 필요성에 관한 서술, 연합 정치에 관한 그녀의 서술은 백인성으로 특징지어진 장애학, 또는 인종 및 민족 문제를 더디게 다루어왔던 장애 권리 운동에 어떻게 영향을 미칠 수 있을까? 호흡 곤란에 대한 그녀의 생각은 장애 관점에서의 천식 분석에 어떻게 영감을 줄 수 있으며, 어떻게 그 현장을 환경학과 환경정의 운동 안에 있는 것으로, 혹은 그와 연대하고 있는 것으로 인식하도록 만들 수 있을까? 다시 말해, 장애학과 장애 운동은 우리 자신을 배제해왔던 것으로부터 무엇을 배울 수 있을까?

레이건을 불구 이론가로 독해하는 것은 이런 질문들에 답하는 한 가지 방법이다. 그러한 독해와 그것이 수반하는 장애 정치에 대한 확장된 접근은 장애가 있다고 정체화된 몸들뿐만 아니라, (넓은 의미의 '접근'과 '공간'으로 정의되는) 접근 불가능한 공간에서 살아남은 몸들과 마음들에서 장애학의 주제를 찾아가는 일이다. 그것은 백인성, 경제적 격차, 이성애규범성에 대한 논의를 장애학과 장애 운동의 부수적인 프로젝트나 하위 분야가 아니라 그것의 한 영역으로 인정하는 일이다. 그것은 퀴어 및 트랜스젠더로 정체화된 장애인의 경험을 주변화해왔던 장애 권리 운동 내에 잠복해 있는 동성애공포증과 트랜스공포증에 도전하는 일이다. 그러기 위해서는 미국의 장애학과 장애 운동 내 백인성과 자문화중심주의를 지속해서 검토해야 할 뿐만 아니라, 전 세계의 장애 권리, 반세계화, 반빈곤 활동가들의 활동에 헌신적으로 참여해야 한다.

우리도 레이건처럼 우리 자신의 입장과 운동에 대한 내부 비판을 연대자 및 지지자에 대한 적극적인 비판과 결합할 수 있다. 접근 가능한 공간과 접근 가능한 미래를 사유한다는 것은 기존의 이론들이 총체성 이데올로기에 의존하고, 강제적 비장애신체성/비장애정신성과 공모하고, 장애인을 주변화해온 모습 등의 면모를 부각한다는 것, 페미니즘 정치적 미래상과 퀴어 정치적 미래상이 배제되는 상황을 다룬다는 것을 의미한다. 그러므로 필요한 것은 비장애중심주의에 대한 통렬한 비판뿐만 아니라, 장애를 다르게 사유하고자 하는 열망이다.

미래를 향한 꿈과 현재에 대한 비판을 이렇게 강력하게 조합하는 방식은 정치에 필수적이며, 이를 위해선 우리의 정치적 전망의 한도를 열어두어야 한다. 우리의 작업에 생기를 불어넣는 건 다음과 같은 질문들이다. 우리의 정치적 상상에 포함되거나 제외되는 사람은 누구인가? 미래에 대한 그런 꿈속에서 '장애'와 '장애인'(또는 '여성', '퀴어', '인종'······)은 어떻게 정의되는가? 이러한 상상에 접근할 수 있는 사람은 누구이며, 접근은 어떤 방식으로 묘사되는가? 어떤 문제들이 페미니즘적, 퀴어적, 불구적이라고 표시되는가? 앞선 질문으로 돌아가면, 장애학이나 장애 운동이 장애를 찾아야 할 곳은 어디인가? 장애학은 어디에서 자신을 보거나 인식하는가?

이 장의 나머지 부분에서는 이런 식의 질문에 답할 수 있는 현장들을 소개했다. 이어지는 절에서는 각각 현재 진행 중인 연합 활동에 관한 짤막한 정보들을 제공하는데, 나는 그것들을 장애에 대해 말했거나 말하고 있는 이야기로 포함시켰다. 이런 이야기들은 필연적으로 불완전하겠지만, 그 불완전함 속에서 장애를 다르게 상상하는 방법, 가령 예상치 못한 장소에서 장애를 찾고, 다른 사회정의 운동과 연결되기 위해 장애를 활용하고, 장애에서 욕망의 가능성을 인식하는 방법에 관한 사례들을 제공한다. 잠재적으로 더 접근 가능한 미래가 있다.

'모든 화장실 혁명가 호출!':
공간 속 몸을 중심으로 연합하기

레이건의 텍스트는 공간의 정치적 함의에 관한 우리의 관심을 끌어냄으로써 페미니즘적·장애학적 고민을 연결하고 있으며, 접근성과 접근 불가능성에 대한 질문은 사회정의를 위한 여러 운동에서 생산적인 중첩이 일어나는 지점이 되고 있다.[12] 특히 공중화장실은 오랫동안 배제의 장소이자 실천의 장소였다. 주디스 플래스코는 그 이유를 이렇게 설명한다. "화장실에 접근하는 것은 온전한 공적 참여 및 시민권을 위한 전제 조건이다. …… 지난 세기, 미국의 거의 모든 사회정의 운동에는 적절한 화장실 시설을 갖추기 위한 투쟁이 포함되어 있었다."[13] 전통적인 남성의 공간으로 이동해온 여성들은 화장실이 없다는 것, 또는 화장실의 부족으로 인해 그 공간이 성희롱과 성차별의 핵심 장소가 되었다는 것을 종종 발견해왔다. 화장실은 특정 공간에서 기대되는 젠더화된 몸의 종류를 드러내는 지표 역할을 해왔던 것이다.[14] 이에 대응해 여성들은 이상적 시민으로 여겨져온 남성의 몸에 대한 건축적·정치적 가정에 도전하면서, 공중화장실을 정치적 시위와 활동의 장소로 바꾸어왔다.[15] 물론, 그 이상적 시민이란 남성일뿐만 아니라 백인이었으며, 화장실은 이분화된 젠더뿐만 아니라, 이분화된 인종도 만들어왔다. 20세기의 많은 기간 동안, '화장실 분리urinary segregation'는 공공장소, 특히 미국 남부의 공공장소에서 젠더와 인종은 서로 얽혀 있다는 강력한 교훈을 남겼다. 하지만 그곳에서도 공중화장실은 투쟁과 시민권 보장을 요구하는 논란의 장소가 되었고, 엘리자베스 에이블Elizabeth Abel은 짐 크로Jim Crow* 아래에서 살아가는 아프리카계 미국인 남성들이 "유색인"이라고 표시된 화장실 사용을 거부했다는 이유로 폭력적인 처벌을 받았다는 데 주목한다.[16] 공중화장실은 부적절한 행동이나 부적절한 사용자에 대한 엄격한 단속이 지속적으로 이루어지는 곳이다. '공공'시설을 폐쇄하는 것부터 새로운 공중화장실의 구축과 설치를 거부하는 것까지 모든 조치를 취하는 지자체들에게 홈리스들은 공

---

*   까마귀(crow)의 이름을 딴 짐 크로는 어느 백인 가수의 노래 속에 등장하는 검고 멍청한 봉제인형 모습의 인물이다. 미국 남북전쟁 이후, 노예 해방을 무효화하기 위한 일련의 인종차별법이 그 이름을 따서 짐 크로 법(Jim Crow law)으로 불렸는데, 이러한 역사적 맥락에서 짐 크로는 흑인차별주의나 그것이 반영된 정책을 지칭하는 말로 쓰인다.

공장소에서 섹스하는 사람들과 마찬가지로 빈번히 공중화장실 '정화'를 위한 표적이 된다. 개인 사업체와 식당은 대개 화장실을 '고객 전용'으로 지정하는데, 이러한 제한은 홈리스뿐만 아니라 쇼핑이나 소비 이외의 이유로 공공장소에 들어가는 사람들에게 영향을 미친다.[17]

이러한 배제와 저항의 관행을 고려한다면, 화장실이 지적 탐구 및 학문적 참여의 장이었으며, 지난 수년간 화장실에 관한 이야기가 엄청나게 확장되었다는 것은 그리 놀랄 일이 아니다.[18] 나는 화장실이 교차 연구와 활동의 장소지만 여기서는 젠더가 크게 부각된다는, 즉 젠더 분리의 역사, '변소 평등potty parity' 에 대한 정책 분석, 비非성차별주의적 화장실에 대한 성찰 등이 이러한 논의에서 지배적이라는 플래스코의 의견을 분명히 지지한다. 젠더, 특히 젠더 표현과 젠더 정체성에 초점을 맞추는 작업은 누군가에게 지각된 젠더에 비추어 '잘못된' 화장실을 사용하는 것이 괴롭힘, 체포, 폭력으로 이어질 수 있다는 점을 고려할 때 절대적으로 필요하다고 느껴진다. 점점 더 많은 단체가 유니섹스unisex** 화장실, 혹은 젠더 중립 화장실을 만들기 위한 로비를 벌이고 있음에도 불구하고, 화장실 운동은 계속해서 조롱과 적대를 마주하고 있다.[19]

하지만 엄격한 화장실 젠더 분리(그리고 그런 화장실을 탈분리하려는 시도에 대한 적대감)의 명백한 반례 두 가지가 있는데, 공항

**   '단일'이라는 의미를 가진 유니(uni)와 섹스(성별)의 합성어로, 성별 통합, 성별 겸용(공용), 또는 성별의 구분이 사라진 모습을 이르는 말.

에서 점차 인기를 얻고 있는 '가족' 화장실과 휠체어가 표시된 1인 칸막이 화장실이다.[20] 특정 젠더의 사람이 다른 젠더의 아이나 노인을 도와야 할 수도 있다는 관념은 다른 젠더 표현을 하거나 정체성을 가진 사람들이 서로 같은 화장실을 사용할 수도 있다는 관념보다 (심지어 이들이 서로 다른 시간에 1인 칸막이 화장실을 사용하는 것일지라도) 훨씬 더 쉽게 용인되고 수용된다.[21] 이와 마찬가지로, 이미 신체 정치로부터 분리되어 있다고 여겨지는 모든 젠더 정체성 및 섹스의 장애인들은 서로 같은 공간을 사용하는 것이 더 쉽게 수용된다.[22] 간단히 말해, 유니섹스/젠더 중립 화장실은 젠더 비순응gender nonconformity을 주된 사용 및 설치의 이유로 삼지 않는 한, 그리 위협적이거나 터무니없는 것으로 여겨지지 않는다.

그러나 일단 그런 화장실이 만들어지기만 하면, 그것은 쉽게 다른 용도로 활용될 수 있다. '가족'과 '접근 가능한'의 의미가 퀴어적으로 확장됨에 따라, 이러한 공간은 젠더퀴어 및 트랜스젠더 사용자들을 위한 선택지로 점점 더 많이 인식되고 있다. 샐리 먼트Sally Munt는 여성 화장실이 부치인 자신의 몸을 부적절하고 위험한 몸으로 제시하는 사람들과 불편하고 종종 위협적인 교류가 일어나는 장소라고 설명한다. 이러한 맥락에서, 접근 가능한 화장실은 제3의 공간*으로서 꼭 필요한 "스트레스 없는 장소, 젠더화된 공공환경으로부터 잠시 거리를 두고 정신적으로 재충전할 수 있는 퀴어한 공간"을 제공한다.[23] 그러

---

* 가정(제1의 공간)과 일터(제2의 공간)를 제외한 휴식, 문화, 레저, 교통의 공간.

나 이러한 공간을 대하는 먼트의 즐거움은 무단침입한다는 느낌, 자신이 "장애인이라는 자격 없이 다른 경계선을 발로 밟고 있는 것"이라는 생각으로 인해 가라앉기도 한다.[24] 하지만 장애인 화장실 자체를 불구화하는 것은 말할 것도 없고, 이렇게 그녀의 설명을 불구화해서 보면, 접근 불가능성이 드러나는 형태가 서로 다름에도 불구하고, 그녀 앞에 있는 젠더 분리 공간이 내 앞에 있는 좁은 출입문만큼 접근성이 떨어진다고 인식하게 된다.[25] 이런 문제를 해결할 방법은 먼트가 장애인 화장실을 사용하는 것보다 내가 장애인 화장실을 사용하는 데 더 큰 '자격'을 부여하는 것(혹은 그 반대로 하는 것)이 아니라, 화장실 공간에서 퀴어불구 연대의 가능성을 인식하는 것이다. 먼트가 제안하듯, 장애인 화장실이 "괴리된 사람들, 젠더를 허무는 사람들, 이상한 사람들을 위해 따로 마련된 공간"이라면, 우리는 장애인 화장실의 잠재적 개방성을 연합의 밑바탕으로 삼을 수 있을 것이다.[26]

PISSAR는 이러한 연합의 일례를 제공한다. 2003년에 UC 산타바바라에서 설립된 PISSAR는 장애 접근성을 명시적으로 젠더 접근성과 연결해, 화장실에 대한 장애 접근성(가령, 출입문의 폭, 기기들의 높이, 점자 표지)을 젠더퀴어 접근성(가령, 제대로 작동하는 문 잠금장치, 젠더 특정 표지, 장소)과 함께 평가하는 화장실 체크리스트를 제작한 바 있다(〈부록 A〉 참고).[27] 클립보드를 들고 "소변을 마음껏free 2 pee"이라고 쓰인 셔츠를 입은 활동가들의 'PISSAR 순찰대'는 그 체크리스트를 이용해 캠퍼스 내의 화장실들을 평가하고 화장실 지도를 작성했다. 이런 활동을 통해 그들은 장애와 젠더에 따라 어떻게 정체화되는지와 상관없이, 접근성 문제를 중심으로 사람들을 한데 불러 모았다. 최근에는 미국 브랜다이스 대학교의 GLBT/퀴어연대GLBT/Queer Alliance 소속의 트랜스브랜다이스TransBrandeis라는 단체가 장애 접근에 관심을 유도하기 위해 지도 제작 및 설문조사 프로젝트를 확장했고, 미국 워싱턴 대학교의 장애 활동가들은 접근성 활동 내에 트랜스젠더 및 젠더퀴어의 요구 사항을 포함했다.[28]

그러나 GLBTQ 단체의 웹사이트나 트랜스젠더의 캠퍼스 활동을 다룬 (종종 선정적인) 뉴스 보도에서 장애 접근성과 트랜스젠더 접근성의 문제가 동시에 제기되는 경우는 드물다.[29] 활동가, 공무원, 기자들이 '젠더 중립', '유니섹스', '비젠더 nongendered' 대신, '젠더 블라인드gender-blind'라는 용어를 더 빈번히 사용하는 상황은 비판적 장애의 관점이 여기서 작동하지 않는다는 점을 시사한다.[30] 나도 PISSAR와의 경험을 통해 일부 장애 활동가들이 트랜스젠더 및 젠더퀴어 문제에 참여하길 꺼린다는 것을 알게 되었다. 가령, 어느 장애 학생은 트랜스젠더의 접근성 문제를 다루면 장애 접근성 투쟁이 희석될 것이라고 우려하면서 PISSAR의 활동 방식에 반대했다. 장애학회의 연례 학술대회에서는 아직도 젠더 중립 화장실을 접근성의 필수 요소로 일관되게 포함하지 않고 있으며, 아주 소수의 장애학자만이 접근, 섹슈얼리티, 낙인, 의료화에 관한 연구를 통해 트랜스젠더와 장애 사이의 관계에서 중첩되는 소수의 영역에 주의를 기울이고 있다.[31] 트랜스젠더 에세이스트이자 활동가인 일라이 클레어는 장애학에서 널리 인용되는 인물이지만, 학자들은 트

페미니스트, 퀴어, 불구

랜스혐오나 트랜스젠더 경험에 관한 그의 글이 대체로 장애에 관한 그의 연구와 따로 있는 것처럼 (마치 그 둘이 밀접하거나 서로 얽혀 있지 않은 것처럼) 취급하는 경향이 있다.

하비 몰로치Harvey Molotch는 《화장실: 공중화장실과 공유의 정치Toilet: Public Restrooms and the Politics of Sharing》의 서문에서 우리가 변소를 바라볼 때 장애 공동체가 직면하는 정치적 딜레마를 다음과 같이 지적한 바 있다. "장애인들은 [젠더 분리 화장실] 관행의 일원이 되기를 요구해야 할까? 아니면 그것에 맞서 싸우기 위한 운동의 리더가 되어야 할까?"[32] 지배적인 젠더 정체성과 명료한 구분을 추구하는 문화가 연관되어 있다는 것은 말할 것도 없고, 공공장소로의 접근과 신체 정치로의 접근이 연관되어 있다는 것을 고려한다면, 전자가 옳다고 확실하게 주장할 수도 있을 것이다. 장애인도 비장애인과 마찬가지로, 젠더화된 화장실을 이용할 수 있어야 하니까. 하지만 이 답변이 가진 문제는 접근의 문제를 너무 협소하게 (고정하고 수리한다는 두 가지 의미 모두에서) 픽스fix한다는 점, 즉 기존의 물리적 구조와 정치적 구조를 변혁하기보다 (타인을 배제함으로써) 기존의 구조 안에 더 많은 사람을 포함해야 한다는 주장만 한다는 점이다. 이는 일부 장애인이 트랜스와 젠더퀴어라는 현실(몰로치의 전자의 질문에서 고려하지 못한 가능성)을 간과할 뿐만 아니라, 장애학과 장애 운동이 다른 운동과 연대할 가능성마저 없애버린다.

그래서 나는 공공장소에 접근하기 위한 더 큰 투쟁의 일환으로 장애인과 장애 운동이 젠더화된 관행을 되돌리기 위해 노력해야 한다는 후자의 답변을 지지한다. 트랜스젠더와 트랜스

섹슈얼이 미국 장애인법의 적용 범위에서 명시적으로 제외되었다는 점을 감안하면, 이러한 움직임이 더욱 필요하다.[33] 우리는 공적 접근 불가능성의 문제를 법적으로 장애가 있다고 주장할 권한이 있는 사람과 그렇지 않은 사람 모두에게 연결된 문제로 인식해, 공중화장실 역시 그런 법적 배제를 무화하기 위한 장소로 다루어야 한다. 접근성을 통한 사유는 장애 정체성에 언제, 누가, 어떤 영향을 미치는지를 분석함으로써 그에 관한 질문을 풀어가는 하나의 방식이 될 수 있다. 타냐 티치코스키Tanya Titchkosky의 주장처럼, "접근성은 …… 정의正義의 동의어가 아니라, 비판적 질문의 출발점이다."[34]

화장실 접근을 연합 구축의 장소로 인식하는 일은, 공중화장실이나 개인 화장실이라는 사회적으로 승인된 공간 **너머에서** 발생하는 배제적 행위에도 비판적 관심을 쏟게 만들어, 화장실이라는 물리적 공간 너머로 우리를 이동시킨다. 캐리 샌달은 이렇게 설명한다. "우리 사회는 실금incontinence*을 용인하지 않는다. 유아기를 지나고 나면, 실금이 인간과 비인간을 나눈다."[35] 흔한 구어적 표현처럼 '자신을 통제할 수 없는' 사람들을 깊이 부끄러워하고 혐오하는 분위기가 있고, 자기 통제 불능은 노인이나 장애인을 요양원과 같은 시설에 몰아넣는 사유가 되곤 한다는 것이다. 실제로 실금과 완전한 시민권 사이의 연관성은 여러 정책 및 실천에서 아주 빈번히 나타난다. 샌달은 "당신이 요양원에 있다면, 메디케어와 메디케이드가 이 제품[성인

---

*   대소변을 참지 못하고 싸는 것.

페미니스트, 퀴어, 불구

용 기저귀를 비롯한 실금 제품]들의 비용을 지불하겠지만, 당신이 집에서 산다면 그렇지 않을 것이다"라는 사실을 규탄한다.[36] 포괄적으로 접근 가능한 화장실뿐만 아니라, 저렴하고 접근 가능한 기저귀를 마련하도록 압력을 넣는 페미니스트, 퀴어, 불구들의 연합은 아마 아직은 익숙하지 않을 수도 있겠지만, 나는 그것이 필요하다고 여겨질 수 있기를 희망한다. 우리는 '화장실 혁명'을 화장실 사각 벽면 안으로 제한해서는 안 된다.

실제로 화장실 혁명의 즐거움과 가능성은 우리의 운동 및 이론의 언어를 확장할 수 있는 기회를 제공한다. 리사 두건이 《화장실》에 찬사를 보내며 "소변을 보는 일은 정치적이다"라고 언급했듯이, 소변을 보는 장소와 소변을 보는 몸들 또한 정치적이다. 화장실이라는 공간에 주의를 기울이는 일은 트랜스젠더와 장애 문제가 연합할 여지를 만드는 일이자, 장애, 접근, 장애학의 의미와 한도를 논쟁과 이견을 위해 열어두는 불구 이론을 지속시키는 일이다.

환경정의에서 장애 찾기

데이터베이스에 '질병'이나 '장애'와 함께 '환경주의', '환경정의'를 입력하면 수백 건의 자료가 검색되지만, 대부분은 환경 노출(가령, 천식, 암, 피부 발진)과 관련한 상태를 설명하는 공중보건 기사들이다. 이런 글들은 질병 감염 집단의 지도를 그리고, 특정한 노출에 대해 상세히 설명하고, 오염물의 정도를 기록하고, 발암성 또는 기형발생성teratogenic('기형발생성'은 '테라타 terata' 또는 '괴물'에서 유래한 말이며, 선천적인 '결함' 또는 '기형'을 뜻한다)으로 의심되는 화학물질을 비롯한 오염물을 추적한다.[37] 그 글들에서 질병이나 장애를 찾는 일은 오류나 일탈 현상을 찾는 일과 다름없으며, 질병과 장애는 거의 예외 없이 자연적인 몸과 환경에 대한 부자연적인 침습 및 파괴로 인한 비극적 실수로 나타난다. 이러한 종류의 글들은 내가 장애와 환경주의 사이의 연관성을 조사하려고 했을 때, 염두에 두었던 글은 아니었다.

비록 염두에 두었던 것은 아니지만, 그렇다고 해서 그 글들이 이 책이나 더 넓게는 장애학에서 아무런 역할을 하지 않는다는 뜻은 아니다. 오히려 몸과 환경의 상호작용에 대한 질문은 독성물질이 있는 인근 지역이나 내부 환경이 열악한 건물에 대한 공중보건 분석처럼 장애학의 범위 안에 속한다. 우리는 독성 산업으로 인해 이미 과중한 부담을 지고 있는 인근 발전소나 폐기물 처리장의 부지 선정에 저항할 수 있는 장애학과 장애 운동이 필요하며, 세제·오수·쓰레기 매립지 같은 '일상적인' 오염뿐만 아니라, 재앙적인 유출 및 폭발로 인한 (인간 등의) 신체 중독의 문제를 규탄하는 장애 분석이 필요하다. 납 성분의 페인트와 부서지고 사라진 보도는 그 주변에 사는 모든 사람을 장애화하는 환경을 조성한다는 점을 고려할 때, 장애 운동과 환경 운동은 건축 환경에 대한 관심에서 공통분모를 찾을 수 있다.[38]

내가 추적한 에세이들은 장애학에 필수적이지만, 그중 대부분은 (장애학이 아직 이런 문헌들과 완전히 맞물리지 못했던 만큼) 장애학**으로부터** 아직 영향을 받지 않은 문헌들이다. 우리에겐 몸과 환경이 한데 얽힌 착취를 인식하고 거부하면서도 그 착취의 결과인 질병과 장애, 특히 아픈 몸, 장애 있는 몸을 악마화하지 않는 분석이 필요하다. 그러한 가교 작업을 명시적으로 수행하는 몇 되지 않는 에세이 중 하나인 〈페미니즘 장애학과 환경정의의 화합Bringing Together Feminist Disability Studies and Environmental Justice〉에서 밸러리 앤 존슨Valerie Ann Johnson은 다음과 같이 주장한다. "[환경정의 운동에서] 우리는 장애, 질병, 환경정의를 뒤섞는 경향이 있다. 환경 부정의(가령, 쓰레기 매립지에서 나오는 독성물질에 노출되거나 축산 노동 과정에서 몸이 상하는 사례)의 잠재적 결과는 그것이 체화되었다 할지라도 **개인**에게서 분리하는 것이 필요하다."[39]

이러한 분리를 위해서는 최근 장애학과 환경학에서 통용되는 이해보다 더 복잡하고 상호연관적인 이해가 필요하다. 장애학의 측면에서, 사회적 모델에 지속적으로 의존하는 것(그리고 의료적으로는 접근할 여지가 없다고 당연하게 가정하는 것)은 장애를 제거하거나 최소한 감소시키기 위해 반反독성 운동에 참여하는 일을 어렵게 한다. 선천적 결함과 기형을 경고하는 기사를 내 프로젝트의 일환으로 검토하는 걸 꺼렸던 나야말로 이런 어려움을 보여주는 사례다. 그러나 스테이시 앨러이모가 주장하듯, 장애학과 장애 운동은 "구축된 환경이 '장애'를 구성하거나 악화시키는 방식뿐만 아니라, 의약품, 생체이물xenobiotic 화학물질,* 대기오염 등의 물질성이 인지하기 어려운 수준에서 인간의 건강과 능력에 영향을 미치는 방식에 주의를 기울임으로써 풍성해질" 수 있다.[40] 환경학과 환경 운동 역시 장애를 단순히 의학적 범주가 아닌 문화적·역사적·정치적 범주로 인식하는, 장애에 대한 더 비판적인 접근 방식을 통해 이점을 얻을 수 있다. 환경 부정의의 징후로서 오로지 장애인에게만 집중하게 되면, 가시적으로 드러나거나 '이상' 진단을 받은 사람들뿐만 아니라 우리가 모두 독성물질에 의한 오염과 감염에 영향을 받는 방식이 지워지게 되므로, 우리는 장애와 장애 있는 몸/마음을 비극이나 일탈로 간주하는 데서 더 나아간 환경 분석이 필요하다.

환경운동은 대중의 반응을 유도하기 위해 장애라는 유령에 기대어, 조바나 디키로가 말하는 "생태(이성애)규범성"에 의존하기도 한다.[41] 디키로는 장애학, 환경학, 퀴어 연구를 횡단하는 연결을 만들면서, 더 접근 가능한 미래로 이어질 수 있는 연합적 사유의 모델을 제공한 바 있다. 그녀는 환경주의자들이 물고기, 동물, 인간에 대한 "성적 이상異常"을 선정적으로 묘사하고 유포함으로써, 어떻게 "사회적으로 승인된 이성애주의, 그리고 퀴어에 대한 공포를 동원"하는지를 기록한다. 이를 통해 주류 환경주의자들은 젠더와 섹슈얼리티에 관한 지배적 이상을 구체화해 교차 운동 작업의 가능성을 차단한다. 디키로는 반독성 활동가들이 "정상적인" 신체 및 성적 지향이라는 무비판적 개념에 의존하기보다 유방암, 난소암, 전립선암, 고환암, 신경학적·신경행동학적 문제, 면역 체계 붕괴, 심장병, 당뇨병,

---

*　생체에서 생산되지 않는 외부의 자연적·인공적인 화학물질.

비만 등 "POP[지속성 유기 오염물질Persistent Organic Pollutant]와 관련한 심각한 건강 문제"에 더 집중해야 한다고 주장한다.[42]

우리는 이러한 담론에 내포한 퀴어에 대한 공포뿐만 아니라, 장애에 대한 공포에 의문을 제기함으로써 반독성 환경주의의 정상화 경향에 대한 디키로의 문제의식을 확장할 수 있다.[43] 장애를 지독한 비극으로 보는 문화적 가정을 멈추고, 독성물질에 의한 오염과 그 영향에 맞서는 매우 요긴한 그 작업을 우리는 어떻게 지속할 수 있을까? 우리는 어떻게 '심각한 건강 문제'에 주의를 기울이는 동시에, 그러한 문제에 얽힌 낙인을 해체하고, 그런 상황의 구성을 문제 삼아 역사화할 수 있을까? 한 가지 방법은 바로 그 장애와 함께 살아가는 사람들의 경험으로부터 완전히 분리되어 있는, 장애에 관한 환경적 재현에 도전하는 것이다. 달리 말하면, 장애학자 및 활동가들은 독성물질 노출과 관련해 나타날 수 있는 손상을 설명할 때, 비장애중심주의적 언어 및 가정을 되풀이하지 않도록 노력해야 한다. 확실히 우리는 다음과 같은 식의 경고에 의존하지 않고서도, 납과 수은 중독에 항거할 방안을 찾아낼 수 있다. "발달 지연, 학습장애, ADHD, 행동장애는 아이들, 가족, 사회에 끔찍한 결과를 초래한다. …… 그 아이들을 돌보는 데 드는 비용은 가족과 사회에 큰 부담이 될 수 있다. 특수교육 프로그램과 심리 및 의료 지원은 자원을 고갈시킨다."[44] 〈건강과 환경을 위한 협력Collaborative on Health and the Environment〉이라는 웹사이트에 게시된 이런 문장들은 장애인이 경제적으로 부담이 된다는 오래된 공포를 영속화하고, (오염원인 산업이 아니라) 장애인에게 자원 고갈의 책임이 있음을 암시한다. 장애학과 장애 운동은 환경 운동이 이런 잘못된 지향에서 벗어나 오염에 맞서는 더 폭넓은 연합을 만드는 데 도움이 될 수 있다.

유방암은 이런 식의 복잡하고, 꼬여 있으며, 애매한 사유를 하는 데 적합한 주제인데, 여러 페미니즘 이론가 및 활동가가 유방암의 연결성을 분석하는 풍부한 작업을 수행하고 있다. 오드리 로드의 《암 수기The Cancer Journals》는 인공 보형물 사용 및 패싱passing*을 강력히 비판하는 로드의 모습에 주목한 학자들과 함께 장애학 안에서 머물 자리를 찾아왔다. 로드가 고분고분한 환자가 되는 걸 거부하고, 그 일환으로 유방절제술의 흔적을 양털 뭉치로 만든 모조 가슴으로 숨기길 거부했던 사실은 의료화된 침묵에 대항하는 모델을 탐색해온 장애 운동의 환영을 받았다. 환경학자들은 《암 수기》가 "암을 페미니즘, 반인종차별주의, 환경정의의 문제로 제기하고, 몸과 환경 사이의 상호연결을 주장"하는 데 유용한 책이라는 것도 발견했다.[45] 앨러이모의 해석에서도 드러나듯, 그 책은 다양한 운동 사이의 가교 역할을 한다. 로드는 질병과 몸에 대한 침묵뿐만 아니라, 질병이 일어난 환경적 원인에 대한 침묵에서 벗어나고자 유방 인공 보형물 사용을 거부한다. 이에 앨러이모는 로드가 "암 발생의 환경적 요인"을 인정하지 않는 분위기에 저항하면서 "암 관련 기관들에 맞서 자신의 흉터를 드러낸다"라고 설명한다.[46]

환경, 장애 연구 및 활동은 의산복합체와 암에 대한 기존

---

* 자신과는 다른 소속 및 정체성의 구성원처럼 행동하는 것.

의 접근 방식을 비판적으로 검토하는 데서 공통분모를 찾을 수 있다. 유방암행동Breast Cance Action 등의 단체는 장애 분석과 환경 분석을 동시에 수행한다. 유방암행동은 장애의 의료적 모델에 대한 비판을 반영해 유방암을 주로 개별적 몸에 대한 문제로 제시하는 암 레토릭에 강력하게 저항한다. 유방암행동은 발암 물질에 자발적으로든 비자발적으로든 노출되는 데 주의를 기울여야 한다고 주장하면서, 암의 개별화된 모델에서 구조적인 모델로 나아간다. 또한 유방암행동은 "유방암 발병의 격차가 나타나는 것은 단지 유전자뿐만 아니라, 정치적·경제적·인종적 불평등이라는 사회적 부정의 때문"이라고 강조하면서, 질병, 더 나아가 장애에 대한 더 정치적이고 관계적인 모델이 필요하다고 주장한다.[47]

이런 작업의 선구자 중 하나인 장애 권리 교육 및 옹호 기금Disability Rights Education and Defence Fund(이하, DREDF)은 장애 권리에 관한 정보를 제공하면서 환경정의 프로젝트의 토대를 마련한다. 이 단체의 변호인 중 한 명인 실비아 이는 DREDF를 독성 산업과 배출물질로 인해 과중한 부담을 떠안는 지역 주민들을 위한 자원으로 자리매김한다. DREDF은 그런 지역사회에서 살아가는 사람들이 장애인보호법 및 사회복지 서비스 활용에 대한 정확한 정보를 모를 수 있다는 점을 감안한다. 막중한 부담을 짊어진 채 지역사회에서 살아가는 많은 사람이 독소에 노출되어 이미 질병이나 장애가 생겼거나 앞으로 그렇게 될 가능성이 있지만, 스스로를 장애인으로 정체화하지 못하거나 장애 권리 운동 내에서 자신을 인식하지 못할 수도 있다. 그러나 실비아 이가 설명하듯, 연방 장애법과 주 장애법은 다음과 같은 용도로 사용될 가능성이 있다.

지역사회 전체의 환경적 위험을 감소시킨다. 예를 들어, 화학 살충제를 사용하는 공립 학교에 다니는 호흡 장애가 있는 아이들의 존재를 생각해보자. 이 아이들의 존재는 주변 지역사회뿐만 아니라, 모든 학급 친구들이 살충제에 노출되는 것을 줄일 수 있는 행동을 가져올 수도 있다. 이러한 소송이 가능하다는 생각은 이론적으로든 실제적으로든 거의 탐구된 적이 없다.[48]

장애와 환경정의 사이의 연관성을 인식할 수 있다면, 그러한 탐구의 문이 열릴 수 있다. 실비아 이와 DREDF는 장애 관련 법규들을 지역사회 전체를 보호하기 위한 하나의 방편으로 위치시킨다. 이때 '장애 권리'는 장애인을 위해서만 사용되고 장애인에게만 영향을 미치는 도구에 한정되는 것이 아니라, 모든 사람을 위한 도구가 된다.

화학물질과민증이 있는 사람들에 의한, 그리고 그들을 위한 활동은 환경정의 작업을 수행하기 위해 장애 범주를 이용하는 또 다른 사례를 제공한다. 젠더 분리를 교란하기 위해 접근과 관련한 언어를 활용해왔던 트랜스젠더 및 젠더퀴어들과 마찬가지로, 화학물질과민증 활동가들은 접근성의 구성 요소로서 무향 공간, 화학물질 없는 공간의 필요성에 대해 논의한 바 있다. 2002년 샌프란시스코에서 열린 퀴어 장애 컨퍼런스에 참가한 사람들에게 배포된 〈무향 공간을 만드는 방법과 그 이유How and Why to Be Scent-Fred〉라는 전단지는 그 사례 중 하나다(〈부록 C〉 참고). 그 전단지는 안전한 공간이 필요하다는 것을 설득하기 위해 독성물질 노출의 신체적·인지적 효과를 자세히 설명한다.

> 화학물질 노출의 증상으로는 현기증, 메스꺼움, 불분명한 발음, 졸음, 입·목·피부·눈·폐 자극, 두통, 경련, 피로, 착란, 간·신장 손상 등이 있습니다. 여러분이 상상할 수 있듯이, 이러한 증상은 직장, 일상생활, 회의 참석에서 화학물질에 민감한 분들에게 심각한 장벽이 됩니다. 무향 환경을 촉진하는 것은 그것이 접근성 차이를 만들어낸다는 점에서 진입 경사로와 연석 경사로를 추가하는 것이나 다름없습니다.[49]

화학물질과민증이 있는 학자 및 활동가의 작업에서는 그들이 집에 갇히거나, 집에서 쫓겨나거나, 다른 몸들과 환경을 만나 병에 걸린 느낌이 묘사되기 때문에 이 점이 매우 분명하게 드러난다.[50] 이때 **공간에 대한 접근과 몸의 정치에 대한 접근**을 연결해본 경험이 있는 장애학자와 활동가들은 유용한 협력자가 될 수 있다. 화학물질로 장애화를 일으키는 환경을 다루는 이야기는 곧 접근 불가능성을 다루는 이야기이기도 하기 때문이다. 장애학과 환경정의는 멜 첸이 언급한 "자립과 방해 불가능성uninterruptability의 허구"를 파괴한다. 우리는 이 공유된 파괴를 통해 연합의 가능성을 확인할 수 있다.[51]

재생산정의를 만나라

유색인 여성들은 재생산 권리 운동과 재생산에 대한 공적 담론의 초점을 임신중지라는 단 하나의 이슈에서 전환하기 위한 투쟁의 선두에 서왔다.[52] 합법적 임신중지(특히 합법적 임신중지 대한 **접근**)의 중요성을 부인하지 않으면서도 여성들 사이에 널리 퍼진 사회적·경제적 격차를 고려하는, 훨씬 더 광범위한 접근 방식을 활동가들은 오랫동안 주장해왔다. 앤드리아 스미스Andrea Smith는 "프로 라이프 대 프로 초이스의 패러다임은 여성의 재생산 선택을 뒷받침하는 백인우월주의와 자본주의의 구조를 구체화하고 감춘다"라고 설명한다.[53] 스미스를 비롯한 활동가와 학자들이 자세히 설명했던 것처럼, 선택의 언어는 여성을 시민보다 소비자로 제시함으로써, 어떤 여성들은 나쁜 의사결정자로 소환되고, 어떤 선택들은 나쁘거나 부적절하다고 여겨질 수 있는 여지를 열어놓는다. 더욱이 선택의 언어는 어떻게 서로 다른 여성들이 서로 다른 선택들에 서로 다른 방식으로 접근하는지 고려하지 않으며, 어떤 조건에서 여성과 가족들이 재생산에 관한 결정을 내리는지 분석하지 않는다. 실제로 선택의 레토릭은 불임시술 남용의 문제를 덮기 위해 쉽게 활용된다. 여성의 '선택'을 지지하는 것처럼 보이는, 정보와 함께 제공되는 동의 정책은 인종차별주의, 계급차별주의, 비장애중심주의, 외국인혐오와 자주 타협해왔다.[54] 이러한 역사와 관행의 결과로, 이 운동에 참여하는 많은 활동가가 "인권으로서의 재생산 권리와 경제정의의 관계를 강조"하는 "재생산정의"라는

페미니스트, 퀴어, 불구

언어를 사용한다.[55]

나는 다음의 세 가지 이유로 재생산정의를 간략히 개괄하려고 한다. 첫째, 나는 재생산정의 활동가와 장애 활동가 모두가 재생산 권리 운동에서 발견되는 선택의 레토릭을 심문한다는 점을 강조하고 싶다. 유색인 여성, 이주민 여성, 가난한 여성, 선주민 여성의 경험이 '자유로운 선택'이라는 관념 안에 담길 수 없듯이, 선택의 언어는 여성들이 임신, 임신중지, 재생산에 대한 결정을 내리는 비장애중심주의적 맥락을 대부분 설명하지 못한다. "우리 사회는 장애가 있는 아기를 사랑하고 돌보는 '선택'을 크게 제한한다"라고 했던 마샤 색스턴Marsha Saxton의 지적처럼, 특정한 선택만이 타당한 선택으로 인정되고, 특정한 선택만이 사회적으로 지지받는다.[56] 셸리 트레마인Shelley Tremain은 색스턴의 언급을 되풀이하면서, "산전 손상"에 대한 비장애중심주의적 관념이 "임신에 대응해 가능한 행위의 영역을 점점 더 제한하고 있다"라고 경고한다.[57] 장애학자들과 활동가들 역시 임신이 계속해서 상품화되고, 그것이 선택이라는 틀에 의해 활성화되고 영속화되는 과정은 태아, 아기, 아동을 '결함'으로 보는 비장애중심주의적 레토릭을 용이하게 한다고 주장한다. 여성을 소비자로, 아기를 제품으로 위치시키면, 원하는 아기를 '고르기' 위한 (그리고 원하지 않는 아기를 고르지 않거나 지우기 위한) 대화나 실천도 가능해진다는 것이다. 선택의 언어에 대한 비판은 이러한 방식으로 재생산정의 운동과 장애 운동을 연결한다.

둘째, 나는 장애학 및 장애 운동이 재생산정의 운동 및 인식 틀에 더 많이 익숙해지고 그것을 지원하도록 장려하고 싶다. 앞선 설명에서 알 수 있듯이, 재생산정의는 빈곤·복지·건강 관리·사회 서비스·환경정의 등은 말할 것도 없고, 인종·계급·섹슈얼리티 문제와도 분리될 수 없다는 것을 인식하고, 재생산 문제에 대한 교차 운동의 방식을 고수한다. 장애는 이러한 어셈블리지의 필수적인 부분이며, 장애의 재생산에 관한 우려는 다른 요인들과 분리해서 다룰 수 없다. 장애와 재생산을 사유하기 위해서는 재생산정의가 약속하는 일종의 교차 운동적 분석이 필요하다. 재생산정의 운동이 (재생산정의를 다룬 주요 텍스트들에서 장애를 한낱 각주처럼 취급했던 사례들처럼) 장애의 측면에서 언제나 이 약속에 부응하지 않는다 해도 그 가능성은 여전히 남아 있다.[58] 사실 나는 재생산정의의 인식 틀이 장애를 완전히 포함하는 교차 운동적 분석의 가능성뿐만 아니라, 완전한 **교차 장애**적 분석의 가능성 또한 제공한다고 생각한다. 산전 검사 및 선별적 임신중지에 대한 논쟁에서 신체적 장애와 지적 장애는 각기 다른 방식으로 해석되곤 하며, 장애 운동은 이런 차별이 (우리가 이를 심문하는 동안에도) 존재한다는 사실을 인정해야 한다.

셋째, 임신중지와 프로 라이프/프로 초이스 이분법의 측면에서만 재생산 정치를 사유하게 되면, 장애 활동가와 재생산 권리 및 정의 활동가 간의 연합을 구축하기는 더욱 어려워진다. 스미스가 주장하듯, 프로/안티의 이분법은 "우리의 정치적 동지와 적이 누구인지에 대한 단순한 분석"을 조장해 "다른 정치적 가치관과 조직화 전략을 가져 첨예한 의견 차이를 보이기도 하지만 자신의 입장을 바꿀 수도 있는 …… 사람들과 협력할 기회를 잃게" 할 수도 있다.[59] 스미스의 경고는 장애와 재생산 권리의 관계에 대해 경각심을 일깨운다. 임신중지에 대한 프로/안티의 이분법적 논리 안에서 특정한 임신중지 실천 및 레토릭에 우려를 표하는 사람들은 너무나 손쉽게 페미니즘의 적, 재생산 권리의 반대자로 등장한다. 재생산 권리 운동가들은 산전 검사와 선별적 임신중지를 장애의 관점에서 비판하는 것을 꺼린다. 그런 비판을 받아들이고 산전 검사의 비장애중심주의적 함의와 진지하게 씨름하게 되면, 임신중지 권리를 주장하기 어렵다고 느끼기 때문이다. 마찬가지로, 장애 권리 활동가들은 임신중지를 정당화하는 수단으로 장애를 활용해온 재생산 권리 단체들과 관계 맺기를 꺼린다. 장애가 바람직하지 않음을 당연하게 생각하는 단체와 공통점을 찾기가 어렵기 때문이다. 이때, 임신을 지속할 권리(그리고 임신 지속 과정에서 지원받을 권리)를 임신을 중지시킬 권리만큼 중요하게 요구하는 재생산정의의 접근 방식은 두 운동이 연결될 수 있는 하나의 가능성을 제공할 수 있다.[60]

이러한 방식의 연계 작업은 반反재생산 권리 활동가들이 자신의 목적을 이루기 위해 점점 더 진보적인 레토릭을 사용하는 상황에서 더욱 필요하다.[61] 임신중지 반대론자들은 우생학적이고 비장애중심주의적이었던 재생산 권리 운동의 역사를 빌미로, 자신들을 장애 운동의 더 나은 협력자로 내세우기 위해 꾸준히 움직이고 있다. 예를 들어, 생명을 위하는 페미니스트Feminist for Life(이하, FFL)는 임신중지 반대 운동에서 장애 운동의 레토릭을 차용해, 임신중지를 장애인 차별의 한 형태라고 명시적으로 정의한다.[62] 이렇게 장애 권리를 활용하는 방식은 임신중지를 우생학과 동일시하게 표현하는 포스터를 비롯해 **"임신중지에 의문을 제기**할 때입니다"라는 포스터 시리즈에서 더 분명하게 드러난다. 그 흑백 포스트에는 웃음기 없는 짙은 피부의 한 남자가 수동 휠체어에 앉아 팔짱을 끼고 반항적인 표정을 짓고 있는 사진이 있다. "제 면전에서 그렇게 말해주시겠습니까?"라는 손글씨의 글귀가 사진을 가로지르며 적혀 있고, 그 사진 아래에는 다음과 같은 글이 나온다. "제가 절대 태어나지 말았어야 했다고 말해주시겠습니까? 이는 '심한 기형 태아'를 임신중지하는 것에 대해 이야기하는 사람들에게 보내는 메시지입니다. 역경을 극복하는 사람들은 영감을 주고, 도전하며, 세상을 풍요롭게 합니다."* 나는 장애 활동가들이 비장애중심주의적 임신중지 레토릭에 대응해 "제가 절대 태어나지 말았어야 했다고 말해주시겠습니까?"라고 질문하는 것을 자주 들어왔다. 만약 기회가 있었다면 어머니가 자신을 임신중지했을지 몹시 궁금해하는 장애인들처럼, 산전 검사 확산에 관한 논쟁은 종종 비슷한 반응을 이끌어낸다.[63] FFL은 이러한 사고방식을 펼칠 수 있는 공간을 마련하면서, 자신들이 프로 초이스 운동보다 장애 공동체의 이익에 더 부합하는 것처럼 군다. 이러한 논리에 따르면, 임신중지를 비롯한 재생산 권리의 지지자들은 우생학적 실천 및 역사와 너무 밀접해 장애인을 지지하지 못한다.

---

* https://www.feministsforlife.org/wp-content/uploads/2013/08/03ToMyFace.pdf.

그러나 2008년에 제정된 산전 및 산후 진단 상태 인식법 Prenatally and Postnatally Diagnosed Conditions Awareness Act., 일명 케네디 브라운 백 법Kennedy Brownback Act에서 보듯이 재생산 권리 및 재생산정의 단체와의 협력은 장애 운동의 오랜 목표를 달성하기 위한 하나의 방법이 될 수도 있다. 이 법은 의사, 유전 상담사를 비롯한 의료 전문가들이 여성과 임신에 대해 상의할 때 장애에 관한 정확하고 포괄적인 최신 정보를 제공할 것을 요구한다. 이 법의 목적은 여성이 임신을 지속하거나 중지하는 결정을 내리기 전에 충분한 정보를 얻을 수 있도록 보장하는 것이다. 그 정보에는 이용 가능한 사회적 서비스, 지원 단체, 장애인의 경험, 비슷한 장애아를 둔 가족의 경험이 포함된다. 부모가 제공받은 정보의 질적 측면에서 법의 효과를 평가하기엔 아직 이르지만, 법이 통과되었다는 것 자체가 중요하다. 케네디 브라운백 법은 어떤 결정을 내리기 전에 부모에게 정보가 필요하다는 점을 강조함으로써 내려야 할 결정이 있다는 사실을 부각한다. 즉, 임신중지만이 장애 양성 판정에 대한 실현 가능하고 합리적인 대응이라는 가정을 무너뜨린다. 실제로 이 법은 제대로 된 정보에 입각한 동의에 관한 권리에 집중함으로써, 일반적으로 여성들에게 부정확하거나 불완전한 장애 관련 정보, 장애에 대한 문화적 공포와 고정관념을 반영하고 영속화하는 정보가 제공되어왔음을 인정한다.[64]

또한 이 법은 장애와 재생산 권리 및 정의 단체 모두의 지지를 받았다는 데 의의가 있다. 제너레이션스 어헤드는 이 법안에서 교차 운동의 가능성을 인식하고, 세계장애협회World

Institution on Disability, DREDF, 전미여성건강네트워크National Women's Health Network, 재생산 건강 기술 프로젝트Reproductive Health Technologies Project 간의 파트너십을 체결했다. 이들 다섯 개 단체는 이 법안에 대한 정보지를 배포하고, 연대자들에게 법률 제정을 지지해 달라고 촉구했다.[65] 확실히, 이 법안은 장애 권리 단체들이 더 납득하기 쉬운 법안이었다. 재생산 권리 단체들은 이 법안이 임신중지에 대한 여성의 접근을 제한하려는 또 다른 편법이라고 우려하며 경계했는데, 재생산 권리를 오랜 시간 동안 소리 높여 반대해왔던 샘 브라운백Sam Brownback 상원의원이 이 법안을 공동 발의하자 이러한 공포는 더욱 확산되었다. 장애 권리 단체와 재생산 권리 단체의 연합은 결국엔 모든 사람이 장애에 대한 더 다양하고 개선된 정보로부터 혜택을 받을 것이라고 주장하면서 그 법안에 반대하지 말아달라고 연대자들을 설득했다. 그들은 임신중지 그 자체에 문제를 제기하는 것이 아니라 유전 상담에서 비장애중심적 편견을 제거하고 장애인 아이를 원하는 여성에게 제공되는 정보와 지원을 개선하는 측면에서 문제를 제기함으로써, 프로 초이스/프로 라이프라는 뿌리 깊은 이분법을 피해갔다.

2010년 10월 초에는 얼핏 이질적으로 보이는 두 사건이 장애와 재생산 권리 및 재생산정의 운동 사이의 연합 구축을 위한 또 다른 무대를 마련한 바 있다. 로버트 에드워즈Robert Edwards는 체외수정을 개발한 공로로 노벨 의학상을 수상했고, 영국의 상담 칼럼니스트인 버지니아 아이언사이드Virginia Ironside 는 장애 아동에게 있을 것으로 추정되는 고통에 관한 발언으로 논란을 일으켰다. 두 사람 모두 장애를 선별하기 위한 재생산 기술의 사용을 공개적으로 홍보했다. 에드워즈는 다음과 같이 주장했다. "유전 질환이라는 무거운 짐을 짊어져야 할 아이를 낳는 것은 부모의 죄악입니다. 우리는 아이의 질을 고려해야 하는 세상으로 진입하고 있습니다."[66] 다수의 프로 라이프 단체와 반反임신중지 단체들은 에드워즈의 수상을 비난하며 그 발언을 인용했지만, 장애에 관한 그의 입장은 언론에 보도되지 않았고 주목받지도 못했다.[67] 반면, 장애에 관한 아이언사이드의 입장은 언론에 정확히 보도되었지만, 그 보도에서 장애가 임신중지에 가장 적합한 사유라는 가정은 거의 도전받지 않았다. 아이언사이드는 임신중지에 관한 텔레비전 토론에서 "중증 장애인으로 태어날 아기"의 임신을 중지하는 것은 "아이를 사랑하는 어머니의 행동"이라고 표현했다. 그러고 나서 "아이를 사랑하는 어머니"라면 "깊은 고통을 겪는 아이"의 모습을 보았을 때 "그 얼굴 위를 베개로 덮는" 행동을 주저하지 않을 것이라는 말도 덧붙였다.[68] 영아살해에 관한 아이언사이드의 발언은 즉각적인 비난을 받았지만, 임신중지가 장애에 대한 최선의 대응이라는 가정은 거의 문제가 되지 않았다.[69] 중요한 것은 임신중지를 정당화하기 위한 수단으로 장애라는 유령을 활용했던 그녀의 선택이 장애 권리와 재생산 권리를 대립시키는 오랜 패턴을 지속시켰다는 점이다.

며칠 사이에 일어난 이 사건들에 대응해, (나를 포함한) 여섯 명의 학자와 활동가 단체 한 곳은 장애와 재생산 권리 및 재생산정의의 입장을 분명히 드러내는 성명서 초안을 작성했다. 현재까지 그 성명서에는 단체와 개인을 포함하여 150개 이상의 연서명이 달렸다(《부록 D》 참고).[70] 〈로버트 에드워즈, 버지니아 아이언사이드, 그리고 권리에 대한 불필요한 반대Robert Edwards, Virginia Ironside, and the Unnecessary Opposition of Rights〉라는 성명서는 재생산 권리 및 정의를 장애인을 위한 권리 및 정의와 완전히 얽혀 있는 것으로 제시한다.

> 장애 권리와 재생산 권리에 모두 전념하는 사람으로서, 우리는 재생산 결정에서 여성과 가족을 존중하기 위해서는 장애인에 대한 차별적 태도에도 도전해야 한다고 믿는다. 우리는 장애 권리에서 여성의 권리를 분리하는 것, 재생산 권리를 보호하기 위해서 장애를 비극으로 여기는 비장애중심주의적 가정을 수용해야 한다는 믿음을 받아들이길 거부한다. 그 대신, 우리는 재생산 권리가 장애 권리에 대한 관심을 포함하며, 장애 권리는 재생산 권리를 비롯한 인권에 관심을 기울여야 한다고 주장한다.

성명서 초안을 작성하면서 우리는 용어와 소속에 관한 익숙한 논쟁을 반복했다. 우리가 논의하는 것이 인권에 관한 것인가, 여성의 권리에 관한 것인가? 우리는 자신을 페미니스트라고 부르길 원하는가, 그러한 정체성을 좀 더 개방적으로 남겨두길 원하는가? 우리는 장애 권리나 장애정의 같은 언어를 사용해야 하는가? 현재의 관행을 우생학적이라고 표현하는 것은 정확한가, 아니면 너무 선동적인가? 각각의 사항에서 우리

페미니스트, 퀴어, 불구

는 가장 광범위하고 친숙한 용어와 인식 틀을 사용하기로 결정했다. 우리 중 일부는 개별적으로 다른 결정을 내릴 수도 있었지만, "장애 권리와 재생산 권리에 모두 전념하는 사람"으로 우리가 인식되기를 바랐다. 실제로 이런 질문들은 우리의 바람대로 더 많은 표현, 연합, 논의로 이어질 수 있다.

어떤 글을 쓰든 핵심은 장애 권리 및 장애정의가 재생산 권리 및 재생산정의에서 분리되는 일을 거부하는 것이었다. 우리는 장애 활동가, 특히 재생산정의 운동 및 인식 틀에 직접적으로 관여하지 않는 사람들에게 "임신중지 권리를 주장하기 위해 장애를 레토릭으로 이용하는 것"을 수용하지 않겠다는 재생산 권리 활동가 및 단체의 명확한 성명이 절실하게 필요하다는 걸 알고 있었다.[7] 재생산 권리 단체들에게도 상당수의 장애 활동가와 장애학자가 여성의 재생산 권리를 지지한다는 것을 표명할 의사가 있다는 신호를 보낼 필요가 있었다. 이 성명서는 개별 여성의 선택을 비난하거나 제한하는 방식을 말하는 대신, 산전 및 산후 진단 상태 인식법처럼 장애와 장애인에 대한 광범위한 문화적 폄하를 언급한다. 또한 장애 운동과 재생산 운동 사이에 공유되는 가치를 확인하면서 지속적인 협력을 명시적으로 요청한다.

우리는 이 성명을 통해 재생산 권리와 장애 권리에 동등하게 헌신하는 다른 활동가들과 학자들을 지원할 수 있기를 바란다. 우리는 시민권과 인권에 대해 유사한 가치를 공유하는 운동의 지지자로서, 장애 권리를 침해하는 재생산 권리 사용과 재생산 권리를 침해하는 장애 권리의 사용에 반대하는 목소리를 계속해서 낼 수 있기를 바란다.

이 성명서는 수십 년 동안 재생산 권리와 장애 권리의 분리를 확고부동하게 거부해온 페미니즘 연구자들 및 장애학자들의 노력이 있었기에 가능했다.[72] 에이드리언 애쉬, 앤 핑거, 레이나 랩Rayna Rapp, 도러시 로버츠, 마샤 색스턴의 노력은 비장애중심주의에 도전하는 것이 재생산 정치의 맥락 안에서도 여성의 임신중지 접근을 비판하거나 제한하는 것과 다를 수 있음을 증명한다.[73] 특히 장애가 임신중지 권리를 약화시키는 데 활용되는 상황에서 두 운동을 연결하려고 노력하는 사람들은 아마 이런 점을 분명히 밝히기 위해서라도 자신의 신념을 매우 명시적으로 표명해왔다. 가령, 루스 허버드Ruth Hubbard는 〈임신중지와 장애: 세상에 있어야 할 사람과 있어서는 안 되는 사람은 누구인가?Abortion and Disability: Who Should and Who Should Not Inhabit the World?〉라는 글에서 이유가 무엇이든 여성의 임신중지 권리를 지지한다고 네 번이나 말한다.[74] 그녀가 이 믿음을 반복해서 되뇌어야 한다고 느꼈다는 사실은 임신중지 접근성에 대해서는 문제를 제기하지 않으면서도 산전 검사 제도의 비장애중심주의적 토대에 대해서만 문제를 제기하고자 하는 사람들이 직면하는 어려움을 보여준다. 그러나 이런 학자들을 포함해 내가 여기서 설명하는 실천에 관여한 이들은 장애를 비장애중심주의적으로 재현하는 상황을 마주하고, "부적합하다고 여겨지는 자녀를 둔 부모의 깊은 슬픔을 예견하는" 문화 안에서 재생산에 관한 결

페미니스트, 퀴어, 불구

정을 내리는 것은 모두에게 해롭다고 주장한다.[75] 쉽게 말해, 여성들이 태아의 장애를 이유로 임신 중지를 선택하는 이유를 검토하는 것, 합법적 임신중지를 정당화하기 위해 장애를 이용하는 재생산 권리 운동을 비판하는 것, 산전 검사 정책 및 실천에 내포된 장애에 관한 가정을 해체하는 것을 여성의 임신중지 접근을 거부하는 것으로 해석할 필요가 없다는 것이다.

이러한 노력을 하지 않으면, 여성의 접근성이 저해될 수 있다. 적어도 재생산 권리 및 재생산정의 운동과 장애 권리 및 장애정의 운동이 서로를 지원하는 것이 더 어려워질 수 있다. 나는 페미니즘 장애학의 기반이 되는 텍스트 중 하나에 나오기도 하는 어떤 도발을 소개하며 이 절을 마무리하고자 한다. 에이드리언 애쉬와 미셸 파인Michelle Fine은 《장애 여성: 심리학, 문화, 정치 에세이Women with Disabilities: Essays in Psychology, Culture, and Politics》에 기고한 글에서 "[여성이] 적절하다고 생각하는 그 어떤 이유로든" 임신중지의 권리가 있다고 주장한다.[76] 그들에 따르면, 우리는 "어떤 것이든 임신중지의 이유(가령, '결함 있는 태아를 가진 비극')를 추측하거나 규정"하기보다 아이를 가지는 결정을 하든, 가지지 않는 결정을 하든 여성을 완전하게 지원하고, 그들이 재생산에 대해 스스로 결정을 내릴 수 있는 권리를 옹호해야 한다.[77] 이유와 상황에 관계없이 임신중지는 모든 여성에게 접근 가능하고 감당 가능한 산전 돌봄뿐만 아니라, 믿을 수 있고 적당한 수준의 육아 비용, 사회적 서비스에 대한 접근, 케네디 브라운백 법에서 의무화한 장애 정보 및 지원이 반드시 수반되어야 한다.

나는 적어도 현재의 정치 풍토에서는 불가능한 것을 내가 주장하고 있다는 걸 안다. 우리 사회는 '요구에 의한 임신중지'라는 래디컬 페미니스트들의 외침에서 점점 더 멀어지고 있으며, 임신중지에 부담을 지우는 것을 금지하기는커녕 그것을 점점 더 용인할 수 있는 것으로 여기고 있다. 그러나 비장애중심주의적 문화 안에서 살아가는 여성들(그리고 재생산 권리, 건강, 정의에 관한 운동)이 임신중지가 '정당화될 수 있음'을 증명하도록 강제되는 한, 장애는 임신중지에 관한 최소한의 권리를 보장받기 위해 편리하고 효과적으로 활용되는 정당화 수단이 된다. 장애를 임신중지의 근거로 보는 게 불편한 사람들조차 어떤 조건은 임신중지의 근거가 되고, 어떤 조건은 그렇지 않은지를 결정해야 하는 어려운 상황에 처할 수도 있다. 임신중지의 정당성이 '임신중지 가능한' 것으로 간주되는 일부 임신에 달려 있을 때, 손상들 사이에 경계를 긋는 것은 불가피해진다. 시각장애를 사유로 한 임신중지는 가능하지만, 청각장애는 안 된다든지, 다운증후군을 사유로 임신을 중단시킬 수는 있지만 기형손은 안 된다든지, 이 상태는 너무 심각하지만 저 상태는 괜찮다든지 같은 식으로 말이다. 장애 운동은 이러한 논의에서 승리할 수 없다. 나는 에이드리언 애쉬, 그리고 일부 손상을 임신중지 정당화의 수단으로 삼는 방식은 현재 그런 손상이 있는 사람에게 해를 끼친다는 사람들의 의견에 동의한다.[78] 장애가 임신중지를 옹호하도록 만드는 일은 단기적으로 임신중지 권리를 확보하는 데 효과적일 수 있지만, 장애에 관한 차별적인 고정관념을 끌어온다. 게다가 그런 방식은 개별 여성들이 임신

　페미니스트, 퀴어, 불구

중지를 하는 이유와 결정에 대해 지속적으로 추궁하게 만드는 까닭에 장기적인 효과가 의심스럽다.

"프로 초이스 운동이나 장애 권리 운동 어느 쪽도 '선택'과 장애에 대한 입장을 중심으로 통합되지 못했으며," 재생산 권리 및 재생산정의 운동 역시 아직 폭넓게 통합되지 못했다는 것은 사실이다.[79] 나는 임신중지에 제한 없이 접근할 수 있어야 한다고 생각하지만, 단일한 입장이 중심이 된 통합을 요구하는 것은 아니다. 나는 재생산에 대한 페미니즘 장애의 입장을 명확히 드러내는 과정을 지속하기 위해 이전에 다른 사람들이 여러 차례 해왔던 것처럼 다음과 같은 도발을 제안한다. 우리는 비장애중심주의적 가정을 영속화해왔던 관념인 고통, 삶의 질, 살아가기 힘든 장애에 천착하는 데서 벗어나, 장애인을 위한, 장애인에 의한 재생산정의를 포함해 모든 이들을 위한 재생산정의를 지원할 기회를 마련하는 방향으로 대화의 영역을 확장해야 한다. 임신중지를 합법화하기 위한 사유로서 장애를 수용하고, 장애를 다루는 유일한 합리적인 선택으로서 임신중지를 제시하는 것은 임신중지 권리와 논쟁의 영역을 좁히는 일이다. '고통'이나 '삶의 질'이 뜻하는 바가 자명하고 획일적이라고 보는 가정 또한 마찬가지다. 우리는 이런 개념들을 마치 단 하나의 결론으로 '명백하게' 이끄는 것처럼 사용하는 대신, 다른 음역, 맥락, 몸/마음들에 따라 그 의미가 변화하는 데 주의를 기울일 수 있다. 수자타 제수다슨이 제너레이션스 어헤드의 활용 방법을 설명하면서 주장했듯이, 유전 및 재생산 기술을 둘러싼 연합을 위해선 위험을 감수할 의지, 우리를 분열시키는 문제에 대해 솔직한 대화를 나눌 의지가 필요하다. 이런 골치 아픈 대화를 나누는 것은 서로 다른 운동들이 공유할 수 있는 가치를 발견하고 표현하고, 동시에 가치, 정체성, 목표의 변화에 따라 향후 대화의 토대를 마련하는 데 도움이 될 수 있다.[80]

접근 가능한 미래

나는 접근 가능한 미래 또는 페미니즘적/퀴어적/불구적 미래를 위한 불구 연합의 수많은 가능성 중 [화장실 정치 및 공용 공간에 대한 논쟁, 환경정의, 재생산정의라는] 세 가지 가능성을 제시하고 이에 집중했다. 예를 들어, 나는 반전 시위, 그리고 미국의 테러와의 전쟁이 가져올 장애화의 효과에 대한 목소리를 내야 할 필요성에 대해 논의할 수도 있었다. 군산복합체가 전 세계적으로 질병, 장애, 죽음을 초래하고 있는 상황에서 장애와 장애인을 폄하하지 않고 전쟁 폭력과 그 효과를 비판하는 방법을 이론화하기 위해서는 많은 노력이 필요하다(미군은 세계 최악의 오염원이기 때문에 우리는 여기에서 환경정의 운동과의 연관성을 더 많이 확인할 수 있다).

나는 감옥 폐지 운동과 탈시설화 운동 사이의 잠재적 연결고리를 질문할 수도 있었다. 과거와 현재의 감옥, 요양원, 정신병원을 비판적으로 검토하면 얻을 수 있는 것들이 많다. 도러시 로버츠는 감산복합체가 늘어나는 빈곤층 및 유색인을 위한 (부적절한) 의료 관리의 주요 자원으로 기능한다고 언급하면

서, 로스앤젤레스 카운티 교도소Los Angeles County Jail의 정신과 병동
이 "이 나라에서 가장 큰 의료 시설"이라는 사실을 예로 든다.[81]
더욱이 감옥은 장애인을 수용할 뿐만 아니라, 장애인을 **생산
한다**. 폭력, 고립, 부적절하고 비일관적인 의약품 및 의료 접근
은 피수용자와 수감자의 몸과 마음을 장애화하는 데 영향을 미
친다.[82] 이러한 연결고리들을 조사하는 것은 리아트 벤-모셰가
"트랜스 감금tran-incarceration" 또는 "정신병원 같은 어느 감금 체계
에서 감옥 같은 다른 감금 체계로의 이동"이라고 묘사한 문제
를 인식하도록 우리를 어떻게 이끌 수 있을까?[83]

나는 장애 운동과 가사노동자 권리 운동 사이의 연관성
을 탐구할 수도 있었다. 2009년 오클랜드에서 열린 주 정부 의
료 예산 삭감에 반대하는 시위에서 나는 장애인들과 노조원들
이 "거래 대신 공유"라는 구호를 외치는 모습을 보았다. 그들은
"우리는 노조! 힘차고, 힘찬 노조!"라는 구호에 뒤이어 "우리는
나선다, 우리는 외친다, 우리는 장애인이다, 우리는 자랑스럽
다!"라고 외쳤다. 나는 이러한 상호작용을 지켜보고 두 구호를
함께 외치면서, 로버트 맥루어의 "불구라고 주장하는 비장애
인" 개념, 그리고 "연대의 목적을 위해 적어도 어떤 면에선 자
신이 아닌 모습을 드러내는 것"이 유용할 때가 많다는 그의 말
을 계속 되뇌어보았다.[84] 하지만 우리는 자신이 장애인이라는
이 노조원들의 외침이 단지 연대나 결속의 행위일 뿐만 아니
라, 맥루어가 이야기한 "도래할 장애"를 인식하는 것으로도 볼
수 있다. 이 여성(그들은 대부분 여성이었다) 중 일부는 아프거나
장애가 있었고, 이 힘든 일을 통해 앞으로도 더 많은 여성이 그

리될 것이다.[85] 다시 말해, 그들 공동체 사이에만 중첩된 지점이 있는 것(수많은 돌봄 노동자들이 장애인이거나 장애인이 될 것이라는 점)이 아니라, 그들의 요구에도 중첩된 지점이 있다. 두 집단은 활동지원 돌봄과 그것을 제공하는 노동자를 가치 있게 대우하는 체제에서 모두 혜택을 받을 것이기 때문이다.[86]

우리는 연합에 관한 나의 상상력을 비판적으로 성찰하기 위해 이 장에서 별도로 논의했던 각 문제와 운동들이 서로 어떻게 얽혀 있는지 추적할 수도 있다. 나의 상상들은, 도나 해러웨이의 표현을 빌리자면, '편파적'이다. 나는 내가 참여하고 편애했던 연합의 순간들을 선택했고, 그 순간들은 불완전할 수밖에 없다. 우리는 그 목록에서 다른 연합을 추가할 수 있을 뿐만 아니라, 내가 포함한 사례들을 더 헝클어뜨리고, 확장하고, 비판하고, 반박하고, 풍부하게 만들 수도 있다.

실제로, 이러한 연합의 순간들은 여러분에게 많이 알려질 것이고, 나의 도발은 도발적이기보다 더 친숙하게 느껴질 것이다. 하지만 이 책에 여러 연합의 순간들을 포함하는 것이 내 동기의 전부는 아니다. 나는 실제로는 그리 이질적이지 않은 현장들을 포함하도록 장애학의 한도를 확장하는 데 관심이 있지만, 이러한 작업이 일어나고 있다는 점을 밝히는 데에도 노력을 쏟고 있다. 다시 말해, 내가 이런 다양한 연합의 순간들을 언급하는 건 그것들이 지금 부재하기 때문이 아니라, 현재 진행형으로 활기차게 존재하기 때문이다. 풍부한 장애(그리고 페미니즘, 퀴어, 환경, 급진적 정의, 재생산……) 연구들이 각 장소에서 진행되고 있으며, 다양한 정치적 실천을 통해 대안적인 정치의 상상력이 토론되고 논의되는 중이다. 장애인들은 접근 가능한 미래에 대한 꿈 그 이상의 것을 가지고 있다. 우리는 이런 질문과 요구에 도전하는 순간에도, 정치적 담론, 정치적 비전, 정치적 실천 안에서 우리의 자리를 지속적으로 정의하고 요구하고 있다. 더 접근 가능한 미래는 여기에 달려 있다.

도래할 장애는 …… 약속의 …… 시간 안에 언제나 속할 것이고
또 속해야 한다. 이는 우리가 언제나 장애를 이해할 것이며,
그렇지 않더라도 우리가 어떻게든 집합적으로 다른 세상 및 미래에
접근할 것이라는 불구적 약속이다.

—로버트 맥루어,《불구 이론》

활동가들이 제공한 자료

나는 이 책에 "페미니스트, 퀴어, 불구"라는 제목을 붙였는
데, 이는 페미니스트, 퀴어, 불구의 연대를 위한 과거, 현재, 미
래의 가능성을 인정하고 싶었기 때문이다. 이를 위해서 나는
결론을 대신해 이 책의 7장에서 설명한 단체 및 활동에 관한 다
양한 자료를 제공하고자 한다. 이 자료들은 '결론'이 아니라, 진
행 중인 답변이며, 장애를 다른 방식으로 사유하기 위한 시도
들이다.

나는 세 가지 이유로 이 자료들을 포함했다. 첫째, 이 자료
들은 접근성 운동에 참여하는 방법을 상술하고, 무향 공간에
대한 정보를 제공하고, 공중화장실의 접근성을 평가한다. 그것

들은 또한 장애 운동을 재생산 권리 및 재생산정의 운동과 연결하려는 노력을 드러내는 언어를 제공한다. 둘째, 이 책은 다양한 활동가와 단체의 노력에 직접적으로 영감을 얻었으며, 여기에 있는 자료들을 통해 서로의 연관성을 강조할 수 있었다. 나는 이러한 자료들이 만들어지게 된 사건들을 정리하거나 이 텍스트들을 작성하는 데 참여했지만, 이에 대한 소유권을 주장할 수도 없고, 주장하지도 않을 것이다. 오히려 나는 이것을 이 기획의 전반에서 협력적 특성이 나타나는 신호로 여길 것이다. 마지막으로, 나는 다른 독해와 해석을 위한 주요한 원천으로서 이 자료들을 분석을 가미하지 않은 온전한 상태로 여기에 제공했다. 하지만 이러한 자료들이나 (특히) 내가 읽은 글들이 페미니즘, 퀴어, 불구 정치에서 최고의 글이라는 뜻은 아니며, 나는 그것을 지속적인 논의 및 토론을 위한 사료로 제시할 따름이다. 여기에서 소개된 탐구들이 현재와 미래의 이론가와 활동가들에게 도움이 되기를 바란다. 실제로, 내가 과거, 현재, 미래의 불구에 관한 상상들 사이를 오가는 일에 관심을 가지는 이유는 그 관계들에 관한 다른 대화들을 촉발하고, 대안적인 역사와 미래를 생성하고, 다양한 활동가들과 이론적 궤적을 위한 공간을 마련하기 위해서다.

부록 A: PISSAR 체크리스트

화장실 유형 (다음 중 하나에 동그라미를 치시오):		남자 화장실	여자 화장실	유니섹스 화장실
화장실 위치	건물	층	동	호
화장실은 외부에 개방되어 있습니까? 아니면 건물 내부에 출입구가 있습니까?				
화장실이 건물 내부에 있는 경우, 화장실에서 가장 가까운 출입구나 승강기는 어디인가요?				
이름과 이메일 주소:				

장애 접근성

1. 화장실 출입문은 충분히 넓습니까? 폭을 알려주세요. (미국장애인법 기준 = 32인치) _____.

2. 출입문 손잡이는 어떤 종류입니까? 다음 중 하나에 동그라미를 치시오: 레버형 / 둥근 손잡이형 / 자동 누름 버튼형 / 기타 (구체적으로 서술) _____.

3. 화장실 출입구가 이중문으로 되어 있습니까? (가령, 화장실에 들어가려면 문 하나를 열고 나서 또 다른 문을 열어야 합니까?) 예 / 아니오.

4. 화장실 칸의 칸막이 출입문은 충분히 넓습니까? 폭을 알려주세요. (미국장애인법 기준 = 32인치) _____.

5. 화장실 칸의 칸막이 출입문에는 어떤 걸쇠가 있습니까? 슬라이딩형 / 소형 회전 손잡이형 / 립이 달린 대형 회전 손잡이형 / 기타 (구체적으로 서술) _____.

페미니스트, 퀴어, 불구

6. 화장실 칸의 칸막이 출입문은 저절로 닫힙니까? 예 / 아니오.

   출입문 안쪽에 당겨서 닫을 수 있는 손잡이가 있습니까? 예 / 아니오.

7. 변기 전면과 벽 전면 사이의 공간은 얼마나 됩니까? _____.

   화장실 칸의 칸막이가 넓고 변기 옆에 개방된 공간이 있는 경우, 변기 측면과 가장 먼 벽면 사이의 공간은 얼마나 됩니까? _____.

   화장실 칸의 칸막이가 좁은 직사각형인 경우, 변기 전면에서 본 칸막이의 너비는 얼마입니까? _____.

8. 안전 지지대가 있습니까? 예 / 아니오.

   첫 번째 측면 지지대의 길이는 _____ , 높이는 _____ , 벽 후면에서부터 _____ 떨어진 지점에서 시작하여 변기 앞에서부터 _____ 떨어진 지점까지 이어집니다. 두 번째 측면 지지대의 길이는 _____, 높이는 _____, 벽 후면에서부터 _____떨어진 지점에서 시작하여 변기 앞에서부터 _____떨어진 지점까지 이어집니다.

   등 지지대의 길이는 _____, 높이는 _____입니다.

9. 변기를 마주 보고 있을 때, 안전 지지대는 변기의 어느 방향에 있습니까? 왼쪽 / 오른쪽 / 양쪽.

10. 화장지 거치대에는 어떻게 접근할 수 있습니까? 높이는 _____.

    균형을 잃지 않고 닿기에 변기에서 너무 멀리 있습니까? 예 / 아니오.

11. 물 내림 손잡이의 모습을 표현해주십시오. (레버형입니까? 만약 그렇다면, 그것은 벽 옆에 있습니까, 변기 전면에 있습니까? 버튼형입니까?) _____.

12. 변기의 높이는? (가령, 높습니까, 표준입니까?) (미국장애인법 기준 = 17~19인치) _____.

13. 변기 커버 용기로 가는 통로가 변기로 막혀 있습니까? 예 / 아니오.

    용기의 높이는? _____.

14. 소변기의 높이는 얼마나 됩니까? _____.

    손잡이의 높이는 얼마나 됩니까? _____.

15. 칸막이가 여러 개인 화장실인 경우, 몇 개의 칸막이에 접근할 수 있습니까? _____.

16. 하단의 안쪽이 들어간 싱크대가 있습니까? 만약 그렇다면, 화상을 방지하기 위

해 싱크대의 온수관이 포장되어 있습니까? (미국장애인법 기준 = 세면대의 높이가 32인치 이하) _____.

17. 싱크대에는 어떤 종류의 수도꼭지 손잡이가 있습니까? 레버형 /자동형 / 분리된 회전 손잡이형 / 기타(구체적으로 서술) _____.

18. 의자 높이에 비누 용기가 있습니까? (미국장애인법 기준 = 48인치 이하) _____.
건조기 / 종이 타올 용기는? _____.

19. 의자 높이에 삽입형 / 패드형 생리대 용기가 있습니까? (미국장애인법 기준 = 48인치 이하) _____.

20. 의자 높이에 거울이 있습니까? (미국장애인법 기준 = 거울 바닥 높이가 40인치 이하) _____.

21. 청각 경보 시스템이 있습니까? 예 / 아니오. 시각 경보 시스템(조명)이 있습니까? 예 / 아니오.

22. 접근 가능한 화장실 칸의 경우, 접근 가능하다는 표시가 되어 있습니까? _____.

23. 화장실 외부 출입문에 접근 가능하다는 표시가 되어 있습니까? _____.

24. 싱크대, 각종 용기, 접근 가능한 화장실 칸과 변기 등의 앞에 장애물이 있습니까? 있다면 구체적으로 서술해주십시오. _____.

젠더 안전

25. 화장실이 유니섹스라고 표시되어 있습니까? 구체적으로 서술. _____.
26. 화장실이 안전한 장소에 있습니까? (가령, 외딴 장소에 있지 않습니까?) _____.
27. 젠더 특정 화장실 옆에 있어 사실상 '남자' 화장실 또는 '여자' 화장실의 역할을 하지는 않습니까? 예 / 아니오.
28. 출입문은 안쪽에서 잠깁니까? 잠금장치가 안전하게 작동합니까? _____.

29. 화장실 내 생리대 기계에 있는 생리대는 어떤 종류입니까? (다음 중 하나에 동그라미를 치시오): 삽입형 / 패드형 / 삽입형+패드형.

30. "생리대 기계 고장"이라는 스티커가 붙어 있습니까? 스티커 있음 / 스티커 없음

31. 만약 생리대 기계가 작동한다고 해도, 누가 사용할지 의심스러울 정도로 녹슬고 더러워 보입니까? 예 / 아니오.

32. 생리대 기계가 비어 있습니까? ("비어 있음"이라고 써진 작은 표시를 찾으십시오) 예 / 아니오.

33. 컬러로 된 새로운 "언트플로Aunt Flo" 스티커가 붙어 있습니까? 스티커 있음 / 스티커 없음.

아이 돌봄

34. 화장실에는 기저귀 교환대가 있습니까? (위치를 구체적으로 서술) _____.

- 이 체크리스트는 2003년 봄, UC 산타바바라의 PISSAR 구성원들이 제작했다.

---

* '언트플로(Aunt Flo)'는 월경, '플러그(plug)'는 탐폰 같은 삽입형(마개형) 생리대를 지칭하는 속어로서, '언트플로 앤 플러그패트롤'을 직역하면 '월경과 생리대 순찰대'가 된다. 캠퍼스 내 생리대 기계를 관리했던 판매자들이 사라져 생리대 공급 및 위생 관리가 어려워지자 학생들은 자발적으로 위생적인 생리대 공급을 재개하기 위해 이 단체를 설립했고, 생리대 판매 수익은 다른 학생 단체를 지원하는 데 사용했다.

부록 B: 화장실과 젠더에 관한 성명서

젠더 분리 화장실이 남자 화장실이나 여자 화장실에 들어가기 어려운 사람들에게 제한적인 곳이라는 걸 인식하는 일은 이 컨퍼런스를 접근 가능하게 만듭니다. 타인이 보기에 사용해야 한다고 생각하는 화장실에 '어울리지' 않는 화장실을 택한 사람들도 있을 수 있다는 것을 인식해 모든 사람에게 안전한 컨퍼런스를 만드는 데 도움을 주십시오. 자신에게 가장 안전하다고 느껴지는 화장실을 이용하는 젠더 배리언트 gender-variant*들은 다른 사람을 '보기' 위해 그곳에 있는 것이 아니라, 자신의 볼일을 보기 위해 그곳에 있는 것입니다.

모든 사람이 화장실을 사용할 수 있는 권리를 지지함으로써 이 컨퍼런스에 참석한 젠더 배리언트들을 지지해주셔서 감사합니다.

- 이 자료는 2002년 6월, 샌프란시스코 주립대학교에서 열린 퀴어 장애 컨퍼런스를 위해 제작되었다.

---

*   기존의 젠더 규준에 해당하지 않는 사람들을 일컫는 말.

부록 C: 무향 공간을 만드는 방법과 이유

만약 당신이 '무향無香'을 실천하는 데 익숙하지 않다면, 하루에 사용하는 모든 제품을 신중하게 생각해볼 필요가 있습니다. '무향' 행사에 참석하기 전, 적어도 하루는 샴푸, 비누, 헤어젤, 헤어스프레이, 향수/향유, 스킨로션, 면도 크림, 화장품 등을 쓰지 않거나, 향기 없는 대체품을 사용하십시오. 향기 없는 제품 제안은 다음 장에 있습니다.

무향 실천이 자신과 타인의 건강에 어떤 영향을 미치나요?

무향은 장애인의 접근을 위한 중요한 단계입니다. 당신도 기분이 좋아진다는 사실에 놀랄 것입니다!

화학물질과민증(환경성 질환이라고도 불림)이 있는 사람들은 향기가 있는 제품 대부분에서 사용되는 화학물질에 노출 시 심각한 신체적·신경학적 증상을 경험합니다. 이러한 화학물질로 인한 손상 때문에 그들은 방향유, 담배 연기, '천연' 향료 등의 강한 휘발성 물질에 반응합니다. 실제로 우리가 냄새를 맡는 과정은 해당 물질의 미세한 입자가 점막을 통해 흡수되어 신경계로 들어가는 과정입니다.

정부 기관이 가정 및 개인이 사용하는 제품의 성분을 규제하지 않은 까닭에 지난 수십 년 동안 그 제품들에 첨가되는 유해 화학물질의 수는 엄청나게 증가했습니다. 이러한 화학물질 중 다수는 이미 알려진 독성 효과로 인해 산업 환경에서 사용이 금지되어 있습니다. 1986년 미국 하원의 연구에서는 이렇게 이야기합니다. "향기를 내는 데 사용되는 화학물질의 95퍼센트는 석유에서 추출한 합성 화합물이다. 여기에는 벤젠 유도체, 알데하이드, 그 밖에 암, 선천적 결함, 중추신경계 장애, 알레르기 반응을 일으키는 것으로 알려진 수많은 독성물질과 합성체가 포함되어 있다."

화학물질 노출의 증상으로는 현기증, 메스꺼움, 불분명한 발음, 졸음, 입·목·피부·눈·폐 자극, 두통, 경련, 피로, 착란, 간·신장 손상 등이 있습니다. 여러분이 상상할 수 있듯이, 이러한 증상은 직장, 일상생활, 회의 참석에서 화학물질에 민감한 분들에게 심각한 장벽이 됩니다. 무향 환경을 촉진하는 것은 그것이 접근성 차이를 만들어낸다는 점에서 진입 경사로와 연석 경사로를 추가하는 것이나 다름없습니다. 이 컨퍼런스를 최대한 접근 가능하도록 무향 정책에 협조해주신 데 대해 저희는 퀴어 장애 컨퍼런스의 모든 참가자께 감사를 드립니다.

흡연자라면

흡연은 컨퍼런스 센터 입구에서 멀리 떨어진 야외 지정 흡연 구역에서만 해주십시오. 화학물질에 민감한 사람들이 당신의 옷과 머리카락에 달라붙은 담배 연기로 인해 아파질 수 있다는 것을 명심해주십시오. 흡연하거나 흡연자들과 어울리는 경우에는 '화학물질과민증 안전 구역'으로 지정된 곳에서 가능한 한 멀리 떨어져주십시오. 또한 이 컨퍼런스 건물, 바, 레스토랑을 포함한 캘리포니아의 거의 모든 건물에서 사실상 금지되어 있다는 것을 명심해주십시오. 감사합니다!

제품 제안

비누: 탐스오브메인Tom's of Maine 무향, 키스마이페이스 퓨어올리브오일 Kiss My Face Pure Olive Oil, 뉴트로지나Neutrogena 무향, 닥터브로너스 알로에베라베이비마일드Dr. Bronner's Aloe Vera Baby Mild, 심플Simple, 바디샵Body Shop 무향 샤워 젤.
세탁 세제: 암앤해머프리Arm & Hammer Free, 타이드프리Tide Free, 위스크프리Wisk Free, 플래닛Planet, 세븐스제너레이션7th Generation 무향, 그래니스

Granny's, 기타 무향 브랜드.

샴푸와 컨디셔너: 퓨어에센셜스Pure Essential's, 무향, 매직보태니컬스Magick Botanicals 무향, 심플, 그래니스.

스킨로션: 유세린Eucerin, 심플, 기타 무향 제품.

데오드란트: 알메이Almay 무향, 탐스오브메인 무향, 심플, 제이슨내추럴 Jason Natural 무향, 키스마이페이스 무향, 기타 무향 제품.

헤어 젤: 매직보태니컬스, 또는 젤라틴으로 당신만의 젤을 만드세요 (정말로 효과가 있습니다!).

헤어 스프레이: 매직보태니컬스, 알메이.

화장품: 알메이(모든 약국에 있습니다), 크리니크Clinique(백화점 화장품 코너와 온라인에 있습니다).

면도 크림: 레이벤Ray Ban 저자극, 키스마이페이스 무향, 심플.

많은 무향 제품을 동네 약국에서 구입할 수 있습니다. 찾기 어려운 제품 (특히 헤어 제품)은 지역 건강식품 매장이나 니즈NEEDS* 카탈로그(www. needs.com)를 확인하십시오. 만약 가게에서 '무향' 제품을 찾을 수 없다 면, 저자극 버전의 제품은 무향인 경우가 많습니다. 라벨에 쓰인 성분을 읽고 "향기"라는 단어가 나오는지 보십시오. 안 나온다면 괜찮은 제품입 니다. 비상시에는 베이킹소다를 사용해 머리를 감고(정말 효과가 있습니 다!) 옷을 빨 수 있습니다.

- 이 자료는 2002년 6월, 샌프란시스코 주립대학교에서 열린 퀴어 장애 컨 퍼런스를 위해 제작했다.
- 제품 제안 목록에 부정확한 정보가 포함되어 있을 수 있으니 유의하시오(가 령, 타이드프리, 위스크 프리는화학물질과민증이 있는 많은 사람에게 안전 하지 않다). 나는 원자료를 수정 없이 가져왔다.

---

* 　영양·생태·환경정보전달시스템(Nutritional Ecological Environmental Delivery System)의 약자인 니즈는 화학물질민감증, 환경성 질환 등과 관련한 제품, 정보(기사), 교육을 전문적으로 제공하는 국제 통신판매업체다.

부록 D: 로버트 에드워즈, 버지니아 아이언사이드, 그리고 권리에 대한 불필요한 반대

장애 권리와 재생산 권리에 모두 전념하는 사람으로서, 우리는 재생산 결정에서 여성과 가족을 존중하기 위해서는 장애인에 대한 차별적 태도에도 도전해야 한다고 믿는다. 우리는 장애 권리에서 여성의 권리를 분리하는 것, 재생산 권리를 보호하기 위해서 장애를 비극으로 여기는 비장애중심주의적 가정을 수용해야 한다는 믿음을 받아들이길 거부한다. 그 대신, 우리는 재생산 권리가 장애 권리에 대한 관심을 포함하며, 장애 권리는 재생산 권리를 비롯한 인권에 관심을 기울여야 한다고 주장한다.

우생학적인 재생산 의사결정을 조장하고, 장애를 오로지 고통과 고난의 측면에서만 표현함으로써 장애인에게 낙인을 찍는 최근 두 사건에 대하여 우리는 다음과 같은 성명을 발표한다. 이 둘은 얼핏 이질적인 사건으로 보이지만, 장애 있는 삶을 살아갈 가치가 없는 삶으로 여기게 하고 장애인이 사회에 부담이 된다는 가정을 공유한다. 더욱이, 이 두 사건은 장애에 적절하게 대응하는 유일한 방법은 그것을 근절하는 것이므로, 여성의 재생산 선택을 제한해야 한다는 것을 암시한다. 즉, 모든 여성이 장애가 있는 태아의 임신을 중지하거나 체외수정IVF을 통해 장애를 선택하지 않도록 해야 한다는 것이다.

2010년 로버트 에드워즈 박사의 노벨 의학상 수상에는 좀 더 신중한 대응이 필요하다. 그는 "유전 질환이라는 무거운 짐을 짊어져야 할 아이를 낳는 것은 부모의 죄악입니다. 우리는 아이의 질을 고려해야 하는 세상으로 진입하고 있습니다"라고 주장하면서 장애아 출산을 막는 재생산 기술의 홍보를 숨기지 않았다. 우리는 에드워즈 박사의 말이 차별적이라는 것을 인정하지 않는 인식에 항거하며, 그의 정치적 견해와 그의 의학적 성취를 분리해야 한다는 생각에 이의를 제기한다. 이런 분리가 바로 재생산 권리와 장애 권리를 대립하게 만든다.

에드워즈의 연구는 전 세계적으로 400만 아기의 탄생에 도움을 주었고, 싱글, 불임으로 어려움을 겪는 사람, 그리고 게이, 레즈비언, 트랜스젠더들이 생물학적으로 이어진 아이를 가질 수 있도록 지원해왔다. 우리는 에드워즈의 업적을 축하하면서도 장애에 관해 논란이 되는 그의 주장을 따져볼 수 있다. 그의 업적을 기리는 기사 대부분이 그가 고안한 기술의 종교적·윤리적 논란을 인정하는 것과 마찬가지로, 우리는 그의 문제적인 장애 폄하를 인식할 수 있다. 그가 여성과 가족을 위한 재생산 선택지를 늘리는 데 해왔던 역할이 장애를 근절해야 한다는 주장을 통해 정당화되거나 입증될 필요는 없다. 오히려 그 역할은 중요한 재생산의 선택지 중 하나이자, 장애나 장애인을 폄하하지 않고 가족을 만드는 수단으로도 나타낼 수 있다.

우리는 임신중지 반대론자들이 에드워즈와 그의 보조생식 기술 개발 연구를 비판하는 데 장애를 이용하는 방식에도 항거한다. 많은 장애인은 가족을 만드는 과정에서 그러한 기술을 사용해왔으며, 체외수정이 자신의 가족을 있게 만들었다고 생각한다. 우리도 여성이 장애에 관한 재생산 결정을 내릴 때 필요한 정보를 언제나 갖추고 있지 않으며, 장애에 대한 고정관념이 지속된다는 우려를 공유하지만, 이런 상황에 대응하는 방식이 보조생식 기술을 반대하거나 여성의 권리를 제한하는 식이어야 한다고 생각하지 않는다.

영국의 상담 칼럼니스트인 버지니아 아이언사이드가 했던 장애 아동의 "고통"에 관한 최근 발언 역시 장애 권리와 재생산 권리 지지자들의 비판이 필요하다. 아이언사이드는 고의로 장애아를 낳는 것은 잔인한 일이며, 장애아가 생겼을 때 임신중지를 하는 것은 "도덕적이고 이기적이지 않은" 대응이라고 말했다. 그녀는 아픈 아이나 장애아가 있을 때 "아이를 사랑하는 어머니"라면 "그 얼굴 위를 베개로 덮는" 행동을 주저하지 않을 것이라는 말도 덧붙였다. 영아살해에 관한 아이언사이드의 발언은 당연히 비난받았지만, 임신중지가 장애에 대한 최선의 대응이라는 주장은 거의 아무런 논쟁도 일으키지 않았으며, 임신중지 권리를 옹호하기 위해서는 장애가 끝없는 비극으로 여겨진다는 사실을 받아들여야 한다는 가정도 마찬가지였다. 장애 권리에 전념하는 재생산 권리의 옹호자로서, 우리는 임신중지 권리를 주장하기 위해 장애를 레토릭으로 이용하는 것을 받아들이지 않을 것이다. 재생산 권리는 임신중지에 대한 접근뿐만 아니라, 장애 아동을 포함한 아이를 가질 권리, 양육에 관한 정보에의 접근, 모든 아동을 존엄하게 양육하기 위한 사회적·경제적 지원을 요구한다.

다시 말해, 우리는 장애 권리를 부정하는 여성의 재생산 자율성에 관한 주장을 거부하고, 여성과 가족이 자신을 위한 최선의 재생산 결정을 내릴 권리를 부정하는 장애인 인권에 관한 주장을 거부하면서, 장애 권리와 재생산 권리 모두를 놓치지 않을 것이다.

비록 우리의 성명서는 이런 사건들에 영향을 받아 쓰인 것이지만, 우리는 이것이 장애인에 관한 오랜 편견, 그리고 여성과 가족의 재생산 자율성 및 임신중지 접근성을 약화시키기 위해 장애에 관한 고정관념을 이용해왔던 모습이 가장 최근에 나타났을 뿐임을 알고 있다. 우리는 이 성명을 통해 재생산 권리와 장애 권리에 동등하게 헌신하는 다른 활동가들과 학자들을 지원할 수 있기를 바란다. 우리는 시민권과 인권에 대해 유사한 가치를 공유하는 운동의 지지자로서, 장애 권리를 침해하는 재생산 권리 사용과 재생산 권리를 침해하는 장애 권리의 사용에 반대하는 목소리를 계속해서 낼 수 있기를 바란다. 재생산 권리와 장애 권리는 서로 얽혀 있다.

연대하여,
줄리아 엡스타인, 로라 허시, 수자타 제수다슨,
앨리슨 케이퍼, 도러시 로버츠, 실비아 이

2010년 10월 15일

페미니스트, 퀴어, 불구

대중문화, 혹은 진보적인 담론이나 운동에서 상상되는 바람직
한 미래, 살아갈 가치·추구할 가치가 있는 미래의 모습을 떠올
려본다. 이주민, 노동자, 여성, 더 넓게는 인간·비인간 자연이
평화롭고 안정적으로 존재하고 번성하는 미래가 머릿속에서
펼쳐진다. 하지만 유독 그곳에 드러나지 않는 존재들이 있다.
바로 장애인이다. 상상 속 유토피아에서 질병과 장애는 고도로
발전된 과학·의료기술, 그리고 산전 검사, 불임시술, 임신중지
등의 각종 재생산 기술 덕분에 예방되고 치유되어 결국 근절된
다. 이때 장애인에게 바람직한 미래는 스스로를 제거해야 하는
미래, 즉 장애인이 사라진 미래다. 리 에덜만은 퀴어들이 직면
하는 이런 퀴어 배제적인 미래를 가리켜 "미래 없음"이라는 언
어로 표현했는데, 앨리슨 케이퍼는 그 '미래 없음'의 문제를 장

애의 문제로 (비판적으로) 가져온다. 퀴어의 미래와 마찬가지로, 장애의 미래를 장애 없는 미래로 상상하는 기존의 틀에서 장애는 개별적 결함이나 비극으로 재현되고, 장애의 정치적·관계적인 성격, 장애와 연루된 구조적인 문제들은 가려질 수밖에 없다는 것이다.

하지만 장애는 개별 장애인의 몸/마음의 생물학적·병리학적 상태나 의학적 진단명으로만 설명되지 않는다. 장애는 길을 내고 건물을 짓고 정책과 법률을 제정하고 이를 집행하는 모든 과정에 개입되는 정치적 선택, 그리고 그 정치적 선택을 뒷받침하고 그것에 의해 확산되는 사회문화적 관행 등과 밀접히 연관되어 있다. 이러한 사실을 드러내는 사례는 무수히 많다. 그중 우리에게 가장 익숙한 사례는 아마 전국장애인차별철폐연대의 투쟁으로 주목받았던 장애인 이동권에 관한 문제일 것이다. 휠체어 이용 장애인은 걸을 수 없는 그들의 신체적 조건 때문만이 아니라, 이동을 어렵게 만드는 턱, 계단, 좁은 통로, 타인의 시선 등 그들을 둘러싼 물리적·제도적·심리적 장벽에 의해 이동성이 제한된다.* 이러한 제한은 대중교통 이용을 막고

---

* 지하철 역사에 설치된 장애인용 리프트는 대기 시간이 길고, 발판과 가림막이 너무 작으며, 이동 시 크게 흔들거리고, 고장이 잦다. 지하철 승강장과 열차 사이의 단차로 인해 휠체어가 넘어지거나 틈새에 빠지는 일도 종종 일어난다. 서울교통공사에서 관할하는 지하철 역사의 엘리베이터 설치율은 95%이지만, 한국철도공사에서 관할하는 지하철 역사와 비수도권 지역의 지하철 역사를 고려하면 전국의 엘리베이터 설치율은 그리 높지 않다. 게다가 엘리베이터 출입구로의 접근이나 엘리베이터 출입구에서 승강장까지 접근하는 것 자체가 용이하지 않은 경우가 많아 엘리베이터가 있어도 이를 사용하기는 쉽지 않다. 다른 교통수단도 사정은 마찬가지다. 전국 저상버스 보급률은 28.4%에 불과하다

집이나 시설에서 나오지 못하게 함으로써 장애인을 비가시화하고, 이는 다시 장애인을 배제하는 공간 설계, 노동·이동·휴식 시간 편성이나 정책 입안의 결과로 이어지며, 장애인이 쓸모없다는 인식을 더욱 공고하게 만든다. 따라서 장애인 이동권의 문제를 다룬다는 것은 장애인의 신체적·정신적 손상뿐만 아니라, 경사로나 승강기의 부재로 인한 물리적 접근 제한과 그에 따른 사회적 인식 및 태도의 형성에도 주의를 기울인다는 뜻이다.

장애를 생물학적·병리학적 틀에 가두지 말라는 호소는 비단 장애인 이동권이나 접근성의 이슈에만 해당되는 말은 아니다. 의학적인 것/문화적인 것, 생물학적인 것/사회적인 것, 자연적인 것/인간적인 것, 사적인(개별적인) 것/공적인(집합적인) 것을 구분하고, 어느 하나에 장애의 본질이 있다고 여기는 생각은 모든 장애 문제를 둘러싼 익숙한 가정이다. 그리고 우리는 장애 문제에 관한 한 여전히 이러한 근대적 이분법에 갇혀 있다.

(2020년 기준). 장애인콜택시 보급률은 83.4%이지만, 비수도권 지역의 장애인콜택시는 24시간·주말 운행을 하지 않는 경우가 대부분이라 이용이 제한적이다. 휠체어 리프트가 장착된 시외버스는 없으며, 고속버스는 서울-당진 노선에 단 두 대가 있을 뿐이다. 버스든 택시든 운행 차량의 수가 많지 않아 대중교통 이용을 시도하는 장애인들은 목적지까지 제때 도착하기 어렵고, 탑승지까지 이동하는 과정도 만만치 않다. 복건우, 〈[승강장일기] 30분 늦은 사람들, 30년간 갇혀 산 사람들〉, 《비마이너》, 2023년 2월 20일, https://www.beminor.com/news/articleView.html?idxno=24636; 복건우, 〈[읽히는 라디오] 이동권 예산 2,158억 원, 적은 금액인가요?〉, 《비마이너》, 2023년 5월 21일, https://www.beminor.com/news/articleView.html?idxno=24976. 설령 차량 탑승이 가능하다 해도, 탑승에 소요되는 시간과 장애인이 차지하는 공간을 견디지 못하는 비장애인 기사나 동승객이 장애인을 비난하거나 위협하는 행동을 보이기도 한다.

이 책은 자연/인간의 자리에 필연성/우연성, 절대성/상대성, 초당파성(가치중립성)/당파성(가치편향성), 발견되는 대상/발견하는 주체의 속성을 끼워 넣고, 이에 따라 장애에 관한 사유들을 펼쳐왔던 그 오래된 흔적들을 추적한다.

　케이퍼는 서문에서 장애를 자연적 변이, 의학적 결함, 개인적 비극의 문제로 보는 장애의 개별적·의료적 모델, 이와 반대로 손상/장애를 엄격하게 구분하고 전자에 자연적 사실로서 신체 기능의 영향, 후자에 규범적 한계로서 사회문화적 환경의 영향이라는 속성을 대입하는 장애의 사회적 모델을 모두 비판하면서, 양자 중 어느 한쪽의 관점에 서는 일이 오히려 우리가 장애의 미래를 상상하는 집합적 능력을 약화하고 그에 대한 담론을 마음대로 제한하는 일이라고 주장한다. 자스비어 푸아르의 표현처럼 장애는 사건, 행동, 신체 등이 상호연결된 일종의 '어셈블리지'라는 것이다. 1장에서도 케이퍼는 시간과 공간이 모든 이에게 객관적으로, 또는 절대적으로 주어진 고정된 틀이라는 근대적 관념에 저항한다. '불구의 시간'을 살아가는 이들에게 혹은 앞서 언급한 것처럼 장애 없는 몸을 기준으로 만들어진 공간을 살아가는 이들에게 시간은 느려지거나 빨라지고, 공간은 넓어지거나 좁아진다. 또한 그녀는 4장에서, 누구에게나 요구되는, 논란의 여지 없이 초당파적인 가치가 있다는 믿음이 허구라는 것, 특정한 몸들에게는 특정한 가치가 체화되도록 요구된다는 점을 폭로하고, 5장에서 자연적 유기체로서의 인간의 몸(장애인의 손상)과 인위적 구성물로서의 기계(휠체어, 보철물, 인공호흡기)의 결합을 상정하여 장애인을 기술적 교정이 체화된 전형적인 사이보그로 보는 사이보그 이론의 일부 흐름을 비판한다. 6장에서는 자연환경을 비롯한 모든 환경은 이미 정치적·사회적으로 구축된 환경이라는 점을 황무지나 대자연 속 산길로의 접근 문제를 통해 예증한다.

결국 이 책은 장시간 고강도로 일할 수 있는 생산적인 몸, 나와 후손들이 갖기에 바람직한 몸, 고로 미래에 재생산하고 싶은 몸, 재생산해야 하는 몸을 떠올릴 때, 여기에서 소외되고 억압되는 몸들, 가령 다른 속도로 움직이고 다른 시간 동안 활동하고 다른 장비를 이용하고 다른 부피와 장소를 차지하는 몸, 다른 발달과업과 건강, 수명이 기대되는 몸, 그리하여 규범적인 정체성, 노동, 관계, 정서, 태도에서 빈번히 미끄러지는 몸, 그럼에도 자본주의가 정해놓은 생산성, 독립성, 효율성 위주의 시공간에서 벗어나 고유한 방식으로 연립聯立·상호의존하는 몸들을 잊지 않으려는 노력의 결과물이다. 저자는 그러한 몸들의 목록 중 주로 퀴어의 몸, 장애나 질병이 있는 몸을 다루었지만, 독자들의 위치에 따라 그 목록은 이주, 성노동, 약물 사용, 빈곤, 홈리스, 탈가정·탈학교 등의 경험을 가진 몸들로 더 확장될 수 있을 것이다. 무능하고 저속하고 쓸모없다고 평가됨으로써 불임시술, 분리, 배제, 시설화, 지원 축소, 교통·의료·교육·복지·정보에의 접근 제한, 폭력 및 학대, 시민권 보류 등을 통해 자손, 문화, 웰빙의 재생산이 가로막혀왔던 역사적 경험과 정치적 관계를 토대로 우리는 불화와 이견을 거듭하는 불량한 존재들의 연대 가능성을 모색할 수 있을 것이다.

실제로 이 책의 제목인 "페미니스트, 퀴어, 불구"는 퀴어 장애 여성이라는 저자 자신의 정체성을 가리키는 표현이자 이 책이 탐구하는 주요 대상이기도 하지만, 여러 지위 및 몸의 연대를 모색할 방법론으로서 페미니스트, 퀴어, 불구의 경험, 이론, 운동을 출발점으로 삼겠다는 선언이기도 하다. 이는 저자가 '페미니스트, 퀴어, 불구'를 함께 언급하는 방식을 통해서도 짐작할 수 있다. 각 이름은 쉼표로 나뉘기도 하고, 어느 부분에선 쉼표 없이 띄어 쓰이거나 붙여 쓰이기도 하며, '슬래시(/)'로 구분된 형태로 나타나기도 한다. 또한 저자는 자신이 특정 집단의 구성원이든 아니든 '나I(우리we), 너you(그들they)'라는 말을 구분 없이 쓰기도 한다. 이러한 변주는 글의 맥락에 따라 저자가 활용하는 방법론이나 시좌視座가 변화한다는 사실을 드러내기도 하지만, 각 정체성, 지위, 소속 등이 각기 고유한 역사와 목표를 지니는 범주임과 동시에 (몸이 아닌) 정치적 실천과 관계에 따라 분리되거나 통합되는 정치적이고 유동적이고 상보적인 범주라는 점, 동일시나 정체화의 과정은 단계적이고 명백하기보다 모호하고 비일관적이며 모순적이라는 점 또한 드러낸다. 각 정체성은 그곳에 도달하고 거주해왔던 역사를 포함하고 있어, 과거의 정체성, 혹은 다른 현재의 정체성들과 언제나 중첩되어 있는 까닭에 어떤 정체성의 이름은 때때로 나(우리)의 것이 되기도, 혹은 너(그들)의 것이 되기도 한다.

이러한 맥락에서 케이퍼는 서문에서 '페미니스트, 퀴어, 불구', '나/우리, 너/그들'로 나열된 각 이름의 의미를 제자리에 고정하고 안정화시키기보다 그 이름들에 얽힌 기존의 이해를 비판하고 변형하고 개방하고 확장하는 데 주의를 기울이면서, 늘

변화하는 위치에 있는 우리가 직면하는 문제를 살피는 게 더 중요하다는 점을 강조한다. 질병과 장애의 문제가 어떻게 인종, 계급, 젠더, 지역, 국가, 생태환경과 불가분으로 결속되어 있는지를 질문함으로써 인종화·성별화·빈곤화된 인구 집단이 미래 없이 퇴락해가는 현상을 마주해야 한다는 것이다. 케이퍼는 이러한 입장을 끝까지 밀어붙여 이 책의 곳곳에 모호하고 중층적인 위치의 사람들이 고민하고 실천해왔던 연합적 사유 및 정치의 사례, 그리고 그 가능성을 소개하는 데 집중한다.

구체적으로, 케이퍼는 장애를 부정적인 것으로 당연시하고 자연화하는 태도가 대중문화, 사회운동, 학술연구 전반에서 장애를 어떻게 탈정치화·탈관계화하고, 개인화·의료화해왔는지, 바람직한 인간(후손)과 미래의 이미지를 어떻게 구성해왔는지, 비장애중심주의적으로 편성되고 구축된 규범적인 시간과 공간은 퀴어, 장애인 개인 및 공동체를 어떻게 주변화하고 그들의 재생산을 어떻게 가로막아왔는지 등의 물음을 심도 있게 파헤친다. 그 과정에서 기존의 유토피아 소설, 공공 캠페인, 사이보그 이론, 에코 페미니즘 정치 등을 어떻게 페미니스트·퀴어·불구의 관점에서 새롭게 해석하고, 재탄생시킬 수 있는지에 대한 실마리를 제공한다. 동시에 그녀는 이 책의 후반부에서 접근성 운동, 화장실 정치, 재생산정의, 환경정의를 가로지르는 연합 정치의 현장들을 소개한다. 특히 부록에는 집회를 하고 회의를 준비하는 단체들이 당장 가져다 써도 좋을 공중화장실 접근성 체크리스트, 무향 공간에 관한 안내, 화장실과 젠더에 관한 성명서 등의 자료들을 공유한다. 나는 이러한 고민과 사례, 자료들이 한국에서 축적된 고민과 사례, 자료들과 만나 풍부한 저항의 경험과 역사를 만들어가기를, 그리고 비장애중심적·유전학(우생학)적·건강중심적·치유적인 미래, 퀴어불구의 재생산을 가로막는 미래, 에덜만이 '미래 없음'으로 표현한 역설적인 미래가 '더 접근 가능한 미래'의 이미지로 새롭게 재상상될 수 있기를 기대한다.

번역에 도움을 주신 분들이 있다. 《반란의 매춘부》에 이어 다시 한 번 이 책의 편집을 맡아주신 이정신 선생님께 가장 먼저 감사드린다. 《반란의 매춘부》 작업을 진행하던 중 《페미니스트, 퀴어, 불구》 번역 계약이 함께 이루어졌던 탓에 선생님은 나와의 협업이 얼마나 고되고 답답할지 전혀 예상하지 못하셨을 것이다(하지만 옮긴이로선 참으로 복된 일이다). 투박하고 서툰 원고를 꼼꼼히 뜯어봐주신 덕분에 이 얇지 않은 책이 세상에 나올 수 있었다. 번역에 부족한 부분이 있다면 그것은 오로지 내가 미진한 탓이다. 퇴근 후 컴퓨터 앞에 앉기까지 놓인 수많은 난관을 수월하게 건널 수 있도록 도와준 달걀부리의 승은, 칼리, 멍멍이들에게도 감사를 전한다. 자주 아프고 불성실한 내게 정신 차리라는 잔소리, 산책 나가자는 개소리들이 없었다면, 난 지금도 목디스크, 삼각섬유연골복합체 파열, ADHD, 만성 피로, 직장 스트레스 타령으로 잔뜩 우울한 기운과 자책을 쏟아내고 있었을 것이다. 번역을 핑계로 무거워진 엉덩이를 들고 이제 우리 사랑스러운 반려종들과 밖으로 나가야겠다. 마지막으로, 내가 만난 최초의 장애인, '지나' 이모를 떠올린다. 장애인 가족에게 익숙한 연민이나 죄책감 같은 감정들, 탈시설이나 돌봄 같은 까다로운 질문들을 꼭 붙들고 고민할 수 있도록 이끌어준 이모에게 말로 전할 수 없는 고마움을 표한다.

들어가는 글

1 Michael Gerson, "The Eugenics Temptation", *Washington Post*, October 24, 2007, A19.

2 여기에선 루스 허버드의 표현을 빌렸다. 다음을 참고하라. "Abortion and Disability: Who Should and Who Should Not Inhabit the World?" In *The Disability Studies Reader*, ed. Lennard J. Davis (New York: Routledge, 2006), 93-103. 왓슨의 개괄적인 이력은 그의 전직 조교 중 한 명의 글을 참고하라. Charlotte Hunt-Grubbe, "The Elementary DNA or Dr. Watson", *Sunday Times* (UK), October 14, 2007. 이 기사에서 왓슨은 "우리의 모든 사회 정책은 (아프리카인의) 지능이 우리의 지능과 동일하다는 사실에 기초하지만, 실제로 모든 시험에서 이는 사실이 아닌 것으로 나타난다"라고 한탄한다. 다른 기사에서는 만약 "게이 유전자" 검사가 가능하다면 그 유전자를 가진 태아의 낙태를 지지한다는 그의 주장이 인용되기도 했다. 훗날 그는 이 주장이 어떤 상황에서도 여성의 선택권을 단호히 옹호한다는 의미였다고 해명했다. V. MacDonald, "Abort Babies with Gay Genes, Says Nobel Winner", *Telegraph* (UK), February 17, 1997; Steve Boggan and Glenda Cooper, "Nobel Winner May Sue over Gay Baby Abortion Claim", *Independent* (UK), February 17, 1997; Richard Dawkins, "Letter: Women to Decide on Gay Abortion", *Independent* (UK), February 19, 1997.

왓슨이 충격적인 주장을 일삼는 선동가로 비치는 까닭에 그의 발언은 극단적이고 일탈적인 것으로 무시되곤 한다. 하지만 그의 개인적인 기행은 그의 생각, 특히 장애에 관한 가정이 매우 널리 퍼져 있다는 사실을 바꾸지 못한다. 잘못된 출생(wrongful birth) 소송들이 벌어지고 있는 것도 아마 장애 아동을 낳는 걸 아무도 원치 않는다는 생각이 드러난 현상일지도 모른다. 이 소송에서 부모들은 자궁 내 태아의 장애를 미리 발견하지 못해서 낙태할 수 없게 만든 의사들을 고소한다. 장애 아동과 재생산에 관한 이슈는 3장과 7장에서 논의할 것이다.

3 왓슨은 '미친'을 쓸 때, 다운증후군에 적용되는 동일한 종류의 '상식' 논리를 동원한다. 이러한 관점에서 미침과 다운증후군은 '명백히' 바람직하지 않은 것이며 구제할 수 없는 것으로 여겨진다. 나는 이 책에서 정신질환과 인지장애에 관한 이런 인식들에 대응하고자 한다. 이를 위해 나는 종종 '미친' 같은 멸칭을 빼앗아 재구상할 것이다.

4 Monica J. Casper and Lisa Jean Moore, *Missing Bodies: The Politics of Visibility* (New York: New York University Press, 2009), 4.

5 장애 이론가 톰 셰익스피어와 기자 노라 빈센트(Norah Vincent)는 장애학의 가치와 필요성에 대해 다른 관점을 가지고 있지만(셰익스피어는 장애학을 "위하여"라고 쓰고 빈센트는 장애학에 "반대하여"라고 쓴다), 그들은 장애를 바람직한 것으로 언급하는 입장이 타인을 의도적으로 장애화할 수 있다는 믿음으로 이어질 수 있다는 생각을 공유한다. 가령, 빈센트는 그러한 입장을 고수하게 되면, 태아의 특정한 손상을 방지하려는 의도로 임산부에게 엽산을 주어선 안 된다는 주장으로 이어질 수밖에 없다는 우려를 표한다. 셰익스피어 또한 "만약 손상이 (부정적인 의미가 아니라 중립적인 의미에서) 단지 차이일 뿐이라면" "아이를 통증 없이 더 이상 볼 수도, 들을 수도 없게 만들거나 휠체어를 사용하게끔 만드는 것도 아무런 문제가 없어야 한다"라고 말한다. 이는 비판적 장애학이 장애가 있길 바랄 수 있는 가능성을 부정하는 것이 아니라 그러한 욕망이 가능한 사회적·물질적 조건을 탐구하는 것이어야 한다고 주장하는 니르말라 에레벨레스의 입장과 대조된다. Nirmala Erevelles, *Disability and Difference in Global Contexts: Enabling a Transformative Body Politic* (New York: Palgrave Macmillan, 2011), 29; Tom Shakespeare, *Disability Rights and Wrongs* (London: Routledge, 2006), 64; Norah Vincent, "Enabling Disabled Scholarship," *Salon*, August 18, 1999, http://www.salon.com/books/it/1999/08/18/disability/index.html.

6 인간 내 생물다양성이라는 관점에서 장애를 설명한 글로는 다음을 참고하라. Rosemarie Garland-Thomson, "Welcoming the Unbidden: The Case for Preserving Human Biodiversity," in *What Democracy Looks Like: A New Critical Realism for a Post-Seattle World*, ed. Amy Schrager Lang and Cecelia Tichi (New Brunswick, NJ: Rutgers University Press, 2006), 77-87.

다음도 참고하라. Kenny Fries, *The History of My Shoes and the Evolution of Darwin's Theory* (New York: Carroll & Graf, 2007).

7 대부분의 체험 활동은 이동성 손상/휠체어, 시각장애/눈가리개에 집중하지만, 나는 청각장애/음소거 헤드셋, 심지어 언어장애/구슬을 이용하는 활동(학생의 입 속에 구슬을 넣고 말하게 하는 식의 활동)에 대해서도 들어본 적이 있다. 그러나 다른 장애에 대해 이런 활동을 하는 것 같지는 않다. 예를 들어, 만성질환, 만성 통증, 만성 피로 등은 아마 사람들이 이를 어떻게 느끼는지 알고 있다고 전제하는 까닭인지, 굳이 체험하려 하지 않는다. 나는 체험 활동이 지팡이, 휠체어 같은 소품이나 장비와 함께 제공되는 탓에 재미있어 보이는 활동들로만 한정되는 것은 아닌지 의심스럽다. 정신장애 및 화학물질과민증 등은 덜 가시화되어 있으며, 그 이유로 더 무섭게 여겨지기도 한다. 체험이 언제 시작되고 끝나는지 확인하기 어려워서, 이러한 활동이 궁극적으로 추구하는 〈장애와의〉 거리두기의 역학을 방해하기 때문이다. 이처럼 몇몇 손상은 입고 벗기가 어렵다.

8 Tobin Siebers, *Disability Theory* (Ann Arbor: University of Michigan Press, 2008), 29. 장애 체험 활동에 관한 또 다른 비평으로는 다음을 참고하라. Art Blaser, "Awareness Days: Some Alternatives to Simulation Exercises," *Ragged Edge Online*, September/October 2003, http://www.raggededgemagazine.com/0903/0903ft1.html.

9 Simi Linton, *Claiming Disability: Knowledge and Identity* (New York: New York University Press, 1998), 11.

10 모든 의료 전문가가 장애의 개별적/의료적 모델을 수용하는 것도 아니다. 서비스 제공자가 협력자이거나 활동가인 경우도 많으며, 장애가 있는 의료 전문가 또한 분명히 존재한다. 레슬리 레이건(Leslie J. Reagan)이 지적하듯, "의료적 모델에 대한 장애 비평은 …… 아마도 사회 재건보다 의학 및 의료적 해결을 우선시하는 의료 전문가들만을 비판한다기보다 사회 전체에 대한 비판으로 이해하는 게 옳을 것이다". Leslie J. Reagan, *Dangerous Pregnancies: Mothers, Disabilities, and Abortion in Modern America* (Berkeley: University of California Press, 2010), 65.

11 Denis Dutton, "What Are Editors For," *Philosophy and Literature* 20 (1996): 551-66, 접속일 September 24, 2009, http://www.denisdutton.com/what_are_editors_for.htm. 강조는 원저자.

12 이를 분명히 하기 위해 더튼은 크레틴병의 증상을 목록화해 제시한다. "신체적 증상(발육 부진, 두꺼운 입술, 벌어지고 침이 흘러나오는 입, 넓적하고 평평한 얼굴, 누르스름한 피부 등) 및 천치나 바보 수준의 지적 박약은 그 자체로 의학적 상태다." Dutton, "What Are Editors For."

13 Rosemarie Garland-Thomson, "Integrating Disability, Transforming Feminist Theory," in *Gendering Disability*, ed. Bonnie Smith and Beth

Hutchison (New Brunswick, NJ: Rutgers University Press, 2004), 77.

14 이런 현상에 관해 가장 잘 알려진 일례로 다음을 참고하라. Susan Wendell, *The Rejected Body: Feminist Philosophical Reflections on Disability* (New York: Routledge, 1996).

15 Jim Swan, "Disabilities, Bodies, Voices," in *Disability Studies: Enabling the Humanities*, ed. Sharon L. Snyder, Brenda Jo Brueggemann, and Rosemarie Garland-Thomson (New York: Modern Languages Association, 2002), 293.

16 셰익스피어는 장애 비평이 의료적 모델에 초점을 맞추는 것을 주요 대상으로 삼는 것은 잘못이라고 이야기한다. 의료적 접근을 적극적이고 노골적으로 주장하는 사람은 아무도 없기 때문이다. "자세히 들여다보면, 그것은 허수아비 때리기에 지나지 않는다"라는 것이다(의료적 접근 방식은 단일하지 않으며, 그 어떤 의료적 조치들보다 사회 변화를 최우선으로 지지하는 서비스 제공자도 많기 때문에). 나 역시 의료적 모델에 대한 평가가 지나치게 단순하고 환원주의적이라는 데 동의한다. 하지만 장애, 손상, 장애 있는 몸/마음에 대한 의학적 구조 및 정의는 여전히 우리 문화 속에 가장 널리 퍼져 있는 인식 틀이다. Shakespeare, *Disability Rights and Wrongs*, 18.

17 Janet Price and Margrit Shildrick, "Uncertain Thoughts on the Dis/abled Body," *Vital Signs: Feminist Reconfigurations of the Bio/logical Body*, ed. Margrit Shildrick and Janet Price (Edinburgh: Edinburgh University Press, 1998), 243, 246.

18 B. J. Gleeson, "Disability Studies: A Historical Materialist View," *Disability and Society* 12, no. 2 (1997): 193. 이와 관련해 다음도 참고하라. Shakespeare, *Disability Rights and Wrongs*.

19 Wendell, *Rejected Body*, 14. 다음도 참고하라. Shelley Tremain, "On the Subject of Impairment," in *Disability/Postmodernity: Embodying Political Theory*, ed. Mairian Corker and Tom Shakespeare (New York: Continuum, 2002), 32-47.

20 일례로 다음을 참고하라. Adrienne Rich, "Notes Toward a Politics of Location," *Blood, Bread, Poetry: Selected Prose, 1979-1985* (New York: W. W. Norton, 1994): 210-31.

21 마이클 베뤼베(Michael Bérubé) 역시 사회적·구조적 변화가 필요하며 이미 그것이 이루어졌어야 함에도 불구하고, "인지적 손상이 있는 사람은 …… 어떤 환경이 구축되더라도 손상이 일어날 수 있다"라면서 사회적 모델이 인지적·지적 손상을 적절하게 다룰 수 없다고 말한다. Michael Bérubé, "Term Paper," *Profession* (2010): 112. 그밖에 사회적 모델에 대한 최근 비판들, 특히 논쟁 상황에서 특정한 질문을 배제하는 문제에 대해서는 다음을 참고하라.

Julie Livingston, "Insights from an African History of Disability," *Radical History Review* 94 (Winter 2006): 111-26; Anna Mollow, "'When Black Women Start Going on Prozac': Race, Gender, and Mental Illness in Meri Nana-Ama Danquah's *Willow Weep for Me*," *MELUS* 31, no. 3 (2006): 67-99; Anna Mollow and Robert McRuer, introduction to *Sex and Disability*, ed. Robert McRuer and Anna Mollow (Durham, NC: Duke University Press, 2012), 1-34; Shakespeare, *Disability Rights and Wrongs*.

22 Liz Crow, "Including All of Our Lives: Renewing the Social Model of Disability," in *Encounters with Strangers: Feminism and Disability*, ed. Jenny Morris (London: The Women's Press, 1996), 210. 급진적 활동으로 인해 생긴 트라우마와 우울증의 중요성에 대해 날카로운 분석 및 감동적인 통찰을 제공하는 글, 헤더 러브가 말하는 "퇴보하는 느낌(feeling backward)"에 관한 글로는 다음을 참고하라. Ann Cvetkovich, *An Archive of Feelings: Trauma, Sexuality, and Lesbian Public Cultures* (Durham, NC: Duke University Press, 2003); Heather Love, *Feeling Backward: Loss and the Politics of Queer History* (Cambridge, MA: Harvard University Press 2007).

23 Tom Shakespeare, "The Social Model of Disability," in *The Disability Studies Reader*, 2nd ed., ed. Lennard J. Davis (New York: Routledge, 2006), 199.

24 더튼은 대표적으로 인종을 예로 들면서 1960년대의 "검은 것은 아름답다 (Black is Beautiful)" 운동에 해당하는 장애란 있을 수 없다고 주장한다.

25 Simone Chess, Alison Kafer, Jessi Quizar, and Mattie Udora Richardson, "Calling All Restroom Revolutionaries!" in *That's Revolting! Queer Strategies for Resisting Assimilation*, ed. Matt Bernstein Sycamore (New York: Soft Skull, 2004), 189-206. PISSAR에 대한 자세한 논의는 7장을 참고하라.

26 Chantal Mouffe, *The Return of the Political* (London: Verso, 1993), 3.

27 Jodi Dean, "Introduction: The Interface of Political Theory and Cultural Studies," in *Cultural Studies and Political Theory*, ed. Jodi Dean (Ithaca, NY: Cornell University Press, 2000), 6.

28 Dean, "Introduction: The Interface of Political Theory," 4; 강조는 저자.

29 비장애중심주의를 검토한 연구로는 다음을 참고하라. Fiona Kumari Campbell, *Contours of Ableism: The Production of Disability and Abledness* (New York: Palgrave Macmillan, 2009). 강제적 비장애신체성에 대해서는 다음을 참고하라. Robert McRuer, "Compulsory Able-Bodiedness and Queer/Disabled Existence," in *Disability Studies: Enabling the Humanities*, ed. Sharon L. Snyder, Brenda Jo Brueggemann, and Rosemarie Garland-

Thomson (New York: Modern Language Association, 2002): 88-99; Alison Kafer, "Compulsory Bodies: Reflections on Heterosexuality and Able-bodiedness," *Journal of Women's History* 15, no. 3 (2003): 77-89.

30   Susan M. Schweik, *The Ugly Laws: Disability in Public* (New York: New York University Press, 2009), 280.

31   장애 정체성에 관한 다른 비판적 설명으로는 다음을 참고하라. Gloria Anzaldúa, "Disability and Identity," in *The Gloria Anzaldúa Reader*, ed. AnaLouise Keating (Durham, NC: Duke University Press, 2009), 298-302; Robert McRuer, *Crip Theory: Cultural Signs of Queerness and Disability* (New York: New York University Press, 2006); Anna Mollow, "Identity Politics and Disability Studies: A Critique of Recent Theory," *Michigan Quarterly Review* 43, no. 2 (2004): 269-96.

32   Ben Pitcher and Henriette Gunkel, "Q&A with Jasbir Puar," *darkmatter Journal*, 접속일 December 3, 2009, http://www.darkmatter101.org/site/2008/05/02/qa-with-jasbir-puar/.

33   Joan W. Scott, "Cyborgian Socialists?" in *Coming to Terms: Feminism, Theory, Politics*, ed. Elizabeth Weed (New York: Routledge, 1989), 216.

34   Linton, *Claiming Disability*, 4, 강조는 저자.

35   철학 분야에서는 인지적 손상을 다루는 문헌들이 꽤 많은데, 부분적으로 이는 그 분야와 주변 담론들이 합리성을 중요하게 여기기 때문이다. 그러나 철학 분야에서 해당 주제를 장애학적으로 접근한 사례는 매우 드물다. 예외적인 사례로는 다음을 참고하라. Licia Carlson, "Cognitive Ableism and Disability Studies: Feminist Reflections on the History of Mental Retardation," *Hypatia* 16, no. 4 (2001): 128-33; Licia Carlson, *The Faces of Intellectual Disability* (Bloomington: Indiana University Press, 2010); Sophia Isako Wong, "At Home with Down Syndrome and Gender," *Hypatia* 17, no. 3 (2002): 89-117. 장애학의 관점에서 인지적 손상을 다룬 중요한 역사 문헌도 있다. 그 예로는 다음을 참고하라. Martin S. Pernick, *The Black Stork: Eugenics and the Death of "Defective" Babies in American Medicine and Motion Pictures since 1915* (New York: Oxford University Press, 1996); James W. Trent, Jr., *Inventing the Feeble Mind: A History of Mental Retardation in the United States* (Berkeley: University of California Press, 1995).

36   Margaret Price, *Mad at School: Rhetorics of Mental Disability and Academic Life* (Ann Arbor: University of Michigan Press, 2011); Ellen Samuels, "My Body, My Closet: Invisible Disability and the Limits of Coming-Out Discourse," *GLQ: A Journal of Lesbian and Gay Studies* 9, nos. 1-2 (2003): 233-55; Susan Wendell, "Unhealthy Disabled: Treating Chronic Illnesses

as Disabilities," *Hypatia: A Journal of Feminist Philosophy* 16, no. 4 (2001): 17-33.

37   시뇨렐로(L. B. Signorello) 등은 "당뇨 발병률의 인종 격차가 발생하는 이유는 분명하지 않지만, 행동적·환경적·사회경제적·생리적·유전적 요인 모두 영향을 미친다"라고 설명한다. 그들의 연구 결과는 이러한 차이들이 "인종" 그 자체가 아니라, 사회경제적 지위를 포함한 기존의 다른 위험 요인들에 의해 기인할 수 있다는 점을 시사한다. L. B. Signorello et al., "Comparing Diabetes Prevalence between African Americans and Whites of Similar Socioeconomic Status," *American Journal of Public Health* 97, no. 12 (2007): 2260. 인종 기반 의학에 대한 비판으로는 다음을 참고하라. Dorothy Roberts, *Fatal Invention: How Science, Politics, and Big Business Re-create Race in the Twenty-first Century* (New York: The New Press, 2011).

38   Chris Bell, "Introducing White Disability Studies: A Modest Proposal," in *The Disability Studies Reader*, 2nd ed. (New York: Routledge, 2006): 275–82. 니르말라 에레벨레스와 안드레아 미니어(Andrea Minear)는 장애학의 렌즈를 통해 교차성 이론에 대한 생산적인 해석을 제시한다. 그들은 장애학 내의 백인중심주의와 비판적 인종학 내의 장애에 대한 무관심을 심문하는 작업을 병행한다. Nirmala Erevelles and Andrea Minear, "Unspeakable Offenses: Untangling Race and Disability in Discourses of Intersectionality," *Journal of Literary and Cultural Disability Studies* 4, no. 2 (2010): 127-45. 다음도 참고하라. Corbett Joan O'Toole, "The Sexist Inheritance of the Disability Movement," in *Gendering Disability*, ed. Bonnie G. Smith and Beth Hutchison (New Brunswick, NJ: Rutgers University Press, 2004), 294-95.

39   Carrie Sandahl, "Queering the Crip or Cripping the Queer: Intersections of Queer and Crip Identities in Solo Autobiographical Performance," *GLQ* 9, nos. 1-2 (2003): 27; Robert McRuer, *Crip Theory: Cultural Signs of Queerness and Disability* (New York: New York University Press, 2006), 36.

40   Robert Hoffmeister, "Border Crossings by Hearing Children of Deaf Parents: The Lost History of Codas," in *Open Your Eyes: Deaf Studies Talking*, ed. H-Dirksen L. Bauman (Minneapolis: University of Minnesota Press, 2008), 189-215; Lennard J. Davis, *My Sense of Silence: Memoirs of a Childhood with Deafness* (Champaign: University of Illinois Press, 2000). 브렌다 조 브루그먼은 농 정체성 및 정체성들 사이의 공간을 생산적으로 검토한다. Brenda Jo Brueggemann, *Deaf Subjects: Between Identities and Places* (New York: New York University Press, 2009).

41   McRuer, *Crip Theory*, 36-37.

42 Linton, *Claiming Disability*, 13. 다음도 참고하라. Carlson, *Faces of Intellectual Disability*, 192-94.

43 줄리 리빙스턴(Julie Livingston)은 보츠와나에서 진행한 장애 연구를 바탕으로 "장애 그 자체"뿐만 아니라, 만성질환, 노화, 광범위한 손상을 포괄하기 위해 "쇠약(debility)"이라는 용어를 장애의 대안으로 제시한다. Livingston, "Insights," 113.

44 Ladelle McWhorter, *Foucault and the Government of Disability*, ed. Shelley Tremain (Ann Arbor: University of Michigan Press, 2005), xv.

45 페미니즘 정치 운동 및 연합 활동 내에서 페미니스트로 정체화하지 않는 여성을 포함하는 것에 대한 논의로는 다음을 참고하라. Sohera Syeda and Becky Thompson, "Coalition Politics in Organizing for Mumia Abu-Jamal," in *Feminism and Antiracism: International Struggles for Justice*, ed. France Winddance Twine and Kathleen M. Blee (New York: New York University Press, 2001), 193-219.

46 레너드 데이비스는 장애와 정체성 정치에 관한 그의 최근 연구에서 페미니즘 및 퀴어 이론가들의 연구를 서두에서 비판하고, (페미니즘, 퀴어 이론과는 뚜렷이 구별되는) 장애가 정체성 정치 문제의 해결책을 제공할 수 있다고 주장하면서 정체성 이론에 관한 더 나아간 서술을 제시한다. 다음을 참고하라. Lennard J. Davis, *Bending Over Backwards: Disability, Dismodernism, and other Difficult Positions* (New York: New York University Press, 2002), 9-32. 페미니즘, 퀴어 이론 및 운동을 바라보는 데이비스의 설명에 대한 간략한 비판은 다음을 참고하라. McRuer, *Crip Theory*, 202.
페미니즘과의 연계를 분명히 하고 싶은 나의 바람은 "이런 연구 분야[퀴어 이론, 페미니즘]들이 반드시 구별되고, 분리되며, 서로 어울리지 않는다는 생각에 이의를 제기하는" 가야트리 고피나스(Gayatri Gopinath)의 퀴어 디아스포라 연구를 계승한 것이다. Gayatri Gopinath, *Impossible Desires: Queer Diasporas and South Asian Public Cultures* (Durham, NC: Duke University Press, 2005), 16.

47 Nancy Mairs, *Plaintext: Essays* (Tucson: University of Arizona Press, 1992), 9.

48 쳐다보기의 역학에 대해서는 다음을 참고하라. Rosemarie Garland-Thomson, *Staring: How We Look* (New York: Oxford University Press, 2009).

49 Eli Clare, *Exile and Pride: On Disability, Queerness, and Liberation* (Boston: South End Press, 1999), 70.

50 Sandahl, "Queering the Crip," 53n1; McRuer, *Crip Theory*, 35.

51 '비판적 장애학'은 장애 및 장애학의 이러한 지향을 담고 있는 또 다른 용어다.

마그리트 실드릭이 설명하듯, 비판적 장애학은 "장애의 사회적 모델의 독창적인 도전이 더 이상 역동적인 모델을 제공하지 못한다고 보는 …… 사람들이" 선호하는 프레임이다. Margrit Shildrick, *Dangerous Discourses of Disability, Subjectivity, and Sexuality* (New York: Palgrave Macmillan, 2009), 15.

52 Sandahl, "Queering the Crip," 27.

53 내가 페미니즘 장애학(또는 퀴어 장애학)과 불구 이론의 경계를 엄격히 나누는 것이 내키지 않는 이유 중 하나는 모순적인 전략 및 인식론이 종종 같은 이름으로 순환한다는 인식 때문이다. 예를 들어, 메리 리사 존슨(Merri Lisa Johnson)은 '페미니즘 장애학'으로 불리는 어떤 연구들은 의학 용어를 일절 쓰지 않는 반면, 어떤 페미니즘 장애학의 접근은 그렇지 않다고 설명한다. 이와 유사하게 일부 '장애학' 문헌에서는 장애인/비장애인 이분법을 해체하는 반면, 다른 문헌에서는 이를 구체화하기도 한다. 이에 더해, 나는 접근법을 바꾸면 현장의 모든 문제를 해결할 수 있다는 듯이, '불구 이론'이 장애학을 계승하는 서술인 것처럼 자리 잡게 될까 봐 걱정된다(그리된다면 불구 이론은, 벨(Bell)의 용어를 빌리자면, **백인** 불구 이론으로 비판받을 수도 있다). 맥루어와 샌달 모두 불구 이론을 이런 식으로 활용하지 않았으며, 나는 두 사람이 모두 여전히 '장애학' 연구를 실천하고 그 용어를 사용하고 있음을 덧붙이고 싶다. 나는 그들의 용어 구분이 해당 분야들에서 추구하는 목표를 실현하고자 쏟는 노력을 그대로 유지시키면서 장애 및 장애학에 논쟁적인 접근을 불러일으키고 있다고 믿는다. 페미니즘 장애학과 불구 페미니즘(crip feminism) 사이의 차이점을 개괄하는 데 관심 있는 이론가 중 하나로 다음을 참고하라. Merri Lisa Johnson, "Crip Drag Swan Queen: Two Readings of Darren Aronofsky's *Black Swan*," National Women's Studies Association Conference, Atlanta, GA, November, 2011.

54 '강제적 비장애정신성'은 (단지) 신체적 기능이나 외양을 지시하는 것으로는 쉽게 설명할 수 없는 정상화의 관행, 가정, 배제를 포착하는 개념이다. 가령, 크리스틴 하먼(Kristen Harmon)은 "비장애신체성" 개념이 그녀가 "강제적 청음(compulsory hearing)"이라고 부르는 것을 충분히 다룰 수 없다고 주장한다. Kristen Harmon, "Deaf Matters: Compulsory Hearing and Ability Trouble," in *Deaf and Disability Studies: Interdisciplinary Perspectives*, ed. Susan Burch and Alison Kafer (Washington, DC: Gallaudet University Press, 2010), 42. 강제적 비장애정신성에 대한 폭넓은 분석으로는 다음을 참고하라. Andrea Nicki, "The Abused Mind: Feminist Theory, Psychiatric Disability, and Trauma," *Hypatia* 16, no. 4 (2001): 80–104; Margaret Price, *Mad at School: Rhetorics of Mental Disability and Academic Life* (Ann Arbor: University of Michigan Press, 2010).

55 애나 몰로우도 우울증과 정신질환을 논의하면서, 정신질환에 관한 고민들에 온전히 참여하기 위해서는 장애학은 자신을 인도하는 체계 및 용어를 전환해야

한다는 주장을 펼친 바 있다. Mollow, "'When *Black* Women Start Going on Prozac.'". 다음도 참고하라. Elizabeth J. Donaldson, "Revisiting the Corpus of the Madwoman: Further Notes toward a Feminist Disability Studies Theory of Mental Illness," in *Feminist Disability Studies*, ed. Kim Q. Hall (Bloomington: Indiana University Press, 2011), 91-113.

56   Judith Butler, *Bodies That Matter: On the Discursive Limits of "Sex"* (New York: Routledge, 1993), 223.

57   캐리 샌달은 퀴어 이론(그리고 내가 덧붙이고 싶은 장애학)이 "내적 차이를 흡수하고 평탄화하려는 경향, 특히 구성원들의 물질적·문화적 차이를 무화하고, 다른 누구보다도 게이 백인 남성 [또는 중산층 백인 남성 휠체어 사용자]들의 불안을 더 중요하게 여기는 경향"이 있다는 데 주목하면서 이와 비슷한 희망과 우려를 드러낸 바 있다. Sandahl, "Queering the Crip," 27.

58   마틸다(Mattilda)는 교차적인 작업의 "까다로움" 속에서 "엄격한 분석의 가능성이 생겨난다"라고 말한 바 있다. Jason Ruiz, "The Violence of Assimilation: An Interview with Mattilda aka Matt Bernstein Sycamore," *Radical History Review* 100 (Winter 2008): 239.

59   Jasbir K. Puar, *Terrorist Assemblages: Homonationalism in Queer Times* (Durham, NC: Duke University Press, 2007), 212.

60   물론, 이런 논문이나 발표의 부족은 다른 분야에서 더욱 두드러진다. 장애학 주제의 논문이나 장애 이론을 활용한 연구는 문화 연구와 비판 이론을 다루는 수많은 학술대회에서 좀처럼 찾아보기 어렵다.

61   Puar, *Terrorist Assemblages*, 209; 원문에서 강조.

62   로버트 맥루어와 애나 몰로우처럼, 재닛 프라이스와 마그리트 실드릭 역시 몇몇 공동 연구를 통해 장애 정체화에 대한 욕구와 실천에 대해 탐구한다. 다음을 참고하라. Price and Shildrick, "Uncertain Thoughts"; Mollow and McRuer, introduction to *Sex and Disability*.

63   존 B. 켈리(John B. Kelly)의 쿼드 럭비(휠체어 럭비) 분석은 비장애중심주의 또는 (그의 표현에 따르자면) 비장애 이데올로기(ideology of ability)가 장애인 **사이의** 관계에 영향을 미친다는 것을 강하게 상기시켜준다. John B. Kelly, "'It Could Have Been Worse': Quadriplegic Athletes and the Ideology of Ability," Society for Disability Studies Annual Meeting, Chicago, June 2000.

64   Eve Kosofsky Sedgwick, *Tendencies* (Durham, NC: Duke University Press, 1994), xiv. 다음도 참고하라. Margaret Price, "'Her Pronouns Wax and Wane': Psychosocial Disability, Autobiography, and Counter-Diagnosis," *Journal of Literary and Cultural Disability Studies* 3, no. 1 (2009): 11-33.

65   Robert McRuer and Abby L. Wilkerson, "Introduction," *GLQ: A Journal of*

Lesbian and Gay Studies 9, nos. 1-2 (2003): 13.

1. 장애학의 시간과 불구의 미래

1   David Penna and Vickie D'Andrea-Penna, "Developmental Disability," in *Encyclopedia of U.S. Disability History*, ed. Susan Burch (New York: Facts on File, 2009), 261-62.

2   서문에서 언급했듯이 **장애인** 또한 일시적인 범주일 수 있다. 어떤 사람들은 일생에 걸쳐 증상의 발현이 반복적으로 나타났다 사라지는 질병이나 장애를 가지기도 하고, 또 어떤 이들은 의료적 개입이나 '시간의 흐름에 따라' 질병이나 장애가 치유되는 것을 목격하기도 한다. 더욱이 **장애인**의 의미는 맥락에 따라, 그리고 맥락 내에서 두드러지게 변화하기 때문에 나는 시간을 초월한 정의를 내리는 것이 헛되고 잘못된 일이라고 생각한다. 마그리트 실드릭이 상기시켜주듯, 비판적 장애학의 과업 중 일부는 장애 있는 몸과 장애 없는 몸, 혹은 장애인과 비장애인의 구분에 문제를 일으키는 것이다. Margrit Shildrick, *Dangerous Discourses of Disability, Subjectivity, and Sexuality* (New York: Palgrave Macmillan, 2009); Janet Price and Margrit Shildrick, "Uncertain Thoughts on the Dis/abled Body," in *Vital Signs: Feminist Reconfigurations of the Bio/logical Body*, ed. Margrit Shildrick and Janet Price (Edinburgh: Edinburgh University Press, 1998), 224-49.

3   같은 책에서 마이클 베뤼베는 장애를 포함한 "정체성을 다루는 우리의 이론 안에 있는 시간성에 대해" 설명할 것을 요구한다. Sharon Snyder, Brenda Brueggemann, and Rosemarie Garland-Thomson, "Introduction: Integrating Disability in Theory and Scholarship," in *Disability Studies: Enabling the Humanities*, ed. Sharon Snyder, Brenda Brueggemann, and Rosemarie Garland-Thomson (New York: Modern Language Association of America, 2002), 2; Michael Berube, "Afterword: If I Should Live So Long," in *Disability Studies: Enabling the Humanities*, ed. Sharon Snyder, Brenda Brueggemann, and Rosemarie Garland-Thomson (New York: The Modern Language Association of America, 2002), 339.

4   Donald McNeil, Jr., "Broad Racial Disparities Seen in Americans' Ills," *New York Times*, January 14, 2011. 연구자들은 특히 나이 듦에 따라 이성애자와 게이, 레즈비언, 바이섹슈얼 사이에 이와 유사한 건강 격차가 있음을 지적한다. Roni Caryn Rabin, "Disparities: Illness More Prevalent among Older Gay Adults," *New York Times*. April 1, 2011.

5   Irving Kenneth Zola, "The Language of Disability: Problems of Politics

and Practice," *Australian Disability Review*, 1988, 접속일 January 6, 2011, http://www.disabilitymuseum.org/lib/docs/813.card.htm; Carol J. Gill, "A Psychological View of Disability Culture," *DSQ: Disability Studies Quarterly* 15, no. 4 (1995): 16–19.

6 일부 독자들은 "불구의 시간"과 "유색인의 시간", "퀴어의 시간"의 유사점을 인식할 것이다.

7 *Dictionary of American Slang*, "crip time," 접속일 January 6, 2011, http://www.diclib.com/cgi-bin/d1.cgi?base=amslang&page=showid&id=2159.

8 케이트 본스타인(Kate Bornstein)은 트랜스젠더로 정체화한 사람들이 이와 비슷한 시간적 욕구를 느낄 수도 있다고 말한다. "새롭게 트랜스젠더가 된 사람들은 …… 대부분의 사람들보다 조금 더 느리게 움직인다. 그 혹은 그녀는 기존에 익힌 이동 방법을 버리고, 새로운 이동 방법을 터득해간다. 사람들이 가장 먼저 노력하는 것 중 하나는 정상적인 속도로 움직이는 것이다." Kate Bornstein, *Gender Outlaw: On Men, Women, and the Rest of Us* (New York: Vintage, 1995), 87.

9 Margaret Price, *Mad at School: Rhetorics of Mental Disability and Academic Life* (Ann Arbor: University of Michigan Press, 2011), 62. 다음도 참고하라. Margaret Price, "Access Imagined: The Construction of Disability in Conference Policy Documents," *DSQ: Disability Studies Quarterly* 29, no. 1 (2009), http://www.dsq-sds.org/article/view/174/174.

10 시간성에 대한 퀴어적 접근의 사례로는 Judith Halberstam, *In a Queer Time and Place: Transgender Bodies, Subcultural Lives* (New York: New York University Press, 2005); Elizabeth Freeman, ed., "Queer Temporalities," special issue of *GLQ: A Journal of Gay and Lesbian Studies* 13, nos. 2–3 (2007)을 참고하라. 엘리자베스 프리먼과 헤더 러브가 퀴어 역사 및 퀴어 사학사 연구에 참여했던 것과 마찬가지로, 미래에 대한 리 에덜먼의 격론과 퀴어 미래성에 대한 호세 에스테반 무뇨스의 설명 역시 시간성에 대한 더 넓은 퀴어적 탐구의 일부로 볼 수 있다. Lee Edelman, *No Future: Queer Theory and the Death Drive* (Durham, NC: Duke University Press, 2004); Jose Esteban Muñoz, *Cruising Utopia: The Then and There of Queer Futurity* (New York: New York University Press, 2009); Elizabeth Freeman, *Time Binds: Queer Temporalities, Queer Histories* (Durham, NC: Duke University Press, 2010); Heather Love, *Feeling Backward: Loss and the Politics of Queer History* (Cambridge, MA: Harvard University Press, 2009).
2009년 장애학회 학술대회에서는 "지금은 '우리의' 시간: 장애학을 향해, 장애학으로부터 가는 경로: 과거, 현재, 미래"라는 일반 주제를 내걸고 시간성에 대해 언급했지만, 그 학술대회에서 퀴어 시간성을 다룬(혹은 미래성과 시간성 이론을 전반적으로 다룬) 논문은 거의 없었다. 이와 유사하게, 이 학술대회에 참가했던 논문을 소개한 《DSQ》 특별호에서도 시간성에 대한 퀴어적 접근은 다루어지지 않았다. Jim Ferris, ed., "In (Disability) Time," *DSQ: Disability Studies Quarterly* 30, nos. 3-4 (2010).

11 캐리 샌달이 말했듯, "불구화는 장애 없는 몸에 대한 가정 및 그것의 배제 효과를 폭로하기 위해 주류의 재현이나 실천을 각색한다". 나는 "퀴어의 시간"에 시선을 돌려, "주류의 재현이나 실천"뿐만 아니라 **퀴어적** 재현이나 실천까지 포함될 수 있도록 불구화의 영역을 확대할 것을 제안한다. 퀴어적 재현이나 실천은 어떻게 "장애 없는 몸에 대한 가정 및 그것의 배제 효과를 폭로"할 수 있을까? Carrie Sandahl, "Queering the Crip, or Cripping the Queer? Intersections of Queer and Crip Identities in Solo Autobiographical Performance," *GLQ: A Journal of Lesbian and Gay Studies* 9, nos. 1-2 (2003): 37.

12 재활을 퀴어적으로 예리하게 해석한 사례로는 다음을 참고하라. Robert McRuer, *Crip Theory: Cultural Signs of Queerness and Disability* (New York: New York University Press, 2006), 특히 103-45.

13 치료를 원하는 개인의 욕구가 반드시 치유적 상상에 대한 집착을 나타내는 것만은 아니며, 강한 불구 소속감과 함께 발현될 수 있는 것처럼, 이런 질문들도 치유적 시간성과 별개로 존재할 수 있다. 실제로, 비장애인/장애인 이분법에 문제를 일으키거나 장애 범주 및 진단에 가정된 안정성을 저해할 수 있는 경우, 이런 질문들도 불구 시간성을 활성화하는 데 활용될 수 있다. 여기서는 이런 질문들이 보이는 더 일반적인 면만을 언급하였다.

14 Carla Freccero, "Fuck the Future," *GLQ: A Journal of Gay and Lesbian Studies* 12, no. 2 (2006): 332-34.

15 Edelman, *No Future*, 11. 다음도 참고하라. Lauren Berlant, *The Queen of America Goes to Washington City: Essays on Sex and Citizenship* (Durham, NC: Duke University Press, 1997).

16 앞의 글, 11, 3.

17 앞의 글, 3.

18 Patrick McCreery, "Save Our Children/Let Us Marry: Gay Activists Appropriate the Rhetoric of Child Protectionism," *Radical History Review* 2008, no. 100 (2008): 186-207.

19 "양성" 진단 검사를 한다고 해서 아이에게 특정한 장애가 있다는 것을 확실히 알 수 없고, 대부분 검사는 아이의 손상 정도를 판단할 수 없다. 예를 들어, 다운증후군 아동의 기능 수준은 개별적으로 크게 다르다. 산전 검사 관행에 대한 확장된 분석은 다음을 참고하라. Rayna Rapp, *Testing Women, Testing the Fetus: The Social Impact of Amniocentesis in America* (New York: Routledge, 1999); Janelle S. Taylor, *The Public Life of the Fetal Sonogram: Technology,*

Consumption, and the Politics of Reproduction (New Brunswick, NJ: Rutgers University Press, 2008).

20   Edelman, *No Future*, 30.

21   Shannon Winnubst, "Temporality in Queer Theory and Continental Philosophy," *Philosophy Compass* 5, no. 2 (2010): 138.

22   산전 검사로 탐지된 태아의 상태에 대부분 적용할 수 있는 유일한 '치유법'은 선별적 임신중지다. 최근 태아를 대상으로 한 수술이 획기적으로 발전했지만, 아직 예비적 단계이며 특정한 조건에서만 적용할 수 있다. 다음을 참고하라. Pam Belluck, "Success of Spina Bifida Study Opens Fetal Surgery Door," *New York Times*, February 9, 2011, A1.

23   *Buck v. Bell*, 274 U.S. 200, 1927, 접속일 September 13, 2010, http://laws.findlaw.com/us/274/200.html. 다음도 참고하라. Paul Lombardo, *Three Generations, No Imbeciles: Eugenics, the Supreme Court, and Buck v. Bell* (Baltimore, MD: The Johns Hopkins University Press, 2008).

24   미국 내 우생학의 역사에 대해서는 다음을 참고하라. Susan Burch and Hannah Joyner, *Unspeakable: The Story of Junius Wilson* (Chapel Hill: University of North Carolina Press, 2007); Wendy Kline, *Building a Better Race: Gender, Sexuality, and Eugenics from the Turn of the Century to the Baby Boom* (Berkeley: University of California Press, 2001); Nancy Ordover, *American Eugenics: Race, Queer Anatomy, and the Science of Nationalism* (Minneapolis: University of Minnesota Press, 2003); Martin S. Pernick, *The Black Stork: Eugenics and the Death of "Defective" Babies in American Medicine and Motion Pictures since 1915* (New York: Oxford University Press, 1996); Michael A. Rembis, *Defining Deviance: Sex, Science, and Delinquent Girls, 1890–1960* (Champaign: University of Illinois Press, 2011); Johanna Schoen, *Choice and Coercion: Birth Control, Sterilization, and Abortion in Public Health and Welfare* (Chapel Hill: University of North Carolina Press, 2005); Steven Selden, *Inheriting Shame: The Story of Eugenics and Racism in America* (New York: Teachers College Press, 1999); James Trent, *Inventing the Feeble Mind: A History of Mental Retardation in the United States* (Berkeley: University of California Press, 1994).

25   그 사례로 다음을 참고하라. Elena R. Gutierrez, *Fertile Matters: The Politics of Mexican-Origin Women's Reproduction* (Austin: University of Texas Press, 2008); Jennifer Nelson, *Women of Color and the Reproductive Rights Movement* (New York: New York University Press, 2003); Dorothy Roberts, *Killing the Black Body: Race, Reproduction, and the Meaning of Liberty* (New York: Vintage, 1999).

26 공동체에 기반한 돌봄의 필요성과 시설화에 대한 자세한 내용은 다음을 참고
    하라. Laura Hershey, *Just Help* (미출간 원고), 271–72; Harriet MacBryde
    Johnson, "The Disability Gulag," *New York Times Magazine*, November
    23, 2003, http://www.nytimes.com/2003/11/23/magazine/the-disability-
    gulag.html; Jennifer LaFleur, "Nursing Homes Get Old for Many with
    Disabilities," *ProPublica*, June 21, 2009, http://www.propublica.org/article/
    nursing-homes-get-old-for-many-with-disabilities-621.

27 Mary Storer Kostir, "The Family of Sam Sixty," in *White Trash: The Eugenic
    Family Studies, 1877–1919*, ed. Nicole Hahn Rafter (Boston: Northeastern
    University Press, 1988), 208, 강조는 원문.

28 원문은 다음과 같다. "공동체는 자신의 생식력을 통제할 수 없는 정신질환자 및
    정신 결핍자인 구성원들이 부모가 되는 문제를 다루기 위해 아래의 세 가지 과
    정 중 하나를 따를 수 있다. 1. 아무것도 하지 않는 것이다. 이것은 대다수의 공
    동체가 지금 하고 있는 일이다. 이것은 그 공동체나 환자들에게 만족스러운 결
    과를 제공하지 못한다. 이것은 미래 세대에 처참한 결과를 초래할 것이다. 2. 이
    것은 여생 동안, 혹은 최소한 재생산이 가능한 시기 동안 그 환자들을 가둬두
    는 것이다. 소수가 아닌 다수에게 적용하기에는 비용이 너무 많이 들기 때문에
    이런 정책은 실행하기 어렵다. 설령 가능하다 하더라도, 이는 많은 경우 환자들
    에게 불필요한 고난이나 학대로 느껴질 것이다. 3. 선별된 자에 한해, 세심한 가
    석방 및 감독 시스템을 보조하기 위한 수단으로서, 환자들이 공동체 내에서 자
    립해서 생활할 수 있도록 돕고, 동시에 사회에 새로운 부담을 주거나 환자들의
    불리함을 후대에 넘기지 않을 수 있는, 불임시술을 적용하는 것이다. 우생학적
    불임시술은 만병통치약이 아니지만, 현세대와 미래 세대의 부담을 줄이고 국
    민의 행복과 번영을 증진하는 데 도움이 될 수 있는 검증되고 신뢰할 만한 조
    치 중 하나다. 상기한 이유로 이것은 사회복지를 위한 그 어떤 현대적 사업에서
    도 없어서는 안 될 여러 절차 중 하나다." *Human Sterilization* (Pasadena, CA:
    Human Betterment Foundation, 1933), 6, Cold Spring Harbor Eugenics
    Archive, 접속일 September 13, 2010, http://tinyurl.com/8gcrudb.

29 에덜먼에 대한 비판은 다음을 참고하라. Muñoz, *Cruising Utopia*; Jasbir K.
    Puar, *Terrorist Assemblages: Homonationalism in Queer Times* (Durham,
    NC: Duke University Press, 2007). 섀넌 위넙스트는 에덜먼처럼 미래에 대
    한 의구심을 지우지 않으면서 효용이나 사회적 가치를 놓고 벌이는 정치적 논
    의를 경계한다. 하지만 위넙스트는 많은 사람이 애초에 자신을 미래에 투영
    할 만큼의 문화적·경제적 자본을 갖추지 못한다는 걸 고려한다는 점에서 에
    덜먼과 구분된다. 무뇨스, 푸아르와 마찬가지로, 그녀는 재생산적 상상 속 백
    인성(whiteness)의 역할에 대해 관심이 있다. Shannon Winnubst, *Queering
    Freedom* (Bloomington: Indiana University Press, 2006).

30 Edelman, *No Future*, 11, 29.

31 Heather Love, "Wedding Crashers," *GLQ: A Journal of Lesbian and Gay Studies* 13, no. 1 (2007): 131.

32 Muñoz, *Cruising Utopia*, 95.

33 Sarah Horton and Judith C. Barker. "'Stains' on Their Self-Discipline: Public Health, Hygiene, and the Disciplining of Undocumented Immigrant Parents in the Nation's Borderlands," *American Ethnologist* 36, no. 4 (2009): 785.

34 이와 유사하게 수전 슈바이크는 "(불결하고 쇠약하고 위험하고 쓸모없는) 가련한 백인성 또는 불량한 백인성을 통해 좋은 백인성을 지닌 멋진 몸을 돋보이게 만드는 백인 타락화의 수단으로써" 건강과 위생에 대한 범주가 어떻게 사용되어왔는지 설명한다. Susan M. Schweik, *The Ugly Laws: Disability in Public* (New York: New York University Press, 2009), 185; Anna Stubblefield, "Beyond the Pale: Tainted Whiteness, Cognitive Disability, and Eugenic Sterilization," *Hypatia* 22, no. 2 (2007): 162, 163. 백인성과 (인종적) 위생 사이의 역사적 연관성에 대한 추가적인 예로는 다음을 참고하라. Mel Y. Chen, *Animacies: Biopolitics, Racial Mattering, and Queer Affect* (Durham, NC: Duke University Press, forthcoming); Natalia Molina, "Constructing Mexicans as Deportable Immigrants: Race, Disease, and the Meaning of 'Public Charge,'" *Identities: Global Studies in Culture and Power* 17 (2010): 641–66; Natalia Molina, "Medicalizing the Mexican: Immigration, Race, and Disability in the Early-Twentieth-Century United States," *Radical History Review* 94 (2006): 22–37; Nayan Shah, *Contagious Divides: Epidemics and Race in San Francisco's Chinatown* (Berkeley: University of California Press, 2001).

35 Horton and Barker, "'Stains' on Their Self-Discipline," 796.

36 다음에서 인용. Cathy Cohen, "Punks, Bulldaggers, and Welfare Queens: The Radical Potential of Queer Politics?" in *Black Queer Studies: A Critical Anthology*, ed. E. Patrick Johnson and Mae G. Henderson (Durham, NC: Duke University Press, 2005), 40. 코언은 모이니한의 작업에 대해 간결하고 날카로운 비판을 제공한다. 다음도 참고하라. Mattie Udora Richardson, "No More Secrets, No More Lies: African-American History and Compulsory Heterosexuality," *Journal of Women's History* 15, no. 3 (2003): 63–76; Hortense Spillers, "Mama's Baby, Papa's Maybe: An American Grammar Book," *Diacritics* 17, no. 2 (1987): 64–81.

37 Dorothy Roberts, *Fatal Invention: How Science, Politics, and Big Business Re-create Race in the Twenty-first Century* (New York: The New Press, 2011),

94. 다음도 참고하라. Erevelles, *Disability and Difference in Global Contexts*; Beth A. Ferri and David O'Connor, *Reading Resistance: Discourses of Exclusion in Desegregation and Exclusion Debates* (New York: Peter Lang, 2006).

38　나는 맥루어의 《불구 이론》이 지속적으로 이런 주장을 펴는 글이라고 해석한다. 실제로 불구 이론을 실행하는 것은 이 모든 형태의 정상화에 대한 요구를 인식하고 거부하는 것이다.

39　Puar, *Terrorist Assemblages*, 211.

40　Noam Ostrander, "When Identities Collide: Masculinity, Disability, and Race," *Disability and Society* 23, no. 6 (2008): 594.

41　Kevin Sack, "Research Finds Wide Disparities in Health Care by Race and Region," *New York Times*, June 5, 2008, http://www.nytimes.com/2008/06/05/health/research/05disparities.html. 다음도 참고하라. Roberts, *Fatal Invention*, 102.

42　에드 코언(Ed Cohen)과 줄리 리빙스턴은 다음과 같이 설명한다. "불평등은 자연적인 불균형을 지칭하는 말이 아니라, 체계적이고 끈질긴 평가절하를 나타내는 말이다. 그리고 평가(절하)가 이루어지는 모든 상황에서 볼 수 있듯, 평가로 인한 위계 구조는 **결정**이 불러일으킨 결과다." 발병률과 유병률에 대해 이런 식으로 질문하는 것은 결정이 다른 방식으로 내려질 수도 있음을 생각하게 한다. Ed Cohen and Julie Livingston, "AIDS," *Social Text* 27, no. 3 (2009): 40.

43　Elizabeth Freeman, introduction to "Queer Temporalities." Special issue of *GLQ: A Journal of Gay and Lesbian Studies*, 13 nos. 2–3 (2007): 159, 강조는 원문.

44　앞의 글, 160.

45　엘런 새뮤얼스는 장애학과 핼버스탬 사이의 잘 드러나지 않는 관계를 추적하면서, 그녀의 작업이 장애학과 매우 친밀하다는 주장을 펼친다. Ellen Samuels, "Normative Time: How Queerness, Disability, and Parenthood Impact Academic Labor," Modern Languages Association Annual Meeting에서 발표된 원고, December 2006.

46　Freeman, introduction, 159.

47　Halberstam, *In a Queer Time and Place*, 1.

48　앞의 글, 152.

49　앞의 글, 153.

50　앞의 글, 2.

51　앞의 글, 1.

52　앞의 글, 2.

53　앞의 글, 2.

54 로버트 맥루어는 에이즈 이론, 퀴어 이론, 장애학의 관계를 살피는 더 강력하고 비판적인 연구가 있어야 한다고 오랫동안 주장해왔다. 물론 그러한 연계가 일부 장애, 에이즈와 관련한 활동 및 연구에 이미 내재해 있을 수도 있지만, 맥루어는 "장애 공동체와 함께하는 에이즈 이론가, 그리고 에이즈 이론가와 함께하는 장애 공동체 같은 퀴어/장애인 집합체에 끊임없이 집중하면서" 그 연계를 명시적으로 만들어야 한다고 촉구한다. 그의 통찰력을 바탕으로, 나는 이 책이 전염병의 시간이 끝나지 않았다는 것을 기억해야 한다고 생각한다. 다음을 참고하라. Robert McRuer, "Critical Investments: AIDS, Christopher Reeve, and Queer/Disability Studies," *Journal of Medical Humanities* 23, nos. 3–4 (2002): 226.

55 Tom Boellstorff, "When Marriage Fails: Queer Coincidences in Straight Time," *GLQ* 13, nos. 2–3 (2007): 228.

56 Eliza Chandler, "Sidewalk Stories: The Troubling Task of Identification," *Disability Studies Quarterly* 30, nos. 3–4 (2010), http://www.dsq-sds.org/article/view/1293/1329.

57 자인은 "우리 모두 어느 정도 예후 아래 살고 있지 않은가?"라면서 예후의 시간이 정체성 정치를 넘어 장애를 재사유하는 하나의 방법일 수 있다고 언급한 바 있고, 이는 푸아르가 예후의 시간에 대해 숙고하도록 만들었다. 나는 장애 있는 몸을 넘어 장애를 사유하려는 그들의 관심에 공감한다. 실제로 내가 불구 시간성에 흥미를 갖는 지점은 시간을 통한 사유가 어떻게 장애를 다르게 바라보도록 우리 모두를 밀어붙이는지에 있다. Sarah Lochlann Jain, "Living in Prognosis: Toward an Elegiac Politics," *Representations* 98 (Spring 2007): 80–81; Jasbir K. Puar, "Prognosis Time: Toward a Geopolitics of Affect, Debility and Capacity," *Women and Performance: A Journal of Feminist Theory* 19, no. 2 (2009): 161–72.

58 Laura Hershey, *Just Help*, 168.

59 자인은 이런 식의 협상이 미래에 대한 환상뿐만 아니라 조건부의 미래와 과거를 추정하는 것이라고 주장한다. Jain, "Living in Prognosis."

60 신시아 대니얼스(Cynthia Daniels)는 에이전트 오렌지와 이라크 전쟁 증후군이 남성의 재생산 건강에 미치는 영향을 인정하도록 정부를 설득하는 과정에서 퇴역군인들이 직면하는 어려움에 대해 논의한 바 있다. Cynthia Daniels, *Exposing Men: The Science and Politics of Male Reproduction* (New York: Oxford University Press, 2006)

61 Carolyn Dinshaw et al., "Theorizing Queer Temporalities: A Roundtable Discussion," *GLQ: A Journal of Gay and Lesbian Studies* 13, nos. 2–3 (2007): 192.

62 닐론은 자신을 환영하지 않는다고 느끼게 만드는 게이 바에 노동자 계급 게이

남성들과 유색인 게이 남성들이 계속 찾아오는 걸 보면서 이 질문을 던진다. 나는 진단/비진단/오진에 관한 질문뿐만 아니라, 이러한 질문이 인종과 계급에 관한 의문과 유사하게 묶여 있다는 생각으로 다음과 같이 질문해본다. 화학물질과민증과 만성 피로가 백인 및 중상류층 사람들을 괴롭히는 질병으로 대중에게 표상되는 방식은 어떻게 유색인 집단 내에서 화학물질과민증을 발견할 수 없게 만들었는가? 즉, 어떻게 유색인 집단은 언제나 이미 오염되어 있고, 그렇기 때문에 화학물질과민증 진단을 뛰어넘은 것처럼 여겨져왔는가? 다른 진단 범주로 넘어가서, 백인 학생에게 더 잘 적용되는 것처럼 보이는 '학습장애'와 유색인 학생에 더 잘 적용되는 것처럼 보이는 '행동/정서장애'라는 꼬리표는 어떻게 인구 집단에 따라 다르게 부착되어왔는가? 더 넓게 보자면, 왜 특수 학급에는 유색인 학생 비율이 백인에 비해 높은가? 이와 관련한 더 많은 질문을 원한다면, 다음을 참고하라. Chen, Animacies; Nirmala Erevelles and Andrea Minear, "Unspeakable Offenses: Untangling Race and Disability in Discourses of Intersectionality," *Journal of Literary and Cultural Disability Studies* 4, no. 2 (2010): 127-45; Ferri and O'Connor, *Reading Resistance.*

63   Rhonda Zwillinger, *The Dispossessed: Living with Multiple Chemical Sensitivities* (Paulden, AZ: The Dispossessed Outreach Project, 1999), 61. 다음도 참고하라. Stacy Alaimo, *Bodily Natures: Science, Environment, and the Material Self* (Bloomington: Indiana University Press, 2010).

64   Mel Y. Chen, "Toxic Animacies, Inanimate Affections," *GLQ: A Journal of Lesbian and Gay Studies* 17, nos. 2-3 (2011): 274.

65   앞의 글, 277.

66   앞의 글, 274-78. 페기 먼슨(Peggy Munson)은 주변의 몸들로 인해 소외감을 느끼거나 심지어 폭력을 당했다고 묘사한다. 그녀는 래디컬 펨들이 [향이나 독성이 있는 제품을] 포기해야 한다면서 냄새로부터의 자유로 향하는 에로틱한 가능성을 발견한 바 있다. [펨(femme)은 '여성'을 뜻하는 용어로 레즈비언, 바이섹슈얼, 트랜스젠더 등의 퀴어 커뮤니티에서 여성적인 특징, 행동, 스타일, 자각 등을 보이는 사람을 일컫는 말이다.] Peggy Munson, "Fringe Dweller: Toward an Ecofeminist Politic of Femme," in *Visible: A Femmethology*, vol. 2., ed. Jennifer Clarke Burke (Ypsilanti, MI : Homofactus Press, 2009), 28-36.

67   애나 몰로우는 이러한 "나도 모르는 사이에"가 제한적이라고 말한다. 향기나 화학물질이 함유된 제품을 사용하는 것이 다른 사람을 아프게 한다는 것을 알지 못하거나 이해하지 못하고 어쩌면 믿지 못할 수도 있지만, 우리는 향수를 쓸 때 다른 사람들이 그 향을 분명히 알아채길 기대하고 또 원한다. 그녀는 다음과 같이 부연한다. "'개인 생활용품'이라는 표현은 잘못되었다. 이런 제품에 포함된 향기는 그걸 사용하기로 한 사람 말고도 많은 사람에게 영향을 미치도록 고안

되었다. 사람들은 거실에 홀로 앉아 (환경보호국(EPA)과 기타 정부 기관에서 독성물질로 지정한) 41가지의 화학 성분을 흡입하기 위해 캘빈 클라인의 이터 니티 향수 한 병에 45달러를 지불하는 것이 아니다. 그들은 오히려 이러한 성분들이 공기 중에 스며들어 여기에 접촉하는 모든 사람의 몸에 들어가길 기대한다." Anna Mollow, "No Safe Place," *WSQ: Women's Studies Quarterly* 39, nos. 1-2 (2011): 194-95.

68 Johnson, "Disability Gulag."

69 이런 이야기에 대한 개인적인 설명으로는 다음을 참고하라. Christine Miserandino, "The Spoon Theory," 2003, http://www.butyoudontlooksick.com.

70 핼버스탬의 책은 경기침체 시기 이전에 쓰였기 때문에 여기서 지칭하는 "실업자"들은 지금처럼 대량의 실업자 집단을 뜻하기보다 취업하기 어렵다고 여겨지는 사람, 실업을 선택한 사람을 가리키는 것으로 보인다. Halberstam, *In a Queer Time and Place*, 10.

71 Samuels, "Normative Time," 5.

72 캐서린 커들릭(Catherine Kudlick)은 '기대에 부합하다', '제 역할을 다하다'와 같이 학계에서 자신과 동료들을 평가하기 위해 우리가 사용해왔던 많은 언어가 적합성과 시간 엄수에 천착하는 산업자본주의의 흔적을 담고 있다고 지적한바 있다. Catherine Kudlick, "A History Profession for Every Body," *Journal of Women's History* 18, no. 1 (2006): 163-64. 다음도 참고하라. Price, *Mad at School*.

73 Halberstam, *In a Queer Time and Place*, 4.

74 앞의 글, 4, 152.

75 앞의 글, 2.

76 McRuer, *Crip Theory*, 183.

77 Halberstam, *In a Queer Time and Place*, 4.

78 앞의 글, 3.

79 앞의 글, 3.

80 Winnubst, *Queering Freedom*, 186.

81 Georgina Kleege, *Blind Rage: Letters to Helen Keller* (Washington, DC: Gallaudet University Press, 2006); Brenda Jo Brueggemann, *Deaf Subjects: Between Identities and Places* (New York: New York University Press, 2009).

82 엘리자베스 프리먼은 "글을 쓴다는 것은 죽은 자와 이야기하고, 과거를 되살리고, 과거가 있었다는 도박을 하는 방법 중 하나다"라고 주장한다. Freeman, introduction, 168.

83 Muñoz, *Cruising Utopia*, 37.

84 Le'a Kent, "Fighting Abjection: Representing Fat Women," in *Bodies Out of Bounds: Fatness and Transgression*, ed. Jana Evans Braziel and Kathleen LeBesco (Berkeley: University of California Press, 2001), 135.

85 Elena Levy-Navarro, "Fattening Queer History: Where Does Fat History Go from Here?" in *The Fat Studies Reader*, ed. Esther Rothblum and Sondra Solovay (New York: New York University Press, 2009), 18.

86 치유에 관심을 가지는 저자들도 있고 그렇지 않은 저자들도 있으며, 양가적 태도를 보이는 저자들도 있지만, 이들 모두 어떤 형태로든 이 문제를 다룰 필요가 있다는 것에 공감한다. 그들 중에서도 다음을 참고하라. Eli Clare, *Exile and Pride: Disability, Queerness, and Liberation* (Boston: South End Press, 1999); Nancy Mairs, *Waist-High in the World: A Life among the Nondisabled* (Boston: Beacon Press, 1996); Susan Wendell, *The Rejected Body: Feminist Philosophical Reflections on Disability* (New York: Routledge, 1996); Susan Wendell, "Unhealthy Disabled: Treating Chronic Illnesses as Disabilities," *Hypatia: A Journal of Feminist Philosophy* 16, no. 4 (2001): 17–33.

87 Wendell, *Rejected Body*, 83.

88 Clare, *Exile and Pride*, 106.

89 Catherine Scott, "Time Out of Joint: The Narcotic Effect of Prolepsis in Christopher Reeve's Still Me," *Biography* 29, no. 2 (2006): 309.

90 Halberstam, *In a Queer Time and Place*, 3.

91 리아트 벤-모세, 진 스튜어트와 마타 러셀(Marta Russell)은 장애와 감산 복합체가 겹치는 지점을 인식할 수 있는 장애 권리 운동의 필요성을 주창해 왔다. Liat Ben-Moshe, "Disabling Incarceration: Connecting Disability to Divergent Confinements in the USA," *Critical Sociology* (2011): 1–19; Jean Stewart and Marta Russell, "Disablement, Prison, and Historical Segregation," *Monthly Review* 53, no. 3 (2001): 61–75.

92 이러한 사례에 대한 강력한 성찰과 분석은 다음을 참고하라. Hiram Perez, "You Can Have My Brown Body and Eat It, Too!" *Social Text* 84–85, vol. 23, nos. 3–4 (2005): 171–91.

93 "인정의 욕망(lust of recognition)"이라는 개념은 다음을 참고하라. Mia Mingus, Leah Lakshmi Piepzna-Samarasinha, and Ellery Russian, "Crip Sex, Crip Lust, and the Lust of Recognition," *Leaving Evidence*, May 25, 2010, http://leavingevidence.wordpress.com/2010/05/25/video-crip-sex-crip-lust-and-thelust-of-recognition/.

94 로버트 맥루어와 애비 윌커슨은 "장애가 있길 바라는 것"에 대한 질문을 다룬 《GLQ》의 한 호를 공동 편저한 바 있다. 그들은 다음과 같이 설명한다. "우리는 장애가 있길 바라는 걸 단순히 용인하거나 이미 (장애 없는 몸에 맞게) 구성된

것이 아닌 (퀴어 이론의 공간을 포함한) 공간을 생산하려는 기획의 일환으로 이 번 특별호를 제안하며 내놓습니다." Robert McRuer and Abby L. Wilkerson, introduction to "Desiring Disability: Queer Theory Meets Disability Studies," special issue of *GLQ* 9, nos. 1-2 (2003): 13.

95 Sedgwick, *Tendencies*, 161, 강조는 원문. 리아 켄트는 뚱뚱한 몸, 특히 뚱뚱한 여성의 몸에 대해서 이와 비슷한 설명을 한다. 그녀는 우리에게 "뚱뚱한 여성으 로 사는 게 가능할 수 있다"라는 것을 보여주는 매뉴얼이 필요하다고 주장한다. Kent, "Fighting Abjection," 132, 강조는 원문.

96 Sedgwick, *Tendencies*, 184.

97 Love, *Feeling Backward*, 26.

98 Judith Butler, *Undoing Gender* (New York: Routledge, 2004), 29.

99 스테이시 밀번(Stacey Milbern) (크립칙(cripchick)[밀번이 2000년대 후반 에 장애 권리에 관한 글을 게재했던 블로그의 이름])은 '커밍아웃', '아웃', '가 시성' 같은 개념이 특권에 의해 표시되는 방식을 퀴어와 장애 공동체가 사유 해볼 것을 촉구한다. 그녀는 커밍아웃을 하려면 공동체를 떠나야 하는 경우 가 너무 많다고 한탄한다. 엘런 새뮤얼스는 가시성의 논리와 그것이 자긍심 과 맺는 추정된 관계에 대해 몇몇 의문을 추가한다. Cripchick, "Thoughts on National Coming Out Day," October 11, 2010, http://blog.cripchick.com/ archives/8359; Ellen Samuels, "Bodies in Trouble," in *Restricted Access: Lesbians on Disability*, ed. Victoria A. Brownworth (Seattle: Seal Press, 1999), 192-200.

100 찬드라 탈파드 모한티와 비디 마틴(Biddy Martin)은 페미니즘 이론 내의 '집' 에 관한 비유에 통찰력을 제공하면서 미니 브루스 프랫과 버니스 존슨 레이 건을 포괄하는 계통을 형성했다. Chandra Talpede Mohanty and Biddy Martin, "What's Home Got to Do with It?" in *Feminism Without Borders: Decolonizing Theory, Practicing Solidarity* (Durham, NC: Duke University Press, 2003), 86-105. 다음도 참고하라. Minnie Bruce Pratt, *Rebellion: Essays, 1980-1991* (Ann Arbor, MI : Firebrand, 1991); Bernice Johnson Reagon, "Coalition Politics: Turning the Century," in *Home Girls: A Black Feminist Anthology*, ed. Barbara Smith (New York: Kitchen Table Press, 1983), 356-68.

2. 일치한 시간과 어긋난 시간

1 D. F. Gunther and D. S. Diekema, "Attenuating Growth in Children with Profound Developmental Disability: A New Approach to an Old Dilemma,"

Archives of Pediatrics and Adolescent Medicine 160, no. 10 (2006): 1014.

2 앞의 글, 1014.

3 앞의 글.

4 애슐리에게 사용된 특정한 외과 수술 및 의학적 개입(그녀의 부모가 애슐리치 료라고 부르는 것)과 어떤 문제를 해결하기 위한 일련의 실천으로서의 더 추상 적이고 일반적인 '치료(treatment)' 개념을 구별하기 위해, 로라 허시가 그랬 던 것처럼 나도 '치료(Treatment)'를 대문자로 썼다. 허시가 설명했듯, 그러한 개입을 일반적인 '치료'로 언급하는 건, 애슐리의 몸이 아프거나 잘못되었기 때 문에 치료가 필요하다는 생각을 수용하고 영속화할 수 있다. Laura Hershey, "Stunting Ashley," *off our backs* 37, no. 1 (2007): 8.

5 Gunther and Diekema, "Attenuating Growth in Children," 1014.

6 블로거, 언론인, 장애 권리 활동가들은 성장억제, 유방싹 제거술, 자궁절제술 등 의 치료 절차를 한꺼번에 검토하는 경향이 있었지만, 일부 의학·생명윤리 문헌 들에서는 성장억제나 불임시술에 초점을 맞춰 이런 절차들을 따로 분리해왔다. 그 예로는 다음을 참고하라. John Lantos, "It's Not the Growth Attenuation, It's the Sterilization!" *American Journal of Bioethics* 10, no. 1 (2010): 45–46; Benjamin S. Wilfond, Paul Steven Miller, Carolyn Korfatis, Douglas S. Diekema, Denise M. Dudzinski, Sara Goering, and the Seattle Growth Attenuation and Ethics Working Group, "Navigating Growth Attenuation in Children with Profound Disabilities: Children's Interests, Family Decision-Making, and Community Concerns," *Hastings Center Report* 40, no. 6 (2010): 27–40.

7 레너드 데이비스는 장애를 "응시 권력과 관련된 시각, 청각, 지각 영역에서의 방 해"라고 설명한다. 앞으로 살펴보겠지만, 애슐리치료를 옹호하는 근거 중 하나 는 그것이 애슐리의 몸과 마음이 언뜻 보기에 일치되지 않는 현상을 완화하면 사람들이 애슐리를 보고 상호작용하는 데 더 수월해진다는 것이었다. Lennard J. Davis, *Enforcing Normalcy: Disability, Deafness, and the Body* (New York: Verso, 1995), 129.

8 건서는 애슐리의 내분비학과 의사로서 더글러스 디에크마 박사와 함께 애슐리 치료와 가장 밀접하게 연관된 의사 중 하나였다. 건서는 병원 측에서 애슐리에 게 불임시술을 하는 데 부적절한 조치를 취했다고 밝힌 조사 보고서가 나온 지 몇 달 후인 2007년 9월에 자살했다. 건서가 사망한 후 수년 동안 디에크마는 종 종 노먼 포스트 박사와 함께 이 사건에 대한 기록을 남겼다.

9 Gunther and Diekema, "Attenuating Growth in Children," 1013.

10 Ashley's Mom and Dad, *The "Ashley Treatment": Towards a Better Quality of Life for "Pillow Angels,"* March 25, 2007 http://pillowangel.org/Ashley%20 Treatment%20v7.pdf; Wilfond et al., "Navigating Growth Attenuation in

Children," 27.

11 그러나 애슐리치료가 애슐리의 성장에 미친 효과에 대해서는 논란의 여지가 있
다. 건서와 디에크마는 애슐리가 이미 급성장의 징후를 보이기 때문에 애슐리
치료를 서둘러 시작해야 한다고 설명했다. 그들은 에스트로겐 요법을 시작할
당시에 그녀가 이미 도달했던 키를 언급한 적이 없다. 리베카 클래런(Rebecca
Clarren)의 보고에 따르면, 애슐리는 이미 그때 최대 몸집에 도달했을 가능성이
있고, 아마 애슐리치료의 효과는 미미했을 것이다. Rebecca Clarren, "Behind
the Pillow Angel," *Salon*, February 9, 2007, http://www.salon.com/news/
feature/2007/02/09/pillow_angel/index.html.

12 조사 보고서에 기술된 대로, "워싱턴보호및옹호시스템(WPAS)은 워싱턴주
에 대한 연방 의무를 보호하고 옹호하기(P&A) 위한 기관이다. 모든 주와 지역
에 소재하는 P&A는 장애인 학대 및 방치 혐의를 조사하고 그들의 법적 권리
와 인권을 옹호하기 위해 연방 규정에 따른 법적 권한을 가진 '감시' 기관이다."
WPAS는 2007년에 장애 권리워싱턴(Disability Rights Washington)으로 이
름을 바꾸고, 전국장애 권리네트워크(National Disability Rights Network)의
일원이 되었다. Washington Protection and Advocacy System, "Executive
Summary—Investigative Report Regarding the 'Ashley Treatment,'"
Disability Rights Washington, 1, 마지막 수정일 October 1, 2010, http://www.
disabilityrightswa.org/home/Executive_Summary_InvestigativeReportRe
gardingtheAshleyTreatment.pdf/view?searchterm=ashley. 다음도 참고하
라. http://www.disabilityrightswa.org/.

13 Washington Protection and Advocacy System, "Executive Summary," 1.

14 그러나 병원 자체 윤리위원회는 다음과 같이 애슐리치료의 다른 두 부분인 유
방절제술과 성장억제 요법은 승인했다. "위원회 구성원들은 애슐리에게 미칠
잠재적인 장기 이익이 위험을 능가할 것이고, 그러한 절차/개입이 삶의 질을 향
상시킬 것이며, 가정 내 돌봄을 용이하게 하고, 향후 시설 수용을 피하게 만들
것이라고 합의했다." 클래런이 이 사건을 보도하며 언급했던 것처럼, 해당 윤
리위원회와 병원 사이에는 깊은 분열이 있었고, 소아과의 많은 의사가 위원회
의 결정에 불편함을 느꼈다. Washington Protection and Advocacy System,
Exhibit L, "Special CHRM C Ethics Committee Meeting/Consultation,"
Investigative Report Regarding the "Ashley Treatment," May 4, 2004, http://
www.disabilityrightswa.org/home/Exhibits_K_T_InvestigativeReportReg
ardingtheAshleyTreatment.pdf, 1; Clarren, "Behind the Pillow Angel."

15 Washington Protection and Advocacy System, Exhibit O, "Letter from
Larry Jones," *Investigative Report Regarding the "Ashley Treatment*," June 10,
2004, http://www.disabilityrightswa.org/home/Exhibits_K_T_Investigativ
eReportRegardingtheAshleyTreatment.pdf, 1.

16   Washington Protection and Advocacy System, "Letter from Larry Jones," 4.

17   앞의 글.

18   David Carlson and Deborah Dorfman, "Full Report—Investigative Report Regarding the 'Ashley Treatment,'" Washington Protection and Advocacy System, May 8, 2007, http://www.disabilityrightswa.org/home/Full_ Report_InvestigativeReportRegardingtheAshleyTreatment.pdf, 14.

19   Carlson and Dorfman, "Full Report," 14.

20   Washington Protection and Advocacy System, Exhibit T, "Agreement Between Children's Hospital and Regional Medical Center and the Washington Protection and Advocacy System (Disability Rights Washington) Promoting Protection of Individuals with Developmental Disabilities," *Investigative Report Regarding the 'Ashley Treatment,'* May 1, 2007, http://www.disabilityrightswa.org/home/Exhibits_K_T_Investigative ReportRegardingtheAshleyTreatment.pdf, 1–2.

21   Jessica Marshall, "Hysterectomy on Disabled US Girl Was Illegal," *New Scientist*, May 9, 2007, http://www.newscientist.com/article/dn11809-hysterectomy-on-disabled-us-girl-was-illegal.html.

22   Wilfond et al., "Navigating Growth Attenuation in Children."

23   그 보고서는 "communicative"나 "ambulatory"를 정의하고 있지 않다. 《돌랜드의 도해의료사전(Dorland's Illustrated Medical Dictionary)》에 의하면, "ambulatory"는 누군가가 "걸을 수 있는"을 의미한다(그 책에서 "communicative"의 정의는 찾아볼 수 없다). *Dorland's Illustrated Medical Dictionary* (Philadelphia: W. B. Saunders Company, 1994), 54; Wilfond et al., "Navigating Growth Attenuation in Children," 29, 39.

24   노먼 포스트는 SWG의 결정을 지지했으나, 의학적 결정을 내리는 데 "제3자의 주장을 너무 많이 존중했다"라는 의견을 내기도 했다. 그는 장애인과 장애 옹호자의 관점이 의사결정 과정에 포함되어야 하고, 그 결정을 심사숙고해야 할 가족들에게 장애 단체 및 경험에 관한 정보가 제공되어야 한다는 SWG의 결론에 동의하지 않는다. 반면, 에바 페더 키테이는 성장억제가 결코 "윤리적, 의학적으로 적절"하지 않으며, 그러한 시술을 "중증 발달 및 지적 손상이 있는 아동"에게만 제한하는 것 자체가 학대적이고 차별적이라고 강조한다. 그녀는 "만약 그런 손상이 없는 아동에게 성장억제를 가해서는 안 된다면, 어떤 아이에게도 그리 해서는 안 된다. 다른 기준을 두는 건 차별에 해당한다"라고 주장한다. Norman Fost, "Offense to Third Parties?" *Hastings Center Report* 40, no. 6 (2010): 30; Eva Feder Kittay, "Discrimination against Children with Cognitive Impairments?" *Hastings Center Report* 40, no. 6 (2010): 32.

25   Gunther and Diekema, "Attenuating Growth in Children," 1016.

26 앞의 글, 1015.

27 Amy Burkholder, "Ethicist in Ashley Case Answers Questions," *CNN.com*, January 11, 2007.

28 Daniel Gunther and Douglas Diekema, Carole Marcus에게 보낸 답신, "Only Half of the Story," *Archives of Pediatrics and Adolescent Medicine* 161 (June 2007): 616.

29 Douglas Diekema and Norman Fost, "Ashley Revisited: A Response to the Critics," *American Journal of Bioethics* 10, no. 1 (2010): 30-44.

30 애슐리의 부모는 그 수술을 유방절제술이라 말하지 않고 "유방싹 제거"라고 표현했지만, 병원의 청구서에는 "단순 양쪽 유방절제술"로 명시되어 있다. Washington Protection and Advocacy System, Exhibit R, "Hospital Billing Report," *Investigative Report Regarding the "Ashley Treatment,"* March 28, 2007, http://www.disabilityrightswa.org/home/Exhibits_K_T_Investigativ eReportRegardingtheAshleyTreatment.pdf, 3.

31 Ashley's Mom and Dad, *"Ashley Treatment."*

32 [유방절제술이 의사들에게 가장 껄끄러운 문제였다는] 부모의 해석은 의사들의 글에 유방절제술이 언급되지 않았다는 걸 더욱 이해할 수 없게 만든다.

33 Ashley's Mom and Dad, *"Ashley Treatment."*

34 블로그에 있는 사진들은 상당히 주목할 만한데, 그건 애슐리에 대한 묘사 때문이 아니다. 침대에 누워 있거나 휠체어/유모차에 묶인 그녀는 그냥 평범한 장애 아동처럼 보인다. 그보다 인상적인 것은 눈과 얼굴을 까맣게 지운 부모와 형제자매들의 사진이다. 일탈적인 몸을 찍은 의료 영상에 익숙한 사람들에게는 경이로운 전환이다. 나는 장애인, '프릭(freak)', 환자의 얼굴을 까맣게 가리는 모습에는 익숙하지만, 규범적인 사람들의 얼굴을 가리는 데는 익숙하지 않다. 그러나 놀랍게도 그 효과는 동일하다. 프레임 안에서 장애인은 여전히 다른 사람과 근본적으로 비슷하지 않은 사람처럼, 명백히 다른 것으로 표현된다. 애슐리는 볼 수 있게 표시되는 반면, 다른 몸들은 시선으로부터 보호된다.

35 Ashley's Mom and Dad, *"Ashley Treatment."*

36 Amy Burkholder, "Disabled Girl's Parents Defend Growth-Stunting Treatment," *CNN.com*, March 12, 2008.

37 Burkholder, "Ethicist in Ashley Case."

38 Ashley's Parents, "AT Summary," 마지막 수정일 March 17, 2012, http://pillowangel.org/ATSummary.pdf.

39 John W. Jordan, "Reshaping the 'Pillow Angel': Plastic Bodies and the Rhetoric of Normal Surgical Solutions," *Quarterly Journal of Speech* 95, no. 1 (February 2009): 25.

40 Burkholder, "Ethicist in Ashley Case Answers Questions."

41　Mark Priestley, *Disability: A Life Course Approach* (Cambridge: Polity Press, 2003), 67.

42　Christopher Reeve, *Nothing Is Impossible: Reflections on a New Life* (New York: Random House, 2002), 6.

43　Licia Carlson, *The Faces of Intellectual Disability* (Bloomington: Indiana University Press, 2010), 30.

44　Gunther and Diekema, "Attenuating Growth in Children," 1016.

45　Mims, "The Pillow Angel Case—Three Bioethicists Weigh In," *Scientific American*, January 5, 2007, http://tinyurl.com/9fycg2u.

46　Ashley's Mom and Dad, *"Ashley Treatment."*

47　Gunther and Diekema, "Attenuating Growth in Children," 1016.

48　Christopher Mims, "The Pillow Angel Case."

49　미하일 바흐친(Mikhail Bakhtin)은 노쇠하고 임신한 할머니에게서 보이는 청년과 노년의 뒤섞임을 기괴함의 완벽한 예시로 들면서 기괴함을 시간적 범주로 설명한다. 그러나 메리 루소(Mary Russo)가 주장하듯, "페미니스트 독자들에게 임신한 할머니의 이미지는 양면적인 것 이상이다. 그 이미지는 재생산 및 노화의 생물학적 과정에 대한 공포와 혐오를 내포하는 것들로 가득하다". Mikhail Bakhtin, *Rabelais and His World*, trans. Helene Iswolsky (Bloomington: Indiana University Press, 1984), 24-27; Mary Russo, *The Female Grotesque: Risk, Excess, and Modernity* (New York: Routledge, 1994), 63. "제자리에서 벗어난 상황"에 대해서는 다음을 참고하라. Mary Douglas, *Purity and Danger: An Analysis of Concepts of Pollution and Taboo* (London: Routledge, 2002); 장애와 기괴함에 대해서는 다음을 참고하라. Rosemarie Garland-Thomson, *Extraordinary Bodies: Figuring Physical Disability in American Culture and Literature* (New York: Columbia University Press, 1997), 111-15; Margrit Shildrick, *Embodying the Monster: Encounters with the Vulnerable Self* (London: Sage, 2002).

50　George Dvorsky, "Helping Families Care for the Helpless," Institute for Ethics and Emerging Technologies, November 6, 2006, http://ieet.org/index.php/IEET /more/809/.

51　Ashley's Parents, "AT Summary," 강조는 저자. 애슐리의 부모는 블로그에서 가슴과 유방싹을 구분하면서 애슐리의 가슴이 제거됐다는 보도가 언론의 부정확성의 사례라고 설명한다. 그들은 이를 "(가슴이 아니라) 아몬드 크기의 유방싹이 제거되었다"라고 표현한다. Ashley's Mom and Dad, "Updates on Ashley's Story," January 9, 2007, http://www.pillowangel.org/updates.htm.

52　Ashley's Parents, "AT Summary."

53　Ashley's Mom and Dad, *"Ashley Treatment,"* 9-10.

54 Ashley's Parents, "AT Summary."

55 Gunther and Diekema, "Attenuating Growth in Children," 1015.

56 퍼트리샤 윌리엄스가 지적하듯, 부모나 의사는 어린 남아의 음경이나 고환에
    통증과 불편함을 유발할 수 있다는 우려를 이유로 거세를 선택하는 것을 꺼린
    다. Patricia J. Williams, "Judge Not?" *Nation* (New York), March 26, 2007, 9.

57 그러나 자궁절제술을 애슐리치료의 핵심적인 구성 요소로 본다면, 그들이 말하
    는 '새로운 접근'은 그리 새롭지만은 않다. 실제로 그러한 표현은 애슐리치료를
    정당화하기 위해 초기의 우생학적 주장을 반복한다. 많은 우생학자가 불임시술
    을 시설화의 '인도적' 대안 중 하나로 제시해왔다. 불임시술을 통해 공동체는 '정
    신박약자'의 재생산으로부터 '보호'될 수 있고, '정신박약자'들은 그들이 살던 공
    동체로 돌아가도록 '허용'될 수 있다는 것이다.

58 Gunther and Diekema, "Attenuating Growth in Children," 1013. 이런 탈
    시설 목표는 알다시피 달성된 바 없으며, 주와 연방 차원에 만연한 예산 삭
    감으로 인해 진전이 있을 것 같지도 않다. 더 최근에 수립된 '건강한 사람들
    2020(Healthy People 2020)' 계획도 탈시설을 목표로 하지만, 이전 보고서와
    마찬가지로 목표 달성을 위한 구체적 계획은 없다. 다음을 참고하라. *Healthy
    People 2020*, 접속일 July 8, 2011, http://www.healthypeople.gov/2020/
    topicsobjectives2020/overview.aspx?topicid=9.

59 Gunther and Diekema, "Attenuating Growth in Children," 1014.

60 실제로 그들은 블로그가 애슐리치료를 옹호한다고 표현했던 언론 보도를 비
    판한다. 반대로 그들은 그 블로그를 언제나 다른 가족에게 애슐리치료를 공
    유하기 위한 통로로 사용하려고 했다고 주장한다. Ashley's Mom and Dad,
    "Updates on Ashley's Story," January 9, 2007.

61 Ashley's Mom and Dad, "*Ashley Treatment.*"

62 Ashley's Mom and Dad, "Third Anniversary Update," January 13, 2010,
    http://www.pillowangel.org/updates.htm. 애슐리의 부모의 도움으로 딸
    이 성공적으로 애슐리치료를 받은 한 가족의 이야기는 다음을 참고하라.
    Karen McVeigh, "The 'Ashley Treatment': Erica's Story," *Guardian* (UK),
    March 16, 2012, http://www.guardian.co.uk/society/2012/mar/16/ashley-
    treatment-ericas-story.

63 앞의 글.

64 실제로 《가디언(Guardian)》의 최근 기사에 의하면, 애슐리치료는 "증가하
    는 추세"다. Ed Pilkington and Karen McVeigh, "'Ashley Treatment' On
    the Rise amid Concerns from Disability Rights Groups," *Guardian* (UK),
    March 15, 2012, http://www.guardian.co.uk/society/2012/mar/15/ashley-
    treatment-rise-amid-concerns.

65 다음에서 인용. Wilfond et al., "Navigating Growth Attenuation in

Children," 27.

66   David Allen, Michael Kappy, Douglas Diekema, and Norman Fost, "Growth-Attenuation Therapy: Principles for Practice," *Pediatrics* 123, no. 6 (2009): 1556–61; Gunther and Diekema, "Attenuating Growth in Children"; Wilfond et al., "Navigating Growth Attenuation in Children."

67   "Testimonies from Families and Caregivers with Direct Experience," *Ashley Treatment*," 접속일 March 2, 2012, http://www.pillowangel.org/testimonies.htm.

68   Ashley's Mom and Dad, "Updates on Ashley's Story," May 8, 2007, http://www.pillowangel.org/updates.htm.

69   해러웨이는 객관성에 대한 전통적인 이해를 부분적 관점 및 상황적 지식을 강조하는 체화된 페미니즘의 객관성과 구분한다. Donna J. Haraway, *Simians, Cyborgs, and Women: The Reinvention of Nature* (New York: Routledge, 1991), 189.

70   Carol M. Ostrom, "Child's Hysterectomy Illegal, Hospital Agrees," *Seattle Times*, May 9, 2007, http://community.seattletimes.nwsource.com/archive/?date=20070509&slug=childrens09m.

71   Ashley's Mom and Dad, "*Ashley Treatment*."

72   Sarah E. Shannon and Teresa A. Savage, "The Ashley Treatment: Two Viewpoints," *Pediatric Nursing* 32, no. 2 (2007): 177.

73   Adrienne Asch and Anna Stubblefield, "Growth Attenuation: Good Intentions, Bad Decision," *American Journal of Bioethics* 10, no. 1 (2010): 46–48.

74   Harriet McBryde Johnson, "The Disability Gulag," *New York Times Magazine*, November 23, 2003, http://www.nytimes.com/2003/11/23/magazine/the-disability-gulag.html.

75   Laura Hershey, *Just Help*, 207–35. 다음도 참고하라. Eileen Boris and Rhacel Salazar Parrenas, eds., *Intimate Labors: Cultures, Technologies, and the Politics of Care* (Stanford, CA: Stanford University Press, 2010); Evelyn Nakano Glenn, *Forced to Care: Coercion and Caregiving in America* (Cambridge, MA: Harvard University Press, 2010).

76   Reed Cooley, "Disabling Spectacles: Representations of Trig Palin and Cognitive Disability," *Journal of Literary and Cultural Disability Studies* 5, no. 3 (2011): 309.

77   타인의 삶의 질을 결정하는 데서 나타나는 '투사의 문제', 특히 그런 결정에서 '고통'의 중요성에 대한 통찰력 있는 논의는 다음을 참고하라. Carlson, *Faces of Intellectual Disability*.

78 게다가 수전 웬델이 설명했듯, "기능"은 개인의 문화적·역사적 맥락에 의해서도 결정된다. Susan Wendell, *The Rejected Body: Feminist Philosophical Reflections on Disability* (New York: Routledge, 1996).

79 Adrienne Asch and Anna Stubblefield, "Growth Attenuation: Good Intentions, Bad Decision," *American Journal of Bioethics* 10, no. 1 (2010): 47.

80 Sara Goering, "Revisiting the Relevance of the Social Model of Disability," *American Journal of Bioethics* 10, no. 1 (2010): 55. 그런 변화를 설명한 사례로는 다음을 참고하라. Eva Kittay and Jeffrey Kittay, "Whose Convenience? Whose Truth?" *Hastings Center Bioethics Forum*, February 28, 2007, http://www.thehastingscenter.org/Bioethicsforum/Post.aspx?id=350&blogid=140.

81 앤 맥도널드(Anne McDonald)는 자신이 과거에 베개 천사였다고 말한다. 그녀는 자신을 완전히, 그리고 영구적으로 소통 불가능한 사람으로 간주했던 어느 시설에서 어린 시절 대부분을 보냈다고 회고했다. Anne McDonald, "The Other Story from a 'Pillow Angel,'" *Seattle Post-Intelligencer*, June 16, 2007, http://www.seattlepi.com/opinion/319702_noangel17.html. 다음도 참고하라. Jeremy L. Brunson and Mitchell E. Loeb, eds., "Mediated Communication," special issue of *DSQ: Disability Studies Quarterly* 31, no. 4 (2011); Nirmala Erevelles, "Signs of Reason: Riviere, Facilitated Communication, and the Crisis of the Subject," in *Foucault and the Government of Disability*, ed. Shelley Tremain (Ann Arbor: University of Michigan Press, 2005): 45-64.

82 Kittay, "Discrimination against Children with Cognitive Impairments?" 32.

83 애쉬와 스터블필드는 애슐리치료의 지지자나 비판자 모두 그러한 개입이 애슐리에게 어떠한 영향을 미쳤는지, 또는 그것에 대한 그녀의 경험이 어떠했는지 정확히 확인할 길이 없다고 강조하면서, 이와 비슷한 점을 지적한다. 그들은 다음과 같이 설명한다. "애슐리의 부모와 의사들은 애슐리가 자신과 세상을 어떻게 경험하는지 알 수 없는 상황에서 선한 의도로 성장억제를 진행하기로 결정했다. 우리가 애슐리 같은 아동들에게 성장억제 절차를 수행하는 걸 반대하는 것도 이와 똑같이 불확실한 상황에서의 선의에 기반한다. 따라서 그러한 개입의 수용 가능성은 어느 쪽이 더 나은 의도를 가지고 있는지, 또는 더 확실한 지식을 가지고 있는지에 따라 판단할 수 없다." Asch and Stubblefield, "Growth Attenuation," 46-47.

84 Ashley's Parents, "AT Summary."

85 장애인 대상 폭력에 대한 더 많은 정보로는 대표적으로 다음을 참고하라. Mark

Sherry, *Disability Hate Crimes: Does Anyone Really Hate Disabled People?* (Burlington, VT: Ashgate, 2010); Dick Sobsey, D. Wells, R. Lucardie, and S. Mansell, eds., *Violence and Disability: An Annotated Bibliography* (Baltimore, MD: Paul H. Brookes Publishing Company, 1995).

86 여기서 나는 아래 언급한 종류의 감각만을 지칭했다. 좌석 벨트에 그녀가 묶이고 풀리는 것, 옷이 그녀의 피부를 문지르는 느낌, 따뜻한 목욕물. 분명한 건, 나는 동의가 불가능한 사람과의 성행위를 어떤 식으로든 묵인하거나 권장하지 않는다는 것이다. 애슐리가 피부를 통해 자신의 몸에서 즐거움을 느낄 수 있다는 인식을 촉구하는 것은 타인이 그녀의 몸에서 즐거움(또는 권력이나 통제)을 취하는 걸 권장한다는 것과는 완전히 다르다.

87 삶의 질에 필요하다고 여겨지는 개입을 통해 의학적·외과적으로 신체가 변형된 아동은 애슐리만 있는 게 아니다. 인터섹스나 '모호한' 생식기를 가지고 태어난 아동은 통증, 자기 감각, 또는 자기 몸과의 관계가 어떤지와는 상관없이 그들을 정상화하기 위한 모든 종류의 외과적 개입을 경험해왔다. 어떤 아동들은 사지 연장(limb-lenghthening)이나 사지 교정(limb-straightening) 절차를 견뎌오거나, 만성 통증을 유발하고 신체 기능을 실질적으로 향상시키지 않는 브레이스, 스플린트를 착용해왔다.

88 Williams, "Judge Not?" 9.

89 아니타 타지안은 테리 샤이보(Terri Schiavo) 사건[식물인간 진단을 받은 테리 샤이보에 대한 남편의 안락사 결정, 생명 유지와 관련한 논란 및 판결]에서도 비슷한 현상과 비판이 있었다고 지적한다. 장애 권리 활동가, 장애 단체, 장애 학자들은 이 사건을 장애의 문제로 다루었던 반면, 그 비판자들은 이 사건과 장애 권리의 관련성에 대해 이의를 제기했다. Anita J. Tarzian, "Disability and Slippery Slopes," *Hastings Center Report* 37, no. 5 (2007): c3.

90 Ashley's Parents, "AT Summary."

91 Tarzian, "Disability and Slippery Slopes," c3.

3. 페미니즘적 미래에 대한 논쟁

1 다양한 페미니즘 연구자와 장애학자들은 산전 검사 및 선택적 임신중지에 관한 문제를 다루어왔으며, 이러한 관행이 여성과 장애인에게 미치는 영향을 분석하고, 그 기저에 깔린 젠더, 임신, 장애에 관한 가정을 해체해왔다. 그런 연구의 예로는 무엇보다 다음을 참고하라. Adrienne Asch, "A Disability Equality Critique of Routine Testing and Embryo or Fetus Elimination Based on Disabling Traits," *Political Environments* 11 (2007): 43–47, 78; Dena S. Davis, *Genetic Dilemmas: Reproductive Technology, Parental*

Choices, and Children's Futures (New York: Routledge, 2001); Anne Finger, *Past Due: A Story of Disability, Pregnancy, and Birth* (Seattle: Seal Press, 1990); Erik Parens and Adrienne Asch, eds., *Prenatal Testing and Disability Rights* (Washington, DC: Georgetown University Press, 2000); Rayna Rapp, *Testing Women, Testing the Fetus: The Social Impact of Amniocentesis in America* (New York: Routledge, 1999); Janelle Taylor, *The Public Life of the Fetal Sonogram: Technology, Consumption, and the Politics of Reproduction* (New Brunswick, NJ: Rutgers University Press, 2008); Karen H. Rothenberg and Elizabeth J. Thomson, eds., *Women and Prenatal Testing: Facing the Challenges of Genetic Technology* (Columbus: Ohio State University Press, 1994); Marsha Saxton, "Disability Rights and Selective Abortion," in *Abortion Wars: A Half-Century of Struggle: 1950–2000*, ed. Rickie Solinger (Berkeley: University of California Press, 1998), 374–93; Tom Shakespeare, "Arguing about Genetics and Disability," *Interaction* 13, no. 3 (2000): 11–14. 다음도 참고하라. Generations Ahead, *Bridging the Divide: Disability Rights and Reproductive Rights and Justice Advocates Discussing Genetic Technologies*, July 2009; Generations Ahead, *A Disability Rights Analysis of Genetic Technologies: Report on a Convening of Disability Rights Leaders*, March 2010, http://www.generations-ahead. org/resources.

2   Timothy J. Dailey, "Homosexual Parenting: Placing Children at Risk," *Insight* no. 238, 접속일 November 8, 2006, www.frc.org. 다음도 참고하라. Caryle Murphy, "Gay Parents Find More Acceptance," *Washington Post*, June 14, 1999, A1.

3   수전 메릴 스콰이어(Susan Merrill Squier)는 생의학 및 재생산 기술에 대한 분석에서 문학, 특히 SF소설의 중요성을 피력한다. 페미니즘 소설 속 재생산 기술의 재현에 매료된 그녀는 문화 비평가들이 이런 텍스트들의 "생산과 보급을 통해 수행되는 …… 이념적 구성"에 주의를 기울여야 한다고 권고한다. Susan Merrill Squier, *Babies in Bottles: Visions of Reproductive Technology* (New Brunswick, NJ: Rutgers University Press, 1994), 19; Susan Merrill Squier, *Liminal Lives: Imagining the Human at the Frontiers of Biomedicine* (Durham, NC: Duke University Press, 2004).

4   피어시 소설 속 유토피아 마을은 1857년에 통합된 미국 메사추세츠주의 어느 작은 마을의 이름을 땄다. 그 마을의 웹사이트에 따르면, 마을의 "이름은 '쉼터'를 뜻하는 고대 인도어에서 유래했다고 한다". "Mattapoisett," 접속일 November 7, 2011, http://www.mattapoisett.net/Pages/index. 피어시는 디스토피아 뉴욕이 또 다른 가능한 미래, 매타포이셋 같은 대안 중 하나라는 것을

암시하면서 따로 연도를 지정하지 않았다.

5   Marge Piercy, *Woman on the Edge of Time* (New York: Fawcett Crest, 1976), 96.

6   여성학 교수 및 연구 리스트서브 중 하나인 WMST-L은 수년간 여성학 학부생들에게 이 책을 활용한 교수 관련 자료들을 제공해왔다. 구글에서 '강의 계획서(syllabus)'와 '시간의 경계에 선 여자(Woman on the Edge of Time)'를 검색하면, 교육과정 내 그 소설을 포함하는 개별 강좌, 여성학 및 젠더연구 분야/프로그램에 관한 링크들이 나온다. 그런 (날짜가 표시된) 강좌들을 모은 곳으로는 다음을 참고하라. "Women's Studies Syllabi," University of Maryland, 마지막 수정일 July 24, 2002, http://www.mith2.umd.edu/WomensStudies/Syllabi.

7   José van Dijck, *Imagenation: Popular Images of Genetics* (New York: New York University Press, 1998), 86, 87; Josephine Carubia Glorie, "Feminist Utopian Fiction and the Possibility of Social Critique," in *Political Science Fiction*, ed. Donald M. Hassler and Clyde Wilcox (Columbia: University of South Carolina Press, 1997), 156; Cathleen McGuire and Colleen McGuire, "Grassroots Ecofeminism: Activating Utopia," in *Ecofeminist Literary Criticism: Theory, Interpretation, Pedagogy*, ed. Greta Gaard and Patrick D. Murphy (Urbana: University of Illinois Press, 1998). 그 사례로는 다음을 참고하라. Patricia Huckle, "Women in Utopias," in *The Utopian Vision: Seven Essays on the Quincentennial of Sir Thomas More*, ed. E. D. S. Sullivan (San Diego: San Diego State University Press, 1983), 115-36; Kathy Davis, "'My Body is My Art': Cosmetic Surgery as Feminist Utopia?" in *Embodied Practices: Feminist Perspectives on the Body*, ed. Kathy Davis (Thousand Oaks, CA: Sage, 1997), 168-81. 폭력을 사용하거나 소규모 공동체에 의존한다는 이유로 피어시의 유토피아 비전에 대해 더 비판적인 입장을 취하는 페미니즘 이론가들조차 매타포이셋의 참여민주주의 체제, 특히 조작파와 혼합파의 논쟁에서 그 체제가 구현되는 것을 칭찬한다. 그 사례로는 다음을 참고하라. Erin McKenna, *The Task of Utopia* (Lanham, MD: Rowman and Littlefield, 2001).

8   이 문제에 대한 논의로는 무엇보다 다음을 참고하라. Lori B. Andrews, *Future Perfect: Confronting Decisions about Genetics* (New York: Columbia University Press, 2001); Glenn McGee, *The Perfect Baby: Parenthood in the New World of Cloning and Genetics* (Lanham, MD: Rowman and Littlefield, 2000); Dena S. Davis, *Genetic Dilemmas: Reproductive Technology, Parental Choices, and Children's Futures* (New York: Routledge, 2001). 일부 기업가들은 '성공한' 남성의 정자만 받는 정자은행을 설립하면서 '완벽한 아이'를 낳

고자 하는 이런 열망을 통해 이익을 얻으려 했다. 아마도 이런 프로젝트 중 가장 악명 높은 것은, 지적·창의적인 사람들의 인구를 늘리기 위해 노벨상 수상자와 기타 큰 성취를 거둔 사람들의 정자를 수집할 목적으로 설립된 로버트 그레이엄(Robert K. Graham)의 생식세포 선택을 위한 저장소(Repository for Germinal Choice)일 것이다. 그레이엄의 인종차별적이고 뚜렷한 우생학적 견해 때문에 그 회사는 미디어에서 광범위한 비난을 받고, 원하던 기준을 충족하는 기증자를 유치하는 데 어려움을 겪었다. 그 회사는 설립된 지 거의 20년이 지난 (그리고 200명이 넘는 아이들을 생산한 뒤인) 1999년에 결국 문을 닫았다. 생식세포 선택을 위한 저장소는 가장 유명한 "천재들의 정자은행"이었지만, 다른 회사들 역시 성공하고 건강하고 지적인 남성들의 정자를 수집하려고 한다. 미국 네바다주에 거점을 둔, 그레이엄의 직원이었던 폴 스미스(Paul Smith)가 운영하는 유전선택(Heredity Choice)이 바로 그 예다. David Plotz, "The 'Genius Babies' and How They Grew," *Slate*, February 8, 2001, http://www.slate.com.

9 대문자 'D'가 들어간 'Deaf(농인)'는 20세기 후반에 자신의 정체성, 그리고 청각장애인의 문화적 실천 및 역사적 전통에 대한 자긍심을 나타내는 한 방식으로 사용되기 시작했다. 따라서 대문자 농인(Deaf)은 문화적인 청각장애인 정체성에 주의를 환기하는 방식인 반면, 소문자 'd'가 들어간 'deaf(청각장애인)'는 단순히 들을 수 없거나 난청이 있는 사람을 의미한다. 그러나 이런 용어 사용은 보편적으로 받아들여지지는 않으며, 일부 청각장애인들과 청각장애학자들은 '대문자 D/소문자 d'의 관례를 따르지 않는다. 이에 대한 최근의 동향, 청각장애인 정체성에 대한 더 광범위한 질문에 대해선 다음을 참고하라. Brenda Jo Brueggemann, *Deaf Subjects: Between Identities and Places* (New York: New York University Press, 2009). 청각장애인 정체성에 대한 미국 내 담론의 한계에 대한 논의로는 다음을 참고하라. Susan Burch and Alison Kafer, eds., *Deaf and Disability Studies: Interdisciplinary Perspectives* (Washington, DC: Gallaudet University Press, 2010).

10 Carol Padden and Tom Humphries, *Deaf in America: Voices from a Culture* (Cambridge, MA: Harvard University Press, 1988); John Vickrey Van Cleve and Barry Crouch, *A Place of Their Own: Creating the Deaf Community in America* (Washington, DC: Gallaudet University Press, 1989).

11 Harlan Lane, "Constructions of Deafness," in *The Disability Studies Reader*, ed. Lennard J. Davis (New York: Routledge, 1997), 161. 레인은 농인과 다른 언어적 소수자 사이에 차이가 있음을 인정한다. 그는 이렇게 말한다. "농인들은 다른 소수자들만큼 쉽게 영어를 제2외국어로 습득하기 어렵다. 2세대, 3세대 농인 자녀들은 선대들보다 영어를 배우기가 쉽지 않지만, 미국으로 이주한

2세대, 3세대 이주민들은 입학 전에 영어를 배우는 경우가 많다. …… 일반적으로 농인들은 학령기에 도달하기 전까지 이 고유어[수어]를 쓰는 데 능숙하지 않다. 농인들은 다른 언어적 소수자들보다 지리적으로 더 넓게 흩어져 있다. 농인 변호사, 농인 의사, 농인 회계사 등을 거의 찾아볼 수 없으므로, 통역사를 이용할 수 있는 가능성은 다른 언어적 소수자들보다 농인들에게 훨씬 더 중요하다." Lane, "Constructions of Deafness," 163-64.

12 Nora Ellen Groce, *Everyone Here Spoke Sign Language: Hereditary Deafness on Martha's Vineyard* (Cambridge, MA: Harvard University Press, 1985). 마서스비니어드 섬의 농에 관한 최근의 논의는 다음을 참고하라. Annelies Kusters, "Deaf Utopias? Reviewing the Sociocultural Literature on the World's 'Martha's Vineyard Situations,'" *Journal of Deaf Studies and Deaf Education* 15, no. 1 (2010): 3-16.

13 안타깝게도 독순법을 익히고, 입으로 말하고, 수화를 금지하고, 청력 상실을 '교정'하기 위해 고통스러운 수술과 의료적 처치를 받도록 농인들에게 요구했던 긴 역사가 있다. 농인학 연구자들은 농인들이 수어를 사용했다는 이유로 종종 잔인하게 처벌받고, 기숙학교 및 농인 공동체에 반대하는 운동이 벌어졌던 역사를 기록해왔다. 이런 상황에도 불구하고, 농인 공동체는 끊임없이 수어를 사용하며 투쟁해왔다. Robert M. Buchanan, *Illusions of Equality: Deaf Americans in School and Factory, 1850-1950* (Washington, DC: Gallaudet University Press, 1999); Susan Burch, *Signs of Resistance: American Deaf Cultural History, 1900 to World War II* (New York: New York University Press, 2002).

14 이런 방식의 연합의 사례로는 다음을 참고하라. Corbett Joan O'Toole, "Dale Dahl and Judy Heumann: Deaf Man, Disabled Woman—Allies in 1970s Berkeley," in *Deaf and Disability Studies: Interdisciplinary Perspectives*, ed. Susan Burch and Alison Kafer (Washington, DC: Gallaudet University Press, 2010): 162-87. 농이 장애와 같은지에 대한 최근의 논의로는 다음을 참고하라. H-Dirksen Bauman, ed., *Open Your Eyes: Deaf Studies Talking* (Minneapolis: University of Minnesota Press, 2008). 일부 농인학 연구자들은 농/장애의 연합에서 농을 장애로 보지 않아야 한다고 주장한다. 가령, 레인은 문화적으로 농인과 장애인에게 "큰 공동의 목적"이 있음을 인정하는 것은, 자신을 장애인이라고 하는 것이 아니라 "문화적으로 농인이라는 자기 구성"을 존중한다는 의미라고 강조한다. Lane, "Constructions of Deafness," 165.

15 청각장애만 유전자 풀에서 걸러지는 것은 아니다. 정자은행은 낭포성 섬유증, 테이-삭스병, 알콜의존증 가족력이 있고, 기타 문제가 있거나 바람직하지 않은 것처럼 보이는 조건을 가진 남성 기증자를 제외한다. 미국 식품의약국(FDA)이 수립한 지침에 따르면, 대부분의 정자은행은 지난 5년 동안 게이 남성과 성관계

를 가진 남성의 정자 기증을 금지하고 있다. 정자은행 및 정자 기증의 정치학에 관한 논의로는 다음을 참고하라. Cynthia Daniels, *Exposing Men: The Science and Politics of Male Reproduction* (New York: Oxford University Press, 2006); Laura Mamo, *Queering Reproduction: Achieving Pregnancy in the Age of Technoscience* (Durham, NC: Duke University Press, 2007).

16 실제로 고뱅의 농은 당연한 게 아니다. 농을 유발하는 다양한 유전적 조합이 존재하지만, 그러한 특성은 열성이므로, 부모가 모두 농인이라고 해서 자동으로 혹은 반드시 농인 아동을 낳을 수 있는 것은 아니다.

17 Liza Mundy, "A World of their Own," *Washington Post Magazine*, March 31, 2002, www.washingtonpost.com. 슬프게도, 고뱅은 (그의 농과는 상관없는) 유전적 문제로 인해 예기치 않게 급사하고 말았다. 그의 출생과 대조적으로, 그의 죽음에 관한 뉴스 보도나 대중의 반응은 거의 없었다.

18 Mundy, "A World of Their Own."

19 엠제이 비앙브뉘(MJ Bienvenu) 역시 비슷한 지점을 언급하지만, 그녀는 더 낙관적으로 두 여성의 레즈비어니즘에 대한 관심 부족을 "L/G 공동체가 이룬 성과" 덕으로 돌린다. "Queer as Deaf: Intersections," in *Open Your Eyes: Deaf Studies Talking*, ed. H-Dirksen Bauman (Minneapolis: University of Minnesota Press, 2008), 270.

20 Family Research Council, "*Washington Post* Profiles Lesbian Couple Seeking to Manufacture a Deaf Child," PR Newswire Association, April 1, 2002. 코너의 경고와 19세기 후반, 20세기 초반에 널리 확산된 우생학 저작들 사이에는 강력한 유사점이 있다. 예를 들어, 알렉산더 그레이엄 벨은 농 문화의 발전과 그에 따른 농 인구 증가를 우려했다. 이러한 공포가 반복된 사례로는 그의 《농인의 인종 다양성 형성에 관한 회고록(Memoir Upon the Formation of a Deaf Variety of the Human Race)》을 참고하라. 내게 이 글의 방향을 알려준 수전 버치(Susan Burch)에게 감사드린다.

21 코너는 그 여성들의 섹슈얼리티와 청각장애를 연결하면서, 그리고 양자를 마치 제거할 수 있고 제거해야 하는 것처럼 제시하면서, 더 나은 세상(에 대한 그의 생각)이 실현되길 바라는 듯하다. 장애와 퀴어성이라는 부담을 짊어지지 않은 가정을 바라는 코너의 선호는 "장애 없는 몸을 가진 미래에 대한 꿈은 …… 퀴어가 없는 세상이라는 이성애중심주의적 환상과 긴밀히 얽혀 있다"라고 했던 로버트 맥루어의 주장을 뒷받침한다. Robert McRuer, "Critical Investments: AIDS, Christopher Reeve, and Queer/Disability Studies," in *Thinking the Limits of the Body*, ed. Jeffrey Jerome Cohen and Gail Weiss (Albany: State University of New York Press, 2003), 154-55.

22 Jeanette Winterson, "How Would We Feel If Blind Women Claimed the Right to a Blind Baby?" *Guardian* (UK), April 9, 2002.

23 자연을 동원하는 레토릭, 특히 젠더 및 섹슈얼리티 정체성과 실천을 금하기 위해 "자연"을 이용하는 것에 대한 페미니즘적·퀴어적 탈구축의 사례로는 다음을 참고하라. Catriona Mortimer-Sandilands and Bruce Erickson, eds. *Queer Ecologies: Sex, Nature, Politics, Desire* (Bloomington: Indiana University Press, 2010); Noel Sturgeon, *Environmentalism in Popular Culture: Gender, Race, Sexuality, and the Politics of the Natural* (Tucson: University of Arizona Press, 2009).

24 윈터슨만 이렇게 과장하는 것이 아니다. 먼디의 원래 기사에서는 농인 정자 기증자를 쓰는 것이 농인 아기를 가질 확률을 50%까지 증가시킬 뿐이라는 걸 분명히 밝혔지만, 다른 신문사의 보고서와 이야기들에서는 일관적으로 그 여성들이 농인 아기를 가지는 걸 "확실시"하기 위해 자연과 기술을 조작한다고 설명했고, 그 여성들이 미래에 개입하는 것처럼 묘사하면서 사실을 와전했다. 의학 저널의 논문들조차 농인 정자 기증자를 쓰는 게 농인 아이를 가지는 걸 "확실시"하고 "담보"하는 것처럼 언급하면서 이러한 패턴을 그대로 따랐다(이 말은 농인 정자 기증자를 쓰는 것이 농인 아기를 가질 확률을 50% 이상으로 증가시킨다면 그 커플에 대한 비판이 정당화되었을 것이라는 의미가 아니며, 만약 그 확률이 50% 미만이었다고 해서 비평가들이 그 여성들을 가만 내버려 뒀을지 의심스럽다). 비평가들은 비장애중심주의적 세계관에 입각해, 두 여성이 장애를 예방하기 위해 할 수 있는 것을 다 하지 않았다면서, 그건 자녀들에게 부정적이고 불완전한 미래를 선고하는 일종의 실패라고 그 여성들을 비난했다. 예를 들어, 그 여성들이 부적절하게 행동했다고 판단했던 《의료윤리저널(Journal of Medical Ethics)》의 논문들을 참고하라. K. W. Anstey, "Are Attempts to Have Impaired Children Justifiable?" *Journal of Medical Ethics* 28 (2002): 286-89; and N. Levy, "Deafness, Culture, and Choice," *Journal of Medical Ethics* 28 (2002): 284-85.

25 윈터슨은 맥컬로와 듀셰스노의 결정을 "터무니없는 말", "정신병"과 "편집증" 증세, "유전적 제국주의"의 한 형태라고 언급한 바 있다.

26 시각장애 아이를 원하는 시각장애 여성에 대한 글로는 다음을 참고하라. Deborah Kent, "Somewhere a Mockingbird," in *Prenatal Testing and Disability Rights*, ed. Erik Parens and Adrienne Asch (Washington, DC: Georgetown University Press, 2000). 데버라 켄트(Deborah Kent)는 그 여성이 정안인 부모와 남편이 자신처럼 맹을 "중립적인 특성"으로 생각하지 않고, 미래 자녀가 맹이 있을 가능성을 우려한다는 사실을 깨달으면서 겪는 내적 갈등을 감동적으로 묘사한다.

27 Mundy, "A World of Their Own."

28 물론 리스트서브의 다른 구독자들이 그 논평을 다루지 않고 내버려 두었던 것은 아니다. 리스트서브 구독자들은 장애로 인한 "부담", 그리고 비장애인 커플이

매번 그래왔던 것처럼 자신의 삶을 반영해 기증자를 선택하는 농인 여성들의 부적절성에 관한 가정들에 의문을 표했다. 또한 그들은 농인 아동이 국가에 재정적 부담을 부과한다는 주장을 비판했으며, 장애인이 초래하는 "부담"에 관한 경제적 논쟁이 강제 불임시술, 시설화, 강압적 임신중지를 정당화하는 데 자주 활용되어왔다고 주장했다.

29 Sarah Franklin, "Essentialism, Which Essentialism? Some Implications of Reproductive and Genetic Technoscience," in *If You Seduce a Straight Person, Can You Make Them Gay? Issues in Biological Essentialism versus Social Constructionism in Gay and Lesbian Identities*, ed. John P. DeCecco and John P. Elia (Binghamton, NY: Harrington Park, 1993), 30; 강조는 원문.

30 "체외수정의 아버지"로 알려진 패트릭 스텝토(Patrick Steptoe)는 "게이나 레즈비언 관계처럼 부자연스러운 상황에서 아이를 의도적으로 가진다는 건 상상도 할 수 없는 일이다"라고 언급했다. 다음에서 인용. Franklin, "Essentialism, Which Essentialism?" 31.

31 Mamo, *Queering Reproduction*, 72.

32 앞의 글, 134.

33 Dorothy Roberts, *Killing the Black Body: Race, Reproduction, and the Meaning of Liberty* (New York: Vintage, 1998); Elizabeth Weil, "Breeder Reaction," *Mother Jones* 31, no. 4 (2006): 33-37.

34 Franklin, "Essentialism, Which Essentialism?" 29.

35 Roberts, *Killing the Black Body*, 254. 로버트는 최근 연구에서 불임 클리닉들이 그들 캠페인 안에 **엘리트** 유색인 여성들을 점점 더 많이 포함하고 있다고 하지만, 더 넓은 범위의 여성들이 그런 기술들을 이용할 수 있다 하더라도 그 이용 가능성은 이 나라의 의료 서비스가 불평등하게 분배된다는 걸 반영한다. 그 사례로는 다음을 참고하라. Dorothy Roberts, "Race, Gender, and Genetic Technologies: A New Reproductive Dystopia?" *Signs: Journal of Women in Culture and Society* 34, no. 4 (2009): 783-804.

36 이러한 경향은 주변화, 차별, 학대의 오랜 역사에서 가장 최근에 벌어진 일이다. 장애인, 아프리카계 미국인, 라틴계 및 토착 미국인 여성들은 그들을 부적격하다고 여기는 의료 전문가와 공무원들의 손에 의해 강제 불임시술, 의료 실험, 강제 임신중지를 경험해왔다. 그 사례로는 다음을 참고하라. Elena R. Gutierrez, *Fertile Matters: The Politics of Mexican-Origin Women's Reproduction* (Austin: University of Texas Press, 2008); Jennifer Nelson, *Women of Color and the Reproductive Rights Movement* (New York: New York University Press, 2003); Nancy Ordover, *American Eugenics: Race, Queer Anatomy, and the Science of Nationalism* (Minneapolis: University of Minnesota Press,

2003); Roberts, *Killing the Black Body.*

37 Jo Litwinowicz, "In my Mind's Eye: I," in *Bigger than the Sky: Disabled Women on Parenting*, ed. Michele Wates and Rowen Jade (London: Women's Press, 1999).

38 Jim Hughes, "Blind Woman Sues Fertility Clinic: Englewood Facility Halted Treatments after Questions about Her Fitness as a Parent," *Denver Post*, November 7, 2003.

39 레이나 랩은 미국 내 양수 검사(amniocentesis)에 관한 자신의 영향력 있는 연구에서 "이기심"은 백인 중산층 커플, 특히 백인 여성이 자신의 재생산 결정을 이해하는 핵심 렌즈임에 주목한다. Rapp, *Testing Women*, 136–42.

40 Laura Hershey, "Disabled Woman's Lawsuit Exposes Prejudices," *The Ragged Edge*, 접속일 December 2003, http://www.raggededgemagazine. com/extra/hersheychamberstrial.html.

41 콜로라도 교차장애연합은 체임버스를 대리해 소송을 제기했다. Hershey, "Disabled Woman's Lawsuit."

42 다음에서 인용. David Teather, "Lesbian Couple Have Deaf Baby by Choice," *Guardian* (UK), April 8, 2002, http://www.guardian.co.uk/world/2002/ apr/08/davidteather.

43 가족에 집중하라(Focus on the Family)의 글렌 스탠턴(Glenn Stanton)은 이렇게 꾸짖는다. "현명하고 자비로운 사회는 편모, 편부 가족의 아이들을 언제나 돕지만, 아이들을 그런 가족에 결코 의도적으로 종속시키지 않는다. 하지만 모든 동성 가정들은, 한 줌도 안 되는 성인들이 그런 가족을 바란다는 것 외에 다른 이유도 없이, 정확히 그런 일을 벌일 것이다." 다시 말해, 동성 가정은 막아야 하는데, 그건 동성 가정이 아이들을 '도움'과 구조가 필요한 상황에 '종속'시키기 때문이라는 것이다. 다음에서 인용. McCreery, "Save Our Children/Let Us Marry," 196.

44 Michael Warner, *The Trouble with Normal: Sex, Politics, and the Ethics of Queer Life* (New York: Free Press, 1999), 183. 엘런 새뮤얼스는 '섹슈얼리티' (혹은 나의 사례에서는 '포르노') 대신 '장애'가 사용되었을 때, 종종 그 의미가 부정확하고 특수성이 사라지는 경우가 있다는 걸 정확히 언급하면서 그 대체의 한계를 검토한다. 하지만 이 경우, 내가 시도하는 대체에서는 장애와 퀴어성 사이의 중요한 유사점을 지목한다. 퀴어성과 장애는 모두 피해야 할 것으로, 그리고 자녀의 삶의 질을 저하시키는 요소로 여겨졌으며, 내가 본문에서 주장했던 것처럼 양자의 조합은 특히 더 위협적이라고 평가되어왔다. Ellen Samuels, "Critical Divides: Judith Butler's Body Theory and the Question of Disability," *NWSA Journal* 14, no. 3 (2002): 58–76.

45 Susan Wendell, "Unhealthy Disabled: Treating Chronic Illnesses as

Disabilities," *Hypatia: A Journal of Feminist Philosophy* 16, no. 4 (2001); 31, 강조는 원문.

46 Wendell, *Rejected Body*, 69.

47 H-Dirksen L. Bauman, "Designing Deaf Babies and the Question of Disability," *Journal of Deaf Studies and Deaf Education* 10, no. 3 (2005): 313.

48 Lennard J. Davis, "Postdeafness," in *Open Your Eyes: Deaf Studies Talking*, ed. H-Dirksen Bauman (Minneapolis: University of Minnesota Press, 2008), 319.

49 성별 선택 및 "가족 균형"에 관한 분석으로는 다음을 참고하라. Rajani Bhatia, "Constructing Gender from the Inside Out: Sex Selection Practices in the United States," *Feminist Studies* 36, no. 2 (2010): 260-91.

4. 누구를 위한 미래인가?

1 The Foundation for a Better Life, February 7, 2010, http://www.values. com/[현재(2023년 7월 8일) FBL의 웹사이트 주소는 다음과 같이 변경되었다. https://www.passiton.com/].

2 그 광고판들은 재단 웹사이트에서 모두 확인할 수 있으며, 여기에는 "영감을 주는 이야기", "좋은 소식", 특정한 가치에 관한 짧은 삽화 등이 포함되어 있다. 다음을 참고하라. Foundation for a Better Life, February 7, 2010, http://www. values.com.

3 천안문 광장의 시위자 사진은 웹사이트에서 삭제되었지만, 언제 사라졌는지는 확실하지 않다. 2007년에는 있었으나 2010년에는 사라졌고, 웹사이트에는 그에 대한 언급이 없다.

4 모든 장애학자가 그럴 테지만, 당연하게도 누가 장애가 있고 없는지 결정하는 것은 말처럼 쉽지 않다. 논의의 목적상, 나는 장애가 있다고 널리 알려진 인물, 장애인이라고 공개적으로 정체화한 인물, 그리고/또는 그 캠페인에서 그가 가진 질병 및 장애가 조명된 인물에만 초점을 맞추었다.

5 진한 글자들은 각 광고판에서 강조된 가치이며, 그 가치들은 빨간색 네모 안에 진한 흰색 대문자로 표기되어 있다. 따옴표 안의 문구는 광고판 위에 적힌 설명 글이다.

6 The Foundation for a Better Life, "About FBL," June 30, 2004, http://www. forbetterlife.org/main.asp?section=about&language=eng.

7 에이미 비달리(Amy Vidali)는 '아는 것은 보는 것이다'라는 가정을 비판적으로 검토하면서 비전과 지식의 관계에 대한 유용한 분석을 제공한다. Amy Vidali,

"Seeing What We Know: Disability and Theories of Metaphor," *Journal of Literary and Cultural Disability Studies* 4, no. 1 (2010): 33–54. 다음도 참고 하라. Georgina Kleege, *Sight Unseen* (New Haven: Yale University Press, 1999). FBL의 광고판("비전")과 주석 표기법(가령, "참고하라(see)")은 모두 이런 재현의 역사 및 인식론에 의존하고 있다.

8 여기서는 극복에 대한 애나 몰로우의 논의에 비추어 FBL의 무하마드 알리의 재현을 해석하는 게 유용할 것 같다. 몰로우는 질병이나 장애를 극복하는 이야기가 "정치적 현실을 부정하는 것"이 아니라, "압도적인 사회 억압 속에서 사적인 힘을 주장하는 것"이 되어야 한다고 정확히 말한다. 그러나 FBL의 사례에서 그들의 극복 서사는 "억압적인 정치적·경제적 구조와 관련된 개인의 힘"(몰로우가 극복 서사를 다르게 이해하는 기준)을 강조하는 것이 아니라, 오히려 그러한 억압이 존재한다는 것을 전면 부정한다. Anna Mollow, "'When Black Women Start Going on Prozac': Race, Gender, and Mental Illness in Meri Nana-Ama Danquah's Willow Weep for Me," *MELUS* 31, no. 3 (2006): 89, 68.

9 Foundation for a Better Life, "Our Mission Statement," 접속일 February 7, 2010, http://www.values.com/about-us/mission-statement.

10 FBL의 인터넷 도메인은 앤슈츠 소유의 석유 및 가스 탐사 기업인 앤슈츠 탐사 회사(Anschutz Exploration Corporation)에 등록되어 있다. 다음을 참고하라. Nathan Callahan, "Corporate Vulture: Philip Anschutz Tries to Thread His Way into Heaven," *OC Weekly* 8, no. 35 (2003), 접속일 September 18, 2004, http://www.ocweekly.com/ink/03/35/news-callahan.php; Stuart Elliott, "A Campaign Promotes Noble Behavior," *New York Times*, November 9, 2001; Colleen Kenney, "Lincoln Receives Several Messages of Hope from Up Above" *Lincoln Journal Star*, February 5, 2004; Jeremy David Stolen, "Foundation for a Better Life," Portland Independent Media Center, 접속일 July 4, 2004, http://portlandindymedia.org/2002/02/7617.shtml; Jeremy David Stolen, "Big Money behind 'Inspirational' Billboard Campaign," 접속일 April 15, 2006, http://www.theportlandalliance.org/2002/april/billboard.html. 다음도 참고하라. Sandra Thompson, "Billboards Marketing Virtues We Can Use Now," *St. Petersburg Times*, February 2, 2002, http://saintpetersburgtimes.com/2002/02/02/Columns/Billboards_marketing_.shtml.

11 이런 종류의 반응은 눈에 띄는 장애를 가진 사람들에게는 대부분 익숙할 것 같다. 나는 나를 보고 좋은 일과를 보냈다고 말하고 싶어 하는 어느 낯선 사람을 제지했던 적이 한 번 이상 있다. 한 여성은 이렇게 말했다. "오늘 아주 의기소침해 있었는데, 당신을 보고 내가 얼마나 운이 좋은지 깨달았어요."

12 David M. Halperin, *Saint Foucault: Toward a Gay Hagiography* (New York:

페미니스트, 퀴어, 불구

Oxford University Press, 1995), 67.

13 블로그 공간에서는 이 캠페인에 어느 정도 관심이 있었는데, 이에 대한 반응은 아래에서 다룰 것이다. 지금까지 학자들은 대체로 이 광고판들을 무시해왔으며, 뉴스 보도는 대부분 긍정적이었다.

14 Graham Bowley, "Goal! He Spends It on Beckham," *New York Times*, April 22, 2007, http://www.nytimes.com/2007/04/22/business/yourmoney/22phil.html?pagewanted=1&_r=1&ref=media&adxnnlx=1313886061-H/sYx4pZH4V3t39yunqx3A.

15 FBL 웹사이트에는 광고판들이 게시된 날짜가 표시되지 않아 각 광고판이 미국 전역에 처음 등장한 시기를 파악하기 어렵다. 내가 본 셜리의 광고판은 원본 이미지가 아니었다.

16 이라크 및 아프가니스탄 미국퇴역군인단체(The Iraq and Afghanistan Veterans of America organization, IAVA)는 미 국방부의 공식 사상자 통계를 웹사이트에 게시하고 있지만, 방문자들에게 민간 기관과 개인 연구자가 제공하는 통계들도 조사해볼 것을 권장한다. 다음에서 이용 가능. http://iava.org, 접속일 August 10, 2011. 추가적인 통계로는 다음 웹사이트를 참고하라. http://icasualties.org, 접속일 August 10, 2011.

17 예를 들어, 《뉴스위크(Newsweek)》의 편집자들은 새로 장애를 갖게 된 퇴역군인들과 국가보훈처(Veterans Affairs)의 문제를 다룬 2007년 3월 5일의 표지 기사, 〈우리 부상자들을 실망시키다(Failing Our Wounded)〉에 절단장애인의 이미지를 넣은 바 있다.

18 Lee Edelman, *No Future: Queer Theory and the Death Drive* (Durham, NC: Duke University Press, 2004), 2. 에덜먼이 미국 정치 내 아동의 모습에 초점을 맞추면서 참고했던 연구는 다음과 같다. Lauren Berlant, *The Queen of America Goes to Washington City: Essays on Sex and Citizenship* (Durham, NC: Duke University Press, 1997). 벌랜트는 아이의 모습을 통해 이상적인 미국 시민이 상상되는 방식을 추적한다.

19 Katie, August 29, 2005, http://majikthise.typepad.com/majikthise_/2004/11/what_is_the_fou/comments/page/2/#comments, 최종 접속일 July 29, 2010. 〈majikthise〉라는 블로그는 더 이상 운영되지 않으며, 현재 이 링크는 빈 페이지로 연결된다(나는 2006년 4월에 처음 그 블로그를 보았다)[2023년 7월 8일 현재는 링크 접속 가능].

20 나일스는 결국 그 광고들이 자신을 너무 불편하게 만든다고 판단했지만, 그 불편함은 광고판의 내용이나 레토릭보다 앤슈츠에 대한 불신에서 비롯된 것으로 보인다. Maria Niles, "Am I Too Cynical for a Better Life?" *BlogHer*, June 7, 2008, http://www.blogher.com/am-i-too-cynical-better-life.

21 Justin Berrier, "Fox Hides Anti-Gay, Right-Wing Background of

Foundation for a Better Life," *MediaMatters*, December 16, 2010, http://
mediamatters.org/blog/201012160022.

22 *Observer*, May 4, 2002, http://portland.indymedia.org/en/2002/02/7617.
shtml; JYPD, May 1, 2002, http://portland.indymedia.org/en/2002/02/7617.
shtml.

23 로버트 맥루어는 장애에 관한 레토릭 및 인식의 틀이 급진적 불구 정치에 반
하는 방식으로 사용될 수 있다는 점을 지적하면서 이를 쓸 때 주의해야 할 점
을 제시한다. 그 사례로는 다음을 참고하라. Robert McRuer, "Taking It to
the Bank: Independence and Inclusion on the World Market," *Journal of
Literary Disability* 1, no. 2 (2007): 5–14.

24 Noël Sturgeon, *Environmentalism in Popular Culture: Gender, Race,
Sexuality, and the Politics of the Natural* (Tucson: University of Arizona
Press, 2009), 28.

25 Rosemarie Garland-Thomson, "Seeing the Disabled: Visual Rhetorics
of Disability in Popular Photography," in *The New Disability History:
American Perspectives*, ed. Paul K. Longmore and Lauri Umansky (New
York: New York University Press, 2001), 338.

26 Iris Marion Young, *Justice and the Politics of Difference* (Princeton, NJ:
Princeton University Press, 1990), 227–34; Betty Sasaki, "Toward
a Pedagogy of Coalition," *Twenty-First-Century Feminist Classrooms:
Pedagogies of Identity and Difference*, ed. Amie A. MacDonald and Susan
Sanchez-Casal (New York: Palgrave, 2002), 33.

27 Judith Butler, *Gender Trouble: Feminism and the Subversion of Identity*, 10th
anniversary ed. (New York: Routledge, 1999), viii. 다음도 참고하라. Judith
Butler, "Contingent Foundations," in *Feminist Contentions: A Philosophical
Exchange*, ed. Seyla Benhabib, Judith Butler, Drucilla Cornell, and Nancy
Fraser (New York: Routledge, 1995), 50–51; Chantal Mouffe, *The Return of
the Political* (London: Verso, 1993), 8.

28 키스앤텔 콜렉티브(Kiss and Tell Collective)의 수전 스튜어트(Susan
Stewart)는 다음과 같이 말한다. "우리 중 일부가 너무 오랫동안 기존의 통념
을 교차해서 독해해온 바람에 우리 눈에는 가시가 박혔다." Kiss and Tell, *Her
Tongue on my Theory* (Vancouver: Press Gang, 1994), 51.

29 Rosemarie Garland-Thomson, "The Politics of Staring: Visual Rhetorics
of Disability in Popular Photography," *Disability Studies: Enabling
the Humanities*, ed. Sharon L. Snyder, Brenda Jo Brueggemann, and
Rosemarie Garland-Thomson (New York: Modern Language Association,
2002), 63.

30　대체된 광고판들의 사진은 《포틀랜드 독립언론센터(Portland Independent Media Center)》 웹사이트에서 확인할 수 있다. 접속일 July 4, 2004, http://portland.indymedia.org/en/2002/02/7617.shtml[2023년 7월 8일 현재는 링크 접속 불가].

31　Edelman, *No Future*, 2.

32　부정적인 감정에 주의를 기울여야 한다고 주장했던 헤더 러브의 영향을 받았다. Heather Love, *Feeling Backward: Loss and the Politics of Queer History* (Cambridge, MA: Harvard University Press, 2007).

33　Nomy Lamm, "Private Dancer: Evolution of a Freak," *Restricted Access: Lesbians on Disability*, ed. Victoria A. Brownworth and Susan Raffo (Seattle: Seal Press, 1999), 152-61. 영감을 주는 장애인에 관한 예리한 비판으로는 다음을 참고하라. John B. Kelly, "Inspiration," *Ragged Edge Online* (January/February 2003), 접속일 February 7, 2010, http://www.raggededgemagazine.com/0103/0103ft1.html.

34　장애 권리 단체인 ADAPT는 1980년대의 이동권 투쟁에서 핵심적인 역할을 담당했다. ADAPT는 접근 가능한 대중교통을 위한 미국 장애인(American Disabled for Accessible Public Transit)의 약어다. ADAPT에 관한 자세한 정보는 다음을 참고하라. http://www.adapt.org. 대중교통 투쟁을 포함한 장애 권리 운동의 더 광범위한 역사에 대해서는 다음을 참고하라. Sharon N. Barnartt and Richard K. Scotch, *Disability Protests: Contentious Politics, 1970-1999* (Washington, DC: Gallaudet University Press, 2001); Doris Zames Fleischer and Frieda Zames, *The Disability Rights Movement: From Charity to Confrontation* (Philadelphia: Temple University Press, 2001); Joseph Shapiro, *No Pity: People with Disabilities Forging a New Civil Rights Movement* (New York: Three Rivers Press, 1994).

35　그 사례로는 다음을 참고하라. Jasbir Puar's analysis of homonationalism. Jasbir Puar, *Terrorist Assemblages: Homonationalism in Queer Times* (Durham, NC: Duke University Press, 2007). 다음도 참고하라. McRuer, "Taking It to the Bank."

36　로버트 맥루어가 장애의 형상화에 관한 분석에서 보여주듯이, 장애에 대한 일부 이미지를 '긍정적'으로, 다른 이미지를 '부정적'으로 구성하는 것만으로는 충분치 않다. McRuer, *Crip Theory*, 171-98.

5. 사이보그와 불구

1　Donna Haraway, "Cyborgs, Coyotes, and Dogs: A Kinship of Feminist

Figurations: An Interview with Nina Lykke, Randi Markussen, and Finn Olesen," in *The Haraway Reader*, ed. Donna Haraway (New York: Routledge, 2004), 323–24.

2   Donna J. Haraway, "A Manifesto for Cyborgs: Science, Technology, and Socialist Feminism in the 1980s," *Socialist Review*, no. 80 (1985): 65–108. 따로 언급하지 않는 한, 〈사이보그 선언〉에 관한 모든 내용은 다음의 개정판에서 참조했다. Donna J. Haraway, "A Cyborg Manifesto: Science, Technology, and Socialist-Feminism in the Late Twentieth Century" in *Simians, Cyborgs, and Women: The Reinvention of Nature* (New York: Routledge, 1991), 149–81.

3   Haraway, *Simians, Cyborgs, and Women*, 151–53.

4   Donna Haraway, "Introduction: A Kinship of Feminist Figurations," in *The Haraway Reader*, ed. Donna Haraway (New York: Routledge, 2004), 1; Haraway, *Simians, Cyborgs, and Women*, 154.

5   Haraway, *Simians, Cyborgs, and Women*, 181.

6   앞의 글.

7   앞의 글, 154.

8   앞의 글.

9   Haraway, "Introduction," 3; Haraway, *Simians, Cyborgs, and Women*, 149.

10 Haraway, "Cyborgs, Coyotes, and Dogs," 326; Haraway, *Simians, Cyborgs, and Women*, 181.

11 Haraway, *Simians, Cyborgs, and Women*, 154.

12 앞의 글, 1.

13 앞의 글, 156.

14 앞의 글, 156. 〈사이보그 선언〉에 영향을 준 유색인 여성 관련 연구로는 다음을 참고하라. Chela Sandoval, "New Sciences: Cyborg Feminism and the Methodology of the Oppressed," in *The Cyborg Handbook*, ed. Chris Hables Gray, Steven Mentor, and Heidi J. Figueroa-Sarriera (New York: Routledge, 1995), 407–21.

15 Haraway, *Simians, Cyborgs, and Women*, 180.

16 Haraway, "Cyborgs, Coyotes, and Dogs," 324.

17 "우리는 모두 기계와 유기체의 이론적·허구적 잡종인 키메라, 곧 사이보그다." Haraway, *Simians, Cyborgs, and Women*, 150.

18 〈사이보그 선언〉의 활용 사례를 훌륭하게 개괄한 글로는 다음을 참고하라. Zoe Sofoulis, "Cyberquake: Haraway's Manifesto," in *Prefiguring Cyberculture: An Intellectual History*, ed. Darren Tofts, Annemarie Jonson, and Allesio Cavallaro (Cambridge, MA: MIT Press, 2002), 84–103.

19 예를 들어, 《보철물 충동(The Prosthetic Impulse)》이라는 선집에 실린 여러 에세이는 사이보그가 보철물 같은 새로운 이론적 틀로 대체될 필요가 있다고 제안한다. Marquard Smith and Joanne Morra, eds., *The Prosthetic Impulse: From a Posthuman Present to a Biocultural Future* (Cambridge, MA: MIT Press, 2006).

20 Haraway, *Simians, Cyborgs, and Women*, 178.

21 〈사이보그 선언〉에 대한 소개와 이론적 틀의 사례로는 다음을 참고하라. Chris Hables Gray, Heidi J. Figueroa-Sarriera, and Steven Mentor, eds., *The Cyborg Handbook*.

22 장애학 내 사이보그를 다룬 논의를 개괄한 것으로는 다음을 참고하라. Alison Kafer, "Cyborg," in *Encyclopedia of U.S. Disability History*, ed. Susan Burch (New York: Facts on File, 2009), 223-24. 사이보그라는 형상에 천착하는 장애학자들로는 다음을 참고하라. Sharon Betcher, "Putting my Foot (Prosthesis, Crutches, Phantom) Down: Considering Technology as Transcendence in the Writings of Donna Haraway," *Women's Studies Quarterly* 29, nos. 3-4 (2001): 35-53; Fiona Kumari Campbell, *Contours of Ableism: The Production of Disability and Abledness* (New York: Palgrave Macmillan, 2009); Nirmala Erevelles, "In Search of the Disabled Subject," in *Embodied Rhetorics: Disability in Language and Culture*, ed. James C. Wilson and Cynthia Lewiecki-Wilson (Carbondale: Southern Illinois University Press, 2001), 92-111; David Mitchell and Sharon Snyder, "Introduction: Disability Studies and the Double Bind of Representation," in *The Body and Physical Difference: Discourses of Disability*, ed. David Mitchell and Sharon Snyder (Ann Arbor: University of Michigan Press, 1999), 1-31; Katherine Ott, "The Sum of Its Parts: An Introduction to Modern Histories of Prosthetics," in *Artificial Parts, Practical Lives: Modern Histories of Prosthetics*, ed. Katherine Ott, David Serlin, and Stephen Mihm (New York: New York University Press, 2002), 1-42; Donna Reeve, "Cyborgs and Cripples: What Can Haraway Offer Disability Studies?" in *Disability and Social Theory: New Developments and Directions*, ed. Dan Goodley, Bill Hughes, and Lennard Davis (New York: Palgrave Macmillan, forthcoming); Alexa Schriempf, "Hearing Deafness: Subjectness, Articulateness, and Communicability," *Subjectivity* 28 (2009): 279-96; Tobin Siebers, "Disability in Theory: From Social Constructionism to the New Social Realism of the Body," *American Literary History* (2001): 737-54.

23 James L. Cherney, "Deaf Culture and the Cochlear Implant Debate: Cyborg

Politics and the Identity of People with Disabilities," *Argumentation and Advocacy* 36 (Summer 1999): 22–34; Margaret Quinlan and Benjamin Bates, "Bionic Woman (2007): Gender, Disability, and Cyborgs," *Journal of Research in Special Educational Needs* 9, no. 1 (2009): 48–58. 장애의 관점에서 영화와 공연 내의 사이보그 형상을 다루는 학자로는 다음을 참고하라. Petra Kuppers, "Addenda, Phenomenology, Embodiment: Cyborgs and Disability Performance," in *Performance and Technology: Practices of Virtual Embodiment and Interactivity*, ed. Susan Broadhurst and Josephine Machon (New York: Palgrave Macmillan, 2006): 169–80; Helen Meekosha, "Superchicks, Clones, Cyborgs, and Cripples: Cinema and Messages of Bodily Transformations," *Social Alternatives* 18, no. 1 (1999): 24–28.

24 몇 가지 주목할 만한 예외적인 사례로는 로즈머리 갈런드-탐슨, 다이앤 프라이스 헌들(Diane Price Herndl), 로버트 맥루어, 마그리트 실드릭의 연구를 꼽을 수 있는데, 이들은 페미니즘 이론 및 페미니즘 장애 이론의 맥락에서 사이보그를 (간략히) 검토한 바 있다. 초기에 갈런드-탐슨은 사이보그에 열정적으로 접근했지만, 이후 연구에서는 그 형상에 대해 많은 의혹을 제기했으며, 헌들과 실드릭은 사이보그를 각각 포스트휴먼, 괴물과 연결하면서 이를 좀 더 낙관적으로 해석한다. 맥루어는 사이보그를 명시적으로 다루지는 않았지만, 사이보그 이론이 정체성에 비판적·페미니즘적으로 접근한다는 점에서 불구 이론과 '연대한' 것으로 간주한다. Rosemarie Garland-Thomson, *Extraordinary Bodies: Figuring Physical Disability in American Culture and Literature* (New York: Columbia University Press, 1997); Rosemarie Garland-Thomson "Integrating Disability, Transforming Feminist Theory," in *Gendering Disability*, ed. Bonnie G. Smith and Beth Hutchison (New Brunswick, NJ: Rutgers University Press, 2004): 73–103; Diane Price Herndl, "Reconstructing the Posthuman Body Twenty Years after Audre Lorde's Cancer Journals," in *Disability Studies: Enabling the Humanities*, ed. Sharon L. Snyder, Brenda Jo Brueggemann, and Rosemarie Garland-Thomson (New York: Modern Language Association, 2002), 144–55; Margrit Shildrick, *Embodying the Monster: Encounters with the Vulnerable Self* (London: Sage, 2002); Robert McRuer, *Crip Theory: Cultural Signs of Queerness and Disability* (New York: New York University Press, 2006), 226n37.

25 Haraway, *Simians, Cyborgs, and Women*, 180.

26 앞의 글, 150, 177.

27 해러웨이는 《유인원, 사이보그, 그리고 여자》에서 "지구의 생존을 위해 사이보

그가 되자!"라는 슬로건을 자신이 "좋아하는 핀버튼" 같은 문구라고 설명하면서
여러 차례 사용한다(244n1).

28 동시대 사이보그들의 과잉남성성에 대한 페미니즘 비평으로는 다음을 참고
하라. Anne Balsamo *Technologies of the Gendered Body: Reading Cyborg Women* (Durham, NC: Duke University Press, 1996); Gill Kirkup, Linda Janes, Kath Woodward, and Fiona Hovenden, eds., *The Gendered Cyborg: A Reader* (London: Routledge, 2000); Cristina Masters, "Bodies of Technology: Cyborg Soldiers and Militarized Masculinities," *International Feminist Journal of Politics* 7, no. 1 (2005): 112–32; Claudia Springer, "The Pleasure of the Interface," in *Sex/Machine: Readings in Culture, Gender, and Technology*, ed. Patrick D. Hopkins (Bloomington: Indiana University Press, 1998), 484–500.

29 그 사례로는 다음을 참고하라. Cherney, "Deaf Culture and the Cochlear Implant Debate"; Johnson Cheu, "De-gene-erates, Replicants, and Other Aliens: (Re)Defining Disability in Futuristic Film," in *Disability/Postmodernity: Embodying Disability Theory*, ed. Mairian Corker and Tom Shakespeare (New York: Continuum, 2002), 199–212; Meekosha, "Superchicks, Clones, Cyborgs, and Cripples."

30 Jennifer Gonzalez, "Envisioning Cyborg Bodies: Notes from Current Research," in *The Gendered Cyborg: A Reader*, ed. Gill Kirkup, Linda Janes, Kath Woodward, and Fiona Hovenden (London: Routledge, 2000), 64.

31 Sherry Baker, "The Rise of the Cyborgs," *Discover*, October 2008, http://discovermagazine. com/2008/oct/26-rise-of-the-cyborgs; Tim Kelly, "Rise of the Cyborg," *Forbes*, October 4, 2006, http://www.forbes.com/forbes/2006/0904/090.html; Tim Kelly, "Cyborg Waiting List," *Forbes*, September 3, 2007, http://www.forbes.com/forbes/2007/0903/038.html.

32 2009년의 장애인 고용률은 16.8%에 불과했다. S. von Schrader, W. A. Erickson, and C. G. Lee, *Disability Statistics from the Current Population Survey* (Ithaca, NY: Cornell University Rehabilitation Research and Training Center on Disability Demographics and Statistics, 2010), http://www.disabilitystatistics.org[2021년 한국의 장애인 고용률은 이보다 훨씬 낮은, 정부 부문 2.97%, 민간 부문 2.96%에 불과하다. www.kosis.kr].

33 Lewis Page, "Cyborg-Style 'iLimb' Hand a Big Hit with Iraq Veterans," *Register* (UK), July 18, 2007, http://www.theregister.co.uk/2007/07/18/robo_hand_gets_big_hand.

34 경제적 격차 및 사이보그화에 대한 추가적인 글로는 다음을 참고하라. Erevelles, "In Search of the Disabled Subject"; Gonzalez, "Envisioning

Cyborg Bodies"; Mitchell and Snyder, "Introduction."

35 Siebers, "Disability in Theory," 745.

36 Baker, "Rise of the Cyborgs."

37 베이커가 쓰는 "아주 가깝다"라는 표현은 사이보그뿐만 아니라 장애와 관련해
    서도 다소 과장된 표현이다. 그녀의 기사에 예고된 수많은 첨단 기술은 아직 실
    험 단계에 있으며, 더 '일상적'으로 볼 수 있지만 크게 주목받지 못하는 경량 휠
    체어 기술처럼 기타 사이버 기술들 역시 장애인 대부분이 경제적으로 접근하기
    어렵다.

38 Leslie Swartz and Brian Watermeyer, "Cyborg Anxiety: Oscar Pistorius
    and the Boundaries of What It Means to be Human," *Disability and Society*
    23, no. 2 (2008): 187–90.

39 Anna Salleh, "Cyborg Rights 'Need Debating Now,'" *ABC Science Online*,
    June 5, 2010, http://www.abc.net.au/news/stories/2010/06/05/2918723.
    htm.

40 Swartz and Watermeyer, "Cyborg Anxiety," 188. 해리 컨즈루(Hari Kunzru)
    는 그 설명에서 더 나아가 엘리트 운동선수들의 고성능 의류, 과학적 검증을 거
    친 식이요법 및 운동요법도 사이보그 상태라고 볼 수 있다고 주장한다. Hari
    Kunzru, "You Are Cyborg," *Wired* 5, no. 2 (1997), 접속일 September 22,
    2004, http://www.wired.com/wired/archive/5.02/ffharaway_pr.html.

41 곤잘레스는 사이보그를 이와 같은 방식으로 개념화하는 것을 혼종성과 인종
    적 순수성의 측면에서 설득력 있게 비판한다. 그녀는 사이보그의 경계 횡단
    을 설명할 때, 혼혈이나 불법적 결합이라는 용어가 단지 비유라는 명목으로 폭
    력적인 과거를 가려버릴 수도 있다면서 그런 언어를 사용하지 않도록 유의해
    야 한다고 지적한다. 사이보그를 이전에 순수했던 두 개체의 융합으로 간주하
    는 데는 순수함과 혼혈에 관한 인종차별적 관념이 연루되어 있다. Gonzalez,
    "Envisioning the Cyborg."

42 Chris Hables Gray, *Cyborg Citizen: Politics in the Posthuman Age* (New
    York: Routledge, 2001), 1.

43 이 책에서 크리스토퍼 리브를 등장시킨 것은 의미심장한데, 리브가 등장한 후
    몇 쪽 뒤에 자신을 자랑스럽게 사이보그로 정체화하는 MIT 대학의 어떤 학생
    집단을 소개하고 있기 때문이다. Gray, *Cyborg Citizen*, 9.

44 앞의 글, 1.

45 Chris Hables Gray and Steven Mentor, "The Cyborg Body Politic and the
    New World Order," in *Prosthetic Territories: Politics and Hypertechnologies*,
    ed. Gabriel Brahm, Jr., and Mark Driscoll (Boulder, CO: Westview, 1995),
    223.

46 Gray, *Cyborg Citizen*, 1.

47 의료화된 언어와 주된 정체성으로서의 장애 구성에 대한 추가적인 글은 다음을
참고하라. Linton, *Claiming Disability.*

48 Gray, *Cyborg Citizen,* 1.

49 각주에서 그레이는 일부 장애 활동가들이 리브의 치유 노력이 문제를 일으킨다
고 지적했다는 사실을 인정한다. 하지만 활동가들이 그것을 지적한 이유가 리
브의 노력이 "불구들 사이에 헛된 희망을 부추겼기" 때문이라고 설명한다. 그
레이는 치유의 성공을 위한 리브의 시간표가 좀 더 합리적이었다면 모든 사람
이 그의 노력을 지지했을 것이라고 말하면서, 온전한 치유 서사에 반대하는 사
람들을 전혀 언급하지 않는다. 그러나 그레이가 문제를 인정했던 내용은 책에
나오지 않으며, 출판사 웹사이트를 통해서만 확인할 수 있다. 이후 출판사 라
우틀리지(Routledge)는 해당 사이트를 폐쇄했지만, 그레이는 그 내용을 자신
의 개인 웹사이트로 옮겼다. Chris Hables Gray, "Cyborg Citizen," 최초 접속
일 July 16, 2002, http://www.routledge-ny.com/CyborgCitizen/chappgs/
introduction.html (사이트 폐쇄됨); 현재는 다음 링크로 접속 가능, http://
www.chrishablesgray.org/CyborgCitizen[현재(2023년 7월 8일)는 접속 불
가].

50 Annie Potts, "Cyborg Masculinity in the Viagra Era," *Sexualities, Evolution,
and Gender* 7, no. 1 (2005): 4.

51 그 사례로는 다음을 참고하라. "Scientists Test First Human Cyborg," *CNN.
com,* March 22, 2002, http://archives.cnn.com/2002/TE CH/science/03/22/
human.cyborg/.

52 나는 누군가의 모습이 문화적으로 구성된다는 점을 강조하기 위해 "사지마비
장애인이 상상되는 모습"이라고 언급했다. 모든 사지마비 장애인에게 인공호흡
기가 필요한 것은 아니며, 어떤 이들은 전동 휠체어 대신 수동 휠체어를 사용한
다. 우리는 하반신 마비 장애인이 팔을 움직일 수 있고, 사지마비 장애인은 그럴
수 없다고 여기는 경향이 있지만, 척수손상의 양태는 매우 다양하며, 현실은 훨
씬 더 복잡하다.

53 실제로 해러웨이는 이 사실을 빠르게 인정한다. "나는 항상 요란하게 치장한 것
처럼 보이는 말을 비뚤어지게 사랑한다." Haraway, "Introduction: A Kinship,"
2.

54 Haraway, *Simians, Cyborgs, and Women,* 245n4.

55 앞의 글, 178.

56 앞의 글, 178.

57 Linton, *Claiming Disability,* 13.

58 Corinne Kirchner and Liat Ben-Moshe, "Language and Terminology," in
Encyclopedia of U.S. Disability History, ed. Susan Burch (New York: Facts
on File, 2009), 546–50.

59 Haraway, *Simians, Cyborgs, and Women*, 247-48n28.

60 "중증"이 연상시키는 바를 재상상하는 방법을 탐구한 연구로는 다음을 참고하라. McRuer, *Crip Theory*, 30-31.

61 Haraway, *Simians, Cyborgs, and Women*, 178.

62 말리니 조하르 슐러는 이러한 분할이 마치 SF소설가는 백인만 있는 것인 양, 두 집단 사이에 엄격한 경계가 있는 것처럼 암시한다고 주장한다. 그녀는 해러웨이가 흑인 SF소설가인 옥타비아 버틀러(Octavia Bulter)를 어디에 포함시켰는지를 보면(버틀러는 유색인 여성 섹션이 아닌, SF소설 섹션에 등장한다), 그런 분할이 더욱 의문스럽다고 지적한다. 해러웨이는 두 집단의 텍스트가 "중첩"된다고 설명하지만, 슐러는 그런 방식이 해러웨이가 모든 유색인 여성을 동일하게 취급했음을 드러낸다고 보았다. Malini Johar Schueller, "Analogy and (White) Feminist Theory: Thinking Race and the Color of the Cyborg Body," *Signs* 31, no. 1 (Autumn 2005): 79.

63 Haraway, *Simians, Cyborgs, and Women*, 174.

64 이런 묘사를 조애나 러스(Joanna Russ)의 《여자인 남성(The Female Man)》과 옥타비아 버틀러의 《와일드 시드》, 《제노제네시스(Xenogenesis)》에 나오는 묘사와 비교해보라. Haraway, *Simians, Cyborgs, and Women*, 178-79.

65 앞의 글, 180.

66 앞의 글, 154.

67 〈사이보그 선언〉의 뒷부분에서 해러웨이는 생산라인에서 일하는 여성들보다 생산라인 그 자체에 대해 좀 더 구체적으로 언급한다. 그녀는 "현실에서 살아가는 사이보그"의 일례로 "일본과 미국 전자제품 회사에서 일하는 동남아시아 여성 노동자"를 제시한다. Haraway, *Simians, Cyborgs, and Women*, 177.

68 Schueller, "Analogy and (White) Feminist Theory," 81.

69 Scott, "Cyborgian Socialists?" 216-17. 해러웨이의 그 문장에 대한 또 다른 비판으로는 다음을 참고하라. Carol A. Stabile, *Feminism and the Technological Fix* (Manchester: Manchester University Press, 1994).

70 Constance Penley and Andrew Ross, Cyborgs at Large: An Interview with Donna Haraway," in *Technoculture*, ed. Constance Penley and Andrew Ross (Minneapolis: University of Minnesota Press, 1991), 12-13. 해러웨이는 〈사이보그 선언〉에서도 명명에 대한 우려를 나타내면서 다음과 같이 묻는다. "나의 레토릭에서 '우리'는 누구라고 여겨지는가?" Haraway, *Simians, Cyborgs, and Women*, 155.

71 그 사례로는 다음을 참고하라. Carol Mason, "Terminating Bodies: Toward a Cyborg History of Abortion," in *Posthuman Bodies*, ed. Judith Halberstam and Ira Livingston (Bloomington: Indiana University Press, 1995), 225-43; Penley and Ross, "Cyborgs at Large: An Interview with Donna

Haraway"; Scott, "Cyborgian Socialists?"; Stabile, *Feminism and the Technological Fix.*

72   알렉산더 웨헬리예(Alexander G. Weheliye)는 "사이버 이론의 문자적·가상적 백인성"이 "사이보그"로 인식되는 텍스트 및 기술과 직접적으로 관련이 있다고 강조한다. 그는 넓게는 보청 기술, 좁게는 흑인 대중음악에 더 많은 관심을 가져야 한다고 주장한다. Alexander G. Weheliye, "'Feenin': Posthuman Voices in Contemporary Black Popular Music," *Social Text* 71 vol. 20, no. 2 (2002): 21-47; Beth E. Kolko, Lisa Nakamura, and Gilbert B. Rodman, introduction to *Race in Cyberspace*, ed. Beth E. Kolko, Lisa Nakamura, and Gilbert B. Rodman (New York: Routledge, 2000), 8.

73   Vivian Sobchack, "A Leg to Stand On: Prosthetics, Metaphor, and Materiality," in *The Prosthetic Impulse: From a Posthuman Present to a Biocultural Future*, ed. Marquard Smith and Joanne Morra (Cambridge, MA: MIT Press, 2006), 19.

74   Haraway, *Companion Species Manifesto*, 4. 다음도 참고하라. Haraway, *When Species Meet.*

75   뱀파이어에 관해서는 다음을 참고하라. Ingrid Bartsch, Carolyn DiPalma, and Laura Sells, "Witnessing the Postmodern Jeremiad: (Mis) Understanding Donna Haraway's Method of Inquiry," *Configurations* 9, no. 1 (Winter 2001): 127-64; Shannon Winnubst, "Vampires, Anxieties, and Dreams: Race and Sex in the Contemporary United States," *Hypatia* 18, no. 3 (2003): 1-20. 사이보그와 괴물에 관해서는 다음을 참고하라. Sara Cohen Shabot, "Grotesque Bodies: A Response to Disembodied Cyborgs," *Journal of Gender Studies* 15, no. 3 (2006): 223-35. 괴물, 괴수, 장애에 관해서는 다음을 참고하라. Garland-Thomson, Extraordinary Bodies; Garland-Thomson, "Integrating Disability"; Shildrick, *Embodying the Monster.*

76   미국애견협회(American Kennel Club, AKC)에 따르면, "사고나 부상으로 흠이 있지만 그 외에는 괜찮은 개들은 그 흠이 기능적 움직임을 방해하지 않는 한 참가 자격이 있다. 개들은 신체적으로 건강해야 한다. 시각장애견, 청각장애견은 참가 자격이 없다. 시각장애는 쓸 만한 시력이 없는 것을 의미하고, 청각장애는 쓸 만한 청력이 없는 것을 의미한다. 테이프를 붙였거나 붕대를 감았거나 어떤 식으로든 의료적 목적으로 무언가가 부착된 개는 경기에 참가할 수 없다." 북미 개 어질리티 위원회(North American Dog Agility Council)도 다리를 절고, 시각장애가 있는 개, 또는 기형의 개를 제외하지만(미국애견협회와 달리 청각장애견과 잡종견은 허용), 그것이 개의 "건강과 복지"를 보장하기 위한 것이라고 명시한다. 나는 개 운동선수를 부상에서 보호하길 바라는 마음에 감사하고 있으며, 그런 지침을 없애는 것을 옹호하려는 게 아님을 분명히 밝히고 싶

다. 나는 그런 요구를 할 만큼 개나 개 어질리티에 대해 충분히 알지 못한다. 내가 우려하는 것은 페미니즘적 관계성을 통한 사유 방식으로 **어질리티**를 활용한다는 것이다. 나는 장애 정치가 '쓸 만한' 몸, '건강한' 몸을 가지려고 노력하는 어떤 형상에 의해 잘 지지될 수 있을지 확신하기 어렵다. American Kennel Club, *Regulations for Agility Trials*, 2010, 접속일 July 30, 2010, http://www.akc.org/pdfs/rulebooks/REAGIL.pdf; North American Dog Agility Council, *Exhibitor's Handbook: Rules for NADAC Trials*, 2010, 접속일 July 30, 2010, http://www.nadac.com/Rules_for_NADAC_trials.htm#_Eligibility_For_Entry.

어질리티와 관련한 장애인 단체도 존재하는데, 그중 하나인 장애인 조련사 연례 어질리티 리그(Disabled Handlers Annual Agility League)는 장애인으로 정체화한 모든 사람에게 열려 있다고 설명한다. 이에 대한 더 많은 정보는 단체 웹사이트를 참고하라. http://agilitynet.co.uk/reference/disabledhandlersleague_rulesandregs2006.html.

77 Christina Crosby, "Allies and Enemies," in *Coming to Terms: Feminism, Theory, Politics*, ed. Elizabeth Weed (New York: Routledge, 1989), 206. 다음도 참고하라. Mason, "Terminating Bodies," 226; Penley and Ross, "Cyborgs at Large."

78 Sofoulis, "Cyberquake."

79 이 인용문은 해러웨이의 글을 소개하는 편집자의 홍보용 글에서 가져왔다. Susan Stryker and Stephen Whittle, eds., *The Transgender Studies Reader* (New York: Routledge, 2006), 103.

80 글로리아 안살두아(Gloria Anzaldua)의 연구에 관한 논의에서 글로리아 베커르(Gloria Wekker)가 "인용의 정치"라고 부르는 이러한 [계보의] 삭제를 주의 깊게 살피는 일은 단일한 기원에 관한 생각에 문제를 일으킨다는 점에서 사이보그 이론의 필수적인 부분이어야 한다. 다음을 참고하라. Chela Sandoval, "New Sciences: Cyborg Feminism and the Methodology of the Oppressed," in *The Cyborg Handbook*, ed. Chris Hables Gray, Steven Mentor, and Heidi J. Figueroa-Sarriera (New York: Routledge, 1995), 413; Gloria Wekker, "The Arena of Disciplines: Gloria Anzaldua and Interdisciplinarity," in *Doing Gender in Media, Art, and Culture*, ed. Rosemarie Buikema and Iris van der Tuin (New York: Routledge, 2007), 56.

81 Mariana Ortega, "Being Lovingly, Knowingly Ignorant: White Feminism and Women of Color," *Hypatia* 21, no. 3 (Summer 2006): 56–74; Schueller, "Analogy and (White) Feminist Theory," 81.

82 윌커슨은 이런 질문을 〈사이보그 선언〉의 핵심으로 설정한다. "모종의 사회적 특권을 경험한 사람들은 그것에 대응하는 억압의 경험을 어떻게 표현하는

가?" Abby Wilkerson, "Ending at the Skin: Sexuality and Race in Feminist Theorizing," *Hypatia* 12, no. 3 (1997): 165.

83   Haraway, *Simians, Cyborgs, and Women*, 150. 강조는 원문.

84   Donna J. Haraway, *How Like a Leaf: An Interview with Thyrza Nichols Goodeve* (New York: Routledge, 2000), 136.

85   브렌다 브루그먼은 농인과 청인의 관점에서 호출기, 블랙베리[휴대폰], 그리고 기타의 즉각적 통신장치에 이러한 질문을 제기하고, 캐서린 오트는 보조 기술의 개념 자체에 의문을 표한다. Brueggemann, *Deaf Subjects*, 17; Ott, "The Sum of Its Parts," 21.

86   Erevelles, "In Search of the Disabled Subject." 다음도 참고하라. Mitchell and Snyder, "Introduction: Disability Studies."

87   Kirkup, *Gendered Cyborg*, 5. 캐럴 스태빌(Carol Stabile)은 커크업의 평가에 동의하지만, "계급 분화라는 점점 더 넘을 수 없는 벽"을 오르기에는 사이보그가 무능해서 이러한 간극이 나타났다고 본다. Stabile, *Feminism and the Technological Fix*, 152-55.

88   스테이시 앨러이모는 이렇게 말한다. "해러웨이는 사이보그가 인간과 자연뿐만 아니라 인간과 기계의 경계를 넘나든다는 사실을 강조하지만, 사이보그는 자연의 피조물이 아니라 기술의 피조물로 더 많이 알려졌다." Stacy Alaimo, *Undomesticated Ground: Recasting Nature as Feminist Space* (Ithaca: Cornell University Press, 2000),186; 다음도 참고하라. Alaimo, *Bodily Natures*, 6-7.

89   Rod Michalko, *The Two in One: Walking with Smokie, Walking with Blindness* (Philadelphia: Temple University Press, 1999).

90   Cary Wolfe, "Learning from Temple Grandin, or, Animal Studies, Disability Studies, and Who Comes after the Subject," *New Formations* 64 (2008): 110-23.

91   Loree Erickson, "Revealing Femmegimp: A Sex Positive Reflection on Sites of Shame as Sites of Resistance for People with Disabilities," *Atlantis* 31, no. 2 (2007): 42-52; Hershey, *Just Help*.

92   에릭슨은 자신과 활동지원사가 하는 활동을 이렇게 설명한다. "내가 음식을 차릴 수 있게 돕고, 내가 옷을 입을 수 있게 돕고, 샤워를 하고, 바이브레이터의 배터리를 교체하고, 침대에 드나들기를 반복하고, 화장실을 이용하고, 이런 목록은 계속 늘어날 수 있다." 문장 안에서 "내가 ~을 할 수 있게 돕고"라는 표현이 사라지는 변화에 주목하라. Erickson, "Revealing Femmegimp," 45. 이러한 관계 속에서 활동지원사들의 경험을 다룬 바버라 깁슨((Barbara Gibson)의 연구는 다음을 참고하라. Barbara E. Gibson, "Disability, Connectivity, and Transgressing the Autonomous Body," *Journal of Medical Humanities* 27

(2006): 187-96.

93 Garland-Thomson, *Extraordinary Bodies*, 114.

94 Steven L. Kurzman, "Presence and Prosthesis: A Response to Nelson and Wright," *Cultural Anthropology* 16, no. 3 (2001): 382.

95 Berkeley Bionics, "Introducing eLEGS," 게시일 October 6, 2010, http://www.youtube.com/watch?v=WcM0ruq28dc; Berkeley Bionics, "Human Universal Load Carrier (HULC), TM ," 게시일 April 30, 2010, http://www.youtube.com/watch?v=jPB6uwc7aWs.

96 군사화된 사이보그에 관한 확장된 분석으로는 다음을 참고하라. Masters, "Bodies of Technology."

97 Judy Rohrer, "Toward a Full-Inclusion Feminism: A Feminist Deployment of Disability Analysis," *Feminist Studies* 31, no. 1 (Spring 2005): 43-44.

98 Haraway, *Simians, Cyborgs, and Women*, 181.

99 Corbett Joan O'Toole, "The View from Below: Developing a Knowledge Base about an Unknown Population," *Sexuality and Disability* 18, no. 3 (2000): 220. 다음도 참고하라. Siebers, *Disability Theory*, 151.

100 Laura Hershey, "Crip Commentary," 접속일 September 5, 2004, http://www.cripcommentary.com/LewisVsDisabilityRights.html. 다음도 참고하라. Laura Hershey, "From Poster Child to Protestor," *Spectacle* (Spring/Summer 1997), The Independent Living Institute, 접속일 September 5, 2004, http://www.independentliving.org/docs4/hershey93.html.

101 포스터 아이에서 텔레톤 시위자가 된 또 다른 인물인 마이크 어빈(Mike Ervin)은 장애에 관한 루이스의 레토릭과 가정을 비판하기 위해 오랫동안 허시와 함께 활동해왔다. 오스카 시상식 시위에 대한 자세한 내용은 어빈의 글을 참고하라. "Jerry Lewis Doesn't Deserve a Humanitarian Award at the Oscars," *Progressive* (Madison, WI), February 19, 2009, http://tinyurl.com/awlyn5.

102 Haraway, *Simians, Cyborgs, and Women*, 181.

103 McRuer, *Crip Theory*, 31.

104 판자리노는 2001년에 53세의 나이로, 허시는 2010년에 48세의 나이로 사망했다. 나는 학계의 관례에서 벗어나기 위해 그들을 현재 시제로 서술했지만(예를 들어, 판자리노의 시위 표어는 현재도 텍스트의 형태로 살아 있다), 더 큰 이유는 그들의 작업이 퀴어 불구 공동체, 특히 장애인 레즈비언 공동체에 지속적으로 영향을 미치고 있다는 인식을 반영하기 위해서였다. 판자리노에 관한 추가적인 자료는 《모두를 위한 정의(Justice For All)》에 실린 부고를 참고하라. 접속일 May 24, 2010, http://tinyurl. com/2fcpby6; 허시에 대한 추가적인 자료는 다음을 참고하라. http://www.laurahershey.com.

105 Bradley Lewis, *Moving Beyond Prozac, DSM, and the New Psychiatry: The*

Birth of Postpsychiatry (Ann Arbor: University of Michigan Press, 2006), 133, 강조는 원문.

106　Lewis, *Moving Beyond Prozac*, 142. 프로작에 관한 엘리자베스 윌슨 (Elizabeth A. Wilson)의 분석은 사이보그가 정신약리학을 이해하는 또 다른 방법을 제시한다. 그녀는 제조된 향정신제인 프로작이 자연과 문화, 누군가의 몸과 문화를 명확하게 구분하는 게 어렵다는 점을 보여준다고 설명한다. 몸은 어디에서 멈추고 약물은 어디에서 시작하는가? 비록 윌슨은 사이보그의 형상을 활용하진 않았지만, 그녀가 제시한 약물이라는 틀은 사이보그적 경계 위반의 렌즈를 통해 약물을 해석할 수 있게 만든다. Elizabeth A. Wilson, "Organic Empathy: Feminism, Psychopharmaceuticals, and the Embodiment of Depression," in *Material Feminisms*, ed. Stacy Alaimo and Susan Hekman (Bloomington: Indiana University Press, 2008), 373-99.

107　Michelle O'Brien, "Tracing This Body: Transsexuality, Pharmaceuticals, and Capitalism," *deadletters: scattered notes toward the remembering of a misplaced present* (Summer 2003): 1-14, 접속일 June 22, 2010, http://www. deadletters.biz/body.html (사이트 폐쇄됨).

108　앞의 글, 3.

109　앞의 글, 11-12.

110　앞의 글, 13.

111　Dean Spade, "Resisting Medicine, Re/modeling Gender," *Berkeley Women's Law Journal* 18 (2003): 15-37. 다음도 참고하라. Anna Kirkland, "When Transgendered People Sue and Win: Feminist Reflections on Strategy, Activism, and the Legal Process," in *The Fire This Time: Young Activists and the New Feminism*, ed. Vivien Labaton and Dawn Lundy Martin (New York: Anchor, 2004), 181-219; Cayden Mak, "Cyborg Theory, Cyborg Practice," May 11, 2010, http://tinyurl.com/2wm7vag.

112　Spade, "Resisting Medicine," 35.

113　앞의 글, 35.

114　원글은 《사이보그 핸드북(The Cyborg Handbook)》이라는 선집에 실려 있으며, 해러웨이는 이 잊어버린 역사를 되찾는 데 크리스 헤이블스 그레이의 공이 있었다고 말한다. Manfred E. Clynes and Nathan S. Kline, "Cyborgs and Space," in *The Cyborg Handbook*, ed. Chris Hables Gray, Steven Mentor, and Heidi J. Figueroa-Sarriera (New York: Routledge, 1995), 29-33.

115　클라인스에 따르면, 클라인은 정신약리학에 관한 글을 써달라는 요청을 받고, 클라인스를 공저자로 초청했다. Chris Hables Gray, "An Interview with Manfred Clynes," in *The Cyborg Handbook*, ed. Chris Hables Gray, Heidi J. Figueroa-Sarriera, and Steven Mentor (New York: Routledge, 1995), 47.

116   Clynes and Kline, "Cyborgs and Space," 30.

117   앞의 글, 30.

118   앞의 글, 33.

119   이러한 약물 연구 중 일부는 네이선 클라인 연구소의 웹페이지인 〈연구소 뒤의
       남자(The Man Behind the Institute)〉에 있는 클라인의 전기에 실려 있다. 접
       속일 May 26, 2010, http://www.rfmh.org/nki/welcome/kline.cfm.

120   다음에서 인용. Jackie Orr, *Panic Diaries: A Genealogy of Panic Disorder*
       (Durham, NC: Duke University Press, 2006), 312n159. 재키 오어(Jackie
       Orr)는 제2차 세계대전 이후 정신의학 및 정신약리학의 부상에 대한 분석에서
       클라인의 연구를 간략하게 논의한다. 해러웨이도 미국국립과학재단(National
       Science Foundation)과 미국국립정신건강연구소(National Institutes of
       Mental Health)에서 나온 오래된 보조금 제안서를 읽을 때 록랜드 주립병
       원의 "신경화학적 이식 및 컴퓨터통신 모니터링" 실험에 관한 설명을 발견했
       다면서 이 정신의학 연구를 언급한 바 있다. Donna J. Haraway, "Cyborgs
       and Symbionts: Living Together in the New World Order," in *The Cyborg
       Handbook*, ed. Chris Hables Gray, Steven Mentor, and Heidi J. Figueroa-
       Sarriera (New York: Routledge, 1995), xvi.

121   1940년대와 1950년대 록랜드 주립병원에 관한 논의로는 다음을 참고
       하라. "Herded Like Cattle," *Time*, December 20, 1948, http://tinyurl.
       com/8b6wmv7; Donna Cornachio, "Changes in Mental Care," New York
       Times, January 3, 1999. 고발 사례로는 다음을 참고하라. Pranay Gupte,
       "Tranquilizing Held a Factor in Deaths of Mental Patients," *New York
       Times*, July 17, 1978; Ronald Sullivan, "Panel Rejects Charges that
       Tranquilizer Use Led to Patient Deaths," New York Times, March 27,
       1979; "Psychiatric Aide Accused of Rape," *New York Times*, November
       26, 1979; Cecilia Cummings, "Rockland Psychiatric Center Faulted in a
       Death," *New York Times*, July 17, 1988. 주립 시설들은 수십 년 후에도 계속 부
       주의와 약물 남용에 대한 면밀히 조사받고 있다. 그 사례로는 다음을 참고하
       라. Danny Hakim, "At State-Run Homes, Abuse and Impunity," *New York
       Times*, March 12, 2011.

122   Hiram Perez, "You Can Have My Brown Body and Eat It, Too!" *Social Text*
       84-85, vol. 23, nos. 3-4 (2005): 190n17.

123   Haraway, "Introduction: A Kinship," 3.

124   Haraway, *Simians, Cyborgs, and Women*, 153.

125   앞의 글, 177.

6. 자연의 몸

1   Tom Shakespeare, *Disability Rights and Wrongs* (New York: Routledge, 2006), 45.

2   Shakespeare, *Disability Rights and Wrongs*, 46.

3   카트리오나 모티머-샌딜랜즈와 브루스 에릭슨(Bruce Erickson)은 퀴어 생태학을 검토하면서 조 허머(Joe Hermer)의 캠핑장 연구에 대해 논의한다. Catriona Mortimer-Sandilands and Bruce Erickson, "Introduction: A Genealogy of Queer Ecologies," in *Queer Ecologies: Sex, Nature, Politics, Desire*, ed. Catriona Mortimer-Sandilands and Bruce Erickson (Bloomington: Indiana University Press, 2010), 19.

4   William Cronon, "Introduction: In Search of Nature," in *Uncommon Ground: Toward Reinventing Nature*, ed. by William Cronon (New York: W. W. Norton, 1995), 23-56; William Cronon, "The Trouble with Wilderness; or, Getting Back to the Wrong Nature," in *Uncommon Ground: Toward Reinventing Nature*, ed. William Cronon (New York: W. W. Norton, 1995), 69-90. 다음도 참고하라. Chaia Heller, "For the Love of Nature: Ecology and the Cult of the Romantic," in *Ecofeminism: Women, Animals, Nature*, ed. Greta Gaard (Philadelphia: Temple University Press, 1993), 219-42; Lauret Savoy, "The Future of Environmental Essay: A Discourse," *Terrain* (Summer/Fall 2008), terrain.org.

5   Evelyn C. White, "Black Women and the Wilderness," in *The Stories That Shape Us: Contemporary Women Write about the West*, ed. Teresa Jordan and James Hepworth (New York: W. W. Norton, 1995): 376-83; 캐럴린 피니의 연구에 대해서는 다음을 참고하라. Barry Bergman, "Black, White, and Shades of Green," *Berkeleyan*, November 28, 2007, http://berkeley.edu/news/berkeleyan/2007/11/28_finney.shtml. 공원 방문객 대상의 설문조사 결과, 요세미티 계곡이나 옐로스톤 같은 황야의 공원을 방문하는 사람 중 압도적으로 백인이 많다는 사실이 이러한 주장을 뒷받침한다. 2009년에 요세미티 계곡에서 실시된 설문조사에 따르면, 공원 방문객의 77%는 백인이었고, 라틴계와 아시아계가 각각 11%, 그리고 흑인은 1%뿐이었다. Mireya Navarro, "National Parks Reach Out to Blacks Who Aren't Visiting," *New York Times*, November 2, 2010, http://www.nytimes.com/2010/11/03/science/earth/03parks.html?scp=2&sq=race+national+parks&st=nyt. 다음도 참고하라. Jason Byrne and Jennifer Wolch, "Nature, Race, and Parks: Past Research and Future Directions for Geographic Research," *Progress in Human Geography* 33, no. 6 (2009): 743-65; John Grossmann, "Expanding

the Palette," *National Parks*, Summer 2010, 접속일 July 15, 2011, http://www.npca.org/magazine/2010summer/expanding-the-palette.html.

6 Mei Mei Evans, "'Nature' and Environmental Justice," in *The Environmental Justice Reader: Politics, Poetics, and Pedagogy*, ed. Joni Adamson, Mei Mei Evans, and Rachel Stein (Tucson: University of Arizona Press, 2002), 191–92.

7 Evans, "'Nature' and Environmental Justice," 191, 192.

8 Cronon, "Introduction: In Search of Nature," 25.

9 페미니즘 이론과 환경학에서 일어나는 물질성에 대한 재사유는 날 흥분시킨다. 나는 스테이시 앨러이모가 언급하는 "자연, 환경, 물질세계 그 자체가 인간의 몸, 지식, 실천에 의미를 부여하거나 그것에 작용하고 또 영향을 미치는 다양한 방식을 설명하는 연구"가 필요하다는 데 동의한다. 여기서 나는 자연의 담론적 구성에 더 초점을 맞추고 있지만, 아직 우리가 무/능력[장애](dis/ability)과 '자연' 사이의 관계를 면밀히 고려한 적이 없는 까닭에 내 프로젝트가 그러한 작업에 필수적인 보완책이 될 수 있을 것이라 생각한다. Stacy Alaimo, *Bodily Natures: Science, Environment, and the Material Self* (Bloomington: Indiana University Press, 2010), 7–8.

10 Linda Vance, "Ecofeminism and Wilderness," *NWSA Journal* 9, no. 3 (Fall 1997): 71.

11 책 표지의 추천사를 보면,《뉴요커(New Yorker)》는 이 책을 "미국의 걸작"이라 칭했고,《뉴욕타임스 북리뷰(New York Times Book Review)》는 이 책의 "힘과 아름다움"을 칭송했다. 이건 애비에 대한 비판이 없었다는 말이 아니다. 여성과 이주에 대한 그의 견해는 오랫동안 비판받아왔다. 그는 스스로도 《사막의 솔리테어》가 "거칠고, 무례하고, 심술궂고, 폭력적인 편견을 가지고 있고, 도움이 되지 않는다"라고 말하면서, "진지한 비평가들, 진지한 사서들, 진지한 부교수들"에게 비판받을 가능성이 높다고 평한다. Edward Abbey, *Desert Solitaire: A Season in the Wilderness* (New York: Touchstone, 1990), xii. 이 텍스트와 만날 수 있도록 다그쳐준 캐시 커들릭에게 감사를 표한다.

12 Abbey, *Desert Solitaire*, 49, 51, 233.

13 Sarah Jaquette Ray, "Risking Bodies in the Wild: The 'Corporeal Unconscious' of American Adventure Culture," *Journal of Sport and Social Issues* 33, no. 3 (2009): 271.

14 앞의 글, 272.

15 Abbey, *Desert Solitaire*, 233.

16 앞의 글, 49.

17 모든 장르의 자연에 관한 글들은 걷기가 지식을 가져온다는 인식론적 가정에 크게 의존한다. 조지 하트(George Hart)와 세라 자케트 레이도 자연에 관한 글

을 살피면서, 걷기가 자연과의 통일감과 일체감을 얻는 특수한 방법으로 쓰인 다는 점에 주목한다. George Hart, "'Enough Defined': Disability, Ecopoetics, and Larry Eigner," *Contemporary Literature* 51, no. 1 (2010): 152–79; Ray, "Risking Bodies in the Wild."

18   Ray, "Risking Bodies in the Wild," 260. 애비는 헨리 데이비드 소로(Henry David Thoreau)와 그 이전의 작가들에게 영향을 받았다.

19   이러한 배제에 관한 논의로는 다음을 참고하라. Giovanna Di Chiro, "Nature as Community: The Convergence of Environment and Social Justice," in *Uncommon Ground: Toward Reinventing Nature*, ed. William Cronon (New York: W. W. Norton, 1995), 298–319; Evans, "'Nature' and Environmental Justice"; Gaard, "Ecofeminism and Wilderness"; Linda Vance, "Ecofeminism and the Politics of Reality"; Richard T. Twine, "Ma(r) king Essence: Ecofeminism and Embodiment," *Ethics and the Environment* 6, no. 2 (2001): 31–57.

20   첫 번째 사과문은 2000년 10월 24일에 발표했는데, 나이키는 그 광고에 불쾌한 측면이 있었다는 데 유감을 표하고, 전(前) 나이키 임원 중 하나가 "휠체어를 탄다"라는 사실을 이유로 장애 공동체와의 연결고리를 강조했다. 그다음 날, 나이키는 장애는 "조롱할 만한 일이 아니다"라고 하면서 장애인은 "우리 대부분이 평생 보여주는 것보다 더 많은 용기를 단 하루 만에 보여준다"라고 재차 사과했다. 장애와 함께 살아가려는 모든 시도가 칭찬받을 가치가 있다는 가정을 거들먹거리며 말했던 데 대해 일부 활동가들이 비판하자, 그 직후 더 짧은 사과가 이어졌다. 종합하면, 그 사과문들은 나이키에서 이용 가능한 장애의 모델, 즉 비극으로서의 장애, 타인에게 영감을 주는 장애인, 연민의 장소로서의 장애가 중첩된 장애의 모델을 보여준다. 그 사과문들은 모두 나이키의 웹사이트에 게시되었지만, 장애 활동가들은 나이키가 그 광고가 처음 등장했던 간행물에 사과문을 인쇄해야 하며, 그래야만 나이키가 원광고의 악영향을 바로잡을 수 있다고 주장했다. 이후, 해당 광고와 사과문들은 나이키의 웹사이트에서 삭제됐다. 나이키 논쟁에 관한 나의 이해는 다음에서 비롯되었다. Bruce Steele, "Faculty Member Encourages Boycott over Ad," *University Times* (University of Pittsburgh), November 22, 2000; "Crip Community Outraged at Nike Ad," *Ragged Edge Online Extra*, 2000, 접속일 March 12, 2003, http:// www.ragged-edge-mag.com/extra/nikead.htm; "Nike Issues Formal Apology," *Ragged Edge Online Extra*, 2000, 접속일 March 12, 2003, http:// www.ragged-edge-mag.com/extra/nikead.htm. 광고에서 장애 및 장애인을 활용하는 것에 대한 논의로는 다음을 참고하라. Rosemarie Garland-Thomson, "Seeing the Disabled: Visual Rhetorics of Disability in Popular Photography," in *The New Disability History: American Perspectives*, ed.

Paul K. Longmore and Lauri Umansky (New York: New York University Press, 2001), 335-74.

21 나이키는 오랫동안 실험적인 광고를 하는 기업이라는 평판을 받아왔기 때문에 그 광고가 다소 논란을 일으킬 거라고 (그리고 무료 홍보 효과를 얻을 수 있을 거라고) 생각했을 수도 있다. 그러나 그러한 전략조차 그 광고가 소비자를 소외시키거나 수익에 악영향을 미치지 않고서도, 장애 공동체만을 불쾌하게 만들거나 화나게 할 수 있다는 가정에 의존한다.

22 1940년대에도 프릭쇼는 사라지지 않았지만, 이전 수십 년간 그래왔던 것처럼 더 많이 받아들여지거나 더 널리 퍼지지는 않았다. 이러한 역사에 대한 설명으로는 다음을 참고하라. Leslie Fiedler, *Freaks: Myths and Images of the Secret Self* (New York: Simon and Schuster, 1978); Robert Bogdan, *Freak Show: Presenting Human Oddities for Amusement and Profit* (Chicago: University of Chicago Press, 1988); Rosemarie Garland-Thomson, ed., *Freakery: Cultural Spectacles of the Extraordinary Body* (New York: New York University Press, 1996); Rosemarie Garland-Thomson, *Extraordinary Bodies: Figuring Physical Disability in American Culture and Literature* (New York: Columbia University Press, 1997); Leonard Cassuto, *The Inhuman Race: The Racial Grotesque in American Literature and Culture* (New York: Columbia University Press, 1997); Rachel Adams, *Sideshow U.S.A.: Freaks and the American Cultural Imagination* (Chicago: University of Chicago Press, 2001).

23 Rosemarie Garland-Thomson, *Extraordinary Bodies*, 41.

24 Ray, "Risking Bodies in the Wild," 263.

25 Linda Vance, "Ecofeminism and the Politics of Reality," in *Ecofeminism: Women, Animals, and Nature*, ed. Greta Gaard (Philadelphia: Temple University Press, 1993), 133.

26 그 사례로는 다음을 참고하라. Linda Vance, "Ecofeminism and Wilderness," *NWSA Journal* 9 no. 3 (Fall 1997): 60-76.

27 학습장애 및 인지 손상이 있는 사람들을 대상으로 한 설문조사에 따르면, 대안적 형식의 자료 부족은 공립공원에서 더 많은 소외를 일으키는 원인 중 하나다. 그 설문조사는 도시에 있는 공원만을 조사했으나, 황야의 공원 역시 마찬가지 결과가 나타날 것으로 보인다. A. R. Mathers, "Hidden Voices: The Participation of People with Learning Disabilities in the Experience of Public Open Space," *Local Environment* 13, no. 6 (2008): 515-29.

28 Rob Imrie and Huw Thomas, "The Interrelationships between Environment and Disability, *Local Environment* 13, no. 6 (2008): 477.

29 메인주의 알라가시 수로 접근 분쟁에 관한 논의로는 다음을 참고하라.

A. J. Higgins, "Canoe Launch Divides Environmentalists, Disabled," *Boston Globe*, June 4, 2000, C1; Joe Huber, "Accessibility vs. Wilderness Preservation—Maine's Allagash Wilderness Waterway," *Palaestra: Forum of Sport, Physical Education, and Recreation for Those with Disabilities* 16, no. 4 (2000), 접속일 December 16, 2002, http://www.palaestra.com/allagash.html. (조 휴버(Joe Huber)의 글은 이후 《팔라이스트라(Palaestra)》 웹사이트에서 삭제되었다.) 접근성, 황야, 법률에 관한 더 일반적인 논의로는 다음을 참고하라. Jennie Bricker, "Wheelchair Accessibility in Wilderness Areas: The Nexus Between the ADA and the Wilderness Act," *Environmental Law* 25, no. 4 (1995): 1243–70.

30 브루스는 게일헤드 산장 개조와 통합 하이커 팀에 대한 《뉴욕타임스》의 1면 기사에 그렇게 응답했다. Carey Goldberg, "For These Trailblazers, Wheelchairs Matter," *New York Times*, August 17, 2000; Dan Bruce, "Letters to the Editor," *New York Times*, August 21, 2000, 다음에서 접속 가능, http://www.nytimes.com/2000/08/21/opinion/l-destructivehiking-748404.html.

31 다음에서 인용. "Trailblazing in a Wheelchair: An Oxymoron?" *Palaestra: Forum of Sport, Physical Education, and Recreation for Those with Disabilities* 17, no. 4 (2001): 52.

32 그레이빈크는 하이킹을 후원하는 단체인 뉴햄프셔 대학교의 북서항로 (Northeast Passage) 프로그램의 책임자였다. 다음에서 인용. Goldberg, "For These Trailblazers."

33 홀액세스는 1983년에 필리스 칸제미(Phyllis Cangemi)가 설립했다. 이 단체는 접근 가능한 산길에 관심이 있는 개인을 위한 정보센터의 역할도 하곤 했지만, 주요 목표는 접근성에 대해 공원 관리자와 기획자를 교육하는 것이었다. 단체의 상임 이사였던 칸제미는 2005년에 사망했고, 홀액세스는 얼마 지나지 않아 문을 닫았다.

34 (휠체어 사용에 방해가 되는) 가파른 샛길은 물을 가두고 침식성 하천을 만드는 경향이 있어 결과적으로 산길과 주변 지형을 훼손한다. Phyllis Cangemi, "Trail Design: Balancing Accessibility and Nature," *Universal Design Newsletter*, July 1999, 4.

35 "Accessibility Guidelines for Trails," *Universal Design Newsletter*, July 1999, 5.

36 Ann Sieck, "On a Roll: A Wheelchair Hiker Gets Back on the Trail," *Bay Nature*, October 2006, 접속일 April 28, 2007, http://baynature.org/articles/on-a-roll. 다음도 참고하라. Claire Tregaskis, "Applying the Social Model in Practice: Some Lessons from Countryside Recreation," *Disability and*

Society 19, no. 6 (2004): 601–11.

37 허시는 자신의 웹사이트에 에세이에서 삭제된 부분과 편집자와의 언쟁에 대한
간략한 설명을 올려두었다. Laura Hershey, "Along Asphalt Trails (The Rest
of the Story)," September 18, 2008, http://www.laurahershey.com/?p=4;
Laura Hershey, "Along Asphalt Trails," *National Parks*, Fall 2008, 접속
일 June 8, 2011, http://www.npca.org/magazine/2008/fall/alongasphalt-
trails.html.

38 Sieck, "On a Roll."

39 Erik Weihenmayer, *Touch the Top of the World: A Blind Man's Journey to
Climb Farther than the Eye Can See* (New York: Plume, 2002), 5–7.

40 Petra Kuppers, "Outsides: Disability Culture Nature Poetry," *Journal of
Literary Disability* 1, no. 1 (2007): 1.

41 Catriona Sandilands, "Unnatural Passions? Toward a Queer Ecology,"
Invisible Culture, no. 9 (2005), 접속일 June 10, 2010, http://www.rochester.
edu/in_visible_culture/Issue_9/title9.html.

42 Eli Clare, *Exile and Pride: Disability, Queerness, and Liberation* (Boston:
South End, 1999), 4.

43 앞의 글, 5.

44 앞의 글, 8-9.

45 앞의 글, 8.

46 Ray, "Risking Bodies in the Wild," 265.

47 Kuppers, "Outsides," 2.

48 Samuel Lurie, "Loving You Loving Me," in *Queer Crips: Disabled Gay
Men and their Stories*, ed. Bob Guter and John R. Killacky (New York:
Harrington Park Press, 2004), 85.

49 A. M. Baggs, "In My Language," 게시일 January 14, 2007, http://www.
youtube.com/watch?v=JnylM1hI2jc.

50 Eli Clare, "Stolen Bodies, Reclaimed Bodies: Disability and Queerness,"
Public Culture 13, no. 3 (2001): 362.

51 실제로 장애 범주와 동물성 범주 사이에 중복과 격차가 있다는 것은 말할 것
도 없고, 장애 권리 운동과 동물권 운동의 관계는 풍부한 분석의 장이다. 철학
자인 피터 싱어(Peter Singer)가 동물의 권리를 주장하기 위해 인지장애를 이
용했던 사실은 장애학자와 활동가들에게 오랫동안 비판받아왔으며(그리고 비
판받을 만한 이유가 있었으며), 장애인을 동물처럼 재현하는 데는 과학적 인종
차별주의 및 우생학과 깊게 얽힌 오래되고 골치 아픈 역사가 있다. 하지만 동시
에, 장애학과 동물학이 정치적·이론적 협력할 가능성 또한 존재한다. 최근 몇
년 동안 장애학회(Society for Disability Studies) 학술대회의 여러 세션에서

는 동물권/장애권 연대의 가능성을 다뤄왔고, 동물성과 장애의 관계를 탈구축하고 재상상하기 위한 노력을 기울이는 학자, 활동가, 예술가들이 있다. 그 사례로는 다음을 참고하라. Licia Carlson, *The Faces of Intellectual Disability* (Bloomington: Indiana University Press, 2010); Mel Y. Chen, *Animacies: Biopolitics, Racial Mattering, and Queer Affect* (Durham, NC: Duke University Press, forthcoming); Nora Ellen Groce and Jonathan Marks, "The Great Ape Project and Disability Rights: Ominou Undercurrents of Eugenics in Action," *American Anthropologist* 102, no. 4 (2001): 818–22; Sunaura Taylor, "Beasts of Burden: Disability Studies and Animal Rights," *Qui Parle: Critical Humanities and Social Sciences* 19, no. 2 (2011): 191–222; Cary Wolfe, "Learning from Temple Grandin, or, Animal Studies, Disability Studies, and Who Comes After the Subject," *New Formations* 64 (2008): 110–23. 화가인 수나우라 테일러의 《동물(Animal)》 전시회 가운데 프릭쇼, 의학 교과서, 정육점의 고기 부위 도표에서 중첩되는 시각적 도상들을 추적한 작품도 참고하라. Sunaura Taylor, *Animal*, Rowan Morrison Gallery, Oakland, California, October 2009. 전시회 이미지와 그에 관한 나의 관람 에세이인 〈동물들 보기(Seeing Animals)〉는 테일러의 웹사이트에서 확인할 수 있다. http://www.sunaurataylor.org/portfolio/animal/[현재(2023년 7월 8일)는 접속 불가].

7. 접근 가능한 미래, 미래 연합

1   Douglas C. Baynton, "Disability and the Justification of Inequality in American History," in *The New Disability History: American Perspectives*, ed. Paul K. Longmore and Lauri Umansky (New York: New York University Press, 2001), 52.

2   Ranu Samantrai, *AlterNatives: Black Feminism in the Postimperial Nation* (Stanford, CA: Stanford University Press, 2002), 1, 25.

3   앞의 글, 132. 오드리 로드는 이와 비슷한 점을 지목하면서 다음과 같이 촉구한다. "차이가 당신들을 갈라놓도록 내버려두지 말라. 그것을 이용하고, 조사하고, 경험하고, 그것을 통해 성장하라." Jennifer Abod, *The Edge of Each Other's Battles: The Vision of Audre Lorde* (Long Beach, CA: Profile Productions, 2002), VHS.

4   Chantal Mouffe, "Feminism, Citizenship, and Radical Democratic Politics," in *Feminists Theorize the Political*, ed. Judith Butler and Joan W. Scott (New York: Routledge, 1992), 380; Samantrai, *AlterNatives*, 132.

5   Bernice Johnson Reagon, "Coalition Politics: Turning the Century," in *Home Girls: A Blac Feminist Anthology*, ed. Barbara Smith (New York: Kitchen Table, 1983): 356-68. 이 텍스트에 집중할 수 있도록 독려해준 수 슈 바이크에게 감사를 표한다.

6   이러한 투쟁은 1981년 축제의 일부였다. 그곳에 일어났던 일에 대한 간략한 설명은 다음을 참고하라. Barbara Gagliardi, "West Coast Women's Music Festival," *Big Mama Rag* 9, no. 10 (1981): 3, 22; Loraine Hutchins, "Trouble and Mediation at Yosemite," *off our back*s 11, no. 10 (1981): 12-13, 25. 그 축제와 여성 운동의 맥락에서 레이건의 발표를 좀 더 폭넓게 분석한 연구로 는 다음을 참고하라. Becky Thompson, *A Promise and a Way of Life: White Antiracist Activism* (Minneapolis: University of Minnesota, 2001), 201-04.

7   Reagon, "Coalition Politics," 356.

8   앞의 글, 356, 강조는 원문.

9   스테이시 앨러이모는 오드리 로드의 《암 수기(Cancer Journals)》를 해석할 때 이와 비슷한 모습을 보인다. 그녀는 이 회고록을 "로드가 유방암에 걸렸다는 맥 락으로부터 분리된 일종의 추상화"로 해석하고, 이를 오로지 "침묵을 거부하라 는 일반화된 요청"으로 보는 데 반대한다. 그녀는 신체적으로 체현된 로드의 경 험을 텍스트에서 분리하게 되면, 그 텍스트의 정치적 취지가 희석된다고 언급 한다. Stacy Alaimo, *Bodily Natures: Science, Environment, and the Material Self* (Bloomington: Indiana University Press, 2010), 85-86.

10   Reagon, "Coalition Politics," 356.

11   레이건은 여성이 어떻게 다른 집단과 동일시된 자신을 발견하는지, 또는 어떻 게 자신을 다른 집단과 동일시하는지에 대한 논의에서 장애를 언급하고, 젠더 를 언제나 우선시하지는 않는다. "당신은 흑인이거나 치카나이거나 장애인이거 나 인종차별주의자이거나 백인이다." 앞의 글, 349.

12   PISSAR의 동료 회원들과 함께 쓴 글의 제목에서 이 절 제목의 첫 부분을 따왔 다. 이 절은 연합 정치와 퀴어 운동에 대한 나의 이해와 더불어 PISSAR 동료 들과 함께한 시간에서 엄청난 도움을 받았다. 우리의 지적·정치적 협업에 여전 히 감사함을 느낀다. Simone Chess, Alison Kafer, Jessi Quizar, and Mattie Udora Richardson, "Calling All Restroom Revolutionaries," in *That's Revolting: Queer Strategies for Resisting Assimilation*, ed., Mattilda (aka Matt Bernstein Sycamore) (Brooklyn: Soft Skull Press, 2004), 189-206.

13   플래스코는 그러한 투쟁으로, "시민권 운동, 페미니즘, 장애 권리, 트랜스젠더 를 위한 권리"를 나열한다. Judith Plaskow, "Embodiment, Elimination, and the Role of Toilets in Struggles for Social Justice," *Cross Currents* (Spring 2008): 52.

14   공중화장실이 페미니즘의 이론화 및 활동에 필수적인 장소라는 주장에 대한

초기의 설명으로는 다음을 참고하라. Taunya Lovell Banks, "Toilets as a Feminist Issue: A True Story," *Berkeley Women's Law Journal* (1990): 263-89. 다음도 참고하라. Mary Anne Case, "Changing Room? A Quick Tour of Men's and Women's Rooms in U.S. Law over the Last Decade, from the U.S. Constitution to Local Ordinances," *Public Culture* 13, no. 2 (2001): 333-36; Patricia Cooper and Ruth Oldenziel, "Cherished Classifications: Bathrooms and the Construction of Gender/Race on the Pennsylvania Railroad during World War II ," *Feminist Studies* 25, no. 1 (1999): 7-41.

15   주디스 플래스코는 캠퍼스 화장실을 페미니스트들이 점령했던 대학원생 시절의 개인적 역사를 사례로 든다. 예일대학교 신학대학의 도서관에는 여자 화장실이 없어서 그녀는 동지들과 함께 남자 화장실의 소변기에 꽃을 꽂고 유니섹스 공간임을 선언했다고 한다. Plaskow, "Embodiment, Elimination, and the Role of Toilets," 55.

16   Elizabeth Abel, "Bathroom Doors and Drinking Fountains: Jim Crow's Racial Symbolic," *Critical Inquiry* 25 (Spring 1999): 439. 다음도 참고하라. Cooper and Oldenzeil, "Cherished Classifications."

17   로라 노렌(Laura Norén)은 뉴욕의 택시 운전사나 기타 비사무직 노동자(가령, 오토바이 배달원이나 노점상)들이 안전하고 문제없이 사용할 만한 화장실을 찾는 데 어려움을 겪는다는 사실을 밝힌 바 있다. 식당을 비롯한 사업주들은 자신의 시설 사용을 거부하는 경우('고객 및 직원 전용')가 많으며, 지자체에서는 상당수의 공중화장실을 폐쇄해왔다. Laura Norén, "Only Dogs Are Free to Pee: New York Cabbies' Search for Civility," in *Toilet: Public Restrooms and the Politics of Sharing*, ed. Harvey Molotch and Laura Noren (New York: New York University Press, 2010): 93-114.

18   그 사례로는 다음을 참고하라. Sheila L. Cavanagh, *Queering Bathrooms: Gender, Sexuality, and the Hygienic Imagination* (Toronto: University of Toronto Press, 2010); Olga Gershenson and Barbara Penner, eds., *Ladies and Gents: Public Toilets and Gender* (Philadelphia: Temple University Press, 2009); Molotch and Norén, *Toilet: Public Restrooms and the Politics of Sharing*; Christine Overall, "Public Toilets: Sex Segregation Revisited," *Ethics and the Environment* 12, no. 2 (2007): 71-91.

19   지난 10여 년 동안, 활동가들은 젠더퀴어와 트랜스로 정체화한 사람들을 위해 접근 가능한 화장실의 중요성에 대한 목소리를 높여왔다. 미국 샌프란시스코에 기반을 둔 안전한 화장실을 찾는 사람들(People In Search of Safe Restrooms, PISSR), 딘 스페이드의 다큐멘터리 영화이자 교재인 〈화장실 훈련(Toilet Training)〉, 하버드 대학교에서 워싱턴 대학교에 이르는 전미 대학 캠퍼스의 학생 단체들 모두가 젠더퀴어의 요구를 반영해 접근성을 확대하고, 접근 가능

한 공간에 꼭 필요한 젠더 중립적 화장실의 존재를 드러내는 사례들을 만들어 왔다. 많은 활동가와 학술대회가 회의 장소 내 (적어도 일부의) 공중화장실 문 패를 고쳐 일시적으로 유니섹스 화장실을 만들어왔으며, 나는 2002년 샌프란 시스코에서 열린 퀴어 장애 컨퍼런스(Queer Disability Conference)에서 이 런 운동을 처음 시도해보았다. 매사추세츠 대학교의 초기 화장실 운동을 개괄 한 자료로는 다음을 참고하라. Olga Gershenson, "The Restroom Revolution: Unisex Toilets and Campus Politics," in Molotch and Norén, *Toilet,* 191– 207. 일반적인 화장실 운동을 포괄적으로 개괄한 자료로는 다음을 참고하라. Dean Spade, *Toilet Training: Companion Guide for Activists and Educators, Sylvia Rivera Law Project* (New York: Urban Justice Center, 2004). 레슬리 파인버그(Leslie Feinberg)는 어떤 화장실을 사용할지 매번 결정해야 하는 상황이 사용자의 인간성에 큰 피해를 주기 때문에 이런 식의 활동은 꼭 필 요하다고 설명한다. 그러나 젠더퀴어를 위험에 빠뜨리는 젠더 분리 공중화장 실로 인해 그러한 결정은 계속 반복된다. "여자 화장실에 들어갈 때 누군가 내 게 소리를 지르거나, 내가 수치심을 느끼는 상황에 대해 준비가 되어 있는가? 누군가 경비원이나 경찰을 부르지 않을까? 남자 화장실에 들어갈 때, 밖으로 나갈 때 기꺼이 싸울 의향이 있는가? 거기에 뒤따를 폭력에 나는 정말 대비하 고 있는가?" Leslie Feinberg, *Trans Liberation: Beyond Pink or Blue* (Boston: Beacon, 1998), 68–69.

20   역사는 젠더가 공중화장실에서 작동하는 주요 구성 원리가 아니었던 순간, 또 는 공중화장실이 일부 몸들을 비젠더화하는 방식으로 사용되었지만, 그와 다른 몸들에는 그렇지 않았던 순간의 사례들을 제공한다. 가령, 짐 크로 시대에 '백인' 화장실은 젠더에 따라 엄격히 분리되었지만, 많은 '유색인' 화장실은 그렇지 않 았다. 여성의 순결과 안전을 보호하거나 남자와 여자 사이에 엄격한 구분을 유 지해야 한다는 명령은 백인에게만 적용되었다. 흑인 여성은 그러한 보호가 필 요하다고 여겨지지 않았고, 유니섹스 화장실은 흑인 남성의 남성다움을 부정 하는 방법으로도 활용되었다. 다음을 참고하라. Abel, "Bathroom Doors and Drinking Fountains," 440–41n5. 쿠퍼(Cooper)와 올덴자일(Oldenzeil)이 언 급했듯, 공공장소에 관한 한 인종과 젠더는 모두 '소중한 분류'였다. Cooper and Oldenzeil, "Cherished Classifications."

21   기저귀 교환대, 어린아이를 위한 공간이 있는, 넓은 1인 칸막이 화장실은 필요하 지만, 그 화장실에 유아를 감싸는 남자 한 명, 여자 한 명의 아이콘과 "가족"이라 는 딱지를 붙이게 되면, 다른 방식의 (이성애) 섹스 분리 화장실이 만들어진다.

22   샐리 먼트는 "장애인 화장실은 눈에 띄는 몸에게 사생활 보호와 비밀 유지를 제 공한다"라고 하지만, 우리는 그것을 눈에 띄는 **몸으로부터** 사생활 보호를 제공 하는 것으로도 볼 수 있다. 장애에 대한 문화적 두려움은 오염의 제거 및 금기 에 관한 수치심과 얽혀 있다. 가령, 실라 캐버나(Sheila Cavanagh)의 인터뷰

이들은 장애인이 화장실 안에서 뭘 하는지 강렬한 호기심을 드러내지만, 그 호기심은 장애 있는 몸으로부터 "안전한" 거리를 유지하길 바라는 호기심이었다. Sally R. Munt, "The Butch Body," in *Contested Bodies*, ed. Ruth Holliday and John Hassard (London: Routledge, 2001), 102; Cavanagh, *Queering Bathrooms*, 101-03.

23 Munt, "The Butch Body," 102.

24 앞의 글, 103.

25 트랜스젠더나 젠더퀴어 서사와 함께 장애 서사를 읽으면, 이런 공유된 접근 불가능성이 뚜렷이 드러난다. 예컨대, 휠체어 사용자인 코니 판자리노는 휠체어 안팎에서 독립적으로 이동할 수 없어서 어린 시절 교내 화장실 사용을 자제할 수 있을 때만 공립학교에 다닐 수 있었다고 회고한다. 그녀는 교육을 받기 위해 수년 동안 수분 섭취를 제한하고, 소변보는 일을 조절해야 했다. 어느 젠더 분리 화장실에 대한 설문에서 응답자들은 판자리노처럼 젠더 특정 화장실 사용을 피하기 위해 수분 섭취를 제한하거나 계획을 변경하는 식으로 자신의 몸을 규율한다고 설명한 바 있다. 뱅크스(Banks)는 짐 크로 아래 살았던 아프리카계 미국인들이 집을 나서기 전에 화장실과 관련해 필요한 것들을 예상하려 노력했던 경험에서 이와 유사한 역사적 사례들을 추적한다. Banks, "Toilets as a Feminist Issue," 287; Connie Panzarino, *The Me in the Mirror* (Seattle: Seal Press, 1994); the Transgender Law Center, 접속일 May 4, 2007, http://www.transgenderlawcenter.org/. 다음도 참고하라. Kath Browne, "Genderism and the Bathroom Problem: (Re)Materialising Sexed Sites, (Re)Creating Sexed Bodies," *Gender, Place, and Culture* 11, no. 3 (2004): 331-46.

26 Munt, "The Butch Body," 102.

27 PISSAR는 2002년 퀴어 장애 컨퍼런스에서 제작된 자료에서 일부 영감을 받았다. 컨퍼런스 참가자들은 컨퍼런스 센터의 모든 화장실 출입구에 게시된 〈화장실과 젠더에 관한 성명서〉를 접했다(〈부록 B〉 참고). 그 성명서는 젠더 중립 화장실의 문제를 접근성의 문제로 명확히 규정한다. "젠더 분리 화장실이 남자 화장실이나 여자 화장실에 들어가기 어려운 사람들에게 제한적인 곳이라는 걸 인식하는 일은 이 컨퍼런스를 접근 가능하게 만듭니다." Queer Disability Conference Organizers, "Statement on Bathrooms and Gender," Queer Disability Conference, San Francisco, California, June 2002. PISSAR에 관한 더 많은 정보는 다음을 참고하라. Chess et al., "Calling All Restroom Revolutionaries!"

28 TransBrandeis, "Mapping Brandeis Bathrooms," 접속일 July 24, 2011, http://people.brandeis.edu/~trisk/brms/concept.html.

29 예를 들어, 트랜스브랜다이스와 하버드 트랜스대책위원회(Harvard Trans

Task Force)를 대조해보라. 접속일 July 24, 2011, http://www.hcs.harvard.
edu/queer/ttf/activism.html.

30 토빈 시버스는 "피부색 블라인드(color-blind)"와 "인종 블라인드(race-blind)"
도 이와 유사한 점이 있다는 데 주목하면서 그런 표현들은 "보이지 않음(맹)이
라는 은유를 경계해온 장애의 관점에서 심문"받아야 한다고 주장한다. Tobin
Siebers, *Disability Theory* (Ann Arbor: University of Michigan, 2008),
206n4.

31 예를 들어, 젠더 분리 또는 트랜스젠더 및 젠더퀴어 배제에 대해 언급하지 않음
으로써 생기는 공중화장실의 접근 불가능성 문제를 다룬 연구로는 다음을 참고
하라. Rob Kitchin and Robin Law, "The Socio-spatial Construction of (In)
accessible Public Toilets," *Urban Studies* 38, no. 2 (2001): 287–98; Tanya
Titchkosky, "'To Pee or Not to Pee?': Ordinary Talk about Extraordinary
Exclusions in a University Environment," *Canadian Journal of Sociology/
Cahiers Canadiens de Sociologie* 33, no. 1 (2008): 37–60. 두 연구 분야의 연결
가능성에 대해 개괄한 자료로는 다음을 참고하라. Ashley Mog and Amanda
Lock Swarr, "Threads of Commonality in Transgender and Disability
Studies," *Disability Studies Quarterly* 28, no. 4 (2008), www.dsq-sds.org.

32 Harvey Molotch, "Learning from the Loo," introduction to *Toilet: Public
Restrooms and the Politics of Sharing*, ed. Harvey Molotch and Laura
Noren (New York: New York University Press, 2010), 17.

33 Jennifer Levi and Bennett Klein, "Pursuing Protection for Transgender
People through Disability Laws," in *Transgender Rights*, ed. Paisley Currah,
Richard M. Juang, and Shannon Price Minter (Minneapolis: University
of Minnesota, 2006), 77. 법적 보호의 측면에서 트랜스젠더와 장애의 관
계를 다룬 추가적인 자료로는 다음을 참고하라. Anna Kirkland, "When
Transgendered People Sue and Win: Feminist Reflections on Strategy,
Activism, and the Legal Process," in *The Fire This Time: Young Activists
and the New Feminism*, ed. Vivien Labaton and Dawn Lundy Martin (New
York: Anchor, 2004): 181–219; Dean Spade, "Resisting Medicine, Re/
modeling Gender," *Berkeley Women's Law Journal* 18 (2003): 15–37.

34 Titchkosky, "'To Pee or Not to Pee?'" 39.

35 Carrie Sandahl, "Anarcha Anti-Archive: Depends®," *Liminalities: A
Journal of Performance Studies* 4, no. 2 (2008), 접속일 July 24, 2011, http://
liminalities.net/4-2/anarcha. 존 켈리(John B. Kelly)는 조력 자살과 안락사
에 관한 논의가 얼마나 자주 실금에 관한 논의로 바뀌고, 또 그것에 열중하게 되
는지 주목한다. 켈리는 잭 케보키언(Jack Kevorkian) 박사의 뉴스 보도를 보면,
우리 문화가 스스로 용변을 볼 수 없는 사람을 얼마나 무서워하는지, 그래서 죽

는 것이 기저귀를 차는 것보다 좋게 느껴지는지가 명확히 드러난다고 설명한 다. John B. Kelly, "Incontinence," *Ragged Edge*, no. 1 (2002), 접속일 July 24, 2011, http://www.ragged-edge-mag.com/0102/0102ft3.htm.

36 Sandahl, "Depends®."

37 기형학에 관한 추가적인 자료로는 다음을 참고하라. Rosemarie Garland-Thomson, ed., *Freakery: Cultural Spectacles of the Extraordinary Body* (New York: New York University Press, 1996).

38 휠체어 사용자로서, 나는 보도가 갈라지고 연석 경사로(curb-cut)가 불안정하거나 아예 둘 다 사라진 곳을 돌아다닐 때, 가난하고 집값이 낮은 동네에 와 있다는 걸 쉽게 체감할 수 있다. 리로이 무어는 〈정체성이 분리된 두 도시(Two Cities Separated Identities)〉라는 시(詩)에서 버클리와 오클랜드의 보도를 언급하며 두 도시를 비교한다. "가장 접근성 높은 도시가 제공하는 도로는/ 움푹 팬 땅, 갈라진 보도, 산돌 같은 도로경계석이 있는 오크타운으로 향하는 도로." 앤 핑거는 장애와 허리케인 카트리나에 관한 고찰에서 뉴올리언스의 보도가 허리케인이 닥치기 오래전부터 문제가 있었다는 점에 주목하면서, 인종, 장애, 계층, 기반시설의 관계에 대해 이와 비슷한 지점을 발견한다. Anne Finger, "Hurricane Katrina, Race, Class, Tragedy, and Charity," *DSQ: Disability Studies Quarterly* 25, no. 4 (2005), 접속일 May 9, 2011, http://www.dsq-sds.org/article/view/630/807.

39 존슨은 장애와 환경정의를 연결하는 이슈로서, 안전하고 신선하고 건강한 식품에 저렴하고 안정적으로 접근할 수 없는 지역인 '음식 사막(food desert)'의 지속성에 관심을 둔다. 앤드류 찰스(Andrew Charles)와 휴 토머스도 이와 비슷한 맥락에서 환경정의 운동에 집중하지만, 그들의 초점은 장애 접근을 위해 지역 개발을 지원하고자 환경정의 운동을 독려하는 데 있다. 그들은 도시의 건축 환경을 환경의 일부로 인식해야 한다고 촉구한다. 나는 그들의 우려에 공감하지만, 내 관심의 초점은 장애학자와 활동가들이 환경정의 운동에 완전히 참여할 수 있도록 독려하는 데 있다. Valerie Ann Johnson, "Bringing Together Feminist Disability Studies and Environmental Justice," Barbara Faye Waxman Fiduccia Papers on Women and Girls with Disabilities, Center for Women Policy Studies, February 2011, 3, http://www.centerwomenpolicy.org/programs/waxmanfiduccia/BFWFP_BringingTogetherFeministDisabilityStudiesandEnvironmentalJustice_ValerieAnnJohnso.pdf; Andrew Charles and Huw Thomas, "Deafness and Disability—Forgotten Components of Environmental Justice: Illustrated by the Case of Local Agenda 21 in South Wales," *Local Environment* 12, no. 3 (June 2007): 209-21.

40 Alaimo, *Bodily Natures*, 12.

41 Giovanna Di Chiro, "Polluted Politics? Confronting Toxic Discourse, Sex Panic, and Eco-Normativity," in *Queer Ecologies: Sex, Nature, Politics, Desire*, ed. Catriona Mortimer-Sandilands and Bruce Erickson (Bloomington: Indiana University Press, 2010), 202.

42 앞의 글, 202. 다음도 참고하라. 218-19.

43 디키로의 분석에서 알 수 있듯, 퀴어에 대한 공포와 장애에 대한 공포를 해소하는 일은 쉽지 않다. LGBT와 인터섹스는 디키로의 글에서 "장애인"으로 등장하는데, 그들의 몸과 성적 지향은 그들이 처한 환경에 의해 "부당하게 침해받는다". 나는 그 연관성을 인정하지만, 성적 이상에 대한 공포에 더해, 그리고 그것과 별개로 장애에 대한 공포에 초점을 맞추는 게 여전히 유용하다고 생각한다. 장애(환경 담론에서는 "결함")를 제거해야 한다는 명령이 환경 운동 및 담론 안에서 확고하게 자리 잡고 있기 때문이다.

44 Ted Schettler, "Developmental Disabilities—Impairment of Children's Brain Development and Function: The Role of Environmental Factors," The Collaborative on Health and the Environment, February 8, 2003, http://healthandenvironment.org/learning_behavior/peer_reviewed.

45 Alaimo, *Bodily Natures*, 86.

46 앞의 글, 86-87.

47 Breast Cancer Action, "Our Priorities," 접속일 July 24, 2011, http://bcaction.org/about/priorities/. 스테이시 앨러이모와 조바나 디키로는 이 비판을 확장해, 유전적 요인에만 주의를 기울이게 되면 개인 또는 "인구의 특정 유전자 집합"이 독성물질 노출에 특히 더 민감하다고 개념화할 수 있는 문이 활짝 열릴 것이라고 주장한다. 이때 "해결"해야 할 문제는 그런 독성물질을 방출하고 사용하는 것이 아니라, 사람들의 민감성이 된다. 디키로는 이러한 시나리오를 "라운드업 레디®(Roundup Ready®)" 또는 "베릴륨 레디(Beryllium Ready)" 공동체 생성이라고 부른다[라운드업 레디®는 유전자 변형 작물을 연구·개발하는 세계 최대의 농업 기업인 몬산토(Monsanto)의 특허 상표명으로서, 라운드업(Roundup)이라는 제초제에 내성이 있는 유전자 변형 종자다. 직역하면 라운드업 레디는 제초제에 대비되어 있다는 뜻이며, 베릴륨 레디는 맹독성 발암물질인 베릴륨에 대비되어 있다는 뜻이다]. 다음을 참고하라. Alaimo, *Bodily Natures*, 127-28; Giovanna Di Chiro, "Producing 'Roundup Ready®' Communities? Human Genome Research and Environmental Justice Policy," in *New Perspectives on Environmental Justice: Gender, Sexuality, and Activism*, ed. Rachel Stein (New Brunswick, NJ: Rutgers University Press, 2004), 146, 149.

48 Disability Rights Education and Defense Fund, "Environmental Justice," 접속일 July 15, 2011, http://www.dredf.org/envirojustice/index.shtml.

49   Queer Disability Conference Organizers, "How and Why to Be Scent-Free," Queer Disability Conference, San Francisco, California, June 2002. 무향/저향(low-scent) 공간에 부응하고 이를 위해 분투했던 최근의 컨퍼런스 사례로는 노루즈(nolose, "뚱뚱한 사람들을 대한 억압을 종식하고 활기찬 뚱보 퀴어 문화를 만드는 데 전념하는" 사람들을 위한 컨퍼런스)를 참고하라. nolose, 접속일 May 9, 2011, http://www.nolose.org/10/access.php.

50   그 사례로는 다음을 참고하라. Mel Y. Chen, "Toxic Animacies, Inanimate Affections," GLQ: A Journal of Lesbian and Gay Studies 17, nos. 2-3 (2011): 265-86; Anna Mollow, "No Safe Place," WSQ: Women's Studies Quarterly 39, nos. 1-2 (2011): 188-99; Peggy Munson, "Fringe Dweller: Toward an Ecofeminist Politic of Femme," in Visible: A Femmethology, vol. 2., ed. Jennifer Clarke Burke (Ypsilanti, MI : Homofactus Press, 2009), 28-36; Rhonda Zwillinger, The Dispossessed: Living with Multiple Chemical Sensitivities (Paulden, AZ: The Dispossessed Outreach Project, 1999).

51   Chen, "Toxic Animacies, Inanimate Affections," 274.

52   이러한 프로젝트에 유색인 여성들이 미친 영향력은 이 절에 국한되지 않지만, 여기에서 논의된 아이디어들과 실천들을 제공해준 제너레이션스 어헤드 동료 들과 제너레이션스 어헤드 원탁회의 및 장애 관련 회의에 참석해준 장애 권리 및 장애정의 활동가들, 재생산 권리 및 재생산정의 활동가들에게 감사를 표한 다. 특히 패티 번, 줄리아 엡스타인(Julia Epstein), 앤 핑거, 에밀리 갤펀(Emily Galpern), 수자타 제수다슨, 제시카 리먼, 미아 밍거스, 도러시 로버츠, 마샤 색 스턴, 트레이시 와이츠(Tracy Weitz), 실비아 이에게 감사를 전한다.

53   Andrea Smith, "Beyond Pro-Choice versus Pro-Life: Women of Color and Reproductive Justice," NWSA Journal 17, no. 1 (2005): 120.

54   그런 사례 중에서도 다음을 참고하라. Jennifer Nelson, Women of Color and the Reproductive Rights Movement (New York: New York University Press, 2003); Dorothy Roberts, Killing the Black Body: Race, Reproduction, and the Meaning of Liberty (New York: Vintage, 1999); Jael Silliman, Marlene Gerber Fried, Loretta Ross, and Elena R. Gutierrez, Undivided Rights: Women of Color Organize for Reproductive Justice (Boston: South End Press, 2004); Rickie Solinger, Beggars and Choosers: How the Politics of Choice Shapes Adoption, Abortion, and Welfare in the United States (New York: Hill and Wang, 2001); Rickie Solinger, Pregnancy and Power: A Short History of Reproductive Politics in America (New York: New York University Press, 2005).

55   Silliman et al., Undivided Rights, 4.

56   우리는 농인 레즈비언 커플의 사례에서 이러한 제한이 어떻게 작동하는지 이

책의 3장에서 살펴보았다. Marsha Saxton, "Disability Rights and Selective Abortion," in *Abortion Wars: A Half-Century of Struggle: 1950-2000*, ed. Rickie Solinger (Berkeley: University of California Press, 1998), 375. 다음도 참고하라. Laura Hershey, "Choosing Disability," *Ms.* (July/August 1994): 26-32; Ruth Hubbard, "Abortion and Disability: Who Should and Who Should Not Inhabit the World?" in *The Disability Studies Reader*, ed. Lennard J. Davis (New York: Routledge, 2006): 93-103.

57 Shelley Tremain, "Reproductive Freedom, Self-Regulation, and the Government of Impairment in Utero," *Hypatia* 21, no. 1 (2006): 37.

58 Silliman et al., *Undivided Rights*, 22n36.

59 스미스는 선주민 페미니즘의 입장에서, 그리고 인구 통제를 주장하는 단체(그녀는 가족계획연맹(Planned Parenthood)을 지목한다)에 협력하는 프로 초이스 활동가들에게 저항할 필요성에서 이러한 주장을 펼친다. Smith, "Beyond Pro-Choice versus Pro-Life," 132-33.

60 재생산정의를 위한 아시아 공동체(Asian Communities for Reproductive Justice)라는 단체는 장애에 대한 관심을 아우르는, 재생산정의에 관한 강력한 정의를 제공한다. "우리는 모든 사람이 자신과 공동체를 위해 젠더, 몸, 섹슈얼리티, 가족에 대해 건강한 결정을 내릴 수 있도록 사회적·정치적·경제적인 힘과 자원을 갖출 때 재생산정의가 실현된다고 믿는다. 재생산정의는 권력 불평등을 변혁하고, 장기적인 체제의 변화를 만드는 것을 목표로 삼아 재생산 억압에 가장 많은 영향을 받는 공동체의 리더십에 의존한다. 재생산정의의 인식 틀에서는 모든 개인이 가족과 공동체의 일원이며, 개인을 지원하기 위해서는 반드시 공동체 전반을 개선해야 한다는 점을 고려한다." Asian Communities for Reproductive Justice, 접속일 December 14, 2010, http://reproductivejustice.org/what-is-reproductive-justice.

61 인종 선별적 임신중지, 성별 선별적 임신중지를 금지하려는 시도, 흑인 아이를 "멸종위기종"으로 묘사하는 광고판을 예로 들 수 있다. 시스터송(SisterSong)과 제너레이션스 어헤드 같은 단체들은 이런 캠페인 관련 글들을 웹사이트에 게시해왔다.

62 FFL과 프로 라이프 페미니즘에 관한 페미니즘적 분석으로는 다음을 참고하라. Laury Oaks, "What Are Pro-Life Feminists Doing on Campus?" *NWSA Journal* 21, no. 1 (2009): 178-203.

63 그 사례로는 다음을 참고하라. Generations Ahead, "Bridging the Divide: Disability Rights and Reproductive Rights and Justice Advocates Discussing Genetic Technologies," (2009), 접속일 March 8, 2010, http://www.generations-ahead.org/resources; Saxton, "Disability Rights and Selective Abortion." 물론, 선별적 임신중지를 비판적으로 보는 포스트의 입장

에 동의하는 많은 장애 활동가들도 그 포스트가 장애를 극복해야 할 역경으로 위치시키는 지점에는 이의를 제기할 것이다.

64 브라이언 스캇코(Brian Skotko)는 산전 검사 및 유전 상담과 관련하여 장애, 특히 다운증후군에 관해 여성들에게 제공된 정보가 무엇인지를 묻는 연구를 수행한 바 있다. 그 여성들은 의사가 제공한 정보의 내용과 말투가 모두 불만족스러웠다고 보고했다. Brian Skotko, "Prenatally Diagnosed Down Syndrome: others Who Continued Their Pregnancies Evaluate Their Health Care Providers," American Journal of Obstetrics and Gynecology 192 (2005): 670–77.

65 그 법안과 관련한 제너레이션스 어헤드의 활동에 대한 설명으로는 다음을 참고하라. "Dodging Old Traps: Aligning, Affirming, and Addressing Disability Rights and Reproductive Autonomy," 접속일 August 19, 2011, http://www.generations-ahead.org/files-for-download/success-stories/K_Brownback_2011.pdf.

66 에드워즈의 그 발언은 유럽 재생산 및 발생학회(European Society of Reproduction and Embryology)의 1999년 회의에서 나온 말이다. Lois Rogers, "Having Disabled Babies Will Be Sin, Says Scientist," Sunday Times (London), July 4, 1999.

67 에드워즈의 장애 관련 발언을 비난했던, 프로 라이프/반(反)임신중지 입장의 비판 사례로는 다음을 참고하라. Jenna Lyle, "Vatican Official Objects to IVF Scientist's Nobel Prize Win," Christian Post, October 5, 2010, http://www.christianpost.com/news/vatican-official-objects-to-ivfscientists-nobel-prize-win-47083/; "Pro-Life Group Objects to Nobel Honors for IVF Coinventor," Catholic News Agency, October 5, 2010, http://www.catholicnewsagency.com/news/pro-life-group-objects-to-nobel-honors-for-ivf-co-inventor/.

68 Vanessa Allen, "Outrage as Agony Aunt Tells TV Audience 'I Would Suffocate a Child to End Its Suffering," Daily Mail, October 5, 2010, http://www.dailymail.co.uk/news/article-1317400/Virginia-Ironside-sparks-BBC-outrage-Id-suffocate-child-end-suffering.html.

69 텔레비전 토론 프로그램이 진행되는 동안, 장애 활동가인 클레어 루이스(Clair Lewis)는 아이언사이드의 발언에 이의를 제기하고자 해당 프로그램에 전화를 걸었고, 그녀는 그때의 상황과 자신의 입장을 블로그에 게시했다. Clair Lewis, "Why I Called Virginia Ironside a Eugenicist on Live TV," Heresy Corner, October 5, 2010, http://heresycorner.blogspot.com/2010/10/why-i-called-virginia-ironside.html. 조이 윌리엄스(Zoe Williams)는 《가디언》 칼럼에서 안락사에 관한 아이언사이드의 발언을 비난하는 사람들에 동의하되, 임신중지

와 장애에 관련한 아이언사이드의 입장은 옹호했다. Zoe Williams, "Abortion and Euthanasia: Was Virginia Ironside Right?" *Guardian*, October 5, 2010, http://www.guardian.co.uk/world/2010/oct/04/virginia-ironside-tv-euthanasia-abortion.

70 줄리아 엡스타인, 로라 허시, 수자타 제수다슨, 도러시 로버츠, 실비아 이와 나는 이메일과 전화를 통해 공동으로 글을 작성했다. 그 성명서는 여전히 활성화되어 있으며, 새로운 연서명이 계속 추가되고 있다. "Robert Edwards, Virginia Ironside, and the Unnecessary Opposition of Rights," 접속일 October 15, 2010, http://www.generations-ahead.org/resources/the-unnecessary-opposition-of-rights.

71 장애의 오랜 역사는 특정한 임신중지를 정당화할 때뿐만 아니라, 일반적으로 임신중지를 더 수용할 수 있도록 하는 데 활용되어왔기 때문에 우리는 명확한 성명서가 필요하다는 것을 알고 있었다. 레슬리 레이건은 독일의 홍역/풍진 전염병 이후, 임신중지에 대한 욕구를 공개적으로 밝히던 중산층 기혼 이성애자 백인 여성들이 "임신중지를 부끄럽지 않은 것으로 만들었던" 과정을 설명한 바 있다. 그 여성들의 이야기에서 임신중지는 "윤리적이고 책임감 있는" 결정으로 여겨졌다. 이전 장에서 언급했듯, 이러한 움직임은 새로운 것이 아니다. 리시아 칼슨은 20세기 초, 여성의 재생산 권리를 위한 투쟁에서 페미니스트들이 "정신박약아"의 위험성에 대해 어떤 우생학적 레토릭을 사용했는지를 자세히 설명한 바 있다. Carlson, *Faces of Intellectual Disability*, 175-76; Reagan, *Dangerous Pregnancies*, 104.

72 이 장을 집필한 동기 중 하나는 그러한 노력에 존경을 표하고 그것을 명명하는 것이다. 최근 페미니즘 학술대회에서 어떤 사람이 내게 "장애와 임신중지의 관계에 대해 아무도 이야기하지 않는다"라고 한탄했는데, 나는 그녀의 좌절감을 이해하고 이에 공감한다. 나는 몇 년 전에 바로 그 지점을 지적하는 논문을 발표한 적이 있었다. 분명 어떤 면에선 그 말이 옳다. 장애학 안팎에서 훨씬 더 개방적이고 까다로운 대화들이 필요한 것은 맞다. 하지만 다른 면에서 그런 우려는 활동가들과 지적 탐구의 역사를 지워버린다. 우리는 이 작업을 개척한 사람들의 이야기를 수집해야 하며, 그들은 장애 여성에게만 국한되지 않는다.

73 그 사례로는 다음을 참고하라. Adrienne Asch and Michelle Fine, "Shared Dreams: A Left Perspective on Disability Rights and Reproductive Rights," in *Women with Disabilities: Essays in Psychology, Culture, and Politics*, ed. Michelle Fine and Adrienne Asch (Philadelphia: Temple University Press, 1988): 297-305; Anne Finger, *Past Due: A Story of Disability, Pregnancy, and Birth* (Seattle: Seal Press, 1990); Dorothy Roberts, *Killing the Black Body: Race, Reproduction, and the Meaning of Liberty* (New York: Vintage, 1999); Saxton, "Disability Rights and Selective Abortion."

74 Hubbard, "Abortion and Disability," 99, 101, 102.

75 앞의 글, 102.

76 Asch and Fine, "Shared Dreams," 297.

77 앞의 글, 298.

78 Adrienne Asch, "A Disability Equality Critique of Routine Testing and Embryo or Fetus Elimination Based on Disabling Traits," *Political Environments* 11 (2007): 43–47, 78.

79 Silliman et al., *Undivided Rights*, 22n36.

80 제수다슨은 제너레이션스 어헤드의 창립자이자 임원이다. Sujatha Anbuselvi Jesudason, "In the Hot Tub: The Praxis of Building New Alliances for Reprogenetics," *Signs: Journal of Women in Culture and Society* 34, no. 4 (2009): 901–24.

81 Roberts, *Fatal Invention*, 301.

82 Roberts, *Fatal Invention*, 302–6. 다음도 참고하라. Eli Clare, preface to the 2009 South End Press Classics edition of *Exile and Pride: Disability, Queerness, and Liberation* (Boston: South End Press, 2009), xi.

83 Liat Ben-Moshe, "Disabling Incarceration: Connecting Disability to Divergent Confinements in the USA," *Critical Sociology* (2011): 1–19.

84 Robert McRuer, *Crip Theory: Cultural Signs of Queerness and Disability* (New York: New York University Press, 2006), 36, 57.

85 맥루어는 그레이스 창(Grace Chang)의 《일회용 가사도우미(Disposable Domestics)》를 읽으면서 이 점을 지적한다. 창은 가정 방문 의료 노동자처럼 가사 서비스 직종을 채우는 유색인 이주 여성의 이야기를 썼는데, 맥루어는 장애학자들이 그들의 이야기를 장애에 관한 이야기로 인식해야 한다고 촉구했다. 맥루어는 다음과 같이 주장한다. "'젊고 힘이 센 노동자'를 원하는 체제는 항상 장애를 두려워하고, 잉여 이익에 대한 요구는 장애를 발생시키는 체제에서 장애가 나타나자마자 반드시 사라지도록 만든다." McRuer, *Crip Theory*, 204; 다음도 참고하라. 199–208.

86 이 두 운동 사이의 간극과 이를 연결하는 가능성에 관한 설명으로는 다음을 참고하라. Bob Kafka, "Disability Rights vs. Workers Rights: A Different Perspective," *Znet*, November 14, 2003, http://www.zcommunications. org/disability-rights-vs-workers-rights-a-different-perspective-by-bob-kafka.

Abbey, Edward. *Desert Solitaire: A Season in the Wilderness*. New York: Touchstone, 1990.

Abel, Elizabeth. "Bathroom Doors and Drinking Fountains: Jim Crow's Racial Symbolic." *Critical Inquiry* 25 (Spring 1999): 435–81.

Abod, Jennifer. *The Edge of Each Other's Battles: The Vision of Audre Lorde*. Long Beach, CA: Profile Productions, 2002. VHS.

Adams, Rachel. *Sideshow U.S.A.: Freaks and the American Cultural Imagination*. Chicago: University of Chicago Press, 2001.

Alaimo, Stacy. *Bodily Natures: Science, Environment, and the Material Self*. Bloomington: Indiana University Press, 2010.

_____. "MCS Matters: Material Agency in the Science and Practices of Environmental Illness." *Topia: Canadian Journal of Cultural Studies* 21 (March 2009): 9–27.

_____. *Undomesticated Ground: Recasting Nature as Feminist Space*. Ithaca: Cornell University Press, 2000.

Allen, David, Michael Kappy, Douglas Diekema, and Norman Fost. "Growth-Attenuation Therapy: Principles for Practice." *Pediatrics* 123, no. 6 (2009): 1556–61.

Allen, Vanessa. "Outrage as Agony Aunt Tells TV Audience 'I Would Suffocate a Child to End Its Suffering." *Daily Mail.* October 5, 2010. http://www. dailymail.co.uk/news/article-1317400/Virginia-Ironside-sparks-BBC-outrage-Id-suffocate-child-end-suffering.html.

Andrews, Lori B. *Future Perfect: Confronting Decisions about Genetics.* New York: Columbia University Press, 2001.

Anstey, K. W. "Are Attempts to Have Impaired Children Justifiable?" *Journal of Medical Ethics* 28 (2002): 286–89.

Anzaldua, Gloria. "Disability and Identity." In *The Gloria Anzaldua Reader,* ed. AnaLouise Keating, 298–302. Durham, NC: Duke University Press, 2009.

Asch, Adrienne. "Critical Race Theory, Feminism, and Disability: Reflections on Social Justice and Personal Identity." In *Gendering Disability,* ed. Bonnie G. Smith and Beth Hutchison, 9–44. New Brunswick, NJ: Rutgers University Press, 2004.

———. "A Disability Equality Critique of Routine Testing and Embryo or Fetus Elimination Based on Disabling Traits." *Political Environments* 11 (2007): 43–47, 78.

Asch, Adrienne, and Michelle Fine. "Shared Dreams: A Left Perspective on Disability Rights and Reproductive Rights." In *Women with Disabilities: Essays in Psychology, Culture, and Politics,* ed. Michelle Fine and Adrienne Asch, 297–305. Philadelphia: Temple University Press, 1988.

Asch, Adrienne, and Gail Geller. "Feminism, Bioethics, and Genetics." In *Feminism and Bioethics: Beyond Reproduction,* ed. Susan M. Wolf, 318–50. New York: Oxford University Press, 1996.

Asch, Adrienne, and Anna Stubblefield. "Growth Attenuation: Good Intentions, Bad Decision." *American Journal of Bioethics* 10, no. 1 (2010): 46–48.

Ashley's Mom and Dad. *The "Ashley Treatment": Towards a Better Quality of Life for "Pillow Angels."* March 25, 2007. Accessed from http://pillowangel.org/Ashley%20Treatment%20v7.pdf.

———. "Third Anniversary Update." January 13, 2010. Accessed from http://www.pillowangel.org/updates.htm.

———. "Updates on Ashley's Story." January 9, 2007. Accessed from http://www.pillowangel.org/updates.htm.

Ashley's Parents. "AT Summary." Last modified March 17, 2012. Accessed from http://pillowangel.org/AT-Summary.pdf.

Baker, Sherry. "The Rise of the Cyborgs." Discover. October 2008. http://discovermagazine.com/2008/oct/26–rise-of-the-cyborgs.

Bakhtin, Mikhail. *Rabelais and His World*. Trans. Helene Iswolsky. Bloomington, IN : Indiana University Press, 1984.

Balsamo, Anne. *Technologies of the Gendered Body: Reading Cyborg Women*. Durham, NC: Duke University Press, 1996.

Banks, Taunya Lovell. "Toilets as a Feminist Issue: A True Story." *Berkeley Women's Law Journal* (1990): 263–89.

Barnartt, Sharon N., and Richard K. Scotch. *Disability Protests: Contentious Politics, 1970–1999*. Washington, DC: Gallaudet University Press, 2001.

Bartsch, Ingrid, Carolyn DiPalma, and Laura Sells. "Witnessing the Postmodern Jeremiad: (Mis)Understanding Donna Haraway's Method of Inquiry." *Configurations* 9, no. 1 (Winter 2001): 127–64.

Bastian, Michelle. "Haraway's Lost Cyborg and the Possibilities of Transversalism." *Signs* 31, no. 4 (2006): 1027–49.

Bauman, H-Dirksen L. "Designing Deaf Babies and the Question of Disability." *Journal of Deaf Studies and Deaf Education* 10, no. 3 (2005): 311–15.

―――., ed. *Open Your Eyes: Deaf Studies Talking*. Minneapolis: University of Minnesota Press, 2008.

Baynton, Douglas C. "Disability and the Justification of Inequality in American History." In *The New Disability History: American Perspectives*, ed. Paul K. Longmore and Lauri Umansky, 33–57. New York: New York University Press, 2001.

Bell, Chris. "Introducing White Disability Studies: A Modest Proposal." In *The Disability Studies Reader*, 2nd ed. 275–82. New York: Routledge, 2006.

Belluck, Pam. "Success of Spina Bifida Study Opens Fetal Surgery Door." *New York Times*. February 9, 2011.

Ben-Moshe, Liat. "Disabling Incarceration: Connecting Disability to Divergent Confinements in the US A." *Critical Sociology* (2011): 1–19.

―――. "New Resistance to Old Power? Disablement and Global Anti-Incarceration Movements." Paper presented at the Society for Disability Studies Annual Meeting, Philadelphia, PA. June 4, 2010.

Ben-Moshe, Liat, and Justin Powell. "Sign of Our Times: Revis(it)ing the International Symbol of Access." *Disability and Society* 22, no. 5 (2007): 489–505.

Bergman, Barry. "Black, White, and Shades of Green." *Berkeleyan*. November 28, 2007. http://berkeley.edu/news/berkeleyan/2007/11/28_finney.shtml.

Berlant, Lauren. *The Queen of America Goes to Washington City: Essays on Sex and Citizenship*. Durham, NC: Duke University Press, 1997.

Berrier, Justin. "Fox Hides Anti-Gay, Right-Wing Background of Foundation for a Better Life," *Media Matters*, December 16, 2010. http://mediamatters. org/blog/201012160022.

Berube, Michael. "Afterword: If I Should Live So Long." In *Disability Studies: Enabling the Humanities*, ed. Sharon Snyder, Brenda Brueggemann, and Rosemarie Garland-Thomson, 337–43. New York: The Modern Language Association of America, 2002.

———. "Term Paper." *Profession* (2010): 112–16.

Betcher, Sharon. "Putting my Foot (Prosthesis, Crutches, Phantom) Down: Considering Technology as Transcendence in the Writings of Donna Haraway." *Women's Studies Quarterly* 29, nos. 3–4 (2001): 35–53.

Bhatia, Rajani. "Constructing Gender from the Inside Out: Sex Selection Practices in th United States." *Feminist Studies* 36, no. 2 (2010): 260–91.

Bhavnani, Kum-Kum, and Donna Haraway. "Shifting the Subject: A Conversation between Kum-Kum Bhavnani and Donna Haraway, 12 April 1993, Santa Cruz, California." *Feminism and Psychology* 4, no. 1 (1994): 19–39.

Bienvenu, MJ. "Queer as Deaf: Intersections." In *Open Your Eyes: Deaf Studies Talking*, ed. H-Dirksen Bauman, 264–73. Minneapolis: University of Minnesota Press, 2008.

Blaser, Art. "Awareness Days: Some Alternatives to Simulation Exercises." *Ragged Edge Online*, September/October 2003. Accessed from http://www. raggededgemagazine.com/0903/0903ft1.html.

Blumberg, Lisa. "Public Stripping." In *The Ragged Edge: The Disability Experience from the Pages of the First Fifteen Years of the Disability Rag*, ed. Barrett Shaw, 77–81. Louisville, KY: Advocado Press, 1994.

Boellstorff, Tom. "When Marriage Fails: Queer Coincidences in Straight Time." *GLQ* 13, nos. 2–3 (2007): 227–48.

Bogdan, Robert. *Freak Show: Presenting Human Oddities for Amusement and Profit*. Chicago: University of Chicago Press, 1988.

Boggan, Steve, and Glenda Cooper. "Nobel Winner May Sue over Gay Baby Abortion Claim. *Independent* (UK). February 17, 1997. http://www. independent.co.uk/news/nobel-winner-may-sue-over-gay-baby-abortion-claim-1279127.html.

Boris, Eileen, and Rhacel Salazar Parrenas, eds. *Intimate Labors: Cultures, Technologies, and the Politics of Care*. Stanford, CA: Stanford University Press, 2010.

Bornstein, Kate. *Gender Outlaw: On Men, Women, and the Rest of Us*. New York: Vintage, 1995.

Bowley, Graham. "Goal! He Spends It on Beckham." *New York Times*. April 22, 2007.

Brahm, Gabriel, Jr. Introduction to *Prosthetic Territories: Politics and Hypertechnologies*, ed. Gabriel Brahm, Jr., and Mark Driscoll, 1–2. Boulder: Westview, 1995.

Bricker, Jennie. "Wheelchair Accessibility in Wilderness Areas: The Nexus Between the ADA and the Wilderness Act." *Environmental Law* 25, no. 4 (1995): 1243–70.

Browne, Kath. "Genderism and the Bathroom Problem: (Re)Materialising Sexed Sites, (Re)Creating Sexed Bodies." *Gender, Place and Culture* 11, no. 3 (2004): 331–46.

Brueggemann, Brenda. *Deaf Subjects: Between Identities and Places*. New York: New York University Press, 2009.

_____. *Lend Me Your Ear: Rhetorical Constructions of Deafness*. Washington, DC: Gallaudet University Press, 1999.

Brunson, Jeremy L., and Mitchell E. Loeb, eds. "Mediated Communication." Special issue. *DSQ: Disability Studies Quarterly* 31, no. 4 (2011).

Buchanan, Robert M. *Illusions of Equality: Deaf Americans in School and Factory, 1850–1950*. Washington, DC: Gallaudet University Press, 1999.

Burch, Susan. *Signs of Resistance: American Deaf Cultural History, 1900 to World War II*. New York: New York University Press, 2002.

Burch, Susan, and Hannah Joyner. *Unspeakable: The Story of Junius Wilson*. Chapel Hill: University of North Carolina Press, 2007.

Burch, Susan, and Alison Kafer, eds. *Deaf and Disability Studies: Interdisciplinary Perspectives*. Washington, DC: Gallaudet University Press, 2010.

Burkholder, Amy. "Disabled Girl's Parents Defend Growth-Stunting Treatment." *CNN.com*. March 12, 2008.

_____. "Ethicist in Ashley Case Answers Questions." *CNN.com*. January 11, 2007.

Butler, Judith. *Bodies That Matter: On the Discursive Limits of "Sex."* New York: Routledge, 1993.

_____. "Contingent Foundations." In *Feminist Contentions: A Philosophical Exchange*, ed. Seyla Benhabib, Judith Butler, Drucilla Cornell, and Nancy Fraser, 35–57. New York: Routledge, 1995.

_____. *Gender Trouble: Feminism and the Subversion of Identity.* 10th anniversary ed. New York: Routledge, 1999.

_____. *Undoing Gender.* New York: Routledge, 2004.

Byrne, Jason, and Jennifer Wolch. "Nature, Race, and Parks: Past Research and Future Directions for Geographic Research." *Progress in Human Geography* 33, no. 6 (2009): 743–65.

Callahan, Nathan. "Corporate Vulture: Philip Anschutz Tries to Thread His Way into Heaven." *OC Weekly* 8, no. 35 (2003). http://www.ocweekly.com/ink/03/35/news-callahan.php.

Campbell, Fiona Kumari. *Contours of Ableism: The Production of Disability and Abledness.* New York: Palgrave Macmillan, 2009.

Cangemi, Phyllis. "Trail Design: Balancing Accessibility and Nature." *Universal Design Newsletter.* July 1999.

Carlson, David, and Deborah Dorfman. "Full Report—Investigative Report Regarding the 'Ashley Treatment.'" Washington Protection and Advocacy System. May 8, 2007. Accessed from http://www.disabilityrightswa.org/home/Full_Report_InvestigativeReportRegardingtheAshleyTreatment.pdf.

Carlson, Licia. "Cognitive Ableism and Disability Studies: Feminist Reflections on the History of Mental Retardation." *Hypatia* 16, no. 4 (2001): 128–33.

_____. *The Faces of Intellectual Disability.* Bloomington: Indiana University Press, 2010.

Case, Mary Anne. "Changing Room? A Quick Tour of Men's and Women's Rooms in U.S. Law over the Last Decade, from the U.S. Constitution to Local Ordinances." *Public Culture* 13, no. 2 (2001): 333–36.

Casper, Monica J. "Fetal Cyborgs and Technomoms on the Reproductive Frontier: Which Way to the Carnival?" In *The Cyborg Handbook*, ed. Chris Hables Gray, Steven Mentor, and Heidi J. Figueroa-Sarriera, 183–202. New York: Routledge, 1995.

Casper, Monica J., and Lisa Jean Moore. *Missing Bodies: The Politics of Visibility.* New York: New York University Press, 2009.

Cassuto, Leonard. *The Inhuman Race: The Racial Grotesque in American Literature and Culture.* New York: Columbia University Press, 1997.

Cavanagh, Sheila L. *Queering Bathrooms: Gender, Sexuality, and the Hygienic Imagination.* Toronto: University of Toronto Press, 2010.

Chandler, Eliza. "Sidewalk Stories: The Troubling Task of Identification." *Disability Studies Quarterly* 30, nos. 3–4 (2010). Accessed from http://www.dsq-sds.org/article/view/1293/1329.

Charles, Andrew, and Huw Thomas. "Deafness and Disability—Forgotten
Components of Environmental Justice: Illustrated by the Case of Local
Agenda 21 in South Wales." *Local Environment* 12, no. 3 (June 2007):
209–21.

Charo, R. Alta, and Karen H. Rothenberg, "'The Good Mother': The Limits
of Reproductive Accountability and Genetic Choice." In *Women and
Prenatal Testing: Facing the Challenges of Genetic Technology*, ed. Karen H.
Rothenberg and Elizabeth J. Thomson, 105–30. Columbus: Ohio State
University Press, 1994.

Chen, Mel Y. *Animacies*. Durham, NC: Duke University Press, forthcoming.

———. "Racialized Toxins and Sovereign Fantasies." *Discourse* 29, nos. 2–3
(2007): 367–83.

———. "Toxic Animacies, Inanimate Affections." *GLQ: A Journal of Lesbian
and Gay Studies* 17, nos. 2–3 (2011): 265–86.

Cherney, James L. "Deaf Culture and the Cochlear Implant Debate: Cyborg
Politics and the Identity of People with Disabilities." *Argumentation and
Advocacy* 36 (Summer 1999): 22–34.

Chess, Simone, Alison Kafer, Jessi Quizar, and Mattie Udora Richardson.
"Calling All Restroom Revolutionaries!" In *That's Revolting! Queer
Strategies for Resisting Assimilation*, ed. Matt Bernstein Sycamore, 189–
206. New York: Soft Skull, 2004.

Cheu, Johnson. "De-gene-erates, Replicants, and Other Aliens: (Re)Defining
Disability in Futuristic Film." In *Disability/Postmodernity: Embodying
Disability Theory*, ed. Mairian Corker and Tom Shakespeare, 199–212.
New York: Continuum, 2002.

Chorost, Michael. *Rebuilt: My Journey Back to the Hearing World*. Boston:
Mariner, 2005.

Clare, Eli. *Exile and Pride: Disability, Queerness, and Liberation*. Boston: South
End Press, 1999.

———. "Stolen Bodies, Reclaimed Bodies: Disability and Queerness." *Public
Culture* 13, no. 3 (2001): 359–65.

Clark, David L., and Catherine Myser. "Being Humaned: Medical
Documentaries and the Hyperrealization of Conjoined Twins." In
Freakery: Cultural Spectacles of the Extraordinary Body, ed. Rosemarie
Garland-Thomson, 338–55. New York: New York University Press, 1996.

Clarren, Rebecca. "Behind the Pillow Angel." *Salon*. February 9, 2007. Accessed
from http://www.salon.com/news/feature/2007/02/09/pillow_angel/index.

html.

Clynes, Manfred E., and Nathan S. Kline. "Cyborgs and Space." In *The Cyborg Handbook*, ed. Chris Hables Gray, Steven Mentor, and Heidi J. Figueroa-Sarriera, 29–33. New York: Routledge, 1995.

Cohen, Cathy. "Punks, Bulldaggers, and Welfare Queens: The Radical Potential of Queer Politics?" In *Black Queer Studies: A Critical Anthology*, ed. E Patrick Johnson and Mae G. Henderson, 21–51. Durham, NC: Duke University Press, 2005.

Cohen, Ed, and Julie Livingston. "AIDS." *Social Text* 27, no. 3 (2009): 39–42.

Cooley, Reed. "Disabling Spectacles: Representations of Trig Palin and Cognitive Disability." *Journal of Literary and Cultural Disability Studies* 5, no. 3 (2011): 303–20.

Cooper, Patricia, and Ruth Oldenziel. "Cherished Classifications: Bathrooms and the Construction of Gender/Race on the Pennsylvania Railroad during World War II ." *Feminist Studies* 25, no. 1 (1999): 7–41.

Cornachio, Donna. "Changes in Mental Care." *New York Times*. January 3, 1999.

Crenshaw, Kimberle. "Mapping the Margins: Intersectionality, Identity Politics, and Violence against Women of Color." *Stanford Law Review* 43 (July 1991): 1241–65.

Crewe, Jonathan. "Transcoding the World: Haraway's Postmodernism." *Signs* 22, no. 4 (Summer 1997): 891–905.

Cronon, William. "Introduction: In Search of Nature." In *Uncommon Ground: Toward Reinventing Nature*, ed. William Cronon, 23–65. New York: W. W. Norton, 1995.

———. "The Trouble with Wilderness; or, Getting Back to the Wrong Nature." In *Uncommon Ground: Toward Reinventing Nature*, ed. William Cronon, 69–90. New York: W. W. Norton, 1995.

Crosby, Christina. "Allies and Enemies." In *Coming to Terms: Feminism, Theory, Politics*, ed. Elizabeth Weed, 205–8. New York: Routledge, 1989.

Crow, Liz. "Including All of Our Lives: Renewing the Social Model of Disability." In *Encounters with Strangers: Feminism and Disability*, ed. Jenny Morris, 206–26. London: The Women's Press, 1996.

Cuomo, Chris J. *Feminism and Ecological Communities: An Ethics of Flourishing*. New York: Routledge, 1998.

Cummings, Cecilia. "Rockland Psychiatric Center Faulted in a Death." *New York Times*. July 17, 1988.

Cvetkovich, Ann. *An Archive of Feelings: Trauma, Sexuality, and Lesbian Public*

Cultures. Durham, NC: Duke University Press, 2003.

Dailey, Timothy J. "Homosexual Parenting: Placing Children at Risk." *Insight* 238, www.frc.org.

Daniels, Cynthia. *Exposing Men: The Science and Politics of Male Reproduction.* New York: Oxford University Press, 2006.

Darnovsky, Marcy. "Overhauling the Meaning Machines: An Interview with Donna Haraway." *Socialist Review* 21, no. 2 (1991): 65–84.

Davis, Alison. "Women with Disabilities: Abortion and Liberation." *Disability, Handicap and Society* 2, no. 3 (September 1987): 275–84.

Davis, Dena S. *Genetic Dilemmas: Reproductive Technology, Parental Choices, and Children's Futures.* New York: Routledge, 2001.

Davis, Kathy. "'My Body Is My Art': Cosmetic Surgery as Feminist Utopia?" In *Embodied Practices: Feminist Perspectives on the Body,* ed. Kathy Davis, 168–81. Thousand Oaks, CA: Sage, 1997.

Davis, Lennard J. *Bending Over Backwards: Disability, Dismodernism, and Other Difficult Positions.* New York: New York University Press, 2002.

_____. *Enforcing Normalcy: Disability, Deafness, and the Body.* New York: Verso, 1995.

_____. *My Sense of Silence: Memoirs of a Childhood with Deafness.* Champaign: University of Illinois Press, 2000.

_____. "Postdeafness." In *Open Your Eyes: Deaf Studies Talking,* ed. H-Dirksen Bauman, 314–25. Minneapolis: University of Minnesota Press, 2008.

Dawkins, Richard. "Letter: Women to Decide on Gay Abortion." *Independent* (UK). February 19, 1997. http://www.independent.co.uk/opinion/letter-women-to-decide-on-gay-abortion-1279433.html.

Dean, Jodi. "Introduction: The Interface of Political Theory and Cultural Studies." In *Cultural Studies and Political Theory,* ed. Jodi Dean, 1–19. Ithaca, NY: Cornell University Press, 2000.

DeKoven, Marianne. "Jouissance, Cyborgs, and Companion Species: Feminist Experiment." *PMLA* 121, no. 5 (2006): 1690–96.

Di Chiro, Giovanna. "Living Environmentalisms: Coalition Politics, Social Reproduction, and Environmental Justice." *Environmental Politics* 17, no. 2 (2008): 276–98.

_____. "Nature as Community: The Convergence of Environment and Social Justice." In *Uncommon Ground: Toward Reinventing Nature,* ed. William Cronon, 298–319. New York: W. W. Norton, 1995.

_____. "Polluted Politics? Confronting Toxic Discourse, Sex Panic, and Eco-

Normativity." In *Queer Ecologies: Sex, Nature, Politics, Desire*, ed. Catriona
Mortimer-Sandilands and Bruce Erickson, 199–230. Bloomington:
Indiana University Press, 2010.

_____. "Producing 'Roundup Ready®' Communities? Human Genome
Research and Environmental Justice Policy." In *New Perspectives on
Environmental Justice: Gender, Sexuality, and Activism*, ed. Rachel Stein,
139–60. New Brunswick, NJ: Rutgers University Press, 2004.

Diekema, Douglas S., and Norman Fost. "Ashley Revisited: A Response to the
Critics." *American Journal of Bioethics* 10, no. 1 (2010): 30–44.

Dinshaw, Carolyn, et al. "Theorizing Queer Temporalities: A Roundtable
Discussion." *GLQ: A Journal of Gay and Lesbian Studies* 13, nos. 2–3 (2007):
177–95.

Donaldson, Elizabeth J. "Revisiting the Corpus of the Madwoman: Further
Notes toward a Feminist Disability Studies Theory of Mental Illness."
In *Feminist Disability Studies*, ed. Kim Q. Hall, 91–113. Bloomington:
Indiana University Press, 2011.

Dorn, Michael. "Beyond Nomadism: The Travel Narratives of a 'Cripple.'" In
Places Through the Body, ed. Heidi J. Nast and Steve Pile, 183–206. New
York: Routledge, 1998.

Douglas, Mary. *Purity and Danger: An Analysis of Concepts of Pollution and
Taboo*. London: Routledge, 2002.

Dugdale, Richard L. "Hereditary Pauperism as Illustrated in the 'Juke' Family."
In *White Trash: The Eugenic Family Studies*, 1877–1919, ed. Nicole Hahn
Rafter, 33–47. Boston: Northeastern University Press, 1988.

Dutton, Denis. "What Are Editors For." *Philosophy and Literature* 20 (1996):
551–66. Accessed from http://www.denisdutton.com/what_are_editors_
for.htm.

Dvorsky, George. "Helping Families Care for the Helpless." Institute for Ethics
and Emerging Technologies. November 6, 2006. http://ieet.org/index.php/
IEET /more/809/.

Edelman, Lee. *No Future: Queer Theory and the Death Drive*. Durham, NC:
Duke University Press, 2004.

Edwards, Julia, and Linda McKie. "Women's Public Toilets: A Serious Issue for
the Body Politic." In *Embodied Practices: Feminist Perspectives on the Body*,
ed. Kathy Davis, 135–49. London: Sage, 1997.

Elliott, Stuart. "A Campaign Promotes Noble Behavior." *New York Times*.
November 9, 2001.

Enke, Anne. *Finding the Movement: Sexuality, Contested Space, and Feminist Activism*. Durham, NC: Duke University Press, 2007.

Erevelles, Nirmala. *Disability and Difference in Global Contexts: Enabling a Transformative Body Politic*. New York: Palgrave Macmillan, 2011.

_____. "In Search of the Disabled Subject." In *Embodied Rhetorics: Disability in Language and Culture*, ed. James C. Wilson and Cynthia Lewiecki-Wilson, 92–111. Carbondale: Southern Illinois University Press, 2001.

_____. "Signs of Reason: Riviere, Facilitated Communication, and the Crisis of the Subject." In *Foucault and the Government of Disability*, ed. Shelley Tremain, 45–64. Ann Arbor: University of Michigan Press, 2005.

Erevelles, Nirmala, and Andrea Minear. "Unspeakable Offenses: Untangling Race and Disability in Discourses of Intersectionality." *Journal of Literary and Cultural Disability Studies* 4, no. 2 (2010): 127–45.

Erickson, Loree. "Revealing Femmegimp: A Sex Positive Relection on Sites of Shame as Sites of Resistance for People with Disabilities." *Atlantis* 31, no. 2 (2007): 42–52.

_____. *Want*. Toronto: Femmegimp Productions, 2006. DVD.

Ervin, Mike. "Jerry Lewis Doesn't Deserve a Humanitarian Award at the Oscars." *Progressive* (Madison, WI). February 19, 2009. http://tinyurl.com/awlyn5.

Evans, Mei Mei. "'Nature' and Environmental Justice." In *The Environmental Justice Reader: Politics, Poetics, and Pedagogy*, ed. Joni Adamson, Mei Mei Evans, and Rachel Stein, 181–93. Tucson: University of Arizona Press, 2002.

Family Research Council. "*Washington Post* Profiles Lesbian Couple Seeking to Manufacture a Deaf Child." PR Newswire Association, Inc. April 1, 2002.

Ferri, Beth A., and David O'Connor. *Reading Resistance: Discourses of Exclusion in Desegregation and Exclusion Debates*. New York: Peter Lang, 2006.

Ferris, Jim, ed. "In (Disability) Time." *DSQ: Disability Studies Quarterly* 30, nos. 3–4 (2010).

Fiedler, Leslie. *Freaks: Myths and Images of the Secret Self*. New York: Simon and Schuster, 1978.

Finger, Anne. "Hurricane Katrina, Race, Class, Tragedy, and Charity." *DSQ: Disability Studies Quarterly* 25, no. 4 (2005). Accessed from http://www.dsq-sds.org/article/view/630/807.

_____. *Past Due: A Story of Disability, Pregnancy, and Birth*. Seattle: Seal Press, 1990.

Fleischer, Doris Zames, and Frieda Zames. *The Disability Rights Movement: From Charity to Confrontation*. Philadelphia: Temple University Press, 2001.

Fost, Norman. "Offense to Third Parties?" *Hastings Center Report* 40, no. 6 (2010): 30.

Franklin, Sarah. "Essentialism, Which Essentialism? Some Implications of Reproductive and Genetic Technoscience." In *If You Seduce a Straight Person, Can You Make Them Gay? Issues in Biological Essentialism versus Social Constructionism in Gay and Lesbian Identities*, ed. John P. DeCecco and John P. Elia, 27–40. Binghamton, NY: Harrington Park, 1993.

Freccero, Carla. "Fuck the Future." *GLQ: A Journal of Gay and Lesbian Studies* 12, no. 2 (2006): 332–34.

Freeman, Elizabeth. Introduction to "Queer Temporalities." Special issue. *GLQ: A Journal of Gay and Lesbian Studies*, 13 nos. 2–3 (2007): 159–76.

———. *Time Binds: Queer Temporalities, Queer Histories*. Durham, NC: Duke University Press, 2010.

Fries, Kenny. *The History of My Shoes and the Evolution of Darwin's Theory*. New York: Carroll & Graf, 2007.

"'Frozen Girl' Debate." BBC News. January 4, 2007. http://news.bbc.co.uk/2/hi/6230045.stm.

Gaard, Greta. "Ecofeminism and Wilderness." *Environmental Ethics* 19, no. 1 (1997): 5–24.

———. "Living Interconnections with Animals and Nature." In *Ecofeminism: Women, Animals, Nature*, ed. Greta Gaard, 1–12. Philadelphia: Temple University Press, 1993.

———. "Toward a Queer Ecofeminism." *Hypatia* 12, no. 1 (1997): 114–37.

Gagliardi, Barbara. "West Coast Women's Music Festival." *Big Mama Rag* 9, no. 10 (1981): 3, 22.

Garland-Thomson, Rosemarie. "The Cultural Logic of Euthanasia: 'Sad Fancyings' in Herman Melville's 'Bartleby.'" *American Literature* 76, no. 4 (2004): 777–806.

———. *Extraordinary Bodies: Figuring Physical Disability in American Culture and Literature*. New York: Columbia University Press, 1997.

———, ed. *Freakery: Cultural Spectacles of the Extraordinary Body*. New York: New York University Press, 1996.

———. "Integrating Disability, Transforming Feminist Theory." In *Gendering Disability*, ed. Bonnie G. Smith and Beth Hutchison, 73–103. New

Brunswick, NJ: Rutgers University Press, 2004.

———. "The Politics of Staring: Visual Rhetorics of Disability in Popular Photography." In *Disability Studies: Enabling the Humanities*, ed. Sharon L. Snyder, Brenda Jo Brueggemann, and Rosemarie Garland-Thomson, 56–75. New York: Modern Language Association, 2002.

———. "Seeing the Disabled: Visual Rhetorics of Disability in Popular Photography." In *The New Disability History: American Perspectives*, ed. Paul K. Longmore and Lauri Umansky, 335–74. New York: New York University Press, 2001.

———. *Staring: How We Look*. New York: Oxford University Press, 2009.

———. "Welcoming the Unbidden: The Case for Preserving Human Biodiversity." In *What Democracy Looks Like: A New Critical Realism for a Post-Seattle World*, ed. Amy Shrager Lang and Cecelia Tichi, 77–87. New Brunswick, NJ: Rutgers University Press, 2006.

Garver, Kenneth L., and Bettylee Garver. "The Human Genome Project and Eugenic Concerns." *American Journal of Human Genetics* 54 (1994): 148–58.

Generations Ahead. *Bridging the Divide: Disability Rights and Reproductive Rights and Justice Advocates Discussing Genetic Technologies*. 2009. http://www.generations-ahead.org/resources.

———. *A Disability Rights Analysis of Genetic Technologies: Report on a Convening of Disability Rights Leaders*. 2010. http://www.generations-ahead.org/resources.

Gershenson, Olga. "The Restroom Revolution: Unisex Toilets and Campus Politics." In *Toilet: Public Restrooms and the Politics of Sharing*, ed. Harvey Molotch and Laura Noren, 191–207. New York: New York University Press, 2010.

Gershenson, Olga, and Barbara Penner, eds. *Ladies and Gents: Public Toilets and Gender*. Philadelphia: Temple University Press, 2009.

Gerson, Michael. "The Eugenics Temptation." *Washington Post*. October 24, 2007, A19.

Gibson, Barbara E. "Disability, Connectivity, and Transgressing the Autonomous Body." *Journal of Medical Humanities* 27 (2006): 187–96.

Gill, Carol. "Cultivating Common Ground: Women with Disabilities." In *Manmade Medicine: Women's Health, Public Policy, and Reform*, ed. K. L. Moss, 183–93. Durham, NC: Duke University Press, 1996.

———. "A Psychological View of Disability Culture." *DSQ: Disability Studies*

Quarterly 15, no. 4 (1995): 16–19.

Gilmore, Stephanie. *Feminist Coalitions: Historical Perspectives on Second-Wave Feminism in the United States*. Urbana: University of Illinois Press, 2008.

Gleeson, B. J. "Disability Studies: A Historical Materialist View." *Disability and Society* 12, no. 2 (1997): 179–202.

Glenn, Evelyn Nakano. *Forced to Care: Coercion and Caregiving in America.* Cambridge, MA: Harvard University Press, 2010.

Glorie, Josephine Carubia. "Feminist Utopian Fiction and the Possibility of Social Critique." In *Political Science Fiction*, ed. Donald M. Hassler and Clyde Wilcox, 148–59. Columbia: University of South Carolina Press, 1997.

Goering, Sara. "Revisiting the Relevance of the Social Model of Disability." *American Journal of Bioethics* 10, no. 1 (2010): 54–55.

Gonzalez, Jennifer. "Envisioning Cyborg Bodies: Notes from Current Research." In *The Gendered Cyborg: A Reader*, ed. Gill Kirkup, Linda Janes, Kath Woodward, and Fiona Hovenden, 58–73. London: Routledge, 2000.

Gopinath, Gayatri. *Impossible Desires: Queer Diasporas and South Asian Public Cultures*. Durham, NC: Duke University Press, 2005.

Gough, Annette. "Body/Mine: A Chaos Narrative of Cyborg Subjectivities and Liminal Experiences." *Women's Studies* 34, nos. 3–4 (2005): 249–64.

Gray, Chris Hables. *Cyborg Citizen: Politics in the Posthuman Age*. New York: Routledge, 2001.

———. "An Interview with Manfred Clynes." In *The Cyborg Handbook*, ed. Chris Hables Gray, Heidi J. Figueroa-Sarriera, and Steven Mentor, 43–53. New York: Routledge, 1995.

Gray, Chris Hables, and Steven Mentor. "The Cyborg Body Politic and the New World Order." In *Prosthetic Territories: Politics and Hypertechnologies*, ed. Gabriel Brahm, Jr., and Mark Driscoll, 219–47. Boulder, CO: Westview, 1995.

Gray, Chris Hables, Steven Mentor, and Heidi J. Figueroa-Sarriera, eds. *The Cyborg Handbook*. New York: Routledge, 1995.

———. "Cyborgology: Constructing the Knowledge of Cybernetic Organisms." In *The Cyborg Handbook*, ed. Chris Hables Gray, Heidi J. Figueroa-Sarriera, and Steven Mentor, 1–14. New York: Routledge, 1995.

Greely, Henry T. "Health Insurance, Employment Discrimination, and the Genetics Revolution." In *The Code of Codes: Scientific and Social Issues in the Human Genome Project*, ed. Daniel J. Kevles and Leroy Hood, 264–80. Cambridge, MA: Harvard University Press, 1992.

Groce, Nora Ellen. *Everyone Here Spoke Sign Language: Hereditary Deafness on Martha's Vineyard.* Cambridge, MA: Harvard University Press, 1985.

Groce, Nora Ellen, and Jonathan Marks. "The Great Ape Project and Disability Rights: Ominous Undercurrents of Eugenics in Action." *American Anthropologist* 102, no. 4 (2001): 818–22.

Grodin, Michael, and Harlan Lane. "Ethical Issues in Cochlear Implant Surgery: An Exploration into Disease, Disability, and the Best Interests of the Child." *Kennedy Institute of Ethics Journal* 7, no. 3 (1997): 231–51.

Grossmann, John. "Expanding the Palette." *National Parks*, Summer 2010. http://www.npca.org/magazine/2010/summer/expanding-the-palette.html.

Gunther, D. F., and D. S. Diekema. "Attenuating Growth in Children with Profound Developmental Disability: A New Approach to an Old Dilemma." *Archives of Pediatrics and Adolescent Medicine* 160, no. 10 (2006): 1013–17.

———. Letter in reply to Carole Marcus, "Only Half of the Story." *Archives of Pediatrics and Adolescent Medicine* 161 (June 2007): 616.

Gupte, Pranay. "Tranquilizing Held a Factor in Deaths of Mental Patient." *New York Times.* July 17, 1978.

Gutierrez, Elena R. *Fertile Matters: The Politics of Mexican-Origin Women's Reproduction.* Austin: University of Texas Press, 2008.

Hakim, Danny. "At State-Run Homes, Abuse, and Impunity." *New York Times.* March 12, 2011.

Halberstam, Judith. *In a Queer Time and Place: Transgender Bodies, Subcultural Lives.* New York: New York University Press, 2005.

Halperin, David M. *Saint Foucault: Toward a Gay Hagiography.* New York: Oxford University Press, 1995.

Hamilton, Sheryl N. "The Cyborg, Eleven Years Later: The Not-So-Surprising Half-Life of the Cyborg Manifesto." *Convergence* 3, no. 2 (1997): 104–20.

Haraway, Donna J. "The Actors Are Cyborg, Nature Is Coyote, and the Geography Is Elsewhere: Postscript to 'Cyborgs at Large.'" In *Technoculture*, ed. Constance Penley and Andrew Ross, 21–26. Minneapolis: University of Minnesota Press, 1991.

———. "Cyborgs, Coyotes, and Dogs: A Kinship of Feminist Figurations: An Interview with Nina Lykke, Randi Markussen, and Finn Olesen." In *The Haraway Reader*, ed. Donna Haraway, 321–42. New York: Routledge, 2004.

———. "Cyborgs and Symbionts: Living Together in the New World Order." In *The Cyborg Handbook*, ed. Chris Hables Gray, Steven Mentor, and Heidi J. Figueroa-Sarriera, xi–xx. New York: Routledge, 1995.

_____. *How Like a Leaf: An Interview with Thyrza Nichols Goodeve*. New York: Routledge, 2000.

_____. "Introduction: A Kinship of Feminist Figurations." In *The Haraway Reader*, ed. Donna Haraway, 1–6. New York: Routledge, 2004.

_____. "A Manifesto for Cyborgs: Science, Technology, and Socialist Feminism in the 1980s." *Socialist Review*, no. 80 (1985): 65–108.

_____. *Modest_Witness@Second_Millennium.FemaleMan_Meets_ OncoMouse™: Feminism and Technoscience*. New York: Routledge, 1997.

_____. "The Promises of Monsters: A Regenerative Politics for Inappropriate/ d Others." In *Cultural Studies*, ed. Lawrence Grossberg, Cary Nelson, and Paula A. Treichler, 295–337. New York: Routledge, 1992.

_____. *Simians, Cyborgs, and Women: The Reinvention of Nature*. New York: Routledge, 1991.

Harmon, Kristen. "Deaf Matters: Compulsory Hearing and Ability Trouble." In *Deaf and Disability Studies: Interdisciplinary Perspectives*, ed. Susan Burch and Alison Kafer, 31–47. Washington, DC: Gallaudet University Press, 2010.

Hart, George. "'Enough Defined': Disability, Ecopoetics, and Larry Eigner." *Contemporary Literature* 51, no. 1 (2010): 152–79.

Hasian, Marouf Arif, Jr. *The Rhetoric of Eugenics in Anglo-American Thought*. Athens: University of Georgia, 1996.

Hayles, N. Katherine. "The Life Cycle of Cyborgs: Writing the Posthuman." In *The Cyborg Handbook*, ed. Chris Hables Gray, Steven Mentor, and Heidi J. Figueroa-Sarriera, 321–35. New York: Routledge, 1995.

Heller, Chaia. "For the Love of Nature: Ecology and the Cult of the Romantic." In *Ecofeminism: Women, Animals, Nature*, ed. Greta Gaard, 219–42. Philadelphia: Temple University Press, 1993.

"Herded Like Cattle." *Time*. December 20, 1948. http://www.time.com/time/ magazine/article/0,9171,799558-1,00.html.

Herndl, Diane Price. "Reconstructing the Posthuman Body Twenty Years after Audre Lorde's Cancer Journals." In *Disability Studies: Enabling the Humanities*, ed. Sharon L. Snyder, Brenda Jo Brueggemann, and Rosemarie Garland-Thomson, 144–55. New York: Modern Language Association, 2002.

Hershey, Laura. "Choosing Disability." *Ms.* July/August 1994, 26–32.

_____. "Crip Commentary." http://www.cripcommentary.com/ LewisVsDisabilityRights.html.

———. "Disabled Woman's Lawsuit Exposes Prejudices." *The Ragged Edge*. Accessed from http://www.raggededgemagazine.com/extra/hersheychamberstrial.html.

———. "From Poster Child to Protestor." *Spectacle* (Spring/Summer 1997). The Independent Living Institute. http://www.independentliving.org/docs4/hershey93.html.

———. *Just Help.* Unpublished manuscript, last modified September 24, 2009. Microsoft Word file.

———. "Stunting Ashley." *off our backs* 37, no. 1 (2007): 8–11.

Higgins, A. J. "Canoe Launch Divides Environmentalists, Disabled." *Boston Globe.* June 4, 2000, C1.

Hoffmeister, Robert. "Border Crossings by Hearing Children of Deaf Parents: The Lost History of Codas." In *Open Your Eyes: Deaf Studies Talking*, ed. H-Dirksen L. Bauman, 189–215. Minneapolis: University of Minnesota Press, 2008.

Hood, Leroy. "Biology and Medicine in the Twenty-First Century." In *The Code of Codes: Scientific and Social Issues in the Human Genome Project*, ed. Daniel J. Kevles and Leroy Hood, 136–163. Cambridge, MA: Harvard University Press, 1992.

Horton, Sarah, and Judith C. Barker. "'Stains' on Their Self-Discipline: Public Health, Hygeine, and the Disciplining of Undocumented Immigrant Parents in the Nation's Borderlands." *American Ethnologist* 36, no. 4 (2009): 784–98.

Hubbard, Ruth. "Abortion and Disability: Who Should and Who Should Not Inhabit the World?" In *The Disability Studies Reader*, ed. Lennard J. Davis, 93–103. New York: Routledge, 2006.

Huber, Joe. "Accessibility vs. Wilderness Preservation—Maine's Allagash Wilderness Waterway." *Palaestra: Forum of Sport, Physical Education, and Recreation for Those with Disabilities* 16, no. 4 (2000): 23–29.

———. "Trailblazing in a Wheelchair: An Oxymoron?" *Palaestra: Forum of Sport, Physical Education, and Recreation for Those with Disabilities* 17, no. 4 (2001): 52.

Huckle, Patricia. "Women in Utopias." In *The Utopian Vision: Seven Essays on the Quincentennial of Sir Thomas More*, ed. E. D. S. Sullivan, 115–36. San Diego: San Diego State University Press, 1983.

Hughes, Jim. "Blind Woman Sues Fertility Clinic: Englewood Facility Halted Treatments after Questions about Her Fitness as a Parent." *Denver Post.*

November 7, 2003.

Human Sterilization. Pasadena, CA: Human Betterment Foundation, 1933. Cold Spring Harbor Eugenics Archive. http://www.dnalc.org/view/11671–-Human-Sterilization-Human-Betterment-Foundation-3–.html.

Hutchins, Loraine. "Trouble and Mediation at Yosemite." *off our backs* 11, no. 10 (1981): 12–13, 25.

Imrie, Rob, and Huw Thomas. "The Interrelationships between Environment and Disability." *Local Environment* 13, no. 6 (2008): 477–83.

Jain, Sarah Lochlann. "Living in Prognosis: Toward an Elegiac Politics." *Representations* 98 (Spring 2007): 77–92.

Jesudason, Sujatha Anbuselvi. "In the Hot Tub: The Praxis of Building New Alliances for Reprogenetics." *Signs: Journal of Women in Culture and Society* 34, no. 4 (2009): 901–24.

Johnson, Harriet McBryde. "The Disability Gulag." *New York Times Magazine.* November 23, 2003. http://www.nytimes.com/2003/11/23/magazine/the-disability-gulag.html.

———. "Unspeakable Conversations." *New York Times Magazine.* February 16, 2003. http://www.nytimes.com/2003/02/16/magazine/unspeakable-conversations.html.

Johnson, Mary. *Make Them Go Away: Clint Eastwood, Christopher Reeve, and the Case against Disability Rights.* Louisville, KY: Advocado Press, 2003.

Johnson, Merri Lisa. "Crip Drag Swan Queen: Two Readings of Darren Aronofsky's *Black Swan.*" National Women's Studies Association Conference, Atlanta, GA. November 2011.

Johnson, Valerie Ann. "Bringing Together Feminist Disability Studies and Environmental Justice." *Barbara Faye Waxman Fiduccia Papers on Women and Girls with Disabilities.* Center for Women Policy Studies. February 2011, 5. http://www.centerwomenpolicy.org/programs/waxmanfiduccia/BFWFP_BringingTogetherFeministDisabilityStudiesandEnvironmentalJustice_ValerieAnnJohnso.pdf.

Jordan, John W. "Reshaping the 'Pillow Angel': Plastic Bodies and the Rhetoric of Normal Surgica Solutions." *Quarterly Journal of Speech* 95, no. 1 (February 2009): 20–42.

Kafer, Alison. "Compulsory Bodies: Reflections on Heterosexuality and Able-bodiedness." *Journal of Women's History* 15, no. 3 (2003): 77–89.

———. "Cyborg." In *Encyclopedia of U.S. Disability History,* ed. Susan Burch, 223–24. New York: Facts on File, 2009.

_____. "Seeing Animals." Exhibition essay for *Animal*. Sunaura Taylor, solo exhibition at Rowan Morrison Gallery, Oakland, CA. October 2009. http://www.sunaurataylor.org/portfolio/animal/.

Kafka, Bob. "Disability Rights vs. Workers Rights: A Different Perspective." *Znet*. November 14, 2003. http://www.zcommunications.org/disability-rights-vs-workers-rights-a-different-perspective-by-bob-kafka.

Keller, Evelyn Fox. "Nature, Nurture, and the Human Genome Project." In *The Code of Codes: Scientific and Social Issues in the Human Genome Project*, ed. Daniel J. Kevles and Leroy Hood, 281–99. Cambridge, MA: Harvard University Press, 1992.

Kelly, John B. "Incontinence." *Ragged Edge*, no. 1 (2002). http://www.ragged-edge-mag.com/0102/0102ft3.htm.

_____. "Inspiration." *Ragged Edge Online*. January/February 2003. http://www.raggededgemagazine.com/0103/0103ft1.html.

_____. "'It Could Have Been Worse:' Quadriplegic Athletes and the Ideology of Ability.'" Society for Disability Studies Annual Meeting, Chicago, June 2000.

Kelly, Tim. "Cyborg Waiting List." *Forbes*. September 3, 2007. http://www.forbes.com/forbes/2007/0903/038.html.

_____. "Rise of the Cyborg." *Forbes*. October 4, 2006. http://www.forbes.com/forbes/2006/0904/090.html.

Kenney, Colleen. "Lincoln Receives Several Messages of Hope from up Above." *Lincoln Journal Star*. February 5, 2004.

Kent, Deborah. "Somewhere a Mockingbird." In *Prenatal Testing and Disability Rights*, ed. Erik Parens and Adrienne Asch, 57–63. Washington, DC: Georgetown University Press, 2000.

Kent, Le'a. "Fighting Abjection: Representing Fat Women." In *Bodies Out of Bounds: Fatness and Transgression*, ed. Jana Evans Braziel and Kathleen LeBesco, 130–50. Berkeley: University of California Press, 2001.

Kerr, Anne, and Tom Shakespeare. *Genetic Politics: From Eugenics to Genome*. Cheltenham, England: New Clarion Press, 2002.

Kevles, Daniel J. "Out of Eugenics: The Historical Politics of the Human Genome." In *The Code of Codes: Scientific and Social Issues in the Human Genome Project*, ed. Daniel J. Kevles and Leroy Hood, 3–36. Cambridge, MA: Harvard University Press, 1992.

Kevles, Daniel J., and Leroy Hood, eds. *The Code of Codes: Scientific and Social Issues in the Human Genome Project*. Cambridge, MA: Harvard University

Press, 1992.

_____. "Reflections." In *The Code of Codes: Scientific and Social Issues in the Human Genome Project*, ed. Daniel J. Kevles and Leroy Hood, 300–328. Cambridge, MA: Harvard University Press, 1992.

Kirchner, Corinne, and Liat Ben-Moshe. "Language and Terminology." In *Encyclopedia of U.S. Disability History*, ed. Susan Burch, 546–50. New York: Facts on File, 2009.

Kirkland, Anna. "When Transgendered People Sue and Win: Feminist Reflections on Straegy, Activism, and the Legal Process." In *The Fire This Time: Young Activists and the New Feminism*, ed. Vivien Labaton and Dawn Lundy Martin, 181–219. New York: Anchor, 2004.

Kirkup, Gill, Linda Janes, Kath Woodward, and Fiona Hovenden, eds. *The Gendered Cyborg: A Reader*. London: Routledge, 2000.

_____. Introduction to *The Gendered Cyborg: A Reader*, ed. Gill Kirkup, Linda Janes, Kath Woodward, and Fiona Hovenden, xiii–xiv. London: Routledge, 2000.

Kiss and Tell Collective. *Her Tongue on My Theory*. Vancouver: Press Gang, 1994.

Kitchin, Rob, and Robin Law. "The Socio-spatial Construction of (In)accessible Public Toilets." *Urban Studies* 38, no. 2 (2001): 287–98.

Kittay, Eva Feder. "Discrimination against Children with Cognitive Impairments?" *Hastings Center Report* 40, no. 6 (2010): 32.

Kittay, Eva, and Jeffrey Kittay. "Whose Convenience? Whose Truth?" *Hastings Center Bioethics Forum*. February 28, 2007. Accessed from http://www.thehastingscenter.org/Bioethicsforum/Post.aspx?id=350&blogid=140.

Kleege, Georgina. *Blind Rage: Letters to Helen Keller*. Washington, DC: Gallaudet University Press, 2006.

_____. *Sight Unseen*. New Haven: Yale University Press, 1999.

Kline, Wendy. *Building a Better Race: Gender, Sexuality, and Eugenics from the Turn of the Century to the Baby Boom*. Berkeley: University of California Press, 2001.

Klugman, Craig M. "From Cyborg Fiction to Medical Reality." *Literature and Medicine* 20, no. 1 (Spring 2001): 39–54.

Kolko, Beth E., Lisa Nakamura, and Gilbert B. Rodman. Introduction to *Race in Cyberspace*, ed. Beth E. Kolko, Lisa Nakamura, and Gilbert B. Rodman, 1–13. New York: Routledge, 2000.

Kostir, Mary Storer. "The Family of Sam Sixty." In *White Trash: The Eugenic*

Family Studies, 1877–1919, ed. Nicole Hahn Rafter, 185–209. Boston: Northeastern University Press, 1988.

Koshy, Kavitha. "Feels Like Carving Bone: (Re)Creating the Activist-Self, (Re) Articulating Transnational Journeys, while Sifting Through Anzalduan Thought." In *Bridging: How Gloria Anzaldua's Life and Work Transformed Our Own*, ed. Analouise Keating and Gloria Gonzalez-Lopez, 197–203. Austin: University of Texas Press, 2011.

Kraut, Alan M. *Silent Travelers: Germs, Genes, and the "Immigrant Menace."* New York: Basic Books, 1994.

Kroll-Smith, Steve, Phil Brown, and Valerie J. Gunter. "Introduction: Environments and Diseases in a Postnatural World." In *Illness and the Environment: A Reader in Contested Medicine*, ed. Steve Kroll-Smith, Phil Brown, and Valerie J. Gunter, 1–6. New York: New York University Press, 2000.

Kudlick, Catherine J. "Disability History: Why We Need Another 'Other.'" *American Historical Review* 108, no. 3 (2003): 763–93.

_____. "A History Profession for Every Body." *Journal of Women's History* 18, no. 1 (2006): 163–67.

Kumbier, Alana. "Hanky Pancreas: Insulin Pump Accessories and Cyborg Embodiment." *Threadbared*. June 1, 2010. Accessed June 22, 2010, http:// iheartthreadbared.wordpress.com/2010/06/01/hanky-pancreas-insulin-pump-accessories-and-cyborg-embodiment/.

Kunzru, Hari. "You Are Cyborg." *Wired* 5, no. 2 (1997). Accessed from http:// www.wired.com/wired/archive/5.02/ffharaway_pr.html.

Kuppers, Petra. "Addenda, Phenomenology, Embodiment: Cyborgs and Disability Performance." In *Performance and Technology: Practices of Virtual Embodiment and Interactivity*, ed. Susan Broadhurst and Josephine Machon, 169–80. New York: Palgrave Macmillan, 2006.

_____. "Disability and Language: Introduction." *Profession* (2010): 107–11.

Kurzman, Steven L. "Presence and Prosthesis: A Response to Nelson and Wright." *Cultural Anthropology* 16, no. 3 (2001): 374–87.

Kusters, Annelies. "Deaf Utopias? Reviewing the Sociocultural Literature on the World's 'Martha's Vineyard Situations.'" *Journal of Deaf Studies and Deaf Education* 15, no. 1 (2010): 3–16.

LaFleur, Jennifer. "Nursing Homes Get Old for Many with Disabilities." *ProPublica*. June 21, 2009. http://www.propublica.org/article/nursing-homes-get-old-for-many-with-disabilities-621.

Lamm, Nomy. "Private Dancer: Evolution of a Freak." In *Restricted Access: Lesbians on Disability*, ed. Victoria A. Brownworth and Susan Raffo, 152–61. Seattle: Seal Press, 1999.

Lane, Harlan. "Constructions of Deafness." In *The Disability Studies Reader*, ed. Lennard J. Davis, 154–71. New York: Routledge, 1997.

Lantos, John. "It's Not the Growth Attenuation, It's the Sterilization!" *American Journal of Bioethics* 10, no. 1 (2010): 45–46.

Lee, Joyce. "Tall Girls: The Social Shaping of a Medical Therapy." *Archives of Pediatrics and Adolescent Medicine* 160 (October 2006): 1035–39.

"Let Disabled Katie Thorpe's Mother Decide." *Telegraph* (UK). October 8, 2007. http://www.telegraph.co.uk/comment/3643172/Let-disabled-Katie-Thorpes-mother-decide.html.

Levi, Jennifer, and Bennett Klein. "Pursuing Protection for Transgender People through Disability Laws." In *Transgender Rights*, ed. Paisley Currah, Richard M. Juang, and Shannon Price Minter, 74–92. Minneapolis: University of Minnesota Press, 2006.

Levy, N. "Deafness, Culture, and Choice." *Journal of Medical Ethics* 28 (2002): 284–85.

Levy-Navarro, Elena. "Fattening Queer History: Where Does Fat History Go from Here?" In *The Fat Studies Reader*, ed. Esther Rothblum and Sondra Solovay, 15–22. New York: New York University Press, 2009.

Lewis, Bradley. *Moving Beyond Prozac, DSM, and the New Psychiatry: The Birth of Postpsychiatry*. Ann Arbor: University of Michigan Press, 2006.

Linton, Simi. *Claiming Disability: Knowledge and Identity*. New York: New York University Press, 1998.

Lippman, Abby. "The Genetic Construction of Prenatal Testing: Choice, Consent, or Conformity for Women?" In *Women and Prenatal Testing: Facing the Challenges of Genetic Technology*, ed. Karen H. Rothenberg and Elizabeth J. Thomson, 9–34. Columbus: Ohio State University Press, 1994.

———. "Mother Matters: A Fresh Look at Prenatal Genetic Testing." *Issues in Reproductive and Genetic Engineering* 5, no. 2 (1992): 141–54.

Litwinowicz, Jo. "In My Mind's Eye: I." In *Bigger than the Sky: Disabled Women on Parenting*, ed. Michele Wates and Rowen Jade, 29–33. London: Women's Press, 1999.

Livingston, Julie. "Insights from an African History of Disability." *Radical History Review* 94 (Winter 2006): 111–26.

Lombardo, Paul. *Three Generations, No Imbeciles: Eugenics, the Supreme Court, and Buck v. Bell.* Baltimore, MD: The Johns Hopkins University Press, 2008.

Lorde, Audre. *The Cancer Journals: Special Edition.* San Francisco: Aunt Lute, 1997.

Love, Heather. *Feeling Backward: Loss and the Politics of Queer History.* Cambridge, MA: Harvard University Press, 2007.

_____. "Wedding Crashers." *GLQ: A Journal of Lesbian and Gay Studies* 13, no. 1 (2007): 125–39.

Lurie, Samuel. "Loving You Loving Me: Tranny/Crip/Queer Love and Overcoming Shame in Relationship." Paper presented at the Queer Disability Conference, San Francisco State University, San Francisco, June 3, 2002.

MacDonald, V. "Abort Babies with Gay Genes, Says Nobel Winner." *Telegraph* (UK). February 16, 1997.

Mairs, Nancy. *Plaintext: Essays.* Tucson: University of Arizona Press, 1992.

_____. *Waist-High in the World: A Life among the Nondisabled.* Boston: Beacon Press, 1996.

Mak, Cayden. "Cyborg Theory, Cyborg Practice." *The Outlet.* May 11, 2010. http://tinyurl.com/2wm7vag.

Mamo, Laura. *Queering Reproduction: Achieving Pregnancy in the Age of Technoscience.* Durham, NC: Duke University Press, 2007.

Marshall, Jessica. "Hysterectomy on Disabled US Girl Was Illegal." *New Scientist.* May 9, 2007. http://www.newscientist.com/article/dn11809-hysterectomy-on-disabled-us-girl-wasillegal.html.

Martin, Biddy. "Success and Its Failures." In *Women's Studies on the Edge*, ed. Joan Wallach Scott, 169–97. Durham, NC: Duke University Press, 2008.

Mason, Carol. "Terminating Bodies: Toward a Cyborg History of Abortion." In *Posthuman Bodies*, ed. Judith Halberstam and Ira Livingston, 225–43. Bloomington: Indiana University Press, 1995.

Masters, Cristina. "Bodies of Technology: Cyborg Soldiers and Militarized Masculinities." *International Feminist Journal of Politics* 7, no. 1 (2005): 112–32.

Mathers, A. R. "Hidden Voices: The Participation of People with Learning Disabilities in the Experience of Public Open Space." *Local Environment* 13, no. 6 (2008): 515–29.

Mauldin, Laura. "Cultural Commentary: Trig or Treat? The 2008 Election,

Sarah Palin, and Teaching." *Disability Studies Quarterly* 28, no. 4 (2008). http://dsq-sds.org/

McCreery, Patrick. "Save Our Children/Let Us Marry: Gay Activists Appropriate the Rhetoric of Child Protectionism." *Radical History Review* 2008, no. 100 (2008): 186–207.

McDonald, Anne. "The Other Story from a 'Pillow Angel.'" *Seattle Post-Intelligencer.* June 16, 2007. http://www.seattlepi.com/opinion/319702_noangel17.html.

McGee, Glenn. *The Perfect Baby: Parenthood in the New World of Cloning and Genetics.* Lanham, MD: Rowman and Littlefield, 2000.

McGuire, Cathleen, and Colleen McGuire, "Grassroots Ecofeminism: Activating Utopia." In *Ecofeminist Literary Criticism: Theory, Interpretation, Pedagogy,* ed. Greta Gaard and Patrick D. Murphy, 186–203. Urbana: University of Illinois Press, 1998.

McKenna, Erin. *The Task of Utopia.* Lanham, MD: Rowman and Littlefield, 2001.

McNeil, Donald, Jr. "Broad Racial Disparities Seen in Americans' Ills." *New York Times.* January 14, 2011.

McRuer, Robert. "As Good as It Gets: Queer Theory and Critical Disability." *GLQ: A Journal of Lesbian and Gay Studies* 9, nos. 1–2 (2003): 79–105.

———. "Compulsory Able-Bodiedness and Queer/Disabled Existence." In *Disability Studies: Enabling the Humanities,* ed. Sharon L. Snyder, Brenda Jo Brueggemann, and Rosemarie Garland-Thomson, 88–99. New York: Modern Language Association, 2002.

———. *Crip Theory: Cultural Signs of Queerness and Disability.* New York: New York University Press, 2006.

———. "Critical Investments: AIDS, Christopher Reeve, and Queer/Disability Studies." *Journal of Medical Humanities* 23, nos. 3–4 (2002): 221–37.

———. "Disability Nationalism in Crip Times." *Journal of Literary and Cultural Disability Studies* 4, no. 2 (2010): 163–78.

———. "Taking It to the Bank: Independence and Inclusion on the World Market." *Journal of Literary Disability* 1, no. 2 (2007): 5–14.

McRuer, Robert, and Abby L. Wilkerson. Introduction to "Desiring Disability: Queer Theory Meets Disability Studies." Special issue. *GLQ: A Journal of Lesbian and Gay Studies* 9, nos. 1–2 (2003): 1–23.

McVeigh, Karen. "The 'Ashley Treatment': Erica's Story." *Guardian* (UK). March 16, 2012. http://www.guardian.co.uk/society/2012/mar/16/ashley-treatment-ericas-story.

McWhorter, Ladelle. "Foreword." In *Foucault and the Government of Disability*, ed. Shelley Tremain, xiii–xvii. Ann Arbor: University of Michigan Press, 2005.

Medgyesi, Victoria. "Crip Caste: Owning Up to the Pecking Order and Prejudice within the Disability Community." *New Mobility*. November 1997. Accessed September 18, 2004, http://newmobility.com.

Meekosha, Helen. "Superchicks, Clones, Cyborgs, and Cripples: Cinema and Messages of Bodily Transformations." *Social Alternatives* 18, no. 1 (1999): 24–28.

Michalko, Rod. *The Two in One: Walking with Smokie, Walking with Blindness.* Philadelphia: Temple University Press, 1999.

Milbern, Stacey. "Thoughts on National Coming Out Day." *Cripchick*. October 11, 2010. Accessed from http://blog.cripchick.com/archives/8359.

Mingus, Mia, Leah Lakshmi Piepzna-Samarasinha, and Ellery Russian. "Crip Sex, Crip Lust, and the Lust of Recognition." *Leaving Evidence*. May 25, 2010. Accessed from http://leavingevidence.wordpress.com/2010/05/25/video-crip-sex-crip-lust-and-the-lust-of-recognition/.

Miserandino, Christine. "The Spoon Theory." *But You Don't Look Sick*. 2003. Accessed from http://www.butyoudontlooksick.com.

Mitchell, David T. "The Frontier that Never Ends." *Electric Edge*. January/February 1997.

Mitchell, David T., and Sharon L. Snyder. "Introduction: Disability Studies and the Double Bind of Representation." In *The Body and Physical Difference: Discourses of Disability*, ed. David Mitchell and Sharon Snyder, 1–31. Ann Arbor: University of Michigan Press, 1999.

———. "Introduction: Exploring Foundations: Languages of Disability, Identity, and Culture." *DSQ: Disability Studies Quarterly* 17, no. 4 (1997): 241–47.

———. *Narrative Prosthesis: Disability and the Dependencies of Discourse.* Ann Arbor: University of Michigan Press, 2000.

Mog, Ashley, and Amanda Lock Swarr. "Threads of Commonality in Transgender and Disability Studies." *Disability Studies Quarterly* 28, no. 4 (2008). Accessed from www.dsqsds.org.

Mohanty, Chandra Talpede. *Feminism without Borders: Decolonizing Theory, Practicing Solidarity.* Durham, NC: Duke University Press, 2003.

Mohanty, Chandra Talpede, and Biddy Martin. "What's Home Got to Do with It?" In *Feminism Without Borders: Decolonizing Theory, Practicing Solidarity*, 86–105. Durham, NC: Duke University Press, 2003.

Molina, Natalia. "Constructing Mexicans as Deportable Immigrants: Race, Disease, and the Meaning of 'Public Charge.'" *Identities: Global Studies in Culture and Power* 17 (2010): 641–66.

———. "Medicalizing the Mexican: Immigration, Race, and Disability in the Early-Twentieth-Century United States." *Radical History Review* 94 (2006): 22–37.

Mollow, Anna. "Identity Politics and Disability Studies: A Critique of Recent Theory." *Michigan Quarterly Review* 43, no. 2 (2004): 269–96.

———. "No Safe Place." *WSQ: Women's Studies Quarterly* 39, nos. 1–2 (2011): 188–99.

———. "'When Black Women Start Going on Prozac': Race, Gender, and Mental Illness in Meri Nana-Ama Danquah's Willow Weep for Me." *MELUS* 31, no. 3 (2006): 67–99.

Mollow, Anna, and Robert McRuer. Introduction to *Sex and Disability*, ed. Robert McRuer and Anna Mollow, 1–34. Durham, NC: Duke University Press, 2012.

Molotch, Harvey. "Learning from the Loo." Introduction to *Toilet: Public Restrooms and the Politics of Sharing*, ed. Harvey Molotch and Laura Noren, 1–20. New York: New York University Press, 2010.

Molotch, Harvey, and Laura Noren, eds. *Toilet: Public Restrooms and the Politics of Sharing*. New York: New York University Press, 2010.

Montgomery, Cal. "A Hard Look at Invisible Disability." *Ragged Edge Online* 2 (2001). http://www.ragged-edge-mag.com/0301/0301ft1.htm.

Mortimer-Sandilands, Catriona. "Unnatural Passions: Notes Toward a Queer Ecology." *Invisible Culture*, no. 9 (2005). http://www.rochester.edu/in_visible_culture/Issue_9/sandilands.html.

Mortimer-Sandilands, Catriona, and Bruce Erickson, eds. "Introduction: A Genealogy of Queer Ecologies." In *Queer Ecologies: Sex, Nature, Politics, Desire*, ed. Catriona Mortimer-Sandilands and Bruce Erickson, 1–47. Bloomington: Indiana University Press, 2010.

———. *Queer Ecologies: Sex, Nature, Politics, Desire*. Bloomington: Indiana University Press, 2010.

Mouffe, Chantal. "Feminism, Citizenship, and Radical Democratic Politics." In *Feminists Theorize the Political*, ed. Judith Butler and Joan W. Scott, 369–84. New York: Routledge, 1992.

_____. *The Return of the Political*. London: Verso, 1993.

Mundy, Liza. "A World of Their Own." *Washington Post Magazine*. March 31, 2002.

Munoz, Jose Esteban. *Cruising Utopia: The Then and There of Queer Futurity*. New York: New York University Press, 2009.

Munson, Peggy. "Fringe Dweller: Toward an Ecofeminist Politic of Femme." In *Visible: A Femmethology*, vol. 2., ed. Jennifer Clarke Burke, 28–36. Ypsilanti, MI : Homofactus Press, 2009.

Munt, Sally R. "The Butch Body." In *Contested Bodies*, ed. Ruth Holliday and John Hassard, 95–106. London: Routledge, 2001.

Murillo, Sandra. "Caregiver Is Charged in Beating Death of Disabled Girl in Pedley." *Los Angeles Times*. May 13, 2004, B1.

Murphy, Caryle. "Gay Parents Find More Acceptance." *Washington Post*. June 14, 1999. http://www.washingtonpost.com/wp-srv/local/daily/june99/gays14.htm.

Nakamura, Lisa. "After/Images of Identity: Gender, Technology, and Identity Politics." In *Reload: Rethinking Women + Cyberculture*, ed. Mary Flanagan and Austin Booth, 321–31. Cambridge, MA: MIT Press, 2002.

_____. *Cybertypes: Race, Ethnicity, and Identity on the Internet*. New York: Routledge, 2002.

Navarro, Mireya. "National Parks Reach Out to Blacks Who Aren't Visiting." *New York Times*. November 2, 2010.

Nelkin, Dorothy. "The Social Power of Genetic Information." In *The Code of Codes: Scientific and Social Issues in the Human Genome Project*, ed. Daniel J. Kevles and Leroy Hood, 177–90. Cambridge, MA: Harvard University Press, 1992.

Nelson, Jennifer. *Women of Color and the Reproductive Rights Movement*. New York: New York University Press, 2003.

Nicki, Andrea. "The Abused Mind: Feminist Theory, Psychiatric Disability, and Trauma." *Hypatia* 16, no. 4 (2001): 80–104.

Niles, Maria. "Am I Too Cynical for a Better Life?" *BlogHer*. June 7, 2008. http://www.blogher.com/am-i-too-cynical-better-life.

Nishime, LeiLani. "The Mulatto Cyborg: Imagining a Multiracial Future." *Cinema Journal* 44, no. 2 (Winter 2005): 34–49.

Noren, Laura. "Only Dogs Are Free to Pee: New York Cabbies' Search for Civility." In *Toilet: Public Restrooms and the Politics of Sharing*, ed. Harvey Molotch and Laura Noren, 93–114. New York: New York University Press,

2010.

Nosek, Margaret A. "Sexual Abuse of Women with Physical Disabilities." *Physical Medicine and Rehabilitation: State of the Art Reviews* 9, no. 2 (1995): 487–502.

Oaks, Laury. "What Are Pro-Life Feminists Doing on Campus?" *NWSA Journal* 21, no. 1 (2009): 178–203.

O'Brien, Michelle. "Tracing This Body: Transsexuality, Pharmaceuticals, and Capitalism." *deadletters: scattered notes toward the remembering of a misplaced present* (Summer 2003): 1–14. Accessed from http://www.deadletters.biz/body.html.

O'Brien, Ruth. *Crippled Justice: The History of Modern Disability Policy in the Workplace.* Chicago: University of Chicago Press, 2001.

Ordover, Nancy. *American Eugenics: Race, Queer Anatomy, and the Science of Nationalism.* Minneapolis: University of Minnesota Press, 2003.

Orr, Jackie. *Panic Diaries: A Genealogy of Panic Disorder.* Durham, NC: Duke University Press, 2006.

Ortega, Mariana. "Being Lovingly, Knowingly Ignorant: White Feminism and Women of Color." *Hypatia* 21, no. 3 (Summer 2006): 56–74.

Osgood, Robert L. *The History of Special Education: A Struggle for Equality in American Public Schools.* Westport, CT: Praeger, 2007.

Ostrander, R. Noam. "When Identities Collide: Masculinity, Disability, and Race." *Disability and Society* 23, no. 6 (2008): 585–97.

Ostrom, Carol M. "Child's Hysterectomy Illegal, Hospital Agrees." *Seattle Times.* May 9, 2007. http://community.seattletimes.nwsource.com/archive/?date=20070509&slug=childrens09m.

O'Toole, Corbett Joan. "Dale Dahl and Judy Heumann: Deaf Man, Disabled Woman—Allies in 1970s Berkeley." In *Deaf and Disability Studies: Interdisciplinary Perspectives*, ed. Susan Burch and Alison Kafer, 162–87. Washington, DC: Gallaudet University Press, 2010.

———. "The Sexist Inheritance of the Disability Movement." In *Gendering Disability*, ed. Bonnie G. Smith and Beth Hutchison, 294–300. New Brunswick, NJ: Rutgers University Press, 2004.

———. "The View from Below: Developing a Knowledge Base about an Unknown Population." *Sexuality and Disability* 18, no. 3 (2000): 207–24.

Ott, Katherine. "The Sum of Its Parts: An Introduction to Modern Histories of Prosthetics." In *Artificial Parts, Practical Lives: Modern Histories of Prosthetics*, ed. Katherine Ott, David Serlin, and Stephen Mihm, 1–42.

New York: New York University Press, 2002.

Overall, Christine. "Public Toilets: Sex Segregation Revisited." *Ethics and the Environment* 12, no. 2 (2007): 71–91.

Padden, Carol, and Tom Humphries. *Deaf in America: Voices from a Culture.* Cambridge, MA: Harvard University Press, 1988.

Page, Lewis. "Cyborg-Style 'iLimb' Hand a Big Hit with Iraq Veterans." *Register.* July 18, 2007. http://www.theregister.co.uk/2007/07/18/robo_hand_gets_big_hand.

Parens, Erik, and Adrienne Asch, eds. *Prenatal Testing and Disability Rights.* Washington, DC: Georgetown University Press, 2000.

Paul, Diane B. *Controlling Human Heredity: 1865 to the Present.* Atlantic Highlands, NJ: Humanities Press, 1995.

Paul, Gregory S., and Earl D. Cox. *Beyond Humanity: CyberEvolution and Future Minds.* Rockland, MA: Charles River Media, 1996.

Panzarino, Connie. "Camping with a Ventilator." In *That Takes Ovaries! Bold Females and Their Brazen Acts*, ed. Rivka Solomon, 139–42. New York: Three Rivers Press, 2002.

———. *The Me in the Mirror.* Seattle: Seal Press, 1994.

Peace, William. "Ashley and Me." *Bioethics Forum.* June 22, 2010. Accessed from http://www.thehastingscenter.org/Bioethicsforum/Post.aspx?id=4742&blogid=140.

Penley, Constance, and Andrew Ross. "Cyborgs at Large: An Interview with Donna Haraway." In *Technoculture*, ed. Constance Penley and Andrew Ross, 1–20. Minneapolis: University of Minnesota Press, 1991.

Penna, David, and Vickie D'Andrea-Penna. "Developmental Disability." In *Encyclopedia of U.S. Disability History*, ed. Susan Burch, 261–62. New York: Facts on File, 2009.

Perez, Hiram. "You Can Have My Brown Body and Eat It, Too!" *Social Text* 84–85, vol. 23, nos. 3–4 (2005): 171–91.

Perillo, Lucia. *I've Heard the Vultures Singing: Field Notes on Poetry, Illness, and Nature.* San Antonio, TX: Trinity University Press, 2007.

Pernick, Martin S. *The Black Stork: Eugenics and the Death of "Defective" Babies in American Medicine and Motion Pictures since 1915.* New York: Oxford University Press, 1996.

Piercy, Marge. *Woman on the Edge of Time.* New York: Fawcett Crest, 1976.

Pilkington, Ed. "Frozen in Time: The Disabled Nine-Year-Old Girl Who Will Remain a Child All Her Life." *Guardian.* January 4, 2007. http://www.

guardian.co.uk/world/2007/jan/04/health.topstories3.

Pilkington, Ed, and Karen McVeigh. "'Ashley Treatment' On the Rise amid
Concerns from Disability Rights Groups." *Guardian* (UK). March 15,
2012. http://www.guardian.co.uk/society/2012/mar/15/ashley-treatment-
rise-amid-concerns.

Pitcher, Ben, and Henriette Gunkel. "Q&A with Jasbir Puar." *darkmatter
Journal.* May 2, 2008. Accessed from http://www.darkmatter101.org/
site/2008/05/02/qa-with-jasbir-puar/.

Plaskow, Judith. "Embodiment, Elimination, and the Role of Toilets in
Struggles for Social Justice." *Cross Currents* (Spring 2008): 51–64.

Plotz, David. "The 'Genius Babies' and How They Grew." *Slate.* February 8,
2001. http://www.slate.msn.com.

Potts, Annie. "Cyborg Masculinity in the Viagra Era." *Sexualities, Evolution and
Gender* 7, no. 1 (2005): 3–16.

Pratt, Minnie Bruce. *Rebellion: Essays, 1980–1991.* Ann Arbor, MI : Firebrand,
1991.

Price, Janet, and Margrit Shildrick. "Uncertain Thoughts on the Dis/abled
Body." In *Vital Signs: Feminist Reconfigurations of the Bio/logical Body*,
ed. Margrit Shildrick and Janet Price, 224–49. Edinburgh: Edinburgh
University Press, 1998.

Price, Margaret. "Access Imagined: The Construction of Disability in
Conference Policy Documents." *DSQ: Disability Studies Quarterly* 29, no. 1
(2009). Accessed from http://www.dsq-sds.org/article/view/174/174.

———. "'Her Pronouns Wax and Wane': Psychosocial Disability,
Autobiography, and Counter-Diagnosis." *Journal of Literary and Cultural
Disability Studies* 3, no. 1 (2009): 11–33.

———. *Mad at School: Rhetorics of Mental Disability and Academic Life.* Ann
Arbor: University of Michigan Press, 2010.

Priestley, Mark. *Disability: A Life Course Approach.* Cambridge: Polity Press,
2003.

"Psychiatric Aide Accused of Rape." *New York Times.* November 26, 1979.

Puar, Jasbir K. "Prognosis Time: Toward a Geopolitics of Affect, Debility and
Capacity." *Women and Performance: A Journal of Feminist Theory* 19, no. 2
(2009): 161–72.

———. *Terrorist Assemblages: Homonationalism in Queer Times.* Durham, NC:
Duke University Press, 2007.

Quinlan, Margaret, and Benjamin Bates. "Bionic Woman (2007): Gender,

Disability, and Cyborgs," *Journal of Research in Special Educational Needs* 9, no. 1 (2009): 48–58.

Rabin, Roni Caryn. "Disparities: Illness More Prevalent among Older Gay Adults." *New York Times.* April 1, 2011.

Rafter, Nicole Hahn, ed. *White Trash: The Eugenic Family Studies, 1877–1919.* Boston: Northeastern University Press, 1988.

Rapp, Rayna. *Testing Women, Testing the Fetus: The Social Impact of Amniocentesis in America.* New York: Routledge, 1999.

Ray, Sarah Jaquette. "Risking Bodies in the Wild: The 'Corporeal Unconscious' of American Adventure Culture." *Journal of Sport and Social Issues* 33, no. 3 (2009): 257–84.

Razack, Sherene. "From Pity to Respect." In *Looking White People in the Eye: Gender, Race, and Culture in Courtrooms and Classrooms*, 130–56. Toronto: University of Toronto Press, 1998.

Reagan, Leslie J. *Dangerous Pregnancies: Mothers, Disabilities, and Abortion in Modern America.* Berkeley: University of California Press, 2010.

Reagon, Bernice Johnson. "Coalition Politics: Turning the Century." In *Home Girls: A Black Feminist Anthology*, ed. Barbara Smith, 356–68. New York: Kitchen Table Press, 1983.

Reeve, Christopher. *Nothing Is Impossible: Reflections on a New Life.* New York: Random House, 2002.

Reeve, Donna. "Cyborgs and Cripples: What Can Haraway Offer Disability Studies?" In *Disability and Social Theory: New Developments and Directions*, ed. Dan Goodley, Bill Hughes, and Lennard Davis. New York: Palgrave Macmillan, forthcoming.

Reilly, Philip R. *The Surgical Solution: A History of Involuntary Sterilization in the United States.* Baltimore: Johns Hopkins University Press, 1991.

Rembis, Michael A. *Defining Deviance: Sex, Science, and Delinquent Girls, 1890–1960.* Champaign: University of Illinois Press, 2011.

Report of Committee on Classification of Feeble-Minded. In *Mental Retardation in America: A Historical Reader*, ed. Steven Noll and James W. Trent, Jr., 87–88. New York: New York University Press, 2004.

Rich, Adrienne. "Notes Toward a Politics of Location." In *Blood, Bread, and Poetry: Selected Prose, 1979–1985*, 210–31. New York: W. W. Norton, 1986.

Richardson, Mattie Udora. "No More Secrets, No More Lies: African-American History and Compulsory Heterosexuality." *Journal of Women's History* 15, no. 3 (2003): 63–76.

Roberts, Dorothy. *Fatal Invention: How Science, Politics, and Big Business Re-create Race in the Twenty-first Century.* New York: The New Press, 2011.

———. *Killing the Black Body: Race, Reproduction, and the Meaning of Liberty.* New York: Vintage, 1999.

———. "Race, Gender, and Genetic Technologies: A New Reproductive Dystopia?" *Signs: Journal of Women in Culture and Society* 34, no. 4 (2009): 783–804.

Roberts, Genevieve. "Brain-damaged Girl Is Frozen in Time by Parents to Keep Her Alive." *Independent.* January 4, 2007. http://www.independent.co.uk/news/world/americas/braindamaged-girl-is-frozen-in-time-by-parents-to-keep-her-alive-430734.html.

Rodriguez, Juana Maria. *Queer Latinidad: Identity Practices, Discursive Spaces.* New York: New York University Press, 2003.

Rohrer, Judy. "Toward a Full-Inclusion Feminism: A Feminist Deployment of Disability Analysis." *Feminist Studies* 31, no. 1 (Spring 2005): 34–63.

Rothenberg, Karen H., and Elizabeth J. Thomson, eds. *Women and Prenatal Testing: Facing the Challenges of Genetic Technology.* Columbus: Ohio State University Press, 1994.

Ruiz, Jason. "The Violence of Assimilation: An Interview with Mattilda aka Matt Bernstein Sycamore." *Radical History Review* 100 (Winter 2008): 237–47.

Russell, Julia Scofield. "The Evolution of an Ecofeminist." In *Reweaving the World: The Emergence of Ecofeminism*, ed. Irene Diamond and Gloria Feman Orenstein, 223–30. San Francisco: Sierra Club Books, 1990.

Russo, Mary. *The Female Grotesque: Risk, Excess, and Modernity.* New York: Routledge, 1994.

Ryan, Sean. "Cyborgs in the Woods." *Leisure Studies* 21 (2002): 265–84.

Sack, Kevin. "Research Finds Wide Disparities in Health Care by Race and Region." *New York Times.* June 5, 2008. http://www.nytimes.com/2008/06/05/health/research/05disparities.html.

Salleh, Anna. "Cyborg Rights 'Need Debating Now.'" *ABC Science Online.* June 5, 2010. http://www.abc.net.au/news/stories/2010/06/05/2918723.htm.

Samantrai, Ranu. *AlterNatives: Black Feminism in the Postimperial Nation.* Stanford, CA: Stanford University Press, 2002.

Samuels, Ellen. "Bodies in Trouble." In *Restricted Access: Lesbians on Disability*, ed. Victoria A. Brownworth, 192–200. Seattle: Seal Press, 1999.

———. "Critical Divides: Judith Butler's Body Theory and the Question of

Disability." *NWSA Journal* 14, no. 3 (2002): 58–76.

———. "My Body, My Closet: Invisible Disability and the Limits of Coming-Out Discourse." *GLQ: A Journal of Lesbian and Gay Studies* 9, nos. 1–2 (2003): 233–55.

———. "Normative Time: How Queerness, Disability, and Parenthood Impact Academic Labor." Paper presented at the Modern Languages Association Annual Meeting, December 2006.

Sandahl, Carrie. "Ahhhh, Freak Out! Metaphors of Disability and Femaleness in Performance." *Theatre Topics* 9, no. 1 (March 1999): 11–30.

———. "Anarcha Anti-Archive: Depends®" *Liminalities: A Journal of Performance Studies* 4, no. 2 (2008). http://liminalities.net/4–2/anarcha.

———. "Performing Metaphors: AIDS, Disability, and Technology." *Contemporary Theatre Review* 11, nos. 3–4 (2001): 49–60.

———. "Queering the Crip or Cripping the Queer? Intersections of Queer and Crip Identities in Solo Autobiographical Performance." *GLQ: A Journal of Lesbian and Gay Studies* 9, nos. 1–2 (2003): 25–56.

Sandilands, Catriona. "Eco Homo: Queering the Ecological Body Politic." *Social Philosophy Today* 19 (2004): 17–39.

———. "From Unnatural Passions to Queer Nature." *Alternatives Journal* 27, no. 3 (Summer 2001): 30–35.

———. *The Good-Natured Feminist: Ecofeminism and the Quest for Democracy.* Minneapolis: University of Minnesota Press, 1999.

Sandoval, Chela. "New Sciences: Cyborg Feminism and the Methodology of the Oppressed." In *The Cyborg Handbook*, ed. Chris Hables Gray, Steven Mentor, and Heidi J. Figueroa-Sarriera, 407–21. New York: Routledge, 1995.

Sasaki, Betty. "Toward a Pedagogy of Coalition." In *Twenty-First-Century Feminist Classrooms: Pedagogies of Identity and Difference*, ed. Amie A. MacDonald and Susan Sanchez-Casal, 31–57. New York: Palgrave, 2002.

Savoy, Lauret. "The Future of Environmental Essay: A Discourse." *Terrain* (Summer/Fall 2008). Accessed from terrain.org.

Saxton, Marsha. "Disability Rights and Selective Abortion." In *Abortion Wars: A Half-Century of Struggle, 1950–2000*, ed. Rickie Solinger, 374–93. Berkeley: University of California Press, 1998.

Schoen, Johanna. *Choice and Coercion: Birth Control, Sterilization, and Abortion in Public Health and Welfare.* Chapel Hill: University of North Carolina Press, 2005.

Schriempf, Alexa. "Hearing Deafness: Subjectness, Articulateness and Communicability." *Subjectivity* 28 (2009): 279–96.

Schueller, Malini Johar. "Analogy and (White) Feminist Theory: Thinking Race and the Color of the Cyborg Body." *Signs* 31, no. 1 (Autumn 2005): 63–92.

Schweik, Susan M. *The Ugly Laws: Disability in Public.* New York: New York University Press, 2009.

"Scientists Test First Human Cyborg." *CNN.com.* March 22, 2002. http://archives.cnn.com/2002/TE CH/science/03/22/human.cyborg/.

Scott, Catherine. "Time Out of Joint: The Narcotic Effect of Prolepsis in Christopher Reeve's Still Me." *Biography* 29, no. 2 (2006): 307–28.

Scott, Joan W. "Cyborgian Socialists?" In *Coming to Terms: Feminism, Theory, Politics,* ed. Elizabeth Weed, 215–17. New York: Routledge, 1989.

———. "'Experience.'" In *Feminists Theorize the Political,* ed. Judith Butler and Joan W. Scott, 22–40. New York: Routledge, 1992.

Sedgwick, Eve Kosofsky. *Tendencies.* Durham, NC: Duke University Press, 1994.

Selden, Steven. *Inheriting Shame: The Story of Eugenics and Racism in America.* New York: Teachers College Press, 1999.

Serlin, David. "Pissing without Pity: Disability, Gender, and the Public Toilet." In *Toilet: Public Restrooms and the Politics of Sharing,* ed. Harvey Molotch and Laura Noren, 167–85. New York: New York University Press, 2010.

Shabot, Sara Cohen. "Grotesque Bodies: A Response to Disembodied Cyborgs." *Journal of Gender Studies* 15, no. 3 (2006): 223–35.

Shakespeare, Tom. "Arguing about Genetics and Disability." *Interaction* 13, no. 3 (2000): 11–14.

———. *Disability Rights and Wrongs.* New York: Routledge, 2006.

———. "The Social Model of Disability." In *The Disability Studies Reader,* 2nd ed., ed. Lennard J. Davis, 197–204. New York: Routledge, 2006.

Shands, Kerstin W. *The Repair of the World: The Novels of Marge Piercy.* Westport, CT: Greenwood Press, 1994.

Shannon, Sarah E., and Teresa A. Savage. "The Ashley Treatment: Two Viewpoints." *Pediatric Nursing* 32, no. 2 (2007): 175–78.

Shapiro, Joseph. *No Pity: People with Disabilities Forging a New Civil Rights Movement.* New York: Three Rivers Press, 1994.

Sherry, Mark. *Disability Hate Crimes: Does Anyone Really Hate Disabled People?* Burlington, VT: Ashgate, 2010.

Shildrick, Margrit. *Dangerous Discourses of Disability, Subjectivity, and Sexuality.* New York: Palgrave Macmillan, 2009.

_____. *Embodying the Monster: Encounters with the Vulnerable Self.* London: Sage, 2002.

_____. *Leaky Bodies and Boundaries: Feminism, Postmodernism, and (Bio) Ethics.* London: Routledge, 1997.

Shiva, Vandana. "The Impoverishment of the Environment: Women and Children Last." In *Ecofeminism*, ed. Vandana Shiva and Maria Mies, 81–82. London: Zed, 1993.

Siebers, Tobin. "Disability in Theory: From Social Constructionism to the New Social Realism of the Body." *American Literary History* (2001): 737–54.

_____. *Disability Theory.* Ann Arbor, MI : University of Michigan Press, 2008.

Sieck, Ann. "Preservation and Disability Access." *Sierra Club Yodeler: The Newspaper of the San Francisco Bay Chapter.* July/August 2004. Accessed August 28, 2004, http://sanfranciscobay.sierraclub.org/yodeler/html/2004/7/feature10.htm.

Signorello, L. B., et al. "Comparing Diabetes Prevalence between African Americans and Whites of Similar Socioeconomic Status." *American Journal of Public Health* 97, no. 12 (2007): 2260–67.

Silliman, Jael, Marlene Gerber Fried, Loretta Ross, and Elena R. Gutierrez. *Undivided Rights: Women of Color Organize for Reproductive Justice.* Boston: South End Press, 2004.

Skotko, Brian. "Prenatally Diagnosed Down Syndrome: Mothers Who Continued Their Pregnancies Evaluate Their Health Care Providers." *American Journal of Obstetrics and Gynecology* 192 (2005): 670–77.

Smith, Andrea. "Beyond Pro-Choice versus Pro-Life: Women of Color and Reproductive Justice." *NWSA Journal* 17, no. 1 (2005): 119–40.

Smith, J. David. *Minds Made Feeble: The Myth and Legacy of the Kallikaks.* Rockville, MD: Aspen Systems, 1985.

Smith, Marquard, and Joanne Morra, eds. *The Prosthetic Impulse: From a Posthuman Present to a Biocultural Future.* Cambridge, MA: MIT Press, 2006.

Snyder, Sharon, Brenda Brueggemann, and Rosemarie Garland-Thomson. "Introduction: Integrating Disability in Theory and Scholarship." In *Disability Studies: Enabling the Humanities*, ed. Sharon Snyder, Brenda Brueggemann, and Rosemarie Garland-Thomson, 1–12. New York: The Modern Language Association of America, 2002.

Snyder, Sharon L., and David T. Mitchell. *Cultural Locations of Disability.* Chicago: University of Chicago Press, 2006.

Sobchack, Vivian. "A Leg to Stand On: Prosthetics, Metaphor, and Materiality." In *The Prosthetic Impulse: From a Posthuman Present to a Biocultural Future*, ed. Marquard Smith and Joanne Morra, 17–41. Cambridge, MA: MIT Press, 2006.

Sobsey, Dick, D. Wells, R. Lucardie, and S. Mansell, eds. *Violence and Disability: An Annotated Bibliography*. Baltimore, MD: Paul H. Brookes Publishing Company, 1995.

Sofoulis, Zoe. "Cyberquake: Haraway's Manifesto." In *Prefiguring Cyberculture: An Intellectual History*, ed. Darren Tofts, Annemarie Jonson, and Allesio Cavallaro, 84–103. Cambridge, MA: MIT Press, 2002.

Solinger, Rickie. *Beggars and Choosers: How the Politics of Choice Shapes Adoption, Abortion, and Welfare in the United States*. New York: Hill and Wang, 2001.

_____. *Pregnancy and Power: A Short History of Reproductive Politics in America*. New York: New York University Press, 2005.

Spade, Dean. "Resisting Medicine, Re/modeling Gender." *Berkeley Women's Law Journal* 18 (2003): 15–37.

_____. *Toilet Training: Companion Guide for Activists and Educators*. Sylvia Rivera Law Project. New York: Urban Justice Center, 2004.

Spelman, Elizabeth V. *Inessential Woman: Problems of Exclusion in Feminist Thought*. Boston: Beacon Press, 1988.

Spillers, Hortense. "Mama's Baby, Papa's Maybe: An American Grammar Book." *Diacritics* 17, no. 2 (1987): 64–81.

Spretnak, Charlene. "Toward an Ecofeminist Spirituality." In *Healing the Wounds: The Promise of Ecofeminism*, ed. Judith Plant, 127–32. Philadelphia, PA: New Society Publishers, 1989.

Springer, Claudia. "The Pleasure of the Interface." In *Sex/Machine: Readings in Culture, Gender, and Technology*, ed. Patrick D. Hopkins, 484–500. Bloomington: Indiana University Press, 1998.

Squier, Susan Merrill. *Babies in Bottles: Twentieth-century Visions of Reproductive Technology*. New Brunswick, NJ: Rutgers University Press, 1994.

_____. *Liminal Lives: Imagining the Human at the Frontiers of Biomedicine*. Durham, NC: Duke University Press, 2004.

Stabile, Carol A. *Feminism and the Technological Fix*. Manchester: Manchester University Press, 1994.

Stacey, Meg. "The New Genetics: A Feminist View." In *The Troubled Helix: Social and Psychological Implications of the New Human Genetics*, ed.

Theresa Marteau and Martin Richards, 331–49. Cambridge: Cambridge University Press, 1996.

Stewart, Jean, and Marta Russell. "Disablement, Prison, and Historical Segregation." *Monthly Review* 53, no. 3 (2001): 61–75. Accessed from http://monthlyreview.org/2001/07/01/disablement-prison-and-historical-segregation.

Stolen, Jeremy David. "Big Money behind 'Inspirational' Billboard Campaign." http://www.theportlandalliance.org/2002/april/billboard.html.

_____. "Foundation for a Better Life." Portland Independent Media Center. http://portlandindymedia.org/2002/02/7617.shtml.

Stryker, Susan, and Stephen Whittle, eds. *The Transgender Studies Reader*. New York: Routledge, 2006.

Stubblefield, Anna. "Beyond the Pale: Tainted Whiteness, Cognitive Disability, and Eugenic Sterilization." *Hypatia* 22, no. 2 (2007): 162–81.

Sturgeon, Noel. *Ecofeminist Natures: Race, Gender, Feminist Theory, and Political Action*. New York: Routledge, 1997.

_____. *Environmentalism in Popular Culture: Gender, Race, Sexuality, and the Politics of the Natural*. Tucson: University of Arizona Press, 2009.

Sturken, Marita, and Lisa Cartwright. "Consumer Culture and the Manufacturing of Desire." In *Practices of Looking: An Introduction to Visual Culture*, 189–236. New York: Oxford University Press, 2001.

Sullivan, Ronald. "Panel Rejects Charges that Tranquilizer Use Led to Patient Deaths." *New York Times*. March 27, 1979.

Swan, Jim. "Disabilities, Bodies, Voices." In *Disability Studies: Enabling the Humanities*, ed. Sharon L. Snyder, Brenda Jo Brueggemann, and Rosemarie Garland-Thomson, 283–95. New York: Modern Languages Association, 2002.

Swartz, Leslie, and Brian Watermeyer. "Cyborg Anxiety: Oscar Pistorius and the Boundaries of What It Means to be Human." *Disability and Society* 23, no. 2 (2008): 187–90.

Tarzian, Anita J. "Disability and Slippery Slopes." *Hastings Center Report* 37, no. 5 (2007): c3.

Taylor, Janelle. *The Public Life of the Fetal Sonogram: Technology, Consumption, and the Politics of Reproduction*. New Brunswick, NJ: Rutgers University Press, 2008.

Taylor, Sunaura. *Animal*. Solo exhibition at Rowan Morrison Gallery, Oakland, CA. October 2009. http://www.sunaurataylor.org/portfolio/animal/.

_____. "Beasts of Burden: Disability Studies and Animal Rights." *Qui Parle: Critical Humanities and Social Sciences* 19, no. 2 (2011): 191–222.

Teather, David. "Lesbian Couple Have Deaf Baby by Choice." *Guardian* (UK). April 8, 2002. http://www.guardian.co.uk/world/2002/apr/08/davidteather.

Terry, Jennifer. "'Unnatural Acts' in Nature: The Scientific Fascination with Queer Animals." *GLQ: A Journal of Lesbian and Gay Studies* 6, no. 2 (2000): 151–93.

Thompson, Becky. *A Promise and a Way of Life: White Antiracist Activism.* Minneapolis: University of Minnesota Press, 2001.

Thompson, Sandra. "Billboards Marketing Virtues We Can Use Now." *St. Petersburg Times.* February 2, 2002.

Titchkosky, Tanya. "'To Pee or Not to Pee?': Ordinary Talk about Extraordinary Exclusions in a University Environment." *Canadian Journal of Sociology/ Cahiers Canadiens de Sociologie* 33, no. 1 (2008): 37–60.

"Trailblazing in a Wheelchair: An Oxymoron?" *Palaestra: Forum of Sport, Physical Education, and Recreation for Those with Disabilities* 17, no. 4 (2001): 52.

Tregaskis, Claire. "Applying the Social Model in Practice: Some Lessons from Countryside Recreation." *Disability and Society* 19, no. 6 (2004): 601–11.

Tremain, Shelley. "On the Subject of Impairment." In *Disability/Postmodernity: Embodying Political Theory,* ed. Mairian Corker and Tom Shakespeare, 32–47. New York: Continuum, 2002.

_____. "Reproductive Freedom, Self-Regulation, and the Government of Impairment in Utero." *Hypatia* 21, no. 1 (2006): 35–53.

Trent, James W. *Inventing the Feeble Mind: A History of Mental Retardation in the United States.* Berkeley: University of California Press, 1994.

Twine, Richard T. "Ma(r)king Essence: Ecofeminism and Embodiment." *Ethics and the Environment* 6, no. 2 (2001): 31–57.

Vance, Linda. "Ecofeminism and the Politics of Reality." In *Ecofeminism: Women, Animals, and Nature,* ed. Greta Gaard, 118–45. Philadelphia: Temple University Press, 1993.

_____. "Ecofeminism and Wilderness." *NWSA Journal* 9, no. 3 (Fall 1997): 60–76.

Van Cleve, John Vickrey, and Barry Crouch. *A Place of Their Own: Creating the Deaf Community in America.* Washington, DC: Gallaudet University Press, 1989.

Van Dijck, Jose. *Imagenation: Popular Images of Genetics.* New York: New York

University Press, 1998.

Vidali, Amy. "Seeing What We Know: Disability and Theories of Metaphor." *Journal of Literary and Cultural Disability Studies* 4, no. 1 (2010): 33–54.

Vincent, Norah. "Enabling Disabled Scholarship." *Salon.* August 18, 1999. Accessed from http://www.salon.com/books/it/1999/08/18/disability/index. html.

von Schrader, S., W. A. Erickson, and C. G. Lee. *Disability Statistics from the Current Population Survey.* Ithaca, NY: Cornell University Rehabilitation Research and Training Center on Disability Demographics and Statistics, 2010. www.disabilitystatistics.org.

Warner, Michael. *The Trouble with Normal: Sex, Politics, and the Ethics of Queer Life.* New York: Free Press, 1999.

Warren, Karen J. *Ecofeminist Philosophy: A Western Perspective on What It Is and Why It Matters.* Lanham, MD: Rowman and Littlefield, 2000.

_____. "Ecological Feminist Philosophies: An Overview." In *Ecological Feminist Philosophies*, ed. Karen J. Warren, ix–xxvi. Indianapolis: Indiana University Press, 1996.

_____. "The Power and the Promise of Ecological Feminism." In *Ecological Feminist Philosophies*, ed. Karen J. Warren, 19–41. Indianapolis: Indiana University Press, 1996.

Washington Protection and Advocacy System. "Executive Summary— Investigative Report Regarding the 'Ashley Treatment.'" October 1, 2010. Accessed from http://www.disabilityrightswa.org/home/Executive_ Summary_InvestigativeReportRegardingtheAshley-Treatment.pdf/ view?searchterm=ashley.

_____. Exhibit L. "Special CHRM C Ethics Committee Meeting/ Consultation." *Investigative Report Regarding the "Ashley Treatment."* May 4, 2004. Accessed from http://www.disabilityrightswa.org/home/Exhibits_K_ T_InvestigativeReportRegardingtheAshleyTreatment.pdf.

_____. Exhibit O. "Letter from Larry Jones." *Investigative Report Regarding the "Ashley Treatment."* June 10, 2004. Accessed from http://www. disabilityrightswa.org/home/Exhibits_K_T_InvestigativeReportRegarding theAshleyTreatment.pdf.

_____. Exhibit R. "Hospital Billing Report." *Investigative Report Regarding the "Ashley Treatment."* March 28, 2007. Accessed from http://www. disabilityrightswa.org/home/Exhibits_K_T_InvestigativeReportRegarding theAshleyTreatment.pdf.

_____. Exhibit T. "Agreement Between Children's Hospital and Regional Medical Center and the Washington Protection and Advocacy System (Disability Rights Washington) Promoting Protection of Individuals with Developmental Disabilities." *Investigative Report Regarding the "Ashley Treatment."* May 1, 2007. http://www.disabilityrightswa.org/home/Exhibits_K_T_InvestigativeReportRegardingtheAshleyTreatment.pdf.

_____. "Press Release—Investigative Report Regarding the 'Ashley Treatment.'" May 8, 2007. Accessed from http://www.disabilityrightswa.org/home/Press_Release_WPASFindsHospitalThatPerformedAshleyTreatmentViolatedLawByNo.pdf.

Weheliye, Alexander G. "'Feenin': Posthuman Voices in Contemporary Black Popular Music." *Social Text* 71 vol. 20, no. 2 (2002): 21–47.

Weihenmayer, Erik. *Touch the Top of the World: A Blind Man's Journey to Climb Farther than the Eye Can See.* New York: Plume, 2002.

Weil, Elizabeth. "Breeder Reaction." *Mother Jones* 31, no. 4 (2006): 33–37.

_____. "A Wrongful Birth?" *New York Times Magazine.* March 12, 2006.

Weise, Jillian. "Going Cyborg." *New York Times Magazine.* January 10, 2010, 50.

Wekker, Gloria. "The Arena of Disciplines: Gloria Anzaldua and Interdisciplinarity." In *Doing Gender in Media, Art and Culture*, ed. Rosemarie Buikema and Iris van der Tuin, 54–69. New York: Routledge, 2007.

Wendell, Susan. *The Rejected Body: Feminist Philosophical Reflections on Disability.* New York: Routledge, 1996.

_____. "Unhealthy Disabled: Treating Chronic Illnesses as Disabilities." *Hypatia: A Journal of Feminist Philosophy* 16, no. 4 (2001): 17–33.

White, Evelyn C. "Black Women and the Wilderness." In *The Stories That Shape Us: Contemporary Women Write about the West*, ed. Teresa Jordan and James Hepworth, 376–83. New York: W. W. Norton, 1995.

Wilfond, Benjamin S., Paul Steven Miller, Carolyn Korfatis, Douglas S. Diekema, Denise M. Dudzinski, Sara Goering, and the Seattle Growth Attenuation and Ethics Working Group. "Navigating Growth Attenuation in Children with Profound Disabilities: Children's Interests, Family Decision-Making, and Community Concerns." *Hastings Center Report* 40, no. 6 (2010): 27–40.

Wilkerson, Abby. "Ending at the Skin: Sexuality and Race in Feminist Theorizing." *Hypatia* 12, no. 3 (1997): 164–73.

Williams, Patricia J. "Judge Not?" *Nation* (New York). March 26, 2007, 9.

Williams, Zoe. "Abortion and Euthanasia: Was Virginia Ironside Right?" *Guardian*. October 5, 2010. http://www.guardian.co.uk/world/2010/oct/04/virginia-ironside-tv-euthanasia-abortion.

Wilson, Daniel J. "Fighting Polio Like a Man: Intersections of Masculinity, Disability, and Aging." In *Gendering Disability*, ed. Bonnie G. Smith and Beth Hutchison, 119–33. New Brunswick, NJ: Rutgers University Press, 2004.

Wilson, Elizabeth A. "Organic Empathy: Feminism, Psychopharmaceuticals, and the Embodiment of Depression." In *Material Feminisms*, ed. Stacy Alaimo and Susan Hekman, 373–99. Bloomington: Indiana University Press, 2008.

Winnubst, Shannon. *Queering Freedom*. Bloomington: Indiana University Press, 2006.

_____. "Temporality in Queer Theory and Continental Philosophy." *Philosophy Compass* 5, no. 2 (2010): 136–46.

_____. "Vampires, Anxieties, and Dreams: Race and Sex in the Contemporary United States." *Hypatia* 18, no. 3 (2003): 1–20.

Winterson, Jeanette. "How Would We Feel If Blind Women Claimed the Right to a Blind Baby?" *Guardian* (UK). April 9, 2002. Features section, 9.

Winzer, Margret. *The History of Special Education: From Isolation to Integration*. Washington, DC: Gallaudet University Press, 1993.

Wolfe, Cary. "Learning from Temple Grandin, or, Animal Studies, Disability Studies, and Who Comes After the Subject." *New Formations* 64 (2008): 110–23.

Wong, Sophia Isako. "At Home with Down Syndrome and Gender." *Hypatia* 17, no. 3 (2002): 89–117.

Young, Iris Marion. *Justice and the Politics of Difference*. Princeton, NJ: Princeton University Press, 1990.

Young, Mary Ellen, Margaret A. Nosek, Carol Howland, Gail Chanpong, and Diana H. Rintala. "Prevalence of Abuse of Women with Physical Disabilities." *Archives of Physical Medicine and Rehabilitation* 78, no. 12 (1997): supplement 5, S34–38.

Yuval-Davis, Nira. "Beyond Difference: Women and Coalition Politics." In *Making Connections: Women's Studies, Women's Movements, Women's Lives*, ed. Mary Kennedy, Cathy Lubelska, and Val Walsh, 2–9. London: Taylor and Francis, 1993.

Zola, Irving Kenneth. "The Language of Disability: Problems of Politics and

Practice." *Australian Disability Review.* 1988. Accessed from http://www.
disabilitymuseum.org/lib/docs/813.card.htm.

Zwillinger, Rhonda. *The Dispossessed: Living with Multiple Chemical Sensitivities.*
Paulden, AZ: The Dispossessed Outreach Project, 1999.

ㅇ

페미니스트, 퀴어, 불구

초판 1쇄 펴낸날	2023년 7월 21일
초판 2쇄 펴낸날	2024년 1월 12일
지은이	앨리슨 케이퍼
옮긴이	이명훈
펴낸이	박재영
편집	이정신·임세현·한의영
마케팅	신연경
디자인	조하늘
제작	제이오
펴낸곳	도서출판 오월의봄
주소	경기도 파주시 회동길 363-15 201호
등록	제406-2010-000111호
전화	070-7704-5809
팩스	0505-300-0518
이메일	maybook05@naver.com
트위터	@oohbom
블로그	blog.naver.com/maybook05
페이스북	facebook.com/maybook05
인스타그램	instagram.com/maybooks_05
ISBN	979-11-6873-067-0 03330

만든 사람들

책임편집	이정신
디자인	조하늘